本书出版获得瑞典隆德大学罗尔·瓦伦堡人权与人道法研究所资助，资金来源于瑞典国际开发合作署。
The publication of this textbook was supported by Raoul Wallenberg Institute of Human Rights and Humanitarian Law,with funding from the Swedish International Development Cooperation Agency(SIDA).

检察官与人权保障教程

Prosecutors and Human Rights Protection:
A Textbook

（修订版）

胡卫列◎主编
郭立新　马立东　缪树权◎副主编

中国检察出版社

前　言

　　尊重和保障人权是社会主义法治的基本原则。作为法律监督机关，我国检察机关在行使职务犯罪侦查权和刑事公诉权追究犯罪的同时，在监督侦查权、审判权、执行权等国家权力的规范运用，尊重和保障犯罪嫌疑人、被告人、被害人、证人以及其他诉讼参与人依法享有诉讼权利和其他正当权益方面，负有重要的职责。

　　2004 年 3 月，第十届全国人民代表大会第二次会议通过了《宪法修正案》，首次将"人权"概念引入《宪法》，明确规定"国家尊重和保障人权"。这不仅是我国民主宪政和政治文明建设的重大进步，也是中国人权发展的重要里程碑。人权保障原则入宪，为人权保护提供了强有力的宪法依据，也对检察机关强化人权保障意识，提升人权保障能力和水平提出了新的要求。

　　2004 年 7 月，国家检察官学院与瑞典隆德大学罗尔·瓦伦堡人权与人道法研究所在瑞典国际开发合作署（SIDA）的资助下，开展了以"检察官与人权保障"为主题的合作。在合作过程中，借助罗尔·瓦伦堡研究所在人权培训及研究领域的成果及其丰厚的资源，以讲座、学术研讨、考察、调研等方式，对国家检察官学院项目组成员进行了较为系统的培训。通过培训和研修，项目组成员对国际人权法知识进行了系统的学习，掌握了灵活多样、富有成效的人权培训方法，并结合各自专业背景，选择了与检察业务相关的专题，研发出适合于中国检察官培训的系列人权课程。鉴于我国当时尚缺乏一部专门适用于检察官培训的人权教材，国家检察官学院与罗尔·瓦伦堡研究所就整合项目成果并出版该教材达成一致共识。

2009 年 12 月，在中国检察出版社的鼎力支持下，《检察官与人权保障教程》付梓出版。近三年来，该教程在启迪检察官树立人权保障意识，强化检察官人权保障职责方面发挥了重要作用。

2012 年 3 月，第十一届全国人民代表大会第五次会议通过了《关于修改〈中华人民共和国刑事诉讼法〉的决定》，"尊重与保障人权"作为一项重要原则写入总则，同时，对证据制度、强制措施制度、辩护制度的修改和侦查程序、审判程序、执行程序的完善，以及特别程序的设立等，都凸显出着力增强人权保障的立法变动宗旨，体现了努力追求惩治犯罪与保障人权平衡的价值取向。2012 年 10 月，《民事诉讼法》也作了修订，增强了检察机关对民事诉讼的监督职责，新增了对民事执行、调解的监督等多项职能，清晰地表达了法律修订过程中进一步监督和规范公权力行使、尊重和保障当事人民事权利的价值追求。为保证修改后的《刑事诉讼法》和《民事诉讼法》中有关人权保障精神和具体内容在本教程中得以全面体现，我们决定重新修订本教程。基于检察官培训专业特点，为保证教程体系既相对完整，又能体现各章内容的相对独立，我们仍保持了本书的原有体例。同时，根据《民事诉讼法》修改和行政检察工作的发展，将民事检察和行政检察中的人权保障分开，并结合现实需要，增加了一些新的内容。

作为国内第一部检察官人权培训教程的编撰者，国家检察官学院只是率先在这方面做了一些初步的探索和尝试。我们深知，本教程尚存诸多有待完善的地方，希望再版后能够继续得到学术界和实务部门特别是广大检察官的关注和支持，并期待着大家能够不吝赐教，以便本书不断得到完善。

全书修订工作由国家检察官学院副院长郭立新教授负责统稿，缪树权教授、马立东副教授分别对各编予以审定。修订稿的撰写分工如下：

陈丽莉：第一章；

缪树权：第二章、第十六章；

单　民：第三章；

郭立新：第四章；

郭　冰：第五章；

张红梅：第六章；

周洪波：第七章；

温　辉：第八章；

丁英华：第九章；

邵世星：第十章；

胡卫列：第十一章；

朱丽欣：第十二章；

上官春光：第十三章；

常　艳：第十四章；

马立东：第十五章、第十七章。

修订再版之际，谨向对本项目给予资金资助的瑞典国际开发合作署（SIDA）表示衷心的感谢！向对本书付梓出版给予极大关注和支持的瑞典隆德大学罗尔·瓦伦堡人权与人道法研究所及其北京办公室全体工作人员和中国检察出版社的编辑表示诚挚的谢意！

胡卫列

2014 年 8 月 10 日

Preface

Respecting and protecting human rights is a fundamental principle of socialist rule of law. As the supervisory organ of law enforcement, while combating against crimes by exercising the power of investigation on duty – related crimes and criminal prosecution, the procuratorate in China plays important roles in overseeing criminal investigation, court trial and enforcement of penalty, and in safeguarding the legally entitled rights of the suspects, the accused, the victims, the witnesses and other participants in the proceedings.

In March of 2004, the second meeting of the 10th National People's Congress passed the constitutional amendment which for the first time introduced the concept of "human rights" to the Constitution, and explicitly states that "the state respects and safeguards human rights". It not only marks the tremendous progress of the constitutional democracy and political civilization, but also is a milestone of the development of human rights in China. The principle of human rights protection in the constitution provides strong basis for prosecutors in safeguarding the human rights, but on the other hand also puts forward the new demands on the procuratorates to strengthen the awareness of human rights protection and to improve their competence and skills in this aspect.

Since July of 2004, the National Prosecutors College (NPC) and the Raoul Wallenberg Institute of Human Rights and Humanitarian Law (RWI) cooperated a joint project on the theme of prosecutors and human rights protection with the financial support from the Swedish International Development Agency (SIDA). During the implementation of the project, NPC utilized its strengths in prosecutors' training and its well – developed delivery channels and RWI contributed its resources and expertise in human rights training and research, lectures, seminars, study visits and surveys were conducted. Members of NPC's project team underwent systematic training in international human rights law and acquired diverse and effective skills in teaching human rights. By combining their fields of specialization with their new learning, they developed a series of human rights courses tailored for Chinese prosecutors by highlighting themes closely relevant to the prosecutorial practice with corresponding teaching materials. In considering of the lack of a human rights textbook specifically for prosecutors at that time in China, NPC and RWI reached a consensus on refining and reorganizing the developed teaching materials into formal publication.

In December of 2009, a textbook titled Prosecutors and Human Rights Protection finally went to print under the support of China Procuratorate Press. As China's first human rights textbook for prosecutors, it played a significant role in helping prosecutors to build the new awareness of human rights protection and to strengthen the human rights protection responsibility.

The fifth meeting of the 11th National People's Congress amended the Criminal Procedure Law in March of 2012. While added human rights protection as an important principle into the general provisions, the new amendment also revised the systems of evidence, compulsory measures and defence for the accused, improved the procedures of investigation, court trial and penalty enforcement, as well as established a series of special procedures. All these new changes highlight the purpose of legislative reform of safeguarding human rights, and reflect the value orientation that pursuits the balance of crime punishment and human rights protection. In October of 2012, the Civil Procedure Law of China has also been revised. The new revision strengthens the supervisory responsibility of the procuratorate to oversee the civil proceedings, and adds the supervision on civil judgments enforcement and civil mediation as new prosecutorial functions, which clearly expresses the determination of imposing further supervision and control on public powers, as well as respecting and protecting the civil rights of parties. In order to ensure the new amendments to the both above – mentioned laws relating to the human rights protection to be fully reflected in this textbook, we decided to revise it. Taking into consideration of the professional training features and internal relations between chapters of the textbook, we still maintain the original style and structural arrangements of the book. Meanwhile, the original chapter named "Prosecution in Civil and Administrative Cases and Human Rights Protection" has been divided into two parts in line with the new revised Civil Procedure Law and the development of prosecution work concerning administrative cases, and accordingly some new contents have been added in to the two chapters based on the practical needs.

As the author of the first human rights textbook in the country tailored for the prosecutors, NPC has just made an attempt and exploration in this regard. We are fully aware of that this book has much room to be improved, and sincerely hope that the revised version could draw continuous attention and support from the academic circle and the practical arena, especially from the prosecutors. Constructive criticisms are appreciated to help us enhance the quality of the book.

The textbook has Professor Guo Lixin Vice President of NPC harmonizing the styles and deciding on its final finished version. Professor Miao Shuquan and Associate Professor Ma Lidong reviewed and proofread the different segments of the draft. The division of labor is as follows:

Chen Lili: Chapter One;

Miao Shuquan: Chapter Two and Chapter Sixteen;

Shan Min: Chapter Three;

Guo Lixin: Chapter Four;

Guo Bing: Chapter Five;

Zhang Hongmei: Chapter Six;

Zhou Hongbo: Chapter Seven;

Wen Hui: Chapter Eight;

Ding Yinghua: Chapter Nine;

Shao Shixing: Chapter Ten;

Hu Weilie: Chapter Eleven;

Zhu Lixin: Chapter Twelve;

ShangGuan Chunguang: Chapter Thirteen;

Chang Yan: Chapter Fourteen;

Ma Lidong: Chapter Fifteen and Chapter Seventeen.

As the revised version goes to print, we would like to thank SIDA for its financial support, and RWI especially its staff in Beijing Office for their ongoing attention and support. Our deeply thank also goes to the editors of China Procuratorate Press for their help during the publication of the textbook.

Hu Weilie

August 10, 2014

目　录

前　言 ……………………………………………………………………（ 1 ）

第一编　检察官与人权

第一章　人权概说 ……………………………………………………（ 3 ）

　第一节　关于人权 …………………………………………………（ 3 ）

　　一、什么是人权 …………………………………………………（ 3 ）

　　二、尊重、保护和实现人权是国家的基本义务 ……………（ 5 ）

　　三、人权的国内保护与国际保护 ………………………………（ 7 ）

　第二节　人权保护的国际标准及其监督和实施机制 …………（ 8 ）

　　一、人权保护的国际标准 ………………………………………（ 8 ）

　　二、国际人权保护机制 …………………………………………（ 14 ）

　第三节　中国的人权保障 …………………………………………（ 23 ）

　　一、中国关于人权保护的立场和实践 ………………………（ 23 ）

　　二、我国签署、批准或加入国际人权条约的情况 …………（ 25 ）

　　三、国际人权条约在中国的适用 ………………………………（ 26 ）

第二章　检察官在人权保障中的作用 ……………………………（ 31 ）

　第一节　有关检察官在人权保护中作用的国际文件 …………（ 31 ）

　　一、《联合国关于检察官作用的准则》 …………………………（ 31 ）

　　二、欧洲理事会部长级委员会《成员国部长会议关于检察官

　　　　在刑事司法制度中的作用》〔2000〕19 号建议 ……（ 34 ）

　　三、国际检察官联合会《检察官职业责任准则和主要权利义

　　　　务准则》 ………………………………………………………（ 37 ）

　第二节　检察官在人权保护中的作用 …………………………（ 39 ）

　　一、宏观的角度 …………………………………………………（ 39 ）

　　二、实际工作的角度 ……………………………………………（ 41 ）

第三章　检察官人权保护的原则 ···（ 58 ）

第一节　尊重和保障人权原则 ···（ 58 ）

一、尊重和保障人权原则的内涵及其在国际公约中的体现 ········（ 58 ）

二、我国法律中对尊重和保障人权原则的立法体现及其意义 ·····（ 60 ）

三、检察官如何贯彻尊重和保障人权原则的要求 ···············（ 61 ）

第二节　司法独立原则 ···（ 62 ）

一、司法独立原则的内涵及其在国际公约中的体现 ·············（ 62 ）

二、检察官如何贯彻司法独立原则的要求 ·····················（ 64 ）

第三节　无罪推定原则 ···（ 65 ）

一、无罪推定原则的内涵及其在国际公约中的体现 ·············（ 65 ）

二、检察官如何贯彻无罪推定原则的要求 ·····················（ 67 ）

第四节　罪刑法定原则 ···（ 68 ）

一、罪刑法定原则的内涵及其在国际公约中的体现 ·············（ 68 ）

二、检察官如何贯彻罪刑法定原则的要求 ·····················（ 70 ）

第五节　平等保护原则 ···（ 72 ）

一、平等保护原则的内涵及其在国际公约中的体现 ·············（ 72 ）

二、检察官如何贯彻平等保护原则的要求 ·····················（ 74 ）

第六节　公正与效率原则 ···（ 75 ）

一、公正与效率原则的内涵及其在国际公约中的体现 ···········（ 75 ）

二、检察官如何贯彻公正与效率原则的要求 ···················（ 78 ）

第二编　检察工作与人权保障

第四章　侦查监督与人权保障 ···（ 83 ）

第一节　国际标准 ···（ 83 ）

一、讯问与人权 ···（ 84 ）

二、逮捕、羁押（拘留）与人权 ·····································（ 87 ）

三、隐私与犯罪调查 ···（ 91 ）

第二节　工作机制 ···（ 92 ）

一、通过立案监督，保障被害人和犯罪嫌疑人的人权 ···········（ 93 ）

二、对刑事侦查活动进行监督，保障犯罪嫌疑人、证人等的人
　　身权和财产权 ···（ 94 ）

三、履行审查批准逮捕或决定逮捕职能，保障犯罪嫌疑人的人
　　身自由权 ···（ 95 ）

第三节　问题与对策 ……………………………………………（98 ）

一、对不应当立案而立案的监督问题 …………………………（98 ）

二、防止拘留、逮捕功能的异化，严格拘留、逮捕的适用 ………（100）

三、正确适用逮捕替代性措施，建立逮捕后的羁押必要性审查

机制，减少未决羁押适用 …………………………………（103）

四、遏制刑讯逼供，检察官应何为 ……………………………（107）

第五章　职务犯罪侦查与人权保障 ………………………………（111）

第一节　国际标准 …………………………………………………（112）

一、免受酷刑、残忍、不人道或侮辱性对待或刑罚的权利 ………（112）

二、非依法律的规定和程序，任何人不得被剥夺自由 ……………（113）

三、被剥夺自由的人有获得人道的、尊重其人格尊严之待遇的

权利 …………………………………………………………（114）

四、未经法庭依法确认有罪前，被视为无罪的权利 ………………（115）

五、保障辩护的权利 ……………………………………………（115）

六、住宅、通信等不受非法干涉的权利 ………………………（116）

第二节　工作机制 …………………………………………………（117）

一、初查中的人权保障 …………………………………………（117）

二、强制措施适用中的人权保障 ………………………………（119）

三、讯问中的人权保障 …………………………………………（121）

四、其他侦查措施中的人权保障 ………………………………（125）

五、侦查中辩护权的保障 ………………………………………（129）

第三节　问题与对策 ………………………………………………（130）

一、非法证据排除问题 …………………………………………（130）

二、侦查技术的发展与取证能力的提高 ………………………（132）

三、讯问策略的规范与运用 ……………………………………（133）

第六章　公诉与人权保障 …………………………………………（136）

第一节　国际标准 …………………………………………………（136）

一、客观公正地行使公诉权 ……………………………………（137）

二、贯彻无罪推定原则，确保公民不受错误追诉 ………………（138）

三、保障公民免受酷刑的权利，排除非法证据 …………………（138）

四、保障被追诉者的辩护权 ……………………………………（139）

五、保障被害人的权利 …………………………………………（142）

六、保障公民享有迅速进行诉讼的权利 ………………………（143）

第二节 工作机制 …………………………………… （143）

一、保障犯罪嫌疑人、被告人的合法权益 ……… （143）

二、保护被害人的权利 ……………………………… （147）

三、保障证人的权利 ………………………………… （149）

第三节 问题与对策 ………………………………… （150）

一、严格非法证据排除，保障人权 ……………… （150）

二、坚持贯彻宽严相济的刑事政策，惩罚犯罪和保障人权并重 … （157）

三、保护律师职业权利与公正起诉 ……………… （163）

四、实施诉讼监督，平等保护当事人及其他诉讼参与人的人权 … （166）

第七章 刑事执行检察与人权保障 ………………… （173）

第一节 国际标准 …………………………………… （174）

一、保障获得人道待遇的权利 …………………… （174）

二、保障物质生活待遇权 ………………………… （175）

三、保障劳动权 …………………………………… （176）

四、保障提起请求、申诉权 ……………………… （176）

五、保障财产权 …………………………………… （176）

六、保障受教育权 ………………………………… （177）

七、保障同外界的接触权 ………………………… （177）

第二节 工作机制 …………………………………… （177）

一、全面开展刑事执行检察，保障人权 ………… （177）

二、防止和纠正超期羁押，保障人权 …………… （186）

三、监督纠正监管人员的违法行为，保障人权 … （187）

四、受理申诉和控告，保障人权 ………………… （188）

第三节 问题与对策 ………………………………… （189）

一、认清刑事执行检察的根本目的 ……………… （189）

二、突出刑事执行检察的重点 …………………… （190）

三、立足检察职能，加强刑事执行检察监督效果 … （193）

第八章 刑事控告检察与人权保障 ………………… （198）

第一节 国际标准 …………………………………… （198）

一、提高公众对腐败严重性和威胁性的认识 …… （201）

二、建立反腐败机构和举报机制 ………………… （203）

三、完善保护举报人制度 ………………………… （204）

第二节 工作机制 …………………………………… （206）

一、建立举报网络，保障举报权、控告权 ……… （206）

二、严格工作规程，保障举报人的隐私权 ……………………（209）

三、从严执行法律，保障举报人的人身权 ……………………（210）

四、及时反馈回复，保障举报人的知情权 ……………………（212）

五、积极开展奖励，保障举报人的奖励权 ……………………（213）

六、严格界限，保障被举报人的人身权、财产权 …………（214）

七、严密信息，保障被举报人的名誉权 ………………………（215）

第三节 问题与对策 ………………………………………………（216）

一、对举报工作认识不到位，制约举报工作发展 …………（216）

二、举报信息泄露，危害举报人的人身安全 ………………（218）

三、举报成案率低，影响举报人举报权的行使 ……………（220）

第九章 刑事申诉与人权保障 ……………………………………（223）

第一节 国际标准 …………………………………………………（224）

第二节 工作机制 …………………………………………………（225）

一、刑事申诉制度与人权保障 …………………………………（225）

二、涉诉信访制度与人权保障 …………………………………（228）

三、刑事赔偿制度与人权保障 …………………………………（230）

第三节 问题与对策 ………………………………………………（231）

一、刑事申诉制度的问题与对策 ………………………………（231）

二、涉诉信访制度的问题与对策 ………………………………（235）

三、刑事赔偿制度的问题与对策 ………………………………（239）

第十章 民事诉讼监督与人权保障 ……………………………（246）

第一节 民事诉讼检察监督中人权保障的法律规定 ………（246）

一、国际标准 ……………………………………………………（246）

二、我国法律法规关于民事诉讼检察监督的规定 ………（247）

三、民事诉讼检察监督保障人权的机理分析 ……………（249）

第二节 工作机制 …………………………………………………（252）

一、民事诉讼检察监督保障人权的基本内容 ……………（252）

二、民事诉讼检察监督保障人权的基本方式 ……………（254）

三、民事诉讼检察监督保障人权工作的成绩和要求 …（259）

第三节 问题与对策 ………………………………………………（263）

一、存在的问题 …………………………………………………（263）

二、对策 …………………………………………………………（264）

第十一章 行政检察与人权保障 ………………………………（269）

第一节 行政检察中人权保障的法律规定 …………………（269）

一、国际标准 ……………………………………………………（269）

二、我国法律关于行政检察的规定 ……………………………（270）

第二节　工作机制 …………………………………………………（274）

一、通过对行政审判活动的监督实现对人权的保护 …………（275）

二、通过对被诉的违法行政行为的间接监督实现对人权的保护 …（279）

三、通过对行政执法行为的直接监督实现对人权的保护 ……（281）

第三节　问题与对策 ………………………………………………（282）

一、规范抗诉权，更好地发挥其监督行政权、保障人权的功能 …（282）

二、赋予检察机关提起行政公诉和支持起诉的权力 …………（285）

三、整合行政检察运行机制，形成监督行政、保障人权的完整

链条 ………………………………………………………（288）

第十二章　被害人人权保障 ………………………………………（292）

第一节　国际标准 …………………………………………………（293）

一、被害人人权保障国际标准的演进 …………………………（293）

二、检察官在保障被害人人权方面应当发挥的积极作用 ……（297）

第二节　工作机制 …………………………………………………（298）

一、被害人在刑事诉讼中的当事人主体地位和诉讼权利 ……（298）

二、对被害人及其近亲属的保护以及被害人出庭作证的保护 …（300）

三、刑事和解中对被害人权利的保护 …………………………（303）

四、保障被害人合法财产返还权 ………………………………（308）

第三节　问题与对策 ………………………………………………（310）

一、被害人精神损害赔偿请求权的缺失及立法完善 …………（310）

二、被害人国家补偿制度和物质赔偿权实现途径的缺位及其

完善 ………………………………………………………（311）

三、《刑事诉讼法》对被害人法律援助的立法缺失及其完善 ……（315）

第十三章　证人人权保障 …………………………………………（319）

第一节　国际准则 …………………………………………………（319）

一、不被强迫自证其罪 …………………………………………（320）

二、证人安全保护 ………………………………………………（322）

第二节　工作机制 …………………………………………………（323）

一、我国刑事诉讼制度中证人的范围和法律地位 ……………（323）

二、目前检察机关保障证人权益的机制 ………………………（325）

第三节　问题与对策 ………………………………………………（329）

一、证人保护面临的问题 ………………………………………（329）

二、检察机关完善证人保护的对策 ……………………………（331）

目
录

第十四章　检察工作的外部监督与人权保障 ·················· （334）

　第一节　当前中国检察工作外部监督方式概述 ·········· （334）

　第二节　检察工作外部监督方式的创新与完善 ·········· （337）

　　一、人民监督员制度的主要内容 ······················ （337）

　　二、人民监督员制度的价值功能 ······················ （339）

　　三、人民监督员制度的完善 ·························· （343）

第三编　特殊人群人权保障

第十五章　妇女人权保障 ································ （353）

　第一节　有关妇女人权保障的国际条约、文件及主要内容 ····· （354）

　　一、《消除对妇女一切形式歧视公约》及任择议定书 ····· （354）

　　二、《消除对妇女的暴力行为宣言》 ·················· （357）

　　三、《维也纳宣言和行动纲领》 ···················· （358）

　　四、其他国际条约和文件中的相关规定 ··············· （360）

　第二节　我国有关妇女人权保障的法律、文件及主要内容 ····· （361）

　　一、中国签署、批准或加入的国际条约和文件 ·········· （361）

　　二、《妇女权益保障法》 ·························· （362）

　　三、《刑法》、《刑事诉讼法》中有关妇女人权保障的规定 ··· （366）

　　四、其他法律、文件中有关妇女人权保障的规定 ········ （368）

　　五、中国妇女人权保护现状 ························ （369）

　第三节　中国检察官应如何在检察工作中保障妇女人权 ····· （371）

　　一、检察工作与妇女人权保障 ······················ （371）

　　二、问题与对策 ································ （372）

第十六章　未成年人人权保障 ·························· （378）

　第一节　有关未成年人人权保障的国际条约、文件及主要内容 ····· （379）

　　一、《儿童权利公约》及其两个任择议定书 ············ （379）

　　二、有关的少年司法文件 ·························· （382）

　第二节　我国有关未成年人人权保障的法律、文件及主要内容 ····· （385）

　　一、中国签署、批准或加入的有关未成年人人权保障的国际条
　　　约和文件 ································ （385）

　　二、《未成年人保护法》的立法沿革和主要内容 ·········· （387）

　　三、《刑法》、《刑事诉讼法》中有关未成年人人权保障的规定 ··· （390）

　第三节　中国检察官应如何在检察工作中保障未成年人人权 ······· （403）

一、检察工作与未成年人的人权保障 …………………………（403）

二、问题与对策 …………………………………………………（405）

第十七章　少数民族人权保障 ……………………………………（413）

第一节　有关少数民族人权保障的国际条约、文件及主要内容 ……（414）

一、专门性国际条约内容介绍 …………………………………（414）

二、区域性立法对少数民族人权的保护 ………………………（417）

三、少数民族权利保护原则——平等、不歧视和特殊保护 ……（418）

第二节　我国有关少数民族人权保障的法律、文件及主要内容 ……（419）

一、中国签署、批准或加入的国际条约和文件 ………………（419）

二、我国《宪法》、《民族区域自治法》的有关规定 ……………（420）

三、《刑法》、《刑事诉讼法》中有关少数民族人权保障的规定 …（423）

四、其他法律、文件中有关少数民族保障的规定 ……………（424）

五、中国少数民族人权保护现状 ………………………………（427）

第三节　中国检察官应如何在检察工作中保障少数民族人权 ……（428）

一、检察工作与少数民族人权保障 ……………………………（428）

二、问题与对策 …………………………………………………（430）

Contents

Preface ·· （ 1 ）

Part One   Prosecutors and Human Rights

Chapter One   Overview of Human Rights ···················· （ 3 ）

Section 1   About Human Rights ······························ （ 3 ）

  1. What's Human Rights ································· （ 3 ）

  2. It is the State's Obligation to Respect, Protect and Fulfill
Human Rights ······································· （ 5 ）

  3. Domestic and International Protection of Human Rights ······ （ 7 ）

Section 2   International Human Rights Standards and Imple
mentation Mechanisms ································ （ 8 ）

  1. International Human Rights Standards ··················· （ 8 ）

  2. International Human Rights Protection Mechanisms ··········· （ 14 ）

Section 3   Human Rights Protection in China ················· （ 23 ）

  1. China's Position and Practice ························ （ 23 ）

  2. International Human Rights Treaties Signed or Ratified by
China ··· （ 25 ）

  3. Application of International Human Rights Treaties in China ······ （ 26 ）

Chapter Two   Prosecutors' Role in Human Rights Protection ········ （ 31 ）

Section 1   Review of Related International Instruments ·············· （ 31 ）

  1. The United Nations Guidelines on the Role of Prosecutors ······ （ 31 ）

  2. The Committee of Ministers of the Council of Europe,
Member States Ministerial Meeting on the Role of Public
Prosecution in the Criminal Justice, Recommendation
（2000）19 ·· （ 34 ）

  3. International Association of Prosecutors' Standards of Pro-
fessional Responsibility and Statement of the Essential
Duties and Rights of Prosecutors ····················· （ 37 ）

Section 2　Prosecutors' Role in Human Rights Protection ········ （39）

　　1. An Overview ··· （39）

　　2. From the Perspective of Prosecutorial Practice ·············· （41）

Chapter Three　Principles for Prosecutors' Protection of Human

　　　　　　Rights ·· （58）

Section 1　The Principle of Respecting and Protecting Human

　　　　　　Rights ··· （58）

　　1. Content of the Principle of Respecting and Protecting Hu-

　　　man Rights and its Reflection in International Conventions ··· （58）

　　2. The Principle of Respecting and Protecting Human Rights

　　　as Reflected in China's Domestic Legislation and its Signif-

　　　icance ··· （60）

　　3. Prosecutors' Duties as How to Carry out the Principle of

　　　Respecting and Protecting Human Rights ·················· （61）

Section 2　The Principle of Judicial Independence ·············· （62）

　　1. Content of the Principle of Judicial Independence and its

　　　Reflection in International Conventions ·················· （62）

　　2. Prosecutors' Duties as How to Carry out the Principle of

　　　Judicial Independence ·································· （64）

Section 3　The Principle of Presumption of Innocence ············ （65）

　　1. Content of the Principle of Presumption of Innocence and

　　　its Reflection in International Conventions ·················· （65）

　　2. Prosecutors' Duties as How to Carry out the Principle of

　　　Presumption of Innocence ······························· （67）

Section 4　The Principle of Statutory Crime and Penalty ·········· （68）

　　1. Content of the Principle of Statutory Crime and Penalty and

　　　its Reflection in International Conventions ················ （68）

　　2. Prosecutors' Duties as How to Carry out the Principle of

　　　Statutory Crime and Penalty ····························· （70）

Section 5　The Principle of Equal Protection ·················· （72）

　　1. Content of the Principle of Equal Protection and its Reflec-

　　　tion in International Conventions ························· （72）

　　2. Prosecutors' Duties as How to Carry out the Principle of E-

　　　qual Protection ······································· （74）

Contents

Section 6　The Principle of Justice and Efficiency ·················· （75）

　1. Content of the Principle of Justice and Efficiency and its
　　Reflection in International Conventions ·················· （75）

　2. Prosecutors' Duties as How to Carry out the Principle of
　　Justice and Efficiency ···························· （78）

Part Two　Prosecutorial Work and Human Rights Protection

Chapter Four　Supervision on Investigation and Human Rights
**　　　　　　 Protection** ······························ （83）

Section 1　International Standards ···························· （83）

　1. Interrogation and Human Rights ······················ （84）

　2. Arrest, Detention and Human Rights ·················· （87）

　3. Privacy and Criminal Investigation ·················· （91）

Section 2　Working Mechanisms ···························· （92）

　1. Protecting the Human Rights of Victims and Suspects
　　through Supervision of Opening of New Criminal Cases ······ （93）

　2. Protecting the Liberty and Property of Suspects and Wit-
　　nesses through Supervision of Criminal Investigation ········· （94）

　3. Protecting the Liberty of Suspects through Approval of Ar-
　　rest ······································ （95）

Section 3　Problems and Solutions ························ （98）

　1. Supervision of Unjustified Filing of Criminal Cases ········· （98）

　2. Preventing Unintended Evolution of Arrest and Detention
　　and Strictly Employ the two Measures ·················· （100）

　3. Correctly employ the alternative measures of arrest, to es-
　　tablish the review mechanism on the necessity after ar-
　　rest, and to reduce the pre – trial detention ············ （103）

　4. How to Eliminate the Torture ······················ （107）

Chapter Five　Investigation on Job Related Crimes and Human
**　　　　　　 Rights Protection** ···················· （111）

Section 1　International Standards ························ （112）

　1. Right to be Free from Torture, Cruel, Inhumane and De-
　　grading Treatment or Punishment ···················· （112）

　2. Prohibition of Deprivation of Liberty without Due Process ······ （113）

3. Detainees' Right to Humane and Non – degrading Treatment .... (114)

4. Right to be Viewed as Innocent until Convicted by a Court Following Due Process .... (115)

5. Protecting the Right to Defense .... (115)

6. Right to be Free from Unjustified Interference of Residence and Communication .... (116)

Section 2　Working Mechanisms .... (117)

1. Human Rights Protection in Preliminary Investigation .... (117)

2. Human Rights Protection in the Application of Coercive Measures .... (119)

3. Human Rights Protection inInterrogation .... (121)

4. Human Rights Protection in other Investigative Measures ...... (125)

5. The Protection of Right to Defense in the Investigation .... (129)

Section 3　Problems and Solutions .... (130)

1. About the Exclusion of Illegal Evidence .... (130)

2. Advancement of Investigative Techniques and Improvement ofEvidence Obtaining Skills .... (132)

3. The Specification and Application of Interrogative Tactics ...... (133)

Chapter Six　Public Prosecution and Human Rights Protection .... (136)

Section 1　International Standards .... (136)

1. Objective and Impartial Exercise of the Power of Public Prosecution .... (137)

2. Implement the Principle of Presumption of Innocence to Ensure Citizens are not Subject to Wrongful Prosecution .... (138)

3. Protection against Torture and Exclusion of Illegal Evidence ...... (138)

4. Guarantee Right to Defense by the Prosecuted .... (139)

5. Protect the Rights of the Victims .... (142)

6. Guarantee the Right to Speedy Trial .... (143)

Section 2　Working Mechanisms .... (143)

1. To Protect the Rights of Suspects and Defendants .... (143)

2. To Protect the Rights of Victims .... (147)

3. To Protect the Rights of Witnesses .... (149)

Section 3　Problems and Solutions .... (150)

1. Exclusion of Illegal Evidence and Human Rights Protection ⋯⋯ (150)

2. Properly Implement the Criminal Policy of Combining Leniency with Harshness, and Lay Equal Stress on the Punishment of Crime and the Protection of Human Rights ⋯⋯⋯ (157)

3. Protect the Litigation Rights of Victims as Part of Human Rights Protection in Prosecution ⋯⋯⋯⋯⋯⋯⋯⋯⋯⋯⋯ (163)

4. Make Efforts on Litigation Supervision, and Equally Protect the Human Rights of the Parties and other Litigant Participants ⋯⋯⋯⋯⋯⋯⋯⋯⋯⋯⋯⋯⋯⋯⋯⋯⋯⋯ (166)

Chapter Seven   Supervision on Criminal Execution and Human Rights Protection ⋯⋯⋯⋯⋯⋯⋯⋯⋯⋯⋯ (173)

Section 1   International Standards ⋯⋯⋯⋯⋯⋯⋯⋯⋯⋯⋯ (174)

1. To Protect the Right to Receive Humane Treatment ⋯⋯⋯ (174)

2. To Protect the Right to Proper Material Wellbeing ⋯⋯⋯⋯ (175)

3. To Protect the Right to Labor ⋯⋯⋯⋯⋯⋯⋯⋯⋯⋯⋯⋯ (176)

4. To Protect the Right to Make Request or Complain ⋯⋯⋯⋯ (176)

5. To Protect the Right of Property ⋯⋯⋯⋯⋯⋯⋯⋯⋯⋯⋯ (176)

6. To Protect the Right of Education ⋯⋯⋯⋯⋯⋯⋯⋯⋯⋯⋯ (177)

7. To Protect the Right to External Contact ⋯⋯⋯⋯⋯⋯⋯⋯ (177)

Section 2   Working Mechanisms ⋯⋯⋯⋯⋯⋯⋯⋯⋯⋯⋯⋯ (177)

1. To Thoroughly carry out Supervision on Criminal Execution ⋯ (177)

2. To Prevent and Rectify Prolonged Detention ⋯⋯⋯⋯⋯⋯ (186)

3. To Supervise Detention Staff's Conduct and Rectify Wrongdoings ⋯⋯⋯⋯⋯⋯⋯⋯⋯⋯⋯⋯⋯⋯⋯⋯⋯⋯⋯⋯⋯ (187)

4. To Receive and Process Complaints and Accusations ⋯⋯⋯ (188)

Section 3   Problems and Solutions ⋯⋯⋯⋯⋯⋯⋯⋯⋯⋯⋯ (189)

1. To Make clear of the Fundamental Purpose of the Supervision on Criminal Execution ⋯⋯⋯⋯⋯⋯⋯⋯⋯⋯⋯ (189)

2. To Make efforts to the Supervision Focuses on Criminal Execution ⋯⋯⋯⋯⋯⋯⋯⋯⋯⋯⋯⋯⋯⋯⋯⋯⋯⋯⋯ (190)

3. To Exercise Prosecution Functions and Enhance the Effects of the Supervision on Criminal Execution ⋯⋯⋯⋯⋯ (193)

Contents

**Chapter Eight   Prosecution of Corruption Cases Exposed by In-
formants and Human Rights Protection** ·················· （198）

Section 1   International Standards ························· （198）

1. To Enhance Public Awareness of the Severity and Threat
   of Corruption ······································· （201）

2. To Establish an Anti‒corruption Institution and a Mecha-
   nism for the Public to Inform ······················ （203）

3. To Improve Informant Protection ··················· （204）

Section 2   Working Mechanisms ························· （206）

1. To Create Reporting Network for Informants to Expose
   Corruption or Make Accusations ····················· （206）

2. To Follow Strict Procedures so as to Protect the Privacy of
   Informants ·· （209）

3. To Enforce Laws Strictly so as to Safeguard Informants'
   Personal Safety ····································· （210）

4. To Provide Timely Feedbacks so as to Protect Informants'
   Right to Know ······································ （212）

5. To Give Financial Awards to the Informants ············ （213）

6. To Stay within Strict Confines so as to Protect the Liberty
   and Property of the Accused ························· （214）

7. To Keep Information Confidential so as to Protect the Rep-
   utation of the Accused ······························ （215）

Section 3   Problems and Solutions ····················· （216）

1. Low Priority Restraining the Development of the Informant
   System ··· （216）

2. Leakage of Sensitive Information Endangering the Informants ··· （218）

3. Low Rate of Ensuing Investigation as a Disincentive to the
   Exercising of Informants´Rights ····················· （220）

Chapter Nine   Criminal Complaints and Human Rights Protection ··· （223）

Section 1   International Standards ····················· （224）

Section 2   Working Mechanisms ····················· （225）

1. The System of Criminal Case Appeals and Human Rights
   Protection ·· （225）

2. The System ofReceiving Litigation – related Petition Letters
and Human Rights Protection ·················· (228)

3. The System of Criminal Restitution and Human Rights Pro-
tection ··· (230)

Section 3　Problems and Solutions ························ (231)

1. Problems in the System of Criminal Case Appeals and So-
lutions ··· (231)

2. Problems in the System ofReceiving Litigation – related Peti-
tion Letters and Solutions ····························· (235)

3. Problems in the System of Criminal Restitution and Solu-
tions ·· (239)

**Chapter Ten　Prosecutorial Supervision on Civil Litigation and
Human Rights Protection** ·················· (246)

Section 1　Legal Provisions for Human Rights Protection in
Prosecutorial Supervision on Civil Litigation ·········· (246)

1. International Standards ································· (246)

2. China's Legislation for Prosecutorial Supervision on Civil
Litigation ·· (247)

3. Analysis of the Mechanisms for Human Rights Protection
in Prosecutorial Supervision on Civil Litigation ·········· (249)

Section 2　Working Mechanisms ························ (252)

1. Basic Content ·· (252)

2. Basic Approaches ····································· (254)

3. Current Achievements and Basic Requirements ·········· (259)

Section 3　Problems and Solutions ························ (263)

1. Existing Problems ····································· (263)

2. Solutions ·· (264)

**Chapter Eleven　Prosecutorial Supervision on Administrative Liti-
gation and Human Rights Protection** ·········· (269)

Section 1　Legislations concerning the Human Rights Protec-
tion in Prosecutorial Supervision on Administrative
Litigation ·· (269)

1. International Standards ································· (269)

2. Domestic Stipulations concerning the Prosecutorial Supervision on Administrative Litigation ⋯⋯⋯⋯⋯⋯⋯ (270)

Section 2　Working Mechanisms ⋯⋯⋯⋯⋯⋯⋯⋯⋯⋯⋯ (274)

1. To Protect Human Rights by way of Supervision on Administrative Litigation ⋯⋯⋯⋯⋯⋯⋯⋯⋯⋯⋯⋯⋯ (275)

2. To Realize the Human Rights Protection by way of Indirect Supervision on the Accused Illegal Acts ⋯⋯⋯⋯⋯⋯ (279)

3. To Realize the Human Rights Protection by way of Direct Supervision on Administrative Enforcement Behavior ⋯⋯⋯⋯ (281)

Section 3　Problems and Solutions ⋯⋯⋯⋯⋯⋯⋯⋯⋯⋯ (282)

1. To Regulate the Power of Prosecutorial Protest, so as to Play a better Role in the Supervision on Executive Power and Human Rights Protection ⋯⋯⋯⋯⋯⋯⋯⋯⋯ (282)

2. To Empower the Prosecution Service the Power of Initiating and Supporting Administrative Public Prosecution ⋯⋯⋯⋯ (285)

3. To Integrate Administrative Prosecutorial Operating Mechanisms, and Build up a Complete Chain in the Supervision on Administrative Power and Human Rights Protection ⋯⋯ (288)

Chapter Twelve　Protection of Victims' Rights ⋯⋯⋯⋯⋯ (292)

Section 1　International Standards ⋯⋯⋯⋯⋯⋯⋯⋯⋯⋯⋯ (293)

1. Evolution of International Standards for the Protection of Victims' Rights ⋯⋯⋯⋯⋯⋯⋯⋯⋯⋯⋯⋯⋯⋯⋯ (293)

2. Prosecutors' Role in Protecting Victims' Rights ⋯⋯⋯⋯ (297)

Section 2　Working Mechanisms ⋯⋯⋯⋯⋯⋯⋯⋯⋯⋯⋯ (298)

1. The Position as Parties and Litigation Rights of Victims in Criminal Proceedings ⋯⋯⋯⋯⋯⋯⋯⋯⋯⋯⋯⋯ (298)

2. The Protection to Victims and Their Close Relatives as well as the Victims Appearing at Court as Witnesses ⋯⋯⋯⋯ (300)

3. The Protection of Victims' Rights in Criminal Case Reconciliation ⋯⋯⋯⋯⋯⋯⋯⋯⋯⋯⋯⋯⋯⋯⋯⋯ (303)

4. To Protect the Restitution Rights of Victims to Their Lawful Property ⋯⋯⋯⋯⋯⋯⋯⋯⋯⋯⋯⋯⋯⋯⋯ (308)

Section 3　Problems and Solutions ···································· (310)

  1. Lack of Legislation to Establish Victims' Right to Seek
    Damages on Mental Stress ································· (310)

  2. Lack of State Compensation System and Channels for Vic-
    tims to Access Financial Assistance and How to Improve ······ (311)

  3. Lack of Legislations and its Improvement of Legal Aid to
    Victims under Criminal Procedure Law ·················· (315)

Chapter Thirteen　Protection of Witnesses' Human Rights ············· (319)

Section 1　International Standards ································· (319)

  1. Non Self – incrimation ····························· (320)

  2. Protection of Witnesses' Safety ···················· (322)

Section 2　Working Mechanisms ································· (323)

  1. Scope and Legal Status of Witnesses in China's Criminal
    Proceedings ····································· (323)

  2. Existing Mechanism for Witnesses Protection in the Prose-
    cution ··· (325)

Section 3　Problems and Solutions ······························· (329)

  1. Problems in Witnesses Protection ···················· (329)

  2. Solutions ······································ (331)

Chapter Fourteen　External Supervisions of Prosecutorial Work
and Human Rights Protection ·············· (334)

Section 1　Overview of Existing External Supervisions of Prose-
    cutorial Work ···································· (334)

Section 2　Innovation and Improvement of External Supervisions
    of Prosecutorial Work ······················· (337)

  1. The System of People's Prosecutors ·················· (337)

  2. Values of the System of People's Prosecutors ··········· (339)

  3. Improvement of the System of People's Prosecutors ········· (343)

Part Three　Human Rights Protection for Special Groups

Chapter Fifteen　Protection of Women's Human Rights ·············· (353)

Section 1　International Treaties and Instruments for Women's
    Human Rights ···································· (354)

  1. CEDAW and its Optional Protocol ··················· (354)

2. Declaration on the Elimination of Violence against Women ······ （357）

3. Vienna Declaration and Program of Action ····················· （358）

4. Other International Treaties and Instruments ················· （360）

Section 2　China's Legislation and Policy Papers for Protecting

Women's Human Rights ································· （361）

1. International Treaties Signed or Ratified by China ············ （361）

2. China's Law on the Protection of Women's Rights and In-

terests ··· （362）

3. the Criminal Law and the Criminal Procedure Law ············· （366）

4. Other Laws and Policy Papers ····························· （368）

5. Current Status of Women's Human Rights in China ··········· （369）

Section 3　Prosecutors' Role in Protecting Women's Human

Rights in Prosecutorial Work ······················· （371）

1. Prosecutorial Work and Women's Human Rights ············· （371）

2. Problems and Solutions ································· （372）

Chapter Sixteen　Protection of Minors' Human Rights ··········· （378）

Section 1　International Treaties and Instruments for Minors'

Human Rights ······································ （379）

1. Convention on the Rights of Child and its Two Protocols ······ （379）

2. Documents Relating to Juvenile Justice ··················· （382）

Section 2　China's Laws and Policy Papers for Juvenile Justice ······ （385）

1. International Treaties and Instruments Signed or Ratified

by China ··· （385）

2. The Legislative History and Content of Chinese Law on the

Protection of Minors ····································· （387）

3. The Criminal Law and the Criminal Procedure Law ··········· （390）

Section 3　Prosecutors' Role in Protecting Minors' Human

Rights in Prosecutorial Work ······················· （403）

1. Prosecutorial Work and Protection of Minors' Human Rights

··· （403）

2. Problems and Solutions ································· （405）

Chapter Seventeen　Protection of Ethnic Minorities' Human Rights ······ （413）

Section 1　International Treaties and Instruments for Ethnic

Minorities' Human Rights ··························· （414）

1. Content of Specific International Treaties and Instruments ··· (414)

2. Regional Protection of Ethnic Minorities' Human Rights ········· (417)

3. The Principles on the Protection of Ethnic Minorities: Equality, Non – discrimination and Special Protection ··········· (418)

Section 2   China's Legislations and Policy Papers for Ethnic Minorities' Human Rights ····················· (419)

1. International Treaties and Instruments Signed or Ratified by China ··· (419)

2. China's Constitution and the Ethnic Autonomous Region Law ·· (420)

3. Criminal Law and Criminal Procedure Law ····················· (423)

4. Other Laws and Policy Papers Relating to Ethnic Minorities' Human Rights ··· (424)

5. Current Status of Human Rights Protection for Ethnic Minorities ··· (427)

Section 3   Prosecutors' Role in Protecting Ethnic Minorities' Human Rights in Prosecutorial Work ··················· (428)

1. Prosecutorial Work and Protection of Ethnic Minorities' Human Rights ··· (428)

2. Problems and Solutions ····························· (430)

第一编

检察官与人权

第一章 人权概说

相关依据导引

★ **国际文件**

《联合国宪章》（1945 年 10 月 24 日生效）

《世界人权宣言》（1948 年 12 月 10 日第三届联合国大会通过）

《经济、社会和文化权利国际公约》（1966 年 12 月 16 日第二十一届联合国大会通过）

《公民权利和政治权利国际公约》（1966 年 12 月 16 日第二十一届联合国大会通过）

第一节 关于人权

一、什么是人权

自从 1945 年《联合国宪章》第一次将"人权"一词引入国际法领域，人权问题与人权保护已越来越成为当今世界的主流话语。然而谈到人权，至今国际社会仍然没有一个被所有人普遍认同的关于"人权"的定义。原因其实不难理解，由于研究者来自不同的国度，具有不同的文化背景、知识层次，关注的角度和分析问题的方法不同，所得出的结论也是各异。但是，概括而言，定义"人权"离不开两个基本要素，即"人"和"权利"。

人权的主体是"人"。人权首先是基于"人之为人"这一自然属性，平等地适用于人类社会中所有的人，正如《世界人权宣言》第 2 条所载明的，"不分种族、肤色、性别、语言、宗教、政治或其他见解、国籍或社会出身、财产、出生或其他身份等任何区别……"。这一意义上的"人"的概念是在打破狭隘的国家、民族、地域观念，打破对人的阶级、地位、财产的划分，打破人的信仰、理念的分歧和对立的基础上形成的一个统一的人的观念。所以，人权概念中的"人"，是不讲或者忽视现实社会中人与人的差别的"人"，或者说是"普遍的人"。此外，人除了具有自然属性，同时还具有社会属性。任何人都不可能孤立地生活着，必然与特定的社会相联系，因此，"人权是人依其自然属性和社会本质所享有和应当享有的权利"已成为中国学者中有代表性的观点①。

定义人权的第二个要素，即人权的客体是"权利"。这里所标示的权利强调的是其对于"人"的生存和发展的必要性和基本性，而非所有一般意义上的对他人无害的行为。人权源于人的本性与尊严，是人所固有的、与生俱来的权利，也是人的生存和发展所必需的、基本的、不可剥夺的权利。可以说，人的生命保全、人身自由、身体健康、言论自由、享有财产、得到救济、受到教育，对人的生存、发展而言都是必不可少的最基本的行为和利益。享有这些行为自由和利益，是一个普遍意义上的"人"存在的最低标准或最基本条件。因此，人权对人的生存、发展而言是最必要、最基本的行为和利益，也就是一些最基本的权利。我们反对把一切权利都归为"人权"的做法，人权概念如果被过于泛化，就会失去其本身的意义和价值。

按照目前国际社会所确立的共同标准，包括"国际人权宪章"在内的一系列重要国际人权文件所载明的"基本人权与自由"至少包括如下各项：生命权；自由权；人身安全权；免受酷刑或其他残忍、不人道或有辱人格的待遇或处罚权；免受任意逮捕或拘禁权；接受公正审判权；免受歧视权；受法律平等保护权；私有财产权；隐私、住宅或通信不受任意干预权；国籍权；选举和参与公共事务权；工作权；受教育权；婚姻家庭权；享有适当生活水准权；社会保障权；健康权；文化权；休息的闲暇权；人民自决权；发展权；环境权；和平与安全权；思想、良心和宗教自由；言论、出版、结社和集会自由；等等。这些权利与自由是人类享有尊严生活和实现其基本价值的必要前提。其中的每一项权利与自由都需要受到平等保护。当然，不同的个体、不同的国家，在不同的社会条件和不同的历史发展阶段中会产生其对某些权利的优先选择，但这并不意味着各项"基本人权与自由"之间有高低、主次之分，他们彼此都是无法替代且相辅相成和不可分割的。

纵观人权保护的发展史，人权概念从其产生至今二百多年的时间中，人权的内容已经十分广泛。但是，上述各项权利与自由并不是在同一时期得到认可和确定的，它们是在人类为其尊严和价值不断进行斗争的过程中逐步得以实现的。

据此，联合国人权与和平司干事卡雷尔·瓦萨克（Karel Vasak）提出了"三代人权"的观点，对于研究人权概念的演进过程十分有价值。按照瓦萨克

---

① 参见刘海年、王家福主编：《中国人权百科全书》，中国大百科全书出版社1998年版；李步云主编：《人权法学》，高等教育出版社2005年版，第37～46页。

的理论，第一代人权观形成于 18 世纪资产阶级革命时期，以法国《人权宣言》和美国宪法为代表，主要包括平等权、言论自由权、出版自由权、财产权神圣不可侵犯等。这一代人权被称之为"消极权利"，以自由权为本位，其主题是以个人的自由权对抗公权力的干涉，在自由资本主义时期达到了顶峰。第二代人权是国际共产主义运动下形成的人权观，以苏联宪法、国际劳工组织通过的国际公约为代表，主要包括就业权、劳动权、物质帮助权、受教育权、参政权、同工同酬权、社会保障权等。第二代人权被称之为"积极权利"，以生存权为本位，其主题是要求国家采取积极行动，保障公民的"经济、社会和文化权利"，这一代人权尤为社会主义国家所提倡。第三代人权出现于二战后的反殖民化运动中，其内容包括民族自决权、发展权、和平权、环境权等，主要表现在《联合国宪章》、《给予殖民地国家和人民独立宣言》、《公民权利和政治权利国际公约》、《经济、社会和文化权利国际公约》等相关文件中。瓦萨克的"三代人权"观可以让人们清晰地看到人权作为权利不同的发展阶段。由于每个国家发展程度的差异，在人权的侧重内容上必然会有所不同。这一点，在东西方国家之间不同的人权价值定位上有明显的体现。①

二、尊重、保护和实现人权是国家的基本义务

虽然如上所述，人权问题早已进入了国际领域，然而无论针对哪一项具体人权，其最佳保障和维护仍然来自于国内，或者说，主权国家承担着人权保障的最主要的责任。不同于其他国际法问题，一国与"在其领土内和受其管辖的一切个人"之间的权利义务关系是"人权"这一特殊领域的主要法律关系。在这一关系中，国家负有首要义务。虽然国际人权法确立了人权保护的国际标准及实施机制，但是由于人权保护的特殊性，国家始终是实现人权的最主要的义务主体。国家保障人权的义务和责任包括尊重、保护和实现等多方面的内容。尊重人权的义务是指国家避免和自我控制对个人自由的侵害；保护的义务是指国家防止和阻止他人对个人权利侵害的义务；实现的义务则是指国家为在

---

① 西方人权学者对"三代人权"学说的意见有很大分歧。许多人不同意将前两代人权分为"消极的人权"和"积极的人权"，还有人反对将经济、社会和文化权利特别是第三代集体权利列入人权。讨论公民权利、政治权利与经济、社会和文化权利这两大类权利之间的关系和地位，以及"三代人权"的学说时，都涉及个人权利与集体权利、自由权与平等权的关系，以及是否承认发展权的问题。在这些问题上，东西方国家人权思想之间存在较大分歧，西方人权学者之间也有不同观点。

整体上促进基本人权而应采取一定措施的义务①。从法律角度讲，国家尊重、保护和实现人权的基本义务主要源自于各国所批准或加入的国际人权条约，以及国际习惯法规则和一般法律原则。具体而言，可从以下三个方面理解：

（一）各国根据《联合国宪章》承担尊重和保障人权的原则性义务

《联合国宪章》在其序言的第二段宣布："……重申基本人权，人格尊严与价值，以及男女与大小各国平等权利之信念……"；同时，第1条第3款又将"促成国际合作，……增进并激励对于全体人类之人权及基本自由之尊重"列为联合国的基本宗旨之一。这些文字并不只是空洞的原则性声明，因为《宪章》是一项对所有会员国都具有法律拘束力的条约，因此，各会员国自加入联合国之日起，即担允采取共同合作及个别行动，以达成促进"全体人类人权及基本自由"之目标的宪章下的义务。

（二）国家根据其批准或加入的国际人权条约承担尊重和保护人权的义务和责任

所有国际人权条约都确立了相关权利保护的国际标准，同时规定了缔约国权利保障的义务。如《经济、社会和文化权利国际公约》第2条规定，"每一缔约国家承担尽最大能力个别采取步骤或经由国际援助和合作……采取步骤，以便用一切适当方法，尤其包括用立法方法，逐渐达到本公约中所承认的权利的充分实现"。再如《公民权利和政治权利国际公约》第2条规定，"每一缔约国承担尊重和保证在其领土内和受其管辖的一切个人享有该公约所承认的权利……凡未经现行立法或其他措施予以规定者，每一缔约国承担按照其宪法程序和公约规定采取必要的步骤，以采纳为实施公约所承认的权利所需的立法或其他措施"；"本公约每一缔约国承担：（甲）保证任何一个被侵犯了本公约所承认的权利或自由的人，能得到有效的补救……"。这些条约均对缔约国具有法律上的约束作用，任何主权国家一经批准或加入某一国际人权条约，即承担相应权利保障的国际义务。

（三）国家根据其他国际人权文件承担保护和实现人权的义务和责任

如1986年的《发展权利宣言》规定了国家的主要责任是"创造有利于各国人民和个人发展的条件"。宣言在第3～8条具体规定了各国保障发展权的主要责任。1984年《人民享有和平权利宣言》宣告，"维护各国人民享有和平的权利和促进实现这种权利是每个国家的根本义务"，各国有责任消除战争，尤其是核战争威胁，放弃在国际关系中使用武力，要积极争取以和平方式解决

---

① 参见［日］大沼保昭：《人权、国家与文明》，王志安译，三联书店2003年版，第220页。

国际争端。这些宣言以及其他非条约性质的国际人权文件虽然不具有法律约束力，但由于它们是联合国大会通过的，是世界上各主要法律体系和文化价值观的共同表述，因而对于国家的人权实践具有普遍的指导意义。

由此可见，尊重、保护和实现人权并不仅仅是国家的一种道义上的义务，而更是约束一切国家权力的规范要求，是一种法的义务。对此，许多国家都在国内法层面给予了原则性的规定。[①] 然而，国家尊重、保护和实现人权，具体还需要依靠所有行使国家权力的机关，包括行政、立法和司法机关的综合力量。虽然一些国家建立了专门的国家人权机构，以弥补"以司法控制来达到人权价值不受侵犯"[②] 的制度上的缺陷，但在目前许多国家的人权保护架构中，司法机关仍然起着至关重要的作用，司法程序依然是尊重和保障人权价值的一种基本形式。

三、人权的国内保护与国际保护

应该说，人权从其最初产生一直就是国内范围管辖的事项，而且就人权的本质及其属性而言，国际社会始终承认人权是一国主权范围内的事情，应该由一国政府承担在其领土管辖范围内的所有人的"基本人权与自由"之保护义务。然而，人权又为什么需要国际保护呢？可以说，第二次世界大战是促成国际人权保护机制形成的直接原因。通过二战人们认识到，人权保护虽然从本质上说是一国主权范围内的事情，但是，仅有人权的国内保护是远远不够的，因为主权随时都有滥用和失控的可能，而一国大规模侵犯人权的事实，比如殖民主义、战争侵略、种族歧视、贩卖奴隶、灭绝种族、国际恐怖主义等行为，不但祸及一方，还会最终导致国际冲突和战争，从而从根本上威胁人类的和平甚至生存。因此，当一国的人权状况不断恶化，或存在严重以及大规模侵犯人权事实的情况下，人权问题就会越出国界，而成为国际法所关注的事项。二战后，国际社会先后制定了一系列有关人权国际保护的标准及其实施机制，以确保某些恐怖和大规模侵犯人权的暴行尽可能不再重演，使人类社会能够在和平的环境中获得发展。

---

① 如 1993 年《俄罗斯宪法》第 2 条规定："人、人的权利与自由是最高价值。承认、遵循和捍卫人与公民的权利和自由是国家的义务。"自美国《独立宣言》和法国的《人权宣言》之后，在宪法中明文承认并特别保护基本人权的做法已在许多国家广为流传。

② 《韩大元教授接受本报记者采访时提出——应建立相对独立的国家人权保护机构》，载《检察日报》2005 年 10 月 25 日。

第二节　人权保护的国际标准及其监督和实施机制

一、人权保护的国际标准

人权的国际保护是指各国和国际组织根据国际法签订国际人权条约，并为实现基本人权而承担特定的或普遍的国际合作义务，同时对违反国际人权条约义务、侵犯人权的行为加以防止和惩治的活动。二战后，在联合国的主持下，国际社会通过了一系列旨在保护基本人权与自由的条约、宣言、原则以及最低限度规则，为人类确立了人权保护的国际标准。这些标准构成了人权国际保护的法律基础，也赋予了各主权国家或国际组织保护人权的国际义务和责任。

（一）《联合国宪章》

严格意义而言，《联合国宪章》并不是一项专门的国际人权条约，但由于其是人类历史上第一次以普遍性国际公约的形式对人权问题作出了原则性的规定，因此，一直以来都被认为是人权国际保护的法律基础。[①] 由于两次世界大战，特别是二战中对基本人权的恣意践踏，使得人们清醒地认识到：一国大肆侵犯人权的事实如果不加以有效地制止，则会殃及其他国家乃至整个世界，尊重人权与维护世界和平密切相关。正因为如此，二战后成立的联合国才将人权事项作为其关注的主要问题之一。

《联合国宪章》在其序言中开宗明义地讲到，"欲免后世再遭今代人类两度身历惨不堪言之战祸，重申基本人权，人格价值与尊严……"，同时将"增进并激励对于全体人类之人权及基本自由之尊重"列为联合国的宗旨之一，并在此方面促进国际合作。其第 55 条规定："为造成国际间以尊重人民平等权利及自决原则为根据之和平友好关系所必要之安定及福利条件，联合国应促进……全体人类之人权及基本自由之普遍尊重与遵守，不分种族、性别、语言或宗教。"同时，第 56 条明确："各会员国担允采取共同及个别行动与本组织合作，以达成第五十五条所载之宗旨。"

《联合国宪章》将保障人权的责任交给了联合国大会及其经济及社会理事会，为此，第 13 条第 1 款规定："大会应发动研究，并作成建议……助成全体人类之人权及基本自由之实现。"第 62 条第 2 款规定经社理事会"为增进全体人类之人权及基本自由之尊重及维护起见，得做成建议案"；同时第 68 条

---

① 参见［英］伊恩·布朗利：《国际公法原理》，曾令良、余敏友等译，法律出版社 2003 年版，第 498 页。

授权经社理事会"设立……以提倡人权为目的之各种委员会"，这一规定为后来联合国架构中的人权保护职司机构——"人权委员会"的成立提供了法律依据。

受历史原因限制，《联合国宪章》并未给出"人权"的定义，也没有对成员国的人权保护义务作出具体的规定，更没有明确人权保护的实施和保障机制。但是，其确立了人权保护国际化、普遍化的理念，标志着人权问题正式进入国际法领域，并由此促进了国际人权法的形成。《联合国宪章》中有关人权问题的原则性规定也成为之后所有国际人权条约的法律源泉，并为联合国在人权领域的活动提供了持续的法律依据。[①]

（二）国际人权宪章

国际人权法领域通常将几个具有基石性作用的国际人权文件统称为"国际人权宪章"，包括1948年的《世界人权宣言》、1966年的《经济、社会和文化权利国际公约》和《公民权利和政治权利国际公约》及两公约的任择议定书。"国际人权宪章"堪称联合国人权保护的核心性文件，全面体现了联合国人权保护标准。"国际人权宪章"之后制定的一系列国际人权文件无不以其为基础，"国际人权宪章"因而也成为启迪其他各项人权条约的源泉。

1. 《世界人权宣言》

为弥补《联合国宪章》中没有给出"基本权利与自由清单"的缺憾，联合国人权委员会用了三年时间起草了《世界人权宣言》草案，并于1948年12月10日由联合国大会正式通过。[②]《世界人权宣言》全文共30条，详细列出了"基本人权与自由"一览表，不仅包括生命权、免受奴役权、免受酷刑及其他残忍、不人道或有辱人格的待遇或处罚权、受法律平等保护权、思想、良心和宗教自由等"公民权利和政治权利"，还包括工作权、同工同酬权、获得公正、合理的报酬权、组织和参加工会权、受教育权以及享受适当生活水准权等"经济、社会和文化权利"。

《世界人权宣言》作为人类历史上第一份人权文件，系统地阐明了尊重和保护基本人权的具体内容，首次提出了所有国家、所有人民应当努力实现的共同的人权标准。《世界人权宣言》的通过，标志着人权问题全面地进入了国际法领域，成为国际社会共同关注的事项，因而，是人类人权保护事业发展史上的重要里程碑。虽然《世界人权宣言》在其性质上并不具有人权条约的法律效力，但由于其构成了其他普遍性国际人权条约及区域性人权条约的基础，因

---

① 参见张爱宁：《国际人权法专论》，法律出版社2006年版，第86页。
② 12月10日随后被宣布为"联合国人权日"。

此被许多学者认为已演变为习惯国际法，而对所有国家都具有法律约束力。[①]

2. 国际人权"两公约"

1966 年由联合国大会同时通过的《经济、社会和文化权利国际公约》（以下简称 A 公约）[②] 和《公民权利和政治权利国际公约》（以下简称 B 公约）[③] 构成了一部详细的人权法典。这是人类历史上第一次通过具有法律拘束力的人权条约，是对《世界人权宣言》内容的进一步完善和法律化。两公约的通过标志着人权保护在国际上从无法状态进入了有法时代，因而，在国际人权法的发展史上具有极其重要的意义。

两公约第 1 条第 1 款都规定，"所有民族都有自决权，根据此种权利，自由决定其政治地位并自由从事其经济、社会和文化之发展"。这是国际公约第一次将自决权这种集体人权规定为一项基本人权，是对《联合国宪章》所规定的联合国宗旨之一，即"发展国际间以尊重人民平等权利及自决原则为依据之友好关系"的具体体现。

A 公约详尽地规定了各项经济、社会和文化权利，包括：工作权；享受公正与良好的工作条件权，特别是妇女与男子同工同酬，以及休息和闲暇的权利；组织工会和参加工会权、罢工权；社会保障和保险权；对家庭的保护与协助，儿童和母亲要受特别保护；享受适当的生活水准权，包含适当的衣食住、不断改善的生活环境和免于饥饿的权利；身体与心理健康权；受教育权；逐步实行初等义务教育；参加文化生活和享受科学进步利益的权利。为了实现 A 公约中所保护的各项权利，其第 2 条至第 4 条专门规定了缔约国的义务。A 公约要求各缔约国应"尽最大能力个别采取步骤或经由国际援助和合作，特别是经济和技术方面的援助合作，采取步骤，以便用一切适当方法，尤其包括立法方法，逐渐达到本公约中所承认的权利的充分实现"。可见，公约侧重于要求缔约国政府采取主动、积极的措施，以创造条件来保护公民的经济、社会和文化权利。一般认为，A 公约中所确认的各项权利属于"渐进权利"，即缔约国批准或加入公约后，并不承担将公约中所列举的权利立即付诸实施的义务，

---

① Thomas J Buergenthal, International Human Rights Law, West Group, 2002, 3rd ed., p.41. 转引自孙世彦：《论习惯国际人权法的重要性》，载《法制与社会发展》2000 年第 2 期。

② 根据 A 公约第 27 条规定，公约于 1976 年 1 月 3 日正式生效。截至 2012 年 12 月，已有 160 个国家批准或加入了该公约。

③ 根据 B 公约第 49 条规定，公约于 1976 年 3 月 23 日正式生效。截至 2012 年 12 月，已有 167 个国家批准或加入了该公约。

也有学者将此称之为"义务的非即时性"①。这表明，其一，公约所设定的各项权利，至少对于某些国家而言在短期内无法充分实现。但是尽管如此，公约依然为缔约国确立了尽可能迅速和有效地充分实现这些权利的明确义务。其二，"逐渐实现"的义务，要求缔约国最大限度地利用可获得的资源，毫不拖延地为实现公约的各项权利而积极努力。但是，"逐渐实现"绝不能理解为只有当一国达到某一经济发展水平时，才必须实现公约中所规定的权利，② 而是要求缔约国均有责任确保至少使每种权利的实现达到一个最基本的水平。即便是在资源匮乏和经济衰退的时候，缔约国也应当排除困难来保障公约所规定的每项权利的实现。③

与 A 公约不同，B 公约在规定缔约国义务的措辞上则显得更为"强硬"，为缔约国设立了诸多强制性义务，以限制和规范随意干涉公民权利和政治权利的行为。其第 2 条规定："本公约当事国承允并确保所有境内受其管辖之人……一律享受本公约所确认之权利。""公约每一缔约国承担按照其宪法程序和本公约的规定采取必要的步骤，以采纳为实施公约所承认的权利所需的立法或其他措施"，从而保证公约所保障的权利得以实现。同时还规定"每一缔约国承担保证任何一个被侵犯了本公约所承认的权利或自由的人，能得到有效的补救……"

B 公约第三部分中的 21 个条款分别规定了各项公民权利和政治权利，包括：生命权；免于酷刑、残忍和不人道待遇的自由；免予奴役和强迫劳工的自由；人身自由和安全权；被剥夺自由者享有人道待遇权；免予因债务而被监禁的自由；迁徙自由；外国人免予非法驱逐的自由；公正公开审判权、无罪推定、刑事被告最低限度保障权；禁止刑法的溯及效力；法律前的人格权；私生活不受干扰权；思想、良心和宗教自由；自由发表意见权；禁止鼓吹战争的宣传或煽动民族、种族或宗教仇恨；和平集会权和自由结社权；婚姻和家庭权；儿童受保护权；选举和被选举权、参政权；法律前平等和受法律平等保护；保护人种、宗教或语言的少数者的权利。这些实体性权利中，有近一半的权利涉及刑事司法制度，几乎涵盖了一个国家刑事实体法和程序法的最重要的内

第一章 人权概说

---

① 莫纪宏：《两个国际人权公约下缔约国的义务与中国》，载《世界经济与政治》2002 年第 8 期。

② 参见徐显明主编：《国际人权法》，法律出版社 2004 年版，第 78 页。

③ 参见莫纪宏：《国际人权公约与中国》，世界知识出版社 2005 年版，第 101～102 页。

容，① 因而成为各缔约国刑事司法领域中人权保护的最具纲领性的法律文件。

除《世界人权宣言》以及国际人权"两公约"外，"国际人权宪章"还包含三项"任择议定书"。按议定书通过的时间顺序分别为：《公民权利和政治权利国际公约任择议定书》②、《旨在废除死刑的公民权利和政治权利国际公约第二任择议定书》③，以及《经济、社会和文化权利国际公约任择议定书》。

1966 年的 B 公约第一任择议定书是历史上第一份规定了"个人来文制度"的国际人权文件，这项制度赋予那些声称 B 公约项下的权利受到侵害的个人直接向公约的监督机构——"人权事务委员会"提出个人申诉的权利，在创建国际人权监督机制方面迈出了重要的一步。

与 B 公约不同，A 公约自通过之日后四十余年中，除"缔约国报告制度"④ 外，从未制定过保障公约实施的其他监督机制，导致了个人或群体在这两种权利体系下的申诉能力截然不同。为了切实推动对经社文权利的保护，2008 年 12 月 10 日，第 63 届联合国大会表决通过了由人权理事会提交的《经济、社会和文化权利国际公约任择议定书》草案。议定书不仅增加了"个人来文制度"和"缔约国指控制度"两项条约监督机制，而且还设立了对严重的或系统性的经社文权利的侵害进行调查的程序以及在例外情况下为避免发生不可挽回的损害而采取临时措施的程序和跟踪申诉和调查结果的程序。这一系列创新使得公约权利救济机制的准司法性质大大加强，使经社文权利的可诉性在国际层面取得了突破性进展。⑤

1989 年 B 公约的第二任择议定书，正如其名称所表明的，旨在对生命权的保护。第二任择议定书认为，"废除死刑有助于提高人的尊严和促使人权的持续发展"，因而规定，所有缔约国应在其管辖范围内，采取一切必要的措施废除死刑。

需要明确的是，上述任择议定书并不是两公约的附件，而均作为独立的国际人权文件予以执行，需要主权国家单独批准或加入。截止到 2012 年 12 月，已经有 114 个国家批准或加入了 1966 年 B 公约第一任择议定书；第二任择议

---

① 参见岳礼玲：《〈公民权利和政治权利国际公约〉与中国刑事司法》，法律出版社 2007 年版，第 2 页。

② 1966 年与 B 公约同时通过，并于 1976 年与公约一同生效。

③ 1989 年 12 月 15 日第 44 届联合国大会表决通过，1991 年 7 月 11 日生效。

④ 联合国经社理事会根据条约精神，于 1985 年设立了"经济、社会和文化权利委员会"，专门负责审议缔约国提交的履约情况报告。

⑤ 参见王晨光、鞠成伟：《经济、社会和文化权利国际救济机制的新突破——〈经济、社会和文化权利国际公约任择议定书〉述评》，载《当代法学》2010 年第 4 期。

定书的缔约国也已达到 75 个。《经济、社会和文化权利国际公约任择议定书》目前尚未生效。①

（三）专门性国际人权条约

除"国际人权宪章"外，在联合国的主持下，国际社会又相继通过了一系列有关人权国际保护的专门性条约，包括：1948 年的《防止和惩治灭绝种族罪公约》、1965 年的《消除一切形式种族歧视公约》、1973 年的《禁止并惩治种族隔离罪行国际公约》、1979 年的《消除一切形式对妇女歧视国际公约》、1984 年的《禁止酷刑或其他残忍、不人道或有辱人格的待遇或处罚公约》、1989 年的《儿童权利公约》、1990 年的《保护所有移徙工人及其家庭成员权利国际公约》，以及 2006 年年底先后通过的《残疾人权利公约》② 和《保护所有人免遭强迫失踪的国际公约》。③ 这些人权条约的通过更加细化了"国际人权宪章"中所确立的相关权利的保障措施，对于加强对特殊群体的保护，以及在防止严重侵犯人权行为的发生等方面都起到了不可估量的积极作用。

（四）宣言、原则以及最低限度规则

除上述诸多国际人权条约外，联合国大会、经济及社会理事会、联合国预防犯罪和罪犯待遇大会，以及联合国教科文组织、国际劳工组织等联合国专门机构还分别通过了许多涉及人权保障国际标准的宣言、原则以及最低限度规则，建议各国政府在其国内立法及国家实践中考虑并遵守。其中涉及刑事司法领域的宣言、原则和规则主要有：

1. 囚犯待遇最低限度标准规则（1955 年 8 月 30 日通过）；

2. 执法人员行为守则（1979 年 12 月 17 日通过）；

3. 关于保护面对死刑的人的权利的保障措施（1984 年 5 月 25 日批准）；

4. 关于司法机关独立的基本原则（1985 年 9 月 6 日通过）；

5. 为罪行和滥用权力行为受害者取得公理的基本原则宣言（1985 年 11 月 29 日通过）；

6. 少年司法最低限度标准规则（《北京规则》）（1985 年 11 月 29 日通过）；

7. 保护所有遭受任何形式拘留或监禁的人的原则（1988 年 12 月 9 日通过）；

---

① 按照该议定书第 18 条的规定，议定书应于第 10 份批准书或加入书交存之日起 3 个月后生效，目前仅有 9 个国家批准了该议定书。

② 2008 年 5 月 3 日生效。

③ 2010 年 12 月 23 日生效。

8. 有效防止和调查法外、任意和即决处决的原则（1989 年 5 月 24 日通过）；

9. 执法人员使用武力和火器的基本原则（1990 年 12 月 14 日通过）；

10. 关于检察官作用的准则（1990 年 9 月 7 日通过）；

11. 关于律师作用的基本原则（1990 年 9 月 7 日通过）；

12. 非拘禁措施最低限度标准规则（《东京规则》）（1990 年 9 月 7 日通过）；

13. 预防少年犯罪准则（《利雅得准则》）（1990 年 12 月 14 日通过）；

14. 保护被剥夺自由少年规则（1990 年 12 月 14 日通过）；

15. 关于犯罪与司法：迎接二十一世纪的挑战的维也纳宣言（2000 年 4 月第十届联合国预防犯罪和罪犯待遇大会通过）；等等。

这些原则及规则虽然并不具有国际法意义上的法律拘束力，并因此被许多人权法学者称为"软法"，但是由于其均为联合国框架内通过的相关标准，反映了世界上绝大多数国家在人权保障领域内的共识，因而在规范各国人权实践，特别是在指导各国执法机关的人权保护工作方面起到了重要作用。

二、国际人权保护机制

除了确立被国际社会所普遍接受的人权保护标准外，国际人权法的另一项重要内容是，创设使国际人权文件所确立的权利得以尊重、保护和实施的监督机制。这对人权的国际保护而言是至关重要的，因为，如果一项权利得不到切实的实施和应有的保护，则该项权利的确立就是毫无意义的。

国际人权保护机制分为普遍性和区域性两种。前者专指联合国框架内的人权保护机制；后者指相关地区所形成的区域性人权保护机制，如欧洲人权法院、美洲人权委员会与美洲人权法院以及非洲人权和民族权委员会与非洲人权和民族权法院。

（一）联合国人权保护体系

和平、发展与人权是联合国事务的三大支柱。在人权问题上，联合国的中心任务是确保对"联合国人民"的人格尊严的充分尊重。联合国将人权事务视为一个中心任务，在和平与安全、发展、人道主义援助以及经济与社会事务等关键领域开展的工作都围绕着人权事务。目前，联合国框架内已形成了两套相对完善和成熟的人权保护监督及实施机制，即以《联合国宪章》为基础的人权保护机制，以及以各相关国际人权条约为基础的条约保护机构。

1. 以《联合国宪章》为基础的联合国人权保护机制

几乎所有的联合国机构和专门机构开展的工作都在一定程度上涉及人权保

护问题。此外，联合国框架内还设立了一些专门机构，以实现其人权国际保护的宗旨和目的。

（1）联合国大会

联合国大会（以下简称"联大"）在人权国际保护方面的职权依据是《联合国宪章》第10条和第13条。根据第10条的规定，大会"得讨论本宪章范围内之任何问题或事项，或关于本宪章规定之任何机关之职权，并除第十二条所规定外，得向联合国会员国或安理会或兼向两者，提出对该问题或事项之建议"。具体到大会在人权方面的权限范围，第13条规定，大会应"发动研究并提出建议：……以促进经济、社会、文化、教育及卫生各部门之国际合作，且不分种族、性别、语言或宗教，助成全体人类之人权及基本自由之实现"。

基于上述规定，作为联合国人权活动的最高机构，联大在国际人权保护方面发挥着十分重要的作用。大会的年会议程包括广泛的人权事项，大多来自人权事务职司机构报告中所涉及的人权问题，以及联合国其他主要机构或各会员国提交联大讨论的有关人权的事项。对于国际人权文件而言，联大事实上充当着"准立法机关"的角色。① 任何联合国人权公约或人权标准的创设动议都必须经联大表决，获多数票同意后方可通过。

（2）经济及社会理事会

经济及社会理事会（以下简称"经社理事会"）是联合国负责经济、社会事务的机构，依据《联合国宪章》，审议人权问题是其重要职能之一，为此，《联合国宪章》第68条授权经社理事会设立"以提倡人权为目的之各种委员会"。联合国人权委员会即是经社理事会为此目的于1946年而设立的职司委员会，专门负责人权事务。根据经社理事会决议，人权委员会的主要职责是：在人权方面为经社理事会提供服务，包括就草拟人权国际文书和就任何人权问题进行研究，并向经社理事会提出建议和报告。作为联合国人权问题的主管机关，人权委员会每届年会都要审议国际社会面临的各类人权问题，并通过相应决议。

人权委员会的成员国有53个，任期3年，每年改选1/3。其届会于每年春季在日内瓦召开，除成员国外，联合国的所有会员国都可派观察员参加。中国自1979年开始作为观察员出席人权委员会会议，并于1982年首次当选和参加了人权委员会的第38届会议，此后，中国一直连选连任。

人权委员会存在了60年，在普及和宣传人权意识、建立国际人权保护体系以及推动国际人权事业的发展等方面都作出了重要贡献。然而，在东西方"冷战"的大背景下，人权委员会也深深打下了时代的烙印，在很大程度上成

---

① 参见张爱宁：《国际人权法专论》，法律出版社2006年版，第203页。

为"冷战"的工具。"冷战"结束后，国际社会希望人权委员会尽快走出"冷战"阴影，真正致力于人权领域的国际合作，但不幸的是，人权委员会因政治对抗和双重标准而饱受诟病，人权问题政治化、选择性和双重标准反而愈演愈烈。个别国家滥用国别提案对他国施压已成为人权委员会的主要弊端，自1991年以来，人权委员会通过的100多项国别决议几乎全部针对发展中国家。"以提倡人权为目的"的人权委员会已成为南北激烈政治对抗的场所，与促进和保障人权的初衷背道而驰，导致了人权委员会的信誉不断下降，致使国际社会日益对其失去信心。2005年3月，前联合国秘书长安南在其联合国改革报告中，首次提出了设立"人权理事会"的建议。2006年3月联大通过决议，正式废除了已成立60年之久的人权委员会。

（3）人权理事会

根据2005年联合国首脑会议《成果文件》的要求，以及联大第60/251号决议而设立的人权理事会是联合国大会的下属机构，直接向联合国所有会员国负责，与之前的联合国人权职司机构——人权委员会设立在经社理事会之下相比，充分表明了联合国加强对人权事务的关注，以及进一步实现其"促进全体人类之人权及基本自由之普遍尊重"的宗旨和目的的决心。理事会由47个成员组成，名额依地域原则平均分配，由联大无记名投票直接选举产生。任期3年，经连续两任后不得连任。

人权理事会是联合国关于人权问题对话与合作的主要论坛。理事会工作的主要宗旨是：促进对所有人人权与基本自由的普遍尊重。具体职责包括：处理侵犯人权情况并提出建议；促进各国全面履行人权义务；推动联合国系统人权主流化；在与会员国协商同意后，帮助会员国加强人权能力建设，促进人权教育并提供技术援助，以及向联大提出进一步发展国际人权法的建议、提交年度报告等。

人权理事会区别人权委员会的一大特点是新增了"普遍定期审议制度"，以纠正人权委员会在国别人权问题上选择性的做法。"普遍定期审议制度"将在平等的基础上定期审查所有联合国会员国履行人权义务和承诺的情况，即世界各国一律平等，无论是发展中国家还是发达国家，每隔4年都需接受一次人权状况审议。理事会成员国在任期内必须接受普遍定期审议机制的审查。①

除"普遍定期审议制度"外，理事会的工作机制还包括特别程序、人权理事会咨询委员会以及申诉程序。

---

① 中国已于2009年2月在人权理事会第四届会议上接受了第一次人权状况的审议。目前，人权理事会已经启动对联合国193个成员国的第二轮国别人权审议，就中国人权状况的第二次审议预计应于2013年10月进行。

第一编　检察官与人权

特别程序继承自人权委员会。自 1967 年人权委员会初次设立南非问题特别专家工作组以来，在其存在的 60 年中，人权委员会先后派遣了 30 多名以私人身份独立工作的具有不同称谓的专家（特别报告员、特别代表、独立专家或工作组等），分赴显示存在大规模严重侵犯人权的国家境内进行了调查和监督。这些专家有权调查侵犯人权事件，并介入个别侵权案件和紧急状况之中。他们可与当局和受害者双方见面，并到现场收集证据。调查结束后，专家们将有权利用所有可靠的信息资源，包括个人指控和非政府组织提供的信息，向联合国人权职司机构或直接向联大起草报告。同时有权就全球范围内重大的侵犯人权事件和人权问题启动"紧急行动程序"，或就特定国家的人权状况进行考察、监测和报告，并在各国政府间进行调停。人权理事会继承了这种工作机制，并对原来的工作方法进行了优化。

人权理事会咨询委员会的前身是人权委员会"增进和保护人权小组委员会"。该小组委员会是经社理事会于 1946 年设立的，最初的名称为"防止歧视和保护少数小组委员会"，1999 年 7 月更为现名。小组委员会系人权委员会的下属机构，由 26 名以个人身份工作的独立专家组成，主要职能是对有关重要人权问题进行研究并向人权委员会提出报告。人权理事会成立后，决定成立咨询委员会取代人权小组委员会。新的咨询委员会由 18 名独立专家组成，基本继承人权小组委员会的职能，负责从事人权专题研究并向理事会提出咨询意见。与原人权小组委员会不同的是，咨询委员会不得通过任何决议或决定，只能作为智囊团向人权理事会提供专业知识，主要侧重于研究报告和以调研为基础的咨询意见，为理事会的工作提供建议。

申诉程序源自经社理事会的"1503 程序"。1970 年经社理事会通过了"1503 号决议"，该决议规定"防止歧视及保护少数小组委员会"不用依据条约，在经证明确实存在一贯和严重侵害基本人权的情形时，即有权受理个人申诉，即个人来文。经社理事会据此建立了人权委员会特有的来文审查机制——"1503 程序"。依据该程序，"防止歧视及保护少数小组委员会"下设"来文问题工作组"负责审议来文，如确认有合理证据表明存在对人权和各项基本自由的严重和证据确凿的侵犯行为，则需提交小组委员会，由其决定是否将该情势提交人权委员会。人权委员会可以自行研究并向经社理事会提出报告和建议，也可以在征得有关国家同意的情况下，任命一个特设委员会去进行调查。"1503 程序"的与众不同之处在于其接受来自个人、群体或非政府组织的来文控诉，且其所有工作程序都是秘密的，并在非公开会议上处理。人权理事会的成立并没有改变该程序的保密性，而是确立了来文可受理的 7 项标准，并设立了"来文工作组"和"情况工作组"处理有关事务。

（4）联合国人权事务高级专员

人权事务高级专员（以下简称"人权高专"）是依据 1993 年联大第 48/141 号决议而设立的，是联合国系统内负责人权事务的最高行政长官。由联合国秘书长任命，经联合国大会核准产生，任期 4 年。在联合国秘书长的领导下，人权高专对人权理事会负责，并通过理事会向联大负责。

根据联大决议，联合国人权高专的主要职责是负责开展联合国的各种人权活动。包括：促进和保护所有人切实地享有全部人权；推动人权事务方面的国际合作；鼓励和协调联合国系统内部的人权行动；协助制订新的人权标准；促进人权条约的批准。此外，人权高专还获授权处理严重侵权行为，并采取预防性行动和措施。人权高专在若干国家设有地方办事处，主要目标是确保国际人权标准在国家层面上得到实施。为此，人权高专及其地方办事处将协助各国建立国内人权机构并逐步加强国内人权保护能力。

2. 以国际人权条约为基础的条约保护机构

为了监督并保障各项国际人权条约的实施，多数条约都成立了其执行监督机构——条约委员会。目前，联合国框架内 7 个核心人权条约都设立了监督机构，分别是：根据《公民权利和政治权利国际公约》设立的"人权事务委员会"；联合国经济及社会理事会为监督《经济、社会和文化权利国际公约》执行情况设立的"经济、社会和文化权利委员会"；根据《消除一切形式种族歧视国际公约》设立的"消除种族歧视委员会"；根据《消除对妇女一切形式歧视公约》设立的"消除对妇女歧视委员会"；根据《禁止酷刑和其他残忍、不人道或有辱人格的待遇或处罚公约》设立的"禁止酷刑委员会"；根据《儿童权利公约》设立的"儿童权利委员会"，以及根据《保护所有移徙工人及其家庭成员权利国际公约》设立的"保护所有移徙工人及其家庭成员权利委员会"。

需要说明的是，这些依条约设立的人权条约监督机构并非联合国的专门机关或附属机构，而是分别根据各有关人权条约而设立的条约的实施机构，主要职责是审查、监督缔约国执行条约的情况，并有权在条约赋予其的权限范围内开展其他工作。各委员会均由"具有崇高道德地位和在人权领域具有专长"的、"由各缔约国推荐，并由缔约国大会选举产生"的专家组成。这些专家并不代表各缔约国，只以个人身份开展工作，以保证委员会工作的独立性与公正性。

为保障其条约赋予的监督职能的顺利实施，各条约监督机构都规定了相应的人权保护实施机制或制度，并据此开展工作。最主要以及最常见的机制有以下几项：

（1）报告及审查制度

几乎所有的人权条约都规定了报告及审查制度。根据该制度，各缔约国在条约对其生效后，必须根据条约规定递交执行情况报告，向委员会汇报本国为执行条约在立法、执法和行政等方面所作出的努力。报告递交后，由各条约机构负责审查并提出结论性意见和一般性建议。

（2）缔约国申诉制度

这是一项处理缔约国之间来文指控及和解的制度。依照相关条约规定，各条约机构有权受理来自一缔约国指控另一缔约国不履行条约义务的指控，但前提是有关缔约国须声明接受条约机构的这项权限。条约机构针对缔约国间的指控可提出斡旋，以便求得有关事项的友好解决。但如未能获得满意解决，经各有关缔约国同意后，条约机构可指派一个由专家组成的和解委员会进行和解。《公民权利和政治权利国际公约》、《经济、社会和文化权利国际公约任择议定书》（尚未生效）、《禁止酷刑公约》、《消除一切形式种族歧视公约》以及《保护所有移徙工人及其家庭成员权利公约》都规定了这项制度。

（3）个人来文制度

这项制度赋予条约机构审议由个人提出的针对某一缔约国违反条约义务、侵犯其条约权利指控的权力。条约机构的这项权力不是强制性的，按条约规定，缔约国得随时作出声明，承认条约机构的此项权限。条约机构在确认用尽国内救济手段之后可受理个人来文。条约机构将根据条约规定提请被控缔约国注意，收到通知的国家，应于一定期限内书面向委员会提出解释或声明。条约机构应参照相关个人来文及缔约国所提出的一切书面资料，向缔约国及提出指控的个人提出意见。《公民权利和政治权利国际公约任择议定书》、《经济、社会和文化权利国际公约任择议定书》（尚未生效）、《禁止酷刑公约》、《消除一切形式种族歧视公约》、《消除一切形式对妇女歧视公约》以及《保护所有移徙工人及其家庭成员权利公约》分别规定了这项制度。

此外，各条约机构还可以"一般性意见"或"一般性建议"的方式，对条约某些条款的范围和含义作出解释。虽然条约机构出具的这些意见或建议都不具有法律拘束力，但其在阐释条约精神、探寻立法原意以及促进各缔约国对条约义务的顺利履行方面则起到了十分积极的作用。

毫无疑问，条约机构的有效运作是充分实现联合国人权保障标准必不可少的条件，然而，无论在制度设计上还是在其具体运作过程中，目前几乎所有条约机制都存在着如下的缺陷和问题：第一，条约机构没有强制管辖权，造成人权标准实施监督的不力。第二，各人权条约的规定存在相同或相似之处，一方面造成缔约国因报告义务而产生大量的负担；另一方面也容易引发不同条约机构就相同或相似问题作出不同解释或表示不同程度关切的问题。第三，报告制度往往流于形式。条约机构只负责对缔约国提交的书面报告进行审查，而没有实地调查的权力，因而，对一些国家中实际存在的人权问题难以作出客观、真实的判断。此外，面对相当多的国家不履行报告义务的做法，条约机构无能为力，因为没有任何一个公约规定不提交、迟交或者报告内容失实的惩罚措施。第四，缔约国之间的指控制度形同虚设，各国基于政治及其他方面因素的考量，从不愿主动将这一制度付诸实施。第五，个人的权利主体资格存在缺陷。个人来文制度必须在缔约国声明接受条约机构该项权力管辖的情况下才发生作用，但事实上很多国家都没有接受这项管辖。第六，缺乏有效的救济措施。各条约中都未赋予条约机构针对缔约国侵犯人权的状况实施有效救济的措施。目前，许多国际人权法学者以及来自国际社会各个方面的声音都在呼吁，应尽可能赋予条约机构有关的权力以及措施，以加强和有效实现其在条约下的人权保障功能。

然而，在大力改革条约机构的工作效力和效率的呼声中，我们还必须认识到，加强各条约实施监督机制的作用只是手段不是目的。设立人权条约监督机构的初衷，是通过促进国家履行条约规定的义务，使各项条约权利在国家层面上得到实现。因而，条约机制对国家人权保护的监督仅是一种外部的促进因素，其作用的发挥无不受制于国家配合的程度。换言之，评估条约监督机制的有效性，要看该机制在多大程度上影响和促进了各缔约国的人权保护工作，而各项人权条约宗旨的实现应最终体现在国家人权保护水平的提高上。

（二）区域人权保护体系

1. 欧洲人权保障与监督实施机制

国际人权学者一般认为，根据 1950 年《保护人权与基本自由欧洲公约》（以下简称《欧洲人权公约》）建立的欧洲人权国际保护体系是当代国际人权保护中最有效的系统。在这个系统中，欧洲人权委员会负责调查政府或个人的申诉；欧洲人权法院负责审理涉及解释和应用《欧洲人权公约》的所有案件，并对案件作出终局的、有约束力的判决；欧洲理事会部长委员会则负责监督欧洲理事会所有成员国对《欧洲人权公约》的实施以及对欧洲人权法院判决的执行。与联合国条约机构的任意管辖权不同的是，《欧洲人权公约》的任何缔约国均须接受欧洲人权委员会和欧洲人权法院的管辖。

按照欧洲理事会部长委员会 1994 年通过，并于 1998 年 11 月 1 日生效的《欧洲人权公约第十一议定书》的规定，原有的欧洲人权法院和欧洲人权委员会已经由一个新的欧洲人权法院所代替。欧洲人权法院的管辖权涉及三项内容：审查个人申诉、受理国家间指控和发表咨询意见。其中，法院的主要工作是受理个人申诉。欧洲人权保护制度的重要特征就是使用个人申诉程序督促缔约国履行公约义务。

此外，根据《防止酷刑、不人道或有辱人格的待遇或处罚的欧洲公约》成立的"防止酷刑、不人道或有辱人格待遇或处罚的欧洲委员会"，以及根据《欧洲社会宪章》而建立的缔约国报告和集体申诉制度，也是欧洲区域性人权保障与监督制度的重要组成部分。

2. 美洲人权保障与监督实施机制

美洲国家人权监督机制的条约基础是《美洲国家组织宪章》和《美洲人权公约》。根据上述条约设立的人权监督与实施机构为"美洲国家间人权委员会"和"美洲国家间人权法院"。

美洲国家间人权委员会的主要职能是：审议美洲国家组织各成员国政府依公约要求提供的报告；受理成员国之间的违约指控和个人对国家的申诉。依据《美洲人权公约》规定，个人申诉制度具有强制性，自动地对所有批准公约的缔约国产生拘束力。

美洲国家间人权法院创立于1979年，主要有两大职能，即诉讼管辖权和咨询管辖权，前者主要是法院受理来文的权力，后者则是指法院负有的对《美洲人权公约》和其他人权公约作出解释的权限。法院的诉讼管辖权并非是强制性的，即必须依据缔约国发表的一般性声明才对该国具有管辖权。此外，与欧洲人权法院不同，美洲国家间人权法院只能受理由各缔约国或者美洲国家间人权委员会提交的案件，个人申诉者在美洲人权法院并不享有诉讼主体资格。法院的裁决为终局裁决。依《美洲人权公约》的规定，各缔约国对遵守人权法院的裁决负有国际义务。

3. 非洲人权保障与监督实施机制

1981年由非洲统一组织（"非统"）通过的《非洲人权和民族权宪章》，是非洲地区人权保障的基本法律依据。按照《非洲人权和民族权宪章》规定，在非洲统一组织内部设立了"非洲人权和民族权委员会"。委员会的主要职责是：审议各成员国执行《非洲人权和民族权宪章》情况的报告；受理国家间的指控；促成人权问题的调解解决。

《非洲人权和民族权宪章》并未规定建立统一的非洲人权法院，为了更好地促进和保护非洲地区的基本权利与自由，1998年6月，非洲统一组织通过了《非洲人权与民族权宪章关于建立非洲人权和民族权法院的议定书》。根据该议定书的规定，非洲人权和民族权法院具有争议管辖权、调解管辖权和咨询管辖权。法院的争议管辖权具有独特的特点，法院可受理基于任何人权文件所提起的诉讼，包括有关缔约国批准的国际人权文件。同时，法院审理案件的法律依据除《非洲人权和民族权宪章》以外，还包括任何缔约国所接受的人权文件。2006 年 7 月 3 日非洲联盟通过决议，正式成立了非洲人权和民族权法院，标志着非洲国家在人权保护上迈出了重要的一步。

4. 亚洲人权的保护与发展

亚洲迄今为止未能形成区域性的人权保护机制。从客观因素上看，亚洲是世界上地域最广的地区，拥有众多的国家和占世界 1/3 的人口，许多国家在政治、经济、社会、文化、法律、历史、宗教、习俗等方面存在着广泛的差异，同时在不同程度上面临着各种各样的人权问题。这一方面为建立能够有效促进和保护本地区人权的区域合作框架提出了紧迫要求，另一方面也对这种框架的成功建立提出了重大挑战。各国政府无疑在区域性人权保护机制的建立方面起着决定性的首要作用。[1] 在国际人权保护体系以及其他各区域人权保护机制日臻成熟和完善的大背景下，许多亚洲国家的政府也对在本区域缔结人权条约和建立人权合作与监督机制的问题给予了关注。在过去的几十年里，亚洲各国在与人权有关的政治、经济、社会、文化、法律和其他领域开展了许多重要的合作，并在促进区域人权保护、统一并宣示亚洲地区人权观方面做了一些有益的尝试。[2] 亚洲各国普遍认为，经济、社会、文化权利和公民权利、政治权利互相依存、不可分割，必须对所有类别的人权给予同等重视。同时，尽管人权具有普遍性，但应该铭记各区域的情况各有特点，并有不同的历史、文化和宗教背景，应根据国际准则不断重订的过程来看待人权，尤其要避免在实施人权时采取双重标准。在建立区域人权保护机构的问题上，目前，绝大部分亚洲国家认为"有必要探讨在亚洲设立关于促进和保护人权的区域安排的可能性"。[3] 然而，鉴于亚洲国家关于人权保护的基本立场难以在短时间内发生根本性的改变，因此可以预见，亚洲区域人权合作框架仍将以技术合作为主要形式，在某些具体人权问题上的合作会得到进一步加强，[4] 但是，区域性人权保护机制的建立仍尚需时日。

---

[1] 参见班文战：《建立亚太区域人权合作框架的前景分析》，载《人权》2008 年第 4 期。

[2] 如 1982 年的亚洲地区人权讨论会、1993 年的《曼谷宣言》，以及 2005 年亚洲议会和平协会第 6 届年会通过的《亚洲人权宪章》。

[3] 《曼谷宣言》第 26 项。

[4] 参见班文战：《建立亚太区域人权合作框架的前景分析》，载《人权》2008 年第 4 期。

第三节　中国的人权保障

一、中国关于人权保护的立场和实践

中国尊重人权的普遍性原则，认为各国均有义务按照《联合国宪章》的宗旨及国际人权文书的有关规定，结合本国国情，不断采取促进和保护人权的措施。国际社会应尊重人权的不可分割性，同等重视公民、政治权利和经济、社会、文化权利以及发展权的实现。各国由于政治制度、发展水平和历史文化不同，在人权问题上存在不同看法是正常现象，应该在平等和相互尊重的基础上，开展对话与合作，共同促进和保护人权。中国政府致力于与世界各国开展人权交流与合作，推动国际社会以公正、客观和非选择性的方式处理人权问题。

20 世纪 90 年代初，人权问题在中国逐渐成为理论界的热点问题，并日渐走进公众的视野。中国政府也在人权问题上进行了重大的外交战略调整，开始积极参与国际人权领域的活动，并发挥着越来越重要的作用。近十几年来，通过与近 20 个国家开展富有成效的人权对话与交流，各方不仅增加了彼此对重要人权问题的基本立场和态度的理解，而且也促进了中国人权理论研究的空前发展以及人权实践的不断进步。

自 1991 年 11 月《中国的人权状况》白皮书[1]第一次系统地阐述了我国在人权问题上的基本立场与实践，至今，中国政府已先后发表了近 60 份人权文件，[2] 涉及改革开放以来从国家民主政治建设到国计民生等方方面面的内容，

---

[1]　为中国政府发表的首部人权白皮书，第一次以政府文件的形式正面肯定了人权观念在中国社会主义政治发展中的地位，从政治上确立了人权的概念，将"实现充分的人权"确立为中国社会主义所追求的崇高目标。

[2]　包括《中国人权事业的进展》（共 7 部，分别发表于 1995 年 12 月、1997 年 3 月、1999 年 4 月、2001 年 4 月、2004 年 3 月、2005 年 4 月，以及 2010 年 9 月）、《中国的司法改革》（2012 年 10 月）、《中国的和平发展》（2011 年 9 月）、《中国农村扶贫开发的新进展》（2011 年 11 月）、《中国的反腐败和廉政建设》（2010 年 12 月）、《中国的人力资源状况》（2010 年 9 月）、《中国的互联网状况》（2010 年 6 月）、《中国的民族政策与各民族共同繁荣发展》（2009 年 9 月）、《中国的法治建设》（2008 年 2 月）、《中国的环境保护（1996—2005）》（2006 年 6 月）、《中国的药品安全监管状况》（2008 年 7 月）、《中国的民主政治建设》（2005 年 10 月）、《中国性别平等与妇女发展状况》（2005 年 8 月）、《中国知识产权保护的新进展》（2005 年 4 月）、《中国的民族区域自治》（2005 年 2 月）、《中国的社会保障状况和政策》（2004 年 9 月）、《中国的就业状况和政策》（2004 年 4 月）、《中国的宗教信仰自由状况》（1997 年 10 月）、《中国的儿童状况》（1996 年 4 月）和《中国改造罪犯的状况》（1992 年 8 月）等。

有利于世界各国全面了解中国的人权保护状况以及人权事业的进展。2011 年 9 月发布的《中国人权事业发展报告 NO.1（2011）》是一部全面的中国人权百科全书①。这份中国首部"人权蓝皮书"，不仅是中国人权事业和人权理论研究的年度性记载，而且也对新中国成立以来中国人权事业的发展和人权理论研究进行了全面回顾。

人权保障的行政实践，具体体现于两部人权行动计划②的出台。2009 年 4 月 13 日，国务院新闻办公室发布了我国首次以人权为主题的国家规划——《国家人权行动计划》（2009～2010），这是中国政府为贯彻落实"国家尊重和保障人权"的宪法原则、推进中国人权事业发展的一个重要举措。作为"中国政府促进和保障人权的阶段性政策文件"，其从"经济、社会和文化权利保障"、"公民权利与政治权利保障"、"少数民族、妇女、儿童、老年人和残疾人的权利保障"、"人权教育"，以及"国际人权义务的履行及国际人权领域交流与合作"等 5 大方面，明确了未来两年中国政府在促进和保护人权方面的工作目标和具体措施，并将这些目标和举措落实到立法、执法、司法和行政各个环节。为了持续全面推进中国人权事业发展，2012 年 4 月 13 日，《国家人权行动计划》（2012～2015）正式发布。该计划对今后 4 年中国人权发展的目标、任务和具体措施作出了详细规划，并确定了"依法推进"、"全面推进"和"务实推进"的基本原则。新一期行动计划保持了与国家《十二五规划纲要》发展目标的协调一致，堪称"中国人权事业的'十二五'发展规划"，③标志着中国人权事业已进入了有计划、持续稳健、全面推进的新阶段。④ 第二期《国家人权行动计划》注意回应社会热点和民众需求，注重指标细化，减少了政策宣示性的内容，增加了可操作性。第二期《国家人权行动计划》特别增加了"实施与监督"部分，就行动计划的实施、监督与评估作出了规定，以切实推进计划的有效执行。《国家人权行动计划》的制定，无疑将对提升全社会尊重和保护人权的意识，全面推进我国人权事业的发展，以及促进社会和谐，都具有非常重要的现实意义。

---

① http://news.china.com.cn/txt/2011-09/08/content_ 23382402.htm.

② "国家人权行动计划"这一名词和概念是在 1993 年维也纳第二次世界人权大会上提出的。会议通过了《维也纳宣言和行动纲领》，"建议每个会员国考虑是否可以拟订国家行动计划，认明该国为促进和保护人权所应采取的步骤"（《宣言》第 71 项）。目前，世界上已有 29 个国家先后制定了"国家人权行动计划"。中国是联合国安理会五个常任理事国中唯一一个制定并实施"国家人权行动计划"的国家。

③ http://paper.people.com.cn/rmrbhwb/html/2012-06/13/content_ 1066655.htm.

④ http://www.scio.gov.cn/ztk/dtzt/76/9/201206/t1172668.htm.

在国家立法层面，近年来一些法律法规的制定以及几次大的修法活动都与人权保护息息相关。2004年3月14日，第十届全国人民代表大会第二次会议正式将"国家尊重和保障人权"写进了宪法修正案，并将其确立为国家根本大法的一项原则，使"人权"这一概念在我国从政治领域走向了法律规范和制度规范。2011年2月25日，第十一届全国人民代表大会常务委员会第十九次会议通过的《刑法修正案（八）》，取消了13项经济性非暴力犯罪的死刑，占中国《刑法》死刑罪名的19.1%；完善了对未成年人和年满75周岁的老年人从宽处理以及非监禁刑执行方式的法律规定；加大了对一些侵犯公民人身自由、生命健康等犯罪行为的惩处力度，进一步完善了中国刑事法律制度，加强了对人权的保护。2012年3月14日，第十一届全国人民代表大会第五次会议通过了新修订的《刑事诉讼法》。此次修法，无论是将"尊重与保障人权"写入总则，还是对证据制度、强制措施制度、辩护制度的修改，以及侦查程序、审判程序、执行程序的完善，抑或是特别程序的设立，都体现了努力追求惩治犯罪与保障人权平衡的价值取向。此外，近几年新制定的法律法规包括《劳动合同法》、《就业促进法》、《食品安全法》、《老年人权益保障法》等，以及新修订的法律法规包括《民事诉讼法》、《全国人民代表大会和各级人民代表大会选举法》、《村民委员会组织法》等，无不凸显出国家着力增强人权保障的立法宗旨。

在人权的司法保护领域，加强人权保障始终是中国司法改革的重要目标。中国司法机关依法采取有效措施，进一步完善诉讼程序，维护公民和法人的合法权益；改革和完善辩护制度，保障律师的执业权利；限制适用羁押措施，维护被羁押人的合法权益；遏制和防范刑讯逼供，保障犯罪嫌疑人、被告人的合法权益；适用宽严相济的刑事政策；加强未成年犯罪嫌疑人、被告人的权益保障；严格控制和慎用死刑；健全服刑人员社区矫正和刑满释放人员帮扶制度；完善国家赔偿制度；建立刑事和解、刑事被害人救助制度等，努力把司法领域的人权保障落到实处。

二、我国签署、批准或加入国际人权条约的情况

按照国际法，批准或加入某项国际条约，就意味着该项条约对批准国或加入国已经具有法律约束力，该国就因此享有条约中所规定的权利，同时承担条约项下的各项义务。就国际人权条约而言，基于人权的性质，缔约国在人权条约之下主要承担本国人权保护的义务，以及促进和改善本国人权保障状况的责任。

我国自20世纪80年代以来，陆续签署、批准或加入了多项国际人权条

约，主要包括：（1）《消除一切形式种族歧视国际公约》（1981 年 12 月 29 日交存加入书，1982 年 2 月 28 日对我国生效）；（2）《禁止并惩治种族隔离罪行国际公约》（1983 年 4 月 18 日交存加入书，1983 年 5 月 18 日对我国生效）；（3）《防止及惩治灭绝种族罪国际公约》（1983 年批准）；（4）《消除对妇女一切形式歧视公约》（1980 年 7 月 17 日签署，1980 年 11 月 4 日批准）；（5）《儿童权利公约》（1990 年 8 月 29 日签署，1992 年 1 月 31 日批准）；（6）《禁止酷刑和其他残忍、不人道或有辱人格的待遇或处罚公约》（1986 年 12 月 12 日签署，1988 年 10 月 4 日交存批准书，1988 年 11 月 3 日对我国生效）；（7）《经济、社会和文化权利国际公约》（1997 年 10 月 27 日签署，2001 年 3 月 2 日批准）；（8）《公民权利和政治权利国际公约》（1998 年 10 月 5 日签署，尚未批准）。①

按照"条约必须信守"原则，当国际条约对缔约国发生法律效力后，为保证条约的顺利实施，各缔约国有义务一秉诚意、严格履行其在条约下所承担的国际义务。对于签署后尚未批准的条约，虽然在法律上签署国尚没有履行条约义务的责任，但是依然承担在其国家实践中不得有违条约宗旨和目的的义务，包括其国内立法。

作为国际社会负责任的大国，中国一直认真、严格地履行着其在上述各项国际人权条约下所承担的义务，对于各项条约所确认的权利积极采取各种措施在国内层面加以保护；同时，及时提交履约情况报告，接受联合国条约机构的审议。截至 2008 年 8 月，中国已就《消除一切形式种族歧视国际公约》提交了 6 次 13 期报告，就《消除对妇女一切形式歧视公约》提交了 4 次 6 期报告，就《禁止酷刑和其他残忍、不人道或有辱人格的待遇或处罚公约》提交了 4 次 5 期报告，就《儿童权利公约》提交了 2 次报告，就《经济、社会和文化权利国际公约》提交了首次报告。对于条约机构针对中国履约报告所提出的意见和建议，中国政府给予重视并充分考虑，结合中国国情加以采纳和落实。

三、国际人权条约在中国的适用

国际条约在一国国内如何适用主要取决于该国如何认识国际法与国内法的关系问题。理论上，主要分为一元论和二元论两个派别。所谓一元论，即主张国际法和国内法属同一个法律体系，两者之间的相互效力关系可分为国际法优

---

① 尚未批准的原因是多方面的，最主要的障碍是现行国内立法在诸多方面还不能与之衔接。目前，国内相关部门和学者仍在为批准进行着研究和论证，待解决了相关国内法与国际法的衔接问题后，公约的批准值得期待。

先论和国内法优先论；二元论认为，国际法和国内法是两个不同的法律体系，二者在效力上各自独立，互不隶属。在实践方面，国际法和国内法的关系主要是适用问题，即国际法如何在国内适用，尤其是条约如何在国内适用。一般说来，大体有两种方法：一是"转化"，即国家通过立法方式将国际法有关的具体规则纳入国内法体系，以国内法的形式表现出来。具体而言，如果国内法缺少有关国际法规则所要求的内容，则规定新的国内法，将国际法规则的内容纳入其中；如果国内法规则与国际法相矛盾，则修改国内法相关条款，使之有助于国际法在国内的履行。二是"并入"，即国家作出原则性规定，从总体上承认国际法为国内法的一部分，以使国际法能在国内直接适用，而无须将其转化为国内法。具体做法主要有以下两种：一是由宪法统一规定国际法具有国内法效力；① 二是由立法机关就某项条约通过专门法案赋予国际法以国内法的效力。②

　　大多数国家都在其宪法中规定了国际法在其国内的效力问题，即国际法在国内层面如何加以适用的问题。然而，我国现行宪法中并未作出明确、统一的规定，只在一些国内立法中有相关条文涉及此问题，大致的措辞为："中华人民共和国缔结或参加的国际条约同本法有不同规定的，适用国际条约的规定，但中华人民共和国声明保留的条款除外。"③ 这些国内立法几乎全部集中在民商法和行政法领域，在刑法领域则鲜有规定。就国际人权条约而言，目前我国尚无直接适用的案例。这种情况是由人权条约自身的特点所决定的：首先，如前所述，人权条约规定的权利义务关系不同于其他国际条约，它们在国内层面的适用也因此具有相当的特殊性。其次，一些人权条约所规定的内容与我国的相关国内法有很大程度的交叉，甚至在某些方面存在严重冲突，所以，不宜直接将公约纳入国内法，以避免造成执法中难予适用的尴尬现象。最后，有些人权公约的规定过于原则，必须在国内法上作出补充规定。而且通常情况下，公约本身会要求缔约国制定相关的国内法以保证公约所保护的各项权利的实现。例如《公民权利和政治权利国际公约》第 2 条第 2 款规定："……本公约每一缔约国承担按照其宪法程序和本公约的规定采取必要步骤，以采纳为实施本公

---

① 如日本《宪法》第 98 条规定："日本国缔结的条约及已确立的国际法规，必须诚实遵守之。"

② 如 1999 年 5 月 21 日挪威议会通过了《提高人权在挪威法律中的地位的法律》，该法律明确规定《欧洲人权公约》以及第 1 任、第 4 任、第 6 任和第 7 任择议定书、《公民权利和政治权利国际公约》第 1 任和第 2 任择议定书以及《经济、社会和文化权利国际公约》将作为挪威法律的一部分直接发生法律效力。

③ 如我国《民事诉讼法》第 260 条。

约所承认的权利所需的立法或其他措施。"在这种情况下，国家有义务制定具体的法律来实施条约中的规定，从而有将国际义务转化为国内法的义务。

从我国目前对一般性人权条约①的执行情况来看，通常的做法是修改与公约原则和精神相冲突的有关国内法律，如我国对《律师法》、《刑事诉讼法》的修改，以及《刑法修正案（八）》即属此列；或者通过新的国内立法以保证条约义务在国内层面得以实际履行，例如 1992 年的《妇女权益保障法》就是我国为适用《消除对妇女一切形式歧视公约》而制定的相关国内法。

应用与讨论训练

★ **模块一** **主题讨论**

1. 检察官为什么要了解国际人权法？

2. 你认为中国国内法在多大程度上实现了国际人权保护标准？

★ **模块二** **案例研讨**

请阅读下文"禁止酷刑委员会"对法国 2010 年提交的执行公约情况的年度报告所作的结论性意见（节选），并讨论国际人权条约机构在推进各缔约国改善国内人权保护状况方面所起的积极作用。

审议缔约国根据《公约》第 **19** 条提交的报告②
禁止酷刑委员会的结论和建议（法国）

……

B. 积极方面

4. 委员会满意地注意到：

（a）缔约国批准了公约任择议定书，并根据 2007 年 10 月 30 日的法案设立了"剥夺自由场所"监察长，这一职位构成了《任择议定书》意义内的国家预防机制；

（b）缔约国于 2007 年 10 月 2 日加入《公民权利和政治权利国际公约第二项任择议定书》，该议定书旨在废除死刑；

（c）缔约国于 2008 年 9 月 23 日批准了《保护所有人免遭强迫失踪国际公约》；

---

① 这里不包括涉及国际人道法领域的各项条约，如 1949 年通过的"日内瓦四公约"。对于此类条约，由于与国内法交叉小、冲突少，我国一般采取的是直接适用的原则。

② 禁止酷刑委员会第四十四届会议通过（2010 年 4 月 26 日至 5 月 14 日）。

（d）缔约国于 2010 年 2 月 18 日批准了《残疾人权利公约》及其《任择议定书》；

……

C. 关注的问题和建议

酷刑的定义

13. 委员会承认缔约国的刑法规定对酷刑和野蛮行为予以惩处；注意到委员会收到的关于处罚酷刑行为的判决，但仍关切法国《刑法典》中未列入严格符合《公约》第 1 条的酷刑定义（第 1 条）。

委员会重申先前的建议（CAT/C/FRA/CO/3，第 5 段），缔约国应在刑法中纳入严格符合《公约》第 1 条的酷刑定义。该定义既满足《刑法》明确性及可预见性的要求，同时也可满足《公约》的要求，即区分由政府官员或以官员身份行事的任何其他人，或在其指使或许可或默认之下所犯的酷刑行为和非国家行为方的暴力行为。

……

警方关押

22. 委员会对 2004 年 3 月 9 日法案的修正案仍表关切。该修正案规定，适用于恐怖主义和有组织犯罪的特别程序中，被拘押者见律师的时间推后至警方关押后 72 小时。这些规定可能导致违反《公约》第 11 条的规定，因为被捕后的几小时内遭受酷刑风险最大，被捕者受到隔离关押时尤其如此……

委员会重申，建议缔约国采取适当法律措施，保障被拘留者在警方关押期间能够立即见律师，这符合《公约》第 11 条的规定……

审问

23. 委员会满意地注意到，缔约国 2007 年 3 月 5 日法案规定，除轻罪案件，警方或法官的审问必须进行视频录像。但委员会注意到，如果没有检察官或预审法官授权，该法不适用于受到恐怖主义和有组织犯罪指控的人员。此外，该法并未规定在警察局和宪兵队的所有区域，包括走廊等可能的关押场所安装监控摄像头（第 11 条和第 16 条）。

委员会建议缔约国将审问所有人员时都要进行视频录像定为标准程序，并在警察局和宪兵队各处安装监控摄像头，以扩大并加强对被羁押人员的保护。

……

公正的调查

31. 委员会表示关切酌情起诉制度，该制度允许共和国检察官决定是否起诉有执法人员涉案的酷刑和虐待行为，或甚至决定不下令调查，这显然违反《公约》第 12 条。

......

委员会重申，建议缔约国为遵守《公约》第 12 条，废除酌情起诉制度......

32. 除了共和国检察官有权酌情起诉这一限制自行调查可能性的原则，委员会还对 2009 年 9 月 1 日《Léger 报告》的影响感到关切。报告的研究结果如获议会批准，将最终导致撤销预审法官，这意味着一切调查都将由检察官办公室主持，这将严重影响调查的独立性（第 2 条、第 12 条和第 13 条）。

委员会请缔约国采取一切步骤，确保司法程序及现有独立监督机制开展的调查的独立和公正......

......

37. 委员会建议缔约国在下次定期报告中就以下方面提供按年龄、性别和种族分列的数据：

（a）收到多少有关酷刑或残忍、不人道或有辱人格待遇的指控；

（b）上次向委员会提交报告以来就酷刑或虐待行为进行了多少相应的调查和起诉以及定罪。

......

42. 委员会请缔约国在一年内就上文委员会所作建议的落实提供资料。

43. 请缔约国于 2014 年 5 月 14 日前提交第七次定期报告。

第二章 检察官在人权保障中的作用

相关依据导引

★ 国际文件

《联合国关于检察官作用的准则》（1990 年 9 月 7 日第八届联合国预防犯罪和罪犯待遇大会通过）

《成员国部长会议关于检察官在刑事司法制度中的作用》〔2000〕19 号建议（2000 年 10 月 6 日欧洲理事会部长级委员会第 724 次副部长会议通过）

《检察官职业责任准则和主要权利义务准则》（1999 年 4 月 23 日国际检察官联合会通过）

★ 国内规范

《中华人民共和国刑事诉讼法》（1979 年 7 月 1 日第五届全国人民代表大会第二次会议通过，1996 年 3 月 17 日第八届全国人民代表大会第四次会议第一次修正，2012 年 3 月 14 日第十一届全国人民代表大会第五次会议第二次修正））

《中华人民共和国民事诉讼法》（1991 年 4 月 9 日第七届全国人民代表大会第四次会议通过，2007 年 10 月 28 日第十届全国人民代表大会常务委员会第三十次会议第一次修正，2012 年 8 月 31 日第十一届全国人民代表大会常务委员会第二十八次会议第二次修正）

《中华人民共和国行政诉讼法》（1989 年 4 月 4 日第七届全国人民代表大会第二次会议通过）

第一节 有关检察官在人权保护中作用的国际文件

一、《联合国关于检察官作用的准则》

（一）制定《联合国关于检察官作用的准则》的宗旨和目的

1990 年 9 月 7 日，第八届联合国预防犯罪和罪犯待遇大会审议通过了《联合国关于检察官作用的准则》，并经联合国大会决议批准，该准则成为世界各国发挥检察官作用的共同行动指南。《联合国关于检察官作用的准则》的制定宗旨主要有以下两个方面的考虑：

1. 为实现《联合国宪章》、《世界人权宣言》等国际文件中所规定的有关人权保护的原则和措施。在国际文件当中规定了大量的人权保护条款，比如《联合国宪章》规定的世界各国人民申明决心创造能维护正义的条件并宣告以进行国际合作，不分种族、性别、语言或宗教，促进并鼓励尊重人权和基本自由的宗旨。又比如《世界人权宣言》所宣布的法律面前人人平等的原则、无罪推定的原则和有权得到独立和不偏不倚的法庭进行公正和公开审讯的原则，等等。但是这些规定大多比较原则，体现了一种愿望、决心，没有规定更进一步具体的落实措施。而《联合国关于检察官作用的准则》就是在上述国际文件原则的指导下所制定的，落实相关原则的相对具体的措施，具体指导各国的实践，促使或保障各国按照这些原则的精神去组织和开展司法工作，努力使这些原则完全成为现实。

2. 促进检察官在人权保护和确保程序公正方面发挥作用。检察官在司法工作中具有决定性的作用，这已为国际社会所认可。为充分发挥检察官的这一作用，《联合国关于检察官作用的准则》希望协助缔约国采取相应的措施，并要求各国政府在其国家立法和实践中应尊重并考虑到这些准则的规定。比如，《联合国关于检察官作用的准则》希望通过改进检察官的征聘方法及其法律和专业培训，并向他们提供一切必要手段，使他们在打击犯罪行为，特别是打击新形式和新规模的犯罪行为方面得以恪尽职守，确保检察官具备履行其职责所必需的专业资历等。

（二）《联合国关于检察官作用的准则》的主要内容

《联合国关于检察官作用的准则》共分九个部分（即（1）资格、甄选和培训；（2）地位和服务条件；（3）言论和结社的自由；（4）在刑事诉讼中的作用；（5）酌处职能；（6）起诉之外的办法；（7）与其他政府机构或组织的关系；（8）纪律处分程序；（9）遵守准则）共24条。概括起来，《联合国关于检察官作用的准则》主要从两个方面提出了发挥检察官作用的行为准则：

1. 从保障机制上提出了保障检察官发挥作用的行为准则

这主要是针对国家提出的。按照《联合国关于检察官作用的准则》的规定，国家应采取下列措施保障检察官发挥作用：

（1）确定检察官的任职资格和甄选检察官的标准，防止检察官任用中的偏见和歧视，并通过适当的教育和培训提高检察官的职业道德、法治意识和保护人权的观念。比如《联合国关于检察官作用的准则》第1条规定："获选担任检察官者，均应为受过适当的培训并具备适当资历、为人正直而有能力的人"等。

（2）保障检察官作为司法工作者的地位和执法条件，包括履行检察职责时的人身安全保护、服务条件保障和职业保障等，比如《联合国关于检察官作用的准则》第3条规定："检察官作为司法工作的重要行为者，应在任何时候都保持其职业的荣誉和尊严。"第4条规定："各国应确保检察官得以在没有任何恐吓、阻碍、侵扰，不正当干预或不合理地承担民事、刑事或其他责任的情况下履行其专业职责。"

（3）保障检察官作为公民所享有的基本权利，比如《联合国关于检察官作用的准则》第8条规定："检察官同其他公民一样，享有言论、信仰、结社和集会的自由。特别是他们应有权参加公众对有关法律、司法和促进及保护人权问题的讨论，有权参加或成立本地、国家或国际组织和参加其会议，而不应因其合法行动或为一合法组织成员而蒙受职业上的不利。在行使这些权利时，检察官应始终根据法律以及公认的职业标准和道德行事。"

（4）保证针对检察官的纪律处分具有正当程序的保障，比如《联合国关于检察官作用的准则》第21条规定："对检察官违纪行为的处理应以法律或法律条例为依据。对检察官涉嫌已超乎专业标准幅度的方式行事的控告，应按照适当的程序迅速而公平地加以处理。检察官应有权利获得公正申诉的机会。这项决定应经过独立审查。"

2. 从行为机制上提出了保证检察官发挥作用的行为准则

这主要是针对检察官提出的。按照《联合国关于检察官作用的准则》的规定，检察官在履行其职能活动中，应当遵守以下准则：

（1）根据法律和法律授权积极发挥职能作用，比如《联合国关于检察官作用的准则》第11条规定："检察官应在刑事诉讼、包括提起诉讼，和根据法律授权或当地惯例，在调查犯罪、监督调查的合法性。监督法院判决的执行和作为公众利益的代表行使其他职能中发挥积极作用。"

（2）公平地依法行事，尊重和保护人的尊严，维护人权，特别是犯罪嫌疑人和被害人的诉讼权利，确保法定诉讼程序和刑事司法系统职能的顺利运行，如《联合国关于检察官作用的准则》第12条的规定："检察官应始终一贯迅速而公平地依法行事，尊重和保护人的尊严，维护人权从而有助于确保法定诉讼程序和刑事司法系统的职能顺利地运行。"

（3）不偏不倚地履行其职能，避免任何形式的歧视，如《联合国关于检察官作用的准则》第13条（a）规定："检察官在履行其职责时应不偏不倚地履行其职能，并避免任何政治、社会、文化、性别或任何其他形式的歧视。"

（4）保证公共利益，适当考虑犯罪嫌疑人和被害人的立场，如《联合国关于检察官作用的准则》第 13 条（b）规定："检察官在履行其职责时应保证公众利益，按照客观标准行事，适当考虑到嫌疑犯和受害者的立场，并注意到一切有关的情况，无论是否对嫌疑犯有利或不利。"

（5）保守职业秘密，如《联合国关于检察官作用的准则》第 13 条（c）规定："检察官在履行其职责时应对掌握的情况保守秘密，除非履行职责或司法上的需要有不同的要求。"

（6）维护法治权威，注意对公务人员的职务犯罪，严重侵犯人权和国际法公认的其他罪行的起诉和调查，并拒绝使用非法取得的证据，如《联合国关于检察官作用的准则》第 15 条、第 16 条的规定。

（7）在充分尊重犯罪嫌疑人和被害人人权的基础上适当考虑免予起诉、有条件或无条件地中止诉讼程序，或是某些刑事案件从正规的司法系统转由其他办法处理，特别是对少年，应尽量考虑非起诉的处理办法，如《联合国关于检察官作用的准则》第 18 条、第 19 条的规定。

（三）小结

《联合国关于检察官作用的准则》产生和存在的最重要的理由就是促使和确保检察官在保护人权和维护公正方面发挥作用。应当说这些行为准则，既是对世界各国检察实践中带有共同性经验的高度概括，是检察官在保护人权方面发挥作用的最基本的保障，也是国际社会对检察官履行职责的最低要求。《联合国关于检察官作用的准则》已成为世界各国检察官保护人权的最重要、最根本的行动指南。

二、欧洲理事会部长级委员会《成员国部长会议关于检察官在刑事司法制度中的作用》〔2000〕19 号建议

（一）《成员国部长会议关于检察官在刑事司法制度中的作用》〔2000〕19号建议制定的基础和目标

《成员国部长会议关于检察官在刑事司法制度中的作用》〔2000〕19 号建议是由成员国部长级委员会第 724 次副部长会议于 2000 年 10 月 6 日通过。《成员国部长会议关于检察官在刑事司法制度中的作用》〔2000〕19 号建议制定的基础是《欧洲理事会章程》，其目标是充分发挥检察官在刑事司法制度以及刑事问题国际合作中的关键作用，增强欧洲各成员国国内刑事司法制度和刑事问题的国际合作的效能，同时保障《欧洲保护人权和基本自由公约》所规定的有关原则，最终促进法治，构成真正民主之基础，实现成员国更大程度的统一。《成员国部长会议关于检察官在刑事司法制度中的作用》〔2000〕19 号建议代表了欧洲各国关于检察官性质、作用和地位的主导观点。

第一编 检察官与人权

（二）《成员国部长会议关于检察官在刑事司法制度中的作用》〔2000〕19号建议的主要内容

《成员国部长会议关于检察官在刑事司法制度中的作用》〔2000〕19号建议主要包括以下内容：

1. 检察官的职责

《成员国部长会议关于检察官在刑事司法制度中的作用》〔2000〕19号建议规定，"检察官"是公共权力机关，他们代表社会和公共利益，在法律规定了对违法者的刑事制裁时，确保法律的执行，同时考虑个人之权力和刑事司法制度之必需的有效性。在所有国家的刑事司法制度中，检察官拥有以下三种权力：一是决定是否起诉或继续追诉；二是出庭支持公诉；三是对法院的全部或部分裁判可以上诉或进行与上诉有关的活动。在某些国家的刑事司法制度中，检察官还拥有以下权力：执行国家刑事政策，并在适当时进行调整，以适应各地的实际情况；进行侦查、指导或监督侦查；保证被害人得到有效的帮助；决定替代公诉的方式；监督法院裁判的执行，等等。

2. 检察官履行职责的保障措施

为保证检察官顺利的履行自己的职责，充分发挥其在刑事司法中的作用，《成员国部长会议关于检察官在刑事司法制度中的作用》〔2000〕19号建议规定了各国政府应当采取的保障措施。这些措施包括确保检察官履行其职务与职责适足的法律和组织条件，以及利用各种措施特别是财政预算方面措施的条件；确保检察官的选任、晋升和调任应当依据公平、公正的程序进行，防止对某些特殊团体的利益有特殊照顾，排除任何理由的歧视；确保检察官的工作、晋升和调职应当按照公开和客观的标准进行，具有法定的合理的工作条件、合适的退休年龄，公平、客观的纪律处分程序，申诉程序（包括获得法庭审判的机会），以及检察官因正常履行职责以致其本人及家庭的人身安全受到威胁时受到切实保护；确保检察官有充分的表达、信仰、结社和集会自由的权利；确保检察官受到良好的教育和培训；等等。

3. 检察官与行政权、立法权的关系

《成员国部长会议关于检察官在刑事司法制度中的作用》〔2000〕19号建议规定，各国应当采取适当措施，以确保检察官能够排除不正当干涉或不正当的民事、刑事或其他责任而履行其职务与责任。检察官不得干涉立法权和行政权。

《成员国部长会议关于检察官在刑事司法制度中的作用》〔2000〕19号建议还规定，检察机关是政府的一部分或隶属于政府的国家，应确保政府与检察机关之间的权力性质、范围应由法律确定；政府应当采取透明的方式并依法行使其职权；在政府有权指令检察机关起诉具体案件的国家，这样的指令必须有足够的保证，以确保国家法律所规定的公开性和公正性得到尊重；检察官有权在法庭上自由陈述自己选择的法律观点等。在检察机关独立于政府的国家，有关国家应当采取有效措施确保检察机关独立的性质和范围由法律确定。应当确保检察官在任何情况下没有障碍地起诉违法犯罪的官员，特别是腐败、非法使用权力、严重侵犯人权和其他国际法认为的犯罪案件。

4. 检察官和法官的关系

《成员国部长会议关于检察官在刑事司法制度中的作用》〔2000〕19 号建议规定，各国应采取适当措施，确保以法律规定检察官的法律地位、职权和在法律程序中的作用，以便法官的独立性和公正性明白无疑。尤其是各国应当保证一个人不得同时履行检察官和法官的职权。但是，如果一国的法律制度允许一个人同时履行检察官和法官的职权，有关国家应当采取措施使同一个人先后履行检察官的职权和法官的职权，反之亦然。这种职权的转变只有经有关之人的明确要求，并在尊重有关保障的情况下才能进行。检察官必须严格尊重法官的独立性和中立性；特别是检察官既不能怀疑司法裁决，也不能阻碍司法裁决的执行，除非为行使对司法裁决上诉的权利或援引适用其他宣示性程序的权利。检察官在法庭审判程序中必须保持客观和公正。

5. 检察官和警察的关系

《成员国部长会议关于检察官在刑事司法制度中的作用》〔2000〕19 号建议规定，检察官应当监督、审查警察侦查的合法性，至少在决定是否开始或继续起诉时应当如此。检察官还应当监督警察遵守人权规则的情况。

在警察由检察机关领导的国家，或警察的侦查由检察官指挥或监督的国家，有关各国应当采取有效措施保证检察官可以合理地指导警察有效地执行刑事政策的优先事项；如果存在不同的警察机构，将具体案件交由最合适的警察机构处理；进行必要的评估和控制以监督其指令和法律的遵行；对于确实存在的违背行为给予惩处或建议惩处。在警察独立于检察机关的国家，有关国家应当采取有效措施确保检察机关和警察进行有效和切实的合作。

6. 检察官对个人的责任

《成员国部长会议关于检察官在刑事司法制度中的作用》〔2000〕19 号建议规定，检察官在履行职责时应公平、公正和客观，尊重和努力维护《欧洲保护人权和基本自由公约》所规定的人权，确保刑事司法制度尽可能有效地运作。检察官应避免基于任何理由的歧视，确保在法律上人人平等。当通过公正的侦查表明指控不成立时，检察官不得提起或继续起诉。当明知或有合理根据相信证据是通过违法方式获取时，检察官不得提交这些不利于嫌疑人的证据。在存在任何怀疑的情况下，检察官应当要求法庭裁决该证据是否可以采用。

检察官应当努力维护势均力敌的原则，对从第三方获得的材料保密，有权采取干涉嫌疑人基本权利和自由的措施时必须有司法控制。检察官应当适当考虑证人的利益，特别是采取或提出具体措施保护证人的生命、安全和个人隐私，并保证这些措施得以贯彻。检察官应采取措施或提出办法保证被害人了解有关权利和诉讼程序的进行情况。被害人或其他利害关系人，应当能够质疑检察官作出的不起诉决定。在通过检察机关的上级审查之后，这种质疑可以通过司法审查的方式进行，或者授权当事方以自诉的方式进行。

对违反这些行为准则的检察官予以必要的惩戒。对检察官的表现应当进行定期内部审查。

《成员国部长会议关于检察官在刑事司法制度中的作用》〔2000〕19 号建议还有要求各成员国采取措施保证检察官行为的公正、一致和高效。

7. 国际合作

《成员国部长会议关于检察官在刑事司法制度中的作用》〔2000〕19 号建议要求各国采取措施在国际司法合作中增进各国家察官之间的直接联系，加强国际合作的合理化并达到相互协助程序的协调，使检察官普遍了解积极参加国际合作的必要性，并安排一些检察官专门负责国际合作事务。

三、国际检察官联合会《检察官职业责任准则和主要权利义务准则》

（一）《检察官职业责任准则和主要权利义务准则》制定的依据和宗旨

《检察官职业责任准则和主要权利义务准则》是由国际检察官联合会于 1999 年 4 月 23 日通过的。《检察官职业责任准则和主要权利义务准则》制定的主要依据是《国际检察官联合会章程》、《关于检察官作用的准则》和规定人权的有关国际文件，其立法宗旨是促进公平、有效、公正和迅捷的刑事诉讼，以及促进刑事司法中的高标准和原则，使公众对刑事司法制度的完善具有信心，充分发挥所有检察官在刑事司法中的重要作用，促使检察官在行使起诉裁量权时能够公开、客观、公正和保障人权。

（二）《检察官职业责任准则和主要权利义务准则》的主要内容

《检察官职业责任准则和主要权利义务准则》包括以下主要内容：

1. 关于检察官的职业行为问题

《检察官职业责任准则和主要权利义务准则》规定，在任何时候，检察官都应保持其职业荣誉和尊严，根据法律、职业规则和道德履行职责，以完美和谨慎的最高标准工作，及时了解有关法律的发展，努力做到稳定性、独立性和公正性，保护被告人得到公正审判，保护和服务于公众利益，尊重、保护和坚持人的尊严和人权的普遍标准。

2. 关于检察官独立行使检察裁量权问题

《检察官职业责任准则和主要权利义务准则》规定，检察官在行使检察裁量权时应当独立且不受政治干扰。非检察机关向检察官作出一般性或具体化的指示时，这种指示必须透明，符合法律授权，符合已确立的纲领，以确保检察独立的实际与理念。非检察机关对程序下达指示或中止依法进行之程序的权利必须以相同的方式进行。

3. 关于检察官在履行职责时应当保持中立的问题

《检察官职业责任准则和主要权利义务准则》规定，检察官履行职责应当不惧怕、不偏袒、不歧视。他们应当特别做到：公正地履行其职责；不为个人或团体的利益、公众或媒体的压力所影响，并且只考虑公共利益；客观地工作；考虑所有相关情节，不管其对犯罪嫌疑人有利还是不利；根据地方法律或公正审判的要求，努力保证各种必要和合理调查之进行、结果之披露，不管这些情况指向犯罪嫌疑人有罪还是无罪；永远寻求真实并且协助法庭达到真实和根据法律及公正之要求公正对待社会、被害人和被告人。

4. 关于检察官在刑事诉讼中的作用

《检察官职业责任准则和主要权利义务准则》规定，检察官应当公正地、一致地和快速地履行职责。如果由法律授权或根据司法实践参与犯罪的侦查，或领导警察或其他侦查人员，检察官应当客观地、公正地和专业地履行其职责，其中包括当监督犯罪侦查时，检察官应当保证侦查工作尊重法律和基本人权；当提出建议时检察官应当谨慎地保持中立和客观；检察官应当在案件有确实的证据并合理相信其是可靠的和可采纳的情况下才可以进行，如果缺乏这样的证据，不可以继续起诉。在整个诉讼过程中，案件起诉工作必须坚定和公正地进行，并且不可超过证据所表明的范围等。根据当地法律和司法实践，当检察官行使监督法院的决定之执行，或行使其他起诉之外的职能时，应当永远为公众的利益而行动。检察官还应当保守职业秘密，保证被害人、证人、犯罪嫌疑人、被告人被告知相关权利和获得相关信息的权利，拒绝使用非法获得的证据。根据本地法律和公正审判的要求，考虑放弃起诉，有条件地或无条件地中止或从正式的司法制度中分流刑事案件，特别是牵涉少年被告人的案件。应当采取适当的行动，充分尊重嫌疑人和被害人的权利。

5. 关于检察官的合作与授权问题

为保证起诉的公正和效率，《检察官职业责任准则和主要权利义务准则》

规定，检察官应当与警察、法院、从事法律事务的人员，辩护律师、公共辩护人以及其他政府机构合作，不管其是国内的或国际的；根据法律和相互合作的精神，为其他司法制度中的检察机构和同行提供帮助。

为了保证检察官能够独立地并依照本标准履行其职责，应当保护检察官免遭政府对其不利的任意行为。通常检察官应当有权：在履行职务时没有恐惧、阻碍、骚扰、不适当的干涉或被不公正地课以民事、刑事或其他责任；如果他们因正常履行职责以致其本人及家庭的人身安全受到威胁，他们应当得到当局的切实保护；得到合理的工作条件以及与其重要作用相适应的适足的报酬；他们的工资或其他福利不被任意扣减；具有根据聘用条件或在特殊情况下选举条件而定的、合理的和制度化的任期、退休金和退休年龄；招聘和提升应以客观因素，特别是任职资格、能力、道德、业绩和经验为基础，并根据公正和公平的程序决定；如果存在指责检察官有超越适当职业准则之行为的控告并就此采取必要的纪律程序时，他们应当能够根据法律或法律规则得到快捷和公正的听审；在纪律程序的听审中得到客观的评价和决定；组织和参加职业协会或其他代表他们利益的组织，促进他们的职业培训和保障他们的地位；可以不接受非法的或与职业准则或道德相背离的命令。

第二节　检察官在人权保护中的作用

一、宏观的角度

总的来看，检察官在人权保护中的作用至少包括以下三个方面：

（一）通过对犯罪的追究，维护法秩序，保障每一个社会成员的人权

我国《宪法》和三大诉讼法都把检察机关定位为国家的法律监督机关。然而在修改后《刑事诉讼法》当中明确将"尊重和保障人权"增设为《刑事诉讼法》的基本任务之一，由此迈出了我国刑事诉讼制度发展史上具有里程碑意义的一步，同时，这一修改也将直接引发检察机关传统法律地位和角色的转变。检察官不仅担负着追究犯罪，维护法律的职责，也担负着保障人权的职责。从法理上讲，"法律监督"与"人权保障"本身应当是两位一体的关系：一方面，客观上两者经常是等效的，检察机关监督、纠正了公权力机关的违法滥权行为，同时也就保全、救济了因公权力滥用而受损的个人权利；另一方面，"人权保障"是实施"法律监督"的目的，"法律监督"是实现"人权保障"的手段。法律监督，并非检察机关行使职权、履行职能的终极目的，说到底，履行法律监督职能的目的还是为了保障人权，因此，检察机关必须走出

传统的、单一的"监督官"的角色，自觉将保障人权作为自身行使职权、履行职能的目标和目的，勇敢地承担起"保民官"的新角色和新使命。①

虽然检察官保护人权的主体是刑事诉讼的参与人和民事行政诉讼的当事人，但是，每一个社会成员都可能因为犯罪或被犯罪所侵害，或者个人利益受到他人或政府的侵犯而被卷入刑事诉讼、民事行政诉讼当中，从而使法律所设定的各种权利对他发生作用。因此，可以说社会每一个成员都是检察官保护人权的潜在主体。换言之，检察官在人权保护方面的作用不仅可以直接体现在对诉讼参与人的保障方面，而且可以间接地体现在对社会每一个成员的保障方面。如果诉讼参与人的诉讼权利恶化，必然导致社会成员面临来自司法权不法侵害的风险增加和法律地位的下降，反之亦然。因此，加强检察官对人权的保护，特别是对行使诉讼参与人的人权保护，实际上增加了对社会所有成员的人权保护力度。

（二）通过对公权力的制约，保障公民免受公权力对人权的侵害

法国思想家孟德斯鸠说过："一切有权力的人都容易滥用权力。"凡公权力必须接受监督，这是古今中外，国家文明法治的基本定律。毛泽东早就说过："只有让人民起来监督政府，政府才不敢松懈。"从保障人权角度看，监督就是对公共权力行使的审视与约束。监督公共权力就是对公共权力行使过程及结果的合法性、公正性进行审视检查，并对其违法侵权、非公平公正等问题进行批评纠正的社会活动。检察官作为"监督官"，对其他国家机关的执法活动进行监督，其本质就是对公权力的制约，并帮助公民免受不正当公权力的侵害，以维护社会的公平正义。

众所周知，维护公民的合法权益是一切诉讼活动的重要目标，各国赋予检察官的抗诉权（或称上诉权）是实现这一目标的重要保障。也就是说，当检察官发现法院的判决不正确时，可以通过行使这一权利来纠正错误的判决，最终达到维护公民合法权益的目标。同时，由于检察官是参与刑事诉讼全过程的唯一官员，因而检察官切实保障公民的权利对实现刑事诉讼的公正具有重要意义。追求发现实体真实是刑事诉讼的一个重要目标，但是离开了刑事诉讼过程，便无法发现实体真实。而公正的诉讼程序要求控辩双方地位平等。然而在刑事诉讼中，控诉职能由检察官行使。与检察官相比，犯罪嫌疑人和被告人显然处于不利的地位，二者的力量难以平衡。在这种控辩双方地位不平等的诉讼中，公正的诉讼过程和真实的发现只能是一句空话。因此，增强辩护职能，加强犯罪嫌疑人和被告人的人权保障就成为实现程序公正和发现实体真实的必由

---

① 参见《检察日报》2012年10月22日第3版。

之路。

（三）为权利的实现提供法律上的救济

在人类社会初期，当个人权利受到侵犯时，没有专门的机构对其进行保护，采取的是"以牙还牙"的血亲复仇方式解决权利被侵害事件，这被称为"私力救济"。权利一旦受到侵害就要获得相应救济，否则就不存在权利了，所谓"无救济即无权利"就是这个意思。只不过由于历史条件的局限，在人类社会的初期也就只能采取"私力救济"的方式来救济个体被侵害的权利了，但随着社会的进步，便出现了专门解决纠纷的机关。因为人们清楚地认识到在社会生活中"私力救济"不仅不能有效地保护权利，反而有可能侵害更多人的权利，从而影响社会的正常发展，于是司法救济便应运而生了。司法机关是国家机关之一，是国家权力分工的表现，其享有的司法权力也是人民权利被委托后的一种表现形式。既然《宪法》是人民主权的体现，基本权利是人民主权的法律形态，那么有专门的司法机关来行使保护公民基本权利的职责则成为人民主权的必然要求。

在司法实践中，司法权力侵犯人权的现象时有发生，有时还相当严重。如不立案就对他人采取强制措施；为获取证据不惜采取刑讯逼供、体罚虐待等非法手段；只注重收集有罪证据，不注重收集无罪证据；超期羁押问题等。怎样在公民权利受到侵害时及时得到有力的救济，是保障人权极为重要的方面。检察官存在的一个重要原因就是保障人权。并且，这是以法律性质固定下来的，具有国家代表性的重要职责。当公民的权利受到侵害时，可以借助检察官，通过法律的途径维护自己的合法权益，伸张正义。可以说，检察官的这一作用，使公民实现人权的重要保障。

此外，诉讼实践中侵犯人权的行为，实质上是对人的不尊重，反映的是封建专制意识，是一种极端野蛮的行为。因此，加强检察官对犯罪嫌疑人和被告人、被害人及证人的人权保障，体现了以人为本，尊重人性的现代人权保护理念，标志着社会的文明和进步。

二、实际工作的角度

（一）在刑事诉讼中的人权保护作用

刑事诉讼领域历来是侵犯人权事件最为多发的领域之一，也是人权保障最容易被忽视的领域之一。为解决这样一个突出的矛盾，同时考虑到进行刑事诉讼监督、保障刑事诉讼参与人人权本来就是检察官的一项最重要的职责，以及刑事案件的妥善处理对社会稳定的重大影响，关注刑事诉讼中的人权保障，强化检察官在刑事诉讼中人权保障固有的、积极的、重要的作用，自然也就成为各国政府和立法机关着力研究和解决的重点。

1. 保护的对象

检察官在刑事诉讼中人权保护的对象是刑事诉讼中的所有参与人。诉讼参与人包括当事人和其他诉讼参与人。当事人一般是指刑事被追诉人，即犯罪嫌疑人和被告人，在我国还包括刑事被害人；其他诉讼参与人包括辩护人、诉讼代理人、证人、鉴定人、翻译人员等。根据各国法律的规定，诉讼参与人在刑事诉讼中各自享有广泛的诉讼权利，是刑事诉讼中的权利主体，按照检察官职责的要求，检察官所要保护的，也正是这些人的合法权益。这其中，被追诉人是刑事诉讼的基本人权主体，也是检察官保护的最主要的对象。

没有参加刑事诉讼活动的一般公民和刑事执法、司法人员及其辅助人员不是检察官在刑事诉讼中保护的对象。这是因为只有参与刑事诉讼的人才能根据法律享有权利，这些权利也才具有现实性，需要法律的保护，相反，没有参加刑事诉讼的人，既不享有这些权利，也不需要这些权利，也就谈不上相应的保护。刑事执法、司法人员及其辅助人员之所以不是刑事诉讼中的权利主体，是因为他们不是以公民的身份参加诉讼。虽然形式上这些人员也是参加诉讼的公民个体，但他们与诉讼参与人有着本质的区别。他们是刑事诉讼中国家权力的代表，是权力主体而不是权利主体。作为国家权力的行使者，他们只可能成为滥用权力的主体，而不会成为权力滥用的对象。因此，法律赋予刑事诉讼参与人权利的主要目的，是为了防止和纠正权力主体对权力的滥用。

2. 刑事诉讼中人权的主要内容

根据联合国的一系列公约、宣言等国际性法律文件，尤其是《公民权利和政治权利国际公约》对刑事诉讼权利作出的规定，以及各国法律的相关规定，诉讼参与人在刑事诉讼中都享有广泛的权利，这些权利主要包括：

（1）无罪推定的权利。即被追诉人在法院依法确定有罪之前，有权被推定为无罪。这一权力是被追诉人的基础性诉讼权利。由这一权力还可引申出被追诉人的一系列诉讼权利和诉讼规则。

（2）获得公正、独立的法院迅速、公开审判的权利。即要求法官在审判时只服从法律，不受其他部门和力量的干预，始终保持中立，不先入为主，不带有偏见，迅速及时审理案件，不无故拖延。要求除法律规定的特殊情形外，案件的庭审过程及裁判结果应予公开。

（3）被告知指控的性质和原因的权利。即在采取强制措施时，执法机关应当告知其被指控犯罪的罪名、性质和理由。

（4）获得保释的权利。即被羁押的被追诉人在保证不妨碍诉讼进行且随传随到的情况下，享有要求被解除羁押的权利。

（5）不受刑讯逼供的权利。即在刑事诉讼中，任何司法人员都应当尊重被追诉人的人格尊严，禁止为获取口供而进行暴力、威胁、引诱、欺骗等不法行为。

（6）不受强迫自证其罪的权利或沉默权。即被追诉人没有义务向追诉一方或法庭提供任何可能使自己陷入不利境地的陈述和其他证据，追诉一方也不得采用强迫方法逼其就范。被追诉人有权在讯问中始终保持沉默，也有权就案件事实作出有利或不利于自己的陈述。这一权利的目的在于承认并保护被追诉人自主表达意见的自由。

（7）不受非法的或者无根据的搜查和扣押的权利。即对公民的身体、住所、通信资料和财物等，国家追诉机关不得任意搜查和扣押。在采取这些强制性侦查行为时，应有合理的根据并得到司法机关的批准。

（8）自行辩护并获得及时、有效的法律帮助的权利。即被追诉人有权为自己辩护，同时也应获得他人尤其是律师的帮助进行辩护。必要时，国家应为其提供免费的律师帮助。

（9）提出上诉的权利。即被告人如不服裁判，有权请求上一级法院对案件进行复审。

（10）一事不再理或免受双重危险的权利。即对被追诉人的同一行为，一旦作出确定的判决，就不得再次对同一行为予以审判或处罚，但基于被告人利益时除外。

（11）免费获得翻译帮助、申请回避、获得刑事赔偿的权利等。

此外，在被害人和证人方面还享有因亲属或职业上的原因拒绝作证权、委托诉讼代理人权、申诉权、质证权等。

3. 相关规定和措施

针对诉讼参与人的上述权利，各国相关法律规定了检察官在刑事诉讼中保护诉讼参与的正当权利的原则和措施。

（1）依法保障公民无罪推定的权利

无罪推定是现代刑事诉讼制度的逻辑起点。[1] 作为一项当前国际通行的诉讼原则，它体现着对个体价值的尊重，各国也都在其法律中确立了这一原则。保障公民这一权利的有效行使是检察官义不容辞的基本职责。例如法国1789年的《人权宣言》第9条规定："任何人在被宣判为犯罪者之前，均应推定为无罪。"《意大利宪法》第27条规定："被告人在最终定罪之前，不得被认为有罪。"1993年《俄罗斯联邦宪法》第49条规定："每个被控告犯罪的人，

---

[1] 参见林劲松：《刑事诉讼与基本人权》，山东人民出版社2005年版，第55页。

在其罪行未被联邦法律所规定的程序证明和未被法院所作出的具有法律效力的判决之前，都被视为无罪。被告人没有证明自己无罪的义务。无法排除的对有罪的怀疑有利于被告人。"1982 年《加拿大宪法》第 10 条规定，每个人在被逮捕或者拘留的时候都有下述权利：……在独立的不偏袒的法庭举行公平的公开审判中，根据法律证明有罪之前，应推定为无罪……

我国 1996 年《刑事诉讼法》第 12 条规定："未经人民法院依法判决，对任何人都不得确定有罪。"虽然对这一规定是否属于无罪推定原则意见分歧很大，但是一般都认为它体现了无罪推定的基本精神，是对无罪推定原则合理内核的借鉴。同时，为配合这一规定，我国还对相关的制度作了一些重要变更，比如将公诉前被告人、犯罪人、人犯等称谓，统一改为犯罪嫌疑人；取消了收容审查制度；取消免予起诉制度；确立疑罪从无原则等，这些变化都是向无罪推定原则迈进的重要举措。

（2）合理控制警察的行为，禁止任意和非法对公民进行羁押

从各国法律规定看，检察官对警察的侦查行为都有一定的控制和监督权，例如在英国，检察官有权审查警察在侦查案件过程中是否存在非法取证的情况，对非法证据不予采用，同时就犯罪问题可以向警察提出劝告和建议。在法国，根据《刑事诉讼法》规定，检察官有权指挥警察进行初步侦查，警察收集的关于犯罪的原始材料都应送交检察官，以便其确定是否将犯罪移送预审法官进行正式侦查。同时在侦查过程中，检察官可以随时查阅侦查材料，可以对预审法官的任何命令提出上诉，以监督侦查活动正确合法地进行。在日本，其《刑事诉讼法》第 193 条规定，在一定期限内，检察官可以向司法警察官员提出建议并给予指导，或者直接进行指导。对于检察官的上述指示或指挥，司法警察官员在法律上有义务去执行或服从。

各国对逮捕和羁押的适用条件都作了严格的规定，例如在英美国家，对犯罪嫌疑人的逮捕拘禁，应当具有"可成立的理由"，所谓"可成立的理由"，法律没有明确的解释，但法院的解释是："逮捕官员了解到的事实和情况以及他们获得的合理逻辑的可信材料，足以使一般谨慎的人有理由认为已经或正在实施犯罪（签署逮捕证的情形），或者在一特定地点或特定人那里可能发现财物（签署搜查证的情形）就是存在可成立理由。"所谓一般谨慎的人，是指未受法律专业训练的普通人，而不是指司法官或律师等受过法律专业训练的专门人员。在同样的情况下，一般"普通人"也认为被逮捕人已经实施犯罪，就是存在逮捕的可成立理由。① 在日本，逮捕的条件是有充足的理由怀疑被疑人

---

① 参见王以真主编：《外国刑事诉讼法学》，北京大学出版社 1990 年版，第 239 页。

已实施了可能判处三年以上惩役或监禁之罪，且有逮捕必要的。国际公约和各国除对强制措施和羁押规定了严格的限制条件外，还规定了法定程序。各国因司法体制不同，将羁押的权力授予不同的主体来行使，在英美法系国家和多数大陆法系国家，法律将剥夺或限制人身自由的各种强制措施交由法官来行使，只有在紧急情况下，检察官和警察才能采取临时性强制措施。而在另一些国家，法律将剥夺或限制人身自由一些强制措施交由检察官行使。

在我国，侦查监督是检察机关对公安机关、安全机关和其他有侦查权的机关的侦查活动的合法性进行的法律监督，它包括对侦查机关办理案件时的证据收集、事实认定、法律适用内容是否真实和程序是否合法，在侦查活动中有无违法行为的监督。我国对此有较为完备的规定。2012 年《刑事诉讼法》第 8 条规定："人民检察院依法对刑事诉讼实行法律监督。"第 98 条规定："人民检察院在审查批准逮捕工作中，如果发现公安机关的侦查活动有违法情况，应当通知公安机关予以纠正，公安机关应当将纠正情况通知人民检察院。"《人民检察院组织法》第 5 条第 3 项规定："对于公安机关侦查的案件，进行审查，决定是否逮捕、起诉；对于公安机关的侦查活动是否合法，实行监督。"根据《人民检察院刑事诉讼规则（试行）》的规定，检察机关监督侦查活动的范围主要是发现和纠正以下违法行为：采用刑讯逼供以及其他非法方法收集犯罪嫌疑人供述的；采用暴力、威胁等非法方法收集证人证言、被害人陈述，或者以暴力、威胁等方法阻止证人作证或者指使他人作伪证的；伪造、隐匿、销毁、调换、私自涂改证据，或者帮助当事人毁灭、伪造证据的；徇私舞弊，放纵、包庇犯罪分子的；故意制造冤、假、错案的；在侦查活动中利用职务之便谋取非法利益的；非法拘禁他人或者以其他方法非法剥夺他人人身自由的；非法搜查他人身体、住宅，或者非法侵入他人住宅的；非法采取技术侦查措施的；在侦查过程中不应当撤案而撤案的；对与案件无关的财物采取查封、扣押、冻结措施，或者应当解除查封、扣押、冻结不解除的；贪污、挪用、私分、调换、违反规定使用查封、扣押、冻结的财物及其孳息的；应当退还取保候审保证金不退还的；违反《刑事诉讼法》关于决定、执行、变更、撤销强制措施规定的；侦查人员应当回避而不回避的；应当依法告知犯罪嫌疑人诉讼权利而不告知，影响犯罪嫌疑人行使诉讼权利的；阻碍当事人、辩护人、诉讼代理人依法行使诉讼权利的；讯问犯罪嫌疑人依法应当录音或者录像而没有录音或者录像的；对犯罪嫌疑人拘留、逮捕、指定居所监视居住后依法应当通知家属而未通知的；在侦查中有其他违反《刑事诉讼法》有关规定行为的。检察机关侦查监督的主要途径包括：立案监督、审查批捕、审查起诉、纠正违法活动。

（3）依法履行职务，保障公民在被采取强制措施时被告知指控的性质和原因的权利

这是有利于公民及时提出申诉和控告，纠正错误的强制措施，保证公民知悉权的重要措施。因而也得到了世界多数国家的确认，例如在英美国家，根据其法律规定，逮捕嫌疑人时，逮捕状上必须写明被逮捕人受控的罪名，逮捕状应向被逮捕人出示；没有被逮捕或无证逮捕的嫌疑人，传讯时或讯问时应当告诉他被指控的罪名。① 《德国刑事诉讼法》第114条规定，逮捕令应当写明被逮捕人的姓名、重大嫌疑行为、实施行为的时间与地点、犯罪行为的法定要件和适用的刑罚规定、逮捕理由和所依据的事实。执行逮捕时，应当向被逮捕人宣布逮捕令，并且被逮捕人有权获得逮捕状副本。《法国刑事诉讼法》第116条规定，在第一次讯问时预审法官应当查明被审查人的身份，公开告知他被指控而受审的每一行为，以及这些行为的法律评价。《日本刑事诉讼法》第62条至第64条规定，对被告人进行传唤、拘提或羁押时，应当发出传唤票、拘提票或羁押票。传唤票或羁押票应记载被告人的姓名、住所、罪名、应到的场所等。

在我国，告知犯罪嫌疑人和被告人所采取强制措施的理由和被指控犯罪的性质、内容，主要通过拘留证、逮捕证上所记载的拘留、逮捕的理由和罪名。《刑事诉讼法》第83条规定："公安机关拘留人的时候，必须出示拘留证。拘留后，应当立即将被拘留人送看守所羁押，至迟不得超过二十四小时。除无法通知或者涉嫌危害国家安全犯罪、恐怖活动犯罪通知可能有碍侦查的情形以外，应当在拘留后二十四小时以内，通知被拘留人的家属。有碍侦查的情形消失以后，应当立即通知被拘留人的家属。"第91条规定："公安机关逮捕人的时候，必须出示逮捕证。逮捕后，应当立即将被逮捕人送看守所羁押。除无法通知的以外，应当在逮捕后二十四小时以内，通知被逮捕人的家属。"第137条第1款规定："在搜查的时候，应当有被搜查人或者他的家属，邻居或者其他见证人在场。"此外，《刑事诉讼法》还在起诉阶段、审判阶段、判决阶段、判决执行阶段赋予了被不起诉人、被告人等相应的知悉权。

（4）切实保护公民的保释权

保释权是维护公民人身自由的一项重要权利，检察官要依法切实保护公民保释权的实现。各国法律都规定了公民的保释权，例如英国《1976年保释法》

---

① 参见程味秋编著：《西方国家刑事诉讼法概论》，中国政法大学出版社1989年版，第37页。

规定，犯罪嫌疑人从被羁押起，在各个诉讼阶段都有权申请保释。[1] 除被控叛国罪、有与被控罪行相同的前科、曾被保释而潜逃或违反保释规定而未按时到庭受审者外，其他犯罪嫌疑人均可获得保释。[2] 美国法律规定，犯罪嫌疑人自被逮捕起，都有权申请保释。保释有保证人、保证金和个人具结三种方式。[3]

在我国，根据《刑事诉讼法》和《人民检察院刑事诉讼规则（试行）》的规定，被羁押的犯罪嫌疑人、被告人及其法定代理人、近亲属有权申请取保候审。符合下列条件之一的犯罪嫌疑人都可以取保候审：可能判处管制、拘役或者独立适用附加刑的；可能判处有期徒刑以上刑罚，采取取保候审不致发生社会危险性的；患有严重疾病、生活不能自理，怀孕或者正在哺乳自己婴儿的妇女，采取取保候审不致发生社会危险性的；羁押期限届满，案件尚未办结，需要采取取保候审的。取保候审由公安机关执行。

因此，检察官应严格依法审查犯罪嫌疑人的保释申请，并依法作出是否保释的决定并及时通知犯罪嫌疑人，切实保障公民的保释权。

（5）保障公民身体不被非法搜查、住宅不被非法侵入的权利

对公民身体和住宅的保护是人权保护的一项重要内容，各国对此都十分重视。例如在美国，为了发现并获得犯罪工具和犯罪证据，对嫌疑人的身体、住宅等进行搜查，必须具备下列条件：①有可成立的理由；②必须提出口头或书面的申请；③有具体的搜查地点或嫌疑人，对于要搜查的房屋必须排除任何怀疑或不确定性；④应有中立和公正的司法官签署。搜查应当在搜查证签署后10日内进行，不得超过搜查证允许的范围，搜查通常在白天进行。同时为了及时查获犯罪或者防止犯罪的发生，在紧急情况下，美国规定了责令停止和拍身搜查措施，所谓责令停止和拍身搜查（stop and frisk），是指警察在合理怀疑一个人犯了或即将实施犯罪的情况下，在公共场所责令行人或车辆停止并进行拍身搜查。根据美国最高法院判例所确立的指导准则，责令停止和拍身搜查的条件是：警察必须观察到反常的行为，或该人可能携带武器或有危险时，才能责令该人停止或对其进行拍身搜查。在日本，检察官、检察事务官或司法警察在侦查过程中，为了查获嫌疑人或收集有关证据，可以请求法官签发命令对公民的身体或住宅进行搜查，在紧急情况下也自行决定进行搜查。搜查原则上应在白天进行，如在日落前已着手的可以继续执行。对妇女身体进行搜查时，

---

① 参见王以真主编：《外国刑事诉讼法学》，北京大学出版社1990年版，第171页。

② 参见程味秋编著：《西方国家刑事诉讼法概论》，中国政法大学出版社1989年版，第38页。

③ 参见王以真主编：《外国刑事诉讼法学》，北京大学出版社1990年版，第212页。

应当有成年妇女在场，但需要迅速执行时不在此限。

我国对保护公民身体和住宅也十分重视，法律作了许多规定，例如《宪法》第 37 条规定，"禁止非法搜查公民的身体"。第 39 条规定："中华人民共和国公民的住宅不受侵犯。禁止非法搜查或者非法侵入公民的住宅。"《刑法》第 245 条规定："非法搜查他人身体、住宅，或者非法侵入他人住宅的，处三年以下有期徒刑或者拘役。司法工作人员滥用职权，犯前款罪的，从重处罚。"我国《刑事诉讼法》对搜查公民的身体和住宅的条件和程序作了严格的规定，即只有为了收集犯罪证据、查获犯罪人，侦查人员才可对嫌疑人以及可能隐藏犯罪嫌疑人或者犯罪证据的人的身体、住所和其他有关的地方进行搜查。搜查时必须出示搜查证，必须有被搜查人或者他的家属、邻居或者其他见证人在场，搜查妇女的身体，应当由女工作人员进行。搜查的情况应当写成笔录，由侦查人员和被搜查人或者他的家属、邻居或者其他见证人签名或者盖章。如果被搜查人或者他的家属在逃或者拒绝签名、盖章，应当在笔录上注明。

总之，检察官在保障公民身体不受非法搜查、住宅不被非法侵入方面发挥的作用，主要是通过严格执法，及时纠正非法行为，排除非法取得的证据，追究犯罪行为的刑事责任等途径来实现的。

（6）保障公民不受刑讯逼供的权利

刑讯逼供是对公民人权的严重侵犯，因此禁止刑讯逼供得到世界许多国家法律和国际公约的确认，比如《德国刑事诉讼法》第 136 条 a 规定，在讯问犯罪嫌疑人时，"不允许采用虐待、疲劳战术、伤害身体、服用药物、折磨、欺诈或者催眠等方法"。《意大利刑事诉讼法》第 64 条规定，司法人员在讯问时，"不得使用足以影响被讯问者自主回答能力或者改变其记忆和评价实施能力的方法或技术进行讯问，即便被讯问者表示同意"。《日本宪法》第 18 条规定，"任何人不受任何奴隶性的拘束。除因犯罪受处罚外，对任何人不得违反本人意志使其服苦役"。第 36 条又规定，"绝对禁止公务员施行拷问及残酷刑罚"等。为保证上述规定的落实，各国还制定了很多具体措施，例如赋予被追诉人控告权、申请权、申诉权等救济性权利，规定采用刑讯逼供所获得的证据不具有法律效力等。

我国也十分重视对公民的人格尊严和人身权利的保护，法律严格禁止对公民进行刑讯逼供。例如《宪法》第 38 条规定："中华人民共和国公民的人格尊严不受侵犯。禁止用任何方法对公民进行侮辱、诽谤和诬告陷害。"《刑事诉讼法》也禁止司法人员为了获取口供，而对犯罪嫌疑人和被告人进行刑讯、威胁、引诱、欺骗等不法行为，而且《刑事诉讼法》第 14 条第 2 款规定：

"诉讼参与人对于审判人员、检察人员和侦查人员侵犯公民诉讼权利和人身侮辱的行为，有权提出控告。"《人民检察院刑事诉讼规则（试行）》第65条规定，对采用刑讯逼供等非法方法收集的犯罪嫌疑人供述和采用暴力、威胁等非法方法收集的证人证言、被害人陈述，应当依法排除，不得作为报请逮捕、批准或者决定逮捕、移送审查起诉以及提起公诉的依据。《刑法》第247条和第248条规定，司法工作人员对犯罪嫌疑人、被告人实行刑讯逼供或者使用暴力逼取证人证言的，处3年以下有期徒刑或者拘役。致人伤残、死亡的，依照伤害罪、杀人罪从重处罚。监狱、拘留所、看守所等监管机构的监管人员对被监管人进行殴打或者体罚虐待，情节严重的，处3年以下有期徒刑或者拘役；情节特别严重的，处3年以上10年以下有期徒刑。致人伤残、死亡的，依照伤害罪、杀人罪从重处罚。检察官要严格执法，充分行使履行法律监督职能，对构成犯罪的刑讯逼供行为要立案侦查，依法追究行为人的刑事责任，以切实保障人权。

（7）保障公民享有迅速进行诉讼的权利

保障公民迅速进行诉讼不仅有利于维护公民的合法权益，提高诉讼效率，节约司法资源，也有利于维护社会稳定。各国对此都有相关规定，例如《美国联邦宪法修正案》第6条第1款规定，在一切刑事诉讼中，被告人都享有迅速审判的权利。美国《联邦迅速审判法》对各诉讼阶段的诉讼期限作了规定，即受理刑事案件后，于逮捕或送达传票后100日内终结。从逮捕或送达传票之日起30日内必须提交起诉书或公诉书。从提交起诉书或公诉书起，或者从被告人答复控诉并到法院的一位司法官员处到案之日起，10日内必须提审。提审后60日内开始审讯。同时，美国还规定了辩诉交易制度，以达到简化审判和加快诉讼的目的。

《德国基本法》第20条确立了快速原则，即本着被告人的利益和为了查明真相，应尽可能快速地实施刑事程序。《德国刑事诉讼法》第229条规定应当尽可能无长时间中断地进行审判，体现了快速原则。[①] 意大利为了保证迅速进行诉讼，其《刑事诉讼法》规定了五种特别程序：简易审判程序、依当事人的要求适用刑罚程序（意大利式辩诉交易）、快速审判程序、立即审判程序和处罚令程序。[②] 在日本，为了迅速处理较轻微的案件，提高诉讼效率，《日

[①] 参见《德国刑事诉讼法典》（中译本引言），李昌珂译，中国政法大学出版社1995年版，第14页。

[②] 参见程味秋：《意大利刑事诉讼法典简介》，载黄风译：《意大利刑事诉讼法典》（前言部分），中国政法大学出版社1994年版，第6~8页。

本刑事诉讼法》特别设立了快速处理案件的程序，具体包括简易公审程序、简易命令和交通案件即决裁判程序。①

我国《刑事诉讼法》规定，对犯罪嫌疑人逮捕后的侦查期限一般不超过两个月；检察机关对公安机关移送审查起诉的案件，应当在一个月以内作出决定，重大复杂的案件可以延长半个月；第一审法院审理公诉案件，应当在受理后一个月内宣判，至迟不得超过一个半月；第二审法院受理上诉、抗诉案件，应当在一个月以内审结，至迟不得超过一个半月。同时为了迅速进行诉讼，我国还规定了简易审判程序。因此，检察官除了自己要尽可能地加快办案速度之外，还要履行法律监督职能，对违反法定诉讼期限的行为应及时纠正或提出纠正意见，并对违反诉讼程序的人员给予或者建议有关机关给予处罚，以保障公民享有迅速进行诉讼的权利。

（8）正确行使起诉权和不起诉权，保障公民不被错误追诉的权利

起诉权和不起诉权是检察官基本而重要的职权，这些职权能否被正确行使直接关系公民不受错误追诉权利的是否实现。检察官正确行使起诉权和不起诉权的关键，在于正确理解和运用提起诉讼的证据标准。各国对于起诉的证据标准都有规定。例如在英美国家，起诉采取诉因制度，要求刑事案件的起诉必须具有"或然的诉因"（probable cause）。所谓"或然的诉因"，英国解释为，根据已有的证据，法院作出有罪判决比无罪开释具有更大的可能性，即采取"百分之五十一规则"。美国法律则解释为，根据有效的证据，使每个理智而谨慎的人相信被指控的人犯了所指控的罪行。有学者将其解释为证明犯罪嫌疑人有罪的证据要强于证明其无罪的证据。在法国、德国和日本，刑事诉讼法要求对犯罪嫌疑人起诉要有充分的或足够的证据（理由），即所有证据必须达到足以证明其有犯罪嫌疑的程度。例如《法国刑事诉讼法》第 211 条、第 212 条规定，起诉审查庭应当审查对被审查人的"控告是否有足够的证据"。《德国刑事诉讼法》第 152 条规定："提起诉讼权，专属检察院行使。除法律另有规定外，在有足够的事实根据时，检察院负有对所有的可予以追究的犯罪行为作出行动的义务。"此外，检察官还应考虑被害人与公众利益的关系和警察部门的警告。在美国，检察官在决定是否起诉时要考虑犯罪的轻重、犯罪嫌疑人的个人情况和是否有利于其改造等其他因素，如果检察官对案件进行综合考虑后，认为起诉不利于犯罪行为人改造，不体现公众利益、无助于遏制犯罪或耗费司法资源太大时，都可以不予起诉。《日本刑事诉讼法》第 248 条也规定，

---

① 参见《日本刑事诉讼法》（简介），宋英辉译，中国政法大学出版社 2000 年版，第 20～21 页。

"检察官决定是否起诉时应考虑被疑人的个人情况（性格、年龄和经历等）、犯罪事实方面的情况（犯罪的轻重和情节是否严重等）、犯罪后的情况（被疑人有无悔改、是否逃匿等）"。

我国《刑事诉讼法》第172条规定："人民检察院认为犯罪嫌疑人的犯罪事实已经查清，证据确实、充分，依法应当追究刑事责任的，应当作出起诉决定，按照审判管辖的规定，向人民法院提起公诉，并将案卷材料、证据移送人民法院。"

由此看来，我国法律对人民检察院提起公诉的证据标准应当是"犯罪事实清楚，证据确实、充分"。所谓"犯罪事实清楚"，是指构成犯罪的各项要件以及定罪量刑的各种情节都必须是清楚的、真实的。而"证据确实充分"是对用以确定案件事实证据的质和量的要求，它要求每一证据都必须是已查证属实，并且案件事实的各个要件都有相应的证据予以证明，证据之间、证据与案件事实之间的矛盾得到排除，全案的证据形成一个闭合的锁链。由此得出的结论具有唯一性、排他性。这种证据标准往往又被人称之为"客观事实"的证明标准。

根据我国《刑事诉讼法》第15条、第171条和第173条的规定，不起诉可以分为绝对不起诉、相对不起诉和存疑不起诉三种类型。绝对不起诉的适用条件是以下六种情形之一：（1）情节显著轻微、危害不大，不认为是犯罪的；（2）犯罪已过追诉时效期限的；（3）经特赦令免除刑罚的；（4）依照《刑法》告诉才处理的犯罪，没有告诉或者撤回告诉的；（5）犯罪嫌疑人、被告人死亡的；（6）其他法律规定免予追究刑事责任的。相对不起诉的适用必须符合以下三个条件：（1）人民检察院认为犯罪嫌疑人的行为已经构成犯罪，应当负刑事责任；（2）犯罪行为情节轻微；（3）依照《刑法》规定不需要判处刑罚或者免除刑罚。适用存疑不起诉应当具备以下条件：（1）案件经过补充侦查；（2）定罪证据不足；（3）不符合起诉条件。此外，根据2007年8月最高人民检察院下发的《人民检察院办理不起诉案件质量标准（试行）》，人民检察院对于具有以下五种情节之一，且依照《刑法》规定不需要判处刑罚或者免除刑罚的轻微犯罪，经检察委员会讨论决定，可以作出不起诉决定：一是未成年犯罪嫌疑人、老年犯罪嫌疑人，主观恶性较小、社会危害不大的；二是因亲友、邻里及同学同事之间纠纷引发的轻微犯罪中的犯罪嫌疑人，认罪悔过、赔礼道歉、积极赔偿损失并得到被害人谅解或者双方达成和解并切实履行，社会危害不大的；三是初次实施轻微犯罪的犯罪嫌疑人，主观恶性较小的；四是因生活无着偶然实施盗窃等轻微犯罪的犯罪嫌疑人，人身危险性不大的；五是群体性事件引起的刑事犯罪中的犯罪嫌疑人，属于一般参与者的。

（9）保障犯罪嫌疑人和被告人的辩护权

辩护权是犯罪嫌疑人和被告人所有的诉讼权利的核心，因而是维护其合法权益最重要的手段，是其诉讼地位主体化的结果，是诉讼民主化的体现，是现代诉讼体制控辩平等这一核心价值理念的要求。因此，各国检察官都有义务保障犯罪嫌疑人和被告人辩护权的充分行使。各国法律主要从三个方面对保障犯罪嫌疑人和被告人自行辩护权利作了规定：一是保障犯罪嫌疑人和被告人自行辩护的权利。这在西方国家被称为"听取陈述原则"，如在美国，检察官对于自己侦查的案件，在讯问嫌疑人时，应当告知其"米兰达规则"，询问其是否保持沉默；检察官在提起重罪控诉前应当讯问嫌疑人是否要求预审，如放弃预审的，检察官可以自行决定并提出重罪控诉。二是保障犯罪嫌疑人和被告人获得辩护人帮助的权利。例如《美国宪法修正案》第6条规定："在任何刑事诉讼中，被告人都享有辩护人为他辩护的权利。"《德国刑事诉讼法》第137条规定："被指控人可以在程序的任何阶段委托辩护人为自己辩护。被指控人有法定代理人的，法定代理人也可以自行选择辩护人。"《日本刑事诉讼法》第30条规定："被告人或被疑人，可以随时选任辩护人。"三是保障辩护人辩护的权利。其中集中体现在三个方面，即在讯问犯罪嫌疑人时，辩护人有权要求在场；辩护人会见犯罪嫌疑人的权利；辩护人的取证权。例如英国法律规定，律师在任何诉讼阶段，都有权会见犯罪嫌疑人，在讯问时，犯罪嫌疑人有权要求律师在场，否则，犯罪嫌疑人所作的陈述无效。并且犯罪嫌疑人及其律师可以收集有利于犯罪嫌疑人的证据，对于警察或检察官采取的拘禁等强制措施是否合法，可以申请法官进行裁决。在预审阶段，犯罪嫌疑人及其律师有权向治安法庭提出证据，也有权申请法庭传唤有利于自己的证人。在审判阶段，辩护人有权询问证人和与控诉方进行辩论。在日本，根据其《刑事诉讼法》第39条、第40条规定，辩护人有权同被告人或被疑人会见和传送文件或物件，检察官、检察事务官可以为辩护人的会见或传送指定日期、场所及时间，但该项指定不得不适当地限制被疑人进行准备防御的权利。辩护人在提起诉讼后，可以在法院内阅览和抄录关于诉讼的文件及证据等。

我国法律在保障犯罪嫌疑人和被告人的辩护权方面也作了明确的规定。例如在保障犯罪嫌疑人和被告人自行辩护的权利方面，我国《刑事诉讼法》第170条规定："人民检察院审查案件，应当讯问犯罪嫌疑人，听取辩护人、被害人及其诉讼代理人的意见，并记录在案。辩护人、被害人及其诉讼代理人提出书面意见的，应当附卷。"《人民检察院刑事诉讼规则（试行）》第365条补充规定："直接听取辩护人、被害人及其诉讼代理人的意见有困难的，可以通知辩护人、被害人及其诉讼代理人提出书面意见，在指定期限内未提出意见的，应当记录在案。"《刑事诉讼法》还规定，检察机关提起诉讼后，被告人可以就起诉书指控的犯罪进行陈述；可以对证人、鉴定人发问；可以对物证进行辨认，对宣读的证人证言、鉴定结论发表意见；有权申请通知新的证人到庭，调取新的物证，重新鉴定或勘验；可以与公诉人进行辩论；有权进行最后陈述等。

在保障犯罪嫌疑人和被告人获得辩护人帮助的权利方面，我国《刑事诉讼法》第 32 条规定，犯罪嫌疑人、被告人除自己行使辩护权以外，还可以委托一至二人作为辩护人。第 33 条进一步规定："犯罪嫌疑人自被侦查机关第一次讯问或者采取强制措施之日起，有权委托辩护人；在侦查期间，只能委托律师作为辩护人。被告人有权随时委托辩护人。侦查机关在第一次讯问犯罪嫌疑人或者对犯罪嫌疑人采取强制措施的时候，应当告知犯罪嫌疑人有权委托辩护人。人民检察院自收到移送审查起诉的案件材料之日起三日以内，应当告知犯罪嫌疑人有权委托辩护人。人民法院自受理案件之日起三日以内，应当告知被告人有权委托辩护人。犯罪嫌疑人、被告人在押期间要求委托辩护人的，人民法院、人民检察院和公安机关应当及时转达其要求。犯罪嫌疑人、被告人在押的，也可以由其监护人、近亲属代为委托辩护人。辩护人接受犯罪嫌疑人、被告人委托后，应当及时告知办理案件的机关。"同时，《刑事诉讼法》第 34 条规定："犯罪嫌疑人、被告人因经济困难或者其他原因没有委托辩护人的，本人及其近亲属可以向法律援助机构提出申请。对符合法律援助条件的，法律援助机构应当指派律师为其提供辩护。犯罪嫌疑人、被告人是盲、聋、哑人，或者是尚未完全丧失辨认或者控制自己行为能力的精神病人，没有委托辩护人的，人民法院、人民检察院和公安机关应当通知法律援助机构指派律师为其提供辩护。犯罪嫌疑人、被告人可能被判处无期徒刑、死刑，没有委托辩护人的，人民法院、人民检察院和公安机关应当通知法律援助机构指派律师为其提供辩护。"

在保障辩护人辩护权利方面，我国《刑事诉讼法》第 36 条、第 37 条、第 38 条、第 39 条规定，辩护律师在侦查期间可以为犯罪嫌疑人提供法律帮助；代理申诉、控告；申请变更强制措施；向侦查机关了解犯罪嫌疑人涉嫌的罪名和案件有关情况，提出意见。辩护律师可以同在押的犯罪嫌疑人、被告人会见和通信。其他辩护人经人民法院、人民检察院许可，也可以同在押的犯罪嫌疑人、被告人会见和通信。辩护律师持律师执业证书、律师事务所证明和委托书或者法律援助公函要求会见在押的犯罪嫌疑人、被告人的，看守所应当及时安排会见，至迟不得超过 48 小时。危害国家安全犯罪、恐怖活动犯罪、特别重大贿赂犯罪案件，在侦查期间辩护律师会见在押的犯罪嫌疑人，应当经侦查机关许可。上述案件，侦查机关应当事先通知看守所。辩护律师会见在押的犯罪嫌疑人、被告人，可以了解案件有关情况，提供法律咨询等；自案件移送审查起诉之日起，可以向犯罪嫌疑人、被告人核实有关证据。辩护律师会见犯罪嫌疑人、被告人时不被监听。辩护律师自人民检察院对案件审查起诉之日起，可以查阅、摘抄、复制本案的案卷材料。其他辩护人经人民法院、人民检察院许可，也可以查阅、摘抄、复制上述材料。辩护人认为在侦查、审查起诉期间公安机关、人民检察院收集的证明犯罪嫌疑人、被告人无罪或者罪轻的证据材料未提交的，有权申请人民检察院、人民法院调取。辩护律师经证人或者其他有关单位和个人同意，可以向他们收集与本案有关的材料，也可以申请人民检察院、人民法院收集、调取证据，或者申请人民法院通知证人出庭作证。辩护律师经人民检察院或者人民法院许可，并且经被害人或者其近亲属、被害人提供的证人同意，可以向他们收集与本案有关的材料。

（10）保障被告人的上诉权

上诉制度是为弥补一审裁判因法官主观因素以及外界影响而可能出现的失误而设立的一项制度，其宗旨是维护司法公正，保护人权。世界各国和国际公约都确立了上诉制度，规定被告人对尚未生效的裁判有权提出上诉。例如《德国刑事诉讼法》第333条规定，被告人"对刑事法庭、刑事陪审庭作出的判决以及对州高级法院第一审作出的判决，不服时准许上诉"。《意大利刑事诉讼法》第571条规定："被告人可以亲自或者通过特别代理人包括通过在有关决定作出前任命的特别代理人提出上诉。"在规定了被告人上诉权的同时，各国法律还规定了上诉期限、上诉可不附带理由、可口头上诉以及上诉不加刑原则等保证其上诉权行使的措施。例如在英国，对治安法院的判决，被告人上诉必须在治安法院作出判决后的3周内向治安法院书记官提出。《德国刑事诉讼法》第358条规定："仅由被告人，或者为了他的利益由检察院或者他的法定代理人提出上诉的时候，对于被声明不服的判决在法律对行为的处分种类、刑度方面，不允许作不利于被告人的变更。"

我国也十分重视保障被告人的上述权，我国《刑事诉讼法》第216条规定："被告人、自诉人和他们的法定代理人，不服地方各级人民法院第一审的判决、裁定，有权用书状或口头向上一级人民法院上诉。被告人的辩护人和近亲属，经被告人同意，可以提出上诉。"第226条规定："第二审人民法院审理被告人或者他的法定代理人、辩护人、近亲属上诉的案件，不得加重被告人的刑罚。第二审人民法院发回原审人民法院重新审判的案件，除有新的犯罪事实，人民检察院补充起诉的以外，原审人民法院也不得加重被告人的刑罚。人民检察院提出抗诉或者自诉人提出上诉的，不受前款规定的限制。"

（二）在其他司法活动中的人权保障作用

1. 在民事、行政诉讼中的人权保护作用

民事、行政法律监督是检察官的又一重要职责，也是检察官保障公民权利的重要手段。检察官参与和监督民事诉讼和行政诉讼活动，有利于维护国家法律的统一和正确实施，对保证民事、行政诉讼活动依法进行，保障人权，具有重要意义。由于各国法律赋予检察官的民事、行政职权不同，各国检察官在保障公民权利的作用方面也不尽一致，概括起来主要有以下两个方面的作用：

（1）提起或参与民事、行政诉讼

检察官提起或参与民事、行政诉讼是监督民事、行政法律实施的重要措施，也是保障人权的重要手段。许多国家对此都有规定，例如英国的法律规定，检察长对于涉及皇室权益的民事案件、确认婚生和非婚生子女合法身份等案件，有权提起诉讼。[1]《美国法典》第 28 卷第 547 条规定，检察官在涉及联邦利益等七种民事案件的诉讼中，有权参加诉讼，其中包括检察官有权对所有因违反《反托拉斯法》而引起的争议提起诉讼等。法国《民事诉讼法典》第十三编"检察院"一章也规定，在法国，检察院是国家和社会利益的代表，有权依照《民事诉讼法典》第十三编"检察院"一章的规定，作为主当事人（即原告）的身份提起诉讼，也可以作为从当事人参与诉讼。日本《民事诉讼程序法》规定，对婚姻案件、收养案件和亲子案件，检察官可以提出诉讼，作为当事人，检察官可以列席诉讼，提出事实和证据。[2] 俄罗斯法律也规定，检察长从维护国家利益、社会利益或保护公民的权利和法律保障的利益出发，有权提起行政诉讼或在诉讼的任何阶段参与诉讼。

目前，我国法律尚未赋予检察官此项权利。我们认为，这不利于对国家利益和我国公民合法权益的保护，也不利于对法院的民行审判活动进行监督，因而立法机关应当借鉴国外的立法，赋予我国检察官一定范围的民事、行政起诉权和诉讼参与权，以及时有效地保障公民的权利。

（2）对民事、行政判决或裁定提出上诉（或抗诉）

检察官依法正确行使上诉权，对监督法院的民事、行政判决，维护国家、社会的公共利益和公民的合法权利具有重要作用。各国对此都有规定，例如，《美国法典》第 28 卷第 547 条规定，检察官对涉及联邦利益的民事、行政案件，既可以作为原告，也可以作为被告参加诉讼，并有权对判决不服提出上诉。法国《民事诉讼法典》规定，对检察官提起诉讼和参与诉讼的民行案件，

---

[1] 参见李忠芳等主编：《民事检察学》，中国检察出版社 1996 年版，第 33 页。

[2] 参见李忠芳等主编：《民事检察学》，中国检察出版社 1996 年版，第 29～32 页。

法官在判决之前，应征求参与诉讼的共和国检察官的意见，如果检察官认为法院的判决确有错误，则有权提出上诉。

在我国，根据法律规定，检察官只能对法院已经发生法律效力的民事判决或裁定，按照审判监督程序提出抗诉，而没有二审程序的抗诉权。这样规定主要是为了让当事人优先穷尽救济手段，其后才用公权力（检察权）救济。这充分体现了我国检察权对审判权监督的特点。

2. 在监所检察监督中的人权保护作用

监所检察监督是指检察官对监狱、羁押犯罪嫌疑人和被告人的场所等实施法律的情况所进行的监督，这是检察官的一项重要职责，也是检察官保障公民权利的重要手段。很多国家的法律有这方面的规定。例如美国法律规定，检察官有权制定劳改的有关政策和措施，必要时可以派其助手去劳改部门协助工作。检察官在监所检察监督中保护人权的内容主要包括犯罪嫌疑人、被告人的生命权、申诉权、控告权、人身权、健康权、通信权和接见家属权、受教育权等。例如《日本宪法》第 18 条规定："任何人不受任何奴隶性的拘束。除因犯罪受处罚外，对任何人不得违法本人意志使其服苦役。"第 36 条又规定："绝对禁止公务员施刑考问及残酷刑罚。"《德国刑事诉讼法》第 119 条规定："对被捕人只允许作出对于待审羁押目的或者为了监狱秩序所必要的那些限制规定。在与羁押目的不相冲突，不干扰监狱秩序的前提下，允许被捕人自费为自己创造较舒适的环境、消磨时光的事宜。"

我国也十分重视保障被羁押的犯罪嫌疑人和被告人、服刑的罪犯的人权。我国《刑事诉讼法》第 173 条、第 176 条规定，人民检察院对犯罪嫌疑人没有犯罪事实，或者有本法第 15 条规定的情形之一的，人民检察院应当作出不起诉决定。人民检察院对犯罪情节轻微，依照《刑法》规定不需要判处刑罚或者免除刑罚的犯罪嫌疑人，可以作出的不起诉决定。如果被不起诉人不服的，可以自收到决定书后 7 日内向人民检察院申诉。人民检察院应当作出复查决定，通知被不起诉人，同时抄送公安机关。第 241 条又规定："当事人及其法定代理人、近亲属，对已经发生法律效力的判决、裁定，可以向人民法院或者人民检察院提出申诉，但是不停止判决、裁定的执行。"第 242 条进一步对当事人及其法定代理人、近亲属的申诉理由作出了明确规定，对符合条件的申诉，人民法院应当重新审判。我国《宪法》第 41 条规定，中国公民对于任何国家机关和国家机关工作人员的违法失职行为，有向有关国家机关提出控告的权利。《刑事诉讼法》第 14 条第 2 款规定："诉讼参与人对于审判人员、检察人员和侦查人员侵犯公民诉讼权利和人身侮辱的行为，有权提出控告。"我国《监狱法》第 14 条规定，监狱的警察不得有以下行为：刑讯逼供或者体罚、虐待罪犯；侮辱罪犯的人格；殴打或者纵容他人殴打罪犯等侵犯人身权利的行为。《监狱法》还规定，罪犯在服刑期间可以与他人通信，但来往信件应当经过监狱检查，罪犯写给监狱的上级机关和司法机关的信件，不受检查。罪犯按照规定，可以会见亲属和监护人。《监狱法》第62条至第68条还规定，鉴于应当对罪犯进行法制、道德、形势、政策、前途等内容的思想教育；对罪犯进行扫盲教育、初等教育和初级中等教育，经考试合格的，由教育部门发给相应的学业证书等。

应用与讨论训练

★ 模块一 主题讨论

1. 通过学习《联合国有关检察官作用的准则》对中国检察官在保障人权方面有何启示？

2. 中国检察官在人权保障方面应发挥怎样的作用？

★ 模块二 案例研讨

2009年1月28日，李某明因涉嫌盗伐林木罪被刑事拘留，羁押于云南省晋宁县看守所。羁押期间，同监室在押人员张某华、张某等人以李某明是新进所人员等各种借口，多次用拳头、拖鞋等对其进行殴打，致使其头部、胸部多处受伤。2月8日17时许，张某、普某永等人又以玩游戏为名，用布条将李某明眼睛蒙上，对其进行殴打。其间，李某明被普某永猛击头部一拳，致其头部撞击墙面后倒地昏迷。经送医院抢救无效，于2月12日死亡。

通过法医学家对尸体进行检验并进行死亡原因鉴定，证实李某明系多次钝性外力打击致严重颅脑损伤死亡。案发后，张某华、张某、普某永等人为逃避罪责，共谋编造了李某明系在玩游戏过程中，不慎头部撞墙致死的虚假事实。张某华等人的犯罪事实及其串供行为已有现场勘验、尸体检验报告及同监室所有在押人员的供述等证据证实。这起曾在2009年受到各方关注，引起广泛热议的案件，就是著名的云南"躲猫猫"事件。

⊙ 研讨主题

请分析这一案件，并回答案件中有哪些侵犯公民人权的行为？检察官在维护人权中存在怎样的问题，应发挥怎样的作用？

第三章　检察官人权保护的原则

相关依据导引

★ 国际文件

《联合国宪章》（1945 年 10 月 24 日生效）

《世界人权宣言》（1948 年 12 月 10 日第三届联合国大会通过）

《公民权利和政治权利国际公约》（1966 年 12 月 16 日第二十一届联合国大会通过）

《经济、社会和文化权利国际公约》（1966 年 12 月 16 日第二十一届联合国大会通过）

★ 国内规定

《中华人民共和国宪法》（1982 年 12 月 4 日第五届全国人民代表大会第五次会议通过，2004 年 3 月 14 日第十届全国人民代表大会第二次会议第四次修正）

《中华人民共和国人民检察院组织法》（1979 年 7 月 1 日第五届全国人民代表大会第二次会议通过，1983 年 9 月 2 日第六届全国人民代表大会常务委员会第二次会议修正）

《中华人民共和国检察官法》（1995 年 2 月 28 日第八届全国人民代表大会常务委员会第十二次会议通过，2001 年 6 月 30 日第九届全国人民代表大会常务委员会第二十二次会议修正）

《中华人民共和国刑事诉讼法》（1979 年 7 月 1 日第五届全国人民代表大会第二次会议通过，1996 年 3 月 17 日第八届全国人民代表大会第四次会议第一次修正，2012 年 3 月 14 日第十一届全国人民代表大会第五次会议第二次修正）

《中华人民共和国刑法》（1997 年 7 月 1 日第五届全国人民代表大会第二次会议通过，1997 年 3 月 14 日第八届全国人民代表大会第五次会议修正）

第一节　尊重和保障人权原则

一、尊重和保障人权原则的内涵及其在国际公约中的体现

人权是人依其自然属性和社会属性所应享有的权利，其核心是使每个人的人性、人格、精神、道德和能力都获得发展。尊重和保障人权，是政治文明和

社会进步的重要表现。对"尊重和保障人权原则"的理解尽管可以是多角度的，但它至少包括两个方面的含义。第一，该原则明晰了公民基本权利的正当性来源。公民权利是指公民享有的法律化的人权，而公民基本权利则是指依据《宪法》公民在社会生活中应当享有的根本性、基础性的人权。公民是个人在主权国家的法律身份，正是凭借公民身份，公民的人权要求通过主权国家的法律确认其为个人所享有，并有法律上的保障。第二，它明确了国家的义务。一方面，人权是确定国家权力限度的一个界标，即在宪法和法律体系确定的范围内，个人应拥有相互平等的基本权利；另一方面，对国家而言，尊重与保障人权是约束一切国家权力的规范要求，是宪法规定的强制义务。作为一个义务规范，履行人权保障的义务主体是指具体行使国家权力的国家机关，包括国家立法机关、行政机关和司法机关。"尊重"意指"尊敬与重视"，即国家权力机关对人权负有不侵犯的义务。"保障"则是指要求国家保护公民的各项权利免受来自国家机关、其他公民、法人和社会组织的侵害与破坏。[①]

近代意义上的西方人权理论源于13、14世纪的意大利，15世纪扩展到整个欧洲。文艺复兴时期以自由、平等为口号的人道主义，以唯心史观为基础的抽象的人性论，成为西方人权理论最早的渊源。1625年，荷兰法学家格劳秀斯在其著作《战争与和平法》中首先提出"人权"一词。17世纪，资产阶级思想家提出的"天赋人权"使人权理论开始走向系统化。现代人权的发展是二战结束后人们对法西斯肆虐沉痛反思的产物，法西斯在"二战"时对人类自由与基本人权的粗暴践踏，激起了世界各国人民的义愤，普遍提出了保护人权的要求，使得人权的国际保护成为战后世界各国普遍关注的问题。1945年联合国成立，《联合国宪章》序言宣布，"重申对于基本人权、人格尊严和价值以及男女平等权利和大小国家平等权利的信念"。联合国宗旨之一为"不分民族、性别、语言和宗教，增进并激励对于全体人类之人权及基本自由之尊重"。《联合国宪章》其他许多条款还规定了联合国各机构在各自职权范围内促进人权实现的任务，并把尊重人权列为一项国际法原则。1948年12月10日联合国大会通过了《世界人权宣言》，对人权的内容作了阐述，提出了人的政治权利和经济、社会、文化权利，这是联合国关于人权的主要文件，它虽然只是一项不具有法律约束力的宣言，但在实际上有广泛的影响。1966年，联合国大会才分别通过了《经济、社会和文化权利国际公约》和《公民权利和政治权利国际公约》，把《世界人权宣言》中的两部分权利具体化，并由宣言

[①] 参见焦洪昌：《"国家尊重与保障人权"的宪法分析》，载《中国法学》2004年第3期。

变为条约，具有了法律上的约束力。尊重与保障人权原则被正式纳入国际法的范畴，成为国际法的一项原则，是第二次世界大战以后联合国成立时的产物，是深受两次大战灾难以后的世界人民的善良愿望的反映，是国际和平、民主和正义力量的胜利。1968 年联合国召开的德黑兰世界人权大会宣言也确认，公民的政治权利同经济、社会、文化权利是不可分割的，不公平的国际经济秩序阻碍了国际社会中人权的实现。联合国还缔结了一系列关于禁止种族歧视、种族隔离、惩治灭绝人群等国际公约。此外，各地区根据不同的历史、文化、社会制度和意识形态，制定了地区性的人权公约，如 1950 年《欧洲人权公约》和 1967 年《美洲人权公约》。1975 年包括苏美在内的 35 国签订的《欧洲安全和合作会议最后文件》也制定了尊重人权和基本自由的条款。

二、我国法律中对尊重和保护人权原则的立法体现及其意义

1991 年 11 月 1 日，我国国务院新闻办公室发表了《中国的人权状况》白皮书，这是中国政府向世界公布的第一份以人权为主题的官方文件，将人权称为"伟大的名词"。白皮书将人权的普遍性原则与中国的历史和现实相结合，以"生存权是中国人民的首要人权"等基本观点为线索，鲜明地树立起了中国的人权观。白皮书强调，人权是全面的和相互联系的，经济、社会、文化权利与公民的政治权利是人权体系中不可分割的两个组成部分，受到中国《宪法》和法律的保护。改革开放以来，我国一直致力于建立和完善社会主义法律体系，形成了以宪法为基础，以民事、经济、行政和诉讼等基本法律为核心，以各个不同层次的法律、法规为内容的，与建立社会主义市场经济相适应的法律体系。每一部法律的颁布和修订都注意到符合广大人民群众的根本利益，注意到人权的尊重和保障。随着以《宪法》为基础、部门法律相配套的社会主义法律制度的不断健全和完善，人权保障的法律体系也逐步建立起来。2004 年 3 月，第十届全国人民代表大会第一次会议审议通过了《宪法修正案》，增加了促进物质文明、政治文明和精神文明协调发展，建立健全社会保障制度，尊重和保障人权，保护公民合法的私有财产等规定，充分体现了修宪为民、保障人权的原则。特别是首次将"国家尊重和保障人权"正式载入国家的根本大法，使尊重和保障人权由党和政府的政策主张上升为宪法原则，为中国人权事业的全面发展开辟了更加广阔的前景。

"国家尊重和保障人权"首次写入《宪法》，尊重人权，以人为本，执政为民，这反映了我国政府执政理念上的重大进步。人权概念入宪之后，人权观念将在中国得到一次前所未有的普及，将改变党政官员的执政理念。将改变司法和执法人员人权意识淡薄，对人权重视不够，对人权内容和标准认识不足，

漠视人权、侵犯人权的现象。而更为重要的是在社会层面上，只有每个公民都充分认识到人权的重要性，都具有强烈的权利意识与权利观念，在现实生活中能够依法尊重他人的人权，维护自身的人权，才能抵制国家权力的非法扩张与恣意滥用，使尊重和保障人权的宪法原则在全社会得到遵行。

在《宪法》中纳入保障人权的原则条款，还可视为我国对加入几个国际人权条约在《宪法》上的承诺。我国迄今已加入近 20 个有关国际人权的条约，如已由全国人大常委会批准的《经济、社会和文化权利国际公约》和已由政府签署的《公民权利和政治权利国际公约》。人权入宪向国际社会郑重表明了我国对已加入的国际人权条约的负责态度和承担履行的义务，这也有助于我国人权事业纳入国际保护和监督。

为贯彻落实《宪法》的规定，加大对人权保障的力度，加强对公权力行使的制约，2012 年修订的《刑事诉讼法》不仅把"尊重和保障人权"作为《刑事诉讼法》的一项重要任务规定下来，而且在辩护制度、证据制度、侦查措施和强制措施制度、特别程序和执行程序等方面又作出了详细的规定。把"尊重和保障人权"载入《刑事诉讼法》，这是我国人民政治生活中的一件大事，更是我国民主和法治进程的一个里程碑。

三、检察官如何贯彻尊重和保护人权原则的要求

贯彻宪法原则，尊重和保障人权，必须强化检察机关的专门工作，加大对侵犯人权违法犯罪的惩处力度。我国极少数国家机关工作人员缺乏人权保护意识，官僚主义严重，在行使职权过程中作风简单、态度粗暴，侵犯人权的违法犯罪时有发生。近几年，我国检察机关不断加大渎职侵权检察工作的力度，特别是开展了严肃查办国家机关工作人员利用职权侵犯人权犯罪案件专项活动，立案查办了一批有影响、群众反映强烈的大案要案，产生了很好的法律效果、政治效果和社会效果，发挥了在人权司法保障和救济中的职能作用。但是渎职侵权检察工作仍然相当薄弱，对渎职侵权犯罪惩治不力，在人权司法保障和救济方而发挥作用不够。检察官应认识到渎职侵权犯罪的严重危害性，意识到查办渎职侵权犯罪案件对保障人权的重要性，提高办案工作的主动性，畅通案件线索来源，把握渎职侵权犯罪案件的特点和规律，提高侦破案件的能力，使一些利用职权侵犯人权的犯罪被依法追究，从而更好地保障人权不受侵害。

贯彻宪法原则，尊重和保障人权，必须加强国际合作。人权是国际社会普遍关心的重大问题之一，人权的发展是人类进步的一个重要标志，是世界和平与发展进步潮流的一个重要组成部分。加强与世界各国的人权交流与协作，是我国在人权问题上的一贯立场。我国政府一直支持并参与联合国人权领域的活

动，努力促成国际人权合作与交流。检察官在国际人权交流与协作中要坚持"平等互利，相互尊重，相互借鉴，共同发展"的原则，立足国情，充分吸收、借鉴国际上人权保障工作的经验教训，积极开展对话与交流，还可以采取派员互访，加强培训，召开研讨会，翻译、出版、交流有关资料等多种形式，扩大与国际上以及其他国家的相互了解。事实证明，我们需要了解世界，同时也要让世界了解我们，要在与世界各国人权协作的基础上，加强人权的司法保障。

第二节　司法独立原则

一、司法独立原则的内涵及其在国际公约中的体现

司法独立原则是一项为现代法治国家普遍承认和确立的基本法律准则，作为一项宪法原则，它调整着国家司法机关与立法、行政等其他职能部门的关系，确认司法权的专属性和独立性，是现代法治的基石。司法独立原则的核心内容是，司法机关在进行司法活动时拥有独立性和自主性，除服从宪法和法律的规定之外，不受外界任何组织和个人的干预。司法独立原则主要有三个规则构成：第一，司法权的专属性规则。国家的司法权只能由国家的司法机关行使，其他任何机关，特别是立法和行政机关不得行使司法权。第二，行使司法权的独立自主性规则。司法机关独立行使司法权，不受外界任何机关、团体和个人的干扰、影响和控制。第三，行使司法权的合法性规则。司法机关在行使司法权时，必须服从宪法和法律，也只能服从宪法和法律，这既是司法机关的权力，也是司法机关的义务。以上三个规则的有机结合，构成司法独立原则的核心内容，三者缺一不可。司法独立是对公民生命、自由的重大保障，"如果司法权不与立法权和行政权分立，自由也就不存在了。如果司法权与立法者合二为一，则将对公民的生命和自由施行专断的权力，因为法官就是立法者。如果司法权同行政权合二为一，法官便将有压迫者的力量"。① 但司法独立并不意味着司法机关的权利不受任何制约，确立司法独立原则的宗旨之一在于保障司法公正，这就要求司法人员必须依照法律规定办案，依照正当法律程序办案并遵守司法道德。否则，司法独立原则必将失去其保障人权的功能。

司法独立原则在资产阶级革命后被许多国家的宪法普遍确认。如 1789 年

---

① ［法］孟德斯鸠：《论法的精神》（上册），张雁深译，商务印书馆 1982 年版，第 156 页。

《美国宪法》规定，司法权只属于各级法院。1791 年《法国宪法》规定，在任何情况下，司法权不得由立法议会和国王行使，以及司法权应当由法院独立行使。1919 年和 1949 年的《德国基本法》都规定，司法权赋予法官，司法权由法院行使，法官具有独立性，只服从法律。其他一些国家的宪法也有类似规定。司法独立成为国际公认的重要司法原则。随着司法独立原则为各国法律所确认，鉴于司法官负有对公民的生命、自由、权利、义务和财产作出最后判决的责任，联合国也将其作为联合国系统人权活动的基本原则之一在国际文书中予以规定。1948 年联合国大会通过并宣布的《世界人权宣言》第 10 条规定，人人完全平等地有权由一个独立而无偏袒的法庭进行公正和公开的审讯，以确定他的权利和义务并判定对他提出的任何刑事指控。1966 年联合国大会通过的《公民权利和政治权利国际公约》第 14 条规定，在判定对任何人提出的任何刑事指控或确定他在一件诉讼案件中的权利和义务时，人人有资格由一个依法设立的合格的、独立的和无偏倚的法庭进行公正的和公开的审讯。联合国人权事务委员会就《公民权利和政治权利国际公约》通过的一般性意见认为，上述规定要求法庭必须依法成立，宪法和有关立法中应有关于司法、行政、立法部门相互独立以及如何设立法庭、如何委任法官以及委任的条件、任职期限、晋升、调职、停职的条件等规定。

进入 20 世纪 80 年代以来，联合国开始了制定有关司法独立准则的努力。1980 年召开的第六届联合国预防犯罪和罪犯待遇大会在其第 16 号决议中要求，犯罪预防和控制委员会把拟定有关法官的独立以及法官和检察官的甄选、专业训练和地位的准则列为其优先事项。1982 年国际律师协会在其第十九届年会上通过了《关于司法独立最低标准的规则》。1983 年 6 月，在加拿大的蒙特利尔举行的世界司法独立第一次会议一致通过了《世界司法独立宣言》。1958 年 8 月召开的第七届联合国预防犯罪和罪犯待遇大会通过了《关于司法机关独立的基本原则》（以下简称《基本原则》），旋经联合国大会 1985 年 11 月 29 日第 40/32 号决议和 1985 年 12 月 13 日第 40/146 号决议核准。《基本原则》对《关于司法独立最低标准的规则》和《世界司法独立宣言》两个法律文件中的大部内容作了吸收和确立，系统规定了司法独立的标准及其保障规则。对于审判权的专属性，《基本原则》在第 3 条规定：“司法机关应对所有司法性质问题享有管辖权，并应拥有绝对权威就某一提交其裁决的问题按照法律是否属于其权力范围作出决定。”即法院对于所有诉讼案件，无论是民事、刑事还是行政案件均享有管辖权，法院有权依照法律确定管辖权的归属，法院代表国家对各种诉讼案件作出法律评价和最终裁决。对于行使审判权的独立自主性，《基本原则》第 2 条规定：“司法机关应不偏不倚、以事实为根据并依法律规定来裁决其所受理的案件，而不应有任何约束，也不应为任何直接或间接不当影响、怂恿、压力、威胁或干涉所左右，不论其来自何方或出于何种理由。"第4条规定，"不应对司法程序进行任何不适当或无根据的干涉；法院作出的司法裁决也不应加以修改"。即审判机关的审判过程和所作出的司法裁决均不应受到不当干涉。对于行使审判权的合法性，《基本原则》第5条规定："人人有权接受普通法院或法庭按照业已确立的法律程序的审讯。不应设立不采用业已确立的正当法律程序的法庭来取代应属于普遍法院或法庭的管辖权。"第6条规定："司法机关独立的原则授权并要求司法机关确保司法程序公平进行以及各当事方的权利得到尊重。"联合国经社理事会1989年5月24日第1989/60号决议又通过了《〈关于司法机关独立的基本原则〉的有效执行程序》，以便在世界范围内更好地推行司法独立原则。

二、检察官如何贯彻司法独立原则的要求

宪法和司法制度确立了法律监督机制，作为实施法律监督司法职能的检察官，应按照其赖以产生的法制原则发挥应有的功能，遵守检察工作的职业道德，精通业务，准确办案，独立行使检察权，不应服从于法律规定以外的任何意志，而是在法律规定的范围内独立行使职权。我国《宪法》第131条和《人民检察院组织法》第9条对人民检察院依法独立行使检察权作了原则规定，《检察官法》则对干涉检察官依法履行检察职责的行为作出了制裁性规定。这就使检察机关依法独立行使检察权的内涵更加具体明确，同时也为最终实现这一原则起了现实的法律保障作用。这些规定与我国《刑法》中规定的妨害司法公务犯罪行为一起构成了一套完整的责任体系，对遏制和打击各种干扰、干涉检察机关司法活动的行为有着重要意义。检察官在依法独立行使职权时，常常会遇到各种阻力，特别是一些领导干部以言代法、以权压法，严重干扰了检察官依法独立行使职权。对于那些应当依法追究其责任的干涉者，检察官们可以依法行使自己的权利，提出控告，惩处干涉者，维护司法独立。

司法独立机制的建立，不应该仅限于物质层面的制度建设，还应从精神要素上去理解，与其说是一种司法制度，倒不如说它是一种社会应具有的精神、信仰、意识和观念。特别是检察官要养成独立的精神，这种精神所蕴含的最为重要的价值在于对人的尊严、自由和人权的尊重，以及人作为人的最基本的自由意志平等，并由此而建立起来的人们对检察司法独立法治精神的信仰。因此，检察司法独立中的精神要素应主要体现为整个社会对检察司法独立的精神情感以及意识的反映和表达。其一，检察司法独立应当内在地蕴含和表达着社会对法意志自由，尤其是对个人意志自由的一种神圣的情感。因此真正意义上

的检察司法独立实现的过程也应该是社会对检察司法独立的认同过程。那种远离社会而不具有社会亲和力的制度，永远难以得到社会的认同。正如伯尔曼所说："所有法律制度都不仅要求我们在理智上承认——社会所倡导的合法美德，而且要求我们以我们的全部生命献身于它们。所以，正是由于宗教激情、信仰飞跃，我们才能使法律理想与原则具有普遍性。"① 其二，检察司法独立虽然可以表达为一种国家权力人格的自立和独立，也可以侧重于一种自身的法律范围内的权力独立的制度保障。但检察官也应同时意识到这种独立也必须包含着对社会公众，尤其是对诉讼中相对方独立的人格尊重，以及自身负有维护和保障社会公众和相对方合法权益的责任和义务。从而使这种国家的权力，由独立演绎成对人权关爱、尊重的责任和义务机制。比如在整个诉讼结构中检察官必须保障被告或嫌疑人有充分表达意志的机会。而相对于社会而言，检察司法独立，不但不能排斥社会公众的制约，而且有责任和义务保证社会公众享有充分的言论评说自由，并建立相应的机制，通过合法渠道让公众享有由检察司法独立带来的司法民主，使宪政意义上的人民主权在司法领域通过检察司法独立得以真正地回归社会。

第三节　无罪推定原则

一、无罪推定原则的内涵及其在国际公约中的体现

无罪推定原则体现的是对市民社会一般生活状况的保护，人们只要没有被司法机关确认为有罪，就尽可以安居乐业，不用惊慌、担忧。在诉讼领域，无罪推定是有罪推定的对称，指在刑事诉讼中，任何被怀疑犯罪或者受刑事控告的人在未经司法程序最终确认为有罪之前，在法律上应假定其无罪或推定其无罪。这一原则的基本出发点在于确定被告人在刑事诉讼中的地位，无论是何人，哪怕是现行犯，在未经法院依法审判确认有罪之前，其身份只能是"嫌疑人"、"被告人"，享有与原告对等的诉讼地位，享有以辩护权为核心的各项诉讼权利。法律首先假定嫌疑人或被告人无罪，以此为起点进行诉讼。在确定被告人有罪时，法律的要求基本上有两点，一是控告被告人犯罪的机关或人员提供确实充分的证据来证明被告人被控犯罪的事实；二是由审判机关依照法律程序对被告人是否犯有被控犯罪行为作最后认定。

将无罪推定确立为刑事诉讼的基本原则并使之法制化，是资产阶级革命的

① ［美］伯尔曼：《法律与宗教》，梁治平译，三联书店1991年版，第43页。

成果。封建专制时期的诉讼，其主要特点是严刑竣罚、罪刑擅断。对被告人从有罪推定出发，认为被告人不是诉讼的主体，而是受审的对象，被告人的口供是定罪量刑的主要依据，刑讯逼供成了断狱决讼的主要手段。资产阶级革命中，打着"天赋人权"、"自由平等"的口号，对封建专制的野蛮黑暗进行了猛烈抨击，在刑事诉讼中提出"无罪推定"来反对"有罪推定"。意大利著名刑法学家贝卡利亚在《犯罪与刑罪》一书中率先提出，"在法官判决之前，一个人是不能被称为罪犯的，只要还不能断定他已经侵犯了给予他公共保护的契约，社会就不能取消对他的公共保护"。[①]

后来无罪推定演变为现代各国刑事司法通行的一项重要原则，是国际公约确认和保护的一项基本人权，也是联合国在刑事司法领域制定和推行的最低限度标准之一。1948 年 12 月 10 日联合国大会通过的《世界人权宣言》首次在联合国文件中确认无罪推定原则，为在全球范围内贯彻这一原则提供了法律依据，《世界人权宣言》第 11 条第 1 款规定："凡受刑事控告者，在未经获得辩护上所需的一切保证的公开审判而依法证实有罪之前，有权被视为无罪。"随后，一些重要的地区性人权公约也对无罪推定原则作出规定，如 1950 年 11 月 4 日在罗马签订的《欧洲人权公约》第 6 条第 2 款规定："凡受刑事罪的控告者在未经依法证明有罪之前，应被推定为无罪。"1966 年 12 月 16 日联合国大会通过的《公民权利和政治权利国际公约》再次确认了无罪推定原则，其第 14 条第 2 款规定："凡受刑事控告者，在未依法证实有罪之前，应有权被视为无罪。"将"无罪推定"作为所有人类家庭成员应当享有的一项公民权利和政治权利，要求各缔约国采取必要措施加以尊重和保障实施。上述国际人权公约和联合国随后制定的一系列有关刑事司法的标准和规范，例如《联合国少年司法最低限度标准规则》、《关于保护面对死刑的人的权利的保障措施》、《禁止酷刑和其他残忍、不人道或有辱人格的待遇或处罚公约》、《保护所有遭受任何形式拘留或监禁的人的原则》等，均将无罪推定作为刑事司法领域国际公认的法律标准之一。

作为一项联合国确认的刑事司法标准，无罪推定在世界范围内得到普遍尊重和贯彻，许多国家在宪法这一国家根本大法中对无罪推定作出明确规定，使无罪推定成为本国刑事司法的一条重要原则，成为公民宪法性权利的重要组成部分。例如，作为 1982 年《加拿大宪法》第一部分的《加拿大权利和自由宪章》第 11 条（d）项规定，被告人"在由独立的不偏袒的法庭举行公平的公

---

① ［意］贝卡利亚：《犯罪与刑罚》，黄风译，中国大百科全书出版社 1993 年版，第 31 页。

开审判依法证明有罪之前，应推定为无罪"。在有些国家，尽管法律上对无罪推定未作明确规定，但无论在诉讼理论上，还是在司法实践中，均毫无异议地确认和适用无罪推定原则。

二、检察官如何贯彻无罪推定原则的要求

我国《刑事诉讼法》第 12 条明确规定："未经人民法院依法判决，对任何人都不得确定有罪。"这被公认为是体现了无罪推定原则的基本精神，是对无罪推定原则的合理借鉴。根据该规定，犯罪嫌疑人、被告人在被法院正式判决有罪之前，应当被作为无罪的人看待，不能将其作为有罪的人对待。与此法律地位相适应，犯罪嫌疑人、被告人就应当享有无罪公民的一切权利，检察官则应根据无罪推定原则的要求，保护这些权利。具体来说应做到以下几点：

第一，检察机关如果怀疑某人犯有罪行而需要采取如逮捕、羁押等强制措施时，则必须有合理的根据和合法的程序，不得任意延长羁押期限。检察机关基于公共利益保护的需要，有权对公民展开调查和侦查，但是不得在此过程中，将犯罪嫌疑人或被告人当作罪犯对待而决定其刑事责任。

第二，在刑事诉讼中，犯罪嫌疑人、被告人有权进行有效的诉讼防御。这包括：有权获知受到指控的罪状，有权获得律师的帮助，有权获知控诉证据并获得有利于自己的证据，有权获得及时而公正的司法审判，有权提出无罪、罪轻，或减轻、免除处罚的辩解，有权在法庭上与控告方展开辩论，对法院的有罪判决不服，有权提出上诉、申诉等。现代国家大都在其刑事诉讼法中，为犯罪嫌疑人和被告人建立了一套辩护保障机制，犯罪嫌疑人或被告人可以充分运用这些制度保护自己免受不实的或者非法的追诉，以保障自己的合法权益。检察机关有义务严格遵循这些规定，确保当事人权利的实现。

第三，在刑事诉讼中，检察官应承担证明被告人有罪的证明责任。《刑事诉讼法》第 49 条规定，"公诉案件中被告人有罪的举证责任由人民检察院承担"。这包括：（1）检察官要负责收集、提供指控证据，即承担举证责任，被告人一般不承担举证责任。（2）检察官负有在法庭上积极举证，以证明犯罪事实存在，指控罪名成立的诉讼义务。在庭审过程中，检察官须将其作为指控根据的证据一一向法庭出示，通过询问被告人，询问证人、被害人、鉴定人，出示物证，宣读书证等证实犯罪事实的存在，并接受和反驳辩护方对其证据的质疑诘难。（3）检察官证实被告人有罪而提供的证据必须达到确实、充分或者排除合理怀疑的程序。有罪证据不足或者检察官不能提出充分的证据证明被告人犯有罪行，法院就应当作出被告人无罪的宣判。

第四，检察官不得在诉讼过程中通过侵害犯罪嫌疑人、被告人的合法权

益，利用刑讯逼供和以威胁、引诱、欺骗以及其他非法的方法收集证据。对于非法方法取得的言词证据不能作为提起诉讼和法院作为有罪判决的根据。因为非法证据，特别是非法口供，通常是通过对犯罪嫌疑人、被告人合法权利的限制或侵犯获取的。若容许非法证据的收集和运用就无异于承认有罪推定，诬蔑犯罪嫌疑人、被告人独立的人格尊严。因此，《刑事诉讼法》第 54 条规定："采用刑讯逼供等非法方法收集的犯罪嫌疑人、被告人供述和采用暴力、威胁等非法方法收集的证人证言、被害人陈述，应当予以排除。收集物证、书证不符合法定程序，可能严重影响司法公正的，应当予以补正或者作出合理解释；不能补正或者作出合理解释的，对该证据应当予以排除。在侦查、审查起诉、审判时发现有应当排除的证据的，应当依法予以排除，不得作为起诉意见、起诉决定和判决的依据。"对非法证据予以排除，可以非常有效地保障无罪推定原则的贯彻实施。

第四节　罪刑法定原则

一、罪刑法定原则的内涵及在国际公约中的体现

罪刑法定原则刑法格言的表述为"没有法律就没有犯罪，没有法律就没有刑罚"。其基本内容是认定行为人的行为构成犯罪和给予处罚，必须要以刑法的明文规定为前提，如果没有明文规定，即使行为危害很大，也不能认定犯罪和给予处罚。这就意味着：一个举止行为可以处在很高等级的社会危害性和刑法必要性上，但是，只有在国家事先通过的法律已经明确宣布的情况下，才允许对其加以刑事惩罚。罪刑法定原则经过 17、18 世纪资产阶级革命的洗礼，先后为美国和法国的宪法文件所吸收，演化为罪刑法定原则的两种模式：一种是英美法条模式。1791 年，美国国会批准的《宪法修正案》第 5 条以明确、简略的语言规定："未经正当程序不得剥夺任何人的生命、自由或财产。"1868 年 7 月 28 日颁布的《美国宪法修正案》第 1 条规定："无论何州，未经正当法律程序，不得剥夺任何人的生命、自由或财产。"这样，就最终在美国宪法上确立了以"正当法律程序"形式表现的英美法系的罪刑法定原则。另一种是大陆法系的模式。大陆法系是制定法，强调的是法律条文的严格规定，其罪刑法定原则的含义为，法无明文规定不为罪，法无明文规定不处罚。

罪刑法定原则的内涵包括以下几个方面：第一，排斥习惯法。排斥习惯法的含义是指法院对行为人定罪判刑，只能以成文法律为根据，而不能根据习惯法，即刑法渊源只能是国家立法机关制定的法律。在我国，制定犯罪与刑罚的

法律只能由全国人大及其常委会来行使。当然这主要适用于大陆法系国家，对英美法系来说不是绝对的。第二，禁止事后法。刑法只适用于其施行以后的犯罪，而不追溯适用于施行前的行为，这就是不溯及既往或禁止事后法的原则。在现代法制国家，自由意味着公民有实行法律未禁止行为的自由。如果公民实施未被法律禁止的行为之后，国家又制定法律把这些行为宣布为应受惩罚的犯罪行为，并据此对他实施刑罚，就意味着惩罚公民自由权的行使。从这个意义上讲，事后法是惩罚无辜者。但是，由于事后法的内容是复杂的，不加分析地一律禁止，反而不利于人权的保障。由于1966年联合国大会通过的《公民权利与政治权利国际公约》第15条第1款规定，"如果在犯罪之后依法规定了应处较轻的刑罚，犯罪者应予减刑"。受这个公约的影响，刑法关于溯及力的规定有所变化，就是对非犯罪化、弱化惩罚和有利于行为人的法律，其溯及力不仅及于新法颁布前发生的未经审判或判决尚未确定的行为，而且在一定条件下还适用于判决已经确定但刑罚尚未执行完毕的行为。第三，禁止类推解释。类推解释指对于法律没有明文规定的事项，援用关于同他类似事项的法律进行解释。而按照罪刑法定原则的要求，认为某行为是犯罪，必须依据事先由法律明文所作的规定。显然，类推解释与罪刑法定原则在本质上是冲突的，坚持罪刑法定就必须反对类推解释。第四，否定绝对不定期刑。不定期刑包括绝对不定期刑和相对不定期刑。绝对不定期刑是法律完全没有规定刑期的自由刑。法官在宣判时，只宣布各种刑种，至于服刑期的长短，则由行刑机关根据罪犯改造的情况来确定。将罪犯的服刑期的长短完全交由行刑机关来确定，会导致刑法保障人权机能的丧失。而相对不定期刑则指只规定自由刑的最高、最低刑期或同时规定最高、最低刑期的宣告刑，在这个幅度内，由行刑机关确定实际执行的刑期。相对不定期刑同样有悖于罪刑法定原则保障人权的宗旨。而在司法实践中，综观世界各国刑法，一般都是由法律规定相对确定的法定刑。而法官在裁量刑罚时，通过考虑各个案件的具体情况，在法定的幅度内，作出确定的宣告刑（刑种、刑期的确定）。这可以说是罪刑法定原则的要求。第五，实体的适当原则。这一原则首先要求犯罪规定的适当，即要求禁止处罚不当的行为。其次要求刑罚规定的适当，即要求禁止残暴的、不均衡的刑罚。

罪刑法定原则，是联合国刑事司法准则中的一项重要的、基本的准则。几十年来，联合国努力倡导和推行罪刑法定原则，对国际范围内的人权保护作出了重大贡献。联合国大会于1948年12月10日通过的《世界人权宣言》第11条第2款对罪刑法定原则作了明确规定："任何人的任何行为或不行为，在其发生时依国家法或国际法均不构成刑事罪者，不得被判为犯有刑事罪。刑罚不得重于犯罪时适用的法律规定。"1950年11月4日于罗马订立的《欧洲人权公约》第7条第1项也明确规定："任何人之行为或不行为，在其发生时根据国内法或国际法并不构成刑事犯罪，不应认为犯任何刑事罪。所处刑罚不得重于犯罪时所适用的刑罚。"联合国大会1966年12月16日通过的《公民权利和政治权利国际公约》第15条第1项再次作了类似的规定："任何人的任何行为或不行为，在其发生时依照国家法或国际法均不构成刑事罪者，不得据以认为犯有刑事罪。所加的刑罚也不得重于犯罪时适用的规定。如果在犯罪之后依法规定了应处以较轻的刑罚，犯罪者应予减刑。"其第9条还规定，"人人有权享有人身自由和安全。任何人不得加以任意逮捕或拘禁。除非依照法律所确定的根据和程序，任何人不得被剥夺自由"。由以上规定可知，罪刑法定已成为联合国刑事司法准则中的一个基本准则。依照该准则的要求，除非依照法律所规定的根据和程序，任何人都不得被任意地加以逮捕或拘禁，不得被剥夺自由；任何人的任何行为或不行为，在其发生时，如果其本国的法律或者国际法均未规定为犯罪，就不许被判为有罪和处以刑罚。如果某人的行为或不行为，在其发生时已被国内法律或国际法规定为犯罪，在对其判处刑罚时，也不得重于犯罪时法律所规定的刑罚。

二、检察官如何贯彻罪刑法定原则的要求

检察官要增强人权意识，提高在刑法运用过程中保障人权的自觉性和主动性。在中国历史上，王权至上、官本位是中国传统社会意识中的长期共识，人们的人权意识淡薄。新中国成立以后，自1949年10月1日到1979年年底，在长达30年的时间里没有制定系统的刑法典，也没有实行罪刑法定原则。1979年7月1日我国通过并颁布了第一部刑法典，该法典虽仍然规定了刑事类推制度，但大多数人认为该法典是建立在相对罪刑法定主义基础之上的。1997年3月14日修订的《中华人民共和国刑法》明确规定了罪刑法定原则，该法第3条规定："法律明文规定为犯罪行为的，依照法律定罪处罚；法律没有明文规定为犯罪行为的，不得定罪处罚。"这是我国实行民主政治，提高人的权利价值，对人权尊重和维护的反映。我国政府近些年来顺应中国社会发展规律，越来越重视人权问题，相继加入了许多保护人权的公约。因此，可以说保护人权是我国政府的一种必然选择，而加入人权公约，又可使我国对人权的保护始终处于国际社会监督之下，更有利于加速我国人权保护的进程。检察官对这种必然性应当有清醒的认识，要自觉地在司法活动中贯彻刑法保障人权的精神，认识到罪刑法定原则的核心意义是保障人权，通过限制国家刑罚权，缩小刑法打击范围，从而实现刑法保障人权的机能。在罪刑法定原则的产生和形成阶段，它反对中世纪刑罚权的任意扩张、罪刑擅断，其目的在于保障人权和

个人自由，精神实质在于限制国家刑罚权的滥用；在现代法治社会，罪刑法定原则的功能和价值则具有惩罚犯罪和人权保障双重功能。这两种机能并驾齐驱，一方面惩罚犯罪就是在保障被害人、社会公众的权利；另一方面，保障人权除了保障被害人、社会公众的权利外，也包括保障犯罪人的人权，要求惩罚犯罪应当遵循正当的程序。所以两种机能并不存在冲突，只有为主、为次的问题，而全球背景下，世界刑法民主、人道、人权的发展趋势与立法潮流，使得人权保障这一机能已然成为主要方面。

检察官在坚持罪刑法定原则的时候，应对刑法进行正确解释。罪刑法定原则是近现代刑法之中铁的原则，"明确性"也是罪刑法定原则的诸多要求之一。然而，刑法规范的词语似乎具有无限丰富的内涵，因而人若想领会它的全部意思并非一件简单的事情。因此，需要对刑法进行解释，使之与具体的刑事案件相沟通。所谓刑法解释，就是要说明刑法的文字表述是如何体现实质正义的，就是要将"实然"解释得符合或接近"应然"。刑法解释存在各种方法，主观解释说主张刑法解释的目标是阐明刑法的立法原意；客观解释说认为刑法解释的目标是阐明法律内存的意义。那么，在坚持罪刑法定原则过程中，到底是选择主观解释还是客观解释，一般认为在任何时候，刑法解释都要首先考虑到揭示立法原意，只有在绝对必要的情况下，才可以超越立法原意，将刑法规定的含义解释为条文文字客观上体现出来的意思。因为罪刑法定原则是用来保障公民权利的，具有人权保障机能，而要发挥其人权保障机能，就必须将立法原意作为解释和适用刑法的标准。如果允许超越立法原意来解释和适用刑法，势必会导致刑法的滥用。在刑法被滥用的情况下，刑法没有一定的稳定性，公民毫无安全感，公民的权利也难免会受到侵犯，罪刑法定原则的人权保障机能就无信可言。当然，罪刑法定原则也不能忽视刑法的公平价值和保护机能。

为了在刑事司法活动中保护人权，检察官必须严格遵守罪刑法定原则。具体到某些方面来说，检察官对于公民依法行使言论、出版、集会、结社、游行、示威等宪法赋予的公民自由权利的行为，应当多一份宽容，只要行为尚未达到恶劣的政治目的或其他危害社会的明确目的，只要不是内容严重违背国家现行法律，或者严重危害社会秩序，只要行为没有十分明显的社会危害性，对这些行为一般不要轻易定罪；在处理经济犯罪案件时，一定要注意区别经济犯罪与普通经济纠纷的界限，避免用刑法手段解决经济纠纷。

第五节　平等保护原则

一、平等保护原则的内涵及其在国际公约中的体现

平等保护原则的要义是强调法律要平等地适用于一切公民，反对特权，反对歧视。具体来说，其含义包括：第一，所有公民平等受法律保护，公民触犯法律时在惩罚上一样对待。对于任何犯了罪的人，不论其民族、种族、性别、职业、家庭出身、宗教信仰、教育程度、财产状况、社会地位有何不同，在定罪、处罚、行刑以及解决刑法适用范围和追诉时效等问题上一视同仁；反之，如果没有实施犯罪，就不应受到刑事追究，其合法权益受到同等保护。在刑事诉讼方面，任何公民都同样享有法律赋予的诉讼权利，如申请回避、委托诉讼代理人或辩护人、调取新的物证等权利，同等履行应尽的诉讼义务。第二，任何公民都不得有超越法律之上的特权，也不得受任何歧视。反对特权意味着无论何人犯了罪都要受到刑事追究，不能因其身份特殊或拥有特权就有罪不判或重罪轻判，或者在行刑时给予特别待遇。反对特权也必须反对歧视，这是一个问题的两个方面。反对歧视，主要是指反对不平等的保护和受到不公正的处罚。"在适用法律上一律平等"的实质是严格依法办事。贝卡利亚说："法律应当是铁面无私，每一具体案件中的执法者，也应当是铁面无私的。"① 这是对平等保护原则应有之义的最好阐明。

1776 年《美国独立宣言》宣布："人人生而平等。"1789 年《法国人权宣言》第 1 条规定："在权利方面，人们生来是而且始终是自由平等的。"第 6 条又规定："法律是公共意志的表现，全国公民都有权亲身或经由其代表去参与法律的制定。法律对于所有的人，无论是实行保护或处罚都是一样的。在法律面前，所有的公民都是平等的，故他们都能平等地按其能力担任一切官职、公共职务和地位，除德行和才能上的差别外不得有其他差别。"继美、法之后，许多国家宪法大都把平等权（公民在法律面前人人平等）作为一项主要内容加以规定。

随着法律面前人人平等原则为各国宪法所确认，国际社会也将其作为联合国活动的准则在国际文书中加以规定。《联合国宪章》宣布："同兹决心欲免后世再遭今代人类两度历惨不堪言之战祸，重申基本人权、人格尊严与价值，

---

① ［意］贝卡利亚：《犯罪与刑罚》，黄风译，中国大百科全书出版社 1993 年版，第 60 页。

以及男女与大小各国平等权利之信念。"在发展这一信念的同时，1948 年联合国大会通过的《世界人权宣言》第 7 条规定："法律面前人人平等，并有权享受法律平等保护，不受任何歧视。人人有权享受平等保护，以免受违反本宣言的任何歧视行为以及煽动这种歧视的任何行为之害。"《世界人权宣言》的通过，是不同人权概念斗争和妥协的结果，也是具有对立观点和信念的各国对这一原则的认同。之后，联合国及其专门委员会曾通过了一系列涉及该原则内容的公约、规则，其中最为典型的是 1966 年联合国大会通过的《经济、社会和文化权利国际公约》。其第 26 条规定："所有的人在法律面前平等，并有权享受法律的平等保护，无所歧视。在这方面，法律应禁止任何歧视并保证所有的人得到平等的和有效的保护，以免受基于种族、财产、出生或其他身份等任何理由的歧视。"同年通过的《公民权利和政治权利国际公约》进一步对公民平等地享有权利和受法律保护做出规定。其第 2 条第 1 项规定："本公约每一缔约国承担尊重和保证在其领土和受其管辖的一切个人享有公约所承认的权利，不分种族、肤色、性别、语言、宗教、政治或者其他见解、国籍或社会出身、财产、出生或其他身份等任何区别。"所有缔约国遵守该公约的规定，在国内法中确立法律平等原则，则是其应尽的国际法义务。《公民权利和政治权利国际公约》在强调实体权利的规定必须平等的同时，还强调在程序上适用平等原则，以保证权利平等实现。第 14 条第 1 项规定："所有的人在法庭和裁判面前一律平等。在判定时，对任何人提出的任何刑事指控或确定他在一件诉讼案中的权利、义务时，人人有资格由一个依法设立的、合格的、独立的和无偏倚的法庭进行公正和公开的审讯……"

与上述一般性国际公约、宣言相适应，国际公约中规定的法律平等原则还具体表现于一些专门性的国际公约之中。种族歧视是长期存在的一种种族间的不平等。它与人类生而平等、自由的理念相背离。1963 年 11 月，联合国大会通过的《联合国消除一切形式种族歧视宣言》第 7 条第 1 项指出："人人在法律上一律平等及依法受平等裁判的权利。人人不分种族、肤色或人种，有权享受人身安全及国家保护以防强暴或身体上的伤害，不问其为政府官员所加抑为任何私人、团体或机关所加。"1966 年通过的《消除一切形式的种族歧视公约》第 5 条规定："缔约国依本公约第 2 条所规定之基本义务承诺禁止并消除一切形式种族歧视，保证人有不分种族、肤色，或原属国或民族本源在法律上一律平等之权，尤得享受下列权利：……在法庭上及其他一切司法裁判机关中平等待遇之权……"联合国大会通过的《消除对妇女一切形式歧视公约》在规定男女平等享有广泛的政治、经济和社会权利的同时，要求各缔约国在法律中对妇女的平等权利予以明确的规定。

二、检察官如何贯彻平等保护原则的要求

在中国，自古就有"王子犯法与庶民同罪"的平等观念。在春秋战国时期，法家主张"法不阿贵，绳不挠曲"，"刑过不避大臣，赏善不遗匹夫"的平等观。到了近代社会，孙中山领导的资产阶级革命推翻了几千年的封建帝制，并提出了三民主义思想。他在解释民权主义时指出："民权主义，即人人平等。"他更明确指出："对于国家社会之一切权利，公权若选举参政权等，私权若居住、言论、出版、集会、信教之自由等，均许一体享有，毋稍歧异，以重人权，而章公理。"① 同时，他还主张男女平等、民族平等等。新中国成立之后，1954年第一部社会主义类型的《宪法》分别在第3条、第85条、第86条等具体规定了，"中华人民共和国公民在法律上一律平等"，"民族平等"和"男女平等"，而且还专条规定了公民的选举权，"不分民族、种族、性别、职业、社会出身、宗教信仰、教育程度、财产状况、居住期限等"一律平等地享有。1954年《宪法》经1975年和1978年两次修改之后，删去了"法律上一律平等"的规定。现行《宪法》恢复了1954年《宪法》的相应规定，并将"法律上的平等"改为"法律面前人人平等"。我国《刑法》和《刑事诉讼法》也分别规定了平等保护原则，《刑法》第4条规定："对任何人犯罪，在适用法律上一律平等。不允许任何人有超越法律的特权。"《刑事诉讼法》第6条规定，人民法院、人民检察院和公安机关进行刑事诉讼，"对于一切公民，在适用法律上一律平等，在法律面前，不允许有任何特权"。

根据法律的相关规定，检察官在刑事诉讼过程中要给当事人刑法的平等保护，但这并非意味着绝对平等，而应是机会平等，是指每个社会成员获取结果的机会和过程的平等，它承认和允许结果的不平等。反映到刑法领域，不是要求判处结果相同，恰恰相反，而是要根据罪行和行为人的不同情况，严格依照刑法的规定，实行区别对待，给予不同的处罚。在定罪方面，刑法明文规定了定罪应当考虑的因素，所以此外的因素在司法上就不应当考虑。例如，故意杀人罪，就主体而言，刑法只考虑了年龄与辨认控制能力，其他主体因素都不影响故意杀人罪的成立。其他如人的性别、种族、健康程度、相貌、文化程度、财产状况、德行、嗜好等都不得影响对故意杀人罪的认定。假如说国家机关工作人员犯故意杀人的可以不认定为本罪，这便是明明白白的特权。再如侵犯少数民族风俗习惯罪，就主体而言，刑法除考虑了年龄与辨认控制能力以外，还要求必须是国家机关工作人员。在国家机关工作人员这一范围内，我们又不

---

① 倪正茂：《法哲学经纬》，上海社会科学院出版社1996年版，第671页。

得考虑其他因素，行政机关的工作人员也好、立法机关的工作人员也好、司法机关的工作人员也好，只要是侵犯少数民族风俗习惯情节严重的，就应认定为本罪。倘若说某一国家机关的工作人员实施上述行为的可以不认定为本罪，这便也是特权。因此，从定罪方面来说，检察官只能考虑刑法明文规定的因素，而不得考虑法律没有规定的其他因素，否则就是不平等。从量刑方面来说，在犯罪性质相同、社会危害性相同、行为人的人身危险性相同的情况下，所处的刑罚也须相同。该判重刑的不得判轻刑，该判轻刑的不得免除刑罚，反之亦然。行为人社会地位的高低、权力的大小、金钱的多少、才智的强弱都不得影响刑罚的轻重。

检察官作为维护市场经济秩序和社会稳定的司法者，应有平等保护意识，为各类市场主体提供平等的司法保护。市场经济是平等竞争的经济，平等竞争是市场经济健康发展的重要保障，要使市场经济主体能够平等地参与市场竞争，首先要使他们处于平等地位。市场经济对经济主体平等性要求，在法律领域既表现为民事法律方面，也表现在刑事法律方面。在民事法律方面，主要体现为平等保护私有财产和公有财产权，给予市场经济主体相同的市场准入机会。而在刑事法律方面，则要求对所有严重侵犯合法权益的行为都予以严厉打击。市场经济主体的合法权益需要通过各种法律手段来保护，但是，各种法律保护手段中最有力的保护手段是刑法保护。刑法通过适用刑罚这种最严厉的制裁手段，打击各类严重侵犯市场经济主体利益的犯罪行为，从而有力地保护市场经济主体的合法权益，维护正常的经济秩序。刑法保护的有效性和公正性，是建立在对所有市场经济主体平等保护的基础之上的。如果对不同市场经济主体采取不同的保护方式甚至对有的市场经济主体的合法利益不加保护，那么刑法对市场经济主体的平等保护就无从谈起，最终也不能够对市场秩序起到保护作用。

第六节　公正与效率原则

一、公正与效率原则的内涵及其在国际公约中的体现

一个法治的社会应当是司法公正的社会，同时还应当是个有效率的社会。刑事诉讼公正与效率作为通过刑事诉讼程序实现的一种法律价值，在刑事诉讼制度中有重要的地位。它对于保障刑事诉讼当事人的合法权益不受侵犯，有效打击犯罪，维护法律的权威，保证社会公序良俗，都具有极其重要的意义。公正一词，有时称公平、正义，法律公正由两方面组成，其一是法律制定上的公

正，有的称为立法公正；其二是法律实施中的公正，包括执法公正和司法公正。① 司法公正包括实体公正和程序公正。所谓实体公正，是指实体法律对人们权益的规定与人们应当获得的权益相一致，法院的裁判能使每个人应当获得的权益得到完全保障。程序公正是指法律的具体运作过程中，通过正当程序充分保障每一个人的权益。实体公正重视的是"结果价值"，追求的目标是使法律程序产生好的结果；程序公正重视的是"过程价值"，追求的目标是使所有受程序结果影响的人受到应得的待遇。司法实践中，一方面程序公正是实体公正的重要保障，离开程序公正，实体公正通常难以实现；另一方面，实体公正又是检验程序公正的重要尺度。一般而言，司法效率是指在司法活动中，司法机关组织系统的运转速度和司法裁判的迅速与便捷程度，它包括司法机关内部的管理活动和对具体案件裁决的司法活动两个方面。司法机关如果内部机构设置科学，人勤于事，权责分明，则司法效率是高的，并且司法机关内部管理活动效率的高低也直接影响着社会资源的充分利用；再者司法效率原则要求司法机关在最短的时间内完成相关诉讼事项，在尽量短的时间内实现当事人的权利，达到既定的司法目标，避免不必要的社会资源浪费。讲求司法效率要求投入的司法资源取得尽可能多的司法成果，即降低司法成本，提高工作效率，加速司法运作速度，减少案件拖延和积压的现象。提高司法效率不仅为了使犯罪分子及时得到惩罚，无罪的人早日免受刑事追究，被害人也可以及时得到精神上和物质上的补偿。

司法公正与司法效率作为司法活动追求的价值目标，可以和谐相处，是密不可分的关系，二者既体现出冲突性，也体现出一致性。司法公正与效率之间很容易发生冲突，在正常情况下司法公正性的增强会直接导致司法成本的增大，以致降低司法活动的效率，因为实现公正就要求诉讼各方的权利都得到充分保护，诉讼程序的各个琐碎细节都不容忽略，这肯定会导致司法活动速度降低和成本增加。与此相反，不适当地追求司法效率，往往会导致对公正的要求无法实现。司法公正与司法效率也具有一致性。公正与效率这两个价值目标在一定程度上是一致的，是相辅相成的，只有公正的司法才是最有效率的，不公正的裁判甚至枉法的裁判不仅不能及时解决冲突和纠纷而且会诱发社会的不满情绪和行为，加剧社会的无序和混乱状况，因此是最没有效率的。另外，低效率的司法活动不可能带来司法公正，"迟来的正义是非正义"。

司法公正原则在联合国制定的《世界人权宣言》和《公民权利及政治权利国际公约》中都有体现。《世界人权宣言》第 8 条要求要有"合格的法庭"

---

① 参见何家弘：《司法公正论》，载《中国法学》1999 年第 2 期。

对侵害人权的行为进行补救。第 9 条规定："任何人不得加以任意的逮捕、拘禁和放逐。"表明对任何可能侵犯人权的行为都应履行法定的程序。第 10 条规定在对刑事指控加以裁决之前要有"独立而无偏倚"的法庭进行"公正和公开"的审判。而第 11 条第 1 款则对刑事诉讼中辩护和公开审理提出了专门的要求，"凡受刑事控告者，在未经获得辩护上所需的一切保证的公开审判而依法证实有罪以前，有权被视为无罪"。《公民权利及政治权利国际公约》第 14 条第 3 项确立了刑事被告人在审判中应享有的"最低限度程序保障"：获得被指控的罪名及案由；获有充分的时间与便利准备辩护并与辩护律师联络；获得迅速审判；有权委托辩护人，并获得辩护人的协助；有权与对方当事人对质，申请法院传唤他所提供的证人出庭作证；有权获得翻译的帮助；不得强迫被告人自证其罪。

诉讼效率原则作为人权保障的锐利武器在二战后受到国际社会的普遍关注。《世界人权宣言》、《公民权利及政治权利国际公约》，欧洲、美洲及非洲分别制定的自己的人权公约，诉讼效率成为其重要内容。如《公民权利和政治权利国际公约》第 9 条第 3 款规定："任何因刑事指控被逮捕或拘禁的人，应被迅速带见审判官或其他经法律授权行使司法权的官员，并应有权在合理时间内受审或审判前释放……"第 14 条第 3 款（丙项）规定："受审时间不得被无故拖延。"《欧洲人权公约》第 5 条第 3 款规定："依照本条第 1 款（丙）项规定：被逮捕或拘留的任何人，应立即交送法官或其他经法律授权行使司法权的官员。并应有权在合理的时间内受审或审判前释放……"第 5 条第 4 款规定："由于逮捕或拘留而被剥夺自由的任何人应有权运用司法程序，法官应按照司法程序立即对他拘留的合法性作出决定，并且如果拘留不是合法的，则应命令将其释放。任何人有权在合理的时间内受到依法设立的独立与公正的法庭之公正与公开的审讯……"从国家来看，诉讼及时原则亦得到了越来越多国家的承认，有些甚至将其上升到宪法高度。如美国《宪法修正案》第 6 条明确规定："在一切刑事诉讼中，被告人得有下列权利：由发生罪之州或区域的公正陪审团予以迅速地公开审判……"日本《宪法》第 37 条规定："凡刑事案件发生时，被告人有受法院公正、迅速、公开审判之权利……"《德国基本法》第 20 条的规定亦体现了诉讼及时原则的精神。有些则在其《刑事诉讼法》中加以规定，如法国《刑事诉讼法》第 307 条规定："法庭审理不得中断，应当持续进行到重罪法庭作出裁定，宣布审判结束为止。"德国、日本亦在其《刑事诉讼法》相关条款中加以规定。伴随着诉讼及时原则的发展、传播，其自身的内容更趋丰富。

二、检察官如何贯彻公正与效率原则的要求

检察机关的法律监督是实现司法公平的重要保证，检察机关的法律监督主要是通过对权力的监督制约和对权利的司法救济，通过维护国家法律的统一正确实施来保障司法公正的。在刑事诉讼中，检察官应依法履行公诉职能，严厉打击刑事犯罪，全力维护社会稳定。检察官还应依法行使法律监督职权，对执法活动和司法工作进行监督，惩治司法领域中的腐败，把贪污、渎职侵权等职务犯罪和政治腐败揭露出来，提交审判机关追究其应负的刑事责任，从而推进依法行政，维护司法公正，确保法律的严格实施，为全社会实现公平和正义提供廉洁高效的法治环境。另外，检察官应通过监督侦查机关、审判机关和其他诉讼当事人诉讼活动的合法性，杜绝违法办案、权钱交易、超期羁押、徇私枉法等诸多诉讼问题，保障整个诉讼活动的公正性，维护当事人的合法权益。

检察官应适用合适的程序，严格遵守办案期限以提高办案效率。在司法实践中，案件的繁简不同，争议大小也不同。对于有些事实清楚简单、争议不大的案件，适用普通程序无疑是对司法资源的一种浪费。因此，在保证司法公正的前提下，对此类案件可采用相对简单的诉讼程序，以提高司法效率。检察官还应严格遵守相应的案件办理期限，遇有特殊情况不能在法定期限内结案的，应当按照法定程序办理延长期限的手续，不得未经批准超期办案。从严格意义上来说，检察官在法定的诉讼期限内完成了办案任务，就是诉讼效率的体现。但从司法实践来说，案件是繁简不同的，而法定的诉讼期限是规定一致的，检察官应当以较快的速度办结相对简单的案件，并尽可能的在法定期限内办结疑难案件。

检察官在办案中要处理好公正与效率的关系，办案要讲效率，但效率对诉讼程序的影响不应该从根本上或总体上改变诉讼的公正本质。程序公正的本质内容是控、辩、审三方形成的"等腰三角结构"的有效制约机制，而且控、辩平等是带有极强程序性的核心要件，因而刑事诉讼程序规定在考虑效率影响时，无论如何也不应动摇这一根本的程序公正原则。[①] 比如，检察官为在限定的时间内侦破案件，而将涉嫌犯罪的人刑讯逼供致死，这种处理结果将无法为社会所接受。因此，没有公正就没有效率，没有效率就谈不上公正，二者之间是不可分割的，必须协调发展，单纯追求任何一方面都是片面的，都是对整个司法价值的损害。

---

① 参见陈瑞华：《刑事诉讼的前沿问题》，中国人民大学出版社 2004 年版，第 505 页。

应用与讨论训练

★ 模块一 **主题讨论**

1. 检察官如何增强"尊重和保障人权"的意识？

2. 检察官在司法活动中如何保持司法独立？

3. 在刑事诉讼中如何贯彻无罪推定原则？

4. 如何才能更好地发挥罪刑法定原则的人权保障功能？

5. 在市场经济中，检察官如何平等地保护不同市场主体的权益？

6. 在司法实践中，检察官如何处理好司法公正与司法效率的关系？

★ 模块二 **案例研讨**

[案例一]

1998 年 6 月 15 日，原湖北省高山县公安局原马店派出所治安巡逻员佘祥林被京山县人民法院以故意杀人罪判处有期徒刑 15 年，附加剥夺政治权利 5 年。佘祥林不服，提出上诉，但二审法院维持了原判。2005 年 3 月 28 日，被一、二审判决认定已被佘祥林"杀害"的佘祥林的妻子张在玉突然归来。2005 年 4 月 13 日，已经被关押了 11 年的佘祥林被法院宣告无罪。2005 年 5 月 25 日，当年参与承办佘祥林案件的警员在一墓地自缢身亡。

[案例二]

1987 年 4 月下旬，在湖南省麻阳县城的锦江河中，相继发现了被肢解的 6 块女性尸块，当地警方认定贵州省松桃县女子石小荣为被害人。1988 年 10 月 26 日滕兴善被检察机关起诉。同年 12 月 13 日滕兴善被一审判处死刑。1989 年 1 月 28 日，滕兴善在麻阳被执行枪决。1993 年年中，"被杀害"的石小荣突然回到了贵州老家。2005 年 6 月 8 日湖南省高级人民法院依照审判监督程序对滕兴善故意杀人案再审，并宣告滕兴善无罪。此时距滕兴善被执行死刑已经 16 年了。

⊙研讨主题

刑事错案产生的原因有哪些？检察官防止刑事错案的对策有哪些？

第二编
检察工作与人权保障

第四章　侦查监督与人权保障

相关依据导引

★ 国际文件

《世界人权宣言》（1948 年 12 月 10 日第三届联合国大会通过）

《公民权利和政治权利国际公约》（1966 年 12 月 16 日第二十一届联合国大会通过）

《禁止酷刑和其他残忍、不人道或有辱人格的待遇或处罚公约》（1984 年 12 月 10 日联合国大会第 39/46 号决议通过）

《联合国关于检察官作用的准则》（1990 年 9 月 7 日第八届联合国预防犯罪和罪犯待遇大会通过）

★ 国内规范

《中华人民共和国宪法》（1982 年 12 月 4 日第五届全国人民代表大会第五次会议通过，2004 年 3 月 14 日第十届全国人民代表大会第二次会议第四次修正）

《中华人民共和国人民检察院组织法》（1979 年 7 月日第五届全国人民代表大会第二次会议通过，1983 年 9 月 2 日第六届全国人民代表大会常务委员会第二次会议修正）

《中华人民共和国检察官法》（1995 年 2 月 28 日第八届全国人民代表大会常务委员会第十二次会议通过，2001 年 6 月 30 日第九届全国人民代表大会常务委员会第二十二次会议修正）

《中华人民共和国刑事诉讼法》（1979 年 7 月 1 日第五届全国人民代表大会第二次会议通过，2012 年 3 月 14 日第十一届全国人民代表大会第五次会议修正）

《人民检察院刑事诉讼规则（试行）》（2012 年 10 月 18 日最高人民检察院第十一届检察委员会第 80 次会议第二次修订）

第一节　国际标准

在一般意义上，侦查是侦查机关为提起和支持公诉而进行的调查作案人和搜集案件证据的活动。侦查的任务是查明案件真实情况，搜集有关证据证实案情。为有效制止和预防犯罪，在侦查活动中法律赋予侦查机关相关的强制性措施。侦查活动的内容通常包括实施专门性调查工作并采取有关的强制性措施。专门性调查工作包括：讯问被告人，询问证人，询问被害人，勘验，检查，鉴定，组织辨认等。有关的强制性措施包括：扣押物证、书证和视听资料、电子数据、扣押邮件、电报、搜查、查询、冻结存款、汇款等强制侦查措施和拘留、逮捕等剥夺、限制人身自由的强制措施。由于侦查活动具有的强制性，对公民的人身权利、财产权利往往造成重大影响。为了防止侦查中出现侵犯人权，同时也是为了保证侦查的效率，各国要求侦查活动必须严格依法进行。也就是说，就侦查的发动和终止，侦查措施的采取尤其是强制性侦查活动的实施，都必须严格依照法律规定的条件和程序，保证侦查行为的合法性。为此，联合国《世界人权宣言》、《公民权利和政治权利国际公约》、《禁止酷刑和其他残忍、不人道或有辱人格的待遇或处罚公约》、《关于医护人员、特别是医生在保护被监禁和拘留的人不受酷刑和其他残忍、不人道或有辱人格的待遇或处罚方面的任务的医疗道德原则》、《执法人员行为守则》以及国际区域人权保护文件中都对侦查中的人权保护问题作了规定。

在刑事诉讼侦查程序中，检察官应当起到积极作用。根据不同地方的法律和传统，在侦查工作中，检察官一方面应当自己维护人权，另一方面还要保证其他人不侵犯人权。正如《联合国关于检察官作用的准则》中规定的：检察官应在刑事诉讼、包括提起诉讼和根据法律授权或当地惯例，在调查犯罪、监督调查的合法性。监督法院判决的执行和作为公众利益的代表行使其他职能中发挥积极作用。检察官应始终一贯迅速而公平地依法行事，尊重和保护人的尊严，维护人权从而有助于确保法定诉讼程序和刑事司法系统职能的顺利运行。

一、讯问与人权

讯问犯罪嫌疑人是犯罪侦查过程中的一个必不可少的侦查措施。讯问也是最易出现侵犯人权的行为，因此，不仅各国法律对讯问的程序作出了严格的规定，联合国有关文件也从保障人权的角度对讯问作出了要求。

（一）禁止酷刑或刑讯逼供

《世界人权宣言》第 5 条指出："任何人不得加以酷刑、或施以残忍的、不人道的或有侮辱性的待遇或刑罚。"《公民权利和政治权利国际公约》第 7 条作出了同样的规定，任何人均不得加以酷刑或施以残忍的、不人道的或侮辱性的待遇或刑罚。而 1984 年的联合国《禁止酷刑和其他残忍、不人道或有辱人格的待遇或处罚公约》第 1 条详细地解释了酷刑，"酷刑是指为了向某人或第三者取得情报或供状，为了他或第三者所作或涉嫌的行为对他加以处罚，或为了恐吓或威胁他或第三者，或为了基于任何一种歧视的任何理由，蓄意使某人在肉体或精神上遭受剧烈疼痛或痛苦的任何行为，而这种疼痛或痛苦是由公职人员或以官员身份行使职权的其他人所造成或在其唆使、同意或默许下造成的。纯因法律制裁而引起或法律制裁所固有或附带的疼痛或痛苦不包括在内。""每一缔约国应采取有效的立法、行政、司法或其他措施，防止在其任何领土内出现酷刑的行为。"这一酷刑的法律定义指出，酷刑有身体和精神两个方面。联合国人权委员会对这一定义又作了补充，即"所有形式的酷刑和其他残忍、非人道的和侮辱性的待遇和处罚，无论在任何情况下都绝对不能被证明是正当的"。酷刑问题特别报告员认为："禁止酷刑和其他残忍、非人道或侮辱性的待遇和处罚的法律和道德的基础，是绝对的和强制的，在任何情况下绝不能屈从其他的利益、政策和做法。"禁止酷刑及其他形式的残忍、非人道或侮辱性的待遇和处罚是各国不可克减的权利。正如联合国前秘书长安南所言：酷刑是对人格最严重的侵犯。它既是对受害者，也是对酷刑实施者的人格践踏。一个人对另一个人的蓄意伤害所造成的痛苦和恐惧会留下永久的伤痕，像毒打形成的脊柱扭曲，枪托打凹的头骨，是使受害者持续恐惧的循环噩梦。免予酷刑是在任何情况下都必须得到尊重的人权。1979 年的联合国《执法人员行为守则》对检察官在讯问中的作用也有影响，其中第 5 条明确规定："执法人员不得施加、唆使或容许任何酷刑行为或其他残忍、不人道或有辱人格的待遇或处罚，也不得以上级命令或特殊情况，例如战争状态、战争威胁、国家安全的威胁、国内政局不稳定或任何其他公共紧急情况，作为施行酷刑或其他残忍、不人道或有辱人格的待遇或处罚的理由。"1988 年的联合国《保护所有遭受任何形式拘留或监禁的人的原则》中第 21 条也原则规定，"应禁止不当利用被拘留人或被监禁人的处境而进行逼供，或强迫其以其他方式认罪，或作出不利于他的证言。审问被拘留人时不得对其施以暴力、威吓或使用损害其决定能力或其判断力的审问方法"。为捍卫这些标准，在国际和区际一级已经进行或建立一系列的调查和监督管理机构，如根据联合国《酷刑公约》成立的联合国反对酷刑委员会与联合国酷刑问题特别报告员、欧洲禁止酷刑委员会等。

（二）不被强迫作不利于己的供述或不得强迫自证其罪

联合国《公民权利和政治权利国际公约》第 14 条第 3 款规定："在判定对他提出的任何刑事指控时，人人完全平等地有资格享受以下最低限度的保证：……不被强迫作不利于他自己的证言或强迫承认犯罪。"不被强迫作不利于己的供述或不得强迫自证其罪是无罪推定原则的必然要求。许多法治发达国家将其作为一项宪法原则确定下来。如美国《宪法第五修正案》规定："任何人不得被迫自证其罪。"《日本国宪法》第 38 条规定："不得强制任何人作不利于本人的供述。"首先，不被强迫作不利于己的供述或不得强迫自证其罪首先是指犯罪嫌疑人或被告人没有义务为追诉方向法庭提出任何可能使自己陷入不利境地的陈述和其他证据，追诉方不得采取任何非人道或有损犯罪嫌疑人或被告人人格尊严的方法强迫其就某一案件事实作出供述或提供证据。其中，非人道的或有损人格尊严的方法除刑讯逼供外，还包括疲劳战术、限制休息和饮食、强制服用药物、催眠等方式。其次，被告人在法庭上有权拒绝法官的讯问，在法庭上保持沉默，也有权根据自己真实的意愿，对案件事实作出有利或不利于自己的陈述。也就是说，供述必须是基于供述人自愿，不得对其施加任何物理的或精神的强制，逼其供述。不仅法官的讯问，被告人有权保持沉默，对于侦查中警察的讯问也有权保持沉默，正如欧洲人权法院在 Murray 案（1996 年 2 月 8 日判决）中对"不强迫自证其罪"的阐释：公约（《欧洲人权公约》）第 6 条虽然没有特别提出，但毫无疑问，在警察讯问时保持沉默的权利和反对自证其罪的权力是普遍承认的国际准则，它是第 6 条规定的公正程序观念的核心。再次，被告人不负提供证据证明自己无罪的举证责任，法院也不得把被告人的沉默用作证明其有罪的证据，不得从被告人沉默的事实推导出对其不利的结论。最后，以强制手段取得的被告人供述不得作为证据使用。对此，联合国人权事务委员会在 1984 年第 13 号一般性意见中，对不强迫自证其罪的权利作了如下阐述："第 3 款（7）项规定，被告人不得被强迫作不利于他自己的证言或强迫承认犯罪。在考虑这项保障时应记住第 7 条和第 10 条第 1 款的规定，强迫被告供认或作不利于他自己的证言的常用方法往往违反这些规定。法律应当规定完全不能接受用这种方式或其他强迫办法获得的证据。"联合国在《联合国关于检察官作用的准则》中，对于公职人员侵犯人权的罪行，检察官可以采取适当行动。检察官有责任排除以非法的方法取得的证据——这些方法构成了对嫌疑人人权的严重侵犯。"当检察官根据合理的原因得知或认为其掌握的不利于犯罪嫌疑人的证据是通过严重侵犯嫌疑犯人人权的非法手段，尤其是通过拷打，残酷的、非人道的或有辱人格的待遇或处罚或以其他违反人权的方法而取得的，检察官应拒绝使用此类证据来反对采用上述手段者之外的任何人或将此事通知法院，并采取一切必要的步骤确保将适用上述手段的责任者绳之以法。"

（三）权利告知和讯问中的律师帮助权

《公民权利和政治权利国际公约》第 14 条第 3 款第 1 项规定："迅速以一种他懂得的语言详细地告知对他提出的指控的性质和原因。"第 4 项规定："出席受审并亲自替自己辩护或经由他自己选择的法律援助；如果他没有法律援助，要通知他享有这种权利。"《联合国关于律师作用的基本原则》第 1 条规定："所有人都有权请求由其选择的一名律师协助保护和确立其权利并在刑事诉讼的各个阶段为其辩护。"第 7 条规定："各国政府还应确保，被逮捕或拘留的所有的人，不论是否受到刑事指控，均应迅速得到机会与一名律师联系，不管在任何情况下至迟不得超过自逮捕或拘留之时的四十八小时。"《联合国少年司法最低限度标准规则》第 7 条第 1 款规定："在诉讼的各个阶段，应保证基本程序方面的保障，诸如，假定无罪、指控罪状通知本人的权利、保持缄默的权利、请律师的权利、要求父母或监护人在场的权利、与证人对质和盘诘证人的权利和向上级机关上诉的权利。"讯问中的权利告知目的是使犯罪嫌疑人了解法律所赋予的诉讼权利，从而便于行使这些权利。权利告知对于职权机关而言就是一种职责、约束。权利告知是权利保障不可缺少的重要组成部分，因此，诸多法治发达国家在刑事诉讼的法律中都明确规定了权利告知的时间、内容、方式和不履行权利告知的法律后果。

二、逮捕、羁押（拘留）与人权①

逮捕、羁押是侦查中常用的强制措施。根据《联合国保护所有遭受任何形式拘留或监禁的人的原则》解释，"逮捕"是指因指控的罪行或根据当局的行动扣押某人的行为；"被拘留人"是指除因定罪以外被剥夺人身自由的任何人；"拘留"是指上述被拘留人的状况；"被监禁人"是指因定罪而被剥夺人身自由的任何人；"监禁"是指上述被监禁人的状况。

羁押，是指刑事诉讼中的专门机关对犯罪嫌疑人、被告人在法院作出生效裁判之前予以关押的一种暂时剥夺其人身自由的强制措施。审前羁押的主要目的是防止犯罪嫌疑人、被告人毁灭证据、串供、逃跑等逃避侦查与审判的行为发生和防止犯罪嫌疑人、被告人威胁证人、报复控告人、重新犯罪等危害社会的行为发生。审前羁押的范围一般仅限于可能被处以较重刑罚的犯罪嫌疑人。

---

① 根据《联合国保护所有遭受任何形式拘留或监禁的人的原则》解释，"逮捕"是指因指控的罪行或根据当局的行动扣押某人的行为；"被拘留人"是指除因定罪以外被剥夺人身自由的任何人；"拘留"是指上述被拘留人的状况；"被监禁人"是指因定罪而被剥夺人身自由的任何人；"监禁"是指上述被监禁人的状况。这里的"逮捕"、"拘留"与我国法律中所使用的"逮捕"、"拘留"概念不同，我国的"逮捕"不仅是指强制犯罪嫌疑人到案的行为，还包括随后的较长时间的羁押。这里的"拘留"（detention）指的是未决的羁押，是与监禁相应的概念，与我国法律规定的在紧急情况下暂时限制犯罪嫌疑人的人身自由的"拘留"强制措施不同。因在联合国的有关文件中都是将未决的羁押翻译成"拘留"，所以在有关国际标准的表述中，引用联合国文件时仍用"拘留"概念，而其他则使用"未决羁押"概念，以区别于我国的拘留概念。

在整个刑事诉讼过程中，逮捕和羁押属于限制、剥夺公民人身自由最为严厉的手段。逮捕、羁押运用得当，对打击犯罪、预防犯罪、实现刑罚目的具有重要作用，反之，则会严重侵犯犯罪嫌疑人的人权，因此，联合国有关文件和世界许多国家的法律中对逮捕、羁押作出了严格的规定和规制。

（一）禁止任意和非法的逮捕、羁押

禁止任意和非法的逮捕、羁押是所有人权中最基本的权利，也是《世界人权宣言》的最基本保障之一。第9条明确规定，任何人不得任意逮捕、拘禁或放逐。《公民权利和政治权利国际公约》等联合国文件和区域性文件也都作了相同规定。这些公约不仅规定了逮捕、羁押不得任意进行，同时规定了逮捕、羁押必须是有理由并且按照法律规定的程序进行。剥夺人身自由除了有必要的理由之外，羁押还必须合法以及按照法律所规定的程序进行。这一规定有效地禁止了除公约所规定的逮捕和拘禁剥夺人身自由之外的羁押，即使本国的法律所允许，也在禁止之列。

关于"合法"与"任意"的解释。《公民权利和政治权利国际公约》第9条将逮捕或拘禁的合法性与任意性作为并列要求，说明只有在"依照法律所确定的根据和程序"进行并且并非出于任意时，剥夺自由才被允许。对任意性的禁止代表了对于剥夺自由的一种附加限制，这种限制既针对立法机关，也针对执法机关。仅仅由法律规定剥夺自由是不充分的。法律本身不能是任意的，而且在某一具体情况中对法律的实施也不能任意进行。"任意"与"非法"也不是相等的，任意包含了非正义、不可预见性、不合理性、反复无常性和不成比例性的因素。也就是说，根据法律规定进行的羁押（剥夺自由）不能明显不成比例、不公正或不可预见。

《保护所有遭受任何形式拘留或监禁的人的原则》对禁止任意逮捕作出了进一步的规定，它指出，逮捕、拘留和监禁不仅要严格按照法律的规定，而且只能够由有资格的官员或被授权的人执行。这一规定实际上表明要禁止在某些国家发生的一种普遍现象，即有许多不同种类的保安力量，虽然法律没有授予他们实施拘留或逮捕的权利，但是他们在实践中却广泛使用。这一国际文书显然将未授权人所实施的逮捕划入任意、非法逮捕的范围。

上述联合国文件进一步指出，羁押必须在某种司法机关的监督下进行，羁押必须由一个司法机关或有权机关授权或在其有效的控制之下。

（二）享有被通知逮捕、羁押理由的权利

《公民权利和政治权利国际公约》、《保护所有遭受任何刑事拘留或监禁的人的原则》以及其他联合国文件中都规定，对被逮捕和拘留的人必须通知逮捕、拘留的理由以及不利于他们的任何控告。虽然这些国际文件的表述略有不同，但是它们都表达了一个国际共识，即任何被逮捕和被羁押的人都有权在逮捕后的短时间内被告知原因。《保护所有遭受任何刑事拘留或监禁的人的原则》还进一步规定，在通知被羁押人逮捕的原因时，应使用被羁押者能够理解的语言。联合国及欧洲人权委员会在他们对案例的解释中作了进一步的陈述，"通知被羁押者逮捕和拘留的原因不应是简单的，而是应该告知其作出这种决定的法律及事实根据，以便于他考虑这种羁押是否合法，以及他是否向法院申请撤销不合法的羁押"。除了上述规定，《保护所有遭受任何刑事拘留或监禁的人的原则》还要求给予被逮捕者其他有关的信息，如逮捕的时间、地点及第一次被带到法院或其他司法机关的信息，并要向被逮捕者解释他所享有的权利，如享有律师帮助的权利，以及如何行使这些权利。

（三）被及时带到司法机关的权利

对被实施审前羁押者最重要的国际保障是在被羁押的尽可能短的时间里进行司法监督。《公民权利和政治权利国际公约》第9条第3款、《保护所有遭受任何刑事拘留或监禁的人的原则》第37条以及其他文件的有关条款都规定，受到刑事指控的被羁押者应该被及时带到法官面前或其他被授权行使司法权的官员面前。这一权利与被羁押者对羁押是否合法提出异议不同，不是由被羁押者自己提起的，而是国家司法机关应当主动履行的义务。这一权利是防止任意或非法羁押的重要保障，也确保了一个独立于实施监禁的、享有司法权的机关能够对监禁进行审查。同时，它也对防止其他非法行为，如刑讯逼供和非法待遇具有重要意义。因为在这一阶段，被羁押者不得与外界接触，因此这是在无外界帮助的阶段里对滥用职权和非法行为提出控告的唯一机会。

国际公约中关于被羁押者带到司法机关的期限是弹性规定的，一般被表述为"及时"。多数国家的国内法律规定，被逮捕和拘留的犯罪嫌疑人应在被关押的24小时或48小时内被带到司法机关。有些国家的法律规定，在某种特殊的条件下，这一期限可以被延长，如在紧急状态下，或对于某种严重的犯罪，如恐怖主义犯罪等。司法机关在行使对羁押的审查权时，应审查作出逮捕和拘留的原始决定的合法性和必要性，同时也要审查是否有充分的根据继续将其羁押等待审判。在适当的时候，司法机关应有权发放释放令。

（四）被暂时释放等待审判的权利

按照国际准则的规定，对受到刑事犯罪指控的人进行审前的羁押应是例外而不是常规做法。《公民权利和政治权利国际公约》第9条第3款明确指出："等候审判的人受监禁不应作为一般规则，但可规定释放时应保证在司法程序的任何其他阶段出席审判，并在必要时报到听候执行判决。"联合国人权事务委员会在它的第8次一般性意见中再一次确认这一权利，"审前羁押应是一种例外，并尽可能的短暂"。《保护所有遭受任何刑事拘留或监禁的人的原则》第 39 条指出，除法律规定的特殊情形外，以刑事罪名被拘留的人有权利在审判期间按照法律可能规定的条件释放。除非司法当局或其他当局为了执法的利益而另有决定，这种当局应对拘留的必要性进行复审。特别是对于青少年，《联合国少年司法最低限度标准规则》规定，青少年被羁押等待审判仅应作为不得已的手段使用，而且时间应尽可能短。如有可能，应采取其他替代办法。

（五）在合理时间内接受审判或被释放的权利

《公民权利和政治权利国际公约》第 9 条第 3 款规定，被羁押者有权在合理的时间内接受审判或被释放。几乎所有的国际文件都规定了公正审判的最低限度保障条款。这些保障条款适用于所有的被告人，无论他们是否被拘禁，并且包含了在合理的时间内接受审判这样一个基本权利。被审前羁押者应在合理的时间内接受审判的权利与一个人如果可能应被释放等待审判的原则不同。因此，即使有合理的原因继续关押被告人，但如果审判没有在合理的时间内开始，则被关押者无论如何也要被释放。

这一权利与保障被审前羁押者有关的其他权利也不同，特别是与被及时带到司法机关的权利不同。情况往往相反，虽违反了将犯罪嫌疑人及时带到司法机关面前的原则，但它似乎并没有违反在合理的时间内审判的保障。一些国家规定了羁押被告人的最长期限，但这一期限也经常被延长。更多的情况是，一些国家没有规定时间的限制，被告人在整个侦查和审判阶段都要被关押。对于国际公约来说，要想规定具体的时间限制是非常困难的，然而，联合国反对自我归罪和保护青少年的下属委员会建议：所有政府通过立法使被逮捕或被拘留的人在被逮捕的 3 个月内接受审判，或将其释放等待以后的诉讼程序。联合国人权事务委员会已经发现若干违背《公民权利和政治权利国际公约》的案件，在这些案件中，审判被羁押者的时间被拖延从 3 个月到 8 年不等，而且，在他们的决定中没有给予任何原因，也没有对拖延审判的合理性进行评价。

（六）对羁押提出异议的权利

所有被羁押者，无论他们是受到刑事指控被拘禁，还是受到某种形式的行政拘留，都有权启动法律程序，向司法机关对羁押的合法性提出异议，如果这种羁押被发现是非法的，则被羁押者应被释放。这个权利规定在《公民权利和政治权利国际公约》第 9 条第 4 款，并且在《保护所有遭受任何刑事拘留或监禁的人的原则》的第 32 条中再次被陈述。这一程序的典型范例是人身保护令状和人身保护程序。

如果对拘禁的适用有恰当和有效的监督，适用国际所认可的保障措施，则任何受到非法拘禁的人都应当按照监督机关的命令被释放，而不用诉诸其他任何特殊程序。然而正像联合国人权事务委员会在其对任意逮捕和拘留的研究中所指出的：无论是多么有效和不偏不倚的监督机构，也不能期待他们对那些错误地剥夺被拘禁者本人、他的亲属、朋友或代理人自由的案件给予更多的注意。也就是说，对于那些没有按照普通程序处理的，或者排除了对那些受到刑事指控应被及时地带到司法机关面前的被羁押者，这样的特殊程序，可能是唯一可取的补救措施。

国际公约没有具体规定一个被羁押者在拘禁过程中是否能够阶段性地提起这个程序，但是在合法拘禁的根据改变的情况下，这一权利显然就成为非常重要的保障。《保护所有遭受任何刑事拘留或监禁的人的原则》第 32 条规定，被羁押者在被拘禁的任何时间内都可以提起对拘禁的异议的程序。

国际文件表明，提起这种特殊程序的权利只应该作为一种权利而不是作为一种责任自动地被强加给拘禁机关。因此，这一程序必须由被拘禁者启动。然而，即使法律规定了这一补救措施，被羁押者也可能有困难或不可能再启动该程序，如他不熟悉所涉及的法律程序或他请律师或接触适当的司法机构的请求受阻或简单地被拘禁机关所否定。因此，应该允许另外的人，如律师或家庭成员代表被拘禁者启动这一程序。这对于一个人确实失踪并且不知道他被什么机关关押于何处的情况就特别重要。

《公民权利和政治权利国际公约》规定，这样的程序要向完全独立于侦查、起诉程序的司法机关裁决。由其决定羁押的合法性，如果羁押是非法的，则他应有权释放被羁押者。合法的含义不仅要求程序意义的，也要包括实体意义的，即司法机关不仅调查诉讼程序是否正确，而且也要审查羁押的原因。

（七）对非法羁押获得赔偿的权利

《公民权利和政治权利国际公约》第 9 条第 5 款规定，任何遭受非法逮捕或拘禁的受害者，有得到赔偿的权利。《保护所有遭受任何形式的拘留或监禁的人的原则》也规定，如果损害的发生是由于国家官员的行为违背了原则的规定或不履行法律职责所造成，则应按照国内法的规定予以赔偿。

三、隐私与犯罪调查

隐私权是公民的一项重要人权，联合国及区域性的有关文件都对隐私权作了保护。《世界人权宣言》第 12 条规定：任何人的私生活、家庭、住宅和通讯不得任意干涉，他的荣誉和名誉不得加以攻击。人人有权享受法律保护，以免受这种干涉或攻击。《公民权利和政治权利国际公约》又重申了这条规定：任何人的私生活、家庭、住宅或通信不得加以任意或非法干涉，他的荣誉和名誉不得加以非法攻击。人人有权享受法律保护，以免这种干涉和攻击。在区域层面，《欧洲保护人权和基本自由公约》、《美洲人权公约》、《开罗伊斯兰人权宣言》等都规定了尊重私生活和家庭生活的权利。在联合国《执法人员行为守则》、《关于检察官作用的准则》和国际检察官联合会制定的《检察官职业责任准则和主要权利义务准则》中，对于在犯罪调查中，检察官如何保证个人的隐私都作了规定。但是，在犯罪调查中，侦查机关基于法律规定和打击犯罪的需要，会经常使用搜查、扣押、秘密监听、检查等侦查措施，因此，为保护公民的隐私权，许多国家在法律上明确规定了这些侦查措施的使用的条件、程序，以免出现对公民隐私权的非法干涉。

第二节 工作机制

侦查监督是指对刑事侦查行为实施法律控制。侦查活动是国家执法机关运用侦讯权力实施的专门性调查活动以及对物和对人的强制措施。这种活动可能对公民的正常生活和各种权利造成严重影响，而且其侦查的方式和结果直接作用于审判，对能否有效而合法地追究惩治犯罪产生决定性的影响。因此，对侦查活动实施以合法性、适当性为主要内容的监督，是现代刑事诉讼法制的一项重要内容。各国的侦查监督一般采用两种形式，一种是检察监督，另一种是审判监督。检察监督是一种十分普遍也是十分有效的侦查监督方式。检察官作为法律官员，作为公诉责任的主要和直接的承担者，有责任保证侦查活动的合法与有效（合法本身就是有效的前提条件），因此应当实施有力的侦查监督。

检察官的侦查监督活动可能采用不同的方式进行。（1）侦查的指挥和调度。在日本、德国等具有大陆法系传统的国家，检察官有权调动和指挥警方的侦查活动。但在实务中，考虑到发挥警察在侦查活动中的积极性，对大量的侦查事务，由警方自行作主。检察官在一般案件中的主要责任是从指控的角度考虑证据问题并保证警察侦查的合法性。其指挥和调度也较多地围绕这些问题开展。（2）通过起诉审查等环节监督侦查。检察官的起诉审查是一种"过滤"机制，凡有严重违法行为，尤其是取证不合法的案件，检察官都将要求侦查官员弥补或自行弥补，否则将不予起诉。在检察官具有决定搜查、扣押以及逮捕等权限的情况下，运用这些权力监督控制警方的侦查。（3）通过对违法行为的建议纠正和直接予以纠正来监督侦查。包括对侦查中的违法行为予以警告、建议纠正、建议处分有关侦查人员，对应当侦查的案件不侦查、不应侦查的案件进行侦查等违法侦查行为通知纠正或直接纠正，撤换违法的或不适当的侦查人员或侦查指挥人员；等等。这些监督权力的行使，取决于各国法律对检察官的授权以及该国的司法体制。①

在我国，检察机关的侦查监督工作分为两个部分：刑事立案监督和刑事侦查活动监督。前者是在侦查权的发动以及侦查程序的开启上实施的监督，而后者则是就立案后的侦查过程实施法律监督，因此可以统称为侦查监督。

一、通过立案监督，保障被害人和犯罪嫌疑人的人权

刑事立案监督，是指人民检察院对公安机关立案的案件是否依法立案以及刑事立案活动是否合法所进行的法律监督。立案，即侦查的发动。侦查发动的方式，根据各国刑事诉讼法对侦查程序的不同规定，可分为随机性侦查发动和程序性侦查发动。由于我国的侦查机关在侦查中具有较为充分的独立处置权，受制约尤其是司法制约较小，所以在侦查程序发动时采用了程序性侦查发动方式，即经过一个立案程序，即侦查的启动更为慎重，这对于防止侦查权的滥用，维护公民的人权，具有重要的意义。立案程序虽然规制了侦查机关的侦查发动随意性，但是侦查机关仍会出现违反程序随意启动侦查或该启动不启动，导致公民权利的限制或被侵犯，或者侵犯被害人权利的犯罪不能得到及时惩治。对于刑事立案监督来说"保障人权"就是通过纠正刑事立案主体在刑事立案活动中的违法行为防止刑事立案主体以国家名义侵犯公民的人权，即防止没有实施犯罪行为的人受到刑事追究。另一方面，使得实施犯罪行为的人受到刑事追究，以救济受到侵犯的人权。检察机关行使刑事立案监督权以保障人权的目的主要通过防止公权对公民个人的侵犯来实现。②

人民检察院对公安机关的刑事立案活动实施监督，是法律赋予检察机关的重要职权。根据《刑事诉讼法》第 111 条和《人民检察院刑事诉讼规则（试行)》的规定，人民检察院刑事立案监督的内容和程序是：

1. 对侦查机关应当立案侦查而不立案侦查案件的监督。人民检察院发现或者被害人及其法定代理人、近亲属或者行政执法机关认为公安机关对其控告或者移送的案件应当立案侦查而不立案侦查，向人民检察院提出的，人民检察院应当受理并进行审查。经审查，认为需要公安机关说明不立案理由的，经检察长批准，以要求说明不立案理由通知书通知公安机关说明不立案理由。通知公安机关说明不立案理由的案件，在公安机关说明不立案理由后，应当对其理由进行审查。如果认为公安机关不立案理由不成立，经检察长或者检察委员会

---

① 参见龙宗智：《检察制度教程》，中国检察出版社 2006 年版，第 212 页。

② 参见周洪波、单民：《关于刑事立案监督的几个问题》，载《人民检察》2004 年第 4 期。

讨论决定，应当通知公安机关立案。公安机关应当在收到通知立案书后15日以内立案，并将立案决定书及时送达人民检察院。人民检察院依法对执行情况进行监督。公安机关在收到通知立案书后超过15日不予立案，人民检察院应当发出纠正违法通知书予以纠正。公安机关仍不纠正的，报上一级人民检察院协商同级公安机关处理。检察机关如果认为公安机关不立案的理由成立的，检察机关的控告检察部门应在10日以内将不立案的理由和根据告知被害人及其法定代理人、近亲属或者行政执法机关。

对于公安机关管辖的国家机关工作人员利用职权实施的重大犯罪案件，人民检察院通知公安机关立案，公安机关不予立案的，经省级以上人民检察院决定，人民检察院可以直接立案侦查。

2. 对侦查机关不应当立案侦查而立案侦查案件的监督。当事人认为公安机关不应当立案而立案，向人民检察院提出的，人民检察院应当受理并进行审查。经过调查、核实有关证据材料，有证据证明公安机关可能存在违法动用刑事手段插手民事、经济纠纷，或者利用立案实施报复陷害、敲诈勒索以及谋取其他非法利益等违法立案情形，尚未提起批准逮捕或者移送审查起诉的，经检察长批准，应当要求公安机关书面说明立案理由。公安机关在收到要求说明立案理由通知书7日以内，书面说明立案的情况、依据和理由，连同证据材料回复人民检察院。人民检察院认为公安机关立案理由不成立的，经检察长或者检察委员会讨论决定，通知公安机关撤销案件。公安机关收到通知撤销案件书后，没有异议的应当立即撤销案件，并将撤销案件决定书及时送达人民检察院。人民检察院对通知公安机关撤销案件的，依法对执行情况进行监督。公安机关在收到通知撤销案件书后超过15日既不提出复议、复核也不撤销案件的，人民检察院应当发出纠正违法通知书予以纠正。违法侦查的，人民检察院应当向公安机关提出违法纠正意见，公安机关应当纠正。公安机关仍不纠正的，报上一级人民检察院协商同级公安机关处理。

3. 检察机关侦查监督部门或者公诉部门对本院侦查部门应当立案侦查而不报请立案侦查或者对不应当立案侦查的案件进行立案侦查的，应当建议侦查部门报请立案侦查或者撤销案件；建议不被接受的，报请检察长决定。

二、对刑事侦查活动进行监督，保障犯罪嫌疑人、证人等的人身权和财产权

对刑事侦查活动的监督，是指人民检察院对侦查机关的侦查活动是否合法所实行的专门法律监督。根据我国《刑事诉讼法》的规定，侦查活动的内容包括专门调查工作和有关的强制性措施。因此，侦查活动监督的内容也就包括

对专门调查工作是否依法进行实施的监督和对有关的强制性措施是否依法进行实施的监督。对专门调查工作是否依法进行实行监督，包括监督侦查机关依法实施法律规定的各种侦查措施，包括讯问犯罪嫌疑人、询问证人、勘验、检查、搜查、扣押物证书证、鉴定和通缉等，侦查监督就是要监督这些侦查措施是否依法实施。对强制性措施的使用进行监督，包括对拘传、取保候审、监视居住、拘留、逮捕五种强制手段是否依法决定，是否依法执行进行监督，通过监督保护犯罪嫌疑人的合法权利，同时保证强制措施的有效实施。

侦查活动监督的重点是发现和纠正以下违法行为：（1）采用刑讯逼供以及其他非法方法收集犯罪嫌疑人供述的；（2）采用暴力、威胁等非法方法收集证人证言、被害人陈述，或者以暴力、威胁等方法阻止证人作证或者指使他人作伪证的；（3）伪造、隐匿、销毁、调换、私自涂改证据，或者帮助当事人毁灭、伪造证据的；（4）徇私舞弊，放纵、包庇犯罪分子的；（5）故意制造冤、假、错案的；（6）在侦查活动中利用职务之便谋取非法利益的；（7）非法拘禁他人或者以其他方法非法剥夺他人人身自由的；（8）非法搜查他人身体、住宅，或者非法侵入他人住宅的；（9）非法采取技术侦查措施的；（10）在侦查过程中不应当撤案而撤案的；（11）对与案件无关的财物采取查封、扣押、冻结措施，或者应当解除查封、扣押、冻结不解除的；（12）贪污、挪用、私分、调换、违反规定使用查封、扣押、冻结的财物及其孳息的；（13）应当退还取保候审保证金不退还的；（14）违反《刑事诉讼法》关于决定、执行、变更、撤销强制措施规定的；（15）侦查人员应当回避而不回避的；（16）应当依法告知犯罪嫌疑人诉讼权利而不告知，影响犯罪嫌疑人行使诉讼权利的；（17）阻碍当事人、辩护人、诉讼代理人依法行使诉讼权利的；（18）讯问犯罪嫌疑人依法应当录音或者录像而没有录音或者录像的；（19）对犯罪嫌疑人拘留、逮捕、指定居所监视居住后依法应当通知家属而未通知的；（20）在侦查中有其他违反《刑事诉讼法》有关规定的行为的。

人民检察院对于发现的公安机关侦查活动中的违法情况进行纠正和处理的措施和手段，主要包括：（1）对于情节较轻的违法行为，口头通知纠正；（2）对于情节较重的违法行为，经检察长批准，发出纠正违法通知书；（3）对于侦查活动中违法行为情节严重，构成犯罪的，应当立案侦查，追究刑事责任。

三、履行审查批准逮捕或决定逮捕职能，保障犯罪嫌疑人的人身自由权

我国法律中规定的逮捕是一定时间内剥夺犯罪嫌疑人、被告人人身自由并

解送到一定场所予以羁押的一种强制措施。由于逮捕是各种强制措施中最严厉的一种，它严重影响公民基本权利——人身自由权的行使，其实施必须经过严格的司法审查。在中国，对一般刑事案件审查批准逮捕的权力被赋予承担法律监督职责的检察机关。我国法律规定由人民检察院审查批准与决定逮捕，目的是为了保障审前羁押的合法性、正当性与合理性，防止不当侵犯公民权利，同时保障刑事诉讼活动的顺利进行。在审查批捕与决定逮捕的活动中，检察机关还承担着发现并追究漏罪和漏犯，并发现和纠正侦查活动中违法行为的责任。

检察机关审查逮捕分为审查批准逮捕与审查决定逮捕。所谓审查批准逮捕，是指人民检察院对于公安机关、国家安全机关、监狱（以下简称侦查机关）提请批准的案件进行审查后，依据事实和法律，作出是否逮捕犯罪嫌疑人的决定；审查决定逮捕，是指人民检察院在直接受理的刑事案件的侦查过程中，经审查，依照事实和法律，作出是否逮捕犯罪嫌疑人的决定。

由于逮捕是最严厉的强制措施，特别是我国逮捕制度是强制到案行为与羁押行为的合一，如果实施不当，其逮捕行为与长期羁押将对公民合法权利造成严重损害。针对我国1996年《刑事诉讼法》规定的逮捕制度中存在的逮捕必要性规定过于笼统，导致逮捕的适用具有很大的随意性和逮捕适用率较高的情况，2012年修订的《刑事诉讼法》对逮捕的条件进行了修改，并规定了严格的程序，以避免任意或违法逮捕。根据我国《刑事诉讼法》第79条之规定，逮捕犯罪嫌疑人必须具有三个条件：

其一，有证据证明有犯罪事实。逮捕法制的一般要求，是需要有"相当的证据"、"足够的理由"认定犯罪，而不能是仅凭个别的、不完全的证据予以确认。即对被疑人的犯罪嫌疑，必须是有合理根据的、客观的怀疑，而不是侦查、司法人员的主观猜测。我国《刑事诉讼法》规定以"有证据证明有犯罪事实"为逮捕的条件，这一条件要求必须同时具有下列情形：（1）有证据证明发生了犯罪事实；（2）有证据证明犯罪事实是犯罪嫌疑人实施的；（3）证明犯罪嫌疑人实施犯罪行为的证据已经查证属实。

其二，可能判处徒刑以上刑罚。逮捕作为最严厉的强制措施，其使用时应当遵循"比例原则"，即逮捕措施应当与被捕人所犯罪行的严重程度相适应，而不能不成比例。我国《刑事诉讼法》规定，逮捕的必备条件之一，是可能判处徒刑以上刑罚。因此对于可能判处拘役或单独判处附加刑的嫌疑人不能适用逮捕。因为在这种情况下强制措施对人身自由的剥夺可能超出被捕人应受的刑罚惩罚，从而使其得不到应有的救济。根据"比例原则"，对于虽有可能判处徒刑以上刑罚，但根据犯罪嫌疑人的犯罪情节和悔罪表现，符合缓刑条件的，一般也不宜逮捕。"可能判处徒刑以上刑罚"，是指犯罪嫌疑人、被告人在司法机关审查批准、决定逮捕时，已有证据证明的犯罪事实所可能受到的刑罚，而不是指犯罪嫌疑人、被告人所触犯的罪名的全部量刑幅度。

其三，有逮捕必要。这是指采取取保候审尚不足以防止社会危险性，因此而有必要逮捕的。所谓社会危险性，是指具有下列五种情形之一：（1）可能实施新的犯罪的；（2）有危害国家安全、公共安全或者社会秩序的现实危险的；（3）可能毁灭、伪造证据，干扰证人作证或者串供的；（4）可能对被害人、举报人、控告人实施打击报复的；（5）企图自杀或者逃跑的。《刑事诉讼法》还明确规定，对有证据证明有犯罪事实，可能判处 10 年有期徒刑以上刑罚的，或者有证据证明有犯罪事实，可能判处徒刑以上刑罚，曾经故意犯罪或者身份不明的，应当予以逮捕。被取保候审、监视居住的犯罪嫌疑人、被告人违反取保候审、监视居住规定，情节严重的，可以予以逮捕。

逮捕的程序要求是：

1. 必须是有权机关决定。为了防止非法拘禁和以其他方法非法剥夺或者限制公民自由，对享有长期羁押决定权的机关，法律必须作严格的限制。我国《刑事诉讼法》第 78 条规定："逮捕犯罪嫌疑人、被告人，必须经过人民检察院批准或者人民法院决定，由公安机关执行。"因此，在我国有权决定逮捕的机关是人民检察院和人民法院。其他任何机关、团体或公民个人都无权享有或代行这一权利。

2. 必须有合法逮捕证件。即实施逮捕必须依据具有法律效力的逮捕文件。而这一文件须经依法请求和审核签发的法定程序同时具备特定形式。在我国，公安机关需要逮捕犯罪嫌疑人的时候，应当写出提请批准逮捕书，连同案卷材料、证据，一并移送同级人民检察院审查批准。经批准后人民检察院作出《批准逮捕决定书》，再由县以上公安机关负责人签发《逮捕证》，并执行逮捕，公安机关逮捕人的时候，必须出示逮捕证。各级人民检察院对自行侦查的案件认为有必要逮捕犯罪嫌疑人时应当作出《决定逮捕通知书》，交给同级公安机关，由县以上公安机关签发要素齐全的《逮捕证》，并执行逮捕。

3. 对特殊对象的逮捕可能采取特殊程序。根据《全国人民代表大会组织法》及《地方各级人民代表大会和地方各级人民政府组织法》的规定，人民代表的人身自由受到特别保护，在需要逮捕人民代表时，人民检察院或人民法院无权直接批准或者决定，必须履行特别批准手续，即（1）全国人民代表大会代表非经全国人民代表大会许可，在全国人民代表大会闭会期间非经全国人民代表大会常务委员会许可，不受逮捕和审判。（2）对担任本级人民代表大会代表的犯罪嫌疑人批准或决定逮捕，应当报请本级人民代表大会主席团或者常务委员会许可。对担任上级人民代表大会代表的犯罪嫌疑人，批准或决定逮捕，应当层报该代表所属的人民代表大会同级的人民检察院许可。

4. 权利保障的程序性措施。一是告知程序。即在逮捕时，通过逮捕证的具体载明，将逮捕原因告知被捕人；在逮捕后，逮捕机关还应将逮捕事实及原因及时通知被捕人亲属。我国《刑事诉讼法》第 91 条第 2 款规定，"逮捕后，应当立即将被逮捕人送看守所羁押。除无法通知的以外，应当在逮捕后二十四小时以内，通知被逮捕人的家属"。修改后的法律虽然没有明确规定通知告知的内容，但是从保护犯罪嫌疑人权利的角度，通知告知的内容应该包括逮捕的原因和羁押的处所。二是逮捕后及时讯问程序。《刑事诉讼法》第 92 条规定："人民法院、人民检察院对于各自决定逮捕的人，公安机关对于经人民检察院批准逮捕的人，都必须在逮捕后的二十四小时以内进行讯问。在发现不应当逮捕的时候，必须立即释放，发给释放证明。"及时讯问的主要目的是防止错捕。三是不当逮捕及时纠正程序。《刑事诉讼法》第 93 条规定，"犯罪嫌疑人、被告人被逮捕后，人民检察院仍应对羁押的必要性进行审查。对于不需要继续羁押的，应当建议予以释放或者变更强制措施"。第 94 条规定，"人民法院、人民检察院和公安机关如果发现对犯罪嫌疑人、被告人采取强制措施不当的，应当及时撤销或者变更。公安机关释放被逮捕的人或者变更强制措施的，应当通知原批准的人民检察院"。

第三节　问题与对策

一、对不应当立案而立案的监督问题

对于立案监督，无论是立法表述还是司法实践，都是以监督侦查机关"应当立案而不立案"的违法行为为重点，监督取得一定成效。但是对于侦查机关"不应当立案而立案"的违法行为，并未给以足够重视。其原因在于：一是为了解决司法活动中普遍存在的有案不立、有罪不究、以罚代刑等问题，1996 年《刑事诉讼法》明确规定了检察机关对公安机关应当立案而不立案的监督，而没有规定对公安机关不应当立案而立案的监督，尽管在最高人民检察院制定的《人民检察院刑事诉讼规则》第 378 条规定了"对于公安机关不应当立案而立案侦查的，人民检察院应当向公安机关提出纠正违法意见"。在理论和实践中有些人认为，检察机关只能针对公安机关"应当立案而不立案"的行为实施监督，立案监督仅限于"应当立案而不立案"，并不包括"不应当立案而立案"。二是对"不应当立案而立案"此类违法行为，可以在立案后的侦查、起诉过程中，通过作出不批捕、不起诉等方式予以纠正，实行侦查监督，因此，没有必要对其再规定和实行专门的立案监督。

把刑事立案监督的范围仅限于公安机关应予立案而不立案的情形是不全面的。从理论上讲，刑事立案监督是对刑事立案活动的全面监督，既包括公安机关应予立案而未立案情况，也包括公安机关不应立案而立案的情况。刑事立案是刑事立案主体认为有犯罪事实，需要追究刑事责任时，依法决定作为刑事案件进行侦查的一种诉讼活动。刑事立案的任务是审查和判定获得的材料是否符合立案条件，有无法定不予追究的情形，决定是否立案。其内容包括决定立案和决定不立案，即积极立案行为和消极立案行为。如果只对消极立案行为实施监督而不对积极立案行为实施监督，立案的合法性就失去了保障，这样的立案监督制度本身就是片面的，缺乏科学性和合理性。检察机关侦查监督的目的在于保障人权和保护社会，二者不能偏废。检察机关既要通过对公安机关消极立案行为进行监督，使得实施犯罪行为的人受到刑事追究，实现保护社会的目的；也要通过对公安机关的积极立案行为进行监督，使得没有实施犯罪行为的人不受刑事追究，以实现保障人权之目的。与有案不立、有罪不究的消极立案相比，公安机关积极立案行为中的违法现象具有更大的社会危害性。因为一旦立案，侦查机关就可以立即自行采取搜查、扣押等强制侦查措施或拘留等剥夺人身自由的强制措施。而这些都是对公民人身自由和财产权的限制与剥夺，是最易侵犯人权的行为。如果说公安机关消极立案行为中的违法行为是放纵犯罪分子，而其积极立案行为中的违法行为却是在侵犯人权，司法实践中发生的诸多报复陷害、徇私枉法、非法拘禁、插手经济纠纷的解决等案件都是通过"不应当立案而立案"的积极立案行为表现出来的，严重侵犯了当事人的人权。

2008 年以来，根据中央深化司法体制和工作机制改革的部署，检察机关不断探索对公安机关刑事立案的监督制度，最高人民检察院、公安部联合出台了《关于刑事立案监督有关问题的若干规定（试行）》，在该文件中不仅明确了对公安机关立案监督的手段、途径、效力，还明确规定了对公安机关不应当立案而立案的监督制度。由于 2012 年《刑事诉讼法》的修改，不是一次全面的修改，没有把司法改革中的相关内容全部吸收进去，特别是对一些改革实施意见刚试行不久，需要在实践中进一步试行、探索，以积累更多的经验；有的内容对于是否在立法上加以规定尚未形成共识，这些在修订中没有规定进去。对于公安机关不应当立案而立案的监督就没有明确规定，但这并不是说对公安机关不应当立案而立案的监督不是检察机关立案监督的重要内容。最高人民检察院和公安部联合下发的《关于刑事立案监督有关问题的若干规定（试行）》文件是司法改革中央部署的改革任务，符合司法改革加强对权力的监督制约精神，与《刑事诉讼法》的基本精神并不相冲突，因此，应该作为检察机关执法的依据继续有效，应当严格执行。修改后的《人民检察院刑事诉讼规则（试行）》中将文件的内容吸收进去，明确了对公安机关不应当立案而立案的监督途径、手段、程序和效力。

检察机关对侦查机关的立案监督一般是通过检察机关在办案或执法检查中自行发现，或者是由当事人或有关单位申诉、控告或转交有关线索，再进行监督。由于检察机关在立案监督上只能依照法定程序要求说明不立案或立案的理由、通知立案或撤销案件、发出纠正违法通知书的形式行使监督权力，监督意志的实现往往要建立在被监督者重视的基础上，加上对侦查机关的立案信息交流渠道不通，监督的效率低下且严重滞后，有时即使监督成功予以撤案纠正，但已经对当事人的权利造成严重侵犯，使司法机关执法形象和法律尊严在公众中造成了不可挽回的损失。因此，为有效解决实践中检察机关对侦查机关"不应当立案而立案"此类违法行为，可以实行侦查机关立案向检察机关备案制度。即要求侦查机关立案后必须向检察机关递交立案报告，进行备案审查。如果检察机关审查后认为公安机关不应当立案的，要求公安机关说明立案理由；经审查，公安机关说明立案的理由不能成立的，应当通知公安机关撤销案件。公安机关接到通知后，应当予以撤案。这种监督方式与"应当立案而不立案"的监督方式互相呼应，既可以防止侦查机关有案不立，也可以有效地防止侦查机关肆意启动刑事诉讼程序，从而构成对公民合法权益的侵犯，并可以最终实现检察机关对整个立案活动的监督。同时，还有利于解决立案监督方式的被动、方法滞后、监督效率低下等问题，实现与侦查监督机制更好的衔接，大大减少司法权力滥用所导致的对公民合法权益的侵犯。

二、防止拘留、逮捕功能的异化，严格拘留、逮捕的适用

拘留和逮捕是我国《刑事诉讼法》规定的两种剥夺犯罪嫌疑人、被告人人身自由的强制措施。我国《刑事诉讼法》对于拘留、逮捕条件与程序作了明确规定，对拘留、逮捕的适用，保障刑事诉讼顺利进行以及保障人权两个方面发挥了积极的作用。但是，由于法定的拘留时间过长，拘留、逮捕与其后的羁押完全合二为一，造成拘留、逮捕功能的异化，由临时措施成为常规措施，出现拘留、逮捕滥用，以拘代侦，逮捕率过高。

从《刑事诉讼法》第80条关于拘留适用对象的规定看，拘留应当是紧急情况下控制犯罪嫌疑人人身以确认其身份、制止犯罪、防止逃跑或者毁灭证据的措施。也就是说，拘留具有紧急性、暂时性等特点。所以，拘留后应尽快就是否需要逮捕（羁押）接受有权机关的审查。根据我国《刑事诉讼法》的规

定，公安机关对被拘留的人，认为需要逮捕的，应当在拘留后的 3 日以内，提请人民检察院审查批准。在特殊情况下，提请审查批准的时间可以延长 1 日至 4 日。对于流窜作案、多次作案、结伙作案的重大嫌疑分子，提请审查批准的时间可以延长至 30 日。由于在刑事拘留的适用程序环节上，实行拘留和拘留后的羁押合一，这样，拘留所带来的羁押期限就不是法治发达国家法律规定的短暂 24 小时或 48 小时，而是达 7 日甚至 37 日的时间。拘留期限一再延长，导致拘留的性质、功能发生了异化。拘留不再仅仅是紧急情况下控制犯罪嫌疑人人身以确认其身份、制止犯罪、防止逃跑或者毁灭证据的临时性措施，而演变成为获取口供、侦破案件的常规性措施。拘留完全有侦查机关自行授权，自行实施，加之在适用条件上较为宽泛和灵活，客观上也为侦查机关广泛适用拘留措施创造了条件。拘留几乎在所有公安机关侦查的案件中都成为逮捕的前置程序。[1]

审查批准逮捕是人民检察院的一项重要职权，是对公安机关等侦查机关（部门）进行侦查监督的一种重要方式。检察机关审查逮捕，旨在正确适用逮捕措施，避免不必要的逮捕，从而在保障刑事诉讼顺利进行的前提下最大化地维护犯罪嫌疑人的权利，具有保障人权的功能。为减少逮捕的适用，修改后的《刑事诉讼法》细化了逮捕必要性的条件，完善了监视居住的替代性措施。但是，由于法律规定的逮捕和羁押在适用程序上的不分，逮捕本身包含了羁押，这就使我国的逮捕不仅仅是强制犯罪嫌疑人、被告人到案的一种行为，而是会直接导致对犯罪嫌疑人、被告人较长时间的人身羁押。根据《刑事诉讼法》的规定，逮捕后的侦查羁押期限为 2 个月，也就是说，检察机关一旦批准逮捕，犯罪嫌疑人、被告人至少要受到 2 个月的羁押。而检察机关对逮捕的审查程序采取的是行政化的审批程序，这种审查逮捕的具体程序是，检察机关的审查逮捕部门负责办理审查逮捕的案件，指定办案人员进行审查。办案人员应当审阅案卷材料，制作阅卷笔录，提出批准或者决定逮捕、不批准或者不予逮捕的意见，经部门负责人审核后，报请检察长批准或者决定；重大案件应当经检察委员会讨论决定。检察机关经过审查，批准逮捕申请的，发布批准逮捕的决定书，公安机关据此制作逮捕证后，实施逮捕。人民检察院对逮捕的这种审查程序是一种书面化、审批化以及信息来源单一化的审查程序。在这一审查程序中，犯罪嫌疑人及其聘请的律师作为辩护方没有陈述意见、参与作出决定的机会，无法就逮捕、羁押的合法性提出申请听证，造成犯罪嫌疑人的权利难以得

---

[1] 参见陈瑞华主编：《未决羁押制度的实证研究》，北京大学出版社 2004 年版，第 7 页。

到维护。这样在实践中，逮捕功能就出现了异化现象，成为打击犯罪、维护社会稳定的工具，成为惩罚和追究责任的一种方式，某种意义上，被赋予了预支刑罚的功能，还承载了震慑犯罪的功能，并成为侦查的手段。① 从而导致逮捕率过高，逮捕数量过多；对犯罪嫌疑人的羁押时间长，甚至超期羁押问题。

因此，侦查机关、检察机关必须首先正确理解《刑事诉讼法》对拘留、逮捕修改的精神实质，矫正被异化的拘留、逮捕的功能，树立无罪推定和注重人权保护的现代法治理念。毫无疑问，拘留、逮捕作为一种程序性的强制措施，其功能只能定位为以保证被告人出庭来保障刑事诉讼尤其是法庭审理的进行以及预防可能的犯罪为目的。逮捕的理由只能是重新犯罪、犯罪嫌疑人、被告人可能逃跑或者干扰作证等妨害诉讼进行。要完善逮捕审查程序，充分适用非羁押性措施。必须保障犯罪嫌疑人获得审前释放或有条件释放的权利，这是实现宪法赋予公民的人身自由权利的根本要求。在逮捕措施的适用上，不是越多越好，羁押只能是例外的、非常规的程序性措施，司法实践中要确立、奉行少羁押原则。犯罪嫌疑人、被告人在等待审判时原则上应当是自由的，应充分利用非羁押性措施。完善逮捕的审查程序，建立能够使逮捕决定的审查者更好判断是否具有逮捕必要性的机制。② 首先，要改变检察机关审查批捕的信息来源单纯依靠侦查机关和侦查部门信息的状况，审查逮捕时，还必须有来自犯罪嫌疑人及其律师的信息来判断是否有必要羁押，可否采取取保候审、监视居住等非羁押性措施。要认真落实人民检察院审查批准逮捕讯问犯罪嫌疑人的规定，尽量从犯罪嫌疑人那里获取更多的、更全面的信息，从而作出正确的决定，予以羁押或者采取非羁押性的保障措施，防止偏听偏信，做到兼听则明。其次，建立更加公开、公正的审查决定程序，要使侦查机关和犯罪嫌疑人都能参与到决定的程序之中，使决定者能够同等的听取双方意见。人民检察院审查批准逮捕可以询问证人等诉讼参与人，听取辩护律师的意见；辩护律师提出要求的，应当听取辩护律师的意见，尤其是律师当面陈述不予羁押的理由，审查者应当充分听取，如果决定羁押，还要给予犯罪嫌疑人救济，以防止不当羁押，"没有救济，就没有权利"。对于犯罪嫌疑人、被告人及其法定代理人、近亲属或者辩护人申请变更强制措施的，人民法院、人民检察院、公安机关在收到申请后，应当在 3 日以内作出决定；不同意变更强制措施的，应当告知申

① 参见刘计划：《逮捕功能的异化及其矫正——逮捕数量与逮捕率的理顺解读》，载《政治与法律》2006 年第 3 期。

② 参见刘计划：《逮捕功能的异化及其矫正——逮捕数量与逮捕率的理顺解读》，载《政治与法律》2006 年第 3 期。

请人，并说明不同意的理由。最后，逮捕的必要性必须有相当有力的证据证明才行，证明应达到清楚和有说服力的证明程度。逮捕的必要性只能是具有现实可能性逃避审判、妨害证据等妨害诉讼顺利进行以及重新犯罪等情形。申请逮捕一方应举证证明。

三、正确适用逮捕替代性措施，建立逮捕后的羁押必要性审查机制，减少未决羁押适用

刑事诉讼中的未决羁押就是指犯罪嫌疑人、被告人在法院作出生效裁判之前被剥夺人身自由的状态，在整个刑事诉讼过程中，它是限制公民人身自由最为严厉的手段。"在中国刑事诉讼中，法定的强制措施共有五种，其中与羁押有关的强制措施主要是刑事拘留和逮捕。……与刑事拘留和逮捕相比，羁押并不是一种法定的强制措施，而是由刑事拘留和逮捕的适用所带来的持续限制嫌疑人、被告人人身自由的当然状态和必然结果。"① 修改后的《刑事诉讼法》仍然没有将逮捕与羁押分离，即我国实行的仍是逮捕与羁押合一的制度，羁押在程序和理由上，没有独立于拘留、逮捕的羁押适用程序和理由，在实际适用中仍不得不依附于侦查破案、起诉等刑事追诉活动的需要，无法形成专门的适用程序。特别是逮捕后的羁押期限延长理由与行政化的审批程序，以及羁押期限与办案期限不分，使得未决羁押成为审前犯罪嫌疑人、被告人的一种常态。除非公安机关、检察机关或审判机关主动加以终止，或变更为其他非羁押性强制措施，否则就会一直持续到法院的生效裁判结论产生之时，或者延续到检警机关终止诉讼之时。也就说，犯罪嫌疑人、被告人所受到的羁押实际上既没有一个最低的期限，也没有一个最高期限。羁押适用的常态化，带来羁押适用的普遍性和羁押期限的无节制性。羁押适用的普遍性将使犯罪嫌疑人、被告人在逮捕后申请取保候审或监视居住时很少能获得成功。因为在羁押与非羁押性强制措施之间，公安机关、检察机关和法院都将羁押作为优先适用的一般措施，而采取取保候审、监视居住则在一定程度上属于"例外"。羁押适用的无期限性，使羁押这种严厉的强制措施适用的比例性原则丧失殆尽。因为所有可能被判处有期徒刑以上刑罚的案件，无论犯罪嫌疑人、被告人被指控有何罪行，也无论其将来可能被判处何种处罚，在逮捕后的羁押期间里没有任何法定的区别。很显然，这种违背强制措施适用比例原则的情况，不符合最基本的公平、正义理念，是对刑事诉讼程序公正、保障人权等基本价值的违反。

---

① 陈瑞华：《问题与主义之间——刑事诉讼基本问题研究》，中国人民大学出版社2003年版，第200页。

为减少羁押，保护犯罪嫌疑人、被告人的权利，《刑事诉讼法》修改中细化了逮捕的适用条件，完善了逮捕的替代性措施，同时也建立了逮捕后的羁押必要性审查制度。

（一）准确理解取保候审、监视居住的适用条件，扩大逮捕替代性措施的适用

1996年修订的《刑事诉讼法》因对取保候审权利规定了过多的限制和取保候审保障制度不健全，实践中取保候审适用率较低。对取保候审与监视居住规定了相同的适用条件，但监视居住执行成本过高，导致实践中监视居住或者不用，或者转变为变相的羁押。2012年《刑事诉讼法》修改中对取保候审和监视居住的强制措施做了较多的修改。一是将监视居住与取保候审严格区分，提高监视居住的适用条件，强化约束力度，使监视居住成为介于取保候审与未决羁押之间的一种准羁押措施；二是增加被取保候审人应当遵守的行为规则，强化取保候审的约束力度，缩小其与未决羁押之间的落差，鼓励适用取保候审，降低羁押率。三是适当扩大指定居所监视居住的适用范围，强化对指定居所监视居住的法律规范。四是规定检察机关对指定居所监视居住的适用进行监督。

严格区分取保候审和监视居住的适用条件，把握取保候审和监视居住的不同地位和作用。取保候审和监视居住是具有不同性质、地位和作用的强制措施。取保候审是利用犯罪嫌疑人、被告人与保证人之间的亲属关系、友谊关系或者其他信赖关系，或者通过收取取保候审保证金，促使犯罪嫌疑人、被告人不逃避侦查、起诉和审判。而监视居住则是限制犯罪嫌疑人、被告人不得离开住所或指定的居所，对其行动自由加以监视的强制措施。取保候审基本不影响犯罪嫌疑人、被告人的正常工作和生活，人身限制性很弱，而监视居住则对人身自由的限制性较强。因此2012年修改的《刑事诉讼法》对监视居住规定了更加严格的适用条件。只有符合逮捕条件的犯罪嫌疑人、被告人，而且必须具有法律规定的情形之一的，才能适用监视居住。这些情形是指：患有严重疾病、生活不能自理的；怀孕或者正在哺乳自己婴儿的妇女；系生活不能自理的人的唯一扶养人；因为案件的特殊情况或者办理案件的需要，采取监视居住措施更为适宜的；羁押期限届满，案件尚未办结，需要采取监视居住措施的。对于不符合逮捕条件，而符合取保候审条件的犯罪嫌疑人、被告人，不能直接决定使用监视居住措施。只有在其违反了修改后的《刑事诉讼法》第69条第1款、第2款规定的被取保候审人应当遵守的义务，达到一定程度但又尚不需要逮捕的；或者符合取保候审条件，但是不能提出保证人，也不交纳保证金的，才能决定适用监视居住。这样取保候审和监视居住的适用不再是相互替代关系

而是递进关系。在符合取保候审条件、尚未达到监视居住条件的时候，应当适用取保候审。对于符合取保候审条件的犯罪嫌疑人、被告人，应当首先责令其提出保证人或交纳保证金，只要其能履行这一义务，就应当适用取保候审。只有当犯罪嫌疑人、被告人不能提出保证人，也不交纳保证金的，才可决定对其适用更加严厉的监视居住强制措施。监视居住适用条件的提高，使监视居住成为在取保候审和逮捕之间的过渡性强制措施，在犯罪嫌疑人、被告人的罪行严重性和社会危险性尚未达到逮捕标准的情况下，用强制力稍弱的监视居住代替逮捕对其进行约束，既有利于对犯罪嫌疑人、被告人人权的保障，也有利于降低羁押率。为避免将监视居住变成变相的羁押，《刑事诉讼法》还对适用监视居住的犯罪嫌疑人、被告人提高了的监控力度，规定执行机关可以采取电子监控、不定期检查等监视方法对其进行监控。在侦查期间，可以对其通信进行监控。同时也明确了监视居住的执行场所和指定居所监视居住的适用规则。监视居住应当在犯罪嫌疑人、被告人的住处执行；无固定住处的，可以在指定的居所执行。对于涉嫌危害国家安全犯罪、恐怖活动犯罪、特别重大贿赂犯罪，在住处执行可能有碍侦查的，经上一级人民检察院或者公安机关批准，也可以在指定的居所执行。但是，不得在羁押场所、专门的办案场所执行。指定居所监视居住的，除无法通知的意外，应当在执行监视居住后的24小时以内，通知被监视居住人的家属。为加强对指定居所监视居住的约束，解决实践中存在的变相羁押，法律赋予人民检察院对指定居所监视居住的决定和执行是否合法进行监督。

（二）建立逮捕后羁押必要性审查机制，减少羁押适用

《刑事诉讼法》第93条规定："犯罪嫌疑人、被告人被逮捕后，人民检察院仍应当对羁押的必要性进行审查。对不需要继续羁押的，应当建议予以释放或者变更强制措施。有关机关应当在十日以内将处理情况通知人民检察院。"检察机关应当建立对羁押必要性的审查机制。

羁押必要性审查是指根据被羁押的犯罪嫌疑人、被告人涉嫌犯罪的性质、情节以及证据的收集固定情况、犯罪嫌疑人、被告人悔罪态度等，审查其是否具有再次犯罪或者妨碍诉讼的危险性，依据对其取保候审、监视居住是否足以防止发生这种危险性，决定是否继续羁押该犯罪嫌疑人、被告人。建立对羁押必要性进行审查制度是保障人权和贯彻无罪推定原则的必然要求。[①] 犯罪嫌疑人被羁押意味着人身自由被剥夺，不该羁押被羁押，就是对犯罪嫌疑人人权的

---

① 参见陈卫东：《羁押必要性审查的理论认识与实践应用》，载《国家检察官学院学报》2012年第6期。

侵犯。建立羁押必要性审查制度，就是为了从程序规范上切实保障人权，为犯罪嫌疑人在审前羁押程序中提供权利的救济。根据无罪推定原则要求，任何人在没有经过法院审判，并宣告有罪之前，应当是无罪的。审前对其进行羁押实质上是对其人权的侵犯，除非羁押成为一种必要。羁押不是因为犯罪嫌疑人有罪，而是因为他具有可能导致妨碍诉讼进行的危险，具有羁押的必要性。因此，罪行的轻重不应当成为羁押的理由，羁押是程序性的防范措施。建立羁押必要性审查制度也是完善我国强制措施救济机制，解决我国实践中存在的"以捕代侦"问题的需要。我国 1996 年《刑事诉讼法》规定，人民法院、人民检察院和公安机关如果发现对犯罪嫌疑人、被告人采取强制措施不当的，应当及时撤销或者变更。这里"采取强制措施不当"，就逮捕来说，就是指审查逮捕程序中批准逮捕不当，导致对不符合条件的犯罪嫌疑人、被告人被错误适用逮捕，其审查的内容仅限于批准逮捕时的状况，而对逮捕后羁押必要性条件发生变化情况下，如何救济，法律没有规定。逮捕后羁押必要性审查制度的建立，有效地弥补了这一制度缺陷。在我国司法实践中，由于对羁押功能存在认识误区，导致未决羁押经常异化为侦查的附庸，甚至异化为向犯罪嫌疑人、被告人施加痛苦以变相逼取口供的手段，"以捕代侦"的现象非常严重。建立逮捕后羁押必要性审查制度，有利于明确逮捕的诉讼保障功能，消除其侦查取证功能，从而尽可能缩短羁押的期限，解决实践中存在的超期羁押问题。[①]

　　根据检察机关是行使逮捕决定权的主要机关和检察机关作为法律监督机关在刑事诉讼中的监督职责，法律把逮捕后羁押必要性审查的权力赋予了检察机关。检察机关审查的内容包括两个方面：一是对被羁押者在被逮捕时是否符合逮捕的条件进行复查，发现不应当逮捕而被逮捕的予以纠正，发挥事后纠错救济功能。二是审查羁押的必要性是否存在。随着诉讼的推进，最初决定逮捕的条件是否已经发生变化，是否需要继续羁押。"当必要性不存在时，则必须撤销。"[②] 后者的功能应更为重要，其彰显了对羁押必要性条件的动态持续审查，有利于将被羁押人自由的剥夺降低到最低限度，有利于改善我国逮捕必要性条件虚置，审前羁押率过高，羁押期限过长等问题。在羁押必要性审查中也应将侦查阶段羁押期限延长和重新计算羁押期限等纳入羁押必要性审查。在审查程序方面，检察机关采取主动审查的方式，在审查中除主要采取书面审查方式

---

① 参见陈光中主编：《〈中华人民共和国刑事诉讼法〉修改条文释义与点评》，人民法院出版社 2012 年版，第 162 页。

② ［德］托马斯·魏根特：《德国刑事诉讼程序》，岳礼玲、温小洁译，中国政法大学出版社 2004 年版，第 100 页。

外，还要引入言词性因素，听取犯罪嫌疑人及其法定代理人、近亲属及辩护人、被害人及侦查机关的意见，在案件复杂等特殊情况下，也可以采取听证的方式。与国外羁押必要性的司法审查机制不同，检察机关对羁押必要性进行审查后，对不需要继续羁押的犯罪嫌疑人、被告人并不能直接改变羁押的状态，而只能从监督者的角度，向相关机关提出释放或者变更强制措施的建议。有关机关在接到检察机关的建议后，应当就羁押必要性进行全面审查，在 10 日内将处理结果通知人民检察院。有关机关未采纳检察机关建议的，应当说明理由和根据。

四、遏制刑讯逼供，检察官应何为

禁止酷刑及其他形式的残忍、非人道或侮辱性的待遇和处罚是联合国有关文件中规定的各国不可克减的权利。刑讯逼供作为酷刑虽为我国法律明文禁止，但在司法实践中仍相当普遍地存在，屡禁不止，已成为我国刑事诉讼的一个难以根治的毒瘤。从云南的杜培武案到河南的赵作海案，以及湖北的佘祥林案，最高司法机关揭露的这些冤假错案主要是侦查讯问中刑讯逼供引起的。为治理刑讯逼供这一顽疾，2012 年修改后的《刑事诉讼法》从立法层面进行了严格规制。一是确立了"不得强迫任何一个公民自证其罪"的原则；二是确立非法证据排除规则；三是实施侦查讯问时的全程同步录音、录像；四是犯罪嫌疑人被送交看守所羁押以后，侦查人员对其进行讯问，应当在看守所内进行。这些规定在我国实行严禁刑讯逼供的机制中，将起着重要的作用。应当说刑讯逼供的产生既有司法制度架构、法律规定层面的问题，如侦查中心主义；也有观念、价值层面的问题，如"口供"主义的侦查观念以及人权保障观念的缺失等。作为承担人权保护功能的检察官，在遏制司法人员刑讯逼供中应作何行为？

（一）恪守无罪推定原则

如前所述，无罪推定作为现代各国刑事司法的一项重要原则，是联合国在刑事司法领域制定和推行的最低限度标准之一。检察官在刑事诉讼中承担追诉犯罪的职责，即负责收集、提供指控证据，证明被告人有罪的责任，但检察官对犯罪嫌疑人、被告人在被法院判决有罪之前，应当被作为无罪的人，不得为获得证据对其进行刑讯逼供和以威胁、引诱、欺骗或其他非法方法收集证据。检察官只有将无罪推定原则深置于心中，才能时刻注重犯罪嫌疑人的权利保障，杜绝刑讯逼供等违法行为的发生。

（二）在侦查中切实贯彻讯问同步录音录像的规定

最高人民检察院为规范职务犯罪侦查工作提出了《人民检察院讯问职务

犯罪嫌疑人实行全程同步录音录像的规定》的要求，修改后的《刑事诉讼法》和《人民检察院刑事诉讼规则（试行）》也作了明确规定。审讯中全程录音、录像的监控制度，原系多数英美法系国家和部分大陆法系国家普遍奉行的司法惯例。我国检察机关在办理直接受理侦查的案件中，规定对犯罪嫌疑人一旦讯问，即开始全程录音、录像，且在时间上不得有间断。该录音、录像资料一式两份，分别有侦查人员、犯罪嫌疑人和录音录像人员签名后封存。全程同步录音录像，这是固定言词证据的一个好举措，可以有效防止办案人员被诬告，防止犯罪嫌疑人、被告人随意翻供。更为重要的是由于讯问中采用了录音录像，所以，骗供、诱供、刑讯逼供的讯问行为将杜绝，讯问的语言会更加文明、规范。实践证明，以监控为目的的讯问录音录像制度更有利于克制讯问中的刑讯逼供行为。

（三）证据审查中坚持非法证据的排除规则，破除口供中心主义

由于侦查人员素质问题，以及技术装备落后和人权观念的欠缺，侦查中普遍存在着依赖口供的现象。获取犯罪嫌疑人的有罪供述，成为侦查人员破取案件的捷径和收集有罪证据的源泉。检察官要严格执行非法证据规则，通过证据审查的"过滤"机制，对刑讯逼供等非法言词证据的效力予以排除，就是对侦查中的这种违法行为的有效监督，这就有利于破除侦查中的口供主义。

（四）强化侦查监督，严厉查处刑讯逼供行为

刑讯逼供行为是对犯罪嫌疑人、被告人人权的严重侵害行为，已经成为现行中国刑事诉讼程序的最大不公，刑讯逼供造成的冤假错案令人触目惊心。承担法律监督职责的检察官对侦查中的这种行为只有严厉查处，才能维护司法公正，保障人权。

（五）正确理解如实回答义务与不得强迫任何人证实自己有罪的权利

《刑事诉讼法》第50条规定，审判人员、检察人员、侦查人员必须依照法定程序，收集能够证实犯罪嫌疑人、被告人有罪或者无罪、犯罪情节轻重的各种证据。严禁刑讯逼供和以威胁、引诱、欺骗以及其他非法方法收集证据，不得强迫任何人证实自己有罪。《刑事诉讼法》第118条规定，侦查人员在讯问犯罪嫌疑人的时候，应当首先讯问犯罪嫌疑人是否有犯罪行为，让他陈述有罪的情节或者无罪的辩解，然后向他提出问题。犯罪嫌疑人对侦查人员的提问，应当如实回答。但是对与本案无关的问题，有拒绝回答的权利。侦查人员在讯问犯罪嫌疑人的时候，应当告知犯罪嫌疑人如实供述自己罪行可以从宽处理的法律规定。根据这一规定，在侦查中，对于侦查人员的讯问，犯罪嫌疑人应如实陈述。这个规定是否与不得强迫任何人证实自己有罪的权利相冲突？对此问题，应从立法精神上去正确理解。"犯罪嫌疑人对侦查人员的提问，应当

如实回答"中的"如实回答"应当理解为"如果犯罪嫌疑人回答的话，就应当如实回答；如果如实回答，就会得到从宽处理"。① 因此，检察官在侦查中要求犯罪嫌疑人如实陈述时，不得刑讯逼供，要切实尊重犯罪嫌疑人不得强迫自证其罪的权利。

因此，遏制刑讯逼供是一项系统工程，单靠某一法律制度难以奏效。要建立以权利制约权力、以权力制衡权力、以程序规范权力及以结果规制过程的法律机制，对侦查权进行良性、有效的控制，更要在检察官的心中牢固确立无罪推定的人权保障理念，才能彻底将刑讯逼供这一酷刑行为禁止。

应用与讨论训练

★ 模块一 主题讨论

1. 侦查行为中侵犯人权的表现有哪些？

2. 强制侦查措施适用与人权保障的关系如何？

3. 检察机关逮捕后羁押必要性审查机制应如何运行？

目的和任务：

⊙讨论侦查环节侵犯人权的行为，保障人权方面存在的问题。提高检察官，尤其是侦查监督部门的检察官在侦查监督环节保障人权的认识水平。

对象：警察、承担侦查和侦查监督职责的检察官。

准备工作：

◎准备国际和我国关于侦查中的人权标准。

◎收集当地或其他地方与题目有关的报纸、文章、图片、音像资料、案例。

讨论过程：

确定讨论规则，请参与者展示他们带来的与议题有关的材料。分小组后，给各组一些时间（30分钟）进行讨论，提出论点。

★ 模块二 案例研讨

2002年7月12日凌晨，河北省唐山市南堡开发区发生一起蒙面入室杀人案（致两人重伤）。南堡公安分局在侦破此案中，将冀东监狱二支队政治处主任李某明列为犯罪嫌疑人。2002年7月14日至24日，南堡公安分局局长王某

---

① 陈光中主编：《〈中华人民共和国刑事诉讼法〉修改条文释义与点评》，人民法院出版社2012年版，第194页。

军、副局长杨某等人将在押的李某明提至唐山市公安局刑警一大队审讯。其间，10名干警电击李某明，迫使李编造了"杀人"过程。后李某明翻供，王某军、杨某等人再次将其从看守所提到玉田县公安局进行长达7天8夜的审讯，进行刑讯逼供，直到李供认"杀人"。2002年11月，李某明被判处死刑缓期2年执行。2004年6月8日，被羁押于浙江省温州市公安机关的死刑犯蔡某新供认曾于2002年在唐山市南堡杀人。河北省高级人民法院于2004年8月将李某明案发回重审，最终认定真凶为蔡某新，遂于2004年11月将李某明无罪释放。2004年12月，河北省河间市人民检察院对王某军等12名犯罪嫌疑人分别立案侦查，2005年1月提起公诉。2005年5月，法院以刑讯逼供罪判处王某军、杨某有期徒刑2年，参与刑讯逼供的其他人员也分别得到依法处理。

⊙ **研讨主题**

1. 联合国国际文件和区域性文件禁止酷刑的人权标准是什么？

2. 我国有关禁止刑讯逼供的法律规定有哪些？

3. 在检察工作中如何贯彻国际人权标准，禁止酷刑？

第五章 职务犯罪侦查与人权保障

相关依据导引

★ 国际文件

《世界人权宣言》（1948 年 12 月 10 日第三届联合国大会通过）

《公民权利和政治权利国际公约》（1966 年 12 月 16 日第二十一届联合国大会通过）

《禁止酷刑和其他残忍、不人道或有辱人格的待遇或处罚公约》（1984 年 12 月 10 日第三十九届联合国大会通过）

《联合国反腐败公约》（2003 年 10 月 31 日第五十八届联合国大会通过）

《保护所有遭受任何形式拘留或监禁的人的原则》（1988 年 12 月 9 日第四十三届联合国大会通过）

《执法人员行为守则》（1979 年 12 月 17 日第三十四届联合国大会通过）

《联合国关于检察官作用的准则》（1990 年 8 月 27 日至 9 月 7 日第八届联合国预防犯罪和罪犯待遇大会通过）

★ 国内规范

《中华人民共和国宪法》（2004 年 3 月 14 日第十届全国人民代表大会第二次会议第四次修正）

《中华人民共和国刑事诉讼法》（2012 年 3 月 14 日第十一届全国人民代表大会第五次会议修正）

《中华人民共和国刑法》（2011 年 2 月 25 日第十一届全国人民代表大会常务委员会第十九次会议第八次修正）

《中华人民共和国国家赔偿法》（2012 年 10 月 26 日第十一届全国人民代表大会常务委员会第二十九次会议第二次修正）

《中华人民共和国律师法》（2012 年 10 月 26 日第十一届全国人民代表大会常务委员会第二十九次会议第三次修正）

《人民检察院刑事诉讼规则（试行）》（2012 年 10 月 18 日最高人民检察院第十一届检察委员会第八十次会议第二次修订）

第一节　国际标准

腐败作为"世界性犯罪"得到了国际社会的广泛关注，各国在积极应对的同时，也逐渐认识到职务犯罪侦查过程中人权保障的重要性。自《世界人权宣言》发表60多年来，联合国制定了诸多国际人权法律文件，逐步确立了与职务犯罪侦查相关的一系列国际人权保护原则和规则，形成了人权国际保障的措施和程序。这些规定在不同程度上体现了国际人权法的要求，也为我国职务犯罪侦查中的人权保障提供了参考标准。

一、免受酷刑、残忍、不人道或侮辱性对待或刑罚的权利

当今国际社会，反酷刑已成为一项最低限度的国际人权标准。《世界人权宣言》中明确规定，"任何人不得加以酷刑，或施以残忍的、不人道的或侮辱性的待遇或刑罚"。国际社会通过了一系列禁止酷刑的国际法律文件，如1949年日内瓦四项公约中将免予酷刑作为不可克减的人权条款，禁止"残伤肢体、残忍待遇和酷刑侮辱性的和有辱人格的待遇"；1955年《联合国囚犯待遇最低限度标准规则》第31条也规定："体罚、暗室禁闭和一切残忍、不人道或有辱人格的惩罚应一律完全禁止，不得作为对违犯行为的惩罚"。随后出台的诸多国际法律文件中，凡是涉及人权问题均毫无例外地明文规定禁止酷刑，如1966年的《公民权利和政治权利国际公约》、1975年的《保护人人不受酷刑和其他残忍、不人道或有辱人格待遇或处罚宣言》、1979年的《执法人员行为守则》、1982年的《关于医务人员、特别是医生在保护被监禁和拘留的人不受酷刑和其他残忍、不人道或有辱人格的待遇或处罚方面的任务的医疗道德原则》等，依据这些国际法律文件的规定，禁止酷刑是绝对的、无例外的国际义务，国际社会鼓励各国尽可能广泛地禁止酷刑。

其中最为著名的是《禁止酷刑和其他残忍、不人道或有辱人格的待遇或处罚公约》，我国也于1986年12月12日签署了该公约，并于1988年11月3日对我国生效。根据该公约，"酷刑"是指为了向某人或第三者取得情报或供状，为了他或第三者所为或涉嫌的行为对他加以处罚，或为了恐吓或威胁他或第三者，或为了基于任何一种歧视的理由，蓄意使某人在肉体或精神上遭受剧烈疼痛或痛苦的任何行为，而这种疼痛或痛苦是由公职人员或以官方身份行使职权的其他人所造成或在其唆使、同意或默许下造成的。与此相比，《保护所有遭受任何形式拘留或监禁的人的原则》具有更高的标准，将"残忍，不人道或有辱人格的待遇或处罚"一词的理解扩大到"使被拘留人或被监禁人暂

时或永久地被剥夺视觉或听觉等任何自然感官的使用，或使其丧失对地点或时间知觉的拘禁条件"等。

《执法人员行为守则》原则21规定："1. 应禁止不当利用被拘留人或被监禁人的处境而进行逼供，或迫其以其他方式认罪，或作出不利于他人的证言。2. 审问被拘留人时不得对其施以暴力，威胁或使用损害其决定能力或其判断力的审问方法。"针对违反禁止性规定实施的残忍的、不人道的行为，一些文件从程序上加以处罚，例如《禁止酷刑和其他残忍的、不人道或有辱人格的待遇或处罚公约》第15条规定，缔约国应确保在任何诉讼程序中，不得援引任何业经确定系以酷刑取得的口供为证据。从而对非法证据进行了排除。与此相似的是，《联合国关于检察官作用的准则》第16条规定："当检察官根据合理的原因得知或认为其掌握的不利于嫌疑犯的证据是通过严重侵犯嫌疑犯人权的非法手段，尤其是通过拷打，残酷的、非人道的或有辱人格的待遇或处罚或以其他违反人权办法而取得的，检察官应拒绝将此类证据用于采用上述手段者之外的任何人，或将此事通知法院，并应采取一切必要的步骤确保将使用上述手段的责任者绳之以法。"

由此可见，从全球的视野看，包括职务犯罪在内的所有犯罪侦查过程中，都不能违背反酷刑人权原则的最低底线。

二、非依法律的规定和程序，任何人不得被剥夺自由

为保障诉讼活动的顺利进行，国家执法人员有必要采取一定的强制手段和措施，而如果这种强制手段和措施属于非正当行使权力之列，则必然使公民的权利遭受损害。针对此，《公民权利和政治权利国际公约》确定了"人人有权享有人身自由和安全"的权利，具体而言：

（一）不被"任意逮捕或拘禁"

《公民权利和政治权利国际公约》第9条规定，"除非依照法律的规定和程序，任何人不得被剥夺自由"，不被"任意逮捕或拘禁"，并通过如《囚犯最低限度标准规则》、《保护所有遭受任何形式拘留或监禁的人的原则》等国际法律文件，明确了工作人员应采取正当程序进行逮捕、拘禁或监禁等措施。

（二）逮捕或拘禁的条件

在刑事司法中，如需要采取强制性措施，应当是在考虑到其他措施或手段都不能达到程序目的之后，在没有其他可替代措施的情况，且非之不能达到目的时方可为之。如《执法人员行为守则》第3条规定，"执法人员只有在绝对必要时才能使用武力，而且不得超出执行职务所必需的范围"。《保护所有遭受任何形式拘留或监禁的人的原则》中也规定："在调查和审判期间，只有在

执法上确有必要时，才能根据法律具体规定的理由及其条件和程序对这种人进行逮捕和拘留。除为拘留目的，或为防止阻碍调查和执法过程，或为维持拘留处所的安全和良好秩序而确有必要外，应禁止对这种人施加限制。"

逮捕或拘禁要遵循强制措施的比例性要求，这要求拘禁或逮捕等措施或手段的强度不能超过适当的限度。执法人员在采取强制性手段时，所采取手段、范围、幅度、强度应与程序目的、相对人行为性质、程度相适应或成正比，避免权力的过度行使而导致权力与权利、手段与目的之间严重失衡。

（三）逮捕或拘禁后的权利

任何被逮捕或拘禁的人，都有权被告知指控的内容，有权在合理的时间内受审判或被释放；值得注意的是，《执法人员行为守则》第4条规定，"被拘留人或被监禁人与其法律顾问的会见可在执法人员视线范围内但听力范围外进行"。

（四）非法剥夺自由的保障与救济

除此之外，国际文件还为非法剥夺自由的情况提供保障，因非法逮捕和拘禁而遭受权利侵害的受害者，有得到赔偿的权利。如《保护所有遭受任何形式拘留或监禁的人的原则》规定，"拘留如属非法，被拘留人或其律师应有权随时按照国内立法向司法或其他当局提起诉讼，对其拘留的合法性提出异议，以便使其获得立即释放"。"政府官员因违反本原则所载权利的行为或不行为而造成的损害应按照国内法规定的关于赔偿责任的现行规则加以补偿。"

三、被剥夺自由的人有获得人道的、尊重其人格尊严之待遇的权利

作为对被监禁人基本权利的保障，《公民权利和政治权利国际公约》、《保护所有遭受任何形式拘留或监禁的人的原则》等文件，要求刑事司法程序具有人道性，要给予任何被监禁者以人格尊严的尊重，以使他们能顺利回归社会，具体从隔离关押、体格检查、免费治疗等方面加以规定。

《公民权利和政治权利国际公约》第10条规定，"（甲）除特殊情况外，被控告的人应与被判罪的人隔离开，并应给予适合于未判罪者身份的分别待遇；（乙）被控告的少年应与成年人分隔开，并应尽速予以判决"。《执法人员行为守则》要求"执法人员应保证充分保护被拘留者的健康，特别是必要时应立即采取行动确保这些人获得医疗照顾"。《保护所有遭受任何形式拘留或监禁的人的原则》规定，"在被拘留人或被监禁人到达拘留或监禁处所后，应尽快向其提供适当的体格检查，随后应在需要时向其提供医疗和治疗。医疗和治疗均应免费提供"。"只要不违反为确保拘留或监禁处所的安全和良好秩序而

定的合理条件，被拘留人或被监禁人或其律师应有权向司法当局或其他当局要求或申请第二次体格检查或医疗意见。""任何被拘留人或被监禁人如在拘留或监禁期间死亡或失踪，司法当局或其他当局应自动或依其家属或任何知情的人请求，查询其死亡或失踪原因。死亡或失踪如在拘留或监禁终止后不久发生，在有充分根据的情形下，应在相同程序的基础上进行此种查询。此种查询的结果或有关报告应根据请求提供，除非这样做会妨害正在进行的刑事调查。"

四、未经法庭依法确认有罪前，被视为无罪的权利

《世界人权宣言》第 11 条第 1 款规定："凡受刑事控告者，在未经获得辩护上所需的一切保证的公开审判而依法证实有罪以前，有权被视为无罪。"这是联合国文件中首次确认了无罪推定原则，为在世界范围内贯彻这一原则提供了法律依据。从而确保受刑事追诉的人，在未经法庭依法确认其有罪之前，均被视为无罪。《公民权利和政治权利国际公约》第 14 条也有类似规定，"凡受刑事控告者，在未依法证实有罪之前，应有权被视为无罪"。

无罪推定是现代刑事司法的基石，是国际刑事司法公认的一项基本原则。目前世界上众多国家法律和国际条约已将无罪推定视为刑事诉讼制度的一项重要原则。根据无罪推定原则，"被告人"、"犯罪嫌疑人"不等于"罪犯"，要确定任何人有罪必须经过国家合法的审判。既然法院正式判决以前被告人不是法律意义上的罪犯，那么在追诉被告人刑事责任时，特别是在侦查阶段，就要从假定（推定）无罪这一点出发来对待犯罪嫌疑人；在对涉嫌犯罪的人的态度上，要体现对人权利的尊重和保护，国家必须严格地按照刑法预先设定的定罪量刑标准，以刑事诉讼法规定的文明、民主、公正的程序来追诉犯罪，并以科学的、实事求是的推论方式证实犯罪。只有以这种先假定被告人无罪，进而以证据来证实犯罪的方法，才能尽可能地避免刑事司法权的滥用所带来的严重后果，才能实现对人权利的尊重和保护。

根据有关保障被告人权利的国际文件规定，反对强迫自证其罪的权利被认为是无罪推定原则的延伸性要求：作为被刑事指控者所享有的最低限度权利，确认任何人都有不被强迫作不利于自己的证言或强迫承认犯罪的权利。这也决定了职务犯罪侦查过程中侦查、讯问手段的限制。

五、保障辩护的权利

《公民权利和政治权利国际公约》第 14 条第 3 款规定，"在判定对他提出的任何刑事指控时，人人完全平等地有资格享受以下的最低限度的保证：

（甲）迅速以一种他懂得的语言详细地告知对他提出的指控的性质和原因；

（乙）有相当时间和便利准备他的辩护并与他自己选择的律师联络"。

《保护所有遭受任何形式拘留或监禁的人的原则》第 11 项规定，"1. 任何人如未及时得到司法当局或其他当局审问的有效机会，不应予以拘留。被拘留人应有权为自己辩护或依法由律师协助辩护。2. 被拘留人与其（如果有的）律师，应及时获得完整的通知，说明拘留的任何命令及拘留理由。3. 司法当局或其他当局应被授权根据情况对拘留的持续进行审查"。第 17 项规定，"1. 被拘留人应有权获得法律顾问的协助。主管当局应在其被捕后及时告知其该项权利，并向其提供行使该权利的适当便利。2. 被拘留人如未自行选择法律顾问，则在司法利益有此需要的一切情况下，应有权获得由司法当局或其他当局指派的法律顾问，如无充分的支付能力，则无须支付"。

据此，对于任何被刑事指控的人，都应具有相当的时间和便利来准备他的辩护，包括与自己选择的律师联络，有权亲自辩护或由其选择的律师帮助辩护，必要时，还应获得法律援助律师的辩护，不得因其无力偿付费用而失去律师法律帮助等权利。

六、住宅、通信等不受非法干涉的权利

《公民权利和政治权利国际公约》第 17 条规定："一、任何人的私生活、家庭、住宅或通信不得加以任意或非法干涉，他的荣誉和名誉不得加以非法攻击。二、人人有权享受法律保护，以免受这种干涉或攻击。"从而确立了对公民住宅权、名誉权及隐私权的保护，防止非法司法行为的侵害。

（一）私生活不得加以任意或非法干涉

保障自然人个人生活的安宁是维护权利主体人格权和人格尊严最重要的内容之一，权利主体能够按照自己的意志支配个人的私生活，不受他人的干涉与破坏。如自然人的私生活不受非法窥视和骚扰。

（二）住宅不得加以任意或非法干涉

自然人的住宅不受非法的监视、监听、摄影等。权利主体对自己的个人信息和生活情报的收集、储存、传播享有排他的控制权并有权加以保密。个人信息和生活情报是指仅与特定人相联系的信息和资料，包括的内容很广泛，诸如个人的身高、体重、病史、生活经历、信仰、爱好、婚姻、财产状况以及社会关系等情况。权利主体有权禁止他人非法调查、公布和使用其个人信息和生活情报。

（三）通信不得加以任意或非法干涉

权利主体有权对个人信件、电子邮件、电报、传真的内容加以保密，禁止

他人擅自查看、刺探和非法公开。这一点与我国宪法中确定的公民的通信自由和通信秘密受法律保护的原则是相统一的。现代社会随着信息技术的发展，通过非法介入他人通讯的方式来获取他人不愿公开的秘密的情形越来越多，有效保障个人通讯秘密不受非法侵犯，也成为侦查中人权保障的重要内容。

第二节 工作机制

我国已加入包括《经济、社会和文化权利国际公约》在内的 27 项国际人权公约，并积极为批准《公民权利和政治权利国际公约》创造条件，从立法、行政和司法各个环节完善尊重和保障人权的法律法规和实施机制，① 充分发挥了国际人权公约在促进和保护本国人权方面的积极作用。2012 年《刑事诉讼法》修改中关于侦查程序的完善使我国《刑事诉讼法》在保障人权方面又迈进一步，也是与国际社会刑事司法准则接轨的体现。

一、初查中的人权保障

（一）初查的法律定位

检察机关直接立案侦查的案件通常具有犯罪行为隐秘或举报时犯罪事实不清的特点，往往不能依据举报线索内容判明是否有犯罪事实存在，是否应当立案。需要有相应的证据证明是否符合立案条件，而获取据以决定立案或不立案的证据最重要的手段就是初查。

"初查"在刑事法中的含义可以理解为"初步调查"或者"立案前的审查"。《刑事诉讼法》第110条规定，"人民法院、人民检察院或者公安机关对于报案、控告、举报和自首的材料，应当按照管辖范围，迅速进行审查，认为有犯罪事实需要追究刑事责任的时候，应当立案"。尽管该条款未出现"初查"字样，"应当按照管辖范围，迅速进行审查"中的"审查"实际上就是指"初查"。"初查"是检察机关直接立案侦查案件立案阶段的必经程序。1999年11月最高人民检察院颁布的《关于检察机关反贪污贿赂工作若干问题的决定》第6条明确了"初查是检察机关对案件线索在立案前依法进行的审查，包括必要的调查"。2012年11月颁布的《人民检察院刑事诉讼规则（试行）》第八章第一节详细规范了初查的内容与程序。

应当明确的是，"初查"不是"初步侦查"，而是职务犯罪侦查案件立案

① 参见中华人民共和国国务院新闻办公室：《国家人权行动计划（2012—2015 年）》，载《人民日报》2012 年 6 月 12 日第 14 版。

前的一项重要的、独立的调查活动，与立案后侦查活动有本质的差别。如果把"初查"当作"侦查"来对待，从而在初查阶段使用强制性侦查手段，就会不可避免的侵害到当事人的合法权益。

（二）初查中的调查方式

立案是进行侦查的前提，只有立案以后，检察机关、公安机关才能实施"专门调查工作和有关的强制性措施"。根据这一立法思想，初查不是法律诉讼行为，因而初查活动中的措施、方法是受到严格限制的。

根据《人民检察院刑事诉讼规则（试行）》、最高人民检察院《关于检察机关反贪污贿赂工作若干问题的决定》等有关规定，初查一般应当秘密进行，不得擅自接触初查对象。公开进行初查或者接触初查对象，应当经检察长批准。初查可以进行书面审查，也可以进行一些必要的调查措施，如采取询问、查询、勘验、检查、鉴定、调取证据材料等不限制初查对象人身、财产权利的措施。不得对初查对象采取强制措施，不得查封、扣押、冻结初查对象的财产，不得采取技术侦查措施。

检察机关在查处职务犯罪案件的过程中，特别是在初查阶段，要防止因限制被调查对象的人身自由，致人脱逃、重伤、死亡的现象发生。

（三）初查中的证据问题

虽然初查不是侦查阶段，但初查中获取的材料具有一定的证据效力。《刑事诉讼法》第48条规定，"可以用于证明案件事实的材料，都是证据"。第50条规定，"审判人员、检察人员、侦查人员必须依照法定程序，收集能够证实犯罪嫌疑人、被告人有罪或者无罪、犯罪情节轻重的各种证据。严禁刑讯逼供和以威胁、引诱、欺骗以及其他非法方法收集证据，不得强迫任何人证实自己有罪"。《人民检察院刑事诉讼规则（试行）》第65条第1款也明确规定："对采用刑讯逼供等非法方法收集的犯罪嫌疑人供述和采用暴力、威胁等非法方法收集的证人证言、被害人陈述，应当依法排除，不得作为报请逮捕、批准或者决定逮捕、移送审查起诉以及提起公诉的依据。"

据此，初查过程中获得材料，尤其是言词材料是否具有证明力，能否作为刑事证据使用，主要不在于其获得的诉讼阶段，而在于其获得的手段和条件是否合法，因而初查获取的材料具有证据效力。但是，如果在初查过程中采用刑讯逼供或者威胁、引诱、欺骗等非法的方法取得的被调查人言词材料，也应予以排除。初查终结后，相关材料应当立卷归档。

（四）初查行为的规范化

初查是职务犯罪侦查中最基础、最前沿的工作任务，同时也是检察机关侦查工作中较为薄弱的环节，容易侵害当事人的合法权益。因此，必须对初查方式加以严格规范。

虽然《人民检察院刑事诉讼规则（试行）》对初查方式进行了原则性的规定，但实践中仍有办案人员规避法律，"以侦代立、先侦后立"。因此，要严格执行《刑事诉讼法》、《人民检察院刑事诉讼规则（试行）》和其他规范性法律文件，如侦查人员初查期间的回避、询问有关人员时谈话持续的时间以及初查时对被询问人员相应权利和义务的告知等都要进一步加以规范。

二、强制措施适用中的人权保障

刑事强制措施是国家为保障侦查、起诉、审判活动的顺利进行，授权刑事司法机关对犯罪嫌疑人、被告人采取的限制其一定程度人身自由的方法。很显然，为了保障刑事诉讼活动的顺利进行，刑事司法机关必须享有对犯罪嫌疑人、被告人采取强制措施的权利。但是，由于刑事强制措施关乎公民的人身自由权，所以它又是一柄"双刃剑"，如果能正确适用，就能准确、及时地惩罚犯罪和保护人民；而如果适用错误，则会侵犯公民的人身自由权。

目前，在执法活动中存在违反法律程序的现象，如未经立案程序便对当事人采取或者变相采取羁押、搜查等措施，超期羁押、以捕代侦；等等。因此，明确强制措施适用中的人权保障内容是职务犯罪侦查活动中采取强制措施的前提。

（一）不受非法拘留、逮捕的权利

我国《宪法》第37条和第38条分别规定："中华人民共和国公民的人身自由不受侵犯。任何公民，非经人民检察院批准或决定或者人民法院决定，并由公安机关执行，不受逮捕。禁止非法拘禁或以其他方法剥夺或者限制公民的人身自由，禁止非法搜查公民的身体。""中华人民共和国公民的人格尊严不受侵犯，禁止用任何方法对公民进行侮辱、诽谤和诬告陷害。"这些宪法权利在刑事法律领域得到了相应的保障。

1. 拘留、逮捕的法定程序

在职务犯罪侦查中，拘留是人民检察院在法定的紧急情况下，依法暂时限制犯罪嫌疑人人身自由的一种强制措施。《人民检察院刑事诉讼规则（试行）》第129条规定，"人民检察院对于有下列情形之一的犯罪嫌疑人，可以决定拘留：（一）犯罪后企图自杀、逃跑或者在逃的；（二）有毁灭、伪造证据或者串供可能的。"既包括犯罪嫌疑人已经实施了这两种行为，也包括有证据证明犯罪嫌疑人可能要实施这两种行为。只有符合法定条件，才能对犯罪嫌疑人进行拘留。

同时，拘留的执行具有严格的程序：第一，人民检察院拘留犯罪嫌疑人应首先审查拘留对象是否符合上述两种条件，是否可以用其他强制措施防止社会危害性发生。拘留犯罪嫌疑人应当由办案人员提出意见，部门负责人审核，检察长决定。第二，人民检察院作出拘留决定后，应当将有关法律文书和案由、犯罪嫌疑人基本情况的材料送交同级公安机关执行。必要时人民检察院可以协助公安机关执行。第三，拘留后，应当立即将被拘留人送看守所羁押，至迟不得超过 24 小时。第四，对犯罪嫌疑人拘留后，除被拘留人无家属、与其家属无法取得联系、受自然灾害等不可抗力阻碍等原因无法通知的以外，人民检察院应当在 24 小时以内，通知被拘留人的家属。无法通知的，应当向检察长报告，并将原因写明附卷。无法通知的情形消除后，应当立即通知其家属。第五，对被拘留的犯罪嫌疑人，应当在拘留后的 24 小时以内进行讯问。

而逮捕具有更高的标准：对有证据证明有犯罪事实，可能判处徒刑以上刑罚的犯罪嫌疑人、被告人，采取取保候审尚不足以防止发生下列社会危险性的，应当予以逮捕：（1）可能实施新的犯罪的；（2）有危害国家安全、公共安全或者社会秩序的现实危险的；（3）可能毁灭、伪造证据，干扰证人作证或者串供的；（4）可能对被害人、举报人、控告人实施打击报复的；（5）企图自杀或者逃跑的。对有证据证明有犯罪事实，可能判处 10 年有期徒刑以上刑罚的，或者有证据证明有犯罪事实，可能判处徒刑以上刑罚，曾经故意犯罪或者身份不明的，应当予以逮捕。被取保候审、监视居住的犯罪嫌疑人、被告人违反取保候审、监视居住规定，情节严重的，可以予以逮捕。

逮捕措施除了有严格的操作程序外，对于逮捕，《刑事诉讼法》增加了捕后羁押必要性审查制度，"犯罪嫌疑人、被告人被逮捕后，人民检察院仍应当对羁押的必要性进行审查。对不需要继续羁押的，应当建议予以释放或者变更强制措施"。因此，实践中要严格执行强制措施，保障犯罪嫌疑人的合法权益。

2. 拘留、逮捕后的人身权利受到保护

公民被拘留或被逮捕后，仍然享有法律赋予的一定权利，以维护自身的正当利益：首先，公民被拘留或被逮捕后，其正当的人身权利不受非法侵害，不得对其打骂、虐待、侮辱或者以其他方式侵害其人身权利，不得对其进行刑讯逼供。其次，公民被逮捕或者拘留后，有权要求司法机关在 24 小时以内安排讯问；在讯问时有权为自己作无罪的辩护；有权拒绝回答与本案无关的问题；有权对讯问笔录提出补充或改正；有权要求司法机关将逮捕或拘留的原因及其羁押的处所通知自己的家属或所在单位等。

（二）申请变更强制措施的权利

《刑事诉讼法》第 95 条赋予职务犯罪侦查的犯罪嫌疑人申请强制措施的

权利，规定："犯罪嫌疑人、被告人及其法定代理人、近亲属或者辩护人有权申请变更强制措施。人民法院、人民检察院和公安机关收到申请后，应当在三日以内作出决定；不同意变更强制措施的，应当告知申请人，并说明不同意的理由。"从而确定了犯罪嫌疑人有申请变更强制措施的权利。

（三）要求解除强制措施的权利

侦查中超过法定最长羁押期限的羁押行为是绝对的超期羁押。此外，侦查机关在诉讼阶段羁押犯罪嫌疑人超过了法定期限未办理延长羁押期限的法律手续而继续羁押的违法行为，是相对的超期羁押。无论是绝对的超期羁押还是相对的超期羁押都是对被羁押者合法权利的践踏，都是侵害人权的表现。

国际司法准则是以暂时释放为常规，以羁押为例外的。为禁止超期羁押，保障人权，最高人民检察院于2003年6月发出《关于开展超期羁押和服刑人员申诉专项清理工作的通知》，要坚决纠正超期羁押。对于超过法定期限的强制措施，应当及时纠正，而被羁押人也有权向司法机关提出要求，解除强制措施。对此，《刑事诉讼法》第97条规定："人民法院、人民检察院或者公安机关对被采取强制措施法定期限届满的犯罪嫌疑人、被告人，应当予以释放、解除取保候审、监视居住或者依法变更强制措施。犯罪嫌疑人、被告人及其法定代理人、近亲属或者辩护人对于人民法院、人民检察院或者公安机关采取强制措施法定期限届满的，有权要求解除强制措施。"

三、讯问中的人权保障

讯问是职务犯罪侦查的重要措施之一，长期以来我国侦查办案多依赖口供，特别是职务犯罪的侦查中，口供更具有其他证据无可比拟的地位。

侦查讯问活动本身存在较强的利益冲突性，在侦查讯问活动中，双方的较量和斗争反复出现，直到犯罪嫌疑人转变态度供述案件事实为止。这种冲突具有不平等的一面，犯罪嫌疑人往往处于相对不利的地位，容易出现侵害人权的现象。因此，讯问过程中法律赋予了犯罪嫌疑人必要的权利保障，以对抗具有国家强制力的侦查机关。

（一）"无罪推定"与"侦查假说"的辩证关系

保障讯问中犯罪嫌疑人的人权，首先从观念上要明确无罪推定与侦查假说的区别与联系。

无罪推定，是指任何人在未经证实和判决有罪之前，应视其无罪。无罪推定强调的是指控被告人的罪行，必须有充分、确凿、有效的证据，如果审判中不能证明被告人有罪，就应推定其无罪。我国《刑事诉讼法》第12条明确规定："未经人民法院依法判决，对任何人都不得确定有罪。"这意味着，被追诉者在被起诉前处于犯罪嫌疑人的地位，不是"有罪者"、"人犯"或"罪犯"，或者说，既不认为被告人是罪犯，也不认为被告人没有犯罪嫌疑，而必须坚持"以事实为依据，以法律为准绳"这一宪法原则，进行调查，客观地收集犯罪嫌疑人有罪、无罪、罪轻或罪重的证据，根据事实来确定其是否有罪。因此，我国并不完全等同于西方国家的无罪推定原则，但对无罪推定原则进行了一定的吸收，体现了它的基本精神。

侦查假说，就是侦查人员根据初步掌握的证据和事实，运用侦查经验和逻辑推理，对案件情况、犯罪人情况等作出的初步推断。比如，侦查人员在进行现场勘查和调查访问后，就可以根据初步获取的证据和材料，研究、分析、判断案情，对作案时间、作案地点、作案工具、作案手法、作案动机和目的、作案过程及犯罪人性别、年龄、职业特长、作案人数等作出初步推断。这种初步推断，就是侦查假说。在侦查中，形成某种较为合理的侦查假说十分重要，它可以指引侦查人员确定侦查方向、划定侦查范围和选择侦查途径。

作为认识活动，侦查假说是不可或缺的科学思维方法；作为执法活动，无罪推定是应始终遵循的现代法治原则。[①] 二者分属不同领域，不可混为一谈。前者是根据作案条件，分析推定谁是作案人；后者是在法律上假定犯罪嫌疑人、被告人一律无罪。从表面看，二者似乎是一种"悖论"，前者为有罪之假定，后者为无罪之推定，且共存于侦查活动中，特别在侦查讯问的过程中，审讯人员一定要明确二者的区别，要认识到，侦查假说是根据初步的、不完全的事实材料对案情作出的尝试性、推测性解释，所以具有不确定性、或然性、暂时性特点。侦查假说是否成立，要由侦查人员通过调查取证、技术鉴定、侦查实验、逻辑推理等方法予以验证，经过"去伪存真、去粗取精、由此及彼、由表及里"，最终才能成为侦查结论。在法律的层面上，即使假设被审讯人是犯罪行为人，也要给予其基本的人权尊重，同时不能先入为主，有罪推定。

（二）严禁刑讯逼供

刑讯逼供行为使犯罪嫌疑人在肉体或精神上感到痛苦而被迫作出某种供述的同时，可能造成被审讯对象重伤、死亡和冤假错案的发生。例如轰动全国的佘祥林案件、杜培武案件、聂树彬案件等，损害了司法机关的形象，破坏了社会稳定，严重地侵犯了犯罪嫌疑人的人身权利和民主权利，造成严重后果。因此，禁止酷刑等非法侦查手段是国际社会的共识。我国《宪法》确认了对公民权利的保护，为禁止和惩治非法侦查提供了基本前提，如《宪法》规定，"公民的人格尊严不受侵犯，禁止用任何方法对公民进行侮辱、诽谤和诬告陷

---

① 参见毛立新：《侦查法治研究》，中国人民公安大学出版社 2008 年版，第 80 页。

害"。我国《刑法》也体现了禁止酷刑的精神，同大多数国家一样，我国《刑法》中虽没有直接规定酷刑罪的条款，但将酷刑行为包括在诸如刑讯逼供罪、暴力取证罪、虐待被监管人员罪等犯罪之中，是符合联合国关于禁止酷刑的要求的。

我国《刑事诉讼法》对于酷刑和残忍、不人道或侮辱性的行为，作了严格的禁止性规定，明确禁止刑讯逼供。如第 50 条规定，"审判人员、检察人员、侦查人员必须依照法定程序，收集能够证实犯罪嫌疑人、被告人有罪或者无罪、犯罪情节轻重的各种证据。严禁刑讯逼供和以威胁、引诱、欺骗以及其他非法方法收集证据，不得强迫任何人证实自己有罪"。第 53 条规定，"对一切案件的判处都要重证据，重调查研究，不轻信口供。只有被告人供述，没有其他证据的，不能认定被告人有罪和处以刑罚；没有被告人供述，证据确实、充分的，可以认定被告人有罪和处以刑罚"。《人民检察院刑事诉讼规则（试行）》在侦查一章、讯问一节中也明确规定，"讯问时，对犯罪嫌疑人提出的辩解要认真查核。严禁刑讯逼供和以威胁、引诱、欺骗以及其他非法的方法获取供述"。明确对刑讯逼供等酷刑行为予以禁止，从证据规则上彻底改变了把犯罪嫌疑人、被告人口供视为"证据之王"的诉讼传统，一定程度上减少了刑讯逼供的诱因。

刑讯逼供在中国有着久远的历史，作为查明案情的审讯方法，确实有着令侦查人员难以抗拒的魅力，因此，虽然刑讯逼供作为最严重的侵犯犯罪嫌疑人人权的行为被法律严格加以禁止，但实践中侦查人员也在不断规避法律的规定，刑讯逼供出现了由"由硬变软"的发展过程。[①] "软刑讯"在世界各国的刑事司法历史中大都经历过。"软刑讯"方法首先表现为刑讯方法由肉体折磨转向精神折磨，例如"第三级"审讯法包括"疲劳审讯法"和"水板审讯法"，前者的做法是长时间的轮番讯问且不许被审讯人睡觉，甚至不让被审讯人喝水、吃饭和上厕所；后者则是把被审讯人的身体以仰卧的姿势固定在一块长木板上，然后用持续的水流冲击面部，虽然这些方法不会直接造成严重的身体损伤，但是会让被审讯人感受到痛苦和死亡的威胁，它仍然是要通过精神折磨来强迫被审讯者供述，因此，仍应当加以禁止。

（三）严格按照法定程序进行讯问

职务犯罪案件的侦查多依靠言词证据定案，突破犯罪嫌疑人的口供对侦查工作至关重要。因此，侦查人员在讯问过程中要严格按照法定程序讯问，不得

[①] 参见何家弘：《从"硬审讯法"到"软审讯法"》，载《人民检察》2008 年总第 17 期。

违法讯问。

1. 讯问人员

对讯问涉嫌职务犯罪的嫌疑人时，检察人员不得少于 2 人。讯问女性未成年犯罪嫌疑人，应当有女性检察人员参加。传唤、拘传、提押、看管等工作应当交由司法警察或明确专人负责，不得出现脱节、脱岗或由一人提押、看管等情形。

2. 讯问地点

对于不需要逮捕、拘留的犯罪嫌疑人，应在检察院的讯问室进行。异地传唤、拘传犯罪嫌疑人应当在当地检察机关的讯问室进行。使用讯问室讯问犯罪嫌疑人，应当经主管检察长或部门负责人批准，讯问结束后，使用人应当向批准人报告使用的起止时间及使用情况。报请检察长批准，可以传唤犯罪嫌疑人到所在市、县内的指定地点或者到他的住处进行讯问。

犯罪嫌疑人被送交看守所羁押后，检察人员对其进行讯问，应当填写提讯、提解证，在看守所讯问室进行。因侦查工作需要提押犯罪嫌疑人出所辨认或者追缴犯罪有关财物的，经检察长批准，可以提押犯罪嫌疑人出所，并应当由二名以上司法警察押解。不得以讯问为目的将犯罪嫌疑人提押出所进行讯问。

3. 讯问时间

传唤持续的时间不得超过 12 小时；案情特别重大、复杂，需要采取拘留、逮捕措施的，传唤持续的时间不得超过 24 小时；两次传唤间隔的时间一般不得少于 12 小时，不得以连续传唤的方式变相拘禁犯罪嫌疑人；传唤犯罪嫌疑人，应当保证犯罪嫌疑人的饮食和必要的休息时间。

4. 讯问的具体程序和要求

讯问中应当保障犯罪嫌疑人和其他诉讼参与人依法享有的辩护权和其他各项诉讼权利。

在第一次开始讯问犯罪嫌疑人的时候，应当告知犯罪嫌疑人有权委托辩护人，并告知其如果经济困难或者其他原因没有聘请辩护人的，可以申请法律援助。发现犯罪嫌疑人是盲、聋、哑人或者是尚未完全丧失辨认或者控制自己行为能力的精神病人，或者可能被判处无期徒刑、死刑，没有委托辩护人的，应当及时书面通知法律援助机构指派律师为其提供辩护。犯罪嫌疑人提出委托辩护人要求的，应当及时向其监护人、近亲属或者其指定的人员转达其要求，并记录在案。讯问聋、哑或者不通晓当地通用语言文字的人，应当为其聘请通晓聋、哑手势或者当地通用语言文字且与本案无利害关系的人员进行翻译。

讯问犯罪嫌疑人，应当制作讯问笔录。在讯问笔录中应当注明犯罪嫌疑人的到案经过、到案时间和传唤结束时间。

讯问应当依法、文明。不得将讯问室作为羁押、留宿犯罪嫌疑人或其他涉案人员的场所。不得在讯问室内询问证人，也不得将已经在押的犯罪嫌疑人提押到人民检察院讯问室讯问。不得借用其他机关的行政、纪律措施控制犯罪嫌疑人，不得参与其他机关对违法违纪人员的看管。同时，应当对侦查过程中知悉的国家秘密、商业秘密及个人隐私保密。

（四）同步录音录像的使用

为防止刑讯逼供，2005 年 11 月 1 日，最高人民检察院发布了《人民检察院讯问职务犯罪嫌疑人实行全程同步录音录像的规定》，这一制度在全国检察系统分三步落实到位。要求对职务犯罪案件从侦查到起诉，应在看守所以审录分开方式进行，严格权利告知义务、保密义务、重新录制情形，严密移送封存程序和技术规范。经过实施，已渐趋成熟。《刑事诉讼法》第 121 条也以立法的形式对此加以规范，规定："侦查人员在讯问犯罪嫌疑人的时候，可以对讯问过程进行录音或者录像；对于可能判处无期徒刑或者死刑的案件或者其他重大犯罪案件，应当对讯问过程进行录音或者录像。录音或者录像应当全程进行，保持完整性。"《人民检察院刑事诉讼规则（试行）》进一步要求人民检察院立案侦查职务犯罪案件，在每次讯问犯罪嫌疑人的时候都应当对讯问过程实行全程录音、录像，要求在讯问笔录中注明，并实行讯问人员与录制人员相分离的原则，录音、录像由检察技术人员负责。

讯问职务犯罪嫌疑人录音录像时，录制的起止时间，以被讯问人员进入讯问场所开始，以被讯问人核对讯问笔录、签字捺指印结束后停止。值得注意的是，实践中，要防止"先审后录"、"片段录音录像"的现象发生。特别是要杜绝先期谈话部分不录，等到犯罪嫌疑人作了有罪供述、情绪比较稳定之后，再重新进行一次问话，把这个过程进行录音录像的现象发生。

四、其他侦查措施中的人权保障

目前我国立法确认的侦查手段有讯问、询问，勘验、检查，搜查，查封、扣押，查询、冻结，鉴定，辨认，技术侦查，通缉等。在采取侦查措施的过程中都应注意保障犯罪嫌疑人的合法权益。

（一）搜查程序中的人权保障

为了收集犯罪证据、查获犯罪人，侦查人员可以对犯罪嫌疑人以及可能隐藏罪犯或者犯罪证据的人的身体、物品、住处和其他有关的地方进行搜查。在职务犯罪侦查过程中，搜查是非常重要而且常用的侦查措施。然而，非法的搜查却会侵害公民的合法权益。因此，禁止非法搜查不仅是国际人权公约的标准，也是我国宪法的要求。我国《宪法》第37条第3款规定："禁止非法拘禁或以其他方法剥夺或者限制公民的人身自由，禁止非法搜查公民的身体。"第39条规定："中华人民共和国公民的住宅不受侵犯，禁止非法搜查或者非法侵入公民住宅。"第40条规定："中华人民共和国公民的通信自由和通信秘密受法律的保护，除因国家安全或者追查刑事犯罪的需要，由公安机关或者检察机关依照法律规定的程序对通信检查外，任何组织或者个人不得以任何理由侵犯公民的通信自由和通信秘密。"针对《宪法》所规定的公民住宅隐私、通信秘密和自由等权利，《刑事诉讼法》、《人民检察院刑事诉讼规则（试行)》对搜查作出了具体的程序性保障。

搜查应当在检察人员的主持下进行，可以有司法警察参加。必要的时候，可以指派检察技术人员参加或者邀请当地公安机关、有关单位协助进行。执行搜查的检察人员不得少于2人。搜查妇女的身体，应当由女工作人员进行。

检察人员对犯罪嫌疑人以及可能隐藏罪犯或者犯罪证据的人的身体、物品、住处、工作地点和其他有关的地方进行搜查，须经检察长批准；进行搜查，应当向被搜查人或者他的家属出示搜查证；对于查获的重要书证、物证、视听资料、电子数据及其放置、存储地点应当拍照，并且用文字说明有关情况，必要的时候可以录像；搜查时，应当有被搜查人或者他的家属、邻居或者其他见证人在场；搜查情况应当制作笔录，由检察人员和被搜查人或者其家属、邻居或者其他见证人签名或者盖章。

进行搜查的人员，应当遵守纪律，服从指挥，文明执法，不得无故损坏搜查现场的物品，不得擅自扩大搜查对象和范围。

（二）查封、扣押程序中的人权保障

在勘验、搜查中发现的可用以证明犯罪嫌疑人有罪或者无罪的各种物品和文件，应当查封、扣押。

人民检察院查封、扣押财物和文件，应当经检察长批准，由两名以上检察人员执行。在侦查活动中发现的可以证明犯罪嫌疑人有罪、无罪或者犯罪情节轻重的各种财物和文件，应当查封或者扣押；与案件无关的，不得查封或者扣押。对于与案件无关的个人用品，应当逐件登记，并随案移交或者退还其家属。

对于查封、扣押的财物和文件，检察人员应当会同在场见证人和被查封、扣押物品持有人查点清楚，当场开列查封、扣押清单一式四份，注明查封、扣押物品的名称、型号、规格、数量、质量、颜色、新旧程度、包装等主要特征，由检察人员、见证人和持有人签名或者盖章，一份交给文件、资料和其他物品持有人，一份交被查封、扣押文件、资料和其他物品保管人，一份附卷，一份保存。持有人拒绝签名、盖章或者不在场的，应当在清单上记明。

对于查封、扣押在人民检察院的物品、文件、邮件、电报，应当妥善保管，不得使用、调换、损毁或者自行处理。经查明确实与案件无关的，应当在3日以内作出解除或者退还决定，并通知有关单位、当事人办理相关手续。

严禁在立案之前扣押、冻结款物。调取物证、书证和视听资料，扣押款物，涉及国家秘密、商业秘密、个人隐私的，应当严格遵守有关保密规定。扣押、冻结款物工作，应当依照有关规定接受人民监督员的监督。对扣押、冻结款物的保管、鉴定、估价、公告等支付的费用，属于人民检察院办案经费的，不得向当事人收取。

（三）查询、冻结程序中的人权保障

检察人员在职务犯罪侦查过程中，查询、冻结犯罪嫌疑人的存款、汇款、债券、股票、基金份额等财产，应当经检察长批准，制作查询、冻结财产通知书，通知银行或者其他金融机构、邮电部门执行。扣押、冻结债券、股票、基金份额等财产，应当书面告知当事人或者其法定代理人、委托代理人有权申请出售。在扣押、冻结期间权利人申请出售，经审查认为不损害国家利益、被害人利益，不影响诉讼正常进行的，以及扣押、冻结的汇票、本票、支票的有效期即将届满的，经检察长批准，可以在案件办结前依法出售或者变现，所得价款由检察机关指定专门的银行账户保管，并及时告知当事人或者其近亲属。

犯罪嫌疑人的存款、汇款、债券、股票、基金份额等财产已冻结的，人民检察院不得重复冻结。被冻结的款项，不属于赃款的，冻结期间应计付利息，在扣划时其利息应给付债权单位；属于赃款的，冻结期间不计付利息，如冻结有误，解除冻结时应补计冻结期间的利息。

（四）心理测试中的人权保障

1. 心理测试的原理

心理测试，又称心理测定、测谎鉴定，是一种运用现代心理学和试验心理技术成果以及神经生理学、生理电子学等科研成果，通过专用心理测试系统和智能计算机，同时同步记录被测人的多向心理、生理反应指标，进而评判心理痕迹对应相关度的实验心理技术。

其基本原理是：人在说谎时的生理变化或者人记忆中的一些事件再现时所产生的心理活动必然引起一系列生理（如血压、呼吸、脑电波、声音、瞳孔、皮肤电等）变化，它们一般只受植物神经系统的制约，而不受大脑意识控制。通过仪器测试这些生理参量的变化，可以分析其心理的变化，从而判断其对案件的了解程度。① 因此，"测谎"不是测"谎言"本身，而是测心理所受刺激引起的生理参量的变化。目前我国检察系统使用的测谎仪大多是"多参量心理测试仪"。

2. 心理测试在职务犯罪中的作用

侦查职务犯罪案件时往往会遇到犯罪嫌疑人的口供与证人证言"一对一"的情形，既找不到第三者证明，又取不到其他旁证，在孰是孰非，很难判断的情况下，借助心理测试技术，有助于核实、印证证人证言和被害人陈述，判断证据、口供之间的矛盾和真伪。如果测试结果表明被测人在说谎，就可印证支持已有证据的可信度，为采取其他侦查措施提供有力的支持，为查办案件打下坚实的基础。

3. 心理测试的注意事项

在使用心理测试方法的时候，应客观看待这一侦查措施，注意以下几点：

（1）要保障心理测试对象的身心健康和安全。由于在心理测试时，被测试者不可避免地要感受到心理压力与刺激，要考虑被测试者的心理和身体的承受力，避免损害心理测试对象的身心健康和安全。

（2）心理测试要求被检查人自愿进行，这样一方面是为了避免强制测试中被测试人不配合而导致的测试误差；另一方面，为了尊重被测试人的意志，保障被测试人的人权。

（3）人民检察院办理案件，可以使用 CPS 多道心理测试结论帮助审查、判断证据，对心理测试所得的材料只能作为线索使用，但不能直接作为证据使用，这在最高人民检察院《关于 CPS 多道心理测试鉴定结论能否作为诉讼证据使用问题的批复》中明确指出。目前心理测试技术作为一项高科技手段，仍处于研究阶段，并不成熟，此外，关于心理测试检查，我国目前尚缺乏具体的行业标准和法律规范，尚未明确心理测试检查人员的资格，因此，要考虑测试结果的真实性，以防造成对被测试人的侵害。

心理测试检查具有很强的专门性，不但要有专门的仪器，更要有专门的、具有经验的技术人员进行分析。因此，测谎仪器之正当操作并不困难，但其以前之检查准备及实施检查之方法，占有攸关重要之地位。② 所以，在现阶段，我们对心理测试检查的作用应有一个清醒的认识，对其结果的应用应持慎重的态度。而心理测试技术也亟须法律规范化和操作制度化。

---

① 参见宋英辉：《刑事程序中的技术侦查研究》，载《法学研究》2000 年第 3 期。

② 参见蔡墩铭：《刑事证据法论》，台湾地区五南图书出版公司 1997 年版，第 131 页。

五、侦查中辩护权的保障

2007 年 10 月 28 日第十届全国人大常委会第三十次会议通过修订《律师法》①，在诸多方面进一步改革和完善了我国律师制度，其中对律师会见、阅卷、调查取证等执业权利作出了一些新的规定，对人民检察院直接受理立案侦查案件的侦查提出了新的要求。2012 年《刑事诉讼法》修改过程中吸取了《律师法》中进步、成熟的理念和经验，注意到了和《律师法》的衔接，并结合中国现实修改完善了辩护制度，加强了职务犯罪侦查过程中对犯罪嫌疑人的人权保障，既是我国民主与法制进一步发展与完善的体现，也是与国际社会刑事司法准则接轨的体现。

（一）检察机关成为辩护权的保障主体

1996 年《刑事诉讼法》第 11 条只强调了人民法院保证被告人获得辩护的义务，没有涉及公安机关和检察机关，也没有规定权利告知等实现辩护权的具体保障措施。2012 年《刑事诉讼法》第 14 条增加了"人民法院、人民检察院和公安机关应当保障犯罪嫌疑人、被告人和其他诉讼参与人依法享有的辩护权和其他诉讼权利"的规定，一方面明确规定检察机关成为辩护权的保障主体，另一方面，也强调了犯罪嫌疑人、被告人的辩护权在诉讼参与人应受保障的权利之中的核心地位。

（二）侦查阶段律师介入具有辩护人地位

针对实践中律师为犯罪嫌疑人提供法律帮助时"介入难"、"会见难"的问题，《刑事诉讼法》修正过程中，考虑到犯罪嫌疑人、被告人的辩护权贯穿于整个诉讼过程，明确了侦查阶段律师的辩护人地位，为其更加全面行使辩护权，防止侦查机关刑讯逼供等行为的发生提供了法律保障。当然，由于侦查阶段活动的特殊性，对辩护人的身份做了必要的限定，只能是律师。

（三）犯罪嫌疑人委托辩护人的起始时间提前

律师介入刑事诉讼时间更明确、更早。《刑事诉讼法》规定，"犯罪嫌疑人在被侦查机关第一次讯问或者采取强制措施之日起，有权委托辩护人"。犯罪嫌疑人委托辩护人的时间更加明确，赋予了律师真正能在侦查活动一开始就介入到刑事诉讼过程中的权利。同时，扩大了有权委托辩护人的主体范围，"犯罪嫌疑人、被告人在押的，也可以由其监护人、近亲属代为委托辩护人"。

权利告知义务是落实辩护权的重要保障措施。《人民检察院刑事诉讼规则

---

① 2012 年《刑事诉讼法》修正之后，全国人民代表大会常务委员会《关于修改〈中华人民共和国律师法〉的决定》颁布，对两部法律进行了进一步的衔接。

（试行）》第 36 条明确了"人民检察院侦查部门在第一次开始讯问犯罪嫌疑人时或者对其采取强制措施的时候，应当告知犯罪嫌疑人有权委托辩护人"。

（四）律师会见权的保障

《刑事诉讼法》第 37 条对律师会见权加以规定："辩护律师可以同在押的犯罪嫌疑人、被告人会见和通信。其他辩护人经人民法院、人民检察院许可，也可以同在押的犯罪嫌疑人、被告人会见和通信。辩护律师持律师执业证书、律师事务所证明和委托书或者法律援助公函要求会见在押的犯罪嫌疑人、被告人的，看守所应当及时安排会见，至迟不得超过四十八小时。危害国家安全犯罪、恐怖活动犯罪、特别重大贿赂犯罪案件，在侦查期间辩护律师会见在押的犯罪嫌疑人，应当经侦查机关许可。上述案件，侦查机关应当事先通知看守所。辩护律师会见在押的犯罪嫌疑人、被告人，可以了解案件有关情况，提供法律咨询等；自案件移送审查起诉之日起，可以向犯罪嫌疑人、被告人核实有关证据。辩护律师会见犯罪嫌疑人、被告人时不被监听。"

据此，律师会见程序更简化、更容易。今后绝大部分案件律师会见无须批准；对于"三类"案件律师要求会见，只在侦查环节需要侦查机关批准，在审查起诉环节不需要经过检察机关批准；如果看守所没有接到侦查机关关于这三类案件的事先通知，不能以自己认为属于这三类案件为由拒绝律师会见。且律师会见不被监听、更自由，使被羁押、被限制人身自由的犯罪嫌疑人，能够在完全放松的状态下向律师陈述案情或者在受到刑讯逼供的情况，充分寻求律师的法律帮助，使其诉讼权利能够得到有效保障。

（五）听取辩护人意见制度

《刑事诉讼法》第 159 条规定："在案件侦查终结前，辩护律师提出要求的，侦查机关应当听取辩护律师的意见，并记录在案。辩护律师提出书面意见的，应当附卷。"第 160 条规定："公安机关侦查终结的案件，应当做到犯罪事实清楚，证据确实、充分，并且写出起诉意见书，连同案卷材料、证据一并移送同级人民检察院审查决定；同时将案件移送情况告知犯罪嫌疑人及其辩护律师。"检察人员在职务犯罪过程中要注意听取辩护人的意见，并严格按照法律规定执行，保障犯罪嫌疑人的合法权益。

第三节　问题与对策

一、非法证据排除问题

非法证据排除规则在刑事诉讼中的确立，存在一个价值权衡的问题：如果允许将非法取得的证据作为定案证据，对查明案件的真实情况，实现国家刑罚权是有益的，但这样做是以破坏国家法律所确立的秩序和侵犯公民基本权利为代价的。反过来，如果对非法证据予以排除，又会阻碍对犯罪的查明和惩治，这与该国的刑事诉讼目的、主导价值观念，对公民个人权利重视程序等因素都是相关的。二者的权衡取决于一国的法治发展与司法机关及其工作人员的法制观念，即从惩罚犯罪第一到注重保护人权的诉讼观念的进步。

《禁止酷刑和其他残忍、不人道或有辱人格的待遇或处罚公约》第15条规定，"每一缔约国应确保在任何诉讼程序中不得援引任何确属酷刑逼供作出的陈述为证据，但这类陈述可引作对被控施用酷刑逼供者起诉的证据"。从国外相关理论及司法实践来看，对不同的非法证据确立不同的法律后果从而限定非法证据的排除范围，已是各国的通例。

中国在参加的《保护人人不受酷刑和其他残忍、不人道或有辱人格待遇或处罚宣言》第12条规定："如经证实是因为受酷刑或其他残忍、不人道或有辱人格和待遇处罚而作的供词，不得在任何诉讼中援引为指控有关的人或其他人的证据。"虽然1996年《刑事诉讼法》关于证据的条款也规定：严禁刑讯逼供和以威胁、引诱、欺骗以及其他非法的方法收集证据，但没有规定违反义务的不利结果；1998年最高人民法院《关于执行〈中华人民共和国刑事诉讼法〉若干问题的司法解释》第61条规定："严禁以非法的方法收集证据。凡经查证确实属于采用刑讯逼供或者威胁、引诱、欺骗等非法的方法取得的证人证言、被害人陈述、被告人供述，不能作为定案的根据。"最高人民法院、最高人民检察院、公安部、国家安全部、司法部于2010年6月13日颁行的《关于办理刑事案件排除非法证据若干问题的规定》对非法证据排除作出了详细规定，将侵犯公民人身权利，以非法手段取得的言词证据定为非法证据，不能作为定案的根据。

2012年修正后的《刑事诉讼法》从立法层面上首次确立了非法证据排除规则，明确规定了非法证据排除的内容，并设置了操作程序，通过约束侦查部门取证行为对侵犯诉讼参与人特别是犯罪嫌疑人、被告人权利提供了救济措施，是人权保障的具体制度。《联合国反腐败公约》所进行的反腐败案件的国际合作，牵涉到不止一个国家的刑事司法制度，作为联合国常任理事国，我国按照国际社会公认的国际法原则、国际人权宣言和公约，承担普遍的或特定的国际义务，对侵犯犯罪嫌疑人基本权利的证据予以排除，加强了对犯罪嫌疑人权利的保障。

《刑事诉讼法》规定非法证据排除的条款，包括非法言词证据的排除和非法实物证据的补正（第54条）；检察院在非法证据排除中的作用（第55条）；

非法证据排除的程序性规则，即法庭调查（第56条）、证明责任（第57条）和判定标准（第58条）等内容。审判人员、检察人员、侦查人员必须依照法定程序，收集能够证实犯罪嫌疑人、被告人有罪或者无罪、犯罪情节轻重的各种证据。严禁刑讯逼供和以威胁、引诱、欺骗以及其他非法方法收集证据，不得强迫任何人证实自己有罪。必须保证一切与案件有关或者了解案情的公民，有客观地充分地提供证据的条件，除特殊情况外，可以吸收他们协助调查。

二、侦查技术的发展与取证能力的提高

司法实践中，职务犯罪侦查通常实行的是"由供到证"的侦查模式，即首先获取犯罪嫌疑人口供，再以口供为中心向外辐射，进一步获取证人证言、书证、物证等其他证据。然而，随着《刑事诉讼法》的修改，律师介入侦查程序的权利越来越大，犯罪嫌疑人权利保护意识越来越强，保护途径也越来越多。在这种情况下，对"口供中心主义"的传统侦查模式的运用将会举步维艰，从而失去其应有的效果。职务犯罪侦查工作长期为取证难所困扰，特别在腐败案件中，私下交易往往是一对一，取证非常困难。确认自侦机关必要的侦查办案手段，可减轻其对口供的依赖。随着科学技术的发展和犯罪的智能化，使用高科技手段进行侦查是现代刑事侦查的客观要求。技术侦查措施是指侦查机关运用现代科技设备秘密地收集犯罪证据、查明犯罪嫌疑人的强制性侦查措施的总称，主要包括麦克风侦听、电话侦听、窥视侦控、邮件检查和外线侦查等手段，具有秘密性、技术性及强制性等特点。

为满足有效遏制和预防职务犯罪的客观需要，实现有效控制犯罪与保障人权的平衡。针对职务犯罪的隐蔽性特点，在立法上规定检察机关使用技术侦查措施的职权是必要的，2012年《刑事诉讼法》第二章增加一节"技术侦查"，将《联合国反腐败公约》中规定的以及实践中使用的技术侦查、秘密侦查、控制下交付等特殊侦查手段纳入刑事诉讼的范畴，明确了检察机关对直接受理侦查的职务犯罪案件有权采取特殊侦查手段。

因此，必须从传统侦查模式走向现代侦查模式。运用技术侦查手段，以提高侦查能力，适应新形势下反腐败斗争的需要。但同时也要注意技术侦查中的人权保护和救济。具体而言，人民检察院在立案后，对于涉案数额在10万元以上、采取其他方法难以收集证据的重大贪污、贿赂犯罪案件以及利用职权实施的严重侵犯公民人身权利的重大犯罪案件，经过严格的批准手续，可以采取技术侦查措施，交有关机关执行。

技术侦查措施具有侵权性，因此要严格把握具体程序：人民检察院采取技术侦查措施应当根据侦查犯罪的需要，确定采取技术侦查措施的种类和适用对

象，按照有关规定报请批准。批准决定自签发之日起 3 个月以内有效。对于不需要继续采取技术侦查措施的，应当及时解除；对于复杂、疑难案件，期限届满仍有必要继续采取技术侦查措施的，应当在期限届满前 10 日以内制作呈请延长技术侦查措施期限报告书，写明延长的期限及理由，经过原批准机关批准，有效期可以延长，每次不得超过 3 个月。

采取技术侦查措施收集的材料作为证据使用的，批准采取技术侦查措施的法律决定文书应当附卷，辩护律师可以依法查阅、摘抄、复制。采取技术侦查措施收集的物证、书证及其他证据材料，侦查人员应当制作相应的说明材料，写明获取证据的时间、地点、数量、特征以及采取技术侦查措施的批准机关、种类等，并签名和盖章。对于使用技术侦查措施获取的证据材料，如果可能危及特定人员的人身安全、涉及国家秘密或者公开后可能暴露侦查秘密或者严重损害商业秘密、个人隐私的，应当采取不暴露有关人员身份、技术方法等保护措施。在必要的时候，可以建议不在法庭上质证，由审判人员在庭外对证据进行核实。

检察人员对采取技术侦查措施过程中知悉的国家秘密、商业秘密和个人隐私，应当保密；对采取技术侦查措施获取的与案件无关的材料，应当及时销毁，并对销毁情况制作记录。采取技术侦查措施获取的证据、线索及其他有关材料，只能用于对犯罪的侦查、起诉和审判，不得用于其他用途。

三、讯问策略的规范与运用

随着现代社会的发展和科技的进步以及人们人权观念的增强，简单粗放的讯问方式已经不能适应时代的要求，研究和准确掌握职务犯罪嫌疑人在审讯时的心理现象和心理变化，适时运用科学、巧妙的审讯方法和策略对职务犯罪侦查工作具有重要的实践意义。

成功的审讯总要给犯罪嫌疑人形成一定的心理压力，但是这种心理压力并不一定需要通过刑讯折磨或威胁恐吓才能获得。"软审讯法"提倡在分析被审讯人的心理特征和行为特点的基础上，通过语言或其他人体行为来说服犯罪嫌疑人如实供述。

"雷德审讯技术"是具有代表性的"软审讯法"[①]。主要由三部分组成，或者说，其运用包括三个环节。第一环节是事实分析阶段。审讯人员在进行审

① "雷德审讯技术"又称"九步讯问法"，是由弗雷德·英博、约翰·里德和约瑟夫·巴克雷 3 人在 1986 年共同编写的《审讯与供述》（第 3 版）一书中首次提出的讯问方法，在侦查理论和实践中有着广泛的影响。

讯之前要先对已知的事实情况进行分析，包括被害人讲述的情况、证人讲述的情况、现场勘查发现的情况等。通过上述分析，审讯人员可以对案件事实以及嫌疑对象的性格和行为有基本的认识。第二环节是询问嫌疑人。这是非指控性问答阶段，目的是通过无关问题的谈话了解嫌疑对象的心理特征和行为特征，也可以称为"行为分析询问"。第三环节是正式讯问嫌疑人。这是指控性讯问阶段，是针对那些可能有罪的嫌疑人进行的，目的是获取真实的供述。这种审讯方法一方面可以帮助审讯人员获得真实的口供；另一方面也能保证无罪者不会违心地承认自己有罪。①

贪污、受贿、渎职等职务犯罪案件的侦查一般属于"从人到事"的侦查过程，其基本侦查活动就是对犯罪嫌疑人进行的直接审查，而且口供等言词证据也是查明案件事实的主要依据。此外，文明和法治是刑事司法的大势所趋。近年来，我国也在这方面取得了一定进步，例如制定了有关审讯时同步录音录像和律师在场的法律和规定。这些都对审讯活动提出了更高的要求。因此，审讯人员必须改变过去那种偏爱"硬审讯法"的行为习惯，认真研究并努力掌握软审讯法的技术和手段，提高"以柔克刚"的办案能力。

应用与讨论训练

★ 模块一　主题讨论

1. 如何看待羁押状态下犯罪嫌疑人的人权问题？

2. 如何理解侦查之"真"与侦查之"善"二者的关系？如何寻求平衡点？

3. 如何在侦查工作中保障当事人的人权？

★ 模块二　案例研讨

2007 年 5 月 28 日，甲县人民检察院决定对甲县供电局原副局长梁某某涉嫌受贿案立案侦查并对梁监视居住。当日 18 时许，将梁传唤到案，至 6 月 1 日晨，反贪局原副局长熊某某、法警大队原副大队长杨某某、法警周某某在甲县人民检察院、县教育宾馆、某旅游接待站等地点对梁某某进行审讯期间，为逼取有罪供述，梁某某被迫不准睡觉，并遭受举手、抱头、端水盆或沙盆等体罚。梁某某于 6 月 1 日上午死亡。乙省公安厅出具尸检报告，钝性外力多次作

---

① 参见何家弘：《"硬审讯法"到"软审讯法"》，载《人民检察》2008 年总第 17 期。

用，造成大面积软组织挫伤，形成了创伤性休克、死亡。

案发后，反贪局原局长高某某为掩盖事实真相，召集参与审讯人员编造梁某某身上伤痕系审讯人员为制止梁逃跑、自杀而形成的虚假事实，并安排部分审讯人员进行模拟演练。指使他人毁灭体罚梁时所使用的相关工具，并多次威胁相关人员不得透露审讯期间对梁实施体罚或者变相体罚的真相。

乙省丙市人民检察院提起公诉，以涉嫌故意伤害罪追究本案当事人高某某、副局长熊某某等 4 人的刑事责任，上述被告人因犯故意伤害罪，熊某某被判处无期徒刑，杨某某被判处有期徒刑 15 年，周某某被判处有期徒刑 10 年，高某某以妨碍作证罪被判处有期徒刑 7 年。

⊙研讨主题

该案中存在哪些人权问题？你如何看待该案反映出的现象？

第六章　公诉与人权保障

相关依据导引

★ 国际文件

《公民权利和政治权利国际公约》（1966 年 12 月 16 日第二十一届联合国大会通过）

《禁止酷刑和其他残忍、不人道或有辱人格的待遇或处罚公约》（1984 年 12 月 10 日第三十九届联合国大会通过）

《联合国关于检察官作用的准则》（1990 年 8 月 27 日至 9 月 7 日第八届联合国预防犯罪和罪犯待遇大会通过）

《联合国关于律师作用的基本原则》（1990 年 8 月 27 日至 9 月 7 日第八届联合国预防犯罪和罪犯待遇大会通过）

★ 国内规范

《中华人民共和国刑事诉讼法》（1979 年 7 月 1 日第五届全国人民代表大会第二次会议通过，根据 1996 年 3 月 17 日第八届全国人民代表大会第四次会议《关于修改〈中华人民共和国刑事诉讼法〉的决定》第一次修正，根据 2012 年 3 月 14 日第十一届全国人民代表大会第五次会议《关于修改〈中华人民共和国刑事诉讼法〉的决定》第二次修正）

《中华人民共和国律师法》（2007 年 10 月 28 日第十届全国人民代表大会常务委员会第三十次会议修订通过）

《人民检察院刑事诉讼规则（试行）》（2012 年 10 月 16 日最高人民检察院第十一届检察委员会第八十次会议通过）

最高人民法院《关于适用〈中华人民共和国刑事诉讼法〉的解释》（2012 年 11 月 5 日由最高人民法院审判委员会第 1559 次会议通过）

第一节　国际标准

公诉是检察机关标志性的业务，是检察官发挥作用的主要舞台之一。由《联合国宪章》以及《世界人权宣言》、《经济、社会和文化权利国际公约》

和《公民权利和政治权利国际公约》为主的国际人权宪章中的有关规定构成的关于刑事司法根本性准则的体系，关于少年犯待遇的准则体系，关于检察官守则的准则体系以及关于受害人权利的准则体系，从不同角度对公诉检察官在审查起诉和出庭公诉中应当遵守的行为规则作出了明确规定，① 对公诉检察官在刑事诉讼中的活动提出了明确的要求，以促使检察官充分、有效地发挥其在打击犯罪、保障人权，促进司法公正中的作用。检察官了解并掌握上述刑事司法准则有助于其提高人权保障意识和水平，对推进公诉工作也具有十分重要的指导和参考价值。

一、客观公正地行使公诉权

《世界人权宣言》、《公民权利和政治权利国际公约》庄严宣布了法律面前人人平等的原则，并有权得到不偏不倚的法庭进行审判和公开审讯的原则。随后，《联合国关于检察官作用的准则》进一步明确了检察官在刑事诉讼过程中应当遵循客观公正原则，运用好公诉权。《联合国关于检察官作用的准则》特别指出，"本准则制定时考虑的主要是公诉检察官"，制定该准则的目的，就"在于协助会员国确保和促进检察官在刑事诉讼程序中发挥有效、不偏不倚和公正无私的作用"，并促使各国政府在立法和司法实践中遵循并考虑这些原则的作用。检察官怎样行事，才算是客观公正地行使公诉权呢？《联合国关于检察官作用的准则》在第 12 条、第 13 条、第 18 条、第 19 条提出了要求：（1）检察官应能够始终一贯迅速而公平地依法行事，尊重和保护人的尊严，维护人权从而有助于确保法定诉讼程序和刑事司法系统的职能顺利地运行。（2）在履行其职责时检察官应不偏不倚地履行其职能，并避免任何政治、社会、文化、性别或任何其他形式的歧视；保证公众利益，按照客观标准行事，适当考虑到嫌疑犯和受害者的立场，并注意到一切有关的情况，无论是对嫌疑犯有利还是不利。（3）根据国家法律，检察官应在充分尊重嫌疑者和受害者人权的基础上，适当考虑免予起诉、有条件或无条件地中止诉讼程序或使某些刑事案件从正规的司法系统转由其他办法处理。为此目的，各国应充分探讨采用非刑事方式的可能性，目的不仅是减轻过重的法院负担，而且也可避免受到

---

① 自 1945 年以来，联合国及其所属职能委员会从不同角度以国际公约、宣言、决议、指导原则或者倡导书等形式制定、认可或者倡导有关刑事司法的标准、规范和政策，从而形成了联合国国际刑事司法准则体系。联合国刑事司法准则体系是各个成员国共同努力，反复探讨，逐步达成共识的结果。它们在相当高的程度上兼顾了世界各国不同的国情，反映了刑事司法的基本规律，受到了国际社会不同形式、不同程度的承认和支持。

审前拘留、起诉和定罪的污名以及避免监禁可能带来的不利后果。（4）在检察官拥有决定应否对少年起诉酌处职能的国家，应对犯罪的性质和严重程度、保护社会和少年的品格和出身经历给予特别考虑。在做这种决定时，检察官应根据有关少年司法审判法和程序，特别考虑起诉之外的可行办法。检察官应尽量在有绝对必要时才对少年采取起诉行动。

二、贯彻无罪推定原则，确保公民不受错误追诉

无罪推定，是现代各国刑事司法通行的一项重要原则，是国际公约确认和保护的一项基本人权，也是联合国在刑事司法领域制定和推定的最低限度的标准之一。《世界人权宣言》首次在联合国文件中确认了无罪推定原则。该宣言第11条第1款规定："凡受到刑事控告者，在未经获得辩护上所需的一些保证的公开审判而依法证实有罪以前，有权被视为无罪。"时隔18年后，《公民权利和政治权利公约》再次确认了无罪推定原则，在公约第14条第2款规定："凡受刑事控告者，在未依法证实有罪之前应有权被视为无罪。"刑事诉讼活动不仅是为了追究犯罪，惩罚犯罪人，而且更重要的是为了保障公民的人权，使无辜的公民不受刑事追诉。联合国文件、国际公约及世界各国确认无罪推定原则的目的就在于保证刑事执法人员及时地查明犯罪事实，准确查获真正的犯罪人，同时防止刑事执法人员滥用权力，使不该被追诉的人受到追诉。公诉检察官作为重要的刑事执法人员，不仅应当牢固树立无罪推定的观念，更重要的是应当在公诉工作中贯彻这一原则，确保公民不受错误追诉。对此，《联合国关于检察官作用的准则》在第14条对公诉检察官提出了要求：如若一项不偏不倚的调查表明起诉缺乏根据，检察官不应提出或继续检控，或应竭力阻止诉讼程序。

三、保障公民免受酷刑的权利，排除非法证据

联合国大会1975年12月9日通过的《保护人人不受酷刑和其他残忍、不人道或有辱人格待遇或处罚宣言》第12条规定："如经证实是因为受酷刑或其他残忍、不人道或有辱人格的待遇或处罚而作的供词，不得在任何诉讼中援引为指控有关的人或任何其他人的证据。"其后，联合国大会于1984年12月10日第39/46号决议通过并开放签署的《禁止酷刑和其他残忍、不人道或有辱人格的待遇或处罚公约》第15条进一步完善了前述规定，即"每一缔约国应确保在任何诉讼程序中，不得援引任何业经确定系以酷刑取得的口供为证据，但这类口供可用作被控施用酷刑者刑讯逼供的证据。"关于"酷刑"的含义，《保护人人不受酷刑和其他残忍、不人道或有辱人格待遇或处罚宣言》第

1 条作了界定并由《禁止酷刑和其他残忍、不人道或有辱人格的待遇或处罚公约》第 1 条进一步完善。所谓"酷刑"，是指为了向某人或第三者取得情报或供状，为了他或第三者所作或涉嫌的行为对他加以处罚，或为了恐吓或威胁他或第三者。或为了基于任何一种歧视的任何理由，蓄意使某人在肉体或精神上遭受剧烈疼痛或痛苦的任何行为，而这种疼痛或痛苦是由公职人员或以官方身份使职权的其他人所造成或在其唆使、同意或默许下造成的。《禁止酷刑和其他残忍、不人道或有辱人格的待遇或处罚公约》第 2 条进一步提出，任何特殊情况，不论战争状态、战争威胁、国内政局动荡或其他社会紧急状态，均不得援引为施行酷刑的理由。

《保护人人不受酷刑和其他残忍、不人道或有辱人格待遇或处罚宣言》和《禁止酷刑和其他残忍、不人道或有辱人格的待遇或处罚公约》还明确了以酷刑取得口供的情报是一种违反刑法的犯罪行为，要求各缔约国应保证将一切酷刑行为，其中也包括施行酷刑的企图以及任何人合谋或参与酷刑的行为，定为刑事罪行，并规定适当的惩罚。上述联合国文书的规定，是对有关国家禁止违法取证和排除违法所获证据的肯定，也为各缔约国提供了处理这一问题应遵守的规则。①

以联合国文书的形式确立非法证据的排除规则，体现了国际社会关于人的尊严和基本权利不受非法侵犯的观念。以酷刑逼取证据，直接侵犯被调查人的人身自由乃至生命权等最基本权利和其作为人应当具有的尊严，而保证每个社会成员具有作为人的尊严和享有平等与不可剥夺的权利，是社会保持秩序及世界自由、公正与和平的基础。公诉检察官肩负保障人权的重要职责，《联合国关于检察官作用的准则》第 16 条规定："当检察官根据合理的原因得知或认为其掌握的不利于嫌疑犯的证据是通过严重侵犯嫌疑犯人权的非法手段，尤其是通过拷打或者残酷的、非人道的或者有辱人格的待遇或处罚或以其他违反人权办法而取得的，检察官应拒绝使用此类证据来反对采用上述手段者之外的任何人或将此事通知法院，并应采取一切必要的步骤确保将使用上述手段的责任者绳之以法。"

四、保障被追诉者的辩护权

刑事司法以限制或剥夺被指控人的一定权利为其条件或目的，所以，防止

---

① 《保护人人不受酷刑和其他残忍、不人道或有辱人格待遇或处罚宣言》和《禁止酷刑和其他残忍、不人道或有辱人格的待遇或处罚公约》将证据排除的范围限于言词证据，并未包括违法搜查、扣押获得的物证、书证。

对被指控人权益的不当处分，保护被指控人合法权益是体现程序公正的重要方面。在刑事诉讼中赋予被指控人以辩护权，建立刑事辩护制度，其意义在于，它使被指控人能够积极参与诉讼过程，反对控诉方的指控，富有成效地影响诉讼结局，真正成为诉讼的主体；它是诉讼过程中被告方与控诉方拥有平等诉讼地位的基础，有助于刑事诉讼中形成合理的诉讼结构；它是对国家权力的一种监督制约，是被指控人保护自己合法权益最重要的手段，是刑事司法制度民主化的重要标志。辩护制度从有利于被指控人的角度出发，它在发现有利于被指控人的事实真相，特别是确保有罪判决的可靠性，防止罪及无辜方面有着积极的作用。正是基于辩护制度在保护被指控人人权和保障刑事司法公正中的重要作用，联合国才将被指控人有权获得辩护作为其系统人权活动的一项重要原则予以确认。

《世界人权宣言》第 11 条规定，凡受刑事指控者，在未经获得辩护上所需的一些保证的公开审判而依法证实有罪以前，有权被视为无罪。《公民权利与政治权利公约》第 14 条规定，"被指控者应当有相当时间和便利准备他的辩护并将与他自己选择的律师联络；出庭受审时有权亲自辩护或经由他自己所选择的法律援助进行辩护"。上述国际文书确认了被指控人有权获得辩护的原则，而在《保护所有遭受任何形式拘留或监禁的人的原则》和《联合国关于律师作用的基本原则》两个国际文书中，还对刑事辩护制度作出了比较系统的规定，规范了各国实施刑事辩护制度的标准。我们认为，以下标准应成为公诉检察官在保障被追诉者辩护权方面的行为准则。

（一）保障被追诉者尽快选任律师为其辩护

《禁止酷刑和其他残忍、不人道或有辱人格的待遇或处罚公约》规定，被指控人应有"相当时间和便利"准备他的辩护并与他自己选择的律师联络。《保护所有遭受任何形式拘留或监禁的人的原则》第 15 条规定，被拘留人或被监禁人与外界，特别是与其家属或律师的联络，"不应被剥夺数日以上"；第 17 条规定，主管当局应在被拘留人被捕后"及时告知"其有获得法律顾问协助的权利。《联合国关于律师作用的基本原则》第 1 条要求律师在"刑事诉讼的各个阶段"为被指控人辩护；第 5 条规定，各国政府还应确保由主管当局"迅速告知"遭到逮捕或拘留或者被指控犯有刑事罪的所有的人，他有权得到自行选定的一名律师提供协助；第 7 条规定，各国政府还应确保被逮捕或拘留的所有的人，不论是否受到刑事指控，均应迅速得到机会与一名律师联系，不管在何种情况下至迟不得超过自逮捕或拘留之时起的 48 小时。上述规定的意义在于使律师尽早介入刑事诉讼，刑事诉讼启动之时，就是被指控人行使获得律师帮助权之时。律师尽早参与刑事诉讼，能够有效防止刑讯逼供等非常行为的发生，及时收集有关证据，切实保障被指控人的合法权益。

（二）保障被追诉者与律师联系、会见的权利

《囚犯待遇最低限度标准规则》规定，未经审讯的囚犯可以会见律师，警察或监所官员对于囚犯与律师间的会谈，可用目光监视，但不得在可以听见谈话的距离以内。《保护所有遭受任何形式拘留或监禁的人的原则》第18条规定，（1）被拘留人或被监禁人有权与其法律顾问联络和磋商；（2）应允许被拘留人或被监禁人应有充分的时间和便利条件与其法律顾问进行磋商；（3）除司法当局或其他当局为维持安全和良好秩序认为必要并在法律或合法条例具体规定的特别情况下，不得中止或限制被拘留人或被监禁人接受其法律顾问来访和在既不被搁延又不受检查以及在充分保密的情形下与其法律顾问联络的权利；（4）被拘留人或被监禁人与其法律顾问的会见可在执行人员视线范围内但听力范围外进行；（5）被拘留人或被监禁人与其法律顾问之间的联络不得用作对被拘留人或被监禁人不利的证据，除非这种联络与继续进行或图谋进行的罪行有关。《联合国关于律师作用的基本原则》第8条规定，遭逮捕、拘留或监禁的所有的人应有充分机会、时间和便利条件，毫无迟延地在不被窃听、不经检查和完全保密情况下接受律师来访和与律师联系协商。这种协商可在执法人员能看得见但听不见的范围内进行。

在押的被指控人与律师会见权是被指控人最基本的诉讼权利。通过会见，律师可以从被指控人那里了解案件有关情况、了解被指控人是否受到追诉机关的不当对待并能为被指控人提供法律咨询，这是律师在诉讼过程中发挥其辩护职能的基础。会见应在保密情况下进行，这是因为，只有如此，会见权才具备它应有的意义。执法人员可在"看得见但听不见的范围内"予以监督，这是为了防止被指控人越狱逃跑和发生其他事故。保障被指控人有"充分机会、时间和便利条件"与律师会见，有助于充分发挥会见权的作用。

（三）保障被追诉者获得律师有效的辩护

《联合国关于律师作用的基本原则》从以下几个方面规定了保障被追诉者获得律师有效辩护的基础：（1）保障律师的阅卷权。《联合国关于律师作用的基本原则》规定：主管当局有义务确保律师能有充分的时间查阅当局所拥有或管理的有关资料、档案和文件，以便使律师能向其委托人提供有效的法律协助。阅卷权是律师极为重要的诉讼权利，律师阅卷，可以全面了解案情，了解有利于被指控人的材料，发现案件中的疑点，从而提供有力的辩护意见。《联合国关于律师作用的基本原则》要求：应当尽早在适当时机提供阅案卷的机会。（2）保障律师执业的独立性及律师的人身安全。各国政府应确保律师能够履行其所有职责而不受到恫吓、妨碍或不适当的干涉；能够自由地同其委托

人进行磋商；不会由于其按照公认的专业职责、准则和道德规范所采取的任何行动而受到或者被威胁会受到起诉或行政、经济或其他制裁。律师如因履行职责而其安全受到威胁时，应得到当局给予充分的保障。（3）对律师的纪律诉讼应当依公正程序进行。首先，应由法律界通过其有关机构或经由立法，按照本国法律和习惯以及公认的国际标准和准则，制定律师职业行为守则。其次，对在职律师所提出的指控或控诉应按适当程序迅速、公正地加以处理。律师应有受公正审讯的权利，包括有权得到其本人选定的一名律师的协助。再次，针对律师提出的纪律诉讼应提交由法律界建立的公正无私的纪律委员会处理或提交一个独立的法定机构或法院处理，并应接受独立的司法审查。最后，所有纪律诉讼都应按照律师职业行为守则和其他公认的准则和律师职业道德规范进行裁决。

五、保障被害人的权利

1985年11月25日联合国"七大"通过的《为罪行和滥用权力行为受害者取得公理的基本原则宣言》是关于被害人权利的第一项综合性历史文件。该宣言宣布，对罪行受害者应给予同情并尊重他们的尊严，赋予他们向司法机构申诉的权利，并特别指出，应考虑禁止滥用权力并将为滥用权力受害者提供补救措施的规定纳入国家法律准则。并对国家如何通过司法和行政程序来保障这些权利作了原则规定。宣言要求确认和保障受害者、被害人取得公理和公平待遇的权利，使他们能为所受损害迅速获得补救、赔偿、补偿和援助。在此基础上，《联合国关于检察官作用的准则》具体规定了检察官在起诉活动中保护被害人权益的方法和措施。其第13条第4款规定，检察官在履行职责时，对于"在受害者的个人利益受到影响时应考虑到其观点和所关心的问题，并确保按照《为罪行和滥用权力行为受害者取得公理的基本原则宣言》，使受害者知悉其权利"。

《联合国关于检察官作用的准则》中没有界定"受害者"的内涵。根据《为罪行和滥用权力行为受害者取得公理的基本原则宣言》，"受害者"是指个人或整体受到伤害，包括身心损伤、精神上的痛苦、经济上的损失或基本权利受到重大损害的人，这种伤害是由于触犯会员国现行刑事法律所造成的，而不论加害者是否被确认、逮捕、起诉或判罪，也不管犯罪者与受害者的家庭关系如何。受害者，还包括直接受害者的直系亲属或者其受养人以及因出面干预以援助遭难的受害者或者防止受害情况而蒙受损失人。可见，《联合国关于检察官作用的准则》中的"受害者"不仅包括直接的受害人，还包括近亲属及其他利害关系人。

六、保障公民享有迅速进行诉讼的权利

迅速进行诉讼，是指在刑事诉讼中司法人员对所负责的案件，在严格遵守每一诉讼阶段的法定诉讼期限的前提下，应尽量缩短办案期限，及早确定犯罪嫌疑人或被告人是否有罪。这是公民享有的一项重要诉讼权利。迅速进行诉讼包括两方面的含义：一是进行侦查、起诉和审判的人员要严格遵守法律规定的诉讼期限。这是法律对执法者的基本要求，超过诉讼期限进行活动不仅是对法律的违反，而且是对公民诉讼权利的侵犯，其所进行的诉讼活动应当归于无效。二是尽快完成每一诉讼活动，合理地缩短诉讼期限。迅速进行诉讼并不是单纯地追求速度，而是在合理保护公民利益的情况下的迅速，即"重要的因素是有秩序的迅速，不是一味图快"。如果诉讼只求速度，没有给予被告人等有关人员合理的准备时间，则会危及他们的利益，不是真正意义上的迅速。

为了保障公民享有迅速进行诉讼的权利，检察官首先应当尽可能地加快办案速度，不无故拖延诉讼，能够适用简易程序等特别程序处理案件的，要尽可能地适用或建议法院适用。其次，发现违反法定诉讼期限的诉讼行为，或者无正当理由拖延诉讼的行为，能纠正的要及时纠正，不能纠正的要及时向有关机关提出纠正意见。最后，对违反规定诉讼程序的人员，检察官能够自行处罚的要严肃处理，不能自行处罚的要及时向有关机关提出处罚建议。

第二节　工作机制

一、保障犯罪嫌疑人、被告人的合法权益

在公诉环节，对犯罪嫌疑人、被告人权利的保障主要通过以下工作环节实现：

（一）通过权利告知保障被告人的知情权

《刑事诉讼法》第33条第2款规定，人民检察院自收到移送审查起诉的案件材料之日起3日以内应当告知犯罪嫌疑人有权委托辩护人。《人民检察院刑事诉讼规则（试行）》第36条第2款规定，人民检察院自收到移送审查起诉的案件材料之日起3日以内，公诉部门应当告知犯罪嫌疑人有权委托辩护人，并告知其如果经济困难或者其他原因没有聘请辩护人的，可以申请法律援助。对于属于《刑事诉讼法》第34条规定情形的，应当告知犯罪嫌疑人有权获得法律援助。上述条款明确规定了公诉部门对犯罪嫌疑人的诉讼权利应当履行的告知义务。为避免检察人员在执法中的随意性，确实保障犯罪嫌疑人的知

情权，目前公诉部门都制定了书面的权利告知书，详细列明犯罪嫌疑人在审查起诉阶段享有的权利。权利告知书一般包括以下内容：委托辩护人的权利；申请回避的权利；使用本民族语言文字进行诉讼的权利；对本案无关问题的讯问，有拒绝回答的权利；申请取保候审的权利；要求解除强制措施的权利；申请补充鉴定或者重新鉴定的权利；对人民检察院作出不起诉决定申请的权利；核对笔录的权利；对侵权提出控告的权利；获得赔偿的权利。

（二）排除非法证据，防范和遏制刑讯逼供

我国对公民的人格尊严和人身权利的保护十分重视，法律明确禁止对公民进行刑讯逼供。根据《刑事诉讼法》第 50 条、第 54 条的规定，检察人员必须依照法定程序，收集能够证实犯罪嫌疑人、被告人有罪或者无罪、犯罪情节轻重的各种证据。严禁刑讯逼供和以威胁、引诱、欺骗以及其他非法方法收集证据，不得强迫任何人证实自己有罪。采用刑讯逼供等非法方法收集的犯罪嫌疑人、被告人供述和采用暴力、威胁等非法方法收集的证人证言、被害人陈述，应当予以排除。收集物证、书证不符合法定程序，可能严重影响司法公正的，应当予以补正或者作出合理解释；不能补正或者作出合理解释的，对该证据应当予以排除。在审查起诉时发现有应当排除的证据的，应当依法予以排除，不得作为起诉决定和判决的依据。《人民检察院刑事诉讼规则（试行）》对人民检察院如何在审查起诉阶段排除非法证据做出了具体规定。根据《人民检察院刑事诉讼规则（试行）》第 66 条的规定，收集物证、书证不符合法定程序，可能严重影响司法公正的，人民检察院应当及时要求侦查机关补正或者作出书面解释；不能补正或者无法作出合理解释的，对该证据应当予以排除。对侦查机关的补正或者解释，人民检察院应当予以审查。经侦查机关补正或者作出合理解释的，可以作为批准或者决定逮捕、提起公诉的依据。所谓的"可能严重影响司法公正"，是指收集物证、书证的行为不符合法定程序且明显违法或者情节严重，可能对司法机关办理案件的公正性造成严重损害；"补正"是指对取证程序上的非实质性瑕疵进行补救；合理解释是指对取证程序的瑕疵作出符合常理及逻辑的解释。同时，为使检察机关能够有条件、有途径、有办法查明侦查机关是否存在刑讯逼供等非法取证行为，《刑事诉讼法》第 55 条规定，人民检察院接到报案、控告、举报或者发现侦查人员以非法方法收集证据的，应当进行调查核实。对于确有以非法方法收集证据情形的，应当提出纠正意见；构成犯罪的，依法追究刑事责任。人民检察院经审查发现存在《刑事诉讼法》第 54 条规定的非法取证行为的，依法对该证据予以排除后，其他证据不能证明犯罪嫌疑人实施犯罪行为的，应当不批准或者决定逮捕，已经移送审查起诉的，可以将案件退回侦查机关补充侦查或者作出不起诉决定。

（三）严格掌握证明标准，确保正确起诉

《刑事诉讼法》第53条规定："对一切案件的判处都要重证据，重调查研究，不轻信口供。只有被告人供述，没有其他证据的，不能认定被告人有罪和处以刑罚；没有被告人供述，证据确实、充分的，可以认定被告人有罪和处以刑罚。证据确实、充分，应当符合以下条件：（一）定罪量刑的事实都有证据证明；（二）据以定案的证据均经法定程序查证属实；（三）综合全案证据，对所认定事实已排除合理怀疑。"据此，人民检察院审查移送起诉的案件，应当查明：（1）犯罪嫌疑人身份状况是否清楚，包括姓名、性别、国籍、出生年月日、职业和单位等；单位犯罪的，单位的相关情况是否清楚；（2）犯罪事实、情节是否清楚；实施犯罪的时间、地点、手段、犯罪事实、危害后果是否明确；（3）认定犯罪性质和罪名的意见是否正确；有无法定的从重、从轻、减轻或者免除处罚的情节及酌定从重、从轻情节；共同犯罪案件的犯罪嫌疑人在犯罪活动中责任的认定是否恰当；（4）证明犯罪事实的证据材料包括采取技术侦查措施的决定书及证据材料是否随案移送；证明相关财产系违法所得的证据材料是否随案移送；不宜移送的证据的清单、复制件、照片或者其他证明文件是否随案移送；（5）证据是否确实、充分，是否依法收集，有无应当排除非法证据的情形；（6）侦查的各种法律手续和诉讼文书是否完备；（7）有无遗漏罪行和其他应当追究刑事责任的人；（8）是否属于不应当追究刑事责任的；（9）有无附带民事诉讼；对于国家财产、集体财产遭受损失的，是否需要由人民检察院提起附带民事诉讼；（10）采取的强制措施是否适当，对于已经逮捕的犯罪嫌疑人，有无继续羁押的必要；（11）侦查活动是否合法；（12）涉案款物是否查封、扣押、冻结并妥善保管，清单是否齐备；对被害人合法财产的返还和对违禁品或者不宜长期保存的物品的处理是否妥当，移送的证明文件是否完备。

（四）保障辩护律师执业权利，确保公正起诉

辩护律师是犯罪嫌疑人、被告人合法权益的保护者，保障辩护律师执业权利既是保障犯罪嫌疑人、被告人人权的需要，也是检察机关严格、公正、文明执法的要求。最高人民检察院曾于2004年颁布了《关于人民检察院保障律师在刑事诉讼中依法执业的规定》，试图通过保障律师权益从而促使检察人员自觉接受监督、约束自身执法行为、提高执法水平和办案质量，真正树立尊重和保障人权的意识。新修订的《刑事诉讼法》根据在审查起诉环节，律师进行刑事辩护存在的会见难、阅卷难、执法风险高等问题，改善了辩护律师会见程序，完善辩护人的阅卷权，赋予辩护律师对委托人涉案信息的保密权，并修改

了追究辩护人刑事责任的规定。据此，自案件移送审查起诉之日起，辩护律师持"三证"（律师执业证、律师事务所证明和委托书或者法律援助公函）要求会见在押的犯罪嫌疑人、被告人的，看守所应当及时安排会见，至迟不得超过48小时。并且辩护律师会见时不被监听。同时，人民检察院应当允许辩护律师查阅、摘抄、复制本案的案卷材料。辩护人认为在侦查期间公安机关收集的证明犯罪嫌疑人无罪或者罪轻的证据材料未提交，申请人民检察院向公安机关调取的，人民检察院案件管理部门应当及时将申请材料送侦查监督部门或者公诉部门办理。经审查，认为辩护人申请调取的证据已收集并且与案件事实有联系的，应当予以调取；认为辩护人申请调取的证据未收集或者与案件事实没有联系的，应当决定不予调取并向辩护人说明理由。公安机关移送相关证据材料的，人民检察院应当在3日以内告知辩护人。

（五）审查羁押的必要性，保障犯罪嫌疑人的人身自由权

《人民检察院刑事诉讼规则（试行）》第616条规定："犯罪嫌疑人、被告人被逮捕后，人民检察院仍应当对羁押的必要性进行审查。人民检察院发现或者根据犯罪嫌疑人、被告人及其法定代理人、近亲属或者辩护人的申请，经审查认为不需要继续羁押的，应当建议有关机关予以释放或者变更强制措施。"审判阶段的羁押必要性审查由公诉部门负责。《人民检察院刑事诉讼规则（试行）》第620条规定："人民检察院可以采取以下方式进行羁押必要性审查：（一）对犯罪嫌疑人、被告人进行羁押必要性评估；（二）向侦查机关了解侦查取证的进展情况；（三）听取有关办案机关、办案人员的意见；（四）听取犯罪嫌疑人、被告人及其法定代理人、近亲属、辩护人，被害人及其诉讼代理人或者其他有关人员的意见；（五）调查核实犯罪嫌疑人、被告人的身体健康状况；（六）查阅有关案卷材料，审查有关人员提供的证明不需要继续羁押犯罪嫌疑人、被告人的有关证明材料；（七）其他方式。"此外《人民检察院刑事诉讼规则（试行）》第622条规定："人民检察院侦查部门、侦查监督部门、公诉部门在办理案件过程中，犯罪嫌疑人、被告人被羁押的，具有下列情形之一的，应当在作出决定或者收到决定书、裁定书后十日以内通知负有监督职责的人民检察院监所检察部门或者案件管理部门以及看守所：（一）批准或者决定延长侦查羁押期限的；（二）对于人民检察院直接受理立案侦查的案件，决定重新计算侦查羁押期限、变更或者解除强制措施的；（三）对犯罪嫌疑人、被告人进行精神病鉴定的；（四）审查起诉期间改变管辖、延长审查起诉期限的；（五）案件退回补充侦查，或者补充侦查完毕移送审查起诉后重新计算审查起诉期限的；（六）人民法院决定适用简易程序审理第一审案件，或者将案件由简易程序转为普通程序重新审理的；（七）人民法院改变管辖，决定延期

审理、中止审理，或者同意人民检察院撤回起诉的。"据此，在公诉环节，检察官应当及时将涉及羁押时限变化的事项及时通知监所检察部门或者案件管理部门，以便上述部门及时发现侦查机关或者人民法院侵犯犯罪嫌疑人人身自由权的情形。

二、保护被害人的权利

在审查起诉阶段，被害人享有的以下三项权利是目前检察官重点保障的对象：

（一）被害人的知情权

被害人作为与案件处理结果有着利害关系的当事人，有权了解案件的进展情况和处理结果以及自己享有的诉讼权利。同时被害人的知情权是其顺利进行诉讼的重要基础，只有对于一系列重大情况让被害人知晓，被害人才有可能发挥诉讼作用，也才有可能行使其他诉讼权利；相反，如果检察官单方面作出一切决定，被害人对决定的内容，以及所作决定的事实、法律、政策依据等浑然不知，对程序的进展一无所知，甚至对诉讼结果都是后知后觉，则一方面诉讼的民主性、公开性无从谈起，另一方面，被害人容易从心理上产生权利受到漠视的感觉，往往难以认同和接受检察官对案件的处理。根据《刑事诉讼法》及检察机关"检务公开"相关规定，检察官在询问被害人时，要出示本人的有关证件和人民检察院的询问通知书，告知被害人在审查起诉阶段的权利和义务；当检察机关决定不起诉时，要将不起诉决定书送达被害人。由于我国《刑事诉讼法》对被害人知情权方面的规定过于简略且不完整，再加上许多刑事案件被害人文化程度低、缺乏法律常识，对自身诉讼权利知之甚少，往往不知道如何维护其合法权益。近些年来检察机关制作了《被害人诉讼权利告知书》，详列被害人依法享有的各项权利，既告知在法定期限内告知委托诉讼代理人、申请回避等法定权利，也告知公安机关移送起诉认定的犯罪嫌疑人的主要犯罪事实、犯罪情节和罪名，以及起诉改变定性、退回公安机关补充侦查、改变犯罪嫌疑人强制措施等实体性、程序性事项。通过诉讼权利告知，提升了被害人合法权益保护的力度。

（二）被害人与检察官协商的权利

这是指检察官在作出一系列重大决定之前要征求被害人及其法定代理人的意见，使被害人有权发表自己的看法。被害人作为一方当事人，对于案件的处理结果应当享有发表意见，参与解决的权利。对此，《刑事诉讼法》第170条规定："人民检察院审查案件，应当讯问犯罪嫌疑人，听取辩护人、被害人及其诉讼代理人的意见，并记录在案。辩护人、被害人及其诉讼代理人提出书面意见的，应当附卷。"《人民检察院刑事诉讼规则（试行）》第 365 条和第 453 条第 2 款分别进一步明确规定，"直接听取辩护人、被害人及其诉讼代理人的意见有困难的，可以通知辩护人、被害人及其诉讼代理人提出书面意见，在指定期限内未提出意见的，应当记录在案"。"在法庭辩论中，公诉人与被害人、诉讼代理人意见不一致的，公诉人应当认真听取被害人、诉讼代理人的意见，阐明自己的意见和理由。"

为提高检察机关执法水平和办案质量，增强检察工作透明度，强化检察机关自身监督，提升执法公信力，保障检察权依法公正行使的有效途径，有助于当事人和有关机关全面正确地理解人民检察院的执法行为和所作决定的事实、法律、政策依据，进而从源头上化解社会矛盾、促进社会和谐稳定，2011 年最高人民检察院发布了《关于加强检察法律文书说理工作的意见（试行）》（以下简称《说理工作意见》）。根据《说理工作意见》的规定，在公诉工作中，作出不起诉决定、不抗诉决定或者对在罪与非罪上有较大争议且社会关注的敏感案件作出起诉决定，复议复核维持原不起诉决定时，可以根据情况进行口头说理，并制作笔录。进行说理活动时，应遵守以下几个方面的要求：一是明确事实。阐明人民检察院认定的事实及相关证据，对证据的客观性、合法性和关联性进行分析判断，阐明采信和不采信的理由或者依据。二是阐明法理。结合法律文书的具体内容和结论，对人民检察院所作出决定中依据的法律、司法解释条文的具体内容予以列明，解释法律适用的理由和依据。必要时，应当结合案件事实对条文的含义、法条适用进行解释和说明。三是讲明情理。在依据法律、政策说理的同时，注重情、理、法的有机结合，以理服人，增强执法办案的人文关怀和社会效果。四是针对争议焦点重点说明。根据当事人异议产生的原因，充分阐释决定的原因及依据，对于没有重大分歧或者争议的事实、证据，可以简要分析或者不作分析。五是语言规范，文字精练，繁简得当，明确易懂。

（三）刑事和解中的主张权、处分权、建议权

我国现行的刑事司法是以国家起诉和对被告人判刑为主要模式的，这种模式不仅带来监狱压力大、司法成本高的后果，而且严重忽略了被害人在刑事诉讼中所应具有的主体地位。因此，我国借鉴恢复性司法的理念，设立了刑事和解制度。但需要说明的是，通常所说的"刑事和解"并非指公安机关、人民检察院或者人民法院与犯罪嫌疑人、被告人就刑事责任问题进行协商和解，也就是说，公安机关、人民检察院和人民法院均不是刑事和解的一方当事人，刑事和解实际上是被害人与加害人之间就相关民事问题，如赔偿损失、赔礼道歉等事项协商谈判达成和解，并不包括被追诉者的刑事责任问题。根据《刑事

诉讼法》第 277 条、第 278 条、第 279 条的规定，在公诉环节，对于因民间纠纷引起，涉嫌《刑法》分则第四章、第五章规定的犯罪案件，可能判处 3 年有期徒刑以下刑罚的公诉案件，以及除渎职犯罪以外的可能判处 7 年有期徒刑以下刑罚的过失犯罪的公诉案件，双方当事人可以和解；双方当事人和解的，人民检察院应当听取当事人和其他有关人员的意见，对和解的自愿性、合法性进行审查，并主持制作和解协议书；对于达成和解协议的案件，人民检察院可以向人民法院提出从宽处罚的建议；对于犯罪情节轻微，不需要判处刑罚的，可以作出不起诉的决定。据此，在当事人和解的公诉案件中，被害人享有刑事和解的主张权、民事赔偿的处分权及刑事处罚的建议权。刑事和解制度给冲突双方解决矛盾提供了机会，能够有效地减少和化解矛盾，尽可能地减少法院判决后的消极因素，有助于在全社会增进和谐协调的社会关系。刑事和解制度在实体上能够确保被害人的实质利益，避免加害人负面的标签效应；在程序上提升了被害人在刑事追诉程序中的参与地位；在法理上合乎刑事追诉经济原则，有利于提升加害人社会责任感，恢复法秩序的和平。

三、保障证人的权利

提供证言和出庭作证是证人应当履行的一项法定义务。然而，证人在负有作证义务的同时，所享有的人权特别是因作证而引起、产生的相关权利如何得到切实维护，一直是困扰司法实践的一个难题。由于我国具体国情的特殊性，检察环节的证人权益保障也必须从实际出发，尤其是现阶段主要是从以下两个环节来维护证人的合法权益的。

（一）保障证人及其近亲属的人身安全及身份秘密

1996 年《刑事诉讼法》第 49 条规定："人民法院、人民检察院和公安机关应当保障证人及其近亲属的安全。对证人及其近亲属进行威胁、侮辱、殴打或者打击报复，构成犯罪的，依法追究刑事责任；尚不够刑事处罚的，依法给予治安管理处罚。"然而，采取何种手段、哪些措施来保障证人及其近亲属的安全，1996 年《刑事诉讼法》中并无具体规定。实践中，检察机关则根据具体情况采取将被告人羁押及释放情况及时通知证人、对证人实行昼夜监护、不对外泄露证人的身份秘密等可行性措施加以保护。但名不正则言不顺，为切实加强证人的保护，修改后《刑事诉讼法》在保留了 1996 年《刑事诉讼法》第 49 条规定的基础上，针对在危害国家安全犯罪、恐怖活动犯罪、黑社会性质的组织犯罪、毒品犯罪等案件中保护证人的迫切需要，在第 62 条中规定，人民法院、人民检察院和公安机关可以有权采取不公开证人真实姓名、住址和工作单位等个人信息，采取不暴露证人外貌、真实声音等出庭作证措施，禁止特定的人员接触证人及其近亲属，对人身和住宅采取专门性保护等必要措施保护证人及其近亲属的安全。

（二）保证证人获得经济补助的权利

《刑事诉讼法》第63条第1款规定："证人因履行作证义务而支出的交通、住宿、就餐等费用，应当给予补助。证人作证的补助列入司法机关业务经费，由同级政府财政予以保障。"《人民检察院刑事诉讼规则（试行）》第77条规定，"证人在人民检察院侦查、审查起诉阶段因履行作证义务而支出的交通、住宿、就餐等费用，人民检察院应当给予补助。"上述规定是为了从经济上解除证人作证的后顾之忧，鼓励其积极履行作证义务，确保诉讼的顺利进行而新增的内容。据此，根据本条规定，补助的范围是证人履行作证义务支出的交通、住宿、就餐等费用，如从证人居住地到司法机关所在地所必要的交通费用，异地作证期间住宿旅馆的费用等。证人在审查起诉阶段因作证而支出的费用，应当及时给予补助。补助的标准应当根据实际支出情况予以确定。

第三节　问题与对策

一、严格非法证据排除，保障人权

从安徽赵新建案和河北李久明案的"真凶落网"，到湖北佘祥林杀妻案和河南赵作海案的"亡者归来"，无不笼罩着非法取证的阴影。刑讯逼供等非法取证行为的存在，不仅铸成了一个个血淋淋的冤案，戕害了一个个活泼的生命，还硬生生地给中国执法和司法机关贴上了专断、野蛮的标签，严正地提出了司法公正在中国何以可能的问题。面对社会各界的声讨和质疑，我国的司法界和立法机关直面问题的实质，开始了对遏制非法取证行为，保证司法公正的制度设计。先是由最高人民法院、最高人民检察院、公安部、国家安全部、司法部（以下简称"两高三部"）于2010年5月30日发布关于刑事证据规则的两个规定，即《关于办理死刑案件审查判断证据若干问题的规定》和《关于办理刑事案件排除非法证据若干问题的规定》（以下分别简称《办理死刑案件证据规定》和《排除非法证据规定》），比较系统地初步建构了我国刑事证据规则体系，尤其是确立了非法证据排除规则；后又在修订《刑事诉讼法》时，增加了非法证据排除规则的内容，并且制定了合乎我国国情的具体操作程序。《刑事诉讼法》直接规定非法证据排除的条款共有5条，其内容不仅包括非法言词证据的排除和非法实物证据的补正、检察机关在非法证据排除中的作用，还详细规定了非法证据排除的程序性规则，以保证其得到有效的实施，是证据制度的一项突破性的改革措施，这些内容基本构成了我国非法证据排除规则中保障人权的一整套制度。证据是办案的根据，依法审查证据，根据证据认定案件事实、判断案件性质，运用证据证实犯罪，是审查逮捕、审查起诉工作的重要内容。各级人民检察院的公诉人员必须高度重视对案件证据的审查工作，坚持打击犯罪与保障人权相统一、执行实体法与执行程序法相统一的原则，在办案工作中全面、客观地审查证据，既要重视对证据客观性、关联性的审查，又要注重对证据合法性的审查，对非法证据要严格依照法律规定予以排除。

（一）我国刑事司法中的非法证据

何谓非法证据？世界各国对于非法证据的界定以及对于排除范围的设定都是不一致的。它不仅涉及"非法"手段的界定，还涉及非法手段的严重程度，更关系到证据的内容与形式的关系等。关于"非法"手段的界定，《刑事诉讼法》第50条规定，"严禁刑讯逼供和以威胁、引诱、欺骗以及其他非法方法收集证据，不得强迫任何人证实自己有罪"。把刑讯逼供、威胁、引诱、欺骗，以及其他非法方法列为非法手段，这是一个非常广泛的界定，不利于公安司法机关具体掌握非法证据的排除范围。《刑事诉讼法》第54条第1款规定："采用刑讯逼供等非法方法收集的犯罪嫌疑人、被告人供述和采用暴力、威胁等非法方法收集的证人证言、被害人陈述，应当予以排除。收集物证、书证不符合法定程序，可能严重影响司法公正的，应当予以补正或者作出合理解释；不能补正或者作出合理解释的，对该证据应当予以排除。"据此，把非法手段限制在刑讯逼供、暴力、威胁等。《刑事诉讼法》修正案公布以后，学界及实务工作者对非法证据的范围众说纷纭。其中有代表性的观点认为，目前只规定以上3种非法手段，那么问题随之而来。司法实践中出现的精神折磨、不人道的取证方法以及虐待的方法等是否属于非法手段呢？为回应学界及实务工作者的质疑，提高《刑事诉讼法》的可操作性，《人民检察院刑事诉讼规则（试行）》第65条第2款、第3款对何为刑讯逼供、何为其他非法方法做出了明确规定："刑讯逼供是指使用肉刑或者变相使用肉刑，使犯罪嫌疑人在肉体或者精神上遭受剧烈疼痛或者痛苦以逼取供述的行为。其他非法方法是指违法程度和对犯罪嫌疑人的强迫程度与刑讯逼供或者暴力、威胁相当而迫使其违背意愿供述的方法。"

从《人民检察院刑事诉讼规则（试行）》的行文表述上看，检察机关对何为刑讯逼供及非法方法提出了"相当性"的程度标准，规定对于其他非法手段，重点把握其违法危害程度是否与刑讯逼供和暴力、威胁手段相当，由检察人员根据违法取证的具体情况进行判断。正确理解《人民检察院刑事诉讼规则（试行）》第65条中的"刑讯逼供等非法手段"，关键有如下两点：一是关于"刑讯逼供"的理解。"刑讯逼供"指司法工作人员使用肉刑或者变相使用肉刑逼迫犯罪嫌疑人、被告人供述犯罪的行为，其目的是使犯罪嫌疑人、被告人在肉体或者精神上遭受剧烈疼痛或者痛苦难忍，从而逼迫其作出有罪供述。刑讯逼供的具体表现形式多样，审查认定是否构成刑讯逼供，应当结合案件具体情况，对办案人员采取的手段、目的及其使犯罪嫌疑人、被告人肉体或者精神痛苦的程度等进行综合判断，既不能把是否采用暴力手段作为认定刑讯逼供的唯一标准，也不能只要在办案中存在不当执法行为，不论其目的和严重程度，就一概认定为刑讯逼供。二是"等"字的理解，对于以其他非法方法强迫犯罪嫌疑人作出有罪供述，应当从是否严重损害程序公正、损害证据的客观真实性两个方面综合审查判断，对于存在轻微程序违法、经其他证据印证、犯罪嫌疑人的供述具有客观真实性的，不应作为非法言词证据予以排除。对于"采用暴力、威胁等非法手段取得的证人证言"，也应当参照上述原则和方法予以审查确认。①

在区分证据瑕疵与非法证据的界限时，不能把一般违法行为所导致的形式不合法的证据，也当成非法证据加以排除。例如《办理死刑案件证据规定》第9条第2款规定："物证、书证的收集程序、方式存在下列瑕疵，通过有关办案人员的补正或者作出合理解释的，可以采用：（一）收集调取的物证、书证，在勘验、检查笔录，搜查笔录，提取笔录，扣押清单上没有侦查人员、物品持有人、见证人签名或者物品特征、数量、质量、名称等注明不详的；（二）收集调取物证照片、录像或者复制品，书证的副本、复制件未注明与原件核对无异，无复制时间、无被收集、调取人（单位）签名（盖章）的；（三）物证照片、录像或者复制品，书证的副本、复制件没有制作人关于制作过程及原物、原件存放于何处的说明或者说明中无签名的；（四）物证、书证的收集程序、方式存在其他瑕疵的。"这一规定就是要求必须区分瑕疵证据与非法证据的界限。有些形式不合法的证据，或者更一般的程序违法的证据，不一定都是非法证据。瑕疵证据可能采用退回补正的方法，或者要求办案人员作出合理解释，以消除瑕疵和疑问。当然，"对物证、书证的来源及收集过程有疑问，不能作出合理解释的，该物证、书证不能作为定案的根据"。再如《办理死刑案件证据规定》第7条规定："对在勘验、检查、搜查中发现与案件事实可能有关联的血迹、指纹、足迹、字迹、毛发、体液、人体组织等痕迹和物品应当提取而没有提取，应当检验而没有检验，导致案件事实存疑的，人民法

① 参见孙谦主编：《〈人民检察院刑事诉讼规则（试行）〉理解与适用》，中国检察出版社2012年版，第62～63页。

院应当向人民检察院说明情况，人民检察院依法可以补充收集、调取证据，作出合理的说明或者退回侦查机关补充侦查，调取有关证据。"采用补正或退查的方法，解决瑕疵证据的问题，这是符合我国当前的实际情况的。因为我们还不能把一般的程序违法的证据，统统视为非法证据而将其全部排除。更重要的是大部分瑕疵证据是由于证据形式不合法，"形式不合法的证据可能是缺乏形式要件，没有达到法律对证据的形式要求，形式上不合法的证据取证过程中并没有侵犯被取证人的权利。非法证据通过排除规则解决，形式不合法的证据应当通过证据的可采性解决"。① 它和非法证据的排除是属于两种性质完全不同的范畴，我们不能混淆适用。

（二）非法证据排除的程序

对如何排除非法证据，《刑事诉讼法》规定了具体的操作规程。这些具体的程序对于避免因为采纳非法证据而导致冤假错案的发生将起到非常重要的作用。这些程序包括：

1. 程序的启动。《刑事诉讼法》第 56 条第 2 款规定："当事人及其辩护人、诉讼代理人有权申请人民法院对以非法方法收集的证据依法予以排除。申请排除以非法方法收集的证据的，应当提供相关线索或者材料。"

2. 法庭审查并进行法庭调查。《刑事诉讼法》第 56 条第 1 款规定："法庭审理过程中，审判人员认为可能存在本法第五十四条规定的以非法方法收集证据情形的，应当对证据收集的合法性进行法庭调查。"

3. 证明责任。首先，被告方承担初步的举证责任。《刑事诉讼法》第 56 条第 2 款 "当事人及其辩护人、诉讼代理人有权申请人民法院对以非法方法收集的证据依法予以排除。申请排除以非法方法收集的证据的，应当提供相关线索或者材料" 的规定，既赋予了有关诉讼参与人（通常是被告人）启动非法证据排除程序的权利，也明确了其承担初步举证责任的义务，虽然《刑事诉讼法》对 "线索或者材料" 没有作明确说明，但参照《排除非法证据规定》第 6 条，应当是指涉嫌非法取证的人员、时间、地点、方式、内容等，应当说这样的规定考虑了被告方通常难以承担证据非法的证明责任的现实，既是维护被告方合法利益的需要，也是避免被告人滥用非法证据排除程序申请权而妨碍正常的诉讼程序，提高司法效率的需要。其次，公诉方承担证据收集合法性的证明责任。《刑事诉讼法》第 57 条 "对证据收集的合法性进行法庭调查的过程中，人民检察院应当对证据收集的合法性加以证明……" 的规定明确了控

① 杨宇冠：《执行〈非法证据排除规定〉应澄清两个问题》，载《检察日报》2010年 8 月 11 日，第 3 版。

方承担的举证责任，这种举证责任的分配符合国际惯例；既然是举证责任，一旦举证不能，或举证要求达不到法定程度，则要承担证据被排除的法定后果，对公诉方既是压力，又是动力，增加了非法证据被排除的可能性。最后，法庭对非法证据有主动调查核实的义务，既是法院的职责所在，又符合《刑事诉讼法》的规定，无疑有利于人权保障。

4. 证明的方法。《刑事诉讼法》第 57 条第 1 款规定："在对证据收集的合法性进行法庭调查的过程中，人民检察院应当对证据收集的合法性加以证明。"这一规定把排除非法证据的证明责任明确由控方承担，而且在本条第 2 款还规定证明的方法，即"现有证据材料不能证明证据收集的合法性的，人民检察院可以提请人民法院通知有关侦查人员或者其他人员出庭说明情况；人民法院可以通知有关侦查人员或者其他人员出庭说明情况。有关侦查人员或者其他人员也可以要求出庭说明情况。经人民法院通知，有关人员应当出庭"。

5. 法庭经过审理的处理程序。《刑事诉讼法》第 58 条规定："对于经过法庭审理，确认或者不能排除存在本法第五十四条规定的以非法方法收集证据情形的，对有关证据应当予以排除。"根据这一规定，对于经过庭审，即当事人等的申请、法庭调查、控方举证、质证和辩论，如果法庭能够确认为非法证据的，应当予以排除，不能排除存在以非法方法收集证据情形的，即该证据的合法性控方不能提供证据加以证明或者已提供的证据不够确实、充分的，该证据也不能作为定案的根据，亦应当依法予以排除。

（三）如何在工作中贯彻落实非法证据排除规则

1. 注意发现和严格依法排除非法证据

（1）启动调查程序。《人民检察院刑事诉讼规则（试行）》第 68 条规定："在侦查、审查起诉和审判阶段，人民检察院发现侦查人员以非法方法收集证据的，应当报经检察长批准，及时进行调查核实。当事人及其辩护人、诉讼代理人报案、控告、举报侦查人员采用刑讯逼供等非法方法收集证据并提供涉嫌非法取证的人员、时间、地点、方式和内容等材料或者线索的，人民检察院应当受理并进行审查，对于根据现有材料无法证明证据收集合法性的，应当报经检察长批准，及时进行调查核实。上一级人民检察院接到对侦查人员采用刑讯逼供等非法方法收集证据的报案、控告、举报的，可以直接进行调查核实，也可以交由下级人民检察院调查核实。交由下级人民检察院调查核实的，下级人民检察院应当及时将调查结果报告上一级人民检察院。人民检察院决定调查核实的，应当及时通知办案机关。"据此，人民检察院的调查启动方式有三种：①人民检察院在履行法律监督职责的过程中主动发现侦查人员存在以非法方法收集证据的情形，应当报经检察长批准后，及时进行调查核实。②由单位或者个人举报或者控告存在非法取证行为进而启动人民检察院的调查核实程序。单位或者个人的举报或者控告应当提供相关的证据或者线索，以便于人民检察院展开调查。对于能够提供相关证据或者线索的，人民检察院应当立即受理并进行审查，经审查后发现根据现有材料无法证明证据收集合法性的，则应当报请检察长批准后启动调查核实程序。③由上一级人民检察院接到举报、控告后的处理情形，上一级人民检察院既可以直接展开调查核实，也可以交由下级院予以调查核实。

（2）调查核实的方式。《人民检察院刑事诉讼规则（试行）》第69条规定："对于非法证据的调查核实，在侦查阶段由侦查监督部门负责；在审查起诉、审判阶段由公诉部门负责。必要时，渎职侵权检察部门可以派员参加。"据此，当案件处于审查起诉、审判阶段时，负责承办案件的检察官必须对证据取得的合法性进行审查核实。对于非法取证行为调查核实的方式，《人民检察院刑事诉讼规则（试行）》第70条采取列举的方式予以了规定，主要包括：讯问犯罪嫌疑人；询问办案人员；询问在场人员及证人；听取辩护律师意见；调取讯问笔录、讯问录音、录像；调取、查询犯罪嫌疑人出入看守所的身体检查记录及相关材料；进行伤情、病情检查或者鉴定。

（3）调查核实后的处理。根据《人民检察院刑事诉讼规则（试行）》第71条的规定，调查完毕后，办案人员应当制作调查报告，根据查明的情况提出处理意见，报请检察长决定后依法处理。办案人员在审查起诉中经调查核实依法排除非法证据的，应当在调查报告中予以说明。被排除的非法证据应当随案移送。对于确有以非法方法收集证据情形，尚未构成犯罪的，应当依法向被调查人所在机关提出纠正意见。对于需要补正或者作出合理解释的，应当提出明确要求。经审查，认为非法取证行为构成犯罪需要追究刑事责任的，应当依法移送立案侦查。

2. 认真审查瑕疵证据，依法要求侦查机关采取补救措施

在审查起诉工作中，要重视审查有瑕疵的证据，并分别不同情况，要求侦查机关采取相应的补救措施，解决证据的瑕疵问题，保证证据的合法性。根据《刑事诉讼法》及相关司法解释，检察人员在审查证据时，应对注意审查证据的收集程序、方式，如有瑕疵，应当要求侦查人员依法重新收集、调取或者采取其他补救措施；如果因客观条件限制确实无法重新收集、调取证据，也无法采取其他补救措施，如不影响证据的客观性、关联性，在向侦查机关提出纠正违法意见的同时，应当要求侦查机关和侦查人员就此问题作出说明，如若不然，不得作为证据使用。对于物证而言，其收集程序、方式有下列瑕疵，经补正或者作出合理解释的，可以采用：一是勘验、检查、搜查、提取笔录或者扣

押清单上没有侦查人员、物品持有人、见证人签名，或者对物品的名称、特征、数量、质量等注明不详的；二是物证的照片、录像、复制品，书证的副本、复制件未注明与原件核对无异，无复制时间，或者无被收集、调取人签名、盖章的；三是物证的照片、录像、复制品，书证的副本、复制件没有制作人关于制作过程和原物、原件存放地点的说明，或者说明中无签名的；四是有其他瑕疵的。对于证人证言而言，其收集程序、方式有下列瑕疵，经补正或者作出合理解释的，可以采用；不能补正或者作出合理解释的，不得作为定案的根据：一是询问笔录没有填写询问人、记录人、法定代理人姓名以及询问的起止时间、地点的；二是询问地点不符合规定的；三是询问笔录没有记录告知证人有关作证的权利义务和法律责任的；四是询问笔录反映出在同一时段，同一询问人员询问不同证人的。对于讯问笔录而言，其有下列瑕疵，经补正或者作出合理解释的，可以采用；不能补正或者作出合理解释的，不得作为定案的根据：一是讯问笔录填写的讯问时间、讯问人、记录人、法定代理人等有误或者存在矛盾的；二是讯问人没有签名的；三是首次讯问笔录没有记录告知被讯问人相关权利和法律规定的。

《刑事诉讼法》第 171 条第 1 款规定："人民检察院审查案件，可以要求公安机关提供法庭审判所必需的证据材料；认为可能存在本法第五十四条规定的以非法方法收集证据情形的，可以要求其对证据收集的合法性作出说明。"根据上述规定，《人民检察院刑事诉讼规则（试行）》在修订时增加了人民检察院要求公安机关对证据合法性进行说明的规定，《人民检察院刑事诉讼规则（试行）》第 72 条规定："人民检察院认为存在以非法方法收集证据情形的，可以书面要求侦查机关对证据收集的合法性进行说明。说明应当加盖单位公章，并由侦查人员签名。"因此，在对瑕疵证据进行补正时，要重点把握如下三个要点：一是要求公安机关进行合法性说明应当采用书面形式；二是公安机关提供的合法性说明应当盖有单位公章或者签名；三是对公安机关的合法性说明分情况予以处理，这也是对其说明进行实质审查后的处理结果，即如果能够提供合法性说明的，应当认定该证据可以作为提起公诉的依据；对于无法提供合理解释或者说明，进而无法认定收集证据合法性的，则不得作为提起公诉的依据。

3. 强化侦查监督，依法纠正违法取证行为

公诉部门的办案人员，要进一步强化监督意识，把法律监督工作贯穿于审查起诉工作中。对侦查人员违法取证行为情节较轻的，可以向侦查人员或者侦查机关负责人提出纠正意见。对违法取证行为情节较重，但尚未构成犯罪的，应当报请检察长批准后，向侦查机关发出《纠正违法通知书》，并跟踪监督纠

正情况。对纠正不力的，可以向侦查机关负责人再次说明违法取证情况，督促限期纠正并将纠正情况回复人民检察院。必要时，可以将能纠正违法通知书及督促纠正违法的情况一并报上一级人民检察院，由上一级人民检察院向同级侦查机关通报。对违法取证行为情节严重，涉嫌构成犯罪的，应当移送本院侦查部门审查，并报告检察长，或者报经检察长批准进行初查后，移交侦查部门立案侦查。

二、坚持贯彻宽严相济的刑事政策，惩罚犯罪与保障人权并重

2004 年 12 月 22 日中央政法工作会议提出要"正确运用宽严相济的刑事政策"。2006 年党的十六届六中全会通过的中共中央关于《构建社会主义和谐社会若干重大问题的决定》亦提出了要实施宽严相济的刑事司法政策。2006 年最高人民检察院印发的《关于进一步深化检察改革的三年实施意见》，也规定在检察工作中要进一步完善贯彻"宽严相济"刑事政策的工作机制和工作制度。2012 年《刑事诉讼法》的修改坚持贯彻宽严相济的刑事政策，实行惩罚犯罪与保障人权并重，既注意及时、准确地惩罚犯罪，维护公民、社会和国家利益，又注意对刑事诉讼参与人包括犯罪嫌疑人、被告人合法权利的保护。在公诉工作中，贯彻好这一刑事司法政策，具有重大的现实意义。

（一）轻缓的刑事政策与人权保护

宽严相济之"宽"，其确切含义应当是轻缓，表现为三种情形：一是非犯罪化。非犯罪化是指本来作为犯罪处理的行为，基于某种刑事政策的要求，不作为犯罪处理。非犯罪化可以分为立法上的非犯罪化与司法上的非犯罪化。立法上的非犯罪化是指将本来应作为犯罪处理的行为通过立法方式将其从犯罪范围中去除。司法上的非犯罪化是指刑法虽然规定为犯罪，但由于犯罪情节轻微、危害不大，在司法过程中对这种行为不作为犯罪处理。非犯罪化体现了刑法的轻缓化，因而是宽严相济刑事司法政策的重要内容。二是非监禁化。非监禁化是指某一行为虽然构成犯罪，但根据犯罪情节和悔罪表现，判处非监禁刑或者采取缓刑、假释等非监禁化的刑事处遇措施。我国《刑法》中的非监禁刑包括管制、罚金和剥夺政治权利等，这种非监禁刑相对于监禁刑而言，由于其对犯罪分子不予关押，因而是刑法轻缓化的体现。此外，缓刑是针对被判处3 年以下有期徒刑或者拘役的犯罪分了，由于犯罪情节较轻，具有悔罪表现而适用的一种非监禁化的刑事处遇措施，主要解决轻刑犯的非监禁化问题。假释是对被判处有期徒刑、无期徒刑的犯罪分子，由于其认真遵守监规，接受教育改造，确有悔罪表现而适用的一种非监禁化的刑事处遇措施，主要解决重刑犯的非监禁化问题。缓刑和假释都是附条件地对犯罪分子不予关押，以体现对犯

罪分子的宽大处理。三是非司法化。非司法化是就诉讼程序而言的，在一般情况下，凡是涉嫌犯罪的都应进入刑事诉讼程序。但在某些情况下，犯罪情节较轻或者刑事自诉案件，可以经过刑事和解，不进入刑事诉讼程序案件便得以了结。非司法化，是对轻微犯罪案件在正式的刑事诉讼程序之外得以结案的一种方式，体现了对轻微犯罪的宽缓处理。通过将轻缓的刑事政策贯彻于公诉工作的环节，并在轻缓的刑事政策的指导下进行工作机制创新，体现对案件中具体人权的保护。

1. 用好相对不起诉制度和附条件不起诉制度

相对不起诉是指检察官对于存在足够犯罪嫌疑且符合起诉条件的案件，依其职权斟酌具体情形而作出的一种不起诉处分。它有利于节约诉讼成本，合理使用司法资源，将主要精力投入到更为严重的刑事犯罪案件的起诉中去，以提高诉讼质量和诉讼效率。然而，由于诸多因素的影响，不起诉制度在司法实践中运行不畅，适用率较低，没有发挥其应有的功能，更是将轻微犯罪人推入繁杂冗长的诉讼程序，使一些本可以通过其他非刑罚化措施得到改善的犯罪嫌疑人承受过多的诉讼负担，遭受短期自由刑，甚至使犯罪嫌疑人产生仇视和对抗社会的扭曲心态。因此，要发挥相对不起诉对犯罪的预防、改造、震慑之功能，对符合条件的案件不作人为的限制比例而大胆适用相对不起诉。

针对未成年人犯罪案件的特点，《刑事诉讼法》对办理未成年人犯罪案件的方针、原则、各个诉讼环节的特别程序作出规定。在审查起诉环节，设置了附条件不起诉制度，规定对于未成年人涉嫌侵犯人身权利民主权利、侵犯财产、妨害社会管理秩序犯罪，可能判处一年有期徒刑以下的刑罚，符合起诉条件，但有悔罪表现的，人民检察院可以作出附条件不起诉的决定。附条件不起诉制度的设立对公诉人分析案情、量刑预测及评估未成年犯罪嫌疑人悔罪表现和帮教条件等方面的能力有了更高的要求。在做出附条件不起诉决定前，公诉人对未成年人犯罪的案件需要进行更加深入的调查分析，审查其是否符合附条件不起诉的条件，这一系列的工作并不是单靠审阅案卷就能办到。公诉人需走访未成年人的家庭、学校、社区等，对其性格特点、家庭情况、社会交往、成长经历、是否具备有效监护条件或者社会帮教措施，以及涉嫌犯罪前后表现等情况进行调查，以了解未成年犯罪嫌疑人、被告人的成长经历、犯罪原因、监护教育等情况，或者委托司法行政机关、社区矫正工作部门等进行调查，从而有针对性地采取办理案件的方法和措施，同时也为教育改造未成年人确定有针对性的改造方案和方法。

2. 用好刑事和解制度

人民检察院对于符合法律规定的公诉案件，可以建议当事人进行和解，并告知相应的权利义务，必要时可以提供法律咨询。办案人员在审查起诉阶段发现案件符合法律规定的和解范围和条件的，可以向当事人提出和解的建议，一方当事人有和解意向的，可以告知对方当事人。同时，检察机关应当告知当事人和解的相关规定、双方当事人的权利义务、和解的法律后果等。在和解的过程中，主要由双方当事人自行协商，检察机关可以在必要时提供法律咨询。检察机关应当始终保持客观、中立，不得偏袒或欺瞒任何一方，也不得强迫当事人和解。另外，当事人实现和解的途径有很多种，既可以自行达成和解，也可以经人民调解委员会、村民委员会、居民委员会、当事人所在单位或者同事、亲友等组织或者个人调解后达成和解。在司法实践中，检察机关要与人民调解组织密切配合，建立有效衔接机制，尊重和支持当事人申请人民调解，支持配合人民调解组织的工作。

为防止犯罪嫌疑人、被告人一方以钱买刑、以权压法、仗势欺人，处理案件的检察官应当对和解的自愿性、合法性进行重点审查。根据《人民检察院刑事诉讼规则（试行）》第515条规定，对于当事人和解协议的审查应当重点从以下几个方面进行：一是双方当事人是否自愿和解。如果通过审查发现，犯罪嫌疑人或者其亲友等以暴力、威胁、欺骗或者其他非法方法强迫、引诱被害人和解，或者在协议履行完毕之后威胁、报复被害人的，应当认定和解协议无效。已经作出不起诉决定的，应上报主管检察长根据案件情况撤销原决定，对犯罪嫌疑人提起公诉。二是犯罪嫌疑人是否真诚悔罪，是否向被害人赔礼道歉，经济赔偿数额与其所造成的损害和赔偿能力是否相适应。和解协议书约定的赔偿损失内容，应当在双方签署协议后立即履行，至迟在人民检察院作出从宽处理决定前履行。确实难以一次性履行的，在被害人同意并提供有效担保的情况下，也可以分期履行。人民检察院拟对当事人达成和解的公诉案件作出不起诉决定的，应当听取双方当事人对和解的意见，并且查明犯罪嫌疑人是否已经切实履行和解协议，不能即时履行的是否已经提供有效担保，将其作为是否决定不起诉的因素予以考虑。三是被害人及其法定代理人或者近亲属是否明确表示对犯罪嫌疑人予以谅解。可以通过审查和解协议以确认被害人及其法定代理人或者近亲属是否对犯罪嫌疑人予以谅解，并要求或者同意公安机关、人民检察院、人民法院对犯罪嫌疑人依法从宽处理。四是和解协议是否符合法律规定，是否存在损害国家、集体和社会公共利益或者他人的合法权益，或者是否符合社会公德。

为了保证审查的效果，《人民检察院刑事诉讼规则（试行）》还规定，检察机关在审查时应当听取双方当事人和其他有关人员对和解的意见，告知被害人刑事案件可能从宽处理的法律后果和双方的权利义务，并制作笔录附卷。检察机关对和解进行审查后，认为和解是在双方自愿的前提下达成，内容合法，且符合法律规定的范围和条件的，人民检察院应当主持制作和解协议书。和解协议书的主要内容包括：双方当事人的基本情况；案件的主要事实；犯罪嫌疑人真诚悔罪，承认自己所犯罪行，对指控的犯罪没有异议，向被害人赔偿损失、赔礼道歉等；赔偿损失的，应当写明赔偿的数额、履行的方式、期限等；被害人及其法定代理人或者近亲属对犯罪嫌疑人予以谅解，并要求或者同意公安机关、人民检察院、人民法院对犯罪嫌疑人依法从宽处理。和解协议书应当一式三份，双方当事人各持一份，另一份交人民检察院附卷备查。需要注意的是，和解协议书应当由双方当事人签字，检察人员不在当事人和解协议书上签字，也不加盖人民检察院印章，但是可以写明和解协议书系在人民检察院主持下制作。

对于当事人在公诉环节达成和解协议的案件，可以作为是否需要判处刑罚或者免除刑罚的因素予以考虑，符合法律规定的不起诉条件的，可以决定不起诉。《刑事诉讼法》第279条规定，达成和解协议的案件，人民检察院对于犯罪情节轻微，不需要判处刑罚的，可以作出不起诉的决定。对于依法应当提起公诉的，人民检察院可以向人民法院提出从宽处罚的量刑建议。经审查，认为双方当事人虽然达成和解协议，但是不符合法律规定的不起诉条件的，依法应当追究刑事责任的，应当向人民法院提起公诉，但是可以向人民法院提出对被告人从轻或者减轻处罚的量刑建议。

3. 做好简易程序庭审工作

《刑事诉讼法》扩大了简易程序的适用范围，使占案件总量绝大多数的简单刑事案件以快捷的方式予以及时审理，这势必有利于诉讼效率的提高，缓解"案多人少"的矛盾，从而使司法机关能够将更多精力、更多资源投入到重大、疑难、复杂案件的审理上，实现诉讼效率与司法公正的良性发展。同时，为保证适用简易程序审理案件的质量，《刑事诉讼法》规定了公诉人需在简易程序出庭。公诉人出庭是规范化审判构造的要求，符合"控审分离"的基本要求，也是公诉人本身行使其控诉职能及监督职能的需要。每一名公诉人需端正认识，不能简单地抱怨出庭数量的增加，要认识到简易程序公诉人出庭支持公诉的必要性和积极意义，更好地履行公诉职责。公诉人需准确把握适用简易程序的案件范围。可以适用简易程序审判的案件需要满足以下三种条件：（1）案件事实清楚、证据充分的；（2）被告人承认自己所犯罪行，对指控的犯罪事实没有异议的；（3）被告人对适用简易程序没有异议的。不再将简易程序的案件范围局限于最高刑为3年以下有期徒刑的轻罪案件。由于被告人对适用简易程序无异议是必备条件之一，公诉人需要制作简易程序意见征询书，在讯问时交由犯罪嫌疑人阅读，如犯罪嫌疑人无异议的，让其签字捺手印。公诉人在起诉案件时将犯罪嫌疑人签字同意的意见书与简易程序建议书一并交至法院。

（二）严厉的刑事政策与人权保护

宽严相济之"严"，是指严格或者严厉，它与惩办与宽大相结合中的惩办一词相比，词意更为确切。储槐植教授曾经提出"严而不厉"的命题，将"严"与"厉"分而论之，指出："严"与"厉"二字含义有相同的一面，常常一起连用；它们也有不同的一面，"严"为严肃、严格、严密之意，"厉"为厉害、猛烈、苛厉之意。储槐植教授之所谓"严而不厉"是在不同含义上使用这两个字，严格刑事法网严密，刑事责任严格；"厉"主要指刑罚苛厉，刑罚过重。宽严相济中的"严"，当然包括严格之意，即该作为犯罪处理的一定要作为犯罪处理，该受到刑罚处罚的一定要受到刑罚处理，这也就是司法上的犯罪化与刑罚化。与此同时，宽严相济之严还含有严厉之意。这里的严厉主要是指判处较重刑罚，当然是指该重而重，而不是指不该重而重，当然也不是指刑罚过重。打击犯罪与保障人权是一个硬币的两面，在工作工作中贯彻严厉的刑事政策也同样体现了对人权的保障，这主要体现在以下几个方面：

1. 适用的对象

一是从行为角度看，"严"的适用对象是严重影响社会稳定的犯罪，主要包括：（1）严重危及公民人身、财产安全的犯罪，特别是暴力犯罪，如杀人、强奸、抢劫、绑架、贩毒等案件；（2）聚众性犯罪，如武装叛乱、暴乱罪、聚众扰乱社会秩序罪、聚众冲击国家机关罪等；（3）部分危害公共安全的犯罪，如放火、爆炸、投放危险物质、劫机劫船、涉枪犯罪以及造成严重后果的过失犯罪，如重大责任事故罪、工程重大安全事故罪等；（4）有组织犯罪，主要是恐怖组织犯罪和黑社会性质组织犯罪；（5）邪教组织犯罪；（6）贪污贿赂犯罪。近年来，这些犯罪的数量持续上升，对社会的危害日益严重，群众对此反映比较强烈，严重影响了社会的稳定。二是从行为人角度看，"严"的适用对象是严重危及社会稳定的犯罪人，主要包括职务犯（利用职务便利进行犯罪的国家工作人员）和累犯。职务犯由于其主体的特殊性、其行为侵犯社会关系的多重性及对职务的违背性等，表现出更广泛、更严重的社会危害性，而且，职务犯对社会的不良示范作用较之其他犯罪人更大，因此，要"从严治吏"。而累犯，我国历来将其作为惩治的重点，现行《刑法》也对累犯专门作了修订，表现了我国对累犯从严惩治的决心。

2. 适用的方式

一是实体上"依法从重"。所谓"依法从重"是指依法对严重影响社会稳定的犯罪和严重危及社会稳定的犯罪人加大打击力度，依法予以从重惩处。具体包括两方面的含义：一方面是刑事政策导向的"从重"。根据社会治安的实际需要，对适用对象在政治上和法律上给予超出一般犯罪或犯罪人的否定评价；另一方面是实际处罚意义上的"从重"，即在相对确定的法定刑的范围内适用较重的刑种或较长的刑期。

3. 程序上"依法从快"

所谓"依法从快"是指在法定的程序下，在法定期限以内，对适用对象及时审查、及时起诉，以达到有效地追究犯罪、证实犯罪、打击犯罪，稳定社会，安抚被害人及其家属的效果。如对于被告人犯数罪的案件，如果主要罪名事实清楚、证据确凿的，次罪中据以定罪量刑的证据在法定的期限以内无法查清的，以主要罪名起诉，无法查证的次罪不予认定；对于共同犯罪的案件，如果同案犯在逃，但现有的证据足以证明在案犯犯罪事实的，就应对在案犯起诉，绝不能久拖不决。

4. 适用的原则

首先，遵循罪刑法定原则。公诉部门必须严格按照《刑法》规定的犯罪构成要件追究行为人的刑事责任，而不能因为"严"的需要随意出入人罪。尤其值得注意的是，要慎用司法解释，无论是扩张解释还是限制解释，都不能违反《刑法》规定的基本意图。其次，应遵循罪刑相适应原则。公诉部门必须严格按照《刑法》规定追究犯罪人的刑事责任，做到罪刑均衡，尤其是要正确适用"从重"情节。"从重"必须坚持以"依法"为前提，在政策和实际操作上严格把握，慎重运作。在政策上，既要严格控制和明确界定"从重"的具体范围，又要慎重对待和具体把握"从重"的幅度。在实际操作上，"从重"必须严格限定在法定量刑的幅度以内，并且"从重"处罚的幅度应视具体情况而定。最后，应遵循正当程序原则。要严格按照《刑事诉讼法》的规定办案，不能为了"从快"而人为地缩短甚至取消犯罪嫌疑人、被告人合法权益的行使期限。

（三）存在的障碍及解决途径

1. 完善检察业务考评机制

检察机关业务考评中的一些考核性目标与宽严相济刑事政策的执行有时会产生矛盾。检察机关以控制不起诉率的方式来防止不起诉裁量权的滥用，提出普通刑事案件酌定不起诉率不超过2%，破坏社会主义市场经济秩序案件酌定不起诉率不超过6%，自侦案件不起诉率不超过12%的要求。这种对不起诉权限制的初衷，是为了防止不起诉权的滥用，但其弊端也很显见，致使许多符合法律规定，应该不起诉的案件，不起诉更适宜、更能取得良好的法律效果和社会效果的案件，只能向法院起诉交付审判。如一些小案、可能判缓的、可以不诉的案件，办案单位、办案人员有时怕突破指标，完成不了任务，不敢轻易本着宽严相济刑事政策进行办案，实际效果是该严格的严格了，不该严格的，也照严格的标准办了。

因此，检察工作围绕贯彻落实宽严相济刑事政策，要完善检察业务考评机制，调整考评办法，保证依法正确适用不批捕，不起诉，改变不适当地控制撤案率，确立正确的执法导向，更好地实现办案数量、办案效果的有机统一。对于与宽严相济刑事政策实施相悖的或有掣肘的，在不违法或不违背相关政策的基础上，有些指标应该放宽，有些指标应该从严，让办案单位、办案人员不为完成指标而办案，做到依法律规定办理每一起案件，当宽则宽，当严则严。

2. 完善司法机关公用经费保障机制

部门利益驱动有时会影响宽严相济刑事政策的贯彻落实。由于司法机关的经费不足，各地都制定了将赃款按一定比例返还弥补办案经费不足的政策。为了完成上级院和地方党委的工作任务，办案机关在办理案件时，有时会为了利益对个别案件采取本位主义的方法，在不违法的情况下进行一些变通。如对检察机关查办的自侦案件，法院大多收了费用就对既可判缓刑也可判实体刑的判了缓刑，有罪判决缓刑化、轻刑化现象严重，影响了法律的公正和权威。

因此，应当完善司法机关公用经费保障机制。经费没有保障，是引发当前个别司法机关搞利益驱动，不依法办案、不公正办案的最直接、最大的诱因，由此而引发的问题增加了许多社会不和谐因素。落实财政保障标准，确保司法机关履行职能，严格落实"收支两条线"，建立激励约束机制，从根本上解决司法机关违背宽严相济刑事政策，搞利益驱动办案的问题。

三、保护律师职业权利与公正起诉

（一）存在的问题

辩护律师与检察官在维护法律的正确实施，使有罪的人受到与其所犯罪行和承担的刑事责任相适应的刑罚以及保障无罪的人不受刑事追究方面是一致的，目的都是为了实现司法公正。但是实践中检察官和律师却成了法庭上的对手、工作中的对立面。《刑事诉讼法》关于刑事辩护制度的新规定从立法的层面一定程度上解决了律师会见难、阅卷难、听取意见难、调查取证难、执业风险高的问题，但是，从目前的情况看，检察机关在保障律师参与诉讼和履行辩护权的问题上的作为，与立法所希望达到的效果之间，还存在着理念、制度等方面的差距，维护控辩平等与控辩救济的有效贯彻落实还面临一些问题。

1. 控辩二者之间的内在紧张关系未得到有效调整

实践中，一些公诉人将自己作为诉讼的一方当事人，或多或少地存在重指控犯罪、轻诉讼监督，重打击犯罪、轻人权保障等思想，曲解了控诉职能与监督职能之间的关系。检察机关法律监督者的地位由《宪法》赋予，具有最高的法律效力，法律监督职能统摄控诉职能。"如果将检察机关定位于法律监督机关，那检察机关就应以法律监督来统领所有职能，所有职能都应统一于法律监督，所有职能的行使如果与法律监督发生矛盾，就应服从并服务于法律监督。在履行追诉职能时，检察机关就应受法律监督属性的规制和约束，秉持中立立场，认真履行客观公正义务，既依法追诉犯罪，又切实保障人权，从而保证国家法律的统一正确实施。"① 《刑事诉讼法》第 47 条、第 55 条、第 72 条、第 86 条、第 92 条、第 115 条、第 121 条、第 240 条等，分别明确了辩护权的救济保障、检察机关非法证据排除义务、侦查监督、审判监督等诉讼监督职责，这些规定是对检察机关国家法律监督的宪法地位的具体化。检察机关工作人员应全面理解控诉职能与监督职能的关系，处理好控辩关系。

2. 检察官尚未将律师作为"法律职业共同体"成员

长期以来很多司法人员头脑中存在"公检法是一家"的错误思想，公检法三家单独或共同地将法律职业共同体中的律师一员"排除和抵制"在了"一家"之外，以种种理由阻碍律师会见或对律师正确的辩护意见视而不见等现象广泛存在。公检法执法人员抱怨律师会见以后嫌疑人翻供、证人翻证，影响案件办理，认为律师介入诉讼活动给案件的顺利办理带来了消极影响。《律师法》修改之后，虽然检察机关在保障律师的阅卷、会见权上做到了先行一步、全力配合，甚至部分地区还进行了"律师介入审查批捕程序"的试点工作，但是律师提交的书面辩护意见、调取证据的请求，仍然较难获得检察机关的重视。检察官对律师存在的排斥心理，使其无法认识到律师也是法律职业共同体的一分子，忽视，甚至漠视律师在实现司法公正方面的积极作用。此外，一些检察官还存在一定的"官本位"思想，以"官"的身份面对律师"民"的身份，不能从心理上认同律师与自己的平等地位。

3. 相关工作机制尚未建立，有关辩护制度的新规定难以落到实处

尽管《律师法》出台以后各地陆续建立了一些工作机制，但还不够规范和完善。例如：从审查起诉之日起，辩护律师阅卷范围也扩大到所有案卷材料，审判阶段辩护律师行使权利遭到阻碍可以向检察机关控告、申诉，当这些

---

① 朱孝清：《检察机关集追诉与监督于一身的利弊选择》，载《人民检察》2011 年第 3 期。

权利受到妨害时，律师应向检察机关哪个部门进行控告、申诉？检察机关应当如何予以审查纠正？如果检察机关不受理，那么权利受害者是否就救济无门了呢？这些问题目前还不够明确。又如《刑事诉讼法》第39条规定："辩护人认为侦查、审查起诉期间公安机关、人民检察院收集的证明犯罪嫌疑人、被告人无罪或罪轻的证据材料未提交的，可以申请人民检察院、人民法院调取。"律师提请调取的方式，答复是否调取的时间，答复后是否还有其他救济途径等，都需要进行细化。相关工作机制的不完善或缺失将导致《刑事诉讼法》赋予辩护人的权利无法兑现，犯罪嫌疑人和被告人也难以获得有效辩护。

（二）对策

1. 依法保障辩护律师的阅卷权

在案件移送审查起诉后，检察机关应当保证辩护律师查阅、摘抄、复制本案的案卷材料，包括证据材料和诉讼文书。案件管理部门应当做好接待工作，公诉部门应当按照法律规定提供案卷材料。有条件的地方，可以建立辩护律师阅卷的预约制度，案件管理部门和公诉部门之间做好衔接工作，为辩护律师查阅案卷提供尽可能的便利，防止辩护律师跑冤枉路。要杜绝故意拖延、不全面提供案卷材料或者收取远超工本费用的行为。

2. 依法保障辩护人的提出辩护意见权

在审查起诉案件过程中，辩护人提出要求听取其意见的，办案人员一定要安排时间予以听取。这就要求办案部门和办案人员要转变观念，切实遵守有关要求，不能以没有时间为由不予见面，也不允许以要求其提供书面意见来代替当面听取意见。对辩护人的意见，承办人应当记入笔录，写明听取意见的时间、地点等，要记明具体的意见内容。案件管理部门在收到辩护人听取其意见的要求时，要及时协调办案部门予以安排。对于辩护人提交的书面意见，要及时转交办案部门。

3. 依法保障辩护律师的申请调取证据权

考虑到辩护人在会见犯罪嫌疑人、被告人、阅卷和对案件进行调查的过程中，均有可能发现侦查机关、人民检察院收集的无罪或者罪轻的证据因为未被采信或者其他原因没有随案移送的情况，明确规定辩护人认为在侦查、审查起诉期间公安机关、人民检察院收集的证明犯罪嫌疑人、被告人无罪或者罪轻的证据材料未提交的，有权申请人民检察院、人民法院调取。一是辩护人认为在侦查期间公安机关收集的证明犯罪嫌疑人、被告人无罪或者罪轻的证据材料未提交的，有权申请人民检察院向公安机关调取。二是辩护人在审判阶段认为在审查起诉期间人民检察院收集的证明被告人无罪或者罪轻的证据材料未提交的，有权申请人民法院向人民检察院调取。人民检察院在审查起诉过程中，对于案件需要补充侦查的，可以退回公安机关补充侦查，也可以自行侦查。根据《刑事诉讼法》的有关规定，审判人员、检察人员、侦查人员必须依照法定程序，收集能够证实犯罪嫌疑人、被告人有罪或者无罪、犯罪情节轻重的各种证据。对于与案件有关的全部证据，均应当全面、客观地放在案卷中并随案移送，以供下一个诉讼环节对这些证据进行查证或者审查，在起诉意见书、起诉书或者判决中还要对一些不采信的重要证据材料作出说明。对于辩护人申请调取无罪或者罪轻的证据材料的，收到申请的人民法院或者人民检察院应当充分考虑辩护人的要求，对于可能存在辩护人申请调取证据的情形应当予以调取；对于辩护人提出的申请没有根据或者与认定案件确实没有关联，决定不予调取的，应当向律师说明理由。人民法院、人民检察院决定调取有关证据材料的，收集证据的人民检察院、公安机关应当予以配合。

4. 依法保障辩护人、诉讼代理人的申诉、控告权

这是检察机关法律监督职权的重要内容，应当依法认真履行。首先，检察机关要带头遵守法律规定，做到不阻碍辩护人、诉讼代理人依法行使诉讼权利。其次，对接到的申诉、控告，要及时进行审查，情况属实的，要及时向有关机关提出纠正意见。尤其需要注意的是，在刑事诉讼中，检察机关与辩护人在一定意义上处于对抗的关系，这一点在法庭审理过程中表现得尤为突出和明显，这就要求我们在接到辩护人的申诉、控告时，更加遵守客观公正的义务，实事求是地对申诉、控告进行调查处理，不能因双方处于对抗关系而怠于履行职责，以彰显法律监督的客观公正权威。

5. 严格依照法定程序追究涉嫌犯罪的辩护人的刑事责任

在刑事办案过程中，涉及辩护人涉嫌犯罪问题的，一定要特别慎重，要以事实为根据，以法律为准绳，而不能受个人、部门的感情支配，搞情绪化执法。对于认为需要追究刑事责任的，根据案件的具体情况，依法移送公安机关处理或者报请上一级人民检察院立案侦查或者由上一级人民检察院指定其他人民检察院立案侦查，不能由本院直接办理。

四、实施诉讼监督，平等保护当事人及其他诉讼参与人的人权

通过审查起诉和公诉活动对行使诉讼活动实行法律监督，促进刑事司法活动严格依法进行，纠正诉讼违法行为，确保当事人和其他诉讼参与人的合法权利不受国家机关违法或其他不正当诉讼行为的侵害。根据《刑事诉讼法》、《人民检察院刑事诉讼规则（试行）》的规定及司法实践的做法，在公诉环节，检察官可以通过以下方式展开诉讼监督活动，以保障在程序上公正对待当事人及其他诉讼参与人的人权，在实体上对其有一个公正的说法。

（一）公诉环节的侦查监督机制

1. 监督内容

根据《人民检察院刑事诉讼规则（试行）》第565条的规定，侦查活动监督主要发现和纠正以下19种侵犯当事人及诉讼参与人合法权益，损害司法公正的违法行为：（1）采用刑讯逼供等非法方法收集犯罪嫌疑人供述的；（2）采用暴力、威胁等非法方法收集证人证言、被害人陈述，或者以暴力、威胁、贿买等方法阻止证人作证或者指使他人作伪证的；（3）伪造、隐匿、销毁、调换、私自涂改证据，或者帮助当事人毁灭、伪造证据的；（4）徇私舞弊，放纵、包庇犯罪分子的；（5）故意制造冤、假、错案的；（6）在侦查活动中利用职务之便谋取非法利益的；（7）非法拘禁他人或者以其他方法非法剥夺他人人身自由的；（8）非法搜查他人身体、住宅，或者非法侵入他人住宅的；（9）非法采取技术侦查措施的；（10）在侦查过程中不应当撤案而撤案的；（11）对与案件无关的财物采取查封、扣押、冻结措施，或者应当解除查封、扣押、冻结不解除的；（12）贪污、挪用、私分、调换、违反规定使用查封、扣押、冻结的财物及其孳息的；（13）应当退还取保候审保证金不退还的；（14）违反《刑事诉讼法》关于决定、执行、变更、撤销强制措施规定的；（15）侦查人员应当回避而不回避的；（16）应当依法告知犯罪嫌疑人诉讼权利而不告知，影响犯罪嫌疑人行使诉讼权利的；（17）阻碍当事人、辩护人、诉讼代理人依法行使诉讼权利的；（18）讯问犯罪嫌疑人依法应当录音或者录像而没有录音或者录像的；（19）对犯罪嫌疑人指定居所监视居住、拘留、逮捕后依法应当通知而未通知的。

2. 监督方式

以口头或书面形式对侦查活动中的违法行为提出纠正意见，这是刑事公诉部门对侦查机关的侦查活动进行监督的最为基本的方式。除此以外，还可以以下列方式实施侦查监督。

（1）向侦查机关发出检察建议，这也是对侦查机关的侦查活动进行监督的较为常见方式。对侦查机关在侦查活动中出现的管理制度不完善等问题提出建议，以促进侦查机关完善制度，提高侦查活动的质量和效率。例如，公诉部门在审查中发现侦查人员以非法方法收集犯罪嫌疑人供述、被害人陈述、证人证言等证据材料的，应当依法排除非法证据并提出纠正意见，同时可以要求侦查机关另行指派侦查人员重新调查取证，必要时人民检察院也可以自行调查取证。

（2）公诉介入侦查引导取证。公诉引导侦查取证是现代诉讼的控、辩、审职能的要求，也是提高办案效率、质量，形成打击犯罪合力的需要。现行的庭审方式要求公诉人在法庭上全面履行举证责任，与被告人及辩护人展开辩论。公诉部门适时介入公安机关的侦查活动，利用其熟悉、了解庭审诉讼程序和证据要求方面的优势，指导侦查人员围绕指控的犯罪全面收集和固定证据，有利于形成强大的侦控合力，提高打击犯罪的力度。可以说，引导侦查取证是公诉权的延伸，是保证公诉有力的一种有效途径。

（3）将案件退回公安机关补充侦查，依法追诉漏罪、漏犯。公诉部门对本院侦查部门移送审查起诉的案件审查后，认为犯罪事实不清、证据不足或者遗漏罪行、遗漏同案犯罪嫌疑人等情形需要补充侦查的，应当向侦查部门提出补充侦查的书面意见，连同案卷材料一并退回侦查部门补充侦查；必要时也可以自行侦查，可以要求侦查部门予以协助。

（4）改变侦查机关不当定性。对侦查机关移送审查起诉的案件性质进行审查，对定性不当的，公诉部门应依法改变定性并提起公诉。

（5）建议侦查机关另行处理案件。对于公安机关移送审查起诉的案件，发现犯罪嫌疑人没有违法犯罪行为的，书面说明理由将案卷退回公安机关处理；发现犯罪事实并非犯罪嫌疑人所为的，书面说明理由将案卷退回公安机关并建议公安机关重新侦查。

（二）公诉环节的审判监督机制

1. 监督内容

人民检察院依法对人民法院的审判活动是否合法实行监督。根据《人民检察院刑事诉讼规则（试行）》第577条的规定，审判活动监督主要发现和纠正以下违法行为：（1）人民法院对刑事案件的受理违反管辖规定的；（2）人民法院审理案件违反法定审理和送达期限的；（3）法庭组成人员不符合法律规定的；（4）法庭审理案件违反法定程序的；（5）侵犯当事人和其他诉讼参与人的诉讼权利和其他合法权利的；（6）法庭审理时对有关程序问题所作的决定违反法律规定的；（7）二审法院违反法律规定裁定发回重审的；（8）故意毁弃、篡改、隐匿、伪造、偷换证据或者其他诉讼材料，或者依据未经法定程序调查、质证的证据定案的；（9）依法应当调查收集相关证据而不收集的；（10）徇私枉法，故意违背事实和法律作枉法裁判的；（11）收受、索取当事人及其近亲属或者其委托的律师等人财物或者其他利益的；（12）违反法律规定采取强制措施或者采取强制措施法定期限届满，不予释放、解除或者变更的；（13）应当退还取保候审保证金不退还的；（14）对与案件无关的财物采取查封、扣押、冻结措施，或者应当解除查封、扣押、冻结不解除的；（15）贪污、挪用、私分、调换、违反规定使用查封、扣押、冻结的财物及其孳息的。

2. 主要的监督方式

（1）依法抗诉。对人民法院确有错误的判决、裁定，依法提出抗诉，这是公诉部门对人民法院刑事判决、裁定监督的最基本方式。以抗诉对象为划分标准，检察机关的抗诉可以分为二审抗诉和再审抗诉。《人民检察院刑事诉讼规则（试行）》第584条规定："人民检察院认为同级人民法院第一审判决、裁定有下列情形之一的，应当提出抗诉：（一）认定事实不清、证据不足的；（二）有确实、充分证据证明有罪而判无罪，或者无罪判有罪的；（三）重罪轻判，轻罪重判，适用刑罚明显不当的；（四）认定罪名不正确，一罪判数罪、数罪判一罪，影响量刑或者造成严重社会影响的；（五）免除刑事处罚或者适用缓刑、禁止令、限制减刑错误的；（六）人民法院在审理过程中严重违反法律规定的诉讼程序的。"由人民检察院在收到人民法院第一审判决书或者裁定书后，应当及时审查，承办人员应当填写刑事判决、裁定审查表，提出处理意见，报公诉部门负责人审核。对需要提出抗诉的案件，公诉部门应当报请检察长决定；案情疑难或者重大复杂的案件，由检察长提交检察委员会讨论决定。对于再审的抗诉，根据《人民检察院刑事诉讼规则（试行）》的规定，由刑事申诉检察部门负责。

（2）对公诉案件提出量刑建议。对被告人定罪和量刑都是公诉的职责，是刑事公诉的目的。监督人民法院正确定罪和量刑是检察机关审判监督职能的重要组成部分，它既是检察官在二审、再审程序中的权力，也是一审出庭支持公诉的权力。量刑建议使检察机关的审判监督工作前置，检察机关作为控方表明对量刑的基本态度，既增强了检察机关指控犯罪的透明度，也表明了检察机关对案件是否继续进行审判监督的基本尺度，客观上有利于人民法院正确适用刑罚。《人民检察院刑事诉讼规则（试行）》第399条、第400条规定，人民检察院对提起公诉的案件，可以向人民法院提出量刑建议。除有减轻处罚或者免除处罚情节外，量刑建议应当在法定量刑幅度内提出。建议判处有期徒刑、管制、拘役的，可以具有一定的幅度，也可以提出具体确定的建议。对提起公诉的案件提出量刑建议的，可以制作量刑建议书，与起诉书一并移送人民法院。量刑建议书的主要内容应当包括被告人所犯罪行的法定刑、量刑情节、人民检察院建议人民法院对被告人处以刑罚的种类、刑罚幅度、可以适用的刑罚执行方式以及提出量刑建议的依据和理由等。

此外，检察官在审判活动监督中，如果发现人民法院或者审判人员审理案件违反法律规定的诉讼程序，应当向人民法院提出纠正意见。

应用与讨论训练

★ 模块一 主题讨论

1. 目前检察官在保障人权方面存在哪些现实困难？如何克服？

2. 面对罪大恶极的现行犯，如何公平保护其合法权益？

3. 公诉检察官与律师如何在打击犯罪与保障人权之间保持平衡？

4. 被害人是公诉检察官的证人吗？

5. 你如何在公诉工作中保障人权？

★ 模块二 角色扮演

1. 案情

某市检察院接到一封举报信，称某省国有外贸公司经理严某贪污本公司30万元财产。该案经检察院反贪局立案侦查后，移送公诉部门审查起诉。

2. 活动

根据上述基本案情，设计在审查起诉环节检察人员讯问犯罪嫌疑人、询问证人等工作场景，分角色扮演，并评价扮演学员的表现。

★ 模块三 案例研讨

2009年11月19日，北海市渔轮厂附近海域发现一具男性浮尸。警方于同年11月19日将与死者黄某某发生纠纷的裴某德、裴某、杨某某、黄某富等嫌疑人抓捕归案。2010年2月9日，北海市公安局移送起诉。2010年3月24日，北海市检察院退回补充侦查，补侦决定中对该案提出多处疑点，如水产码头是否有人值班、为何轻易放过黄某某的同伴、谁参与殴打的被害人、追赶被害人的和抛尸入海的是否是同一伙人、如何殴打被害人、裴某德提到的在场女子等证人、裴某德是否另叫人参与作案等。2010年4月23日，北海市公安局海城分局补侦结束，对检察院提出的问题大都以"嫌疑人已翻供无法核实"作为答复。2010年6月4日，北海市检察院第二次退回补充侦查，要求侦查机关查实出租车、监控录像、现场目击证人等问题。2010年7月2日，侦查机关补侦结束，称出租车司机无法找到，现场无监控录像，无目击证人。2010年8月9日，北海市检察院以裴某德、裴某、杨某某、黄某富涉嫌故意伤害罪，对其提起公诉，将该案起诉至北海市中级人民法院。同年9月26日，北海市中级人民法院开庭审理此案。庭上，被告人杨某某的辩护律师杨某新申请3名女证人宋某某、杨某燕、潘某某出庭，证实裴某德等人无作案时间。同时，裴某德等4名被告也当庭翻供，只承认在三中路殴打过黄某某，其余一概不认，并要求公安机关尽快缉捕真凶。案件审理因此陷入僵局。据上述警方提供的材料，北海市检察院当时便认为3名证人证言明显与查明事实不符，有作伪证嫌疑，提出延期审理，对案件补充侦查。经调查取证，北海市公安局认为宋某某、杨某燕、潘某某3人涉嫌作伪证包庇裴某德。再次提审裴某德时，裴某德等4人亦承认翻供系受杨某新等律师教唆所为。2011年6月23日，被告人裴某红被起诉至北海市中级人民法院。2011年7月4日，北海市中级人民法院决定将裴某德等4人伤害案与裴某红伤害案合并审理。2011年6月13日，北海市公安局以涉嫌触犯《刑法》第306条为由，拘传杨某新、杨某汉、罗某方和梁某诚4人，并对杨某新、杨某汉实施刑拘，对罗某方、梁某诚实施监视居住。

"北海四律师涉嫌妨害作证案被采取强制措施案"经全国媒体报道后，引起律师界关注。律师界自发组成20人律师团。2011年6月26日，第一批律师抵达北海。2011年6月28日，被告人杨某某的辩护律师杨某新，因涉嫌教唆、诱导宋某等3名证人作伪证和被告人杨某某翻供，涉嫌辩护人妨害作证罪，经北海市海城区人民检察院批准执行逮捕，杨某汉被取保候审，同时变更了罗、梁的监视居住地点。2011年6月28日，律师团获得被告人家属的委托书后，第一次到北海市看守所会见当事人，即被拒绝。7月11日、12日，房某刚律师要求会见被告人裴某红，看守所先是对其搜身，之后要求他过安检门，再用类似机场安检的"苍蝇拍"全身扫描。这段安检经历上传至网络后，律师界纷纷称其为"侮辱性"会见。但北海市公安局认为，网上的说法与事实不符。据北海市看守所所长钟某征介绍，当时的情况是，值班民警要求房某刚将手机、录音笔等设备放入保管箱，然后走过金属探测安检门，每当发出报警声，民警即根据安检流程要求房某刚重新走过，报警几次后，民警用手携式金属探测器全身检测，触及腹部时发出报警声，这才要求房某刚除下皮带，安检门也不再报警。安检后，看守所除了要求出示律师执业证、会见专用介绍信、委托书（俗称"三证"）以外，还要求出示起诉书、开庭通知书、身份证，否则不予安排。会见过程中，还有相当数目的警察在场，这种"陪同会见"的场景，在律师团会见每一位被告时，均有发生。北京律师朱某勇会见裴某德时，在会见室，他见到了戴手铐脚镣的裴某德，2名身着警服的警察分别坐在朱某勇和裴某德身边，另有3名便服人员守在会见室门口。朱某勇以"律师会见不被监听"的法律规定请警察离开，遭到拒绝。会见过程中，裴某德始终低头，时而喃喃自语，时而不停摇头，时而抬头看看在场人员。朱某勇向裴某德介绍情况后，裴某德看着朱某勇，用戴手铐的手指偷偷指着朱某勇身后的警察和外面的几个人，仍旧沉默。

从 2010 年 8 月法院开始受理此案至 2013 年 2 月 6 日作出一审判决，此案的审理历时两年半。其间，检察机关先后 3 次变更起诉，辩护人也多次发生变更；为查明侦查机关是否存在刑讯逼供，法庭连审 7 日。北海市中级人民法院一审审理后认为，由于该案言词证据内容前后矛盾或相互之间矛盾众多，检察机关公诉部门据以指控的证据体系未能形成完整的证据链条，相关客观证据未能起到确实的证明效力，检察机关公诉部门指控 5 名被告人在北海水产码头殴打致死被害人黄某某的事实不清，证据不足，法院不予确认。北海市中级人民法院认为，被告人裴某、杨某某、黄某富、裴某红在公共场所随意拦截、殴打他人，情节恶劣，其行为均已构成寻衅滋事罪。本案无证据证明被告人裴某德参与或指使他人在交叉路口拦截、殴打被害人。本案现有证据不足以证实被害人黄某某系被 5 名被告人殴打致死，5 名被告人均不构成故意伤害罪；且无证据证实被告人裴某、杨某某、黄某富、裴某红的寻衅滋事犯罪行为致使原告人遭受经济损失。

⊙研讨主题

1. 对于辩护律师涉嫌妨碍作证的案件，检察人员应当如何办理？

2. 在审查起诉期间，辩护人、诉讼代理人认为公安机关及其工作人员具有阻碍其依法行使诉讼权利的行为，向检察人员提出申诉或者控告的，应如何处理？

第七章　刑事执行检察与人权保障

相关依据导引

★ 国际文件

《世界人权宣言》（1948 年 12 月 10 日第三届联合国大会通过）

《公民权利和政治权利国际公约》（1966 年 12 月 16 日第二十一届联合国大会通过）

《囚犯待遇最低限度标准规则》（1955 年第一届联合国防止犯罪和罪犯待遇大会通过，由经济及社会理事会以 1957 年 7 月 31 日第 633C（XXIV）号决议和 1977 年 5 月 13 日第 2076（LXII）号决议予以核准）

《禁止酷刑和其他残忍、不人道或有辱人格的待遇或处罚公约》（1984 年 12 月 10 日联合国大会通过）

《保护所有遭受任何形式拘留或监禁的人的原则》（1988 年 12 月 9 日联合国大会通过）

《囚犯待遇基本原则》（1990 年 12 月 14 日联合国大会通过）

★ 国内规范

《中华人民共和国刑事诉讼法》（2012 年 3 月 14 日第十一届全国人大常委会第 5 次会议第二次修正）

《中华人民共和国监狱法》（2012 年 10 月 26 日十一届全国人大常委会第 29 次会议修正）

最高人民检察院《关于加强和改进刑事执行检察工作的决定》（2006 年 11 月 29 日最高人民检察院第十届检察委员会第 65 次会议通过）

《人民检察院监狱检察办法》（2008 年 2 月 22 日最高人民检察院第十届检察委员会第 94 次会议通过）

《人民检察院看守所检察办法》（2008 年 2 月 22 日最高人民检察院第十届检察委员会第 94 次会议通过）

《人民检察院监外执行检察办法》（2008 年 2 月 22 日最高人民检察院第十届检察委员会第 94 次会议通过）

《人民检察院刑事诉讼规则（试行）》（2012 年 10 月 16 日由最高人民检察院第十一届检察委员会第 80 次会议第二次修订）

《社区矫正实施办法》（2012 年 1 月 10 日最高人民法院、最高人民检察院、公安部、司法部颁布）

第一节 国际标准

罪犯，尤其是被羁押者属于弱势群体，如果他们的人权能够得到保障，则表明整个社会人权保障得很好。所以，国际社会对罪犯及所有被羁押者的人权给予了极大关注。国际社会形成了一系列有关囚犯权利问题的国际协议或公约，主要有《囚犯待遇最低限度标准规则》（1955年）、《公民权利与政治权利公约》（1966年）、《保护人人不受酷刑和其他残忍、不人道或有辱人格的待遇或处罚宣言》（1975年）、《执法人员行为守则》（1979年）、《有关医务人员、特别是医生在保护被监禁或拘留的人不受酷刑和其他残忍、不人道或有辱人格待遇或处罚方面的任务的医疗道德原则》（1982年）、《世界人权宣言》（1984年）、《禁止酷刑和其他残忍、不人道或有辱人格的待遇或处罚公约》（1984年）、《关于保护面对死刑的人的权利的保障措施》（1984年）、《联合国少年司法最低限度标准规则》（1985年）、《囚犯待遇基本原则》（1990年）等。关于囚犯所享有的权利，《囚犯待遇基本原则》第5条规定："除了监禁显然所需的那些限制外，所有囚犯应保有《世界人权宣言》和——如果有关国家为缔约国——《经济、社会和文化权利国际公约》、《公民权利和政治权利国际公约》及其《任择议定书》所规定的人权和基本自由，以及联合国其他公约所规定的其他权利。"所以，被羁押者所享有的权利是比较广泛的，除非监禁显然所需要的那些限制外，与一般人所享有的权利是一致的。当然，有些权利，可能由于处于羁押状态而无法行使，但这些权利同样为被羁押者所享有，而不能剥夺。以下仅就上述公约中对囚犯所应享有的最基本，也是最重要权利的保障标准作一简述。

一、保障获得人道待遇的权利

享有人道待遇和人格尊严是对禁止酷刑的重要补充，也是在押人员的基本权利。国际社会对这项权利也非常关注。《公民权利和政治权利国际公约》第10条规定，所有被剥夺自由的人应给予人道及尊重其固有的人格尊严的待遇。除特殊情况外，被控告的人应与被判罪的人隔离开，并应给予适合于未判罪者身份的分别待遇；被控告的少年应与成年人分隔开，并应尽速予以判决。监狱制度应包括以争取囚犯改造和社会复员为基本目的的待遇。少年罪犯应与成年人隔离开，并应给予适合其年龄及法律地位的待遇。

《囚犯待遇最低限度标准规则》对该项权利则有着较为详尽的规定，如戒具、手镣、铁链、脚铐、拘束衣等，永远不得作为惩罚用具。此外，铁链或脚铐亦不得用作戒具。体罚、暗室禁闭和一切残忍、不人道、有辱人格的惩罚应一律完全禁止，不得作为对违犯行为的惩罚。囚犯转移或出狱应使不受任何形式的侮辱、好奇的注视或宣传；等等，不符合这些最低标准的做法可能被认为是不人道的待遇。人格尊严是在押人员的基本权利，因此，有辱人格的待遇也是被禁止的。人权事务委员会指出，在监狱中发生的某些意在羞辱犯人并使他们感觉不安全的任意的监禁行为（反复地单独禁闭、寒冷、不断地变换囚室），构成了《公民权利和政治权利国际公约》第7条所禁止的有辱人格的待遇。人权委员会还指出，公约第7条不仅保护被羁押者不受国家机关或未经任何国家授权的个人行为的虐待，而且保护他们不受任何人的虐待。①

二、保障物质生活待遇权

物质生活待遇权属于健康权的一部分。《世界人权宣言》第25条规定："人人有权享受为维持他本人和家属的健康和福利所需的生活水准，包括食物、衣着、住房、医疗和必要的社会服务；在遭到失业、疾病、残废、守寡、衰老或在其他不能控制的情况下丧失谋生能力时，有权享受保障。"《囚犯待遇最低限度标准规则》规定，在住宿方面，囚犯应独居，房舍必须符合卫生规定，卫生设备应当充足，并供给充分的洗理用具等。在衣服和被褥方面，应发给适合气候和足以维持良好健康的全套衣服，供给每一囚犯一张床，并附有充足的被褥。在饮食方面，应供给囚犯足以维持健康和体力的有营养价值的饮食，囚犯口渴时应有饮水保证。在医疗方面，每一监所最少应有一名合格医官，负责照顾囚犯身体和精神的健康。监狱的医务室应该诊疗可能妨碍囚犯恢复正常生活的身心疾病和缺陷，为此应提供一切必要医药、外科手术和精神病学上的服务。《执法人员行为守则》要求，"执法人员应保证充分保护被拘留者的健康，特别是必要时应立即采取行动确保这些人获得医疗照顾"。《保护所有遭受任何形式拘留或监禁的人的原则》规定："在被拘留人或被监禁人到达拘留或监禁处所后，应尽快向其提供适当的体格检查，随后应在需要时向其提供医疗和治疗。医疗和治疗均应免费提供。""只要不违反为确保拘留或监禁处所的安全和良好秩序而定的合理条件，被拘留人或被监禁人或其律师应有权向司法当局或其他当局要求或申请第二次体格检查或医疗意见。""任何被拘留人或被监禁人如在拘留或监禁期间死亡或失踪，司法当局或其他当局应自动或依其家属或任何知情的人请求，查询其死亡或失踪原因。死亡或失踪如在

---

① 参见冯建仓、陈文彬：《国际人权公约与中国监狱罪犯人权保障》，中国检察出版社2006年版，第107页。

拘留或监禁终止后不久发生，在有充分根据的情形下，应在相同程序的基础上进行此种查询。此种查询的结果或有关报告应根据请求提供，除非这样做会妨害正在进行的刑事调查。"

三、保障劳动权

劳动既是囚犯的权利，也是囚犯的义务。根据《囚犯待遇最低限度标准规则》的规定，服刑囚犯都必须参加劳动，但以医官断定其身心俱宜为限。监狱劳动不得具有折磨性质，而应足以保持或增进囚犯出狱后诚实谋生的能力，特别是针对青少年犯提供有行业方面的职业训练，且职业训练上的利益不得屈居于监所工业营利的目的之下。监所应同样遵守为保护自由工人而订立的安全及卫生上的防护办法，并应订立赔偿囚犯所受行业伤害的规定，赔偿条件不得低于自由工人依法所获条件。囚犯每日及每周最高劳动时数由法律或行政规则规定，但应考虑到当地有关雇用自由工人的规则或习例；所订时数应准许每周休息一日，且有足够时间依规定接受教育和进行其他活动。对囚犯的劳动应订立公平报酬的制度，应准许囚犯至少花费其部分收入，以购买核定的自用物件，并将部分收入交付家用，其他部分收入作为储蓄基金在囚犯出狱时交给囚犯。

四、保障提起请求、申诉权

提起请求、申诉权是在押人员主张、救济自己权利的基本权利。《囚犯待遇最低限度标准规则》第 35 条、第 36 条规定，囚犯入狱时应发给书面资料，载述有关同类囚犯待遇、监所的纪律要求、领取资料和提出申诉的规定办法等规章以及使囚犯明了其权利义务、适应监所生活的其他必要资料。囚犯应该在每周工作日都有机会向监所主任或奉派代表主任的官员提出其请求或申诉。监狱检查员检查监狱时，囚犯也得向他提出请求或申诉。囚犯应有机会同检查员或其他检查官员谈话，监所主任或其他工作人员不得在场。囚犯应可按照核定的渠道，向中央监狱管理处、司法当局或其他适当机关提出请求或申诉，内容不受检查，但须符合格式。除非请求或申诉显然过于琐碎或毫无根据，应迅速加以处理并予答复，不得无理稽延。

五、保障财产权

财产权是人们的基本权利，对于在押人员来说，如果没有剥夺，也应享有。《世界人权宣言》第 17 条规定，人人得有单独的财产所有权以及同他人合有的所有权。任何的财产不得任意剥夺。《囚犯待遇最低限度标准规则》第

43 条规定，凡因犯私有的金钱、贵重物品、衣服和其他物件按监所规定不得自行保管时，应于入狱时由监所妥为保管。囚犯应在清单上签名。应该采取步骤，保持物品完好。囚犯出狱时，这类物品、钱财应照数归还，但囚犯曾奉准使用金钱或将此财产送出监所之外，或根据卫生理由必须销毁衣物等情形，不在此限。

六、保障受教育权

保障在押人员的受教育权不仅对在押人员的自身发展有益，也有利于他们再社会化，有益于社会。《囚犯待遇最低限度标准规则》第 77 条规定，应该设法对可以从中受益的一切囚犯继续进行教育，包括在可以进行的国家进行宗教教育。文盲及青少年囚犯应强制接受教育，管理处应予特别注意。在可行范围内，囚犯教育应同本国教育制度相结合，以便出狱后得以继续接受教育而无困难。

七、保障同外界的接触权

在押人员虽然同外界隔绝，但应享有同外界接触的权利，这有利于在押人员的身心健康，也有利于在押人员了解社会并跟上社会的变化发展。《囚犯待遇最低限度标准规则》第 37 条、第 38 条、第 39 条规定，囚犯应准在必要监视之下，以通信或接见方式，经常同亲属和有信誉的朋友联络。外籍囚犯应准获得合理便利同所属国外交和领事代表通讯联络。囚犯为在所在国没有外交或领事代表的国家的国民和囚犯为难民或无国籍人时，应准获得类似便利，同代管其利益的国家的外交代表或同负责保护这类人的国家或国际机构通讯联络。囚犯应该以阅读报纸杂志和特种机关出版物、收听无线电广播、听演讲或以管理单位核准或控制的类似方法，经常性地获知比较重要的新闻。

第二节　工作机制

一、全面开展刑事执行检察，保障人权

（一）刑事执行检察概述

1. 刑事执行检察的概念

刑事执行检察，是指人民检察院依照法律的规定，对执行机关执行刑事判决、裁定的活动是否合法以及对看守所的执法活动、指定居所监视居住执行活动、强制医疗执行活动是否合法，依法实行监督的总称。

（1）刑事判决、裁定执行活动监督是刑事执行检察的主要内容，其法律依据是《人民检察院组织法》的规定，其第 5 条规定"对于刑事案件判决、裁定的执行和监狱、看守所、劳动改造机关的活动是否合法，实行监督"。《刑事诉讼法》对此也有规定，但只是规定"对执行机关执行刑罚的活动是否合法实行监督"。根据 2012 年修订的《人民检察院刑事诉讼规则（试行）》的规定，刑事判决、裁定执行活动监督包括对刑事判决、裁定交付执行活动监督，死刑执行临场监督，附加刑判决执行监督以及监狱检察、看守所检察。死刑执行临场监督原分属于检察机关的公诉部门和刑事执行检察部门，根据《人民检察院刑事诉讼规则（试行）》的规定，现统一由刑事执行检察部门负责。在这里，看守所检察仅限于代为执行刑罚监督。

（2）看守所执法活动监督，也叫看守所检察，其法律依据是《人民检察院组织法》和《看守所条例》。《人民检察院组织法》第 5 条第 52 项规定："对于刑事案件判决、裁定的执行和监狱、看守所、劳动改造机关的活动是否合法，实行监督。"《看守所条例》第 8 条规定："看守所的监管活动受人民检察院的法律监督。"看守所检察包括对看守所监管活动和代为执行刑罚活动的监督。

（3）指定居所监视居住执行活动监督，其法律依据是修改后的《刑事诉讼法》和《人民检察院刑事诉讼规则（试行）》，是刑事执行检察新增内容。《刑事诉讼法》第 73 条规定，人民检察院对指定居所监视居住的决定和执行是否合法实行监督。《人民检察院刑事诉讼规则（试行）》第 120 条的规定，人民检察院刑事执行检察部门依法对指定居所监视居住的执行活动是否合法实行监督。

（4）强制医疗执行监督，其法律依据是修改后的《刑事诉讼法》和《人民检察院刑事诉讼规则（试行）》，是刑事执行检察新增内容。《刑事诉讼法》第 289 条规定："人民检察院对强制医疗的决定和执行实行监督。"《人民检察院刑事诉讼规则（试行）》第 661 条规定，"人民检察院对强制医疗执行活动是否合法实行监督。强制医疗执行监督由人民检察院监所检察部门负责"。刑事执行检察部门仅负责强制医疗执行监督，不负责对强制医疗决定活动的监督。

2. 刑事执行检察的特点

刑事执行检察是检察机关法律监督职能中的一项权能，它和民事行政检察、公诉、侦查监督等一样，是法律监督的一部分，具有共性，也具有与公诉、民事行政检察等不一样的特性。这主要表现在以下三个方面：

（1）监督职权具有综合性。刑事执行检察部门俗称"小检察院"，主要是指检察院有的监督职权，刑事执行检察部门大都有，监督职权具有综合性。其职责涉及检察机关法律监督职能的各个方面，既承担着对刑罚执行和监管活动是否合法进行监督的职责，也有对审查逮捕、审查起诉和出庭公诉、刑事立案、侦查、审判监督的职责，同时还负有对立案、侦查、刑罚执行和监管活动中职务犯罪案件的监督职责。另外，还有刑事控告、申诉检察职责，以及对指定居所监视居住执行监督、强制医疗执行监督的职责。当然，刑罚执行监督和监管活动监督是刑事执行检察监督的主要内容，决定刑事执行检察的职能定位，其他职权则是为这一内容服务的，也有的是附带职能。

（2）监督内容具有广泛性。广泛性是指刑事执行检察的内容涉及刑事诉讼的全过程，包括立案监督、侦查监督、审判监督、刑事判决、裁定执行监督，从被刑事拘留、逮捕的犯罪嫌疑人、被告人的羁押期限，刑事判决、裁定的交付执行，到罪犯减刑、假释、暂予监外执行，直到罪犯刑满释放，都是刑事执行检察的内容。既包括对执行刑罚活动的监督，也包括对监管活动的监督；既包括对监管场所执行刑罚情况的监督，也包括对社会上执行刑罚的监督。

（3）监督对象具有特定性。刑事执行检察部门监督的内容尽管具有广泛性，但其监督对象则比较特定，主要是监狱、看守所监管机关及监管民警。刑事执行检察部门对监狱、看守所的刑罚执行活动和监管活动监督，其所具有的立案监督、侦查监督权也是指对监狱、看守所的狱侦部门立案、侦查发生在监狱、看守所的犯罪案件，所具有的职务犯罪立案侦查权也是针对发生在监狱、看守所的职务犯罪案件。当然，刑事执行检察部门监督的对象还包括公安、法院，主要是他们执行刑事判决、裁定的活动。

3. 刑事执行检察的监督方式

基于刑事执行检察的主要对象是监管场所，与其他法律监督职能不同，我国刑事执行检察实行了派驻检察与巡回检察相结合的方式，但以派驻检察为主。

（1）派驻检察。派驻检察是检察机关开展刑事执行检察监督工作的主要方式，包括派出检察院和派驻检察室两种组织形式。检察机关依照法律规定和监督工作的需要，在大型监管场所或监管场所相对集中的区域设置派出检察院，全面履行刑事执行检察职责。根据工作需要，派出检察院对所担负检察的监管场所要设置派驻检察室。对于没有设置派出检察室的监狱、看守所，一般由市级人民检察院派驻检察室。

（2）巡回检察。常年关押人数较少的小型监管场所，一般实行巡回检察。对小型监狱一般由市级人民检察院进行巡回检察，对小型看守所由对应的人民检察院进行巡回检察。另外，检察机关还对社区矫正活动、指定居所监视居住执行活动以及强制医疗执行活动是否合法一般也实行巡回检察。实行巡回检察的，每月不得少于3次。

4. 刑事执行检察的监督措施

（1）检察建议。检察建议是人民检察院为促进法律正确实施、促进社会和谐稳定，在履行法律监督职能过程中，结合执法办案，建议有关单位完善制度，加强内部制约、监督，正确实施法律法规，完善社会管理、服务，预防和减少违法犯罪的一种重要方式。刑事执行检察部门在刑事执行检察工作中可以就一些情况提出检察建议：一是监管场所在预防职务犯罪等方面管理不完善、制度不健全、不落实，存在犯罪隐患的；二是在办理案件过程中发现应对有关人员或行为予以表彰或者给予处分、行政处罚的；三是监狱、看守所和社区矫正机构、强制医疗机构在执法过程中存在苗头性、倾向性的不规范问题，需要改进的，如基础设施存在安全隐患，制度存在漏洞的。

（2）纠正违法。纠正违法，是指刑事执行检察部门在检察工作中发现被监督者存在违法情形时，向被监督者提出纠正违法意见。纠正违法有口头和书面两种形式，口头纠正一般针对违法轻微的情形，书面纠正适用于口头纠正无效或违法严重的情形。口头纠正是当面提出，书面的通常采用《纠正违法通知书》的形式。《纠正违法通知书》是人民检察院在履行法律监督过程中，发现侦查机关、审判机关或执行机关有违法行为时，为纠正其违法行为制作并向其发出的法律文书，具有较强的法律强制力。《纠正违法通知书》是检察机关刑事执行检察工作中经常使用的一种法律文书。

（3）查办职务犯罪。查办刑罚执行和监管活动中发生的职务犯罪，是刑事执行检察部门开展监督工作的重要手段和保障。《人民检察院刑事诉讼规则（试行）》第169条规定，初查由侦查部门负责，在刑罚执行和监管活动中发现的应当由人民检察院直接立案侦查的案件线索，由刑事执行检察部门负责初查。对于重大、复杂的案件线索，刑事执行检察部门可以商请侦查部门协助初查；必要时也可以报检察长批准后，移送侦查部门初查，刑事执行检察部门予以配合。

（二）开展监狱检察，保障监狱罪犯的人权

监狱检察是指人民检察院对监狱执行刑罚和监管活动是否合法实行监督。根据《人民检察院刑事执行检察办法》的规定，监狱检察的任务是：保证国家法律法规在刑罚执行活动中的正确实施，维护罪犯合法权益，维护监狱监管秩序稳定，保障惩罚与改造罪犯工作的顺利进行。

1. 监狱检察的职责

监狱检察的职责是：（1）对监狱执行刑罚活动是否合法实行监督；（2）对人民法院裁定减刑、假释活动是否合法实行监督；（3）对监狱管理机关批准暂予监外执行活动是否合法实行监督；（4）对刑罚执行和监管活动中发生的职务犯罪案件进行侦查，开展职务犯罪预防工作；（5）对监狱侦查的罪犯又犯罪案件审查逮捕、审查起诉和出庭支持公诉，对监狱的立案、侦查活动和人民法院的审判活动是否合法实行监督；（6）受理罪犯及其法定代理人、近亲属的控告、举报和申诉；（7）其他依法应当行使的监督职责。从监狱检察的任务和职责来看，其核心就是保障罪犯的合法权益，具体方式主要有三：一是对监狱执行刑罚和监管活动是否合法进行监督，保障罪犯的合法权益；二是查办刑罚执行和监管活动中发生的职务犯罪案件，保障罪犯的合法权益；三是受理罪犯及其法定代理人、近亲属的控告、举报和申诉，保障罪犯的合法权益。

2. 监狱检察的内容

监狱检察包括收监、出监检察、刑罚变更执行检察和监管活动检察。

（1）收监检察。收监检察，是指刑事执行检察部门针对监狱对罪犯的收押管理活动是否合法进行的监督。收监，是指监狱按照法定程序将被判处死刑缓期两年执行、无期徒刑、有期徒刑的罪犯收押入监的活动。收监检察的方法主要有三：一是对个别收监罪犯，实行逐人检察；二是对集体收监罪犯，实行重点检察；三是对新收罪犯监区，实行巡视检察。

（2）出监检察。出监检察，是指刑事执行检察部门针对监狱对罪犯的出监管理活动是否合法进行的监督。出监检察的主要内容是对罪犯出监有无相关凭证进行检察。出监检察主要采取查阅罪犯出监登记和出监凭证，与出监罪犯进行个别谈话，了解情况等方法。

（3）刑罚变更执行检察。刑罚变更执行检察，是指刑事执行检察部门对相关部门变更在监狱服刑犯人的刑罚种类、期限以及执行方式的活动是否合法进行的监督。刑罚变更执行检察包括减刑、假释检察和暂予监外执行检察。减刑、假释检察，是指刑事执行检察部门对监狱提请减刑、假释活动以及人民法院审理减刑、假释案件活动是否合法进行的监督。暂予监外执行检察，是指刑事执行检察部门对监狱提请暂予监外执行活动以及批准部门批准暂予监外执行的活动是否合法进行的监督。

（4）监管活动检察。监管活动检察，是指刑事执行检察部门针对监狱对罪犯的监管活动是否合法进行的监督。监管活动检察主要包括禁闭检察、事故检察和狱政管理、教育改造活动检察。禁闭检察，是指刑事执行检察部门针对监狱对罪犯采取禁闭处罚措施活动是否合法进行的监督。禁闭检察的内容包括适用禁闭是否符合规定条件；适用禁闭的程序是否符合有关规定；以及执行禁闭是否符合有关规定。事故检察，是指刑事执行检察部门对监狱在监管活动中发生的事故进行的监督。事故检察的内容主要是罪犯脱逃、罪犯破坏监管秩序、罪犯群体病疫、罪犯伤残、罪犯非正常死亡以及其他事故。狱政管理、教育改造活动检察，是指刑事执行检察部门对监狱管理、教育改造罪犯的活动是否合法进行的监督。狱政管理、教育改造活动主要包括监狱的分押分管工作、警戒工作，人民警察戒具和武器的使用情况，罪犯通信、会见、生活、卫生、劳动和教育改造情况。

（三）开展看守所检察，保障看守所在押人员的人权

看守所检察是指人民检察院对看守所执行刑罚和监管活动是否合法实行监督。根据《人民检察院看守所检察办法》的规定，看守所检察的任务是：保证国家法律法规在刑罚执行和监管活动中的正确实施，维护在押人员合法权益，维护看守所监管秩序稳定，保障刑事诉讼活动顺利进行。在中国，看守所关押的既有未决犯，也有已决犯，主要是未决犯。对于未决犯，其是否构成犯罪并未确定，所以，对未决犯合法权益的保证更具有重要意义。看守所检察的主要目的就在于保障看守所在押人员除因监禁显然所需要的那些限制外的其他一切权利免受侵犯或剥夺。

根据 2010 年最高人民检察院、公安部《关于人民检察院对看守所实施法律监督若干问题的意见》的规定，看守所下列执法和管理活动接受人民检察院的法律监督：

1. 执法活动包括：（1）收押、换押；（2）羁押犯罪嫌疑人、被告人；（3）提讯、提解、押解；（4）安排律师会见；（5）使用警械和武器；（6）执行刑事判决、裁定；（7）执行刑罚；（8）释放；（9）其他执法活动。

2. 管理活动包括：（1）分押分管；（2）安排家属会见、通信；（3）安全防范；（4）教育工作；（5）生活卫生；（6）·在押人员死亡等重大事件的调查处理；（7）其他管理活动。

根据《人民检察院看守所检察办法》、《人民检察院刑事诉讼规则（试行）》的规定，看守所检察主要包括收押、出所检察，羁押、办案期限检察，监管活动检察和刑罚执行活动检察。

1. 收押、出所检察

收押检察，是指刑事执行检察部门对看守所的收押管理活动是否合法进行的监督。收押检察的内容包括：一是看守所对犯罪嫌疑人、被告人和罪犯的收押管理活动是否符合有关法律规定；二是看守所收押犯罪嫌疑人、被告人和罪犯有无相关凭证；三是看守所是否收押了依法不应当收押的人员。收押检察的方法有审查看守所收押凭证和现场检察收押活动两种。这两种方式既可以同时采用，也可以根据情况分别进行。

出所检察，是指刑事执行检察部门针对看守所对在押人员的出所管理活动是否合法进行的监督。出所检察主要是检察在押人员出所有无相关凭证。出所检察主要采取查阅出所人员出所登记和出所凭证或者与出所人员进行个别谈话，了解情况等方法。

2. 羁押、办案期限检察

羁押、办案期限检察，是指刑事执行检察部门对公安机关、人民法院办理犯罪嫌疑人、被告人被羁押的刑事案件是否遵守羁押、办案期限规定进行的监督。羁押期限检察的内容主要是：（1）看守所执行办案换押制度是否严格，应当换押的是否及时督促办案机关换押；（2）看守所是否在犯罪嫌疑人、被告人的羁押期限届满前7日，向办案机关发出羁押期限即将届满通知书；（3）看守所是否在犯罪嫌疑人、被告人被超期羁押后，立即向人民检察院发出超期羁押报告书并抄送办案机关。

3. 监管活动检察

监管活动检察，是指刑事执行检察部门针对看守所对在押人员的监管活动是否合法进行的监督。监管活动检察主要包括事故检察和教育管理活动检察。

事故检察，是指刑事执行检察部门对看守所在监管活动中发生的事故进行的监督。事故检察的内容有：（1）在押人员脱逃的；（2）在押人员破坏监管秩序的；（3）在押人员群体病疫的；（4）在押人员伤残的；（5）在押人员非正常死亡的；（6）其他事故。

教育管理活动检察是指刑事执行检察部门针对看守所对在押人员的教育管理活动是否合法进行的监督。根据《看守所条例》、《看守所条例实施办法（试行）》等有关文件的规定，看守所教育管理活动包括警戒看守、械具使用、提讯、生活卫生、会见通信、教育奖惩等内容。教育管理活动检察主要内容是检察看守所的教育管理活动是否符合有关规定，在押人员的合法权益是否得到保障。

4. 执行刑罚活动检察

执行刑罚活动检察，是指刑事执行检察部门针对看守所对留所服刑人员执行刑罚活动是否合法进行的监督。执行刑罚活动检察主要包括留所服刑检察和减刑、假释、暂予监外执行活动检察。留所服刑检察，是指监所监察部门对看守所将罪犯留所服刑活动是否合法进行的监督。减刑、假释、暂予监外执行活动检察，是指刑事执行检察部门对看守所提请或者呈报减刑、假释、暂予监外执行活动是否合法进行的监督。

（四）开展社区矫正监督，保障社区矫正人员的人权

社区矫正监督，是指人民检察院依法对社区矫正执法活动进行的监督。社

区矫正，是与监禁矫正相对的行刑方式，是指将符合社区矫正条件的罪犯置于社区内，由专门的国家机关，在相关社会团体和民间组织以及社会志愿者的协助下，在判决、裁定或决定确定的期限内，矫正其犯罪心理和行为恶习，并促进其顺利回归社会的非监禁刑罚执行活动。根据《刑事诉讼法》第258条的规定，对被判处管制、宣告缓刑、假释或者暂予监外执行的罪犯，依法实行社区矫正，由社区矫正机构负责执行。根据《社区矫正实施办法》的规定，县级司法行政机关社区矫正机构对社区矫正人员进行监督管理和教育帮助。人民检察院对社区矫正各执法环节依法实行法律监督。根据《人民检察院刑事诉讼规则（试行）》的规定，社区矫正监督由刑事执行检察部门负责。

刑事执行检察部门通过纠正社区矫正机构的违法行为来保障社区矫正人员的合法权益。在监督过程中，检察机关可区分不同情况采取不同监督措施：提出口头纠正意见、制发纠正违法通知书或者检察建议书。此外，还可以依法行使职务犯罪立案侦查权，通过对社区矫正法律监督对象的贪污贿赂和渎职侵权犯罪案件进行立案管辖，加强社区矫正监督。

（五）开展强制医疗执行监督，保障被强制医疗人的人权

强制医疗执行监督，是指人民检察院对强制医疗执行活动是否合法实行监督。强制医疗执行监督包括对强制医疗交付执行活动监督和强制医疗执行活动监督。规定对强制医疗执行的监督，目的就在于保障被强制医疗的精神病人的合法权益。刑事执行检察部门一是通过日常工作发现强制医疗机构违法行为，提出纠正意见来保障精神病人的合法权益；二是通过受理被强制医疗的人及其近亲属、法定代理人的控告、举报和申诉，来保障精神病人的合法权益。另外，在人民法院决定强制医疗之前，刑事执行检察部门发现公安机关对涉案精神病人采取临时保护性约束措施时有体罚、虐待等违法情形的，应当提出纠正意见。

（六）开展指定居所监视居住执行监督，保障被监视居住人的人权

指定居所监视居住执行监督，是指人民检察院依法对指定居所监视居住的执行是否合法进行的监督。指定居所监视居住，是指对符合取保候审条件，但犯罪嫌疑人不能提出保证人，也不交纳保证金的，无固定住处或者涉嫌危害国家安全犯罪、恐怖活动犯罪、特别重大贿赂犯罪在住处执行可能有碍侦查的，可以在指定的居所执行。指定居所监视居住的执行机关为公安机关。公安机关对被监视居住人，可以采取电子监控、不定期检查等监视方法对其遵守监视居住规定的情况进行监督；在侦查期间，还可以对被监视居住的犯罪嫌疑人的电话、传真、信函、邮件、网络等通信进行监控。人民检察院对指定居所监视居住的决定和执行是否合法实行监督，人民检察院刑事执行检察部门依法对指定

居所监视居住的执行活动是否合法实行监督。刑事执行检察部门通过纠正公安机关执行指定居所监视居住的违法行为来保障被指定居所监视居住人的合法权益。

（七）开展死刑执行临场监督，保障被执行人的人权

死刑执行临场监督，是指人民检察院依法临场对人民法院执行死刑立即执行判决的活动是否合法进行的监督。根据《人民检察院刑事诉讼规则（试行）》的规定，判决死刑执行临场监督由人民检察院刑事执行检察部门负责。刑事执行检察部门依法监督执行死刑的场所、方法和执行死刑的活动是否合法。在执行死刑前，刑事执行检察人员发现有不应当立即执行死刑情形的，应当建议人民法院立即停止执行；发现人民法院在执行死刑活动中有侵犯被执行死刑罪犯的人身权、财产权或者其近亲属、继承人合法权利等违法情形的，应当依法向人民法院提出纠正意见。

（八）开展刑事判决、裁定交付执行活动监督，保障被执行人的人权

刑事判决、裁定交付执行活动监督，是指刑事执行检察部门对人民法院、公安机关、看守所的交付执行活动是否合法进行的监督。刑事判决、裁定的交付执行，包括死刑缓期执行、无期徒刑、有期徒刑、拘役的交付执行和管制、缓刑、剥夺政治权利的交付执行。根据 2012 年最高人民法院《关于适用〈中华人民共和国刑事诉讼法〉的解释》的规定，被判处死刑缓期执行、无期徒刑、有期徒刑、拘役的罪犯，交付执行时在押的，第一审人民法院应当在判决、裁定生效后 10 日内，将判决书、裁定书、起诉书副本、自诉状复印件、执行通知书、结案登记表送达看守所，由公安机关将罪犯交付执行；对被判处管制、宣告缓刑的罪犯，人民法院应当核实其居住地。宣判时，应当书面告知罪犯到居住地县级司法行政机关报到的期限和不按期报到的后果。判决、裁定生效后 10 日内，应当将判决书、裁定书、执行通知书等法律文书送达罪犯居住地的县级司法行政机关，同时抄送罪犯居住地的县级人民检察院。对单处剥夺政治权利的罪犯，人民法院应当在判决、裁定生效后 10 日内，将判决书、裁定书、执行通知书等法律文书送达罪犯居住地的县级公安机关，并抄送罪犯居住地的县级人民检察院。

刑事执行检察部门对于人民法院、公安机关、看守所的交付执行违法的，应当提出纠正意见，这对保障被执行人的合法权益有着重要意义。如刑事执行检察部门发现人民法院判决被告人无罪，免予刑事处罚，判处管制，宣告缓刑，单处罚金或者剥夺政治权利，被告人被羁押的，被告人没有被立即释放的，应立即向人民法院或者看守所提出纠正意见。

（九）开展附加刑判决执行活动监督，保障被执行人的人权

附加刑判决执行活动监督，是指刑事执行检察部门对剥夺政治权利、财产刑的执行活动是否合法进行的监督。包括对公安机关执行剥夺政治权利活动的监督和对人民法院执行罚金、没收财产刑以及执行生效判决、裁定中没收违法所得及其他涉案财产的活动实行的监督。对公安机关执行剥夺政治权利活动的监督，一是对单独判处剥夺政治权利刑罚执行的监督，二是附加剥夺政治权利，主刑执行完毕后对附加的剥夺政治权利刑罚执行的监督。

刑事执行检察部门开展附加刑判决执行活动监督，通过纠正人民法院、公安机关在执行附加刑活动中的违法行为，可以有效保障被执行人的政治权利、财产权利以及其他合法权利。

二、防止和纠正超期羁押，保障人权

超期羁押严重侵犯了在押人员的合法权益，也是长期困扰司法实践的难题。近10年来，司法机关采取一系列措施遏制超期羁押，2001年全国开展了防止和纠正超期羁押专项治理工作，起到了一定的效果。人民检察院也逐步建立了超期羁押监督机制。2007年最高人民检察院《关于加强和改进刑事执行检察工作的决定》规定，建立羁押期限预警提示、提前告知和纠正超期羁押催办督办、责任追究长效机制，建立人民监督员对超期羁押案件监督制度，切实防止超期羁押案件的发生。根据2012年修订的《人民检察院刑事诉讼规则（试行）》第615条的规定，对公安机关、人民法院办理案件的羁押期限和办案期限的监督，犯罪嫌疑人、被告人被羁押的，由人民检察院刑事执行检察部门负责；犯罪嫌疑人、被告人未被羁押的，由人民检察院侦查监督部门或者公诉部门负责。对人民检察院办理案件的羁押期限和办案期限的监督，由本院案件管理部门负责。由此，刑事执行检察部门仅对公安机关、人民法院办理案件的羁押期限进行监督。

另外，根据《刑事诉讼法》和《人民检察院刑事诉讼规则（试行）》的规定，刑事执行检察部门在刑事执行检察工作中发现不需要继续羁押的，可以提出释放犯罪嫌疑人、被告人或者变更强制措施的建议。

（一）超期羁押预警提示、提前告知制度

一是对每一案件在侦查、审理判决环节的羁押期限要做到心中有数，对即将到期的案件提前3日向办案部门发出羁押情况预警告知书，督促办案部门及时快速地办结案件。二是对办案部门在法定羁押期限内尚不能办结的案件，要求他们及时提供延长办案期限的有关法律文书。对不能提供合法文书的及时发出纠正违法通知书，并进行跟踪，督促落实纠正措施。三是实行代押寄押人员

办案期限告知制度。向办案部门及时发出羁押期限告知书，再由他们转送相关的外地办案单位，防止因寄、代押人员而发生超期羁押现象。

（二）纠正超期羁押催办督办制度

在侦查、审判环节的办案时限届满7日前，驻所检察室主动与办案部门联系，了解进度情况，催促其在法定时限内办结。如未引起重视，在时限届满前3日以书面方式督促尽快结案，以避免发生超期羁押事件。

（三）超期羁押责任追究长效机制

主要是实行内部责任追究制度，制定违反羁押期限责任追究的办法，对超期羁押的直接责任人、部门领导、分管检察长和检察长，根据各自分管工作和责任，作相应的处罚规定，以促使办案人员增强责任心，起到预防的作用。

三、监督纠正监管人员的违法行为，保障人权

在押人员被羁押期间，限制了部分人身自由，但不是剥夺所有的权利。他们仍然享有生存权、申诉权、控告权、人格权、劳动保护、人身安全及合法财产不受侵犯等；罪犯除依法剥夺政治权利的以外，享有选举权以及其他未被剥夺的公民权利。刑事执行检察的一项重要内容就是监督监管人员的监管行为是否合法，以保障在押人员的人权。

（一）维护在押人员的生存权

在生活上给予必要的保障，即使是应判处死刑的在押人员，在羁押期间也要维护他的生命，这是在押人员生存权的必然要求。驻所检察人员要定期检察监狱、看守所对在押人员的伙食标准、环境卫生、病伤医治等是否符合规定和有无虚报、冒领、克扣囚粮囚款等问题。特别对自力救济不能的病伤者，要及时给予国家权力的救济，及时安排救治，绝不能让其病死在羁押场所。《人民检察院监狱检察办法》、《人民检察院看守所检察办法》都规定检察人员发现监狱在狱政管理、教育改造活动中存在对伤病罪犯没有及时治疗、没有执行罪犯生活标准规定的，应当及时提出纠正意见。

（二）维护在押人员的合法财产权

凡新入所人员，经检查，其随身携带的衣物、现金，由监狱、看守所代为保管并逐一登记开列单据，看守所、亲属、在押人员各一份，离开看守所时不能以任何理由占用，要全部结算或退还。《人民检察院监狱检察办法》、《人民检察院看守所检察办法》虽没有明确规定如何保障在押人员的合法财产权，但都把监狱、看守所的狱政管理、教育改造活动是否符合有关法律规定，罪犯的合法权益是否得到保障作为刑事执行检察的重点内容之一，这其中自然包括对在押人员合法财产权的保护。

（三）维护对在押人员的劳动权

对在押人员劳动实行保护，要从以下几个方面进行监督：一是劳动保健方面，要防止和消除工业毒物、噪声、灰尘等职业性危害对在押人员健康造成的损害，对其要定期进行体检，并配备必要的防护设备和用具；二是在押人员劳动安全方面。有的在押人员恶习较深，放荡不羁，往往无视劳动纪律和生产规程，容易造成人身伤亡事故，因此，驻所检察人员在监督看守所组织在押人员劳动时，既要预防和处理一般的劳动安全隐患，又要注意发现和消除其本身的不安全因素。三是在押人员劳动时间方面。为保护在押人员的身体健康，避免其出现超体力劳动现象，对监管机关是否严格执行《监狱法》、《看守所组织在押人员生产劳动暂行规定》、《看守所条例》等有关规定进行监督，不得随意延长劳动时间或搞超体力劳动。

（四）维护在押人员不受侮辱的权利和人身安全

人民检察院监督监所干警不得侮辱在押人员、不得侵犯其人身权利。《人民检察院刑事执行检察办法》规定，检察人员发现监狱在狱政管理、教育改造活动中存在监狱人民警察体罚、虐待或者变相体罚、虐待罪犯的，或监狱人民警察违法使用戒具的，应当及时提出纠正意见。对于在押人员之间相互侵犯人格及人身权利的情形，检察人员也要监督监所管理人员积极健全制度，防止侵权情况发生。

（五）维护在押人员其他未被剥夺的权利

其他未被剥夺的权利，如选举权和被选举权，在县、乡人大代表选举中，驻所检察人员要监督和协助有关方面，为未被判处剥夺政治利的已决犯，办理委托他人代为投票选举的手续，保证他们应当享有的权利。

四、受理申诉和控告，保障人权

申诉控告是国家为维护公民的合法权益而赋予的权利。在押人员享有申诉、控告权。《人民检察院监狱检察办法》和《人民检察院看守所检察办法》对此均有规定。派驻检察机构应当受理在押人员及其法定代理人、近亲属向检察机关提出的控告、举报和申诉，根据在押人员反映的情况，及时审查处理，并填写《控告、举报和申诉登记表》。派驻检察机构应当在监狱、看守所设立检察官信箱，接收在押人员控告、举报和申诉材料。派驻检察人员应当每月定期接待在押人员近亲属、监护人来访，受理控告、举报和申诉，提供法律咨询。派驻检察机构对在押人员向检察机关提交的自首、检举和揭发犯罪线索等材料，依法办理，并检察兑现政策情况。派驻检察机构办理控告、举报案件，对控告人、举报人要求回复处理结果的，应当将调查核实情况反馈控告人、举报人。人民检察院刑事执行检察部门审查刑事申诉，认为原判决、裁定正确、申诉理由不成立的，应当将审查结果答复申诉人并做好息诉工作；认为原判决、裁定有错误，需要立案复查的，应当移送刑事申诉检察部门办理。

另外，根据《人民检察院刑事诉讼规则（试行）》的规定，刑事执行检察部门还应受理如下申诉或控告：（1）辩护人、诉讼代理人认为看守所及其工作人员有阻碍其依法行使诉讼权利的行为，向人民检察院申诉或者控告的；（2）被指定居所监视居住人及其法定代理人、近亲属或者辩护人对于公安机关、检察机关侦查部门或者侦查人员存在违法情形提出控告的；（3）不服人民法院死刑终审判决、裁定尚未执行的申诉；（4）被强制医疗的人及其近亲属、法定代理人的控告、举报和申诉。

第三节　问题与对策

一、认清刑事执行检察的根本目的

刑事执行检察的目的是保证刑罚执行的合法，而刑罚执行的目的无非是兑现刑罚权。刑罚的根本目的就是预防犯罪。预防犯罪则体现了社会保护的价值。检察机关行使法律监督权是以国家的名义进行，其必然考虑国家或社会的利益。"检察权在执行监督中更倾向于对惩罚到位的要求，更愿意充当社会安全保卫者的角色，这或许可以解释检察权为什么有时宁愿放弃主动地位，站在行刑权一边。"[1]实际上，法律监督的要义不在于监督民众是否守法，而是监督执法者是否依法。监督执法者是否依法，其根本目的之一还在于避免执法者利用权力侵犯公民的基本人权。可以说，法律监督权的确立实际上是为了保障人权而生的。

刑罚执行权的滥用不仅损害社会保护价值，而且侵害受刑人的人权。作为保证刑罚执行正确合法的法律监督权要实现社会保护和人权保障双重价值。只不过在不同时期倾向性有所不同。在目前，检察机关对刑罚执行的法律监督更应凸显人权保障。

保障人权是现代法治社会的标志，也是必须恪守的准则。我国批准加入了《经济、社会和文化权利国际公约》、签署了《公民权利和政治权利国家公约》，2004年《宪法（修正案）》明确规定"国家尊重和保障人权"，为落实《宪法》关于尊重和保障人权的规定，2012年修订的《刑事诉讼法》不仅规

① 王利荣：《刑事执行检察监督问题研究》，载《中国检察》2003年第1卷。

定了"尊重和保障人权"，还强化了检察机关的法律监督权。因此，检察工作尊重和保障人权，不仅要为广大人民群众共同和普遍的人权提供完善的司法保障，也要切实尊重和保护行政管理相对人，违法行为人，犯罪嫌疑人、被告人、服刑人员以及被害人的诉讼权利和其他合法权利。刑罚执行和刑罚执行法律监督中都要贯彻人权保障的理念。这里的人权主要是指服刑人员的人权。对于判处刑罚的罪犯来说，其人身自由受到限制或剥夺，同普通公民相比，必然丧失某些权利，但是，对未加剥夺的权利，罪犯仍然像普通公民那样具有，并不受侵犯。《监狱法》第 7 条第 1 款规定："罪犯的人格不受侮辱，其人身安全、合法财产和辩护、申诉、控告、检举以及其他未被依法剥夺或者限制的权利不受侵犯。"2001 年最高人民检察院《关于刑事执行检察工作若干问题的规定》第 1 条第 2 款规定："刑事执行检察工作的任务是：依法对刑罚执行和监管活动实行监督，查办监管人员的职务犯罪案件，打击在押人员的犯罪活动，维护监管场所的稳定，保护被监管人员的合法权益，保障国家法律的统一正确实施。"所以，对刑罚执行进行法律监督，检察机关不仅要关注刑罚执行的正确实施，更要关注受刑人生存状态与权利状态，防止受刑人遭受刑罚执行权异变造成的伤害。如果不能够保障受刑人的合法权利，检察机关不仅有违宪法设定的法律监督者的职能定位，而且保证刑罚执行的正确实施这一目的也无法达到。

二、突出刑事执行检察的重点

2001 年最高人民检察院《关于刑事执行检察工作若干问题的规定》明确刑事执行检察工作的重点是刑罚执行监督，监督的主要对象是监狱，监督的重点是监管干警徇私舞弊减刑、假释、暂予监外执行等违法犯罪行为。而 2007 年最高人民检察院《关于加强和改进刑事执行检察工作的决定》则规定，刑事执行检察工作的重点是：（1）开展对刑罚变更执行的监督；（2）防止和纠正超期羁押；（3）监督纠正侵犯被监管人合法权益的违法行为；（4）查办刑罚执行和监管活动中的职务犯罪案件等工作。总体上来看，2007 年的规定较为合理，抓住了刑事执行检察的本质，凸显了对在押人员合法权益的保障。不过，从保障在押人员合法权益的角度看，对 2007 年《关于加强和改进刑事执行检察工作的决定》所规定的重点工作仍有一个主次之分。

（一）刑罚变更执行法律监督的重点放在应予减刑、假释、暂予监外执行而未给予的情形

刑罚的执行变更监督是指人民检察院对执行机关在刑罚执行过程中，因为出现法定情形，停止原判决、裁定执行方法，或者改变判决、裁定内容时的依

第二编 检察工作与人权保障

据和程序是否合法进行的监督，它存在于我国的实体法和程序法中。监督刑罚执行变更的内容主要有：刑期的变更，例如将较长的刑期改为较短的刑期；刑种的变更，例如将无期徒刑改为有期徒刑。这两种情况被称之为广义的减刑；执行场所的变更，包括假释和暂予监外执行等这些变更形式。检察机关发现刑罚执行机关对不符合减刑、假释、暂予监外执行情形的罪犯违法提请、呈报减刑、假释、暂予监外执行的，应当及时提出纠正意见；发现罪犯符合减刑、假释、暂予监外执行情形，刑罚执行机关未提请、呈报减刑、假释、暂予监外执行的，应当及时提出检察建议。以往，由于监管部门和法院在减刑、假释、暂予监外执行工作中存在大量徇私舞弊、徇私枉法情形，引起民众不满，刑罚变更执行监督的重点在违规、违法减刑、假释和暂予监外执行上。而实践中确实存在大量应该减刑、假释或者暂予监外执行而没有给予的情形，大约2%的假释率和20%的减刑率却存在很多违法违规的情形。因此，刑罚的执行变更监督在着重违法减刑、假释、暂予监外执行的同时，从保障被监管人的人权角度看，重点还应放在对减刑、假释、暂予监外执行而不予减刑、假释、暂予监外执行等情形的监督上。对于违规、违法减刑、假释、暂予监外执行的情形，如果被监管人确实悔罪或不致再危害社会，就不必纠正，但对于监管人员或法院工作人员的违法行为则应提出纠正意见。

（二）监督纠正侵犯被监管人员合法权益的违法行为

监督纠正侵犯被监管人员合法权益的违法行为是2007年《关于加强和改进刑事执行检察工作的决定》所规定的刑事执行检察工作的重点之一。这一规定是合理的，也体现了刑事执行检察的性质。从应然角度讲，对于监所干警侵犯被监管人员任何合法权益的违法行为都应该进行监督纠正，但在具体实际工作中，要突出重点，首先要解决侵犯被监管人切身合法利益的违法行为。我们认为，要重点保障以下合法权益：

1. 保障生命权。在我国，生命权是公民最重要的权利。刑事执行检察要加强事故检察。根据《人民检察院监狱检察办法》和《人民检察院看守所检察办法》的规定，事故检察的内容包括：（1）在押人员脱逃；（2）在押人员破坏监管秩序；（3）在押人员群体病疫；（4）在押人员伤残；（5）在押人员非正常死亡；（6）其他事故。从保障在押人员生命权的角度出发，要高度重视在押人员群体病疫、在押人员伤残以及在押人员非正常死亡等事故的检察。

2. 保障人身安全不受侵犯的权利。检察机关通过检察和纠正监管工作干警对被监管人员滥用械具、以械具作为刑具、错误使用武器、刑讯逼供、体罚虐待、侮辱人格以及故意伤害人身等野蛮监管行为，对构成犯罪的，依法追究刑事责任。

3. 保障被监管人员民事财产权利。对监管场所收押时代管的被监管人员财产和释放时返还的被监管人员财产，实行现场监督，防止监管人员侵吞被监管人员财产，侵犯被监管人员的民事权益。

4. 保障维持正常生活和身体健康权。刑事执行检察通过对被监管人员的劳动情况和生活卫生情况实行日巡查、周巡查、月大查，严防监管单位组织被监管人员超时、超体力、超强度劳动。

5. 保障通信和接见家属的权利。我国对被监管人员的管理工作，从有利于人的教育改造出发，规定允许被监管人员与亲友通信和定期会见家属。检察中如果发现限制、扣押和检查在押人员的通信，或者有阻止罪犯和亲友通信，阻止定期会见家属的违法行为，应当提出纠正，情节严重，构成侵犯公民通信自由权利罪的，应依法追究有关监管工作干警的刑事责任。①

另外，近几年来，看守所存在的问题比较突出，对看守所执法活动应加强监督。对看守所执法活动监督的重点是：（1）监管人员殴打、体罚、虐待或者变相体罚、虐待在押人员的；（2）违法对在押人员使用械具或者禁闭的；（3）没有将未成年人与成年人分别关押、分别管理、分别教育的；（4）违反规定同意侦查人员将犯罪嫌疑人提出看守所讯问的；（5）收到在押犯罪嫌疑人、被告人及其法定代理人、近亲属或者辩护人的变更强制措施申请或者其他申请、申诉、控告、举报，不及时转交、转告人民检察院或者有关办案机关的；（6）应当安排辩护律师依法会见在押的犯罪嫌疑人、被告人而没有安排的；（7）辩护律师会见犯罪嫌疑人、被告人时予以监听的；（8）将被判处有期徒刑剩余刑期在 3 个月以上的罪犯留所服刑的；（9）成年罪犯留所执行刑罚的；（10）留所服刑罪犯与犯罪嫌疑人、被告人混押、混管、混教的。

（三）强制医疗执行监督的重点

强制医疗执行监督的重点应放在：（1）收治的法律文书及其他手续不完备的；（2）没有依照法律、行政法规等规定对被决定强制医疗的人实施必要医疗的；（3）殴打、体罚、虐待或者变相体罚、虐待被强制医疗的人，违反规定对被强制医疗的人使用械具、约束措施，以及其他侵犯被强制医疗的人合法权利的；（4）没有依照规定定期对被强制医疗的人进行诊断评估的；（5）对于被强制医疗的人不需要继续强制医疗的，没有及时提出解除意见报请决定强制医疗的人民法院批准的；（6）对被强制医疗的人及其近亲属、法定代理人提出的解除强制医疗的申请没有及时进行审查处理，或者没有及时转

---

① 参见刘建：《论刑事执行检察与罪犯的人权保障》，载《海南人大》2006 年第 10 期。

送决定强制医疗的人民法院的；（7）人民法院作出解除强制医疗决定后，不立即办理解除手续的。

（四）指定居所监视居住执行监督的重点

指定居所监视居住执行监督的重点应放在：（1）在执行指定居所监视居住后 24 小时以内没有通知被监视居住人家属的；（2）在羁押场所、专门的办案场所执行监视居住的；（3）对被监视居住人刑讯逼供、体罚、虐待或者变相体罚、虐待的；（4）有其他侵犯被监视居住人合法权利或者其他违法行为的。

（五）发现、纠正错案

近几年来，暴露的刑事错案不少，严重影响了司法权威。刑事错案也严重侵犯了公民的人权。从报道的刑事错案被发现的原因来看，多是真凶出现，被杀害的人"复活"，很少有司法机关主动发现、纠正过来。在刑事错案的发现上，刑事执行检察大有作为，也应该有作为。实际上，刑事执行检察应该把发现、纠正错案作为刑事执行检察的重点工作之一。

首先，检查被羁押人犯、关押罪犯法定的文书和手续是否合法和完备，对一切不合法的收押甚至错误关押，提出纠正意见。其次，检查纠正监管工作干警阻止和压制被监管人员行使申诉和控告权的违法行为。再次，受理和查处监管人员及其家属的申诉和控告，依法提出纠正错判、错误羁押的意见。最后，人民检察院在监管场所设置揭发检举、控告箱，便于被监管人员行使申诉、控告权。

另外，对于死刑执行临场监督，在执行死刑前，检察人员发现有下列情形之一的，应当建议人民法院立即停止执行：（1）被执行人并非应当执行死刑的罪犯的；（2）罪犯犯罪时不满 18 周岁，或者审判的时候已满 75 周岁，依法不应当适用死刑的；（3）判决可能有错误的；（4）在执行前罪犯有检举揭发他人重大犯罪行为等重大立功表现，可能需要改判的；（5）罪犯正在怀孕的。

三、立足检察职能，加强刑事执行检察监督效果

（一）刑事执行检察的效力

检察机关法律监督行为的效力可分为五种情形：[①] 一是程序启动、变更及终结的效力。程序效力本身不具有实体处置的效果，也就是说这些法律行为只能产生一种程序上的影响，它只是达到某一法律目的的手段和措施。二是法律行为准行效力。这是指检察机关相对被动地对提请它审查的法律事项进行审

---

① 参见龙宗智：《检察制度教程》，法律出版社 2000 年版，第 119～122 页。

批，这一审批行为具有允许某一法律措施实施或不允许其实施的效力，如检察机关的审查批捕。三是直接强制效力。这是指检察机关行使检察侦查权时所采取的强制措施和强制性侦查手段。四是有限范围内的实体处理效力。这是指检察机关采取不起诉以及撤销案件的手段，对案件的刑事问题，所作出的否定性实体处理，从而产生的一种对实体法律关系进行确认和处理的效力。五是建议影响效力。这是指检察机关对侦查活动、审判活动、刑罚执行活动的合法性实施监督，提出要求有关机关纠正违法行为意见，以及结合办案对发案单位和有关系统提出要求其整改的检察建议，所产生的影响力。

单纯就刑事执行检察的效力来说，只有两种：一是程序启动效力，如对人民法院的减刑、假释裁定不当的，检察机关提出书面纠正意见，发动人民法院重新组成合议庭再次审理的程序；对批准服刑罪犯暂予监外执行的决定提出书面纠正意见的，引起作为决定机关的重新核查程序。二是建议影响效力。包括提出口头或书面纠正意见、检察建议所产生的效力。

对于刑事执行检察的效力，刑事执行检察人员认为效力太弱，监督效果不好。因此，有人认为应建立起被监督者的责任体系，对接到口头通知纠正违法、纠正违法通知书或是提请惩戒都应该有相应违法人员处罚的程序和结果的明确规定，才能把刑罚的执行监督工作切实执行，真正发挥出刑罚执行监督的应有作用。① 甚至有人认为，如果执行机关不接受监督，检察机关可以直接追究相关人员的责任，也可直接纠正。

我们认为，监督的本意在于以第三者的立场察看，如果发现监督对象应该做而未做或不应该做而做了，作为监督者，应该提醒、督促他改正或纠正。如果被监督者不改正，作为监督者亲自去改正，就超越了监督的权限，成为当事者了。被监督者不接受的监督意见，监督者只能采取其他合法方式，而不能越俎代庖亲自去做。另外，无隶属关系部门之间的监督和有隶属关系的部门之间的监督以及部门的自我监督不一样。有隶属关系部门之间的监督由于存在领导和被领导的关系，对于下级部门的违法行为可以直接纠正，并且有权直接追究责任人的行政责任；但对于无隶属关系的部门，存在的只是监督和被监督的关系，监督者发现被监督者的违法行为，只能提出建议，无权直接纠正，也无权直接追究责任人的行政责任。因为这是权力配置和制衡的基本原则。如果作为监督者还享有决定权、处分权，这样就能够决定被监督者的一切，监督权就过于膨胀。随之而来的问题是谁来监督被监督者？谁来保证监督者永远正确？目

---

① 参见许海峰主编：《法律监督的理论与实证研究》，法律出版社 2004 年版，第 325页。

前检察机关的法律监督不再需要专门的监督，其道理也在于此。因为检察机关的监督权指向的是公权力，而其监督对象的权力则指向公民的权利，检察机关的监督权仅仅是程序性权力，没有实质处分权，并不涉及公民的权益，而监督对象的权力则是实质的处分权，其涉及公民的权益。

当然，法律监督应该有效力，否则就没有必要存在。强化法律监督的权威是应该的，但不能违背监督理论、权力制衡理论。纠正意见和检察建议应该具有法律约束力，虽然不应有直接强制力，但应该具有要求被监督机关按期答复的法律约束力。从立法角度讲，法律应明确规定这种效力。

不过，即使在目前情况下，刑事执行检察也大有可为，可以靠整个法律监督权来强化刑事执行检察的权威和效力。因为"检察权是统一的监督权，它具有联动和综合监督的优势。这里强化监督的关键之一，在于检察机关如何利用自身资源，摸索行刑监督的有效方法"①。

对于执行机关拒不接受监督的，检察机关可以采取以下措施：（1）构成滥用职权、玩忽职守或徇私舞弊等渎职犯罪或构成受贿犯罪或属于利用职权实施的重大犯罪案件的，可以初查或进行立案侦查。（2）向上一级机关通报其下属机关在刑罚执行中的违法情况和不接受刑罚执行监督的情况。（3）刑罚执行主体存在一般违法行为的，向当地纪检监察部门提出检察建议，建议给予执行主体及其直接责任人员党纪政纪处分。（4）对于屡不接受刑罚执行监督的，以检察院的名义向同级人民代表大会或其常委会报告执行主体在刑罚执行中的违法情况和不接受刑罚执行监督的情况。（5）召开新闻发布会向媒体通报执行主体在刑罚执行中的违法情况和不接受刑罚执行监督的情况。如果综合运用这些措施，完全可以解决刑罚执行机构拒不接受监督问题。

（二）大力开展查办监所职务犯罪工作

查办刑罚执行和监管活动中的职务犯罪案件，是惩治司法腐败和保护被监管人人权的需要，也是强化刑罚执行监督和监管活动监督的重要手段。虽然近年来，监管场所在监管管理和队伍建设方面都有很大的改进，取得了明显成效。但是，监管干警利用监管职权，在被监管人的减刑、假释和保外就医等问题上进行徇私舞弊的司法腐败现象时有发生；监管干警滥用职权，惩罚被监管人员，纵容被监管人员殴打、体罚被监管人员等失职渎职行为仍有存在。如不对这些职务犯罪进行查处追究，不仅会严重影响刑罚的正确执行和执法的公正公平，也将严重影响司法机关的形象和法律的统一正确实施，尤其不利于保障被监管人的合法权益。因此，要充分认识到查办刑罚执行和监管活动中职务犯罪案件

---

① 王利荣：《刑事执行检察监督问题研究》，载《中国检察》2003年第1卷。

的作用和意义，把查办职务犯罪作为强化刑事执行检察的一项重要工作来抓。

做好查办监所职务犯罪工作：一是坚持检务公开制度、各种会见、谈话制度等方法畅通信息渠道，以增加案源数量；二是通过加强与监管单位纪检监察部门的联系沟通、注重与本院各部门的工作衔接、完善信息交流与共享机制，理顺联系渠道，拓宽案源途径；三是认真做好检察巡视工作、全面掌握在押人员基本情况和动态、严格审查各类法律文书，强化对刑罚变更执行、暂予监外执行、所外就医以及人民法院的减刑、假释、暂予监外执行的全程跟踪监督，扩展监督渠道，找准案源重点；四是通过认真审查、严格筛选、科学管理各种案件线索规范接转渠道，防止案源流失；五是加大线索层报、备查的奖惩力度，对主动发现，积极上报线索的，应及时给予表彰奖励，对工作失职、渎职，对线索隐瞒不报，压案不查的，应认真排查，严肃处理。用多种办法、多种形式、多种途径搜集，获取案件线索。

另外，在注重查办职务犯罪案件工作的同时，不能忽视和放松执法监督工作，要通过查办职务犯罪案件，纠正刑罚执行和监管活动中的违法情况，增强法律监督的效果。

应用与讨论训练

★ **模块一** 主题讨论

1. 目前刑事执行检察在保障人权方面存在哪些现实困难，如何克服？
2. 如何从保障人权的角度创新刑事执行检察机制？
3. 如何从人权保障的角度来设计刑事执行检察工作考评标准？
4. 在刑事执行检察工作中如何发现错案？

学员分组就上述问题分别进行讨论，然后每组派一名学员对讨论情况进行汇报；或者先让学员就讨论题目进行准备，抽选 1～2 名学员就论题进行主题发言，后组织学员就主题发言分组研讨。

★ **模块二** 现场教学

组织学员参观监狱（看守所）及驻刑事执行检察院（室），了解监狱（看守所）被监管人员人权保障情况以及刑事执行检察在保障被监管人人权方面实施的措施及不足。

★ **模块三** 案例研讨

[案例一] 尚某某体罚虐待被监管人案

尚某某，男，案发时 32 岁，系某监狱管教干事。因涉嫌虐待被监管人犯罪于 2004 年 10 月 21 日被安阳市龙安区人民检察院立案侦查。此案是派驻检察干警在日常检察过程中听到有在押人员反映：管教干警尚某某经常打骂在押人员，在押人员十分害怕尚某某。派驻干警对此高度重视，展开了相关调查取证，后查明：2003 年 11 月到 2004 年上半年，因所管犯人未完成任务等原因，尚某某先后对被监管人员朱某某等 6 人实施虐待。2005 年 4 月 13 日，龙安区人民检察院将该案向龙安区人民法院提起公诉。2005 年尚某某因犯体罚虐待被监管人罪被龙安区人民法院判处拘役 6 个月，缓刑 6 个月。

[案例二] 李某某刑讯逼供案

李某某，男，案发时 19 岁。因涉嫌刑讯逼供于 2005 年 10 月 11 日被安阳县人民检察院立案侦查。该案是派驻检察干警在日常巡视过程中发出新入所人员张某某身上有多处伤痕。派驻检察干警通过与其耐心谈话打消了其顾虑，讲出了其遭受刑讯逼供的真相。随后派驻检察干警查明：2005 年，李某某和办案民警舒某某及东街村治安主任李某某，在铜冶派出所三楼干警宿舍对涉嫌盗窃的张某某进行讯问时，为逼取口供，三人用拳头和手掌对其进行殴打，经法医鉴定张某某构成轻伤。2005 年 10 月 25 日该案向安阳县人民法院提起公诉。2005 年 11 月 8 日，安阳县人民法院依法判决李某某犯刑讯逼供罪，判处有期徒刑 1 年缓刑 1 年。

⊙研讨主题

通过上述两案，探讨刑事执行检察在保障被监管人免受酷刑方面的作用及途径。

第八章　刑事控告检察与人权保障[*]

相关依据导引

★ 国际文件

《联合国反腐败公约》（2013 年 10 月 31 日联合国大会第 58/4 号决议通过，中国政府于 2003 年 12 月 10 日签署，全国人民代表大会常务委员会于 2005 年 10 月 27 日批准加入）

★ 国内规范

《中华人民共和国刑事诉讼法》（1979 年 7 月 1 日第五届全国人民代表大会第二次会议通过，1996 年 3 月 17 日第八届全国人民代表大会第四次会议修正，2012 年 3 月 14 日第十一届全国人民代表大会第五次会议修正）

《人民检察院刑事诉讼规则（试行）》（1997 年 1 月 15 日最高人民检察院第八届检察委员会第六十九次会议通过，1998 年 12 月 16 日最高人民检察院第九届检察委员会第二十一次会议第一次修订，2012 年 10 月 16 日最高人民检察院第十一届检察委员会第八十次会议第二次修订）

最高人民检察院《关于保护公民举报权利的规定》（1991 年 5 月 13 日发布）

最高人民检察院《关于加强举报工作的决定》（1993 年 3 月 27 日发布）

最高人民检察院《奖励举报有功人员暂行办法》（1994 年 5 月 11 日发布）

最高人民检察院《关于要案线索备案、初查的规定》（1995 年 10 月 6 日发布）

《人民检察院举报工作规定》（2009 年 4 月 23 日发布）

第一节　国际标准

依美国政治学家亨廷顿对腐败的定义——腐败是指国家官员为了谋取个人私利而违反公认准则的行为，腐败为公权力的伴生物，有公权力的地方，就有滋生腐败的可能。特别是在国际贸易如火如荼、经济全球化的背景下，腐败已

---

[*] 刑事控告检察工作主要包括举报和信访两方面，本章仅涉及举报工作。

经成为一种跨越国界存在的普遍现象，一种国际性犯罪。腐败不仅是道德的伦丧，而且危害经济发展，损害政府形象。从宏观上来说，腐败是社会付出的成本和代价，主要包括腐败的经济成本、政治成本和道德成本。① 就经济成本而言，据世界银行全球治理研究所所长丹尼尔·考夫曼计算，腐败每年给各国经济造成的损失达 1.5 万亿美元，占世界 GDP 的 5%。② 其政治成本，更是高昂。腐败影响了公信力，危及政权的稳定，关涉亡党亡国。言及道德成本，腐败严重腐蚀人们的道德观念，污浊社会风气。因此，腐败被视为世界上"摧毁一个法治国家的最有效的手段"、"人权的反面"③。

"道高一尺，魔高一丈。"反腐败问题因之也成为国际社会关注的话题，各国视线的焦点。针对于严重危害各国乃至世界经济发展和国际社会稳定的腐败现象，非洲联盟、欧洲委员会、海关合作理事会（又称世界海关组织）、欧洲联盟、阿拉伯国家联盟、经济合作与发展组织和美洲国家组织都积极地开展活动，制定了一系列关于预防和打击腐败的各种文书，④ 为打击腐败犯罪的国际合作奠定了基础。联合国预防犯罪和犯罪待遇大会的历届会议都将腐败犯罪列为议题之一，并通过了相应的国际文件。⑤ 但有鉴于腐败对社会稳定与安全

---

① 参见韩影、张爱军：《腐败成本及其控制——基于经济学的视角》，载《社会科学辑刊》2009 年第 3 期。

② 参见余丙南：《〈联合国反腐败公约〉若干问题探析》，载《甘肃行政学院学报》2004 年 4 月第 52 期。

③ 转引自慕亚平、王跃：《从国际法层面解读〈联合国反腐败公约〉》，载《暨南大学学报》（哲学社会科学版）2005 年第 5 期。

④ 1996 年 3 月 29 日美洲国家组织通过了《美洲国家反腐败公约》，1997 年 5 月 26 日欧洲联盟理事会通过了《打击涉及欧洲共同体官员或欧洲联盟成员国官员的腐败行为公约》，1999 年 1 月 27 日、11 月 4 日欧洲委员会部长委员会分别通过了《反腐败刑法公约》、《反腐败民法公约》，2003 年 7 月 12 日非洲联盟国家和政府首脑通过了《非洲联盟预防和打击腐败公约》，1997 年 11 月 21 日经济合作与发展组织（OECD）通过了《禁止在国际商业交易中贿赂外国公职人员公约》。

⑤ 1979 年联合国通过《执法人员行为守则》，其中第 7 条明确规定："执法人员不得有贪污行为，并应极力抗拒和反对一切贪污行为。"1996 年联合国通过了《公共官员国际行为准则》，规定："公职人员不得利用职务之便不正当地为本人或其家庭成员谋取个人利益或经济利益。公职人员不得进行与其公职、职能和职责或履行这些职责不相符合的任何交易、取得任何职位或职能或在其中拥有任何经济、商业或其他类似的利益。""公职人员不得直接或间接地索取或接受任何可能影响其行使职责、履行职务或作出判断的礼品或其他惠赠。"同年，联合国还发表了《反对国际商业交易中的贪污贿赂行为宣言》，1997 年联合国反腐败专家会议提出反腐败的决策和行动指南建议 50 条，1999 年联合国修改《打击跨国有组织犯罪国际公约》，增加了反腐败内容，该公约已于 2003 年 9 月 29 日生效。

所造成的问题和构成威胁的严重性，有鉴于腐败破坏民主体制和价值观、道德观和正义并危害着可持续发展和法治，为了促进和加强各项措施，以便更加高效而有力地预防和打击腐败，为了促进、便利和支持预防和打击腐败方面的国际合作与技术援助，为了提倡廉正、问责制和对公共事务和公共财产的妥善管理，联合国于 2001 年 7 月正式启动《联合国反腐败公约》的起草和谈判工作。2003 年 10 月 31 日第 58 届联合国大会审议通过了《联合国反腐败公约》。2005 年 10 月，我国第十届全国人民代表大会常务委员会第十八次会议批准加入该《公约》。《联合国反腐败公约》是联合国历史上第一部指导国际反腐败斗争的法律文件，创建了国际一级反腐败五大法律机制——预防机制、刑事定罪与执法机制、国际司法合作与执法合作机制、资产追回与返还机制、履约监督机制，堪称国际社会最为完整、全面而又具有广泛性、创新性的国际法律文件。

在创新性方面，《联合国反腐败公约》提出了一个新的理念，即鼓励社会参与。《联合国反腐败公约》第 13 条规定了推动和加强社会参与的各项措施，同时要求各缔约国采取适当措施，确保公众知悉本国反腐败机构。另外，《联合国反腐败公约》还特别鼓励内部举报。第 8 条（公职人员行为守则）第 4 款规定："各缔约国还应当根据本国法律的基本原则，考虑制定措施和建立制度，以便于公职人员在履行公务过程中发现腐败行为时向有关部门举报。"该项所涉及的内容即属于内部举报。内部举报是指一个集团里的成员向社会举报他所属集团内发生的腐败行为。① 内部举报者是与腐败者近距离接触者，因此，他们更容易掌握腐败者腐败犯罪的事实，能够提供明晰的线索，甚至是完整、充分的证据。在这个意义上讲，内部举报者是"公益守护者乃至'清廉政府'的实现者"。②由此可见，内部举报是社会参与的重要方面。出于公益的举报行为，使举报人旗帜鲜明地站到了被举报人的对立面；一旦举报信息泄漏，举报人就成为被举报人打击报复的对象。因此，在鼓励社会参与问题上，对举报人的保护显得尤为重要。《联合国反腐败公约》第 33 条以专条规定了保护举报人。《联合国反腐败公约》的上述规定，在提高公众对腐败行为的社会危害性认识，发挥机关、团体、学校、社区、企事业单位和个人在反腐败斗争中的作用，完善社会参与综合治理腐败的机制，为举报人提供切实的保护措

---

① 参见郑再和：《防止腐败保护内部检举者之研究》，载《社会科学研究》2000 年第 6 期。

② 参见郑再和：《防止腐败保护内部检举者之研究》，载《社会科学研究》2000 年第 6 期。

施等方面，为各缔约国确立了国际标准。

一、提高公众对腐败严重性和威胁性的认识

《联合国反腐败公约》第 13 条第 1 款规定："各缔约国均应当根据本国法律的基本原则在其力所能及的范围内采取适当措施，推动公共部门以外的个人和团体，例如民间团体、非政府组织和社区组织等，积极参与预防和打击腐败，并提高公众对腐败的存在、根源、严重性及其所构成的威胁的认识。"

腐败本身是一种复杂的社会现象，具有社会性。因此，社会参与是反腐败、遏制腐败的重要力量，没有社会参与的"单人表演"式反腐，难以取得"更加高效而有力地预防和打击腐败"之成效。社会参与应当通过下列措施予以加强：

（一）提高决策过程的透明度，促进公众在决策过程中发挥作用

阳光是最好的防腐剂。决策透明，既可以避免决策机构暗箱操作，也便于公众监督。政府决策过程的公开，应包括决策程序的公开、决策结果的公开和接受公众监督等内容。为提高决策过程的透明度，《联合国反腐败公约》要求：

1. 建立对预防腐败特别有效的以透明度、竞争和按客观标准决定为基础的适当的采购制度（第 9 条第 1 款）。这类制度可以在适用时考虑到适当的最低限值，所涉及的方面应当包括：（1）公开分发关于采购程序及合同的资料，包括招标的资料与授标相关的资料，使潜在投标人有充分时间准备和提交标书；（2）事先确定参加的条件，包括甄选和授标标准以及投标规则，并予公布；（3）采用客观和事先确定的标准作出公共采购决定，以便于随后核查各项规则或者程序是否得到正确适用；（4）建立有效的国内复审制度，包括有效的申诉制度，以确保在依照本款制定的规则未得到遵守时可以诉诸法律和进行法律救济；（5）酌情采取措施，规范采购负责人员的相关事项，例如特定公共采购中的利益关系申明、筛选程序和培训要求。

2. 促进公共财政管理的透明度和问责制（第 9 条第 2 款）。这些措施应当包括下列方面：（1）国家预算的通过程序；（2）按时报告收入和支出情况；（3）由会计和审计标准及有关监督构成的制度；（4）迅速而有效的风险管理和内部控制制度；（5）在本款规定的要求未得到遵守时酌情加以纠正。

3. 提高公共行政部门的透明度（第 10 条）。这些措施可以包括下列各项：（1）施行各种程序或者条例，酌情使公众了解公共行政部门的组织结构、运作和决策过程，并在对保护隐私和个人资料给予应有考虑的情况下，使公众了解与其有关的决定和法规；（2）酌情简化行政程序，以便于公众与主管决策机关联系；（3）公布资料，其中可以包括公共行政部门腐败风险问题定期

报告。

（二）确保公众有获得信息的有效渠道

确保公众在最广泛的范围内获得信息，可以有效增加腐败被发现的机会。这就要求，公共行政部门通过以下方式拓宽公众获得信息的有效渠道：①

1. 公共行政部门决策过程中，吸收广大公众的参与。吸收公众参与，不但尽可能允许公众旁听、记录，允许新闻媒体予以公开报道，而且可以进一步增加公众的参与意识，引导公众进行投票和召开听证会，鼓励公众发表意见；还可以利用现在普遍发展的电子技术，如电话、互联网等形式，适当地进行公开电视电话会议以及电子投票进行民意调查等形式，扩大公众参与的机会。

2. 一些类型的政府会议对公众开放，政府相关文件档案除了法律规定需要保密的，如涉及国家安全和商业秘密等内容除外，都应该向公众开放，允许公众自由的查阅和使用。

3. 建立和完善反馈机制。收集民意是发现腐败现象存在的有效途径，针对公众提供的信息应有专人专机构进行妥善处理，并告知结果，使政府与公众之间建立起一种互动的桥梁。

4. 还应规定一些基础性措施，例如，相关机构应建立相应的规章管理制度，规定相关文件开放日，允许公众调阅档案，并提供查阅、复制条件，允许和保障新闻自由。在反腐败和大型政府采购招标领域，为加强公众对过程的监督，可以在现场设立举报点，并由专人负责并答复。

（三）开展有助于不容忍腐败的公众宣传活动，以及包括中小学和大学课程在内的公共教育方案

腐败是对公权力的侵蚀，是对正常的经济秩序的破坏。腐败现象所侵害的对象往往是隐性的，具有不特定性的特点。因此，公众很难与腐败者建立起直接的利害关系，更不容易接受这样的角色定位，即自己是腐败行为直接受害人。但腐败确确实实侵害了社会中上每一成员的利益：它使公众支付高的税款，却享受着低的公共服务。不仅如此，腐败增加了国有企业和私营企业经济交易的成本，而公众却是它们产品的最终"埋单者"。因此，为鼓励公众参与反腐败，开展有助于不容忍腐败的公众宣传活动，就成为一项极为重要的工作。揭露腐败的公众宣传应始于中小学教育，并贯穿于大学教育之中，以此提高公众抗腐败的免疫力，增强公众抵制腐败的意识，激发公众揭露腐败的自觉性。另外，透过反腐败宣传教育，也可以培养公众、特别是青少年廉洁自律的

---

① 参见杨宇冠、吴高庆主编：《〈联合国反腐败公约〉解读》，中国人民公安大学出版社2004年版。

美德。而这种美德对于反腐而言，是治本之举。

（四）尊重、促进和保护有关腐败信息的查找、接收、公布和传播的自由

腐败行为大多是黑幕下的交易，是见不得阳光的。腐败信息的查找、接收、公布和传播，就是要将腐败行为暴露于光天化日之下，使腐败分子无处遁形。赋予公众查找、接收、公布和传播有关腐败信息的自由，可以使腐败现象尽早被发现，尽快让公众知晓，腐败分子尽早受到惩治。如同一切自由都不是绝对的，尊重、促进和保护有关腐败信息的查找、接收、公布和传播的自由，也不是绝对的，要受到某种限制，但是这种限制应当仅限于法律有规定而且也有必要的下列情形：（1）尊重他人的权利或者名誉；（2）维护国家安全或公共秩序，或者维护公共卫生或公共道德。

二、建立反腐败机构和举报机制

（一）建立独立的反腐败机构

《联合国反腐败公约》第6条对各缔约国建立独立的反腐败机构提出了明确的要求。该公约第6条第1款规定："各缔约国均应根据本国法律制度的基本原则，确设有一个或酌情设有多个机构预防性反腐败机构。"同时该条第2款规定："各缔约国均应当根据本国法律制度的基本原则，赋予本条第一款所述机构必要的独立性，使其能够有效地履行职能和免受任何不正当的影响。"

建立独立的反腐败机构是一个国家开展反腐败活动的重要一环。反腐败机构是指那些通过立法部门建立，在政府的直接领导下，从事反腐败信息的收集、核实、立案、调查，并对公众进行相应反馈和教育工作的机构。为了保证反腐败活动的公正性、有效性，这样的机构必须是独立的。建立独立的反腐败机构，一方面，可以免受任何不正当影响；另一方面，是反腐败政策落实到位、卓有成效的开展工作的重要保障。各国实践证明了建立独立的反腐败机构之于该国反腐的重要意义。新加坡和我国香港特区的反腐败机构为我们树立了样板。① 新加坡反腐败机构直接归总理办公室领导，拥有广泛的几乎不受限制的调查权力。香港特区反腐败机构由最高行政长官直接领导，并向立法机关汇报工作，根据有关法律和惯例的规定，廉政公署与香港特区的公务员系统相分离，自主动作，独立负责。

---

① 参见杨宇冠、吴高庆主编：《〈联合国反腐败公约〉解读》，中国人民公安大学出版社2004年版，第59页。

（二）建立举报机制

《联合国反腐败公约》第13条第1款规定："各缔约国均应当采取适当的措施，确保公众知悉本公约提到的相关的反腐败机构，并应当酌情提供途径，以便包括匿名举报在内的方式向这些机构举报可能被视为构成根据本公约确立的犯罪的事件。"

腐败行为分子作为社会的一员，必然与公众形成各种各样的社会关系；其腐败行为——即使再隐蔽，也会在社会上留下一些蛛丝马迹。因此，公众不仅具有广泛的反腐败基础和线索，更是反腐败可依靠的力量。为确保公众举报渠道畅通、安全，各缔约国政府应该采取以下措施建立举报机制：

1. 确保公众知道本国反腐败机构。各缔约国应将反腐败机构的名称、地址、电话、网址等告知公众，让公众知晓。如果本国设有多个反腐败机构，还应将这些机构的具体职责范围详加公布，以便公众了解，方便举报。

2. 构筑公众与反腐败机构联系的渠道。除了确保公众知道本国反腐败机构之外，各缔约国还应该通过以下方式构筑公众与反腐败机构联系的渠道：①（1）设立举报接待站，适时的搞一些现场举报点拓宽信息源，深入了解公众以及社会各界对周围腐败现象的线索和意见。（2）反腐败机构可以建立多个基层反腐败机构，引导公众进行广泛参与。建立互动桥梁，调动公众进行舆论监督的积极性和主动性，使腐败现象无处可逃。（3）建立反腐败信息收集和分析制度，对待举报的材料应全部受理，设立相关调查人员和监督员对公众的有效信息迅速进行调查和分类，使公众收集的信息得到有效分流。在整理和分流并处理查处后，应全部进行反馈，对其中的一些实名举报应有针对性地进行处理。（4）建立相应的奖励机制，对其中举报反腐败属实的公众进行适当的奖励，以激励更多的公众举报腐败犯罪的线索。

三、完善保护举报人制度

《联合国反腐败公约》第33条规定："各缔约国均应当考虑在本国法律制度中纳入适当措施，以便对出于合理理由善意向主管机关举报涉及根据本公约确立的犯罪的任何事实的任何人员提供保护，使其不致受到任何不公正的待遇。"

证人是重要的诉讼参与人，各国诉讼法律都在其力所能及的防护范围内采取适当的措施为其提供保护。然而，与证人处于类似地位的举报人却难以获得

---

① 参见杨宇冠、吴高庆主编：《〈联合国反腐败公约〉解读》，中国人民公安大学出版社2004年版，第131页。

法律保护，究其原因不外乎以下几点：其一，因为举报内容的真实性还有待事实和证据的证明，举报人的身份事实上处于一种含混状态。其二，案件尚未进入诉讼程序，举报人还不属于诉讼参与人，无法通过诉讼程序使其在权利遭受损害时获得必要的保护。其三，举报人不同于证人：前者与被举报人处于对立状态，后者的证言可能是有利于被举报人的。这就加重了举报人受到打击报复的可能性。其四，有些举报人以匿名举报的方式进行举报，使举报受理机关无法了解举报人的具体状况。举报受理机关不清楚谁为举报人不等于被举报人不清楚举报人的身份。因此，匿名举报给举报受理机关提供保护制造了不便与麻烦。在现实生活中，举报人因为举报行为而遭受被举报人打击报复的现象带有相当的普遍性。有鉴于此，《联合国反腐败公约》以专条对举报人的保护作出了规定。该条规范具有以下特征：

1. 本条制定的目的在于防止善意举报人遭受不公正的待遇。各国法律都赋予了公民对犯罪行为进行举报的权利，而举报又是一项高风险的行为，被举报人往往利用职权对举报人进行恶毒、卑劣的打击报复，致使举报人遭受不公正待遇。因此，公约要求各缔约国应当考虑在本国法律制度中纳入适当措施对善意举报人予以保护。

2. 本条款对举报人保护的范围限于善意的举报人，恶意的举报不在本条款保护范围之内。举报腐败是一种公益行为，是一种以公共安危为优先的"真实正直的行为"。因此，只要是出于善良的、纯洁的心意，而不是捏造事实，伪造证据，即使举报的事实有出入，甚至是错告的，也要和诬告严格加以区别，纳入本条款保护范围。

3. 对举报人的保护确立了较高的标准——使其不致受到任何不公正的待遇。一般来说，对举报人的保护往往局限于人身保护、财产保护等方面，而《联合国反腐败公约》将对举报人保护提高到一个更高的水准，要求使其不致受到任何不公正的待遇。从实践中看，被举报人对举报人施加的不公正待遇主要有：① 第一，直接使用暴力打击报复举报人，甚至杀人灭口。第二，假借组织名义，以"优化组合"、"解聘"、"精简机构"等合理理由，将举报人撤职、免职、列为"编余"人员，甚至开除公职。第三，施加精神压力，拉拢、挑唆群众围攻、辱骂、嘲讽，甚至孤立举报人，使举报人精神上受到极大压力。第四，设法株连举报人的家人，对举报人的家人进行打击报复，以此挫伤举报人的积极性。

---

① 参见杨宇冠、吴高庆主编：《〈联合国反腐败公约〉解读》，中国人民公安大学出版社 2004 年版，第 252～253 页。

4. 本条款相对于保护证人条款而言，是一个软条款。《联合国反腐败公约》第 32 条保护证人、鉴定人和被害人条款与第 33 条保护举报人的条款措词存在明显的不同：前者强调"各缔约国均应当根据本国法律制度并在其力所能及的范围内采取适当的措施"，后者只要求"各缔约国均应当考虑①在本国法律制度中纳入适当措施"。正如有人所评价的那样："在举报人保护的问题上，本《联合国反腐败公约》采用的是弹性规定，而且，从条文的规定看，也只是规定了保护的原则性条款。"② 但其对各缔约国的指导意义是不言自明的。

第二节　工作机制

自 1988 年 3 月 8 日检察机关成立全国第一个举报中心以来，到目前为止覆盖全国的举报网络已经形成。与此同时，在不断总结、逐渐探索的基础上，检察机关已经建立了相对完善的举报工作机制。

一、建立举报网络，保障举报权、控告权

举报、控告是法律赋予公民的民主权利。我国《宪法》第 41 条规定："中华人民共和国公民对于任何国家机关和国家机关工作人员，有提出批评和建议的权利；对于任何国家机关和国家工作人员的违法失职行为，有向有关国家机关提出申诉、控告或者检举的权利，但是不得捏造或者歪曲事实进行诬告陷害。"③ 我国《刑事诉讼法》第 108 条第 1 款规定："任何单位和个人发现有犯罪事实或者犯罪嫌疑人，有权利也有义务向公安机关、人民检察院或者人民法院报案或者举报。"在我国，举报受理机关是多元的，它们依案件性质不同而各有分工。检察机关主要受理贪污贿赂犯罪，国家工作人员的渎职犯罪，国家机关工作人员利用职权实施的非法拘禁、刑讯逼供、报复陷害、非法搜查的侵犯公民人身权利的犯罪以及侵犯公民民主权利的犯罪的举报。

为规范人民检察院举报工作，保障举报工作顺利开展，最高人民检察院于

---

① 注重号为笔者所加。

② 杨宇冠、吴高庆主编：《〈联合国反腐败公约〉解读》，中国人民公安大学出版社 2004 年版，第 250 页。

③ 虽然《宪法》第 41 条中没有举报的字样，但一般地认为举报权就是我们通常说的宪法上规定的检举国家工作人员职务犯罪的权利。参见龙小素：《论举报人的权利保护》，载《怀化学院学报》2007 年 12 月第 26 卷第 12 期。

2009 年 4 月颁布了《人民检察院举报工作规定》①，2012 年修订的《刑事诉讼法》和《人民检察院刑事诉讼规则（试行）》等对举报线索的受理、管理、审查，实名举报的答复，举报保护和举报鼓励等事项作出了明确规定，对保障举报人的举报权、控告权提供了法律规范。

1. 明确了举报机构及其职责，使举报人"举报控告有门"。《人民检察院举报工作规定》第 5 条规定："各级人民检察院应当设立举报中心负责举报工作。举报中心与控告检察部门合署办公，控告检察部门负责人兼任举报中心主任，地市级以上人民检察院配备一名专职副主任。"同时还规定，"举报线索由举报中心统一管理。本院检察长和其他部门及其工作人员收到的举报线索，应当及时批交或者移送举报中心处理"。对采用走访形式举报的，《人民检察院举报工作规定》规定，人民检察院应当指派 2 名以上工作人员在专门场所接待，也可以到举报人认为合适的地方接待。《人民检察院刑事诉讼规则（试行）》第 157 条规定，人民检察院控告检察部门或者举报中心统一受理报案、控告、举报、申诉和犯罪嫌疑人投案自首。并在第 161 条第 1 款明确规定："人民检察院举报中心负责管理举报线索。本院其他部门或者人员对所接受的犯罪案件线索，应当在七日以内移送举报中心。"

2. 注重宣传，增强公众举报意识，普及检察举报知识。检察举报工作是人民检察院实行专门工作与群众路线相结合的有效形式。开展举报宣传是人民检察院举报工作的主要任务之一。《人民检察院举报工作规定》第 7 条规定："人民检察院应当采取多种形式开展宣传，鼓励群众依法举报。"第 11 条规定："各级人民检察院应当设立专门的举报接待场所，向社会公布通信地址、邮政编码、举报电话号码、举报网址、接待时间和地点、举报线索的处理程序、查询举报线索处理情况及结果的方式等相关事项。"同时，还要求应将检察长和有关侦查部门负责人接待时间和地点向社会公布。

3. 多渠道多形式受理举报，确保举报控告管路畅通。举报控告可以采用书信、网络、传真、电话、走访等形式，遵循依靠群众，方便群众的举报工作原则，上级人民检察院可以直接受理由下级人民检察院管辖的举报线索。为了

---

① 1996 年 9 月最高人民检察院公布了《关于人民检察院举报工作规定》，新的规定在原有基础上：一是拓宽了举报渠道。除坚持原有走访、书信、电话等形式，结合信息化迅速发展实际，增加了网络、传真等举报渠道，并实行检察长和有关侦查部门负责人接待举报制度。二是明确了救济渠道。举报人不服不立案决定的，可以提出复议或者复查请求，人民检察院侦查监督部门应当及时办理。三是严格了保密制度。举报线索专人专机管理，报送检察长的线索，由检察长亲自拆封。四是确定了举报鼓励金额。应当在举报所涉事实追缴赃款的 10% 以内发给奖金。

方便人民群众提出举报，举报工作规定还确立了最初管辖原则，即举报线索涉及多个地区的，由最初受理的人民检察院管辖。而且为了提高举报工作效率和管理水平，《人民检察院举报工作规定》要求：人民检察院应当加强信息化建设，建立和完善举报信息系统，逐步实现上下级人民检察院之间、部门之间举报信息的互联互通。为了保障举报人的举报权，举报工作规定还确立了检察长和有关侦查部门负责人接待举报制度，要求：地市级和县级人民检察院检察长应当定期接待举报。省级以上人民检察院检察长应当根据具体情况安排接待举报的时间和方式。必要时，举报中心可能通知有关侦查部门负责人共同接待举报人。为了便利举报人举报，2009年6月22日最高人民检察院和部分省级检察院正式开通了全国统一举报电话"12309"，其余省份也都陆续开通。2012年修订的《人民检察院刑事诉讼规则（试行）》第158条又特别强调要对以走访形式的报案、控告、举报和犯罪嫌疑人投案自首"指派两名以上工作人员接待，问明情况，并制作笔录"。

4. 明确救济渠道，切实保障举报权的实现。《人民检察院举报工作规定》第49条规定："举报人不服不立案决定提出的复议请求和不服下级人民检察院复议决定提出的申诉，由侦查监督部门办理。"为了更好地保障控告人的控告权，《刑事诉讼法》确立了控告复议制度，第110条规定：控告人如果对不立案的通知不服，可以申请复议。《人民检察院诉讼规则（试行）》第184条第2款规定："对不立案的复议，由人民检察院控告检察部门受理。控告检察部门应当根据事实和法律进行审查，并可以要求控告人、申诉人提供有关材料，认为需要侦查部门说明不立案理由的，应当及时将案件移送侦查监督部门办理。"

5. 完善内部监督机制，夯实举报权的实现。在为举报人设置救济渠道的同时，检察机关还设置了内部监督机制，《人民检察院举报工作规定》第35条规定，"侦查部门收到举报中心移送的举报线索，应当在一个月内向举报中心回复处理情况"。并强化了举报中心的监督职能，要求其对逾期未回复处理情况或者查办结果的，应当进行催办。《人民检察院刑事诉讼规则（试行）》第166条第1款规定："举报中心应当对作出不立案决定的举报线索进行审查，认为不立案决定错误的，应当提出意见报检察长决定。如果符合立案条件的，应当立案侦查。"通过检察机关内部监督机制，使控告举报权有了更坚实的保障。

另外，要案线索的分级备案管理制度，也是对公民控告权、举报权的一种保障。因为要案线索的分级备案管理制度可以最大限度地减少查办案件过程中，来自同级部门或当地官员的干预，从而避免干部间因裙带关系或其他利害关系而滋生的"地方保护主义"。1995 年最高人民检察院《关于要案线索备案、初查的规定》和《人民检察院举报工作规定》都对要案线索分级备案管理制度作出了明确规定。《人民检察院刑事诉讼规则（试行）》确认了这一制度。第 163 条规定，"县、处级干部的要案线索一律报省级人民检察院举报中心备案，其中涉嫌犯罪数额特别巨大或者犯罪后果特别严重的，层报最高人民检察院举报中心备案；厅、局级以上干部的要案线索一律报最高人民检察院举报中心备案"。同时在第 163 条第 2 款对什么是要案线索作出界定，"要案线索是指依法由人民检察院直接立案侦查的县、处级以上干部犯罪的案件线索"。

二、严格工作规程，保障举报人的隐私权

举报是一项高风险的公益行为。鉴于被举报人往往握有一定权力，举报行为与被举报人之间的利害关系，举报人举报历程步履维艰的现实，以及检察举报工作的重要性，保护举报人隐私权的意义尤为重大。《刑事诉讼法》第 109 条第 3 款规定："公安机关、人民检察院或者人民法院应当保障报案人、控告人、举报人及其近亲属的安全。报案人、控告人、举报人如果不愿公开自己的姓名和报案、控告、举报的行为，应当为他保守秘密。"《人民检察院刑事诉讼规则（试行）》第 162 条也规定："控告检察部门或者举报中心对于不愿公开姓名和举报行为的举报人，应当为其保密。"最高人民检察院曾于 1991 年 5 月、1996 年 9 月，分别制定了《关于保护公民举报权利的规定》、《关于人民检察院举报工作规定》，对检察机关加强检察举报工作的保密，切实保障举报人的隐私权提出了如下具体要求：

1. 受理举报应在固定场所进行，专人接谈，无关人员不得接待、旁听和询问。

2. 举报信件的收发、拆阅、登记、转办、保管和当面或电话举报的接待、接听、记录、录音等工作，应建立健全责任制，严防泄露或遗失举报材料。

3. 对举报人姓名、工作单位、家庭住址等有关情况及举报的内容必须严格保密举报材料，不准私自摘抄和复制。

4. 严禁将举报材料和举报人的有关情况透露或者转给被举报单位和被举报人。向被举报单位或被举报人调查情况时，不得出示举报材料原件或复印件。

5. 任何单位和个人不得追查举报人，对匿名举报除侦查工作需要外，不准鉴定笔迹。

6. 向举报人核查情况时，应在做好保密工作、不暴露举报人身份的情况下进行。

7. 在宣传报道和对举报有功人员的奖励工作中，除征得举报人的同意外，不得公开举报人的姓名、单位。

在以上规定基础之上，2009 年修订的《人民检察院举报工作规定》加强了保密措施，具体包括：第一，举报线索由专人录入专用计算机，加密码严格管理，未经授权或者批准，其他工作人员不得查看。第二，举报材料不得随意摆放，无关人员不得随意进入举报线索处理场所。第三，向检察长报送举报线索时，应当用机要袋密封，并填写机要编号，由检察长亲自拆封。第四，严格管理举报网站服务器的用户名和密码，并适时更换。第五，利用检察专线网处理举报线索的计算机应当与互联网实行物理隔离。第六，通过网络联系、答复举报人时，应当核对密码，答复时不得涉及举报具体内容。第七，对实名举报人邮寄答复函时不得使用有"人民检察院"字样的信封。2012 年修订的《刑事诉讼法》和《人民检察院刑事诉讼规则（试行）》也对举报人的隐私权给予了保护。《刑事诉讼法》第 109 条第 3 款规定："公安机关、人民检察院或者人民法院应当保障报案人、控告人、举报人及其近亲属的安全。报案人、控告人、举报人如果不愿公开自己的姓名和报案、控告、举报的行为，应当为他保守秘密。"《人民检察院刑事诉讼规则（试行）》第 162 条也规定："控告检察部门或者举报中心对于不愿公开姓名和举报行为的举报人，应当为其保密。"

为了严肃检察举报保密工作，最高人民检察院《人民检察院举报工作规定》确立了严格的责任追究制度，进一步明确了相关人员的责任。第 63 条规定了有下列情形之一的，即构成举报工作中的违法违纪：（1）滥用职权，擅自处理举报线索的；（2）私存、扣压或者遗失举报线索的；（3）故意泄露举报人姓名、地址、电话或者举报内容，或者将举报材料转给被举报人、被举报单位的；（4）徇私舞弊、玩忽职守，造成重大损失的；（5）压制、迫害、打击报复举报人的；（6）查处举报线索无故超出规定期限，造成举报人越级上访或者其他严重后果的；（7）隐瞒、谎报、缓报重大举报信息，造成严重后果的。同时规定：对直接负责的主管人员和其他直接责任人员，依照检察人员纪律处分条例等有关规定给予纪律处分①；构成犯罪的，依法追究刑事责任。

三、从严执行法律，保障举报人的人身权

人身权包括一系列与个体人身——包括肉体和精神——直接相关的权利，

---

① 依照《检察人员纪律处分条例（试行）》第 41 条规定："泄露国家秘密、检察工作秘密，或者为案件当事人及其代理人和亲友打探案情、通风报信的，给予记过或者记大过处分；造成严重后果的，给予降级、撤职或者开除处分。"

如生命权、健康权、人身自由不受侵犯的权利、住宅不受侵犯的权利、人格权及刑事正当程序。它比严格意义上"人身自由"[①] 范围更广，属于"非经济"权利领域。[②] 人身权是公民享有和行使其他权利的基础和前提。《宪法》第41条第2款规定："对于公民的申诉、控告或者检举，有关国家机关必须查清事实，负责处理。任何人不得压制和打击报复。"《刑事诉讼法》第109条规定，"公安机关、人民检察院或者人民法院应当保障报案人、控告人、举报人及其近亲属的安全"。《刑法》第254条规定了报复陷害罪的犯罪构成及罚责。但这些规定并没有彻底根除对举报人的打击报复行为。因为，举报人的举报行为触犯了被举报人——甚至他所代表的一个利益集团——的利益、权力，故而，一些被举报人总是绞尽脑汁想方设法干扰、阻挠举报人的举报行为，对举报人进行打击报复——人身攻击、人格侮辱，甚至杀人灭口。有调查显示，近几年对举报人打击报复的行为愈演愈烈。从20世纪90年代开始，全国每年发生的对证人、举报人报复致残、致死案件由每年不足500件上升到2006年的每年1200多件。[③] 打击报复举报人的这一现象，严重挫败了公众举报的积极性，影响了公众举报权的行使，也制约了检察机关职务犯罪线索的收集。因此，最高人民检察院十分重视举报人人身权保障工作，制定了相关规范性文件为保障举报人人身权提供了法制基础。

1. 1991年5月最高人民检察院制定了《关于保护公民举报权利的规定》。该规定以保障公民依法行使控告、检举的权利，维护举报人的合法权益，促进廉政建设为宗旨，加强了对举报人及其亲属的人身权保护，规定，"任何单位和个人不得以任何借口对公民的举报，进行阻拦、压制、刁难或打击报复"。"以各种借口和手段侵害举报人及其亲属、假想举报人的合法权益的，按打击报复论处。""确因受打击报复而造成人身伤害及名誉、财产、经济损失的，举报人可依法要求赔偿，或向人民法院起诉，请求损害赔偿。"

2. 1993年3月最高人民检察院制定了《关于加强举报工作的决定》。为适应加快改革开放的新形势，切实把举报中心建设成为联系群众、方便投诉、惩罚犯罪、保护人民、高效有序的专门业务机构，充分发挥举报工作在反贪倡廉、拒腐防变中的作用，最高人民检察院在《关于加强举报工作的决定中提

---

① 我国《宪法》上狭义的人身自由即指《宪法》第37条所规定的人身自由不受侵犯的权利。广义的人身自由包括：人身自由不受侵犯的权利、住宅不受侵犯的权利、人格权及通信自由和通信秘密。

② 参见张千帆：《宪法学导论——原理与应用》，法律出版社2004年版，第607页。

③ 参见《不要让"李文娟式"的悲剧重演》，载《羊城晚报》2006年3月31日。

出："要进一步建立、健全一套严格、实用、有效的保护制度。要做好预防工作，防止和减少打击报复事件的发生。对打击报复举报人的犯罪行为，要切实做到发现一件，查处一件，特别是对敢于以身试法、残害举报人的，一定要严惩不贷，以儆效尤。"

3. 1996 年 9 月最高人民检察院制定了《关于人民检察院举报工作规定》。举报工作是检察机关直接依靠群众同贪污、贿赂、渎职、侵权等犯罪作斗争的一项业务工作，是实行专门工作与群众路线相结合的有效形式。为保障举报工作顺利开展，保护举报人的合法权益，该规定强调对举报人和近亲属人身权的保护，规定：对打击报复举报人的，经调查属实，应当视情节轻重，分别作出处理：（1）国家机关工作人员滥用职权、假公济私，对举报人实行报复陷害构成犯罪的，应当依法立案侦查，追究责任人的刑事责任。（2）打击报复举报人不构成犯罪的，应当移送主管部门处理。

4. 为了规范人民检察院举报工作，维护举报人及其近亲属的合法权益，除规定了严格的保密措施外，2009 年修订的《人民检察院举报工作规定》还明确了对举报人及其近亲属打击报复者的处理。其第 53 条规定：对打击报复或者指使他人打击报复举报人及其近亲属的，经调查核实，应当视情节轻重分别作出处理：（1）尚未构成犯罪的，提出检察建议，移送主管机关或者部门处理；（2）构成犯罪的，依法追究刑事责任。同时第 54 条规定：对举报人因受打击报复，造成人身伤害或者名誉损害、财产损失的，应当支持其依法提出赔偿请求。该规定与以前的相关规定相比，一是突出了检察建议的作用，二是明确了检察机关在举报人赔偿请求中的立场和地位，即依法支持其提出赔偿请求。

四、及时反馈回复，保障举报人的知情权

知情权，在宪法学上，又称知的权利或得知权，它以"国民有权知道其代理人的行为，立法机关绝不可随意秘密进行议事"为其理论基点，逐渐由一种理念上升为宪法权利。知情权不仅本身具有独立的价值，还往往是实现其他权利的条件和基础。因此，知情权具有"不可或缺性、不可转让性、不可替代性、母体权利的稳定性与世界范围内的共似性"① 的特点。对于向检察机关反映违法犯罪行为的实名举报人，有对案件线索查处结果的知情权。

2001 年 3 月最高人民检察院公布了《关于认真做好署名举报答复工作的通知》。通知规定：对使用真实姓名、单位的署名举报，除因通讯地址不详等

---

① 黄婷婷：《论作为宪法权利的公民知情权》，载《现代商贸工业》第 20 卷第 5 期。

情况无法答复的以外，都应将处理情况答复举报人。《人民检察院刑事诉讼规则（试行）》第178条规定，"对于实名举报，经初查决定不立案的，侦查部门应当制作不立案通告书，写明案由和案件来源、决定不立案的理由和法律依据，连同举报材料和调查材料，自作出不立案决定之日起十日以内移送本院举报中心，由举报中心答复举报人"。《人民检察院举报工作规定》将使用真实姓名、单位的署名举报，更准确地界定为实名举报；并要求将处理情况和办理结果及时答复实名举报人。采用走访形式举报的，应当场答复是否受理；不能当场答复的，应当自接待举报人之日起15日内答复。答复内容包括办理的过程、认定的事实和证据、处理结果和法律依据。

为了保障举报人及时了解举报信息处理结果，同时也是为了保障举报信息及时得到处理，《人民检察院举报工作规定》还对举报工作的时限作出了明确规定。其第15条规定："实名举报人提供的举报材料内容不清的，举报中心应当在接到举报材料后七日内与举报人联系，要求举报人补充有关材料。"第45条规定："对采用走访形式举报的，而检察人员不能当场答复的，应当自接待举报人之日起十五日内答复。"

五、积极开展奖励，保障举报人的奖励权

举报，究其实质是公民和国家司法机关对发现和惩治犯罪进行的相互联系和沟通，体现了惩治犯罪的社会共同责任。而举报的个人成本往往又是昂贵的。如哈尔滨国贸城特大经济案件的举报人于新华，为了举报，她前后13次进京，花费3.9万元。[①] 举报人对举报成本不能承受之重。因此，举报人应享有获得奖励的权利。同时，国家应建立完善的制度，积极筹措资金，保障举报人获得精神和物质奖励的权利。据统计，2008年至2011年，全国检察机关共奖励举报有功人员2028人，发放奖金1958.77万元，奖励人数较上一个4年增加了6.8倍，奖金增加了64.2%。[②]

为实现举报人获得奖励的权利，最高人民检察院《关于加强举报工作的决定》规定："对举报有功人员要给予奖励。对有重大贡献的举报人，应予重奖。各级检察院要逐步设立举报奖励基金，各省（区、市）检察院可在有条件的地区先行试点。基金的来源可商请当地财政部门予以解决，也可以接受社

[①] 参见吴丹红：《举报人法律保护的实证研究——从检察机关与举报人的关系切入》，载《法治论坛》2007年第3期。

[②] 参见李丽：《检察官讲述实名举报奖励背后的故事》，载《中国青年报》2012年7月2日。

会有关方面的资助，但不得摊派。在奖励基金设立前，可根据财政部关于检察业务经费开支范围的规定，解决奖励经费问题。奖励范围、对象、标准、方式和审批程序，各地要逐步建立一套规章制度，保障奖励工作的开展。"

为了鼓励人民群众举报贪污、贿赂等犯罪，最高人民检察院于1994年5月制定了《奖励举报有功人员暂行办法》。该办法第1条规定："向最高人民检察院举报国家工作人员贪污、贿赂、挪用公款、偷税抗税等经济犯罪和'侵权'、渎职等法纪犯罪的大案要案，经侦查属实，被举报人被依法追究刑事责任的，对举报有功人员和单位给予精神、物质奖励。""对举报经济犯罪的有功人员和单位，按其贡献大小和追缴赃款赃物数额发给资金。有重大贡献的，要给予重奖。"同时要求"各省、自治区、直辖市人民检察院可参照本办法，制定本地区的奖励办法"。1996年9月《关于人民检察院举报工作规定》，进一步规范了对举报人的奖励，强调指出："奖励举报的有功人员，应当在判决生效后进行"，并明确奖励工作的具体承办由举报中心负责，奖励基金由举报中心管理，专款专用。2009年的《人民检察院举报工作规定》则在以下方面完善了举报奖励制度。其一，进一步明确了奖励的数额标准。具体规定：人民检察院根据举报追回赃款的，应当在举报所涉事实追缴赃款的10%以内发给资金。每案奖金数额一般不超过10万元。举报人有重大贡献的，经省级人民检察院批准，可以在10万元以上给予奖励，数额不超过20万元。有特别重大贡献的，经最高人民检察院批准，不受上述数额的限制。同时规定："经查证属实构成犯罪但没有追回赃款的案件，可以酌情给予举报人五千元以下的奖励。对举报渎职侵权案件有功的举报人员，参照上述规定给予奖励。"其二，明确了奖励经费的来源。第61条规定："奖励经费在业务经费中列支。"这一规定不仅明确了奖励经费的来源，更为有意义的是使奖励经费有了基本保障。①

六、严格界限，保障被举报人的人身权、财产权

检察机关受理举报人的举报信息，并不意味着举报的案件就已经进入了立案侦查阶段。人民检察院对于属于本院管辖的举报材料，认为有犯罪事实的，可以进行初查，查明举报事实是否存在，是否需要追究刑事责任。经审查，认为有犯罪事实需要追究刑事责任的时候，应当立案侦查。立案侦查前后，举报

---

① 但问题总有两个方面。奖励经费在业务经费中列支，对于财政状况较好、业务经费较充足的地区，可以保证奖励经费得以落实；但对于财政困难、业务经费紧张的地区，恐怕只能是画饼充饥。

材料中所举报的违法犯罪者的身份是完全不同的：立案侦查前，他是被举报人，或被查对象；立案侦查后，他是犯罪嫌疑人。《刑事诉讼法》所规定的强制措施或强制性措施，均只能针对犯罪嫌疑人，不适用于非犯罪嫌疑人。因为无论是强制措施还是强制性措施，都不同程度地限制了公民的人身权利和财产权利。只有公民被确认为犯罪嫌疑人之后，其享有的人身权和财产权才能受到合法限制和剥夺。而对被举报人或被查对象，《人民检察院刑事诉讼规则（试行）》第 173 条规定：可以采取询问、查询、勘验、检查、鉴定、调取证据材料等不限制初查对象人身、财产权利的措施，而不得采取强制措施，不得查封、扣押、冻结其财产，不得采取技术侦查措施。另外，《人民检察院刑事诉讼规则（试行）》和《人民检察院举报工作规定》对举报线索处理时限的规定，也体现了对被举报人人身权的保护。《人民检察院刑事诉讼规则（试行）》第 157 条规定，"人民检察院控告检察部门或者举报中心统一受理报案、控告、举报、申诉和犯罪嫌疑人投案自首，并根据具体情况和管辖规定，在七日以内作出处理"。《人民检察院举报工作规定》第 29 条规定："举报中心对接收的举报线索，应当确定专人及时审查，根据举报线索的不同情况和管辖规定，自收到举报线索之日起七日内作出处理。"

七、严密信息，保障被举报人的名誉权

举报人的举报，无论内容或详细或疏略，无论线索或清晰或模糊，无论案情或复杂或简单，其真实性都有待受理机构的进一步审查核实。如举报信息泄露出去，必然给被举报人带来一定的负面影响，甚至侵犯被举报人的名誉权。名誉权属于人格权的范畴，是指公民或者法人对自己在社会生活中所获得的社会评价依法所享有的不可侵犯的权利。在现实生活中，公民和法人组织都享有名誉权，即享有对自己人格的社会评价不受他人侵犯的权利。因此，举报人以及举报受理机构都应严格保守举报信息，避免尚未证实的举报材料外传，使被举报人的名誉受到损害、侵犯。《人民检察院刑事诉讼规则（试行）》第 172 条规定，"初查一般应当秘密进行，不得擅自接触初查对象"。同时，举报人还负有据实举报的义务。《宪法》第 41 条规定：公民有向有关国家机关提出控告或者检举的权利，但是不得捏造或者歪曲事实进行诬告陷害。《刑事诉讼法》第 109 条第 2 款也明确规定，"接受控告、举报的工作人员，应当向控告人、举报人说明诬告应负的法律责任"。

最高人民检察院《关于保护公民举报权利的规定》第 9 条规定：公民应据实举报，凡捏造事实、制造伪证，利用举报诬告陷害他人构成犯罪的，依法追究刑事责任。由于对事实了解不全面而发生误告、错告等检举失实的，不适

用前述规定。《人民检察院举报工作规定》第 55 条重申了上述规定，强调指出：举报人利用举报捏造事实、制造伪证，诬告陷害他人构成犯罪的，应当依法追究刑事责任。

为了保障被举报人的名誉权，《人民检察院刑事诉讼规则（试行）》第 180 条第 1 款规定："对于属于错告的，如果对被控告人、被举报人造成不良影响的，应当自作出决定之日起一个月以内向其所在单位或者有关部门通报初查结论，澄清事实。"通过"正名制"，使被举报人因被举报而受损害或侵犯的名誉得以恢复。2009 年云南检察机关共为 287 名遭受不实举报的领导干部和企业负责人"正名"，澄清了问题。① 《人民检察院举报工作规定》也进一步确认了这一有利于保护被举报人名誉权的制度。该规定第 56 条规定："对举报失实并造成一定影响的，应当采用适当方式澄清事实，为被举报人消除影响。"

另外，检察机关通过打击诬告陷害犯罪来保护被举报人的合法权益。如内蒙古自治区呼盟额左旗金河林业局的一名干部，因工作失职受到处分，在机构改革中未被聘用，先后 8 次匿名举报局长。检察机关经查后发现其诬告陷害，遂以诬告陷害罪追究了刑事责任。②

第三节　问题与对策

一、对举报工作认识不到位，制约举报工作发展

最高人民检察院《关于加强举报工作的决定》明确了举报工作对检察机关行使法律监督权的意义，指出："举报制度是检察机关强化法律监督职能，反贪倡廉、拒腐防变，保障公民依法行使民主权利的一项重要制度，……举报制度和举报工作是检察机关联系群众的桥梁和纽带，是检察机关实行专门工作与群众路线相结合的有效形式，要充分发挥其在惩罚犯罪、保护公民合法权益中的重要作用。"为此，要求全体检察干警特别是领导同志，"要加强领导，把举报工作摆上重要议事日程，严肃认真、扎扎实实地抓"。尽管举报工作的意义得到了高度的认可，但在实践中，个别检察院仍然存在对举报工作重要性认识不到位的情况。主要表现为：

① http：//news. kuming. cn/yn – news/content/2010 – 01/25/content_ 2073171. htm. 最后访问日期为 2013 年 1 月 6 日。

② http：//www. spp. gov. cn/site2006/2008 – 03 – 08/0002117240. html.

（一）人员编制不到位

举报部门人员编制一般比较少，但实际中还往往会出现空编的情况，进而加剧了举报工作事多人少的矛盾。人员短缺已成为制约举报工作发展的"瓶颈"，严重影响了举报初查工作的开展，甚至在有些基层检察院初查工作几乎空白。

（二）重信访轻举报

检察机关控告检察厅①的工作可以归结为两大块：一是举报，二是信访。近几年我国正处在转型期，社会矛盾突出，官民关系紧张，信访事件和人数也成倍增长。繁重的信访工作，致使控申部门工作重心几乎完全放在了信访申诉工作上，控告举报工作无法正常、有序、全面开展。

（三）举报渠道不畅

虽然各级检察院按规定设立了举报电话，并对外公布了举报电话号码，但电话平时无人检修，坏时无人维修。有的举报电话无人接听又没有自动录音装置，有的举报电话不能做到专用，这些都影响和制约了举报工作的"无障碍投诉"。举报渠道不畅通的另一个表现是有些地方在开通举报网络之后，对采取走访、电话举报等形式的举报者往往不予受理，而是要求其采用网络举报。这种做法不是拓宽而是堵塞了举报渠道；甚至对那些不熟悉网络的人而言，是关闭或变相关闭了举报渠道。

（四）举报宣传力度不强

举报宣传是让人民群众了解检察举报工作的重要管道。虽然各级人民检察院按规定在每年的六月举办举报宣传周，开展举报宣传活动，但宣传内容单一，宣传形式单一，宣传效果欠佳。所谓宣传内容单一，是指在举报宣传中侧重于检察机关具体受理举报事项的宣传，而忽略了检察机关内部各部门工作职责及相互制约机制的宣传，忽略了检察机关与其他机关举报受理管辖关系的宣传；所谓宣传形式单一，是指检察机关往往采用"摆摊设点"、发放传单的形式开展举报宣传，忽略了网络快捷、广泛的传播功效，忽略了典型案例生动、感人的示范作用。更为重要的是，忽视了举报宣传的日常化。

针对上述错综复杂的问题，很难找到一剂药到病除的万灵妙方。从观念决定行为方式角度出发，转变观念或许是解决问题的上乘之道。要转变观念，我们需要从民主法治建设、构建和谐社会的理论高度认识检察举报工作的意义，

---

① 最高人民检察院和一些地区的检察院已进行了内设机构调整，撤销了控申厅，设置了控告检察厅与刑事申诉检察厅，前者主要负责控告举报和信访，后者主要负责刑事申诉检察和刑事赔偿工作。但还有一些检察院没有进行机构调整，仍保留着控申厅。

并以理清举报人与检察机关之间关系为切入口。实证研究表明，[①] 还有相当多的检察机关工作人员，甚至领导同志，没有能够正确认识举报工作的重大意义，视举报人为工具，以功利主义的态度对待举报。这种观念急需更新，从功利主义转向人权保障主义，应将举报人视为检察机关履行国家法律监督职能的参与者、援助者；举报人有与检察机关在尊重人格尊严的基础上进行平等对话的权利。只有这样，对举报工作意义的认识才不会仅仅停留在文字上，而能够切实贯彻于检察工作之中，做到"三个一致"：即行动与认识的一致，具体举措与规章制度的一致，工作业绩与社会效果的一致。

二、举报信息泄露，危害举报人的人身安全

2006 年 4 月 3 日，四川省武胜县工商局党组书记龚远明在自家门前遭 3 名陌生男子砍杀，脚筋和耳后动脉都被砍断，生命垂危。[②] 这是因实名举报腐败事件遭到威胁和报复众多案件中的一个例子。尽管相关法律和规章制度明确规定，加强举报信息的保密工作，切实保障举报人的隐私权和人身权。但举报信息泄露的事件屡禁不止，究其原因主要有以下几点：

（一）多头举报

多头举报是指举报人将同一内容的举报信，分别投寄给党委、党的纪检机关、政府监察部门以及检察机关等举报受理机关或机构。在我国，按法律规定举报受理机关或受理机构是多元的，包括党的纪律检查委员会、公安机关、人民检察院以及行政机关的监察机构等。多头举报扩大了举报信息的受众，增加了举报信息泄露的可能性，加大了追查泄密责任人的难度。

（二）举报线索疏于管理

尽管最高人民检察院制定了一系列规范性文件加强对举报线索的管理，加强检察举报工作的保密，切实保障举报人的隐私权和人身权，但实践中存在着举报线索疏于管理的问题。表现为：（1）举报线索无专人管理，或因人员变动频繁使"专人管理"变成了"多人管理"；（2）直接寄给检察长等领导的举报信，以及侦查部门侦破案件中带出来的或新发现的举报线索等，不能及时转交举报中心归口管理；（3）对举报线索管理缺乏监督，使线索管理随意性有余，规范性不足，无法保证个个电话有记录，件件信函有登记。

---

① 参见吴丹红：《举报人法律保护的实证研究——从检察机关与举报人的关系切入》，载《法治论坛》2007 年第 3 期。

② 参见《龚远明：难以站立的举报者》，载光明网 2006 年 4 月 30 日。

（三）检察人员玩忽职守

按照有关规定，能够接触到举报信息的检察人员应视举报材料为检察工作中产生的国家秘密和工作秘密，必须严格按照国家和最高人民检察院有关保密规定办理。但有些检察人员腐化堕落，丧失职业道德，违反职业纪律及相关规定，将举报材料及有关情况泄露给被举报人，致使举报信息外泄。

（四）举报人缺乏自我保护意识

有些举报人缺乏自我保护意识，对举报信息外泄的后果估计不足，进行举报后有意或无意地将自己举报的信息外传给被举报人或第三人，自觉不自觉地使个人的人身安全处于危险境地，也给举报受理机关保护其合法权益带来了困难。

解决上述问题，相应的对策主要是：

其一，要杜绝多头举报。针对这一问题，在短时间内应着力厘定各个举报受理机关或机构之间的权限分工，最大可能地减少管辖交叉，并加大宣传力度，让举报人清楚举报内容和性质属于哪个部门管辖，避免一信多投。从长远角度来看，为杜绝多头举报应建立统一的举报受理机构，真正做到统一线索管理。

其二，要强化举报线索管理。在严格贯彻现有规章制度的同时，进一步完善线索管理规定，建立健全程序性规范，将举报受理工作中的步骤和方式具体化，工作机制和工作责任细致化。

其三，加强举报中心工作人员职业道德和纪律的教育，严格责任，加大对泄露举报信息者的处罚力度。《检察人员纪律处分条例（试行）》第41条对泄露国家秘密、检察工作秘密，或者为案件当事人及其代理人和亲友打探案情、通风报信者的处罚显然太轻，应予以修订。

其四，要加强对举报人自我保护教育。检察人员在受理举报信息时，应增加这样一项告知义务，即告知举报人其举报是一项同犯罪作斗争，维护社会正义的公益行为，举报信息一旦外泄就有遭受打击报复的风险，因此，举报人自身也应注意保密。只有举报人对举报风险有了充分认识，才能增强自我保护意识，保守举报秘密，减少举报信息材料泄露的可能。

其五，要加紧制定《举报法》。现有法律规范及立法对举报人的保护存在以下问题：一是《宪法》、《刑事诉讼法》和《刑法》对举报的规定简单而笼统，对举报人的保护太过抽象，对举报人权利义务规定不够完善，[①] 对举报人

---

① 参见孔豫湘：《公共利益领域举报制度研究》，湖南大学硕士学位论文，第 29～31 页。

的保护责任欠明确。① 二是我国关于检举权的立法出现了断层和缺位。对于检举权立法最上位的是《宪法》第 41 条的规定，较下位的法律性文件，也有不少是专门规定检举和检举权的，如最高人民检察院关于保护公民举报权利的一系列规定，但有关检举的法律仅有《刑法》、《刑事诉讼法》和《海关法》3 部，难以起到统一指导、规范下位法的作用。② 三是关于举报制度的规定大都是检察机关的内部工作规则，不具有法律效力。③ 四是现有法律对"报复陷害罪"规定存在以下缺陷，（1）犯罪主体过窄，仅为国家机关工作人员；（2）侵害对象范围太小，仅限于举报人本人；（3）与打击报复证人犯罪相比较处罚偏轻；（4）对打击报复不构成犯罪的情况该如何处理，缺乏明确规定。④ 因此，应完善立法，尽早制定《举报法》，完善相关工作机制与程序，切实保障举报人的权益。

三、举报成案率低，影响举报人举报权的行使

在我国控告举报工作存在着这样一个矛盾：举报线索数量众多，但成案率普遍低下。总体来讲，成案率只在 10% 左右，成案率高的如湖北省、深圳市检察院也仅在 40% 左右。⑤ 所谓成案率，是指举报线索被立案侦查数与检察机关管辖内的职务犯罪举报总数之比，也就是检察机关受理的举报线索最终被立案侦查的比率。举报线索初查成案率低，从现象主义分析，导致举报线索数量下降，群众举报热情降低；从功利主义考察，制约了检察机关打击职务犯罪反腐倡廉工作的开展；从人权保障主义思考，举报受理机关没有恪守保障举报人举报权的职责，影响了举报人举报权的行使。

有人分析认为，成案率低的主要原因有以下四个方面⑥：（1）举报线索查

---

① 参见龙小素：《论举报人的权利保护》，载《怀化学院学报》2007 年 12 月第 26 卷第 12 期。

② 参见宁立成：《论我国公民检举权的保障制度的完善》，载《湖北社会科学》2007 年第 12 期。

③ 参见吴丹红：《举报人法律保护的实证研究——从检察机关与举报人的关系切入》，载《法治论坛》2007 年第 3 期。

④ 参见龙小素：《论举报人的权利保护》，载《怀化学院学报》2007 年 12 月第 26 卷第 12 期。

⑤ 参见吴丹红：《举报人法律保护的实证研究——从检察机关与举报人的关系切入》，载《法治论坛》2007 年第 3 期。

⑥ 参见郑兰香：《谈涉检举报的初查》，载《辽宁公安司法管理干部学院学报》2007 年第 6 期。

办价值不高，匿名举报多，署名举报少；对被举报人下定义性结论的多，而有充分证据的少。（2）基层经费不足，初查力度不够。（3）人员短缺，人才外流。（4）各地区不同程度地存在着地方保护主义，影响着检察机关涉检举报线索的初查方向和初查效果。笔者基本认同上述观点，但对以匿名或实名来判断线索查办价值高低的认知模式不以为然。举报线索的查办价值或高或低，绝不取决于匿名举报或实名举报，具体说来，实名举报的线索查办价值未必高，匿名举报的未必低。如江苏省苏州市沧浪区检察院查办的郑大水案就是从网上获得的举报线索。两天之内，检察机关和举报人交流了30余次，基本掌握了郑大水的犯罪事实，一举突破了案件。但直到现在，检察院还不知道举报人是谁。① 这是一起匿名举报成案的典型案例。由此可见，举报线索查办价值的高低与是否为实名举报之间不是绝对必然的联系。

扭转举报线索成案率低这一局面的一项重要举措，即搞好初查工作。初查是及时消化举报线索，促进立案侦查的一个重要环节。《刑事诉讼法》第110条规定，"人民法院、人民检察院或者公安机关对于报案、控告、举报和自首的材料，应当按照管辖范围，迅速进行审查，认为有犯罪事实需要追究刑事责任的时候，应当立案"。尽管该条款中未出现"初查"字样，但该条款中的"审查"，究其实质，就有"初查"之意。1995年10月最高人民检察院公布了《关于要案线索备案、初查的规定》，要求："各级人民检察院对于控告、检举和犯罪人自首的要案线索，都应依法受理，指定专人逐件登记，并及时报本院检察长研究，按照本《规定》第五条的规定，属应由本院初查的，应当及时报上级人民检察院备案，并提出初查意见；不属于本院初查的，应当及时移送有关检察院处理。"1997年《人民检察院刑事诉讼规则》第127条规定："举报线索的初查由侦查部门进行，但性质不明、难以归口处理的案件线索可以由举报中心进行初查。"《人民检察院举报工作规定》对此进行了修订，第30条规定："举报中心对性质不明难以归口、群众多次举报未查处的举报线索应当及时进行初核，查明举报的犯罪事实是否存在，是否属于本院管辖，是否需要立案侦查。"《人民检察院刑事诉讼规则（试行）》第167条进一步确认了举报中心享有的"初核"权，同时调整了初核的范围，规定，"举报中心对性质不明难以归口、检察长批交的举报线索应当进行初核"。依字面意义理解，"初核"不同于"初查"：前者侧重于案卷的书面审查；后者可以进行调查，具体包括：询问、查询、勘验、检查、鉴定、调取证据材料等措施。但依据《人民检察院举报工作规定》第32条——初核可以采取询问、调取证据材料

---

① http：//www.spp.gov.cn/site2006/2008-03-08/0002117240.html.

等措施，一般不得接触被举报人，不得采取强制措施，不得查封、扣押、冻结财产——的规定，"初核"与"初查"又同化为"人民检察院在立案前对举报线索材料进行审查的司法活动"。为此，举报中心应通过线索评估制，最大可能性地利用好线索材料，做好初查工作。

目前，许多检察机关都建立了线索评估机制，如有的检察院根据线索价值大小，将其分成甲乙丙丁四等：甲等可查性最强，要立即进行初查；乙等可查性较强，视警力等情况进行初查；丙等需要补充情况后安排初查；丁等不具备初查价值，暂作存查处理。并且成立举报线索评估领导小组，根据案件需要，吸收反贪、渎职部门参加，提高处理举报线索的能力。但在司法实践中，有些检察院的评估机制没有真正运行起来，评估领导小组也有名存实亡的味道，有"领导"没有"组织"，有"成员"没有"会议"。要使评估机制发挥作用，就应当使之成为举报工作中常规、有效的工作机制，并经过实践完善评估办法；评估领导小组会议也应成为一种例会，定期举行。

应用与讨论训练

★ 模块 **主题讨论**

1. 如何做好举报线索的初核工作，最大化举报线索的价值？

2. 分析检察机关实行正名制的利与弊有哪些？

3. 检察举报线索管理方面还存在哪些漏洞？如何完善？

第九章　刑事申诉与人权保障

相关依据导引

★ 国际文件

《世界人权宣言》（1948 年 12 月 10 日第三届联合国大会通过）

《公民权利和政治权利国际公约》（1966 年 12 月 16 日第二十一届联合国大会通过）

《联合国关于检察官作用的准则》（1990 年 8 月 27 日至 9 月 7 日第八届联合国预防犯罪和罪犯待遇大会通过）

《成员国部长会议关于检察官在刑事司法制度中的作用的第（2000）19 号建议》（2000 年 10 月 6 日欧洲理事会部长级委员会第 724 次副部长会议通过）

《检察官职业责任准则和主要权利义务准则》（1999 年 4 月 23 日国际检察官联合会通过）

★ 国内规范

《中华人民共和国宪法》（1982 年 12 月 4 日第五届全国人民代表大会第五次会议通过，2004 年 3 月 14 日第十届全国人民代表大会第二次会议第四次修正）

《中华人民共和国刑事诉讼法》（1979 年 7 月 1 日第五届全国人民代表大会第二次会议通过，2012 年 3 月 14 日第十一届全国人民代表大会第五次会议修正）

《中华人民共和国检察官法》（1995 年 2 月 28 日第八届全国人民代表大会常务委员会第十二次会议通过，2001 年 6 月 30 日第九届全国人民代表大会常务委员会第二十二次会议修正）

《中华人民共和国人民检察院组织法》（1979 年 7 月日第五届全国人民代表大会第二次会议通过，1983 年 9 月 2 日第六届全国人民代表大会常务委员会第二次会议修正）

《人民检察院刑事诉讼规则（试行）》（2012 年 10 月 18 日最高人民检察院第十一届检察委员会第八十次会议第二次修订）

《人民检察院复查刑事申诉案件规定》（1998 年 6 月 3 日最高人民检察院第九届检察委员会第六次会议通过）

《人民检察院信访工作规定》（2007 年 3 月 2 日最高人民检察院第十届检察委员第七十三次会议通过）

《中华人民共和国国家赔偿法》（1994 年 5 月 12 日第八届全国人民代表大会常务委员会第七次会议通过，2010 年 4 月 29 日第十一届全国人民代表大会常务委员会第十四次会议第一次修正，2012 年 10 月 26 日第十一届全国人民代表大会常务委员会第二十九次会议第二次修正）

第一节　国际标准

《世界人权宣言》第 8 条与《公民权利和政治权利国际公约》第 14 条指明了公民获得司法救济的权利。《成员国部长会议关于检察官在刑事司法制度中的作用》〔2000〕19 号建议》第 34 条提出，具有确定或可确定之法律地位的有利害关系的当事各方，应当能够质疑检察官作出的不起诉决定。在通过检察机关的上级审查之后，这种质疑可以通过司法审查的方式进行，或者授权当事方以自诉的方式进行。上述规定都蕴含了刑事申诉权的内容。

公民的申诉权从大的方面可以分为诉讼方面的申诉权利和非诉讼方面的申诉权利。作为司法救济的重要内容，刑事诉讼方面的申诉包括当事人及其法定代理人书面或者口头提出的不服司法机关作出的决定和已经发生法律效力的判决、裁定等申诉事项。我们认为刑事申诉在内容与对象上显然是诉讼方面的申诉，是法律赋予当事人及其法定代理人的一项重要的权利，因此，在性质上应属于刑事诉讼的特别救济手段。

刑事申诉是公民重要的人权，是人权在刑事诉讼中的具体体现。但申诉权的普遍行使也会给申诉机关带来巨大的压力，使得大量司法资源处于应付申诉的状态。在促进社会发展与维护社会稳定的过程中，妥善处理好申诉与息讼之间存在的严重的失衡现象，实现二者之间的有效平衡对于保障社会的发展与稳定意义重大。《联合国关于检察官作用的准则》第 18 条明确指出，根据国家法律，检察官应在充分尊重嫌疑者和受害者人权的基础上，适当考虑免予起诉、有条件或无条件地中止诉讼程序或使某些刑事案件从正规的司法系统转由其他办法处理。

刑事赔偿工作是指有关国家司法机关进行刑事赔偿事务所从事的一项业务，包括刑事确认、刑事赔偿案件的受理、立案、审理、复议以及执行等有关刑事赔偿的一系列实体和程序方面的工作的总和。刑事赔偿是由国家对因发生错误刑事追究而使公民、法人其他组织合法权利遭受损害时而给予赔偿的司法救济形式，是人权保障体系的重要组成部分。

《世界人权宣言》第 8 条宣誓：任何人当宪法或法律所赋予他的基本权利

遭受侵害时，有权由合格的国家法庭对这种侵害行为作有效的补救。《公民权利和政治权利国际公约》第 14 条第 6 项也规定："根据新的或新发现的事实确实表明发生误判。已有的定罪被推翻或被赦免的情况下。因这种定罪而受刑罚的人应依法得到赔偿。"

因此，为了实现刑事司法公正、保障人权的价值追求，世界各国普遍采用了刑事赔偿这一由国家承担义务的司法救济制度。刑事赔偿是国家赔偿制度的一个重要组成部分，是指行使侦查、检察、审判、监狱管理职权的机关及其工作人员，在行使职权时，违法侵犯公民、法人和其他组织合法权益并造成损害，由国家承担赔偿责任的制度。它与行政赔偿一起构成国家赔偿。

国家刑事赔偿制度是一项重要的人权保障制度，以保护公民、法人和其他组织的合法权益为出发点，以对合法权益遭受侵害的社会个体进行物质上救济为最终落脚点，是对因刑事司法权力违法行使造成的不良社会后果给予的一种救济，以保障刑事司法所追求的公平和正义的实现，刑事赔偿制度对于保障公民、法人和其他组织受到国家侵权时依法取得国家赔偿，促进国家机关依法行使职权十分必要。

事实上，作为一项保障人权的社会制度，决定对受害人进行国家赔偿，并不意味着一定就存在违法行使职权的情形，也不意味着主观上有过错。国家赔偿的对象不应局限于侵犯公民权利的违法行为，对于当事人无过错而权利却受到国家刑事司法制度侵害的行为，都应进行赔偿。这既是保障人权的需要，也是司法民主和社会福利的体现。

第二节　工作机制

一、刑事申诉制度与人权保障

新修订的《刑事诉讼法》和相关司法解释，明确将某些情况下，被告人无法及时行使申诉权的时候，辩护人或诉讼代理人有权代为申诉。并且，新修订的《刑事诉讼法》对于当事人及其法定代理人、近亲属申诉之后是否重新审判方面，作了更加有利于申诉人的规定。比如，其中第 242 条第 4 项规定："违反法律规定的诉讼程序，可能影响公正审判的。"这一具有兜底性功效的规定大大地拓宽了可以重新审判的案件范围，有力地保护了案件相关利害关系人的权益。

（一）刑事申诉制度的基本内容

刑事诉讼方面的申诉包括当事人及其法定代理人书面或者口头提出的不服

公安机关作出的拘留决定；不服人民检察院作出的不起诉、不逮捕的处理决定；不服人民法院作出的已经发生法律效力的判决、裁定，以及公安侦查机关在刑事侦查过程中存在侵害相关人权益的行为等诸多申诉事项。依照《刑事诉讼法》第47条、第115条、第176条、第241条、第242条、第203条以及《人民检察院复查刑事申诉案件规定》第4条、第5条之规定，刑事申诉的主体包括被害人、被不起诉人、当事人及其法定代理人、近亲属、辩护人和诉讼代理人等，也即除了广义的当事人本人（包括被害人与被不起诉人）之外，还将这一权利授予了与当事人关系密切的其他人，以保障在当事人不便提出申诉时，其他人（辩护人和诉讼代理人）仍然可以行使申诉权，体现了对人权的充分保障。申诉主体的范围扩到为刑事案件的当事人及相关利害关系人行使申诉权利提供了便利。

刑事申诉的客体既包括人民法院审结并已经发生法律效力的判决、裁定以及人民检察院从实体上终结案件程序的不起诉的决定；还包括人民检察院不批准逮捕决定、不起诉决定、撤销案件决定的申诉以及其他处理决定；以及公安机关的刑事侦查活动。

刑事申诉的理由是申诉权人提出申诉必须认为申诉的客体在认定事实上或者在适用法律上确有错误，或者量刑不当等理由。受理申诉的检察机关，按照不同的级别对案件进行管辖。在效力上，申诉期间不停止判决、裁定的执行。

同时，根据《人民检察院刑事诉讼规则（试行）》第57条规定，辩护人、诉讼代理人可以对公检法机关及其工作人员阻碍其依法行使诉讼权利的十六种行为提出申诉或控告，因此各级检察机关在办案中必须强化人权保障观念，依法履行权利告知义务，保障犯罪嫌疑人的辩护权及辩护律师的各项诉讼权利。

（二）检察机关刑事申诉制度的具体实施

根据新修订的《刑事诉讼法》第36条规定，辩护律师在侦查期间就可以为犯罪嫌疑人提供包括代理申诉活动在内的法律帮助，而这相较于修订前《刑事诉讼法》中规定的犯罪嫌疑人只有在被侦查机关第一次讯问后或采取强制措施之日起才能聘请律师为其代理申诉要更有利于犯罪嫌疑人的人权保障。

对当事人提出的申诉请求，凡是应当由检察机关受理的，应该依据《刑事诉讼法》第47条、第115条、第176条以及《人民检察院复查刑事申诉案件规定》第15条、第28条、第29条规定制作的《刑事申诉复查通知书》、《刑事申诉不立案复查通知书》与《刑事申诉复查决定书》，在法定期限内及时送达申诉人；对不属于本院管辖的刑事申诉，应及时移送有管辖权的人民检察院或有关部门，并通知申诉人；对不需要立案复查的刑事申诉，经承办部门负责人批准，可制作《刑事申诉不立案复查通知书》，通知申诉人；对于人民检察院复查的刑事申诉案件，应指派两名以上未参与办理原案件的人员承办，原承办人员应主动回避。

复查的刑事申诉案件，应全面审查申诉材料和全部案卷，必要时应该进行补充调查。当复查案件符合结案条件时，报检察长或检察委员会决定可以结案，并履行相应的备案制度。对不服人民法院已经发生法律效力的刑事判决、裁定的申诉复查后，不论决定是否提出抗诉，均应制作《刑事申诉复查通知书》，并在 10 日内通知申诉人。严格履行告知义务，这既是申诉复查机关应尽的责任，也是申诉人获取申诉情况信息的重要途径，是申诉人权利的重要方面。

在复查期限上要严格遵守期限规定，复查刑事申诉案件，应在立案后 3 个月内办结；案情复杂的，最长不得超过 6 个月。在复查的方式上，积极推行公开审查制度，进一步增强复查工作的透明度和公正性。对其他重要疑难案件特别是上访人缠诉不息的问题，也要采取类似公开审查的方式，以利于做好息诉工作。公开审查可以采用多种形式，主要应以举行听证会的形式进行。①

为了进一步深化检务公开，增强办理刑事申诉案件透明度，接受社会监督，保证办案质量，促进社会矛盾化解，维护申诉人的合法权益，提高执法公信力，最高人民检察院于 2011 年 12 月 29 通过了《人民检察院刑事申诉案件公开审查程序规定》，对不服检察机关处理决定的刑事申诉案件，采取公开听证、公开示证、公开论证和公开答复等形式进行公开审查。对其他重要疑难案件特别是上访人缠诉不息的问题，也要采取类似公开审查的方式，以利于做好息诉工作。

申诉经复查，人民检察院认为需要提出抗诉的，需报请检察长或者检察委员会讨论决定。地方各级人民检察院刑事申诉检察部门应根据申诉复查结果，认为需要提出抗诉的，应当提请上一级人民检察院抗诉。人民法院开庭审理时，应由同级人民检察院刑事申诉检察部门派员出席法庭。

申诉人申诉是进行刑事诉讼法律监督的一个重要手段。在立案、侦查、审判、刑事判决、裁定、执行等活动中都有其存在价值。公安机关、人民法院及人民检察院通过受理申诉、进行复查，从而实现法律监督目的。在对强制医疗机构违法行为的监督活动中，检察院受理申诉并对其强制医疗行为进行复查，这也是申诉在保障人权上的进步。

---

① 参见王晋主编：《刑事申诉检察业务教程》，中国检察出版社 2008 年版，第 169 ~ 171 页。

二、涉诉信访制度与人权保障

（一）涉诉信访制度的基本内容

"信访"特指人们依照一定的权利和义务，运用写信或上访等形式，向社会组织及其管理者反映个人或集体的某种愿望和要求，并由有关组织处理的活动。具体地说，我国的信访是指公民、法人或者其他组织采用书信、电子邮件、传真、电话、走访等形式，向各级党的机关、立法机关、行政机关、司法机关、人民团体、企事业单位及其领导人和工作部门反映情况，提出建议、意见或者投诉请求，依法由这些组织处理的活动。

人民检察院所处理的信访"是指信访人采用书信、电子邮件、传真、电话、走访等形式，向人民检察院反映情况，提出建议、意见或者控告、举报和申诉，依法由人民检察院处理的活动"。①

信访是《宪法》赋予人民群众的民主权利，是依法参与管理国家事务，管理经济和文化事业，管理社会事务的一种途径；是国家机关和国家工作人员经常保持同人民群众密切联系，倾听人民群众意见和建议，接受人民群众监督的一种方式。正因为信访是公民的宪法权利，所以对正当的信访行为应当依法予以保护，积极进行引导，认真倾听信访人的意见和要求，对其合理合法的要求进行妥善处理。

保护公民信访权利是保护人权的具体体现，对于落实我国的国际承诺，履行相关公约、条约的国际义务，树立良好的国家形象，促进经济社会的和谐发展，都具有重要意义。

人民检察院依法处理信访事项中与刑事申诉相关的内容主要集中在不服人民检察院处理决定的申诉和不服人民法院生效判决、裁定的申诉方面。

（二）涉诉信访制度的功能

从信访与刑事诉讼的关系来划分，信访可以分为涉诉上访与非涉诉上访两大类。与刑事申诉具有密切关联的是涉诉上访。涉诉上访是刑事申诉制度的重要补充，尽管涉诉上访与刑事申诉在性质上存在一定的差异，但从广义上看，涉诉上访也包含有刑事申诉的内容。在我国的刑事司法领域中，涉诉上访实际上具有重要的地位。

信访制度的基本功能大致包含信息传递、监督纠错和纠纷处理三个方面，本不应包括权利救济的功能。但在现阶段，对于信访人而言，却主要将信访作为权利救济的重要手段，因此，实际上赋予了信访制度更高的期待，即期望通过信息的传递，使得被侵害的权利获得相关机关的关注，从而实现救济的目的。

涉诉信访是执政党指导精神与刑事政策在司法领域内的具体适用，在我国的政治体制架构中具有正当性的基础。其一，涉诉信访是我国司法群众路线的体现，是司法民主性原则的体现，是公民直接参与司法民主的重要形式。其二，涉诉信访是司法的实事求是原则的体现，而"实事求是，有错必纠"正是人民司法的又一新传统。① 其三，涉诉信访是当前我国社会中公民对司法意见表达的重要方式。刑事诉讼是社会矛盾最为集中的领域之一，而涉诉信访为公民提供了一条释放不满情绪的渠道，具有疏导社会矛盾、慰藉公民不满心理的功能。其四，涉诉信访为公民提供了权利救济的可能性。虽然信访并不能解决所有信访者的问题，但是信访最大功效在于公民借此获得权利救济的可能。通过信访机构的接待和处理，信访人的诉求增加了获得预期处理结果的可能性。

（三）检察机关涉诉信访制度的具体实施

检察机关在涉诉信访的实施方式上采取了首办责任制，要求受理部门按照部门职能分工，明确责任，将信访事项解决在首次办理环节。

为了提高对信访案件处理的效力和效率，在各级检察院建立了由本院检察长和有关内设部门负责人组成的信访工作领导小组，并将信访工作纳入干部考核体系和执法质量考评体系。与此相关，地方各级人民检察院推行了检察长和业务部门负责人接待人民群众来访制度以及县级人民检察院应当实行带案下访、定期巡访制度，这些举措对于及时掌握信访信息，化解社会矛盾具有积极的意义。

在办理期限上，属于本院管辖的信访事项，能够当场答复是否受理的，应当当场书面答复；不能当场答复的，应当自收到信访事项之日起 15 日内书面告知信访人，对于不属本院管辖的信访事项，转送有关主管机关处理，并告知信访人。承办部门应当在收到本院控告申诉检察部门转送的信访事项之日起 60 日内办结；情况复杂，逾期不能办结的，报经分管检察长批准后，可适当延长办理期限，并通知控告申诉检察部门。延长期限不得超过 30 日。

在处理结果上，信访事项办理结果的答复由承办该信访事项的人民检察院控告申诉检察部门负责，除因通讯地址不详等情况无法答复的以外，原则上应当书面答复信访人。信访人对人民检察院处理意见不服的，可以依照有关规定提出复查请求。人民检察院收到复查请求后应当进行审查，符合立案复查规定

① 参见董必武：《董必武法学文集》，法律出版社 2001 年版。

的应当立案复查，不符合立案复查规定的应当书面答复信访人。

此外，在一定的情况下，上级人民检察院可以采用交办或督办的方式加强对下级检察院处理信访案件的监管。

三、刑事赔偿制度与人权保障

此外，精神损害赔偿已经成为许多国家赔偿制度的通例，但我国刑事赔偿中依然未能明确精神损害赔偿制度，这与我国社会主义法治建设的进程不相符。与此相应，刑事赔偿制度中的免责条款也存在一定的问题，导致了赔偿范围的进一步萎缩，使得有些应当予以赔偿的情形被排除在赔偿范围之外，不能有效地保障公民的合法权益。

刑事赔偿的方式除以金钱赔偿外，根据案件的不同情况还有消除影响，恢复名誉，赔礼道歉的赔偿方式，后者是精神赔偿的形式。公民被侵犯人身自由权利获得的能够以金钱方式体现的救济的实质是用一定的金钱赔偿被害人被侵犯的人身自由权利，它的本质意义是对人身自由等无法用金钱衡量的权利的一种金钱救济。

对于精神损害赔偿也应该遵循国际惯例，在刑事赔偿制度中予以确立，这是民主与法治，法治与人权发展的必然选择。当然，这种扩大也要考虑到各国刑事司法的实际情况，既不能因刑事赔偿范围过宽影响刑罚保护（保卫社会）功能的发挥，又不能因为惩治刑事犯罪维护社会稳定的需要，而忽视刑罚对公民权利的保障功能。

在刑事赔偿程序的设计上，应遵循刑事诉讼的基本规律，采用赔偿机关与侵权行为机关分离的制度设计，设定独立的专门机关或机构执行赔偿机能，最大限度消除赔偿机关产生消极抵触心理的制度原因，确保刑事赔偿的公平公正。

（一）刑事赔偿制度的基本内容

刑事赔偿采用依法赔偿的原则，依照《国家赔偿法》关于赔偿范围、赔偿程序等规定办理。办理制度上实行主诉检察官承办，部门负责人审核，检察长或者检察委员会决定的制度。在办理程序设计上，将违法侵权确认程序前置，然后才能进入赔偿程序，未经确认有违法侵权情形的赔偿申请不能进入赔偿程序。

刑事赔偿内容的人身权利方面主要包括人民检察院错误拘留、错误逮捕、错误起诉与不起诉，以及检察机关工作人员在行使职权中刑讯逼供，或者以殴打等暴力行为，或者唆使他人以殴打等暴力行为造成公民身体伤害、死亡和违法使用武器、警械造成公民身体伤害、死亡等侵犯人身权利的行为；财产权利方面的赔偿内容主要包括对错误查封、扣押、冻结、追缴财产的，没有履行必要的法律手续，查封、扣押、冻结、追缴当事人财产的，有证据证明查封、扣押、冻结、追缴的财产为当事人个人合法财产的等侵权行为。

（二）检察机关刑事赔偿的具体实施

赔偿请求人提出赔偿申请，递交赔偿申请书后，人民检察院应当填写《人民检察院刑事赔偿申请登记表》。对符合立案条件的赔偿申请，负有赔偿义务的人民检察院应当在收到赔偿申请之日起 7 日内立案，制作《人民检察院刑事赔偿立案决定书》，并通知赔偿请求人。对不符合立案条件的赔偿申请，应充分的履行告知义务，并填写《人民检察院审查刑事赔偿申请通知书》，及时送达赔偿请求人。赔偿请求人对赔偿义务机关逾期不予赔偿、决定不予刑事赔偿或者对决定的数额有异议的，可以自期间届满之日起 30 日内向上一级人民检察院申请复议。

复议机关收到复议申请后，应及时全面地进行审查，分别不同情况予以处理、对审查终结的复议案件，应制作刑事赔偿复议案件的审查报告，提出具体处理意见，经部门负责人审核，报检察长或者检察委员会决定。复议机关应当自收到复议申请之日起 2 个月内作出复议决定，并制作《刑事赔偿复议决定书》送达赔偿义务机关和赔偿请求人。

负有赔偿义务的人民检察院负责刑事赔偿决定的执行。赔偿义务机关作出赔偿决定后，赔偿请求人在《国家赔偿法》规定的期间内未向上一级人民检察院申请复议的，即应执行。赔偿的方式除了经济赔偿之外，还包括负有赔偿义务的人民检察院在侵权行为影响的范围内，为受害人消除影响，恢复名誉，赔礼道歉等其他形式。

第三节　问题与对策

一、刑事申诉制度的问题与对策

（一）刑事申诉制度存在的问题

1. "有错必纠"与"依法纠错"的关系

实事求是、有错必究原则是我国刑事申诉制度的基本指导思想，在新中国的法制史上具有重要的意义，体现了人民司法坚持真理、修正错误和对人民负责的态度。尤其在特定的历史时期，对于公民、法人、社会组织维护自身合法权利，实现社会公平正义，发挥了无可替代的巨大作用。但是，随着社会政治经济生活的发展以及依法治国方略的推进，也出现了一些权利滥用的消极现象。

由于法律对公民的申诉权利并没有明确的限制，而实践中确实有极少数人滥用申诉权的缠讼、滥讼现象存在，造成了一定的负面影响。有极少部分申诉人对检察机关依据事实和法律作出的申诉处理结果不满意，于是到处上访，甚至以信访为业，不断扩大信访范围。有人将上访弊端的原因归结为在立法与司法上坚持了"实事求是，有错必纠"原则，主张完全放弃该原则，采用"依法纠错"作为刑事申诉制度的基本指导思想，这是对二原则关系认识的误解。

事实上，作为辩证唯物主义方法论在法律领域的具体体现，"实事求是，有错必纠"原则是在一定的法律程序和法律条件下进行的，不能用绝对主义的思维方法，不能不考虑司法的特殊性。刑事申诉复查"实事求是"的过程，是追求法律真实的过程①，在这一过程中，有错必纠与依法纠错是存在一致性的，并不矛盾。因此，正确认识"实事求是，有错必纠"与"依法纠错"的关系，实现"有错必纠"与"依法纠错"在一定条件下的辩证统一，是发挥刑事申诉制度功能、实现制度目的的重要前提。

2. 刑事申诉的期限和次数上缺乏限制

我国刑事申诉相关法律中，没有对刑事申诉权利行使的期限作明确的规定。在理论上，对于已经生效的司法决定，任何时候只要发现存在错误，都可以进行申诉，请求司法机关纠正。

在实践中，刑事申诉的时间跨度呈现出逐步放大的趋势。在调查中甚至发现对于新中国成立初期的刑事司法决定至今仍有不断申诉的现象，不但给司法机关增加了诉讼成本，浪费了司法资源，对于申诉人而言也是不利的，严重影响了其正常的生活秩序。而申诉次数的无限性又进一步加重了这种影响，实践中数次、数十次申诉的现象时有发现，不利于社会和谐状态的实现。

3. 刑事申诉的内容上缺乏限制

由于法律缺乏相应的规定，导致对于生效的司法决定，只要发现可能存在错误，不论错误的性质与程度，都可以进行申诉。在申诉的理由上，只要是不服司法机关的决定，即便是绝大部分满意，极少部分不满意，申诉人都可以提出申诉。

在现代法治社会，诉权的提出必须要有相应的事实证据作为支撑，申诉作为一种在案件已经产生既判效力之后的救济性程序，不到危及司法公正的时候，在没有新的事实证据的情况下不应当随意启动，否则将会严重损害司法的公信力与稳定性。

---

① 参见王晋主编：《刑事申诉检察业务教程》，中国检察出版社 2008 年版，第 46 页。

事实上，不存在完美无缺的法律制度，任何法律制度都不可能避免错误的发生。但是，错误在性质和程度上是有区别的。对此不加区分一概地采用刑事申诉这种成本高昂的方式予以纠正，对于国家与当事人而言都不是最佳的选择，也会有损社会的整体利益。

4. 刑事申诉的层级上缺乏限制

根据相关法律的规定，刑事申诉可以向原审司法机关的上一级直至最高司法机关提出，这意味着申诉人可以向多个不同层级司法机关提出申诉，也可以多次进行申诉。由于我国长期的封建集权社会的历史，实践中申诉人往往选择更高级别的司法机关进行申诉，越级申诉，使得矛盾从基层向上转移，造成了本该履行指导功能的上级司法机关不得不处理大量的具体案件，严重背离了司法组织审计制度设计的初衷。

5. 刑事申诉的审查程序设计不合理

申诉案件的处理机关是原决定机关的设计，使得申诉案件处理结果的接受程度降低。实践中，申诉结果维持原决定的较多，改变定性的较少。对人民检察院申诉的案件类型突出集中于不服不予逮捕、不服不起诉的案件，这些类型的案件在检察机关的自身程序上一般都是要经过检察长或检察委员会讨论决定的案件，申诉中如果没有新的证据，一般很难改变定性，大多会维持原来的结果。长此以往，会使得此类申诉案件成为"走过场"，甚至连案件承办人自身都可能会有这样的想法，不利于司法信仰的培育。

现行法律缺乏对于刑事申诉审查程序的明确规定，在处理刑事申诉案件过程中上缺乏透明度，审查中没有赋予当事人充分表达意见的权利，在一定程度上剥夺了申诉人的程序参与权，又在一定程度上削弱了处理结果的公信力与可接受程度，不利于消除申诉人的抵触心理，化解社会矛盾。

（二）解决问题的对策

1. 树立公正与效益兼顾的理念

纵观人类社会发展的历史，各种刑事司法制度尽管在形式与制度设计上存在较大差异，但其核心要素却始终未曾离开公正与效益这两种基本的价值理念，无非是不同的时期侧重点有所不同而已。如目前仍在继续的刑事申诉理念的"有错必纠"与"依法纠错"之争，其实质也是公正与效益的平衡问题，应当适当兼顾。

"实事求是，有错必纠"是我国刑事申诉制度的基本理念，追求公平、正义是其立足点，具有当然的道义基础。因为，一个不追求真实、公正的刑事诉讼体制必定是非正义的，是难以得到社会认可的。但这一理念在推动刑事申诉制度、维系公平正义的同时，也面临着无限申诉、重复申诉甚至缠讼、滥讼的威胁，面临着申诉案件不断激增的巨大现实压力。尽管这些问题不应归结为"实事求是，有错必纠"本身的问题，但客观地看，这些问题与困境确实给"依法纠错"理念提供了得以生存的空间，使之有了能与"实事求是，有错必纠"原则平衡与对话的基础。

"依法纠错"的合理性在于：个人以及社会的任何行为都是有目的的，目的之中必然有效益的要求，作为国家的立法与司法行为更是具有极强的目的性。对于依法纠错原则而言，追求的正是效益的方面，避免过度追求公正而导致司法资源的极大浪费。就我国的司法现状而言，目前蓬勃兴起的刑事和解运动，严格说来并不完全符合公正的标准，实践中也存在以钱买刑的批评，但其良好的经济与社会效果符合刑事司法对效益价值的追求。

2. 进一步完善刑事申诉的制度设计

在刑事申诉制度修改完善的过程中应明确规定刑事申诉的期限和次数、内容和层级的限制。在我国的民事诉讼与行政诉讼中均有明确的期限限制，2002年最高人民法院在相关司法解释中将向人民法院提出刑事申诉的期限设定为刑罚执行完毕两年之内，次数也有相应的限制。与此相应，对于向检察机关提出的刑事申诉也应作出一定的限制，以避免实践中重复申诉、无限期申诉现象。

刑事申诉的内容要区分申诉问题的性质与程度，实现申诉案件的分流，能通过其他方式解决的申诉事项尽量通过非诉讼程序解决，将有限的司法资源用于亟待解决的问题上来。在刑事申诉审查的程序上做相应的调整，增加司法透明度，提高申诉案件处理结果公信力与接受度。

3. 努力实现申诉与息讼的平衡

（1）注重采用非诉讼手段解决纠纷

刑事司法作为最后的解决机制应当起到补充性的作用，应该具有一定的谦抑性质。其固然可以解决问题，但包括司法成本在内的社会成本却是十分高昂的，很多司法裁判的结果其实并不是最佳的解决方式和最佳选择。而我国实行的和解、调解等非诉讼手段具有很好的平衡各方利益关系的功能，当事人的各方意愿能得到很好的体现。我国的实践证明，采用和解调解方式结案的案件，申诉比例很低，在很大程度上减少了当事人申诉、上访的概率。

（2）畅通刑事申诉渠道，解决民众诉求

刑事申诉是社会矛盾的集中体现，刑事申诉案件与涉诉信访数量居高不下的现象在一定程度上反映了民众不能通过正常的救济途径维护自己合法权利的状况。对此，应进一步畅通申诉渠道，纠正实践中少数司法人员对申诉人推诿敷衍的不当做法，符合条件的坚持依法受理、依法办理和答复。应大力提高司法人员处理申诉问题的能力和水平，提高申诉案件办理的质量与效率，增强申诉人对于司法机关与司法人员的信任感。

（3）注重说理工作，实现法律效果与社会效果的统一

处理矛盾纠纷是需要极富耐心的工作，对于申诉人的说服、说理工作极为重要。不但应在案件处理的法律文书中对于处理结果予以充分的说理，做到依法处理、以理服人，还应在处理申诉的过程中积极听取申诉人的意见与诉求，做好说服与解释工作。

（4）强化刑事申诉案件的执行监督

刑事申诉案件的效果依赖于在结案后的执行落实。处理结果及时有效的执行是化解社会矛盾，消除申诉人不满情绪，平复社会心理的关键。如果处理决定不能得到及时有效地执行，会使得处理结果成为一纸空文，极大地损害了司法权威，甚至可能引发新的申诉，诱发更大的社会矛盾。因此，检察机关在刑事申诉案件处理完毕后，仍然要加强跟踪监督，及时反馈解决处理决定执行中的问题，使得法律决定落到实处，真正实现与社会效果的统一。

二、涉诉信访制度的问题与对策

（一）涉诉信访制度存在的主要问题

1. 刑事申诉与涉诉信访的职能不明晰

涉诉信访是检察机关控告申诉部门的一项重要工作，对于改进纠正检察机关的工作失误，维护人民群众的合法权益发挥了巨大的作用。但是涉检信访也面临一定的问题。在《人民检察院信访工作规定》中，检察机关处理信访的事项不但包括举报、意见、批评和建议，还包括了刑事申诉的内容，这种比较笼统的规定在一定程度上混淆了刑事申诉与其他申诉的区别。

在实践中，刑事申诉是被地方各级检察机关纳入信访工作来定位和处理的，使得这两项不同性质的工作存在着职能上的不明晰问题。由于历史的原因，信访制度具有比刑事申诉更大的影响力与社会基础。同时，由于刑事诉讼的司法程序相对行政程序更为复杂和漫长，使得一些本该进行刑事申诉的案件当事人往往选择信访的方式，期望在短期内解决问题，导致了两种问题解决机制在案件源头上的混淆。

同时，检察机关信访部门对于涉检信访特别是越级信访问题高度重视，确实也在一定程度上处理解决了刑事申诉案件，这进一步加剧了申诉人宁愿进行信访程序也不愿进行刑事申诉程序的趋势，使得相当一部分刑事申诉案件转化成了信访案件。

2. 涉检信访总量高位徘徊，并呈现出群体性趋势

由于涉诉信访涉及涵盖了各种社会问题和冲突，由此导致信访案件大量发

生。同时，由于制度设计自身的固有缺陷，致使案件不断升级上行，各种问题和矛盾焦点向上级国家机关聚集。

随着改革开放的深入进行，新的利益集团、利益群体不断形成。在这些团体内部具有利益趋同性，团体行为会得到团体成员的普遍认同，在团体利益受到侵害或要求得不到满足的情况下，就有可能以采用集体行动的方式表达其诉求，而上访往往成为其主要的方式，成为其团体的行为习惯。这种群体性上访事件正在逐渐从民事、行政领域发展到刑事诉讼领域。某一或某些团体成员的利益受到刑事侵害，就有可能诱发团体成员的集体声援和支持。

出于维护社会秩序稳定的考虑，信访部门往往对群体信访更为重视，处理力度更大更及时。在处理上可能存在着力求尽快平息事端的考虑，要么过分满足群体上访人的不当要求，损害其他相关方的利益；要么往往滥用警力和行政强制力对信访上访群体群众强行压制，激化了原有的矛盾。但不论何种情况，都在一定程度上反而激发了新的社会矛盾，又在一定程度上促使更多的群体上访事件的发生。

3. 涉诉信访机构设置不合理，职责不明，效率不高

从刑事司法各部门看，从中央到地方，各级政法委、法院和检察院及公安机关相关职能部门都设有信访机构，但这些信访机构并没有严格意义上的隶属关系，缺乏快速处理解决问题的统一协调机制。在信访制度的设计上规定了不属于本部门管辖的案件应当移送其他具有管辖职责的部门，这原本出于明确责任的考虑。在实践中，由于信访压力的加大，却在一定程度成为各部门推诿、推卸责任的正当理由，信访人投诉无门，只能在各信访机构之间来回跑动，在很大程度上增添了信访人的负担。

在部门机构设置与人员配置上，与各机关的主要业务相比，信访部门往往处于后续的位置，不具有优先性。信访部门与本机关其他部门之间也不存在隶属关系，在案件协调上也存在一定的问题。在案件处理机制上，信访机构缺乏独立处理问题的权限，处理问题主要靠上级批示和干预，而这种处理机制个人化色彩较浓厚，往往导致案件处理的个别化，缺乏较为一致的基准，从而成为一些上访人新的上访理由，进而反复上访。

（二）解决问题的对策

《关于创新群众工作方法解决信访突出问题的意见》（以下简称《意见》）指出，信访工作制度的改革与完善对于促进社会和谐稳定有着重要意义。要从源头预防和减少信访问题发生，进一步畅通和规范群众诉求表达渠道，健全解决信访突出问题工作机制和全面夯实基层基础四个方面进行信访突出问题的解决。对于涉诉信访制度中存在的主要问题则需要深化解决路径。

1. 明确刑事申诉与涉诉信访的职能区分，各司其职

《人民检察院信访工作规定》第 3 条规定信访事项中包括举报、意见、批评和建议、刑事申诉等多方面内容。其中刑事申诉属于司法事项，而其他方面多属于行政事项。司法权与行政权是不同性质的权力，具有不同的运行机制，存在着较大的差异，将二者混淆在一起不符合国家权力运行的规律。

刑事申诉应该在刑事诉讼程序中规定、实现和运作，而批评、建议和意见等事项，属于公民民主性质的权利，与刑事申诉在受理主体、审查程序、解决途径和手段等方面具有本质上的差别，不应当放在同一部规范性文件中笼统规定。《意见》中提出将行使申诉从信访工作中剥离出来，不再规定有关的刑事申诉内容，防止发出错误的信号和引导，使检察机关依赖传统的行政手段解决刑事申诉问题。该《意见》能使刑事申诉从此有利于强化专业分工，做到权责明晰，各司其职。

《意见》中强调，充分发挥法定诉求表达渠道作用，必须严格实行诉讼与信访分离，把涉法涉诉信访纳入法治轨道解决，建立涉法涉诉信访依法终结制度。不同诉求表达方式的完善，申诉与涉诉信访区分职能，才能不断满足人民群众日益增长的司法需求。

2. 整合各种社会矛盾调处资源，形成解决涉诉信访问题的合力

在现有的机构设置未作出重大调整变化的情况下，检察机关信访部门仍然是受理刑事申诉案件的主要机构之一。在现阶段，应加强各种社会矛盾调处资源的整合，充分发挥合力的作用。刑事申诉的根源在于各种社会矛盾的激化，而社会矛盾的具体原因又是多种多样的。不同的矛盾原因要采用不同的解决方式，根据具体原因，"对症下药"才是最佳的解决之道。

要突出强化基层信访工作的重要性，通过基层信访工作的开展及时发现解决各种矛盾纠纷，避免矛盾上移。要强化社会联动调处，将人民调解、行政调解和司法调解有机结合起来，特别是加强新时期人民调解工作，将社会矛盾化解在初始状态，削减在基层。要强化各级检察机关接受公民告诉、申诉及处理案件的责任和能力，提高处理信访案件的效率，避免案件久拖不决与推诿扯皮。

在具体的制度建设方面，要严格落实《信访条例》关于"属地管理、分级负责，谁主管、谁负责，依法、及时、就地解决问题与疏导教育相结合"的原则，逐步摸索推广行之有效的好办法。目前，各级检察机关普遍实行的首办责任制、领导包案制、领导接待日、联席会议和联合办案制度、问责制等，强化了各级领导的责任，加大了解决信访问题的力度，促进了信访问题的解决。同时，完善信访联席会议制度，强化各级信访联席会议综合协调、组织推

动、督导落实等职能作用，形成整合资源、解决信访突出问题的工作合力，注重从政策层面研究解决带有倾向性、普遍性和合理性的突出问题。

要重视刑事赔偿与被害人救助工作，对于被害人尤其是贫困被害人意义重大。很多被害人家庭往往因为刑事冤狱或犯罪侵害而陷入困境，面临生存危机。对于犯罪人的刑事惩罚只能够满足被害人及社会的报应要求，却无法解决被害人的生活困境，会形成潜在的社会不稳定因素，甚至导致被害人仇视社会的心理。及时纠正司法错误，给予受害人刑事赔偿，体现了司法的公平正义，积极救助贫困被害人，可以消除被害人不满心理，减少潜在的上访源。

3. 改进制度设计，提高效率，畅通渠道，增强透明度

各级检察机关信访部门应该坚持做到依法、及时、就地解决问题。高度重视初访，提高处理信访问题的效率，迅速、快捷地在当地解决信访问题，对信访实现属地管理、逐级化解。在制度设计上，限制集体上访和越级上访，进一步明确细化各级信访部门的管辖范围，避免推诿推脱现象。严格限定信访案件处理期限，在期限内依法作出处理，并且进一步加强各级信访机构的实权、责任制以及督促系统。

新的《信访条例》对此作出了一定的改进，对于检察机关信访工作具有一定的参照意义。如规定采取走访形式的申诉只能对具有处理权限的本级或上一级机关提出，不得越级上访，按照一事不再理的原则也不得重复走访；走访的人数或者代表人数均不得超过 5 人等；在领导干部接访下访方面，要求省级领导干部每半年至少 1 天、市厅级领导干部每季度至少 1 天、县（市、区、旗）领导干部每月至少 1 天、乡镇（街道）领导干部每周至少 1 天到信访接待场所，按照属地管理、分级负责的原则接待群众来访，省、市及其工作部门领导干部一般不接待越级上访。在信访渠道方面，要进一步畅通信访渠道，充分利用各种现代通讯技术手段，拓展信访方式。为了缩小走访比率，鼓励以信函、传真以及电子邮件形式进行申诉，并建立全国信访信息系统。

各级检察机关信访部门加强联系合作，提高信访效率，促进问题快速解决，建立信访工作责任制并把有关活动绩效纳入公务员考核体系并使信访与各种解决纠纷的机制直接联系；有权处理信访事项的行政机关也有责任督促相应机关执行并可以对失职人员提出给予行政处分的建议；等等。

要建立政府主导、社会参与、有利于迅速解决纠纷的机制。可组织社会团体、法律援助机构、相关专业人员、社会志愿者等共同参与，以咨询、教育、协商、调解、听证等多种方法，依法及时合理处理信访请求。探索信访制度的创新，鼓励和扶持各类社会组织发挥组织功能，逐渐介入信访领域，以诸如代理或代表的全新的方式反映社会诉求，承担相应的社会责任。同时，做好上访

人的说服解释工作，在信访案件的处理过程中，保持与信访人的联系畅通，及时公开信访信息，以各种文书履行告知义务，增强信访透明度。

同时，建立健全解决特殊疑难信访问题工作机制。建立信访听证制度，对疑难复杂信访问题进行公开听证，促进息诉息访；规范信访事项复查复核工作，对已审核认定办结的信访事项不再受理；健全信访事项协商会办等制度，明确相关责任，加大化解"三跨三分离"信访事项力度。①

三、刑事赔偿制度的问题与对策

（一）刑事赔偿制度在实践中存在的问题

1. 刑事赔偿原则过于简单

归责原则是国家赔偿制度的关键性问题，也是国家承担赔偿责任的根据，直接影响到赔偿范围的大小。《国家赔偿法》第2条确立的违法责任原则，存在着违法责任范围过于狭窄，将行政机关和司法机关虽不违法但明显不当、不公平，不人道行为的赔偿责任排除在外。同时，违法原则的规定使得国家赔偿往往与错案追究挂钩，作出了国家赔偿就意味着存在违法行为，在现有的考核制度体系下，这对于司法机关往往往有很大的压力，使得司法机关对于国家赔偿存在较多顾虑，甚至怠于履行国家赔偿。

2. 刑事赔偿范围过窄，局限性强

我国现行《国家赔偿法》对刑事赔偿局限于错拘、错捕、错判，刑讯逼供和暴力行为，违法使用武器、警械侵害公民人身权以及违法侵犯公民财产权等范围内，覆盖面过窄。在实践中刑事司法侵犯公民权利的行为还可能包括错误监视居住和取保候审行为，无罪的人错误判处管制、有期徒刑缓刑、剥夺政治权利案件，证据不足不起诉或无罪判决案件，轻罪重判案件，这些案件都可能严重侵犯公民权利。

《国家赔偿法》第17条第1项规定：因公民自己故意作虚伪供述，或者伪造其他有罪证据被羁押或者被判处刑罚的，国家不承担赔偿责任。在实践中，犯罪嫌疑人的口供前后不吻合，甚至矛盾、翻供的现象极为常见，但是这些口供问题的原因是多种多样的，不应简单地一概就认定为当事人作故意虚假供述，从而使用免责条款。我国《国家赔偿法》对该条规定简单，又缺乏相关解释，致使实践中司法机关尤其是赔偿义务机关使用、滥用该免责条款的现象较为普遍，背离了刑事赔偿制度设计的初衷。

---

① 参见中共中央办公厅、国务院办公厅印发《关于创新群众工作办法解决信访突出问题的意见》。

3. 赔偿程序设计不合理，违背司法规律

在赔偿义务机关的设定上，我国《国家赔偿法》第 19 条第 1 款将赔偿义务机关规定为侵权行为机关，这固然体现了责任自负的精神，但却违背了刑事诉讼的基本规律，造成了实践中的赔偿困难。司法实践中常常混淆国家赔偿与机关赔偿，赔偿义务机关出于自身形象业绩等考虑往往淡化赔偿的国家性质，以本单位自有资金赔付，使受害人获得赔偿的难度加大。

在赔偿程序设计上将确认违法作为赔偿的前置程序，导致确认刑事司法机关职务行为是否违法成为请求国家赔偿的前置条件，是赔偿请求人获得国家赔偿的必经阶段。司法实践中，确认程序往往成为当事人获得赔偿的障碍。对涉及刑事赔偿的违法事实的认定，须由作出了违法行为的刑事司法机关或其上级机关来进行。这明显违背了"任何人不得做自己案件的法官"这一正当程序原则；赔偿义务机关同时是赔偿认定机关，难以保证公正、公平。虽然在赔偿义务机关不作违法确认时，赔偿请求人有权申诉。然而，立法对申诉的时限、处理形式和效力等都没有作出规定，经常导致申诉无效或是申诉无果，申诉人往往转而采用上访等方式，即增加了当事人的负累，也增加了新的社会问题。

4. 赔偿的方式、计算标准存在缺陷

公民被侵犯人身自由权利获得的能够以金钱方式体现的救济标准是公民因被错拘、错捕、错判而被剥夺的人身自由的天数乘以上年度的职工日平均工资。"目前的羁押赔偿金属于抚慰性质，并非误工补助费。实际上，当事人受到的损失是双重的，既有财产损失，即误工损失，又有非财产损失，即精神损失等。因此，仅仅以上年度城镇职工日平均工资标准进行赔偿，的确与人民的公平正义观念和权利意识存在较大差距，有必要修改完善。"[①] 同时，即便是这种抚慰型救济手段也由于标准规定得太低，范围规定过窄，而远远滞后于社会经济发展和法治的要求。虽然刑事赔偿体现了对被剥夺人身自由的金钱方式的救济，但对因被剥夺人身自由导致的其他方面诸如健康、名誉、肉体和财产等损害却缺少考虑，以致被害人获得的金钱赔偿难以起到抚慰的作用，从而使刑事赔偿保证公平与正义的价值目标难以实现。

（二）解决问题的对策

1. 修改刑事赔偿归责原则

考虑到我国《国家赔偿法》实施中遇到的问题与障碍，参酌国外立法例，

---

① 《最高人民检察院刑事赔偿工作办公室负责人解析刑事赔偿新标准》，载《检察日报》2007 年 4 月 16 日。

为了最大程度保障人权，应尽快对《国家赔偿法》中的刑事赔偿归责原则加以修改。具体而言，就是要在司法赔偿领域，适用多元的国家赔偿归责原则。对刑事追诉、审判和执行等侵权损害，应当采用结果责任原则，以使受害人获得救济，同时可解除公安、检察机关的困惑，保护其打击犯罪的积极性。[1]

采用结果责任归责原则，有利于我国履行国际公约义务，提高国内的人权保护水平，真正体现国家刑事赔偿的社会救济性质。"只要受害人能够证明存在职权行为、损害事实以及职权行为与损害事实之间有因果关系，且这种损害不应由受害人承担，国家就应当承担赔偿责任。这样也有利于减轻公权力受害者的举证负担，更好地保护和实现其合法权益。"[2]

从检察机关实务的角度考虑，采用结果归责原则，便于具体操作执行，有利于提高司法权威。在办理刑事赔偿案件过程中，损害结果的认定较之违法责任的认定更为直观，难度较低。而不用判断刑事司法机关的职务行为是否违法，是否存有过错，消除了司法机关对于错案追究问题的顾虑，打消了其抵触情绪，有利于受害人权益保障。

2. 适当扩大刑事赔偿的范围

除目前的刑事赔偿事项之外，还应适当扩大刑事赔偿的范围，将实践中刑事司法侵犯公民权利的错误监视居住和取保候审行为，无罪的人错误判处管制、有期徒刑缓刑、剥夺政治权利的，以及轻罪重判的逐步列入赔偿范围。

刑事赔偿不应再局限于"没有犯罪事实或者没有事实证明而被错误拘留"及"没有犯罪事实而被错误逮捕"的情形，明确规定对公民采取拘留、逮捕措施后，决定撤销案件、不起诉或者判决宣告无罪终止追究刑事责任的，受害人有取得国家赔偿的权利。

同时，增加精神损害赔偿的内容，规定对于造成被害人严重损害后果的，致使被害人受到严重精神损害的，赔偿请求人可以请求支付赔偿抚慰金。

刑事赔偿范围的界定既要体现对公民权利的保护理念，与刑事司法权力运行的范围相适应，把刑事赔偿制度保护受害人合法权益的宗旨落到实处，又要防止因刑事赔偿而挫伤司法人员履行惩治犯罪职责的积极性，还要考虑国家财政的实际支付能力。赔偿范围的界定，既不能以损害司法机关惩治犯罪的积极性为代价，又要符合惩治犯罪不能以牺牲个人合法权益为成本的原则。

还应当考虑法律制度的规范性和操作性，避免制度设定中的模糊用语，尽

---

[1] 参见马怀德：《刑事赔偿归责原则探析》，载《人民检察》2007年第18期。

[2] 陈光中、赵琳琳：《国家刑事赔偿制度改革若干问题探讨》，载《中国社会科学》2008年第2期。

量将制度规范要表述的含义具体化，杜绝因立法本身的不规范造成执法的混乱，把刑事赔偿保护公民权利的理念落到实处。① 同时，对于刑事犯罪的被害人的补偿或救济范围也应有相应的扩大，以避免过于关注加害人权利，而忽视了犯罪被害人的权利，避免造成权利的失衡。

3. 修正刑事赔偿的程序设计

在现行的刑事赔偿程序中，确认作为赔偿的前置程序，这是刑事赔偿制度广受诟病的问题之一。对此，一方面应该肯定确认程序对于大量刑事赔偿请求的筛选过滤、提高刑事赔偿案件处理效率的实际价值，另一方面也应加强确认程序自身合理性，将确认机关与赔偿义务机关相分离，以体现程序正义。应将这种前置确认程序定位为限于形式审查，只要是符合基本的形式要件，确认机关就应当受理，不得拒绝，以免因为前置程序的设立附加给赔偿请求人过多的举证责任。对于不予确认结论的申诉权利要给予充分的保障，在申诉时限、处理形式和效力等方面都要作出明确的规定。

强化对赔偿委员会的监督。在《国家赔偿法》中明确规定："赔偿请求人对赔偿委员会作出的决定，认为确有错误的，可以向上一级赔偿委员会提出申诉。""赔偿委员会作出的赔偿决定生效后，如发现赔偿决定违反本法规定的，经本院院长决定或者上级人民法院指令，赔偿委员会应当重新审查，依法作出决定。""最高人民检察院对各级人民法院赔偿委员会作出的决定，上级人民检察院对下级人民法院赔偿委员会作出的决定，发现违反本法规定的，应当向同级人民法院赔偿委员会提出意见，同级人民法院赔偿委员会应当在两个月内重新审查并依法作出决定。"

此外，在国家赔偿经费的管理和执行方面，应当建立由财政部门直接支付赔偿金的体制，将国家刑事赔偿的权利义务关系直接确定为赔偿请求人与国家财政部门的关系，使得刑事赔偿真正体现赔偿的国家性质。

4. 改进赔偿的方式、标准

在赔偿标准上不仅要考虑受害人身自由的损失，还应对人身自由之外的其他侵害予以考虑，适当提高赔偿的标准。根据《国家赔偿法》实施的情况以及我国目前的经济和财政负担能力，逐步提高赔偿标准是具有现实可行的。虽然人的尊严、名誉、健康等权利不能简单地以金钱衡量，但将之列入赔偿时的通盘考虑可以体现国家对于公民权利的尊重，体现法治国家的精神。

因此，应当改进刑事赔偿单纯以羁押时间核算赔偿数额的计算方式，增加

---

① 参见向泽选：《我国刑事赔偿制度的困境与出路》，载《政法论坛》2007年第4期。

其他的计算标准，将人身自由权利以外的其他权利损害也作为计算赔偿数额的重要方面。从目前的抚慰性向补偿性原则过渡，使受害人所受到的损害得到适当的补偿向赔偿受害人受到实际损失的方向发展，使刑事赔偿制度能更加适应保障人民群众合法权益的需要，更有利于促进社会公平正义的实现。

应用与讨论训练

★ 模块 案例研讨

[案例一 吴某某不服法院刑事裁判申诉案]

（一）案情与理由

2009 年 5 月 25 日下午，贾某某和本村村民张某因放水发生争吵厮打。厮打过程中，贾某某持铁锹打击张某头部致其受伤倒地。经医院诊断为闭合性颅脑损伤（特重型），右颞部急性硬膜下血肿，原发性脑干损伤，广泛性脑挫伤，外伤性蛛网膜下腔出血。县人民法院于 2009 年 10 月 23 日作出一审判决，以故意伤害罪判处被告人贾某某有期徒刑 7 年，赔偿附带民事诉讼原告人吴某某（被害人张某妻子）各项经济损失共计人民币 64389.06 元。由于民事赔偿款没有赔付，一审判决后，吴某某申请县人民检察院抗诉，县人民检察院经审查认为一审判决并无不当，决定不予抗诉。一审判决生效后被害人张某于 2009 年 11 月 12 日死亡，其亲属不满情绪进一步升级，张某妻子吴某某多次到各级机关申诉。

（二）案件办理

检察机关得知吴某某的申诉要求后主动介入，以对当事人和事实高度负责的精神，认真履行监督职能，充分发挥监督的主动性，耐心细致地调查收集关键性证据。同时，认真做好申诉人的情绪疏导工作，并决定立案复查。

由于该案的一审判决事实清楚，证据确实充分，被告人对自己的犯罪行为供认不讳，要启动再审程序，必须有新的证据证明被害人死亡的结果与被告人伤害行为之间有因果关系。由于被害人尸体已经火化，检材灭失，给调查取证工作造成很大困难。针对这种不利情况，县人民检察院从被害人被打伤入院治疗开始到最后死亡火化进行全面调查取证，调取了被害人入院治疗的全部病历，询问了主治医生、被害人亲属、邻居、村干部、派出所干警和殡仪馆值班人员，多次到被害人住地、殡仪馆调查了解被害人出院和死亡后的相关情况，尽可能补全间接证据，最终形成证据锁链。

经县人民检察院复查认为，原审判决生效后，案件被害人死亡，案件出现新的事实和证据，原审以故意伤害罪判处被告人有期徒刑 7 年，属量刑过轻，不符合罪刑相适应原则，决定提请市人民检察院抗诉。市人民检察院经审查采纳了该院的抗诉意见，向市中级人民法院提出抗诉。市中级人民法院裁定发回县人民法院重新审理，县人民法院经再审决定撤销原审判决，以故意伤害（致死）罪判处被告人贾某某有期徒刑 10 年，赔偿附带民事诉讼原告人吴某某各项经济损失共计 16 万余元。

⊙研讨主题

1. 结合本案探讨如何认真履行监督职能，充分发挥监督的主动性？

2. 检察官办理刑事申诉案件时应注意哪些事项？

3. 如何认识刑事申诉检察官在保障人权方面应该发挥的作用？

[案件二　谢某某申请刑事赔偿案]

（一）案情与理由

2006 年，谢某某因涉嫌贪污被某市人民检察院立案侦查，同年对其批准逮捕。检察机关提起公诉后，法院于 2011 年 6 月判决谢某某无罪。2012 年 2 月，谢某某向市人民检察院提出赔偿请求：要求给予其羁押赔偿金、精神损害抚慰金 20 万元、医疗费 10 万元；恢复名誉、赔礼道歉；追究相关人员的责任；恢复其被刑拘前的工作职务及后备干部身份，补偿欠发工资及生活福利待遇。

（二）案件办理

市人民检察院依据修改后《国家赔偿法》关于协商的规定，坚持"平等、自愿、合法"的原则，认真听取赔偿请求人的意见，就其诉求先后两次与其协商并达成协议：对谢某某羁押期为 240 天，以此确定赔偿数额；检察机关同意给予精神损害抚慰金 3 万元；考虑到谢某某名誉权受到损害，检察机关同意可在原单位范围内恢复名誉、赔礼道歉，如调离原单位，则不予支持；检察机关协调市医保办帮助谢某某解决医疗问题，并向其原单位协调恢复其应有的工作、身份、工资待遇、福利待遇等。

达成以上共识后，检察机关积极协调相关单位、部门解决问题。谢某某从市医保办领取了羁押期间产生的医疗费用 28788 元，原所在单位同意补发其 7 万元工资款和 4544 元年、节福利待遇；工资已由 1000 余元调整至 3000 余元。因谢某某提出不愿回原单位工作，关于工作单位落实问题，检察机关积极与人事部门及其原所在单位协商解决。谢某某被检察机关积极为其解决问题的工作态度所感动，对案件处理结果表示满意。

检察机关在办理本案的过程中改变了过去"机械执法、就案办案"的僵化思维模式，在当事人合理诉求的范围之内，统筹解决其民生问题，实现了执法办案法律效果、社会效果、政治效果的有机统一。

⊙研讨主题

1. 结合本案探讨在办理国家赔偿案件时应如何转变观念，依法保障当事人合法权益？

2. 如何在司法实践过程中实现执法办案法律效果、社会效果、政治效果的有机统一？

第十章　民事诉讼监督与人权保障

相关依据导引

★ 国内规范

《中华人民共和国民事诉讼法》(1991 年 4 月 9 日第七届全国人民代表大会第四次会议通过，2007 年 10 月 28 日第十届全国人民代表大会常务委员会第三十次会议第一次修正，2012 年 8 月 31 日第十一届全国人民代表大会常务委员会第二十八次会议第二次修正)

第一节　民事诉讼检察监督中
人权保障的法律规定

一、国际标准

在《联合国关于检察官作用的准则》中，检察官对人权保障的职能主要体现在刑事诉讼及其相关环节中。如其第 11 条规定："检察官应在刑事诉讼、包括提起诉讼和根据法律授权或当地惯例，在调查犯罪、监督调查的合法性，监督法院判决的执行和作为公众利益的代表行使其他职能中发挥积极作用。"其对民事诉讼中检察官的作用并无明确的规定。从其他国家的检察制度来看，也鲜有检察官在民事检察中如何保障人权的直接规定。

这种状况的出现，原因是多方面的。首先，从现代意义的检察官产生的历史看，是和在刑事诉讼领域保护人权的需要密不可分的。通常认为，现代意义的检察官制度起源于近代欧洲。中世纪欧洲，与封建专制制度相适应，刑事诉讼普遍采取纠问式的诉讼模式，将侦查、起诉、审判职能集中于同一机关，司法权与行政权不分，结果导致司法权因失去有效的制约而被普遍滥用，刑事诉讼中侵犯人权的现象突出，加剧了社会矛盾。资产阶级推翻封建专制后，在"自由"、"人权"、"正义"等思想的指导下，在刑事诉讼领域确立了控审分离的原则，即审判职能由法院行使，控诉职能由检察机关行使。因此，从现代意义的检察官的产生来看，其和刑事诉讼中的人权保护需要是息息相关的。其次，国际人权法产生的历史背景是第二次世界大战期间德、意、日等法西斯国家对人权的极大的侵犯。①法西斯政权利用国家权力对外发动战争，屠杀他国人民，对内则残酷镇压反对派和爱好和平的民众以及一些有不同文化、历史的族群。基于历史教训的启发，国际人权法的功能定位主要在于防止国家权力对人权的侵犯，尤其是在重大犯罪及其相关诉讼的情形下。在行使职能的机构确定上，通过检察官制度对人权进行保护，是比较符合历史和科学的选择。最后，由于国情、历史等方面的不同，各国检察制度差别甚大。在检察机关参与诉讼活动方面，除刑事诉讼活动之外，介入民事诉讼不是普遍的做法。即使在介入民事诉讼的国家中，检察机关介入民事诉讼的目标定位、方式内容也有很大差别。

因此，对于国际条约没有提及民事诉讼领域的检察机关人权保障职责的问题，就是可以理解的事情了。

但是，20 世纪中后期以来，社会发生了很大的变革，人们的需求也日益多样化，随之而来的是人权主体的普遍化、人权内容的日益丰富和侵犯人权特点的变化。因此，我们认为，随着人们对经济、就业、社会保障、社会公正等领域人权保障的重视，检察机关在民事诉讼中对人权保障的职能应当被引起重视，相关的国际条约等也应当逐步规定检察官在民事诉讼中对有关人权保护的内容。

二、我国法律法规关于民事诉讼检察监督的规定

（一）关于民事诉讼监督的法律规定

对民事诉讼实行检察监督，是我国《民事诉讼法》确定的一项基本原则。根据 2012 年 8 月 31 日第十一届全国人民代表大会常务委员会第二十八次会议《关于修改〈中华人民共和国民事诉讼法〉的决定》，对民事检察的有关规定进行了修改和完善。修改后的《民事诉讼法》已于 2013 年 1 月 1 日起施行，其第 14 条规定："人民检察院有权对民事诉讼实行法律监督。"也就是说，对民事诉讼实行检察监督，是我国《民事诉讼法》确定的一项基本原则。《民事诉讼法》的这项规定，是由我国的政治体制和人民检察院的宪法地位决定的。

根据修改后的《民事诉讼法》，人民检察院有权对民事诉讼实行法律监督，这较之修改前"人民检察院有权对民事审判活动实行法律监督"的规定，更加科学、严谨。这从法律上实现了人民检察院对民事诉讼全过程、全方位、多角度的监督，实现了监督的全覆盖。

---

① 参见徐显明主编：《国际人权法》，法律出版社 2004 年版，第 29 页。

关于民事检察监督的法定情形和监督方式等内容，修改后的《民事诉讼法》进行了比较大的完善。具体是：

1. 完善了监督理由。按照《民事诉讼法》规定，符合当事人申请再审的理由之一的，人民检察院应当抗诉或者提出检察建议。《民事诉讼法》第200条规定："当事人的申请符合下列情形之一的，人民法院应当再审：（一）有新的证据，足以推翻原判决、裁定的；（二）原判决、裁定认定的基本事实缺乏证据证明的；（三）原判决、裁定认定事实的主要证据是伪造的；（四）原判决、裁定认定事实的主要证据未经质证的；（五）对审理案件需要的主要证据，当事人因客观原因不能自行收集，书面申请人民法院调查收集，人民法院未调查收集的；（六）原判决、裁定适用法律确有错误的；（七）审判组织的组成不合法或者依法应当回避的审判人员没有回避的；（八）无诉讼行为能力人未经法定代理人代为诉讼或者应当参加诉讼的当事人，因不能归责于本人或者其诉讼代理人的事由，未参加诉讼的；（九）违反法律规定，剥夺当事人辩论权利的；（十）未经传票传唤，缺席判决的；（十一）原判决、裁定遗漏或者超出诉讼请求的；（十二）据以作出原判决、裁定的法律文书被撤销或者变更的；（十三）审判人员审理该案件时有贪污受贿，徇私舞弊，枉法裁判行为的。"

2. 增加了对调解书的监督和对其他审判程序中违法行为的监督，规定了同级监督的内容，明确了检察建议作为法定监督方式。这些规定体现在《民事诉讼法》第208条中。其规定："最高人民检察院对各级人民法院已经发生法律效力的判决、裁定，上级人民检察院对下级人民法院已经发生法律效力的判决、裁定，发现有本法第二百条规定情形之一的，或者发现调解书损害国家利益、社会公共利益的，应当提出抗诉。地方各级人民检察院对同级人民法院已经发生法律效力的判决、裁定，发现有本法第二百条规定情形之一的，或者发现调解书损害国家利益、社会公共利益的，可以向同级人民法院提出检察建议，并报上级人民检察院备案；也可以提请上级人民检察院向同级人民法院提出抗诉。各级人民检察院对审判监督程序以外的其他审判程序中审判人员的违法行为，有权向同级人民法院提出检察建议。"

3. 规定了当事人向人民检察院申请检察建议或者抗诉的条件，规定了人民检察院的审查期限。《民事诉讼法》第209条规定："有下列情形之一的，当事人可以向人民检察院申请检察建议或者抗诉：（一）人民法院驳回再审申请的；（二）人民法院逾期未对再审申请作出裁定的；（三）再审判决、裁定有明显错误的。人民检察院对当事人的申请应当在三个月内进行审查，作出提出或者不予提出检察建议或者抗诉的决定。当事人不得再次向人民检察院申请检察建议或者抗诉。"按照这条规定，当事人对法院生效裁判、调解书不服的，首先应当向法院申请再审。这防止了当事人多头申诉的问题，有利于节约司法资源，有利于审判权的自我修复。

4. 规定了人民检察院的调查核实权。《民事诉讼法》第210条规定："人民检察院因履行法律监督职责提出检察建议或者抗诉的需要，可以向当事人或者案外人调查核实有关情况。"

5. 规定了提起和审理抗诉案件的程序规范。《民事诉讼法》第211条规定："人民检察院提出抗诉的案件，接受抗诉的人民法院应当自收到抗诉书之日起三十日内作出再审的裁定；有本法第二百条第一项至第五项规定情形之一的，可以交下一级人民法院再审，但经该下一级人民法院再审的除外。"第212条规定："人民检察院决定对人民法院的判决、裁定、调解书提出抗诉的，应当制作抗诉书。"第213条规定："人民检察院提出抗诉的案件，人民法院再审时，应当通知人民检察院派员出席法庭。"

6. 规定了人民检察院对执行活动的法律监督权。在执行编的原则性规定中，第235条规定："人民检察院有权对民事执行活动实行法律监督。"

（二）关于民事诉讼监督的办案规范

2001年9月30日最高人民检察院第九届检察委员会第九十七次会议讨论通过了《人民检察院民事行政抗诉案件办案规则》，用于指导各级人民检察院的民事行政检察工作，对正确掌握抗诉条件、规范办案程序起到了积极作用。但随着《民事诉讼法》的修改，它的一些规定和法律的内容已经不相适应，目前正在进行必要的修改。

三、民事诉讼检察监督保障人权的机理分析

从有关民事检察的法条表述来看，并没有直接体现人权保护的内容。这和刑事检察的有关规定差异是比较大的，也容易引起人们对于民事检察是否具有人权保护功能的疑问。实际上，民事检察制度在很大程度上是体现了人权保护功能的，但其对人权保护的机理和刑事检察是有不同的。

（一）从程序的角度看民事诉讼监督对人权的保障

1. 民事诉讼程序中会发生侵犯人权的情况

从程序法的角度看，民事检察的对象指向民事诉讼，以审判和执行活动为重心。这个领域虽和刑事诉讼特点不同，但也会发生侵犯人权的情况，只是侵犯人权的表现呈现出不同的特点。

首先，受民事诉讼的管辖和结构特点所决定，民事诉讼和刑事诉讼有很大的不同，侵害人权现象产生的机制基础也不一样。在我国，刑事诉讼由公安机

关、检察机关、审判机关分工配合，互相制约。在这种制约性的诉讼程序中，无论被告人还是被害人的人权都比较容易受到保护。而在民事诉讼中，管辖机关只是法院一家。法院审判权和执行权的行使，除了程序的发动依靠当事人之外，再无程序意义上的外来制约。如果审判和执行行为失范，当事人正当的民事权利就得不到公权力的保护，甚至会受到公权力的侵害，实际上就发生了侵害人权的情形。民事权利在内容上包含人身权和财产权和人权的客体是一致的。在它们单纯地作为民事权利而存在的情况下，其表现为当事人之间的平等权利，也即私人之间的平等权利。这种平等性的权利即使受到对方的侵害，权利人也享有相应的救济权利，因此一般不发生人权问题。因为人权是个人权利相对于公权力而言的，是个人享有的对抗公权力侵害的权利。但是，民事权利和人权并不是毫无联系的权利。当当事人的民事权利受到侵害诉求审判权或者执行权予以保护的时候，如果作为公权力的审判权或者执行权未能给予正当的保护，甚至进行非法的侵害，则无疑是一种对人权的侵害。民事诉讼程序缺少对审判权和执行权的外来制约，从机制上看是比较容易侵害当事人人权的。

其次，受刑事、民事诉讼不同的内容和目的的影响，侵害人权现象表现的内容和方式不同。刑事诉讼一般围绕对人身的刑罚展开，倘若其中发生侵犯人权的事件，一般也多是侵犯人身权利。这是显性的侵犯人权，容易引起制度层面的重视和公众舆论的关注。而民事诉讼多围绕财产关系展开，倘若其中发生侵犯人权的事件，一般也多表现为侵犯财产权利。这种较为隐性的侵犯人权，一般不易引起各方面的关注。

因此，从程序的角度分析，民事诉讼领域完全有可能发生侵犯人权的情况，实际的司法状况也每每印证这一结论。具有法律监督职能的民事检察工作，无疑要肩负起人权保护的任务。这也是民事检察的功能之一。尤其在当今以执法为民、保障民生、构建和谐社会为检察工作主题的时代背景下，民事检察和其他检察工作一样，发挥着不可忽视的人权保障功能。

2. 民事诉讼监督程序上的方式对保障人权作用的发挥

在制度层面上，修改后的《民事诉讼法》主要规定了抗诉和检察建议两种监督方式。抗诉针对法院错误的生效判决、裁定和损害国家利益、社会公共利益的调解书进行。检察建议适用面则较为广泛，同级检察院对法院错误的生效判决、裁定和损害国家利益、社会公共利益的调解书可以通过检察建议进行监督，也可以用检察建议对其他审判程序中的违法行为和执行程序中的违法行为进行监督。这两种监督方式是和民事诉讼的特点相适应的，同时也决定了民事检察对人权的保护是通过制止错误和纠正错误的方式进行的，而不是直接予以保护的。民事检察方式在保护人权的功能发挥上，是在错误裁判或者违法行为发生后，通过提起抗诉或者检察建议意图纠正、制止法院的错误裁判或者违法行为，为受害人提供必要的救济，消除审判权力、执行权力等的不当行使给当事人造成的损害，维护当事人的利益，同时更好地促进和实现社会公平和正义。因此也可以说，抗诉和检察建议制度是法律关注民事诉讼中人权保护的专门的制度安排，很有针对性。

需要注意的是，在民事检察保护人权的问题上，存在着手段和目的的区分，以及目的的多层次性的区分。按照我国的检察监督理论，检察监督的对象是公权力的活动。民事检察监督的对象即是法院的民事审判活动和民事执行活动。民事检察监督一般不对当事人实施。[①]通常情况下，这种理论是正确的。但是，民事检察监督不是为监督而监督，监督法院的民事审判和执行只是手段，目的是维护法律的统一正确实施和社会主义法治权威，维护公平正义。民事检察直接目的的实现，客观结果上也维护了当事人的权利和利益，维护了当事人依法应当享有的人权。这也就是民事检察制度目的的多重性，或者说是民事检察直接目的和间接目的的复合性。从这些实现的目的来看，包含着保护人权的内容。

（二）从实体的角度看民事诉讼监督对人权的保障

1. 民事实体法律活动中也会发生侵犯人权的情况

从实体法的角度看，民事检察所指向的领域是民事法律活动领域。在人权领域和内容都不断扩展的背景下，这个领域中也会发生侵害人权的情况。

民事法律活动领域确有特殊性。民事法律是私法，民事法律活动领域一般所涉及的是私人之间的关系。作为民事法律关系的主体之间，也会发生侵权纠纷，但这种纠纷在两方当事人之间仍然表现为私人性和平等性和人权关系具有不同的属性。但民事法律绝不仅仅调整当事人之间的关系，从深层意义看，民事法律具有御外效力。民事法律是保护人民私权利的一道屏障、一堵围墙，据以对抗、防范国家权力、公共权力可能对私人权利的侵犯。然而，这不意味着私人权利不会受到公权力的侵犯。相反，在公权力比较膨胀、私权保护观念又很淡薄的情况下，是非常容易发生逾越权力界限，侵害私人权利现象的。我国社会生活中，私人权利受到公权力侵犯的情况就是比较严重的。比如在我国涉及拆迁、征地、消费、环境等领域，就存在着比较典型的公权力侵犯私人权利的问题，这即涉嫌侵犯人权。

---

① 参见曹建明：《全面正确理解贯彻落实修改后的民事诉讼法坚持和完善中国特色社会主义民事检察制度》，载《检察日报》2012 年 12 月 7 日。

2. 民事诉讼监督工作对民事实体法律活动中人权的保护

我国《民事诉讼法》规定了抗诉和检察建议两种监督方式，这两种监督方式针对审判机关。但从实际的工作机制和工作内容来看，检察机关还进行了如督促起诉、支持起诉等带有监督性质的工作，监督的对象是行政机关等。工作中，有时候也适用检察建议监督行政机关改进工作、纠正违法行为。从保护人权的角度来看，这构成了比较完整的保护人权的体系。同时，这也意味着检察机关在实体民事法律活动的领域中，也在行使着保护人权的职能。这符合我国检察机关的性质、宪法定位和现实需要。

第二节　工作机制

一、民事诉讼检察监督保障人权的基本内容

从 1988 年起，在 1982 年《民事诉讼法（试行）》规定的基础上，人民检察院开始组建民事行政检察部门，着手进行民事检察工作。1991 年正式施行的《中华人民共和国民事诉讼法》规定了民事审判检察监督制度。此后，各级人民检察院均成立了民事检察机构，对民事审判和行政诉讼实施法律监督。这较大地完善了检察机关法律监督的内容。

从上文分析可以得知，民事检察制度的确立，虽然其直接的价值目标是维护法制统一和司法公正，但其也隐含着保障人权的重要理念。那么，民事检察制度要重点保障哪些人权呢？这里简要分析如下：

1. 人身权。司法实践中，自然人的人身权受到侵害尤其是重大伤害而在民事诉讼环节没有获得有效保护的情况是存在的。人身权是公民最基本的民事权利，在人权法上也是最重要的人权内容。它是人们生活、生存的保障，是作为法律主体的象征，因此也是法律保护的重中之重。对于公民的生命权、健康权、身体权、名誉权、自由权、隐私权等人身权受到严重侵犯的，无论受害人生活于社会哪一个阶层，都应该依法予以保护。对于司法裁判、执行措施未能提供有效保护的，检察机关一定要履行法律监督职责予以纠正。如在检察实践中，对于受害人是流浪人员的交通事故案件，很多检察机关就进行了有效的监督。

2. 财产权。财产是人们生活、生存的物质基础，财产权是人们不可或缺的民事权利，也是非常重要的人权内容。现实生活中，侵犯财产权的情况还比较多，尤其在涉及住房、收入分配、社会保障、征地拆迁、医疗卫生等关乎民生的领域，往往发生弱势群体的财产利益得不到保护的情况。在受到诸如来自

行政权等公权力侵害的情况下，实际上已经涉嫌侵犯人权。如果在民事诉讼、民事执行环节又未能客观公正地给予受损害一方救济的话，对受损害的人而言无异于雪上加霜，后果非常严重。因此，对于民事诉讼和民事执行中未能给予受害人的财产权益有效保障的，检察机关要予以监督。

3. 诉权。在因民事权益发生纠纷或受到侵害的情况下，依法提起诉讼要求维护自己的民事权利，是公民人权的一个重要内容。在司法判决、裁定、调解确有错误的情况下，依法申请再审，要求对错误裁判、调解进行纠正，也是公民享有的重要人权。当事人享有的起诉权和申诉权，都是当事人享有的诉权内容。但这两方面的诉权内容都有可能受到审判权的侵犯。在民事司法实践中，客观上存在着一些应当受理而不受理、应当立案而不立案、不接受调解不立案、拖延立案、刁难当事人以及立假案等情况，对当事人的起诉权构成侵害。在申诉环节，当事人民事申诉难一直是一个司法顽疾，社会各界意见很大。2007 年《民事诉讼法修正案》和 2012 年的再修正，一个重要的内容就是解决当事人申诉难的问题，保障当事人的申诉权利。

2012 年《民事诉讼法》修改，对保护当事人的诉权进一步完善，加强了检察监督的相关内容。表现在：

首先，在保障起诉权方面。《民事诉讼法》第 208 条第 3 款规定："各级人民检察院对审判监督程序以外的其他审判程序中审判人员的违法行为，有权向同级人民法院提出检察建议。"按照该条规定，对于立案环节的违法行为，检察机关有权以检察建议的方式进行监督。

其次，在保障申诉权方面。按照《民事诉讼法》第 200 条、第 209 条等的规定，对运用检察监督对当事人申诉权的保障进行了强化。体现在：其一，对当事人申请再审也即申请检察监督的理由进行了完善。第 200 条规定了 13 项具体的申请再审的理由，不再使用弹性条款，便于操作。另外 13 项情由的内容有所调整，日趋科学。其二，对当事人向法院申请再审和向检察院申请检察监督作了行使顺序的区分。按照修改后的规定，当事人向人民检察院申请检察建议或者抗诉，应当符合下列条件：（1）人民法院驳回再审申请的；（2）人民法院逾期未对再审申请作出裁定的；（3）再审判决、裁定有明显错误的。按照该规定，生效裁判具有《民事诉讼法》第 200 条规定的 13 项情形之一的，当事人应首先向法院申请再审，而不是首先或同时申请检察院抗诉或者提出检察建议。从另一个角度讲，法院先行处置是检察机关受理当事人申诉的前置程序。这一规定正面的意义在于，它有助于理顺检法的关系，有助于节约司法资源，有助于提高抗诉或者检察建议的质量。同时，这条规定实际上也从立法层面明确了当事人享有向检察机关申诉的权利，是对修改前法律一个重大的完善，有利于当事人权利的保障和检察机关监督权的行使。其三，限定了对当事人申请的审查期限。按照规定，人民检察院对当事人的申请应当在 3 个月内进行审查，作出提出或者不予提出检察建议或者抗诉的决定。对当事人的申诉及时作出回应，有利于加强对当事人申诉权的保障。

当然，在每一个具体的案件中，所要重点保护的人权内容是不同的，或者是有所侧重的，这需要在工作中区别对待。

二、民事诉讼检察监督保障人权的基本方式

（一）抗诉

1. 抗诉机关

抗诉是最为强烈的监督方式，在行使上应当慎重和权威。按照《民事诉讼法》规定，抗诉机关是最高人民检察院和做出生效裁判、调解书法院的上一级检察机关。同级检察机关只能提请上级检察机关抗诉，无权直接提出抗诉。也就是，抗诉机关的设置是"下审上抗"模式。

2. 抗诉理由

关于对错误的生效民事裁判的抗诉，修改后的《民事诉讼法》规定了比较详细的条件和理由。《民事诉讼法》第 200 条列举了当事人申请再审的理由。检察机关抗诉的理由和当事人申请再审的理由相一致。归纳起来看，《民事诉讼法》规定的 13 项抗诉事由归结为以下几类：

（1）事实认定错误。以事实为基础作出裁判是裁判公正的前提，没有对真实的坚守，裁判就得不到当事人和社会的认可。13 项抗诉事由的 1～5 项虽从证据的角度展开，实则是关于事实认定错误的，因为事实是建立在证据基础上的。包括：有新的证据，足以推翻原判决、裁定的；原判决、裁定认定的基本事实缺乏证据证明的；原判决、裁定认定事实的主要证据是伪造的；原判决、裁定认定事实的主要证据未经质证的；对审理案件需要的主要证据，当事人因客观原因不能自行收集，书面申请人民法院调查收集，人民法院未调查收集的。值得注意的是，第 5 项是针对法院调查取证的，突出体现了当事人享有的要求法院依职权协助发现事实的必要性，具有程序和实体双重意义的保障功能。

13 项抗诉事由的第 11 项、第 12 项是：原判决、裁定遗漏或者超出诉讼请求的；据以作出原判决、裁定的法律文书被撤销或者变更的。这两项抗诉事由形式上和审判程序相关，但内容上却表现为审判依据的实体真实缺失或者不存在，应当属于事实认定方面的问题。

（2）违反法定程序。诉讼法是强行法，诉讼的进行必须严格依照法定步

骤、方式进行，一旦违反了法定程序，法院的审判就是无效的。因此，世界上大多数国家都将这方面的事由列为绝对再审事由。我国《民事诉讼法》也参照了这样的做法，《民事诉讼法》第 200 条规定的第 7 项至第 10 项抗诉事由主要是针对法院违反程序行为的，包括：审判组织的组成不合法或者依法应当回避的审判人员没有回避的；无诉讼行为能力人未经法定代理人代为诉讼或者应当参加诉讼的当事人，因不能归责于本人或者其诉讼代理人的事由，未参加诉讼的；违反法律规定，剥夺当事人辩论权利的；未经传票传唤，缺席判决的。

（3）适用法律错误。《民事诉讼法》第 200 条规定的第 6 项抗诉理由则是原判决、裁定适用法律确有错误。这体现了法律适用的统一性要求，是对法律适用基本规范的遵守。

（4）审判人员有职务上的违法、犯罪行为。《民事诉讼法》第 200 条规定的第 13 项抗诉事由是审判人员审理该案件时有贪污受贿、徇私舞弊、枉法裁判行为的。审判人员利用职务的违法、犯罪行为是一种严重违反法律、职业操守、职业道德的行为，构成绝对的再审事由。

关于对生效调解书的抗诉理由，《民事诉讼法》第 208 条规定，检察机关发现调解书损害国家利益、社会公共利益的，应当提出抗诉。这里应当注意，法律规定的对调解书的申请再审和对调解书的抗诉条件是有差异的。《民事诉讼法》第 201 条规定："当事人对已经发生法律效力的调解书，提出证据证明调解违反自愿原则或者调解协议的内容违反法律的，可以申请再审。经人民法院审查属实的，应当再审。"检察机关对调解书进行抗诉，仅限于调解书在内容上损害国家利益和社会公共利益。

3. 抗诉的程序

为了体现抗诉的严肃性，保证检察机关法律监督的效果，《民事诉讼法》规定抗诉由最高人民检察院提出，或由作出生效裁判的法院的上一级检察院向上一级法院提出。

实践中抗诉工作基本的操作规程是：当事人不服生效裁判、调解书向上一级法院或者原审法院申请再审，其申请被法院驳回、或者法院逾期未对再审申请作出裁定、或者法院的再审判决、裁定有明显错误的，当事人可以直接向作出生效裁判法院的上一级检察机关申诉，要求检察机关抗诉。上级检察机关也可以自行主动获得案件线索，并可对该案件是否符合抗诉条件进行审查。经审查认为法院的裁判、调解书确有错误，符合抗诉条件的，检察机关制作抗诉书，向同级法院提出抗诉。

当事人对法院处理自己申请再审的结果不服，向作出裁判法院的同级检察机关申诉的，检察机关可以受理审查，同级检察机关也可以自行主动获取案件线索并予以审查。经审查认为符合抗诉条件的，制作提请抗诉申请书，将案件移交上一级检察机关，提请上一级检察机关抗诉。这两种情况用图表示就是：

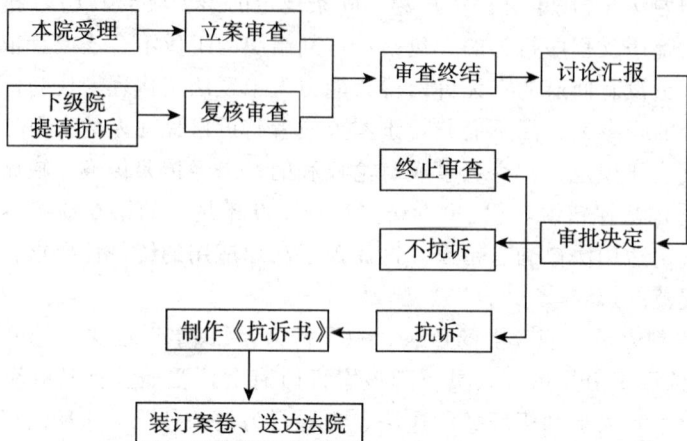

图一　提出抗诉的流程

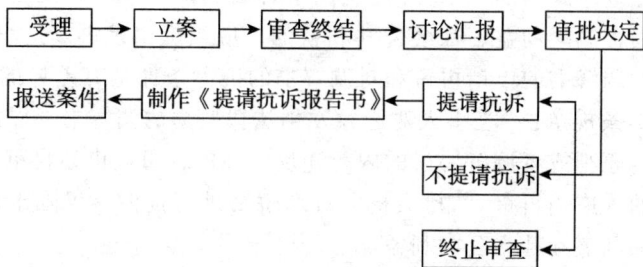

图二　提请抗诉的流程

应当注意的是，修订后的《民事诉讼法》对检察机关的审查处理期限作出了严格的时间限制，检察机关应当严格遵守。人民检察院对当事人的申请应当在 3 个月内进行审查，作出提出或者不予提出检察建议或者抗诉的决定。当事人向人民检察院申请检察建议或者抗诉，以一次为限。

4. 抗诉的效力

抗诉的直接效力是引起再审。按照《民事诉讼法》规定，对于检察机关提出的民事抗诉案件，法院必须在接到抗诉书 30 日内作出再审的裁定。法院开庭审理时，应当通知提出抗诉的检察机关派员参加。检察机关应当派员参加庭审活动，并对法庭活动进行监督。受理抗诉的法院审理民事抗诉案件，除因证据问题导致事实认定错误的以外，应当自己审理，不得发回原审法院重审。交由原审法院再审的，也以一次为限。

从司法实践来看，相当一部分民事裁判、调解书通过抗诉及替代性方式[①]得到了纠正，客观上维护了当事人的权利，保障了人权。在抗诉工作中，检察机关办理的一些案件是非常典型的维护人权的案件。如2003年，杨健、刘俊元等183名进城务工人员因用工单位拖欠工资向法院起诉，败诉后到检察院申诉。检察机关依法提出抗诉，并建议法院尽快审结，使此案在春节前改判，务工人员每人拿到工资14000多元。[②]

（二）检察建议

1. 提出检察建议的机关

按照《民事诉讼法》规定，向法院提出检察建议的机关是同级检察机关。上级检察机关不能使用检察建议监督下级法院。同级检察机关也不能直接使用抗诉的方式监督同级法院。同级检察机关提出检察建议的，应当向上级检察机关备案。

2. 提出检察建议的事由

按照《民事诉讼法》规定，检察建议的监督方式可以适用于多种情况：（1）同级检察机关发现同级法院的判决、裁定有民事诉讼法第200条规定的13项情形之一的，可以提出检察建议；（2）同级检察机关发现同级法院的民事调解书损害国家利益、社会公共利益的，可以提出检察建议；（3）同级检察机关发现同级法院的审判人员在审判监督程序以外的其他审判程序中存在违法行为的，有权提出检察建议；（4）同级检察机关发现同级法院在执行活动中存在违法行为的，有权提出检察建议。

上述第（1）项、第（2）项两项提出检察建议的事由，与上级检察机关抗诉的事由是一致的。当然，基于这些事由，同级检察机关也可以不提出检察建议，而是提请上一级检察机关抗诉。那么，如何确定选择抗诉的方式进行监督还是检察建议的方式进行监督呢？这里涉及抗诉和检察建议的法定使用条件和实际使用效果的具体区分问题。抗诉和检察建议两种监督方式相比较，抗诉更具有刚性，可以直接启动再审；检察建议则相对柔性，不当然启动再审，但可以促使法院发现、纠正错误，其优点是有利于节约司法资源、实现诉讼经济。因此，抗诉案件的质量要求应当高于提出检察建议的案件。鉴于此，在实务中，抗诉一般应适用于案件比较重大或者是裁判确实明显不公，发生了重大错误的情形；检察建议主要适用于已经发生法律效力的判决、裁定虽有错误，

---

① 实践中，对于法院生效裁判有错误但不符合抗诉条件的，或者对于裁判错误难以通过抗诉得到纠正的等，检察机关有时通过提出检察建议或纠正违法通知予以监督。

② 参见2004年《最高人民检察院工作报告》。

但实体裁判错误并不是非常严重或突出，办案程序有瑕疵等情况。①

对于审判人员在审判监督程序以外的其他审判程序中存在的违法行为，检察机关有权提出检察建议。这里的其他程序违法行为是一个宽泛的概念，包含的情况非常多。应当说，对从受理开始起的整个审判程序过程中，只要审判人员存在违法行为，检察机关就有权以检察建议的方式进行监督。

对于执行程序中的违法行为，检察机关有权以检察建议进行监督。当前执行工作中的违法行为主要有：（1）执行机构消极不作为，怠于执行，严重超期执行；（2）执行过程中违反程序超范围执行，任意增加、变更执行措施或执行标的；（3）查封、扣押财产程序不合法，随意评估、变卖、查封、扣押财产，超标的查封、扣押财产，超期处理被查封、扣押的财产；（4）不认真核查被执行财产产权，错误执行案外人财产；（5）不认真负责，错误认定执行标的；（6）为案外人利益不按规定行事，对执行标的随意作出民事裁定；（7）对案外人提出的执行异议不审查、不答复，随意执行，或与案外人串通转移被执行财产；（8）执行人员工作不负责任，方法简单、粗暴，甚至违规、违法自损形象；（9）执行人员滥用职权徇私枉法或利用职务便利贪污、受贿、挪用被执行款物等。

3. 提出检察建议的程序

从《民事诉讼法》的规定看，同级检察院在以检察建议的方式实施监督的时候，需要报上一级检察院备案。根据最高人民检察院发布的《人民检察院检察建议工作规定（试行）》的规定，提出检察建议，应当按照统一的格式和内容制作检察建议书，报请检察长审批或者提请检察委员会讨论决定后，以人民检察院的名义发出。

4. 检察建议的效力

《民事诉讼法》对检察建议的效力未作明确规定，这里做一个简单分析。从内容上讲，检察建议的效力通过是指出、分析审判机关的违法行为，并提出相应的要求和建议，促使其发现和改正违法。从法理上讲，检察建议是检察机关行使法律监督权的一项措施、一种方式，具备权力属性。因此，审判机关应当按照检察建议的要求，查找、改正违法行为或者不当做法，并及时将结果反馈检察机关，不应当置之不理，更不应该对抗监督。对此，2011 年最高人民法院、最高人民检察院《关于对民事审判活动与行政诉讼实行法律监督的若干意见（试行）》第 10 条第 1 款规定："人民检察院提出检察建议的，人民法

① 参见曹建明：《全面正确理解贯彻落实修改后的民事诉讼法坚持和完善中国特色社会主义民事检察制度》，载《检察日报》2012 年 12 月 7 日。

院应当在一个月内作出处理并将处理情况书面回复人民检察院。"对此规定，审判机关应当遵照执行。

（三）调查核实

《民事诉讼法》第210条规定："人民检察院因履行法律监督职责提出检察建议或者抗诉的需要，可以向当事人或者案外人调查核实有关情况。"这赋予了检察机关民事检察权新的内容，对保障民事检察权的有效实施非常重要。

行使民事调查核实权需要注意以下几个问题：

1. 行使调查核实权的目的，是因履行法律监督职责而提出抗诉或者检察建议的需要。这里需要注意的是，不能笼统地借口履行法律监督职责的需要而行使调查核实权。行使调查核实权，除受履行法律监督职责整体的需要制约之外，还必须和抗诉或者检察建议的具体工作需要结合起来。从另一方面讲，也不能脱离法律监督职责的需要，简单地以抗诉或者检察建议为借口行使调查核实权。

2. 调查核实的范围，是了解与生效裁判、调解书和审判、执行活动有关的必要信息，以决定是否提出抗诉或者检察建议。调查核实不能超出需要了解情况的必要范围。

3. 调查核实的对象。调查核实的对象是当事人或者案外人。但是这里的案外人，应当是跟案件内容、证据等有一定关系的人，或者是解决案件所涉的技术性问题所需要的人，而不能是毫无关联的人。特别需要注意的是，检察机关调查核实的对象不包括审判人员。

4. 行使调查核实权的限制。行使调查核实权，首先应当注意和当事人举证责任的区分，不能替代当事人的举证责任。其次应当注意和刑事侦查措施的区分，不能把调查核实理解为类似刑事诉讼中的侦查。最后应当注意行使调查核实权的正当性和慎重性。不允许任意行使调查核实权干扰法院正常审判和执行活动，更不允许利用调查核实权谋取不正当利益。

民事诉讼监督工作中保障人权的基本方式，除上述法律规定的措施外，实践中检察机关还运用有如督促起诉、支持起诉、纠正违法通知等。这些措施比较符合检察机关的职权，也取得了较好的效果。

三、民事诉讼检察监督保障人权工作的成绩和要求

近年来，检察机关加大了民事、行政诉讼监督工作，取得了很大的成绩。据统计，2008年1月至2012年8月，全国检察机关共受理民事行政申诉案件438970件。共对生效民事行政裁判提出抗诉51201件，法院已再审审结36935件，其中改判、发回重审和调解结案27543件，再审改变率为74.6%。共提

出再审检察建议 38071 件，法院已采纳 28617 件，采纳率为 75.2%。①

在执行监督方面，2011 年 3 月最高人民检察院与最高人民法院联合下发通知，在 12 个省（自治区、直辖市）开展民事执行活动法律监督试点工作，确定 441 个检察院为试点单位。试点以来，检察机关共受理执行申诉案件 41350 件，向人民法院发出检察建议 28140 件，采纳率达到 88%。②

在诉讼违法行为监督方面，2010 年 7 月最高人民检察院会同最高人民法院等部门会签下发《关于对司法工作人员在诉讼活动中的渎职行为加强法律监督的若干规定（试行）》，明确检察机关对司法工作人员在诉讼活动中的渎职行为可以采取调查核实、建议更换办案人等方式进行监督。各级检察机关依法及时监督纠正审判人员在诉讼活动中的违法行为，严肃查办司法不公背后的贪污受贿、徇私舞弊、枉法裁判等职务犯罪案件，共对民事行政诉讼活动中的违法情形提出监督意见 19187 件次，促进了公正廉洁执法。③

检察机关的民事检察工作，历来把保障民生、保护人权作为一项重点内容，并围绕此内容积极拓展监督范围，不断探索新的监督方式。首先，监督纠正严重损害群众切身利益的错误裁判，对涉及人身损害赔偿、社会保障、医疗服务、劳动争议等申诉案件优先审查、快速办理。其次，探索开展支持起诉工作，加强对妇女儿童、进城务工人员、下岗失业人员、残疾人等合法权益的司法保护。再次，加大办理涉农民事行政申诉案件力度。2008 年 1 月至 2012 年 8 月，对土地承包经营、林权改革、农村金融服务等领域严重损害农民利益的案件，提出抗诉和再审检察建议 2031 件。④最后，对涉及国有资产流失、环境污染等案件，有关单位和部门怠于行使起诉权的，探索开展督促起诉工作。一些地方还针对重大环境污染事故等案件开展督促起诉专项活动，取得了积极

---

① 参见曹建明：《最高人民检察院关于民事行政检察工作情况的报告（摘要）》（2012 年 12 月 25 日在第十一届全国人民代表大会常务委员会第三十次会议上），载《检察日报》2012 年 12 月 26 日。

② 参见曹建明：《最高人民检察院关于民事行政检察工作情况的报告（摘要）》（2012 年 12 月 25 日在第十一届全国人民代表大会常务委员会第三十次会议上），载《检察日报》2012 年 12 月 26 日。

③ 参见曹建明：《最高人民检察院关于民事行政检察工作情况的报告（摘要）》（2012 年 12 月 25 日在第十一届全国人民代表大会常务委员会第三十次会议上），载《检察日报》2012 年 12 月 26 日。

④ 参见曹建明：《最高人民检察院关于民事行政检察工作情况的报告（摘要）》（2012 年 12 月 25 日在第十一届全国人民代表大会常务委员会第三十次会议上），载《检察日报》2012 年 12 月 26 日。

成效。

当前，随着改革开放的深入，社会各方面正在发生日益深刻的变革。在变革的过程中，由于各种利益诉求的交织和冲突，导致社会矛盾高发。有关民事权利的纠纷乃至人权纠纷，也在多个领域有所反映，需要多管齐下予以解决。为此，民事检察工作作为直接联系人民群众的司法工作，充分发挥职能作用，强调把化解矛盾纠纷、促进社会和谐作为重要任务来抓。主要措施有以下几个方面：

其一，建立执法办案风险评估预警机制。对可能激化矛盾、影响社会稳定的民事行政申诉案件，在作出处理决定前及时评估风险，科学制定预案，加强与法院和政府相关部门的协调配合，共同做好化解矛盾工作。

其二，健全检调对接工作机制。依托大调解格局，加强与人民调解、行政调解、司法调解的衔接配合。对有和解条件的案件本着自愿、合法、公正原则，积极引导和促成当事人双方达成和解。

其三，加强检察法律文书说理。在作出不予受理、不立案、不抗诉等决定时，详细说明理由和法律依据，促使申诉人消除疑惑。

其四，督促行政机关改革管理方式。民事检察工作中，认真办理征地拆迁、公共服务、行政确权等行政申诉案件。对于发现的行政管理环节存在的问题，注重分析案件发生的深层次原因，督促行政机关改革社会管理方式，提高管理水平。2008年1月至2012年8月，向有关单位和部门提出完善制度、强化管理、改进工作的检察建议70315件，84%得到采纳，促进了社会管理法治化、规范化。[①]

上述民事诉讼监督工作取得的成绩得到了社会的广泛认可。但是，应该清醒地认识到，民事诉讼监督工作和人民群众的要求和期待还有一定的差距，在保障人权方面尤其应当进一步加强。民事诉讼监督制度要贯彻保障人权的理念，更好地保障人权，需要注意从不同的对象出发，加强工作上的要求。

（一）从对监督对象审判机关而言，要树立敢于监督的理念，进一步强化监督

在民事诉讼监督工作中，审判机关是被监督的对象。其本身是公权力机关，和检察机关平行设立，检察机关对其的监督主要体现为通过一定的程序对审判行为进行制约，不具有命令性和对裁判结果的直接改变性。再加上检察机

第十章 民事诉讼监督与人权保障

---

① 参见曹建明：《最高人民检察院关于民事行政检察工作情况的报告（摘要）》（2012年12月25日在第十一届全国人民代表大会常务委员会第三十次会议上），载《检察日报》2012年12月26日。

关的具体监督在性质上是事后监督，"挑错"的特征明显，容易引起审判人员的不悦与对抗，因此，民事检察监督是带有相当难度的工作。实践中，有些检察人员也确有畏难、消极情绪，民行检察工作近年来虽然有了很大的进步，但仍然是检察工作相对薄弱的环节，不符合社会各界和人民群众的期待和要求，也不适应保障人权的需要。所以，树立敢于监督的理念，强化监督职责非常必要。曹建明检察长提出："各级检察机关要牢固树立敢于监督的理念，忠实履行监督职责，加大监督力度，坚决依法纠正民事诉讼中裁判不公、审判人员违法、违法执行等问题，更好地维护和促进民事司法公正。"[1]

强化监督就要善于监督。为此，要提高监督能力和水平。要从民事诉讼和检察监督的特点、规律出发，运用恰当的监督方式和方法，以取得良好的监督效果。要正确把握检察监督介入民事诉讼的时机、方式和程度，改进监督措施，防止法律监督工作出现异化和偏差。

（二）从对保护对象当事人等而言，要强化平等、公开、效率等监督理念

1. 对当事人进行平等保护

民事诉讼监督工作客观上涉及对当事人实体民事权利义务关系的处理。而当事人在民事法律关系中是平等的，意思上也是自治的。与此相适应，《民事诉讼法》明确规定，当事人有权在法律规定的范围内处分自己的民事权利和诉讼权利；诉讼当事人诉讼地位平等，诉讼权利平等，适用法律平等。因此，民事检察工作中，要强化平等保护的理念，要居中监督。检察机关在受理案件、提出抗诉或检察建议、建议和解、监督执行时，要充分尊重当事人的意愿和诉权，不能代替当事人主张或放弃权利，不能成为一方当事人民事权利的代表或者代理人。要坚持遵循民事诉讼的基本规律，尊重当事人在法律范围内的处分权，防止和避免因检察监督的不当介入，破坏当事人在诉讼结构中的平衡性。

2. 对当事人公开、公正

人民检察院是国家的法律监督机关，其对民事诉讼实行法律监督的目的就是为了维护国家法律的统一正确实施，维护社会的公平与正义，从而实现保护人权和人民的其他基本权利。因此，检察官在办案时一定要坚持公开、公正原则，严格遵守宪法和法律，做到秉公执法。要重视民事检察环节的执法规范化建设，健全案件受理、立案、审查、抗诉等环节的制度规范。尤其在审查环节，要探讨公开审查的方式和形式，拓宽检务公开渠道，使当事人信服，接受

① 曹建明：《全面正确理解贯彻落实修改后的民事诉讼法坚持和完善中国特色社会主义民事检察制度》，载《检察日报》2012 年 12 月 7 日。

— 262 —

当事人和社会监督。要实行严格的流程管理、内部分工制约、质量管理和监督，确保民事检察工作的公正性。

3. 要强化监督效率

民事诉讼监督工作的案源多来自于当事人的申诉，而大多数申诉案件，已经经历长时间的诉讼程序，当事人身心疲惫，且又面临着法院的执行问题，压力巨大，所以对申诉结果的期待是极为迫切的。因此，检察机关要重视防止诉讼久拖不决和审判监督程序无休止反复。检察官在办理抗诉、检察建议案件时一定要在遵守办案程序、保证办案质量的前提下努力提高工作效率，尽量缩短办案时间，及时审结案件。为此，检察机关还要进一步改革办案模式，规范办案程序，强化流程管理，提高自身能力，从而提高办案效率。

4. 要便利当事人申诉

民事申诉案件的当事人，大多是普通老百姓，不懂法律专业知识，不了解办案程序，有时觉得很冤却又不知如何救济，申诉又担心被拒绝或遭受冷处理。因此，检察官办案时一定要热情地接待申诉人，认真向申诉人讲清有关办案程序或有关事项，尽量为当事人提供方便的渠道和力所能及的帮助。为此，应当进一步畅通申诉渠道。深入开展检察官进社区、进企业、进农村等活动，广泛宣传检察机关民事检察职能，增进人民群众对民事检察工作的了解。注重发挥民生服务热线、派出检察室等新平台的作用，把民事检察工作触角延伸到基层，方便群众反映诉求。

第三节　问题与对策

一、存在的问题

毋庸讳言，民事诉讼监督工作在保障人权方面仍然存在着一些问题，应当引起足够的重视。这些问题有检察机关自身方面的，也有法律不够完善方面的。

（一）检察机关自身的问题

1. 保护人权的认识不到位

一些检察人员仍然囿于人权保护的传统理念，认识不到人权保护形势的变化，片面地认为人权保护只是刑事检察的事情，与民事检察无关。由于认识不到位、不正确，导致有的检察机关对人民群众反映强烈的热点难点问题监督力度不够，人权保护力度小。

2. 民事检察队伍能力素质有待进一步提高

总体上看，民事检察队伍知识结构不够合理，专业化程度不高，高层次、专家型人才匮乏，把握法律政策、办理新类型案件、释法说理、群众工作等能力不强。对保障人权的技能和知识而言，有能力的检察官更是缺少。对民事检察工作的重要性认识不够，制度建设和人员配置也不够完善，工作积极性和创造性都不高。

（二）法律不够完善的问题

长期以来，民事检察法律规定不够完善的问题一直很严重，制约民事检察工作的开展。2012 年《民事诉讼法》新修订以后，虽然整体上法律规定得到了很大的改善，但仍然存在一些监督手段不够具体的问题。如检察建议虽然成为了法定的监督方式，但适用检察建议的程序、范围，以及检察建议的效力等，在法律上并无明确的规定。再如《民事诉讼法》虽然规定了对民事执行活动检察机关有权监督，但在如何监督上却未进一步规定。法律规定不够完善的问题，一定程度上影响民事检察职能的发挥，当然也影响人权保护功能的实现。

另外，实践中，一些人民法院对人民检察院的监督不够理解和配合，导致抗诉案件改判难。例如故意不提供申诉案件的诉讼卷宗；对有些抗诉案件久拖不审；有时对抗诉正确的案件故意维持原判；等等。这些现象的存在，由于法律没有刚性地规定解决办法，所以既让检察机关感到无可奈何，更让申诉人失去信心甚至走上偏激的道路。

二、对策

（一）强化人权保障理念，突出监督重点

人权保障，是司法工作不断变化和强化的话题。民事检察工作和人权保护更是息息相关。检察人员一定要树立起民事检察保护人权的理念，培养保护人权的自觉意识，并把保护人权行动贯穿于民事检察的各个环节。

要突出监督重点，使民事检察保护人权的功能更加凸显，作用更加明显。要加强对环境污染、"三农"、教育、就业、医疗、住房等领域损害民生民利案件的监督检察，切实解决人民群众反映强烈的执法不严、裁判不公问题，严肃查处司法不公背后的职务犯罪，维护司法公正，保护人民利益，维护人民权利。

（二）加强检察机关自身建设，提高人权保障能力

首先，要加强民事检察队伍建设。要优化民事检察机构，充实民事检察人员数量。其次，要加强民事检察能力建设。要加强高层次、专业性的人才培

养，推动队伍专业化建设，切实提高民事检察监督能力和水平。只有民事检察的队伍和能力整体上得到提升，才能为做好民事检察工作特别是为民事检察保障人权的工作提供强大的基础。

要引导民事检察人员重视民事检察对保障人权工作的重要性，养成保障人权的自觉性。要加大针对人权保护的教育培训力度，选择重点案例进行讲解，培训民事检察领域保障人权的办案骨干。要强化针对人权保障的监督检查，使人权保护工作见到实效。

（三）完善民事诉讼监督的法律规定，强化人权保障制度

完善民事检察的法律规定，当前主要是细化民事检察的程序规定。首先，对现有的抗诉程序，应当细化抗诉案件的审理程序，如法庭席位、再审法庭的审理结构等事项，保证审判的顺利和监督的实效。其次，对于检察建议措施，应当明确其发出程序、效力、保障等内容。再次，对于执行监督，应当全面细化监督内容，保障监督的可操作性和针对性。最后，还要完善调查核实权的适用条件和适用方式，并增加规定检察机关调阅案卷的保障性职权。

从强化人权保障的角度看，可以考虑在立法上列举一些重大的民生、民权案件作为民事检察的重点，并赋予检察机关更为充分的职权。这样做符合民事检察的目的，符合民众的期盼，也更有利于民事检察制度的建设。

（四）探索新的监督方式，丰富人权保障的内容

1. 继续开展提起民事公益诉讼的研究

《民事诉讼法》第 55 条规定："对污染环境、侵害众多消费者合法权益等损害社会公共利益的行为，法律规定的机关和有关组织可以向人民法院提起诉讼。"该条并未明确把检察机关规定为提起公益诉讼的主体。这主要是因为民事公益诉讼是一个复杂的课题，检察机关作为法律监督机关，是否适合提起民事公益诉讼还需要进一步研究。就目前来看，检察机关应遵守法律规定，不做提起民事公益诉讼的工作。

但从保护人权的角度来看，公益诉讼是具有很大的制度价值的，检察机关应该对提起公益诉讼进行深入的研究。过去，我国检察机关已比较普遍地开展过民事公益诉讼工作的尝试，取得了良好的社会效果和法律效果，获得了理论界和民众的认可。如 2006 年，河南省民事检察部门办理公益诉讼案件 164 件，2007 年，全省民事检察部门办理公益诉讼案件 266 件[①]。

2. 探索执行监督的方式、方法

随着检察监督成为民事强制执行的原则，亟须探讨相关的监督方式和方

---

① 摘自河南省人民检察院《2007 年全省民事行政检察工作总结》。

法。我们认为，执行监督可通过以下程序进行：（1）检察建议。人民检察院认为同级人民法院在民事执行程序中作出的判决、裁定、决定、命令确有错误的，应当向其提出检察建议。上级人民检察院认为下级人民法院在民事执行程序中作出的判决、裁定、决定、命令确有错误的，应当指令其同级人民检察院向其提出检察建议。人民检察院认为同级人民法院拖延执行、执行不力或执行瑕疵，经查证属实的，应当向其发出检察建议书，督促该人民法院采取相应措施自行改正工作失误或弥补瑕疵。上级人民检察院认为下级人民法院拖延执行、执行不力或执行瑕疵，经查证属实的，应当指令其同级人民检察院向该人民法院发出检察建议书，督促其采取相应措施自行改正工作失误或弥补瑕疵。人民检察院提出检察建议应当制作民事检察建议书，说明据以发出检察建议的事实与理由，并附案卷及相关材料。人民法院对人民检察院提出的检察建议，应当裁定中止原判决、裁定、决定、命令的执行。裁定由院长署名，加盖人民法院印章。（2）纠正违法程序。人民检察院认为同级人民法院在民事执行程序中执行不当或有违法执行的行为，应当向其发出纠正违法通知书，要求该人民法院采取相应措施自行纠正违法行为。上级人民检察院认为下级人民法院在民事执行程序中执行不当或有违法执行的行为，应当指令其同级人民检察院向该人民法院发出纠正违法通知书，要求该人民法院依照司法赔偿案件确认程序和其他程序处理，或者采取相应措施自行纠正违法行为。（3）查办职务犯罪。检察机关发现执行过程中执行人员有职务犯罪行为的，应当及时移交本院相关部门查办。现阶段，执行人员的职务犯罪行为较为突出，检察监督应当重点予以关注。对于尚未构成犯罪的违法行为，应当敦促法院进行纪律处分，并及时更换执行人员。

应用与讨论训练

★ 模块一 **主题讨论**

1. 民事诉讼监督工作是如何对人权保障发生作用的？
2. 在民事诉讼监督工作中，如何更加有效地保障人权？

★ 模块二 **案例研讨**

1996 年 5 月 29 日，陈某某在 A 省医院经剖腹产出生，由于医护人员机械执行母乳喂养规定，在产妇产后发生青霉素过敏且无奶可供的情况下，疏于履行注意义务而造成陈某某在出生后 48 小时内无任何食物摄入。导致这个双胞胎中的弟弟连续饥饿引发低血糖，长时间抽搐，酿成缺血缺氧性脑病，加之省立医院的误诊误治，最终发展成极为严重的脑损伤，造成了不可逆转的终身残疾。

1998 年 8 月 10 日，陈某某的父亲陈先生和祖母李某，分别以陈某某的法定代理人和诉讼代理人身份向 H 市中级人民法院提起诉讼，请求判令 A 省医院赔偿医疗及终身康复费用 270 万元，以及残疾人生活补助费 25 万元、精神损害补偿金 20 万元。

一审庭审过程中，原告方向 H 市中级法院提供了与陈某某母亲同一病房的其他产妇及其家属共 8 名证人的证言，证明陈某某在出生至出现病症期间未吃到任何食物。其中两名证人还在一审庭审中出庭。

原告同时向一审法院提交了大量的医学专家对此案的分析意见。出具书面诊断及结论的医疗机构有：北京儿童医院、协和医院、中国康复中心、上海华山医院、仁济医院、上海儿科医院、中国医科大学等 10 多所权威医疗及科研机构。

2000 年 9 月 13 日，H 市中级人民法院作出一审判决，法院认为 A 省医院在陈某某出生后，虽然在病史记录、临床及辅助检查以及对患儿疾病的特殊性和预后的严重性认识等方面存在问题和不足，但这些诊疗行为缺陷与陈某某目前病情结果之间并无直接的因果关系。陈某某在庭审中未提供充分证据证实其病情确实由饥饿引起，故 A 省医院不应承担赔偿责任。判决驳回陈某某的诉讼请求。

原告方不服，提出上诉。2000 年 10 月 A 省高级人民法院正式立案之后，在律师帮助下，在国家级司法鉴定单位进行了两份文字鉴定和一份法医学鉴定，认定一审法院采信的皆是伪证。同年 11 月 30 日开庭时，双方诉讼代理人均要求对原始病历重新进行司法鉴定。但是，2001 年 4 月 16 日，A 省高级人民法院在没有重新对原始病历进行司法鉴定的情况下，同样以陈某某未能提供充分证据为由，驳回上诉请求，维持原判。

陈某某家人多次向最高人民法院提出申诉，最高人民法院均转 A 省高级人民法院办理。在强大的舆论压力和人大代表的监督下，A 省高级人民法院于 2002 年 5 月决定立案复查。一年多以后，由于申诉方不接受和解，A 省高级人民法院于 2004 年 12 月 13 日驳回了陈某某的申诉。

2006 年 2 月 5 日，最高人民检察院就此案向最高人民法院发出"高检民抗〔2006〕3 号民事抗诉书"。抗诉书认定："终审判决采信的鉴定结论依法不能作为本案的证据使用。陈某某的'缺血缺氧性脑病'是在 A 省医院造成的。终审判决认定 A 省医院不承担过错责任的主要证据不足。A 省医院有关医护人员明显违反卫生部有关护理工作制度的要求，其违规的行为是导致陈某某患病的原因之一。"抗诉书指出：本案审理中"法院向司法鉴定所送审的材料有不真实的情况，法院应该调查取证，而未做调查"。抗诉书认为："A省高级人民法院〔2000〕民终字第247号民事判决认定事实不清，主要证据不足，违反法定程序可能影响案件正确判决，适用法律错误。"最高人民检察院依据我国《民事诉讼法》第185条第1款第1项、第2项、第3项规定（此处是未修改前的法条。笔者注），要求最高人民法院对本案进行再审。

2006年3月7日，最高人民法院指定A省高级人民法院进行再审。2006年9月20日，A省高级人民法院进行了开庭审理。庭后进行了不公开的调解。

⊙研讨主题

1. 此案法院的判决是否正确？审判存在哪些问题？

2. 检察机关应主要基于什么理由对法院的判决进行民事抗诉？请结合修改前后的法律规定对检察机关的抗诉理由进行点评。

3. 结合案例讨论民事诉讼监督如何贯彻保障人权的思想？并思考如何把保障人权贯穿于工作的各个环节中？

第十一章　行政检察与人权保障

相关依据导引

★ **国内规范**

《中华人民共和国行政诉讼法》（1989 年 4 月 4 日第七届全国代表大会第二次会议通过）

最高人民检察院《关于加强和改进民事行政检察工作的决定》（高检发〔2010〕16 号，最高人民检察院第十一届第 127 次党组会议讨论通过）

最高人民检察院《检察机关执法工作基本规范（2013 年版）》（2013 年 2 月 1 日最高人民检察院第十一届检察委员会第八十五次会议通过）

第一节　行政检察中人权保障的法律规定

一、国际标准

与民事检察一样，行政检察制度虽然并不是中国独有的一项检察制度，在不少国家，尤其是一些大陆法系国家，检察机关或多或少地享有一定的行政检察职能，但从总体上看，就国际范围而言，无论是传统的大陆法系还是英美法系国家，其检察职能均主要集中于刑事诉讼领域。与刑事诉讼领域的检察职能相比，行政检察不光职能范围狭小，履行职能的方式也千差万别。究其原因，大体上是因为行政检察制度的形成与一个国家的政治、法治发展的历史传统、司法制度架构等具有密切联系，因而，几乎每个国家的行政检察制度都表现出鲜明的个性化色彩，要统一概括其特征不是一件很容易的事情。所以，《联合国关于检察官作用的准则》对检察官作用的规定主要在刑事诉讼及其相关环节中，而对检察官在行政诉讼及行政程序中的作用等并无明确规定，在关于人权的国际公约和规范性文件中也无关于行政检察保障人权的规定。区域性的国际规范也与此相类，鲜有关于检察官在行政检察中如何保障人权的直接规定。

二、我国法律关于行政检察的规定

（一）行政检察的概念

我国的行政检察是基于检察机关的宪法定位而产生的。我国《宪法》第129条规定："中华人民共和国人民检察院是国家的法律监督机关。"

由于《宪法》的规定比较原则，现行的《人民检察院组织法》又产生于1979年即现行《宪法》颁布之前，无法为理解这一《宪法》规定提供依据，所以对于如何理解法律监督的性质，以及法律监督的范围等问题，理论和实务界的看法并不一致。不过，从《宪法》规定的字面来看，并没有将检察机关的法律监督范围仅限于刑事诉讼领域。从我国的立法实践看，也是依循这样的认识的。因为在此后制定的一系列非刑事类的法律、法规中，无论是《民事诉讼法》和《行政诉讼法》这样的基本法律，还是《治安管理处罚法》，甚至是国务院的一些行政法规，都规定了检察监督的原则以及相应的检察监督制度。《民事诉讼法》和《行政诉讼法》更是将检察监督规定为一项基本原则。

行政检察并不是一个十分确定的概念，对于这一概念的内涵和外延，理论界和实务界都有不同的观点。与此相关联的，有多个不同的表述，如"行政诉讼检察监督"、"对行政机关的检察监督"、"对行政法律的检察监督"等。核心的问题主要是就监督的对象来确定，还是就适用的法律来界定。比较有代表性的主要有两种观点：一种观点认为，检察监督本质上是一种诉讼监督权，无论是刑事领域的检察监督，还是民事检察和行政检察，都应当基于诉讼程序而行使。因此，行政检察实际就是对行政诉讼的检察监督。它依赖于行政诉讼程序而存在，其监督范围也限于行政诉讼活动。另一种观点认为，从中国检察机关的宪法定位看，检察机关的法律监督并不限于诉讼监督。因而行政检察也不应片面地理解为行政诉讼检察，而应当是对行政法律实施情况的监督，包括对行政诉讼的检察监督和对行政机关的检察监督。

我们认为，第二种观点比较符合我国《宪法》对检察职能的定位。现行《宪法》明确规定了检察机关是国家的法律监督机关，但并未具体规定法律监督的内涵和外延。我们强调这种认识符合《宪法》原意，主要有三点理由：第一，从新中国成立后历次《宪法》文本看，都未将检察监督限于诉讼监督，更不是刑事诉讼监督。特别是决定恢复重建检察机关的1978年《宪法》对检察职能的规定更可以作为分析的依据，而且现行的《人民检察院组织法》产生于1979年，其依据实际上也是1978年《宪法》。1978年《宪法》第43条规定，"最高人民检察院对于国务院所属各部门、地方各级国家机关、国家机关工作人员和公民是否遵守宪法和法律，行使检察权。地方各级人民检察院和专门人民检察院，依照法律规定的范围行使检察权"。叶剑英同志在 1978 年 3 月所作的《关于修改宪法的报告》中指出，"鉴于同各种违法乱纪行为作斗争的极端重要性，宪法修正草案规定设置人民检察院。国家的各级检察机关按照宪法和法律规定的范围，对国家机关、国家机关工作人员和公民是否遵守宪法和法律，行使检察权"。第二，从 1982 年《宪法》颁布后的新法律看，对检察职能并不限于诉讼监督，行政检察也并不限于行政诉讼监督。如前所述，不光《民事诉讼法》、《行政诉讼法》将检察监督规定为基本原则，《治安管理处罚法》等多部法律法规规定了检察监督的内容。可见，从立法机关的立法原意看，对检察监督的范围应当作广义的理解。第三，国务院制定的部分行政法规和部分地方人大制定的地方性法规，规定了对一些行政执法活动的检察监督制度。如目前已被废止的全国人大常委会批准国务院发布的《关于劳动教养的补充规定》第 5 条规定："人民检察院对劳动教养机关的活动实行监督。"我国的劳动教养制度被认为是一种行政处罚，劳动教养机关在隶属关系上也属于行政机关。目前依然适用的《看守所条例》也有这样的规定。近年来，绝大多数省级人大常委会都作出了关于加强检察机关法律监督工作的决定或决议，不少地市和县级人大常委会也作出了相应的决定或实施办法、细则。其中一部分人大常委会的决定包含了对行政执法检察监督的内容。

（二）我国现行法律、法规所规定的行政检察职能

根据现行的法律、法规，检察机关对行政行为、行政活动和行政机关工作人员的行为有下列监督的职责和途径：

1. 根据《刑事诉讼法》的规定，对公安和其他刑事侦查机关的立案和侦查活动进行立案监督、侦查监督。

2. 根据《刑事诉讼法》的规定，对监狱和刑罚的执行活动进行监督。

3. 根据行政法规的规定，对看守所（原来还有劳动教养）等场所实施监督。

4. 根据《刑法》和《刑事诉讼法》的规定，对行政执法活动中的渎职、滥用职权等职务犯罪行为构成犯罪的，进行侦查，提起公诉。

5. 根据国务院行政法规和最高人民检察院的有关规定，建立行政执法与刑事执法相衔接的机制。防止行政机关在行政执法中以罚代刑等违法行为，也为了更有效地打击知识产权等各有关领域的犯罪活动。

6. 根据《立法法》的规定，最高人民检察院认为行政法规、地方性法规、自治条例和单行条例同《宪法》或者法律相抵触的，可以向全国人大常委会书面提出进行审查的要求。

7. 部分地方人大制定的地方性法规或决定，赋予人民检察院对在诉讼监

督过程中发现的行政违法行为通过检察建议等方式进行监督的职责。

概括地说，对行政机关及其工作人员以及行政执法活动的检察监督可以从两个方面来理解：

第一，在刑事检察领域。检察机关目前对行政的监督主要是围绕着刑事犯罪而展开的。除了按《刑事诉讼法》规定的诉讼程序，对侦查机关（即公安部门和安全部门这两个行政机关）实行监督、侦查监督，对同样是行政机关的司法行政机关的刑罚执行活动实行法律监督外，还有覆盖范围更广的监督方式，即对行政机关及其工作人员的贪污贿赂、渎职等与其职务相关的行为涉嫌构成犯罪的，进行侦查，对确实构成犯罪的，依法提起公诉，追究其刑事责任。为适应市场监管的需要，2001 年 7 月国务院颁布了《行政执法机关移送涉嫌犯罪案件的规定》，2001 年 12 月最高人民检察院制定了《人民检察院办理行政执法机关移送涉嫌犯罪案件的规定》，均明确指出，发现行政机关对构成犯罪的案件不移送时，检察机关有权监督。在国务院的推动下，最高人民检察院先后与多个行政部门共同签署了有关文件，推行行政执法与刑事司法的衔接，取得了积极的效果。如 2004 年 3 月 18 日最高人民检察院、全国整顿和规范市场经济秩序领导小组办公室、公安部发布了《关于加强行政执法机关与公安机关、人民检察院工作联系的意见》（高检会〔2004〕1 号），2006 年 2 月 23 日监察部、最高人民检察院、国家安全生产监督管理局发布了《关于加强行政机关与检察机关在重大责任事故调查处理中的联系和配合的暂行规定》。主要是针对行政执法领域大量存在的，对违反市场监管、保护知识产权、环境保护等相关法律、法规的个别人员，以罚代刑，打击不力的情形，通过检察机关对行政机关的监督，加大对行政领域严重违法行为的打击力度。

第二，刑事诉讼领域之外。对行政机关的行政执法行为，违反行政法律、法规，但不构成犯罪的，依法实行法律监督。一是对看守所和原劳动教养等场所实施监督；二是根据部分地方人大制定的地方性法规和决定，对在诉讼监督活动中发现的行政违法行为或问题的苗头通过检察建议等方式进行监督。

从上述两种情形看，依照我国现行的法律规定，检察机关对行政机关及其工作人员的行政执法活动的监督是对行政机关是否遵守《宪法》和法律的一种法定监督，体现了法律监督的特性，不局限于哪个部门法或某个特定的领域，而是违反了哪种法律，就适用相应的监督手段、方式，换言之，可以综合运用刑事法上的、行政法上的甚至民事法律上的法定手段、方式进行法律监督。不过，由于涉及刑事和民事领域的检察监督，在本书其他部分已有论述，本章主要论述行政法领域的检察监督问题。

（三）现行法律、法规关于行政检察的具体规定

但是，从目前的法律规定看，当前的检察机关对行政执法活动的监督最重要的法律手段还是刑事法律所赋予的。是对行政机关及其工作人员违法行为的一种最底线的监督，即主要对构成犯罪的行为运用刑事诉讼程序进行法律监督。由于这些内容在刑事检察各相关职能中已经有比较具体的表述，此处的行政检察主要探讨在行政法律领域，运用检察职能对行政机关的执法行为进行监督的行为。相应的规范性文件主要有两类：

1. 关于行政诉讼检察监督类的规范性文件

对行政诉讼的检察监督，有直接的、明确的法律依据，因而也是目前行政检察的最基本内容。

《行政诉讼法》将检察监督规定为一项基本原则。该法第 10 条规定："人民检察院有权对行政诉讼实行法律监督。"

关于行政检察监督的具体程序，《行政诉讼法》第 64 条规定："人民检察院对人民法院已经发生法律效力的判决、裁定，发现违反法律、法规规定的，有权按照审判监督程序提出抗诉。"

《人民检察院民事行政抗诉案件办案规则》第八章规定，人民检察院可以向人民法院和有关单位提出检察建议，说明检察机关在办案时发现行政机关违法行政情况的，可以通过发检察建议的形式提出意见，促使行政机关自行纠正，这本身就是在履行监督职责，上述规定充分说明现行法授权检察机关在对行政机关执法行为直接进行监督方面迈出了现实的重要一步，也为检察机关监督行政权提供了有力的基础。

2. 关于行政执法行为检察监督类的规范性文件

《治安管理处罚法》在"执法监督"一章里规定，"公安机关及其人民警察办理治安案件，不严格执法或者有违法违纪行为的，任何单位和个人都有权向公安机关或者人民检察院、行政监察机关检举、控告；收到检举、控告的机关，应当依据职责及时处理"。

1990 年 3 月 17 日，国务院《看守所条例》第 8 条规定："看守所的监管活动受人民检察院的法律监督。"并专设一章，即第九章"检察监督"。在这一章中，第 41 条规定："看守所应当教育工作人员严格执法，严守纪律，向人民检察院报告监管活动情况。"第 42 条规定："看守所对人民检察院提出的违法情况的纠正意见，应当认真研究，及时处理，并将处理结果告知人民检察院。"第 43 条规定："看守所对人犯的法定羁押期限即将到期而案件又尚未审理终结的，应当及时通知办案机关迅速审结，超过法定羁押期限的，应当将情况报告人民检察院。"第 44 条规定："对于人民检察院或者人民法院没有决定

停止行使选举权利的被羁押人犯，准予参加县级以下人民代表大会代表的选举。"第 45 条规定："看守所在人犯羁押期间发现人犯中有错拘、错捕或者错判的，应当及时通知办案机关查证核实，依法处理。"第 46 条规定："对人犯的上述书、申诉书，看守所应当及时转送，不得阻挠和扣押。人犯揭发、控告司法工作人员违法行为的材料，应当及时报请人民检察院处理。"作为国务院的行政法规，这一条例并不能直接赋予检察机关法律监督的权力，但从约束下属行政机关的角度提出了看守所自觉接受人民检察院法律监督的义务，包括向检察机关报告监管活动情况，告知处理结果，保障选举权利，报送揭发、控告材料等。

第二节　工作机制

虽然行政检察通常与民事检察并称为民行检察，但从人权保障的机理上看，行政检察与民事检察、刑事检察都有较大不同，有自己的特有属性。一方面，我国的刑事诉讼是从立案、侦查到公诉、审判再到执行的完整链条，公安机关、检察机关和审判机关分工负责，互相配合，互相制约。每一个诉讼程序环节中都有相应的制约制度和程序的设计，而且检察机关在刑事诉讼中也是一种全过程的监督，从立案监督、侦查监督、批捕起诉、审判监督到执行监督，检察监督贯穿刑事诉讼的始终。这样的程序设计，体现了现代刑事诉讼立法者对刑事诉讼领域公权力行使者可能滥用权力、侵害人权的深切担忧。不断细密的刑事诉讼程序设计，使刑事诉讼领域的人权保障制度体系越来越完善严密。在这一点上，行政诉讼与民事诉讼相类似，不存在不同公权力机关的分工负责，互相配合，互相制约，直接进入起诉、受理环节，法院审判权的行使并没有法定的其他机关的制约程序。如果审判人员不依法、公正履行审判职责，就比较容易侵害当事人的人权。当前存在不少违法的甚至故意滥用职权、徇私枉法作出裁判、严重侵犯人权的典型案例。因此，加强行政诉讼检察监督是十分必要的。另外，就三大诉讼所处理的纠纷性质而言，民事诉讼中，法院所面对的、所要解决的是平等主体之间的民事纠纷；而在行政诉讼与刑事诉讼（指公诉而言）中，法院所面对的纠纷必定有一方是公权力机关，如在刑事诉讼中，侦查和起诉机关的侦查、起诉行为都是代表国家由特定的公权力机关来行使的。而行政诉讼所要解决的是行政纠纷，通常被称为"民告官"，是行政机关代表国家在行政执行活动中与老百姓发生冲突。检察机关在监督审判行为的同时，也不能对作为诉讼当事人的行政机关的违法行为熟视无睹。从这一意义上说，行政检察反而与刑事检察更加接近，即通过对公权力（在行政检察中，包括行政审判机关和行政机关）的法律监督，防止公权力的违法或滥用造成对人权的侵害。

一、通过对行政审判活动的监督实现对人权的保护

任何权力都可能被滥用。绝对的权力导致绝对的腐败。资产阶级启蒙思想家孟德斯鸠在其著名的《论法的精神》一书中明确论道："一切有权力的人都容易滥用权力，这是一条万古不易的经验。……必须用权力制约权力。"[①] 这是近现代以来，大家耳熟能详的一句名言，也是中外一致认可的铁律，并且已经在不同国家、不同历史、不同政治主张、不同制度模式中一次又一次地被证明。可以说，人类走向法治的进程，就是不断用法律监督和制约权力，实现对权力有效控制的过程。

虽然没有人论述这一规律存在例外情形，但是，当涉及审判权的时候，情况还是发生了微妙的变化。由于近现代法治的发展，司法的重要性不断凸显，司法不仅取得了独立于其他国家机关的法律地位，更重要的是，司法由于其独立、公正的裁断，成为化解社会矛盾，维护社会公平正义的最后保障，而获得了社会的尊重，从而享有崇高的社会地位。法官在一些国家被看作是公正的代名词，法官作出公正裁决似乎是毋庸置疑的公理。由此，有些人以"审判独立"原则作为审判权排斥一切监督，尤其是激烈反对检察机关的民事行政审判监督权的理由。

我们认为，审判权与其他公权力一样，并不存在天然的免疫力。就像法官是普通人一样，审判权自然也具有其他公共权力的特性，同样也有被滥用的可能。在理论上不仅不难证明，也不断为现实中的司法实践所佐证。在现实生活中，司法不公已经成为一个较为突出的社会问题，个别法官素质低下，不严格履行法定的审判职责，甚至滥用职权、贪赃枉法。这些问题显然不是审判独立可以解决的。对审判独立原则需要做正确的解读，毫无疑问，审判独立是司法公正的一个重要保障。但审判独立，是排除对法官审判活动的不当干预，让法官能够依据事实和法律，而不用考虑其他因素，客观公正地作出裁判，绝不是可以随心所欲地作出一切裁判。立法设置检察监督程序，并不干预法官依据事实和法律独立公正地作出裁判，而是在事后，在审判系统之外，对法官是否依据事实和法律独立公正地作出裁判进行一次判断，对认为没有做到的，通过法定的抗诉程序强制性地启动再审程序，并在诉讼程序之中，由法院再重新进行

---

① ［法］孟德斯鸠：《论法的精神》（上册），张雁深译，商务印书馆1982年版，第153页。

一次思考，作出一个新的裁判。在这个完整的监督过程中，并不对法院作出裁判的每一个过程进行干预，而是对裁判的结果提出不同意见；不同意见并没有要求法院采纳的效力，而只是具有程序上的效力，即要求法院对裁判结果重新进行一次审视；再审中，只是限定了要另外组织具体审判组织这样一个保障独立公正审判的程序要求，法院依然必须依据事实和法律独立公正地作出裁判。国外所谓司法独立，也绝不是有些人所理解的完全不受监督。首先，在国家权力架构层面，司法独立是基于分权、制衡基础上的独立，在政治架构漫长的发展过程中，通过对司法权的配置与运行方面逐渐建立起一套复杂、精巧的制度和机制，可以有效地监督和防范司法权力的滥用，保障其独立公正地行使，完全不受约束的司法权力是与分权制衡这一基本原则相悖的，也是不可能存在的。其次，在司法权的具体运用中，像法官深度参与其中的虚假诉讼、枉法裁判等严重的司法权力滥用问题，不光难以想象，也很难做成，陪审团制度、司法公开制度、法律职业共同体的职业规范，一些国家的议会监察专员制度等，都会对审判权力的运用构成显性的或隐性的约束。

公共权力的滥用与对人权的侵害，通常是一枚硬币的两面，很难截然分开。同样，监督和纠正公共权力的滥用，不光在客观上可以起到直接保障人权的作用，也是实现保障人权这一目标最根本的途径和方式。就审判权而言，由于公正司法是社会正义最后的屏障，审判权的滥用对社会公平正义的戕害更为严重，对人权的侵害也尤为恶劣。在行政诉讼中，如果公民、法人和其他组织受到违法行政行为的侵害，不能得到公正的审判，那么不仅被行政机关侵害的权益得不到保护，而且阻断了获得进一步救济的希望，还有可能加重损害的结果。因此，监督违法的行政审判，既是获得公正审判权这一重要人权的保障，也是具体损害利益获得救济的必要保证。与民事诉讼不同，由于违法的行政行为不仅会损害公民、法人和其他组织的人身权和财产权，而且一些行政处罚、行政强制等行政行为还涉及对公民人身自由权的剥夺和限制。能否获得公正的行政审判，是防范这些剥夺和限制公民人身自由的行政行为滥用而可能造成人权侵害的最后屏障。

最高人民检察院于 2010 年 9 月 1 日印发的《关于加强和改进民事行政检察工作的决定》（高检发〔2010〕16 号）强调，"民事行政检察监督的基本目标是通过依法监督纠正诉讼违法和裁判不公问题，维护司法公正，维护社会主义法制统一、尊严、权威。与此同时，在开展民事行政检察监督的过程中，检察机关还承担着维护人民权益、维护社会和谐稳定、服务经济社会发展的重大责任。""但其基本要求仍然是：在法律授权范围内对发生的违法情形或生效的错误裁判进行监督。"这是基于现有的法律规定和检察机关法律监督定位而作出的概括。因为按照法律监督机关的定位，一切检察职能的基本目标都是维护司法公正，维护社会主义法制的统一，民事和行政检察自然也不例外，而且只有通过法律规定的方式，即监督纠正诉讼违法和裁判不公问题，才能实现法律监督职能。但这不是检察机关法律监督的全部目标，还包括维护人民权益，即保障人权等重要职责。

随着民主与法制建设的发展，越来越多的人认为，法治的核心价值是尊重和保障人权。① 从这一意义上说，保障人权不仅与维护法制统一的目标并行不悖，甚至可以说是一种更高的价值追求。检察机关通过法律监督，保障法律的统一正确实施，归根结底是要实现法律尊重和保障人权的价值功能。可以预见，检察机关通过法律监督保障人权的目标将进一步得到重视、强调，并在实践中得到更加充分的彰显。

根据《行政诉讼法》，并参考《民事诉讼法》和《人民检察院民事诉讼监督规则（试行）》，结合行政检察实践中的做法，人民检察院监督行政审判活动、保障人权主要有两种方式：

第一，抗诉。抗诉是人民检察院针对人民法院已经发生法律效力的判决而启动的一项法定监督程序，分为提请抗诉和提出抗诉。提请抗诉是地方人民检察院发现同级法院生效的裁判有错误而提请上级检察院向其同级法院提出抗诉；提出抗诉是指最高人民检察院对各级人民法院已经发生法律效力的判决、裁定，上级人民检察院对下级人民法院已经发生法律效力的判决、裁定，向同级人民法院提出抗诉。

抗诉适用于原判决、裁定确有错误的情形；也包括审判人员在审理该案件时有贪污受贿、徇私舞弊、枉法裁判行为的情形。

与其他的行政诉讼法律监督形式相比，抗诉具有两个特点：一是具有法定性。抗诉是目前《行政诉讼法》规定的唯一的具体监督形式。二是具有强制力。抗诉的法律效力是强制性地启动再审程序。

从保障人权的角度看，由于抗诉是一种相对刚性的监督，对于行政诉讼活动中可能存在的法官或法院工作人员滥用职权、违法裁判侵害诉讼当事人人权的行为，可以通过法定的审判监督程序得到较好的监督和纠正。

第二，检察建议。检察建议是检察机关根据检察实践的需要，针对立法规定不完善、法律监督手段不足的现实问题，逐步探索发展起来的。同时，抗诉

---

① 参见徐显明：《法治的真谛是人权——一种人权史的解释》，载《学习与探索》2001 年第 4 期；韩大元：《尊重和保障人权是法治的核心价值》，载《法制日报》2008 年 3 月 2 日；石泰峰：《法治的核心价值是尊重和保障人权》，载《学习月刊》2010 年第 13 期。

作为一种刚性的监督，从性质上可以看作是检察机关对人民法院已经发生法律效力的判决、裁决的一种否定性评价，相对而言，检察建议是一种相对柔性的监督形式，易被监督的人民法院接受。而且，由于提请抗诉要经由上级人民检察院向其同级法院提出，程序上更加繁复。因此，长期以来，检察建议虽然不是诉讼法规定的基本监督形式，但在行政诉讼和民事诉讼的检察实践中，实际适用的数量和范围都要比抗诉更大、更广些，被法院采纳率也不低于抗诉的改判率。虽然与抗诉相比较，监督的刚性有所弱化，但实际的效果并不比抗诉差。从人权保障的角度看，检察建议实际上是出于一种更加务实的考虑，更注重违法行为事实上被纠正、被侵害的权利得到实际上的救济。

2012 年修订的《民事诉讼法》充分吸纳了司法实践的探索结果，把检察建议规定到《民事诉讼法》的法律条文中，使其与抗诉一样成为法定的检察监督形式。由于在检察实践中，行政诉讼检察与民事诉讼检察的监督程序并没有作截然的切割，我们可以预测，《民事诉讼法》这一立法动向，应当会对《行政诉讼法》的修改起到借鉴和示范作用。

从行政检察的实践，并参考《民事诉讼法》的规定看，行政诉讼检察建议的适用可以分为三种情形：

一是再审检察建议。《民事诉讼法》第 208 条第 2 款规定："地方各级人民检察院对同级人民法院已经发生法律效力的判决、裁定，发现有本法第二百条规定情形之一的，或者发现调解书损害国家利益、社会公共利益的，可以向同级人民法院提出检察建议，并报上级人民检察院备案；也可以提请上级人民检察院向同级人民法院提出抗诉。"这一规定是对实践中做法的一种立法确认。从立法规定和检察实践看，再审检察建议的条件大体上是与抗诉一致的，因此，再审检察建议可以看作是一种类似于地方人民检察院向同级人民法院抗诉的形式，只是没有强制性启动再审程序的法律效力。

二是针对个案中违法行为的检察建议。《民事诉讼法》第 208 条第 3 款规定："地方各级人民检察院对审判监督程序以外的其他审判程序中审判人员的违法行为，有权向同级人民法院提出检察建议。"《人民检察院民事诉讼监督规则（试行）》第 99 条规定，人民检察院发现同级人民法院民事审判程序中有违法情形的，应当向同级人民法院提出检察建议，并且细分了 13 种具体的违法情形。这些规定与目前行政诉讼检察的实践大体上也是一致的。这种检察建议与刑事诉讼中的纠正违法通知类似。

三是改进工作的检察建议。《人民检察院民事诉讼监督规则（试行）》第 112 条规定，人民检察院对于人民法院的三类情形可以提出改进工作的检察建议，即对民事诉讼中同类问题适用法律不一致的；在多起案件中适用法律存在同类错误的；人民法院在多起案件中有相同违法行为的。这些规定同样与目前行政诉讼检察的实践是一致的。大体上可以归纳为非针对具体个案，带有一定倾向性、规律性的类案或同类型的错误。这类检察建议虽然不直接涉及特定对象、具体权利的救济，但由于其针对的问题具有一定的普遍性，这些问题体现在具体的个案中往往会表现为行政诉讼原告合法权益不能得到有效救济。因而通过检察建议纠正和防范行政审判过程中具有普遍性的问题能够对人权的保障起到十分积极的作用。

二、通过对被诉的违法行政行为的间接监督实现对人权的保护

行政诉讼检察具有双重功能，除了监督行政诉讼活动之外，还可以更充分地发挥行政诉讼的制度功能，从而更好地实现对行政权力的监督。

从人类政治文明发展的历史看，国家权力作为公共权力产生以后，如何对其进行合理划分、行使和制约，是一个具有普遍意义的政治问题，并不是哪一个时代、哪一个特定阶级面临的特殊问题。

在权力的制约中，最为重要的是对行政权力的监督和制约，防止其滥用。这是由行政职能和行政权力的特性所决定的。行政权力是国家权力中覆盖面最宽、与社会接触最直接、最容易与金钱挂钩的权力，行政权力运行的自由度大，又极容易无限扩张，难以控制。[①] 具体来说，行政权有以下几个特点：第一，在国家各种职能中，对国家事务的行政管理职能，即行政职能，具有组织和执行的特征，是国家法律的主要实施机关，[②] 较其他国家职能范围更广泛，与人民群众的关系也更密切。第二，与其他国家权力相比，行政权的作用更直接，更主动。与此同时，司法权往往具有消极和被动的特性，立法权则一般只能对相对人的权益产生间接的影响，它们通常不会主动或直接地干预、影响行政相对人的权益。第三，现代行政职能呈现一种自我膨胀和扩张的趋势，已经不再是纯粹的执行管理权，逐步拥有了准立法权和准司法权，集数种权力于一身，在这种情况下，如果没有有效的监督和制约机制，权力被滥用将是不可避免的。第四，行政权的实施程序远不及立法权和司法权行使的程序严格、公开和规范。基于上述情况，行政权比其他国家权力更容易被滥用，因而更需要对其进行监督和控制。因此，可以说，"依法行政始终是依法治国的核心与关键，

---

① 参见张文显：《法哲学范畴》（修订版），法律出版社 2001 年版，第 397 页。

② 据统计，80% 的法律都依赖行政机关执行。参见应松年主编：《行政法学新论》，中国方正出版社 1998 年版，第 51 页。

也是依法治国的难点"。①

　　建立对行政监督的制度体系，同时也是保障人权的需要。行政法治的根本目的，在于保障行政相对人的合法权益。在行政管理过程中，行政相对人的合法权益最容易被行政权所侵害。要切实保障相对人的合法权益不受侵害，必须建立起有效的监督机制，防止行政权力的滥用。对于侵犯相对人合法权益的行政活动，必须设定有效的法律救济渠道，这种对行政相对人的救济同时也是依赖于对行政合法性的监督而实现的。

　　在行政诉讼中，虽然法律规定检察机关法律监督的对象是行政诉讼活动，但具体条款中只规定了对生效裁判的抗诉权，因此实践中，行政诉讼检察监督的直接对象是行政审判活动，具体方式是对生效裁判通过抗诉等进行监督。但启动监督的主要原因是法院不能恰当地裁决行政争议，通常是法院的行政审判活动因为各种原因没有监督和纠正行政机关的违法行政行为，作为争议另一方的公民、法人和其他组织被违法行政行为侵害的权益没有得到救济。通过对生效裁判的监督，间接地监督和纠正行政机关的违法行政行为，起到保障人权的作用。这是行政检察人权保障机理的一项重要内容。随着人权保障功能的加强，行政诉讼检察对违法行政行为的监督职能将进一步得到增强。

　　检察机关对行政机关这种间接的监督是通过行政诉讼程序中对审判活动的监督来实现的，可以理解为检察制度与行政诉讼两种制度的结合。检察机关对行政诉讼的法律监督，其直接目标是监督人民法院正确履行行政审判职能，使行政诉讼制度能够良好地运转。而行政诉讼既是一项监督行政的制度，也是一项权利救济制度。将检察监督融汇进行政诉讼程序中，事实上是将不同层面的价值功能融汇在同一个程序中。

　　作为一种对行政间接的监督，并不具有独立的程序，前述监督行政审判活动、保障人权的相关内容和方式同时也是间接监督赖以实现的基本方式。换言之，间接监督行政的方式依然是对人民法院已经发生法律效力的判决、裁定进行抗诉或提出再审检察建议，对人民法院在个案审理中的具体问题和具有普遍性的问题提出检察建议。除此之外，《人民检察院民事诉讼监督规则（试行）》第112条第4项规定："有关单位的工作制度、管理方法、工作程序违法或者不当，需要改正、改进的。"由此，人民检察院可以提出改进工作的检察建议。这类检察建议虽然来源于诉讼程序活动，但针对的对象不是人民法院，而是非常宽泛的"有关单位"，实际上是没有明确限制的，实践中监督的重点主要是行政机关和行政执法活动。

三、通过对行政执法行为的直接监督实现对人权的保护

所谓对行政执法行为的直接监督，就是检察机关直接对行政违法行为进行法律监督，既不借助三大诉讼程序，也不通过人民法院或其他法定监督机关实施监督，并通过监督和纠正违法的行政行为，实现对行政相对人的权利救济，达到保障人权的效果。这一人权保障机理十分清晰。

在我国检察制度的历史上，曾经规定过对行政违法行为进行直接监督的制度。这就是"一般监督"制度。1954年《宪法》曾借鉴苏联的检察制度，规定，"中华人民共和国最高人民检察院对于国务院所属各部门、地方各级国家机关、国家机关工作人员和公民是否遵守法律，行使检察权。地方各级人民检察院和专门人民检察院，依照法律规定的范围行使检察权"。同时颁布的《人民检察院组织法》规定了相应的程序，对违法的行为，检察机关有权要求纠正或提出抗议。当然，一般监督的对象并不仅限于行政机关和行政行为。"一般监督，是指对有关国家机关和国家机关工作人员的行为的合法性实行监督。"一般监督的客体，"是违反法律而尚未构成犯罪的行为，包括国家机关的违法决定、命令和措施，以及国家机关工作人员的违法行为"；一般监督的程序，"适用纠正违法的监督程序，而不是诉讼程序"。"一般监督的对象和范围都比较广泛。它包括国家机关和国家机关工作人员除了犯罪行为以外的各种违法行为，其中主要是对行政机关和行政人员的职务行为的合法性实行监督。"[①]

现行《宪法》和《人民检察院组织法》取消了"一般监督"的法律规定，检察机关对行政的监督主要集中于通过刑事侦查、追诉等手段追究刑事责任，对不构成犯罪的行政活动的监督，局限于行政法规规定的看守所监督等极其有限的对象和范围。监督的形式主要有两类：

一是依据特定的法律、法规程序和方式对看守所活动等特定的对象。之所以对看守所的活动要规定检察监督，除了与刑事程序有一定的关联性外，更重要的是，看守所的工作对象是被剥夺人身自由的人，在那样的情况下，很容易造成人权的侵害。检察监督作为一种外部监督机制，会比看守所的上级机关和行政监察机关更加超然，更加客观公正，也更加有效。这里体现了越有可能侵害人权的行为，越要给以严格监督的人权保障思维，也体现了检察机关作为人权保障机关的职能定位。

二是检察建议。近年来，在实践中，检察建议被广泛采用，其中有相当一

① 参见王桂五：《王桂五论检察》，中国检察出版社2008年版，第189~190页。

部分是针对行政机关作出的，即检察机关对于办理刑事、民事案件或履行其他法律监督职责过程中发现的行政机关在执法过程或其他行政活动中的存在的违法或不当的行为，提出纠正或改进的意见。这实际上是一种对行政直接监督的机制。比如，对于在查办职务犯罪等履行检察职能的活动中发现的行政机关的问题或隐患，检察机关可以以检察建议书的方式向有关单位或其上级有关部门提出意见、建议，使其健全完善相关管理制度，消除问题的隐患。王桂五先生认为，这种形式具有一般监督的某些特征。

总之，在现行法律框架下，行政检察监督和民事检察监督一样，主要是依法启动相应的法律程序、提出相应的检察建议，促使人民法院启动再审程序和纠正违法情形，既不代行审判权，也不代行行政权。最高人民检察院《关于加强和改进民事行政检察工作的决定》要求，"要着力构建以抗诉为中心的多元化监督格局。坚持把抓好抗诉作为民事行政检察监督的中心任务，充分运用抗诉手段监督纠正错误裁判。同时，注意抗诉与其他监督手段的综合运用和有效衔接，注意发挥各种监督手段的整体效能。把抗诉与再审检察建议有机结合起来，灵活运用这两种监督手段，进一步规范适用范围、标准和程序，加强跟踪监督，促使错误裁判依法得到纠正。把纠正错误裁判与纠正违法行为有机结合起来，既要依法提出抗诉，又要通过发出纠正违法通知书、更换办案人建议书，及时监督纠正法院和法官在诉讼中的违法行为。把办理民事行政申诉案件与发现、移送司法不公背后的职务犯罪线索有机结合起来，建立民事行政检察与职务犯罪侦查部门的案件线索双向移送、处理结果双向反馈机制，充分发挥检察机关整体监督的优势、合力与实效。"这是对行政检察监督手段及其人权保障程序方式的一个集中概括。

第三节　问题与对策

一、规范抗诉权，更好地发挥其监督行政权、保障人权的功能

抗诉是行政诉讼检察的基本方式。

检察机关对人民法院已经发生法律效力的裁判，认为确有错误的有权按照审判监督程序提起抗诉，这是我国三大诉讼法的共同规定。但与刑事诉讼检察和民事诉讼检察不同，在行政诉讼检察中，抗诉是现行《行政诉讼法》所规定的唯一的具体监督形式。因此，抗诉在行政诉讼检察乃至在行政检察中的重要性自然是不言而喻的。

目前，关于行政抗诉，无论是理论界还是实务界存在着不少问题与争议。

第一，从立法层面看，《行政诉讼法》关于抗诉的规定仅有一条，内容过于原则、粗疏，可操作性较差，比如，关于抗诉案件的范围与条件及期限，抗诉的具体程序等都没有明确，成为引发司法实践中诸多问题的源泉。第二，在实务领域，长期困扰检察实践的诸如阅卷权、调查核实权以及对抗诉案件久拖不决或过多的发回重审，改判率偏低等老问题，一直没有从根本上解决。第三，在观念层面，对行政抗诉，不论是法院和检察院之间，法官与检察官之间，还是学者之间，都存在重大的认识分歧。在法院系统和法官中间，内心排斥行政抗诉的，是一种相当普遍的现象。主要理由是抗诉有损于司法权威，破坏了既判力规则和司法裁决的终局性。对于抗诉的价值追求和工作重心，也有不同的理解。

针对上述问题，我们认为，从更好地保障人权的角度出发，行政抗诉权需要从以下几个方面予以规范：

（一）正视行政抗诉制度内在的价值冲突，力求诸价值的互动平衡，更好地实现行政诉讼制度保障人权的价值目标

法律和法律程序、制度包含诸多价值。一般认为，秩序、正义、自由和效率可称为是法律的基本价值。[①] 抗诉制度主要是出于对正义价值的追求，其背后的认识论基础是实事求是、有错必究。这样的程序设计，也会与其他的基本价值发生冲突。最突出的是与秩序价值的冲突。法律的秩序价值实现要求法律本身和适用法律的过程具有稳定性、确定性和连续性，即法律自身应具有秩序性、安定性，尤其是适用法律的程序规范要具有安定性。[②] 作为法的确定性的体现就是判决的终局性，终局性在大陆法系国家体现为既判力规则。在对错误的终局性裁判如何救济的问题上，在法的安定性和法的实体公正之间的价值冲突中，我国目前的价值选择偏重于实体正义的实现，在制度的建构上，除了检察机关的抗诉外，还设置了人民法院自我启动的再审程序。实体正义价值的过度强调，有可能一定程度上忽略了对秩序价值的关照，也在某种程度上对法的效率价值造成损害。但是，反过来，从中国司法目前的状况分析，我们也还不宜过分强调对秩序价值的维护，一是因为司法官整体素质没有达到贯彻这种理念的要求；二是冤错案件在各地个别的法院判决中也还存在，社会公众还没有接受这种理念的心理基础。另外，行政诉讼制度同样也包含诸多价值追求，最

---

① 参见张文显：《法哲学范畴》（修订版），法律出版社 2001 年版，第 195 页。

② 参见我国学者陈桂明教授将程序的安定性分为程序规范的安定和程序运作的安定。其内容包括：（1）程序的有序性；（2）程序的不可逆性；（3）程序的时限性；（4）程序的法定性。参见陈桂明：《程序理念与程序规则》，中国法制出版社 1999 年版，第 3 页。

基本的则是通过监督和纠正违法的行政行为来保障相对人的权益。在基本价值层面，靠近于自由的价值。因此我们要认真分析研究目前司法的实际状况，科学地进行价值的衡平和选择，在价值选择的基础上，指导抗诉和再审法律制度的设计，使各种价值追求趋于一种动态的互动平衡，有助于行政诉讼制度整体价值目标的实现。

（二）完善行政抗诉的相关制度规范

一是将抗诉与其他审判监督制度和程序手段结合起来综合考虑、总体设计。除抗诉外，行政诉讼中的审判监督还包括人民法院自我启动的再审程序，在实践中，还有检察机关提出的目的在于启动再审程序的再审检察建议，应当把这些程序手段结合在一起考虑，在达成诸价值的互动平衡，实现行政诉讼制度目标方面，将抗诉和再审制度限定在多大的比例上比较合适？是法院自我启动再审还是检察机关启动再审好，两者的条件、范围是否应当一致？是否有必要取消法院的自行提起再审权，是上级法院监督纠错好，还是原审法院自我纠错好？行政抗诉与再审检察建议哪个更贴近检察监督的性质，两者的条件和范围是否应当一致？等等，有待于执法机关进行细致的调研、论证，作出整体的制度设计和安排。

二是进一步完善抗诉和再审程序的具体操作规范。明确限定行政抗诉案件的范围，明确规定抗诉提起的条件，赋予检察机关相应的阅卷、调查核实等程序权利，明确再审案件审理的法院和审限等，增强抗诉程序的可操作性。

（三）检察机关在抗诉的适用中，要坚持谦抑原则，防止抗诉权的滥用

由于抗诉内在的价值冲突，检察机关应在抗诉的具体适用中，始终坚持理性、谦抑和审慎的原则，保持适度的克制，不宜盲目追求抗诉的数量。在提起抗诉的主体上，强调基层院对同级法院裁决的抗诉，只能提请上级检察院向其同级法院提起，有一定的合理性，事实上增加了上级检察院的审查程序，体现了审慎和对审判尊重的原则。另外可考虑，对最高人民法院的生效裁判不能提起抗诉，以维护司法的权威。将抗诉范围主要限制在人民法院严重违反法定程序，可能影响案件正确判决、裁定和审判人员在审理案件时有贪污受贿、徇私舞弊、枉法裁决行为等少数情形。原则上不对法院的一审生效裁判提出抗诉，原则上只就行政相对人的合法权益受损，即行政相对人败诉的生效裁判提出抗诉，不对行政机关败诉的生效裁判提出抗诉，除非存在国家利益和社会公共利益受到严重损害的情形。一方面有利于增强、维护法院的既判力和判决裁定的严肃性；另一方面也能够保证确有错误、侵害相对人合法权益或严重损害公共利益的裁判得到纠正，同时有效地保障行政诉讼目标的实现。

二、赋予检察机关提起行政公诉和支持起诉的权力

关于检察机关提起行政诉讼问题的争论由来已久。近年来，在《行政诉讼法》修改的研究论证中，建立行政公诉制度逐步成为行政法学界的共识。

（一）关于建立行政公诉制度的必要性

一是有助于破解行政诉讼现实困境、实现行政诉讼目的、充分发挥行政诉讼制度功能。行政诉讼有"三难"，但最根本的问题应当是立案难，行政诉讼案件量少，使行政诉讼的监督和救济功能都不能得到有效的发挥。规定行政公益诉讼制度，不仅可以直接增加诉讼类型和案件数量，对社会也有强烈的宣示作用，将会引导更多的人信任和选择行政诉讼制度，更好地发挥行政诉讼的功效。

二是有助于推进国家治理体系和治理能力现代化建设。国家治理体系和治理能力现代化是一个复杂的系统工程，运用法治思维和法治方式治国理政是其中的一项基本内涵。长期以来，我们习惯于用行政的、运动式的等传统的方式化解矛盾、解决问题。事实上，行政诉讼制度本身就是一项突破传统模式的现代治理制度。增设行政公益诉讼制度，不仅通过诉讼方式、司法途径解决行政机关与老百姓的纠纷，而且对行政机关的监督、制约也通过老百姓看得到的、法定的程序来实现，对各国家机关和全社会强化法治思维、运用法治手段具有强烈的示范和促进作用。

三是有助于弥补现行行政诉讼制度缺乏公共利益保护机制的缺陷，是保护公共利益和保护人权的现实需要。健全的公共利益保护机制，应当是中国特色社会主义法律体系的一个重要特色。但现实生活中严重侵犯公共利益的行为大量存在，不少与行政机关的违法行为或行政不作为密切相关，近年来比较突出的是自然资源的不合理利用与破坏、环境污染、食品药品安全、垄断等。但由于没有适格的原告，不能通过行政诉讼等正当的法律途径解决行政机关不作为或乱作为的情形，信访成为老百姓的基本选择，有的甚至转化为恶性群众性事件。我们可以看到，这些问题名为公共利益，实际与所有公民的切身利益休戚相关。食品、药品、环境、价格垄断等，不仅关联着我们每个人的日常生活，而且关乎我们基本的生存权利。保护公共利益的诉讼，实际上是一种大面积的人权保护措施。

四是设置行政公益诉讼可以获得较大的司法效益，符合制度建构的经济原则。虽然行政行为侵害公益的行为可以有多种救济方式，但行政诉讼是一种好的选择，既符合法治原则，又符合经济和效益原则。因为在违法的行政行为侵害公共利益的情况下，通过行政诉讼，不仅可以使受侵害的公共利益得到救

济，而且可以使违法的行政行为（包括行政不作为行为）得到监督和纠正，从而得到双重的效益。

（二）建立行政公诉制度的可行性

1. 设置行政公益诉讼制度与我国现行诉讼的理论、实践，与我国国家机关的权力、职能配置等相关制度体系都不相冲突。

2.《民事诉讼法》已经规定了公益诉讼制度，从国家诉讼制度的整体协调性来说，《行政诉讼法》也应当规定公益诉讼制度。民事公益诉讼可以为行政公益诉讼的开展提供借鉴示范作用。

3. 行政公益诉讼在行政法学界有广泛共识。学术界已进行了大量理论研究，许多地方检察院已经通过检察建议对行政违法行为或行政不作为进行了监督，不少检察院探索开展了环境等公益诉讼，个别地方检察院还尝试过起诉行政机关的公益诉讼（如河南方城检察院于1997年起诉工商局违法处置国有房产，提起民事诉讼）等，这些都为行政公益诉讼的开展积累了经验。

4. 国外也有类似的制度可借鉴。如日本的民众诉讼，英国的"公众起诉权"和所谓"用公法名义保护私权之诉"（relator action），美国的"私人检察总长"理论，但一般认为检察长（检察机关）是公共利益的当然代表，有权阻止一切违法行为，代表公共利益，可以主动请求对行政行为实施司法审查。德国法律规定以检察长作为公益代表人。

（三）关于行政公诉的制度构建

行政公诉的构建，最核心的问题包括公诉案件的范围与条件，提起公诉的主体以及相关的程序等。从保障人权的视角，我们简要分析以下几个问题：

1. 应赋予检察机关提起行政公诉的权力

从世界范围看，提起行政公益诉讼的主体，通常有三类：一是普通公民；二是社会公益组织；三是特定的机关，主要是检察机关。从我们国家的国情和传统及现实行政诉讼发展状况看，我们主张现阶段将行政公益诉讼提起的主体限定在检察机关和法律、法规规定的特定的公益组织比较适宜。

就检察机关而言，我们认为，将行政公诉的权力赋予检察机关是适当的。第一，提起诉讼是检察机关实现其法律监督职能的基本手段和途径。世界各国检察机关职能有较大差异，但提起诉讼可谓是共同的基本职能，也是最原始意义上的检察权。我国的检察机关虽然是法律监督机关，但也并没有对被监督行为进行裁决的权力，这种监督最终是通过诉讼行为获得司法裁决实现的。在行政诉讼中，当检察机关发现行政机关的违法行为时，并没有直接处置的权力，但可以通过把案件提交法院判决，实现对其的监督。这一过程实际上是监督权转化为起诉权的过程。第二，检察机关提起行政诉讼，符合行政诉讼的目的，也符合制度建构的经济原则。虽然行政行为侵害公益的行为可以有多种救济方式，在违法的行政行为或行政不作为侵害公共利益时，虽可考虑直接提起民事诉讼来维护公共利益，但从监督行政机关依法行政的角度看，提起行政诉讼比提起民事诉讼获得的司法效益更大，因而也更可取。因为通过行政诉讼，不仅可以使受侵害的公共利益得到救济，而且可以使违法的行政行为得到监督和纠正。对行政违法行为的监督可以是多方面的，但我国法制实践的历史告诉我们：行政系统内部监督的效果并不总是十全十美的；检察机关采用一般监督的方式在我国也不可行；权力机关承担具体监督职能，也力不从心。因而完善现有的行政诉讼制度，由国家检察机关和国家审判机关，代表权力机关共同行使对具体行政行为的监督职能，是最理想的、最实际可行的监督途径。第三，检察机关不从属于行政机关，直接对权力机关负责，可以代表国家、代表社会和公共利益，有较强的诉讼能力和专门人员，提起行政公诉更具有现实可行性。

2. 检察机关提起行政诉讼的范围和程序

检察机关提起诉讼的范围要严格把握，应当由《行政诉讼法》作出明确规定，限于违法的行政行为或行政不作为严重侵害国家利益、社会公共利益但又没有适格原告的行政案件。其中，可以把是否对公民的基本生存权利造成大范围的伤害作为一个重要的考量因素，使行政公诉发挥保障公共利益，从而更好地保障公民人权的作用。具体而言，可先明确的范围包括：导致自然环境和自然资源遭到破坏的行为；导致违法出让、转让国有资产，或者非法侵占、毁坏公共财产的行为；导致食品、药品等公共卫生、公共安全受到危害，致使社会公众的人身权、财产权遭受到严重威胁的行为；导致或者加剧垄断，干扰社会经济秩序的行为。这些事项主要是行政行为违法损害重大公共利益，并且对社会公众的人身、财产权造成严重损害或具有重大威胁，又没有适格原告、现实需求也较为迫切的几类案件。

为了履行好行政公诉的职能，法律也应规定具体的可操作性程序制度，并授予检察机关相应的程序性权力，包括必要的调查核实权等。

建议设置行政公诉的前置程序。即要求检察机关在提起行政公诉前，先向相关行政机关发出检察建议。只有在检察建议不足以阻止违法行为的情况下，检察机关才能提起公诉。因为检察机关提起行政公诉是抗衡行政违法的最后手段，这种方式耗时较长且成本较为高昂，非确有必要不应发动。如果行政机关在检察机关提起公诉前便及时纠正违法行为，行政公诉的目的即已实现。建立诉讼前置程序，一是能够节约司法资源；二是体现了对行政自制的尊重；三是采取非诉讼形式解决社会矛盾，有利于促进社会和谐。

3. 赋予检察机关支持起诉的权力，以更好地保障人权

自古以来，我国行政机关始终处于强势的地位，在行政诉讼中受到行政不当干预的情况比较突出。在行政审判中，表现为"三难"，即"立案难、审判难和执行难"，实际上是贯穿行政诉讼整个过程的困难，因而也有行政诉讼"步履维艰"的说法。就行政诉讼原告而言，由于行政机关的干预，行政机关强势地位形成的天然压力，或者出于对行政机关未来可能干预的担忧，突出地存在着公民不愿告、不敢告或无力起诉的情形。这样的情况，不仅影响了行政诉讼制度功能的发挥，而且对行政相对人人权的侵害也是双重的，既是对其具体的人身权或财产权的侵害，也使其在遭受行政机关违法行政行为不法侵害、权利受损的情况下，不能获得公正审判和权利救济。

由于行政诉讼首先是一种权利救济的制度，主张自己的权利是行政相对人自己的职责，因此对于公民、法人和其他组织的权益受到违法行政行为的侵害而不提起诉讼的情形，检察机关原则上应尊重公民不起诉的选择，一般不应直接代替其提起诉讼。从长远看，我们有理由相信，随着民主与法制建设的不断发展，行政诉讼制度运行的社会和法治环境也将不断得到改善，当事人的法律意识和权利意识将不断得到增强，是否对侵害自己合法权益的行政行为提起诉讼将越来越由行政相对人自由地选择与决定。

为解决当前存在的行政相对人不愿告、不敢告或无力起诉的问题，参照《民事诉讼法》的相关规定，建议赋予检察机关支持起诉权。在这种情况下，检察机关认为对违法行政行为确有必要起诉的，由检察机关支持行政相对人提起行政诉讼。

三、整合行政检察运行机制，形成监督行政、保障人权的完整链条

（一）将检察建议作为行政检察的法定方式，扩大行政检察人权保障的覆盖面

除完善抗诉权，赋予人民检察院提起行政公诉权外，行政检察实务领域探讨比较多的是检察建议问题。核心是两个问题：

第一，是否有必要将检察建议写入《行政诉讼法》，使其成为法定的行政检察监督形式。从理论上分析，我国《宪法》第 27 条第 2 款规定："一切国家机关和国家工作人员必须依靠人民的支持，经常保持同人民的密切联系，倾听人民的意见和建议，接受人民的监督，努力为人民服务。"第 41 条规定，"中华人民共和国公民对于任何国家和国家工作人员，有提出批评和建议的权利"。公民也有提出申诉、控告或者检举的权利。从这些规定推论，接受监督、倾听意见和建议，是包括行政机关在内的国家机关及其国家工作人员的职

责和义务。检察机关作为国家的法律监督机关，当然有权对行政机关提出意见和建议，并不再需要其他法律的另外授权。但是，目前行政检察法定手段相当匮乏，而实践中广泛采用的检察建议具有多重特点，一是适用面广，既可以用于人民法院的行政审判活动，也可以用于行政机关的行政诉讼活动和其他行政执法活动；二是适用程序比较灵活，在不同的程序环节、程序阶段，都可以运用；三是柔性监督，易于被监督对象的接受。这些特点使其能适应监督行政的现实需要，但由于没有法律的依据，作为检察机关常用的法律监督手段，总给人以不伦不类的感觉。因此，参照修订的《民事诉讼法》的做法，将检察建议写入《行政诉讼法》，使其成为法定的行政检察监督形式，确有其必要性，可以增强其规范性和监督的实际效果。

第二，关于检察建议的效力。有人主张，要通过立法，明确检察建议的效力，增强检察建议的刚性。我们认为，检察建议这一称谓决定了它必须与行政抗诉相区别。它本质上只能是一种程序性的建议权，无论对于人民法院的再审检察建议，还是其他形式的检察建议，或是对行政机关的检察建议，都不能要求被监督的机关必须按照检察机关的意见作为，其实质是提醒被监督机关对自己的决定或行为重新进行审慎的考量。检察机关不能代替人民法院或者行政机关变更或撤销它认为违反法律的行为，也不能要求其直接做出某种行为。如果给予检察建议刚性的效力，不仅名不符实，而且也将混淆不同国家权力的界限，实践中也将大大增加检察权滥用的危险，是不足取的。

（二）整合现有的行政检察监督机制，形成人权保障的链条

综合上述各种行政检察监督的机制，我们可以整合起行政检察监督行政、保障人权的完整链条：检察机关可以根据行政执法与刑事执法相衔接的机制（当然并不仅限于这一渠道，也可以是群众的举报等线索），对于其中发现的行政机关在行政执法中的违法问题进行审查，如果有可能构成职务犯罪的，可以按照《刑事诉讼法》的相关规定进行侦查，提起公诉，追究其刑事责任；如果认为不构成犯罪，但有重大违法行为，损害国家和社会公共利益的，可以提起行政公诉；对于一般的违法行为，可以使用检察建议的方式提出。当然对于重大违法行为，也可以以检察建议书的方式向有关单位或其上级有关部门提出处理的意见建议。如果没有自行纠正违法行为，可以再向法院提起行政公诉。履行行政诉讼的法律监督职能，对于确有错误的生效判决、裁定可以提出抗诉；对于行政审判中的不当行为或一定倾向性的错误，可以提出检察建议。

从行政检察监督机制形成一个环环相扣监督行政、保障人权的程序链条，可以概括出这么几个结论：第一，行政检察监督恪守国家权力分工与互相制约的原则，检察机关监督人民法院和行政机关依法履行职责，但不能代替人民法

院或者行政机关作出决定；第二，行政检察无论是监督行政，还是保障人权都体现为一种程序的权力、程序性的行为，虽然指向实体权利的救济，但不直接进行实体权利的处分；第三，行政检察监督与诉讼程序相关联，依赖诉讼程序实现其功能，无论是对于构成犯罪的职务犯罪行为的追诉，还是对错误行政裁决的抗诉，或是建立行政公诉制度，都是通过刑事诉讼或行政诉讼程序实现其职能的；第四，行政检察监督以监督行政为出发点，以保障人权为依归；第五，行政检察应坚持谦抑、审慎的原则，始终保持理性的自我克制，能以别的途径实现有效的行政监督和权利救济的，就不必再进行行政检察监督；能使用轻缓的监督方式，就尽可能使用轻缓的监督方式。行政检察监督可以理解为对行政最后也是最底线的监督，在这点上与行政机关内部的监督救济机制有本质的不同。

应用与讨论训练

★ 模块一 主题讨论

1. 如何理解行政检察与民事检察人权保障机制的异同？

2. 在《行政诉讼法》修改中如何进一步强化和完善人权保障机制？

★ 模块二 案例研讨

1997 年 10 月 28 日，乌鲁木齐国土资源局（以下简称乌市国土局）与乌鲁木齐市隆盛达副食品有限公司（以下简称隆盛达公司）签订了国有土地使用权出让合同，并于同年 10 月 29 日、30 日颁发了建设用地批准书和国有土地使用证。2000 年 12 月 26 日，隆盛达公司与新疆瑞达房地产公司（以下简称瑞达公司）签订了开发土地协议书，收取其定金 50 万元。2001 年 9 月 16 日，隆盛达公司与新疆金坤房地产开发公司（以下简称金坤公司）签订一份联建协议书，并收取定金 200 万元。2003 年 12 月 5 日，乌市国土局以原告闲置土地、非法转让土地为由下达了行政处罚决定书，决定收回土地使用权，终止国有土地使用权出让合同，注销土地使用权证。没收违法所得 250 万元，并处违法所得 10% 的罚款 25 万元。隆盛达公司对行政处罚决定不服，向自治区国土资源厅提起行政复议。2004 年 4 月 1 日，自治区国土资源厅作出行政复议决定书，维持乌市国土局行政处罚决定。隆盛达公司不服，遂对乌市国土局的行政处罚提起行政诉讼。

另查明，1999 年 8 月 30 日，因农业银行乌鲁木齐县支行诉隆盛达公司贷款纠纷一案，乌鲁木齐市中级人民法院作出协助执行通知书，查封了该案土地。2001 年 5 月 8 日解封。同年 10 月 25 日，因新疆百商五交化有限公司诉隆盛达公司欠款纠纷一案，乌鲁木齐市新市区法院作出协助执行通知书，二次查封了该案土地，2002年2月21日解封。同年2月28日，因金坤公司诉隆盛达公司联建协议纠纷一案，该宗土地被乌鲁木齐市天山区法院第三次查封，一直未解封。

2004年10月8日，乌鲁木齐市水磨沟区法院作出一审判决，认为隆盛达公司取得土地使用权后，至作出行政处罚决定前6年多时间里，只投资29万元用于修路、建围墙，投资额不足总投资额的25%，违反了《中华人民共和国城市房地产管理法》第25条、《闲置土地处置办法》（国土资源部令）第4条有关土地闲置的规定；原告与瑞达公司、金坤公司签订开发、联建协议，并收取定金，按照《新疆维吾尔自治区实施〈中华人民共和国城市房地产管理法〉办法》第28条第2项的规定，属于非法转让土地行为。判决维持乌市国土局行政处罚决定。

隆盛达公司不服，上诉至乌鲁木齐市中级人民法院。2005年2月5日，二审法院作出终审判决。认为上诉理由不能成立，原判认定事实清楚，适用法律、法规正确，判决驳回上诉，维持原判。

隆盛达公司不服二审判决，向检察机关申请监督。新疆维吾尔自治区人民检察院经审查后，向自治区高级人民法院提出抗诉。认为，第一，隆盛达公司的行为并未构成闲置土地。《中华人民共和国城市房地产管理法》第25条规定："……满二年未动工开发的，可以无偿收回土地使用权。但是，因不可抗力或者政府、政府有关部门的行为或者动工开发必需的前期工作造成动工开发迟延的除外。"该地块在隆盛达公司投资修建围墙、平整地基等工作，并与两家公司签署联建协议后，3次被法院查封，使得开发无法进行。在乌市国土局进行土地案件调查处理过程中，该宗土地仍处于查封状态，同时兼有民事纠纷正在人民法院诉讼过程中。因而其土地闲置属于法律规定的除外情形。第二，隆盛达公司的行为并未构成非法转让土地。《中华人民共和国城市房地产管理法》第27条规定："依法取得的土地使用权，可以依照本法和有关法律、行政法规的规定、作价入股，合资、合作开发经营房地产。"隆盛达公司与两家公司签订的联建协议实质上属于合资、合作开发经营房地产，是合法有效的。自治区高级人民法院认可了检察院的抗诉意见，于2009年5月13日作出再审判决，撤销一审和二审法院行政判决，撤销乌市国土局的行政处罚决定。

⊙研讨主题

1. 因公权力的行使而造成行政相对人不能及时履行法定义务的，是否应当追究行政相对人的法律责任？

2. 如何把握人民检察院在行政诉讼法律监督工作中的重点与方向？

第十二章 被害人人权保障

★ 国际文件

《世界人权宣言》（1948 年 12 月 10 日第三届联合国大会通过）

《公民权利和政治权利国际公约》（1966 年 12 月 16 日第二十一届联合国大会通过）

《为罪行和滥用权力行为受害者取得公理的基本原则宣言》（1985 年 11 月 29 日联合国大会第 40/43 号决议通过）

《关于在涉及罪行的儿童被害人和证人的事项上坚持公理的准则》（2005 年 7 月 22 日联合国经济及社会理事会第三十六次全体会议通过）

《联合国关于检察官作用的准则》（1990 年 9 月 7 日第八届联合国预防犯罪和罪犯待遇大会通过）

★ 国内规范

《中华人民共和国刑事诉讼法》（1979 年 7 月 1 日第五届全国人民代表大会第二次会议通过，2012 年 3 月 14 日第十一届全国人民代表大会第五次会议修正）

最高人民法院、最高人民检察院、公安部、国家安全部、司法部、全国人大常委会法制工作委员会《关于实施刑事诉讼法若干问题的规定》（2012 年 12 月 26 日）

《人民检察院刑事诉讼规则（试行）》（2012 年 10 月 18 日最高人民检察院第十一届检察委员会第八十次会议第二次修订）

最高人民法院《关于适用〈中华人民共和国刑事诉讼法〉的解释》（2012 年 11 月 5 日最高人民法院审判委员会第 1559 次会议通过）

《公安机关办理刑事案件程序规定》（2012 年 12 月 3 日公安部部长办公会议通过）

最高人民法院、最高人民检察院、公安部、司法部《关于刑事诉讼法律援助工作的规定》（2013 年 2 月 4 日修改）

《人民检察院扣押、冻结涉案款物工作规定》（2010 年 5 月 9 日发布）

第一节　国际标准

一、被害人人权保障国际标准的演进

致力于刑事司法领域人权保障的不断进步，是各国共同努力的目标。一个国家在其刑事法律体系中对人权的保障，是实现司法正义的应有含义。二战以后，刑事被告人的人权保障受到国际社会的高度重视并得到迅速发展，在对被告人的人权保障日趋完善的同时，各国也越来越关注对刑事被害人权利的保护。

刑事案件的被害人，是指其合法权利遭受犯罪行为侵犯的人。关于刑事被害人权利的保护，是一个历久弥新的话题，世界各国都在逐步地通过完善立法和更新制度设置加以强化，国际社会更是持续性地关注刑事被害人的权利保护。

（一）刑事被害人人权保障的国际立法演进

从立法层面的发展来看，刑事被害人人权保障经历了以下 5 个阶段：

1. 第一阶段。1948 年 12 月 10 日联合国大会通过并公布的《世界人权宣言》在序言中强调"有必要使人权受法治的保护"，并在第 8 条规定："任何人当宪法或法律所赋予他的基本权利遭受侵害时，有权由合格的国家法庭对这种侵害行为作有效的补救"。这里所说的"遭受侵害"就包括为犯罪行为所侵害的情形。虽然《世界人权宣言》不具有国际法上的效力，但是在推动世界人权保障方面却发挥着不可估量、不可替代的作用，其"作为所有人民和所有国家努力实现的共同标准"，期待"通过国家的和国际的渐进措施"，在全世界范围内实现对人权的普遍尊重和有效保护。而刑事被害人的人权，是其中不可忽视的部分。所以宣言的第 8 条才特别加以强调当权利遭受侵害时要及时予以补救。但是，对于各国应采取哪些具体的补救措施，《世界人权宣言》并没有提及。在第一阶段，应属于对人权保护的确认、倡议阶段，整个国际社会还缺乏对人权保护的立法与实践。

2. 第二阶段。联合国大会于 1966 年 12 月 16 日通过了《公民权利和政治权利国际公约》，该公约是公认的人权保障的最重要的国际文件，对缔约国具有法律效力。其第 9 条第 5 款规定："任何遭受非法逮捕或拘禁的受害者，有得到赔偿的权利。"在《公民权利和政治权利国际公约》中，提出了被害人人权保护的具体内容，以及受害人有获得赔偿的权利。但是只是涉及遭受"非法逮捕或拘禁"的受害者，而犯罪行为对被害人的侵害是来自很多方面的，显然这样的规定还不够全面，没有对被害人的权利保障形成系统的框架。

3. 第三阶段。联合国大会于 1985 年 11 月 29 日通过了《为罪行和滥用权力行为受害者取得公理的基本原则宣言》（以下简称《宣言》），标志着对被害人权利保护得到了前所未有的重视，进入了一个全新的时期。需要注意的是，《宣言》不具有国际法上的强制力，属于"软法"的范畴。但是，对被害人权利保护仍然起着非常重要的作用，它是联合国就保障被害人权利而通过的第一个独立的文件，而且是原则性文件。

（1）《宣言》规定了"受害者"的分类及其概念。《宣言》首先将"受害者"划分为两类：罪行受害者和滥用权力行为受害者。《宣言》开篇中明确界定了"罪行受害者"一词的含义："受害者"一词系指个人或整体受到伤害包括身心损伤、感情痛苦、经济损失或基本权利的重大损害的人，这种伤害是由于触犯会员国现行刑事法律，包括那些禁止非法滥用权力的法律的行为或不行为所造成。《宣言》又进一步指出："在本宣言中一个人可被视为受害者，而不论加害于他的犯罪者是否被指认、逮捕、起诉或判罪，亦不论犯罪者与受害者的家庭关系如何。'受害者'一词视情况也包括直接受害者的直系亲属或其受扶养人以及出面干预以援助受难中的受害者或防止受害情况而蒙受损害的人。"由此可见，《宣言》对罪行受害者一词做了广义的界定，包括犯罪行为的直接受害者，也可以包括犯罪行为的间接受害者。而关于"滥用权力行为受害者"规定在《宣言》的第 18 条，系指个人或整体受到伤害包括身心损伤、感情痛苦、经济损失或基本权利的重大损害的人，这种伤害是由于尚未构成触犯国家刑事法律但违反有关人权的国际公认规范的行为或不行为所造成。

（2）关于罪行受害者的权利保障，该《宣言》提出了 4 项原则：取得公理和公平待遇原则、赔偿原则、国家补偿原则、援助原则。

① 取得公理和公平待遇原则，是指对待罪行受害者时应给予同情并尊重他们的尊严，国家应当通过司法和行政程序保障在其获得补救的正规或者非正规途径中所享有的权利保障。包括向司法机关的申诉权、及时获得国家补救的权利、了解案件处理进程的权利、获得国家法律援助的权利、隐私权、受害者及其家属作证的安全权、及时获得赔偿的权利等。该《宣言》还特别强调，应当酌情尽可能利用非正规的办法解决争端，包括调解、仲裁、常理公道或地方惯例，以协助调解和向受害者提供补救。

② 赔偿原则，是指犯罪行为的实施者或应对其行为负责的第三方应当向受害人做出赔偿的原则。赔偿方式包括归还财产、赔偿伤害或损失、偿还因受害情况产生的费用、提供服务和恢复权利。当政府官员或其他以官方和半官方身份行事的代理人违反了国家刑事法律时，受害者应从其官员或代理人造成伤

害的国家取得赔偿。

③国家补偿原则，是指当那些遭受严重罪行造成的重大身体伤害或身心健康损害的受害者或者当受害者死亡或身心残障，其家属特别是受扶养人无法从罪犯或其他来源得到充分的补偿时，由国家向其提供金钱上的补偿。为此目的，倡导各国设立国家基金以实现对被害人的及时补偿。

④援助原则，是指受害者应从政府、自愿机构、社区方面及地方途径获得必要的物质、医疗、心理及社会援助。同时强调，为了更好地了解被害人的需要，国家应当对警察、司法、医疗保健、社会服务及其他有关人员进行培训，以确保适当和迅速地达到援助被害人的目的。

2000 年第十届预防犯罪和罪犯待遇大会宣称，"大部分国家在执行为犯罪受害者取得公理的基本原则方面，道路依然漫长"，可见，被害人权利保障是世界各国需要面对的问题之一。

4. 第四阶段。联合国经济及社会理事会于 2005 年 7 月 22 日通过《关于在涉及罪行的儿童被害人和证人的事项上坚持公理的准则》，提出了儿童利益最大化原则下的儿童被害人权利的国际保护标准，并强调确保儿童被害人在所有国家受到同等保护。该准则将"儿童被害人和证人"定义为 18 岁以下的儿童和青少年，他们是犯罪的被害人或罪行的证人。该准则认为，由于作为被害人的儿童特别容易受到伤害而且需要得到与其年龄、成熟水平和独特需要相适合的特别保护、援助和支持，以防止因其参与刑事司法程序而可能进一步陷入困窘和受到创伤，为了确保为罪行的儿童被害人和证人取得公理，提出了"尊严、不歧视、儿童的最大利益、参与权" 4 项原则。同时详细规定了儿童被害人和证人在司法过程中应当享有的 10 项权利，包括：受到有尊严和有同情心的对待的权利、免受歧视的权利、可行和恰当的获知权、表达意见和关切的权利、获得有效援助的权利、隐私权、在司法过程中免受痛苦的权利、安全受保护的权利、获得赔偿的权利、要求采取特别防范措施的权利。该准则在 1985 年《宣言》为被害人提供了解情况、参与、受保护、获得赔偿和援助的权利的原则的基础上，进一步扩充了儿童被害人在司法过程中所应当享有的各项权利，以使其得到与其年龄、成熟程度和个人特殊需要相当的特别保护。在第四个阶段，标志着国际上被害人的人权保障进入一个向纵深发展的时期，由整体上对被害人的人权保护，进入到特别关注被害人中的弱势群体——儿童被害人人权的特殊保护，并且十分强调这些保护措施的执行，特别重视对与儿童被害人接触的专业人员的技术、技能、技巧、职业道德、方法等方面的培训，鼓励使用多学科和多渠道、多部门协作的办法，倡导在国家和国际一级加强各国之间的国际合作以及社会不同部门之间的合作，包括为便利收集和交换信息以及为侦破、侦查和起诉涉及儿童被害人和证人的跨国犯罪而相互提供援助。

5. 第五阶段。有关国际公约就相关领域刑事案件被害人的权利保障作出规定，特别是获得赔偿的权利。随着犯罪的日益国际化，国际社会逐步通过缔结国际公约致力于合力打击某些犯罪。在这些国际公约中，对被害人获得赔偿的权利予以法律保护。如《联合国打击跨国有组织犯罪公约》第 14 条第 2 项规定："根据本公约第十三条的规定应另一缔约国请求采取行动的缔约国，应在本国法律许可的范围内，根据请求优先考虑将没收的犯罪所得或财产交还请求缔约国，以便其对犯罪被害人进行赔偿，或者将这类犯罪所得或财产归还合法所有人。"又如《联合国反腐败公约》第 57 条"资产的返还和处分"中规定，"优先考虑将没收的财产返还请求缔约国、返还其原合法所有人或者赔偿犯罪被害人"。上述公约的规定，体现了在国际合作过程中对被害人获得赔偿权的优先保护原则。这些规定对公约的缔约国是具有法律效力的。

（二）被害人人权保障国际社会实践层面的探索

以上 5 个方面是沿着时间脉络，从国际法律文件和国际公约的立法方面对刑事被害人权利保障进行分析。此外，国际社会的实践层面也采取积极有效的措施，切实保障被害人的合法权利。如国际社会在被害人参与诉讼、出庭作证方面，进行了积极的探索和尝试，并取得了很好的效果。特别是恢复性司法，迅速被很多国家接受并形成多种模式。联合国预防犯罪和刑事司法委员会第十一届会议通过的《关于在刑事事项中采用恢复性司法方案的基本准则》序言中，"强调恢复性司法是对犯罪的一种不断发展变化的对策，它通过使受害人、罪犯和社区复原而尊重每个人的尊严与平等，建立理解并促进社会和谐，强调这种方法能够使犯罪所影响的人公开交流其感情和经历，而且是着眼与解决他们所需要的，意识到这种方法为受害人提供了获得补偿、增强安全感和寻求将事情了解的机会，给罪犯能够深刻认识其行为的原因和影响并切实承担责任，同时使社区能够理解犯罪的根本原因，促进社会福利并预防犯罪，注意到恢复性司法促使采取一系列措施，这些措施能够灵活地进行调整以适应现有刑事司法制度并与这些制度相互补充，同时考虑到法律、社会和文化环境，认识到恢复性司法并不妨碍国家起诉被指控的犯罪的权利"[1]。传统的刑事司法程序，是围绕着防止再犯、剥夺犯罪人的权利、恢复已遭到破坏的法益以及惩罚犯罪人等方面。而恢复性司法则另辟蹊径。"当犯罪行为实施的时候，恢复性司法所反应的重点在于犯罪行为给被害人、社会甚至行为者本人带来的损害，

---

① 杨宇冠、杨晓春：《联合国刑事司法准则》，中国人民公安大学出版社 2003 年版，第 484 页。

对这些损害进行的补救被认为是正义的，犯罪人应承担起补救的主要责任。恢复性司法的重点放在对被害人所作的补偿（着眼于犯罪行为带来的损害）、被害人与犯罪人之间关系的恢复（着眼于降低未来的犯罪率）以及犯罪行为最直接伤害的被害人。"① 因此，除了谅解和赔偿，使被害人身心得以平复外，恢复性司法也是以矫治犯罪人使之回归社会为目的之一的。

二、检察官在保障被害人人权方面应当发挥的积极作用

国际社会就保障被害人在刑事诉讼中的权利所倡导的上述基本原则、准则等，其实现这些权利的过程依然尚需时日，但是却不能停止对这一目标不断追求的步伐。国际上对受害者的调查显示，许多受害者对该系统给予他们的待遇不满意。根据国际上犯罪受害者调查的结果显示，全世界一半以上的犯罪受害者对警方处理他们控告的方式不满。在许多案件中，受害者因刑事司法系统给予他们的待遇而受到严重伤害，导致了所谓的"二次"受害。② 可见，加强保障被害人人权仍然是刑事诉讼中面临的重大问题。检察官在刑事司法系统中作为公诉方，在我国特别是检察机关担负着法律监督的重要职责，对保障被害人人权发挥着不可替代的重要作用。

1990 年第八届预防犯罪和罪犯待遇大会通过的《联合国关于检察官作用的准则》指出，检察官在司法工作中所具有的决定性作用，为了有助于实现刑事司法公平合理地进行，并有效地保护公民免受犯罪行为的侵害，鉴于《宣言》建议在国际和国家这两级采取措施，使犯罪行为的受害者能更好地获得正义与公平待遇、追复原物、赔偿和援助，因此，应确保和促进检察官在刑事诉讼程序中发挥有效、不偏不倚和公正无私的作用。其第 12 条规定了检察官在人权保障中的总的作用，即检察官"应始终一贯迅速而公平地依法行事，尊重和保护人的尊严，以及维护人权，从而有助于确保法定诉讼程序和刑事司法系统的职能顺利地运行"。第 13 条进一步规定了检察官在履行其职责时应当奉行的职能，包括："不偏不倚地履行其职能，并避免任何政治、社会、宗教、种族、文化、性别或任何其他形式的歧视；保证公众利益，按照客观标准行事，适当考虑到嫌疑犯和受害者的立场，并注意到一切有关的情况，无论是否对嫌疑犯有利或不利；对掌握的情况保守秘密，除非履行职责或司法上的需要有不同的要求；在受害者的个人利益受到影响时应考虑到其观点和所关心的

---

① ［美］丹尼尔·W.凡奈思：《全球视野下的恢复性司法》，载《南京大学学报》（哲学、人文科学、社会科学）2005 年第 4 期。

② 参见 2000 年第十届预防犯罪和罪犯待遇大会的工作文件。

问题，并确保按照《为罪行和滥用权力行为受害者取得公理的基本原则宣言》，使受害者知悉其权利。"可见，检察官作为保护公共利益的代表，在刑事司法系统中为保障被害人的人权能够发挥积极、充分的作用。《联合国关于检察官作用的准则》特别提到"公正"、"不歧视"、"客观标准"等原则，要求关注受害者的立场、保障受害者对其应享有权利的知悉等内容。纵观人类社会诉讼发展的历史，自从公诉职能产生以来，被害人在追诉犯罪方面的权利逐渐被国家所取代，其个人权利因犯罪行为遭受侵害的补救和身心恢复在国家刑事司法系统中如何能够最大限度地得以实现，国家负有不可推卸的责任，而代表国家行使公诉职能的检察官在保障被害人权利实现过程中的角色，则显得尤为突出。

当然，除了刑事起诉系统之外，在《联合国关于检察官作用的准则》中仍然强调，检察官应在"充分尊重嫌疑者和受害者的人权的基础上，根据本国法律规定，适当考虑免予起诉、有条件或无条件地中止诉讼程序或使某些刑事案件从正规的司法系统转由其他办法处理。为此目的，各国应充分探讨改用非刑事办法的可能性"，一方面，这是基于效率、效益原则，可以减轻过重的法院负担、避免监禁可能带来的不利后果等；另一方面，也可以更加迅速快捷方便地实现对被害人的权利的有效补救。这种非刑事司法系统的措施，一直以来都是国际社会所倡导的对被害人权利保障的措施之一。

第二节　工作机制

一、被害人在刑事诉讼中的当事人主体地位和诉讼权利

1996 年《刑事诉讼法》的修订确立了我国刑事被害人属于当事人的范畴，在刑事诉讼的全过程中，被害人都享有参与、表达、附带民事诉讼、自诉等权利。2012 年的修订进一步完善了对被害人权利的保护。在现行立法框架之下，国家亦积极通过一系列程序性规定来保障被害人参与诉讼权利的实现。① 具体说，被害人刑事诉讼过程中，享有以下诉讼权利：

一是案件启动权与案件终结权。其中案件启动权包括：报案或者控告权、

---

① 此外，司法机关和公安机关等也分别依据《刑事诉讼法》制定了各自在刑事诉讼活动中的细则，具体包括：最高人民法院、最高人民检察院、公安部、国家安全部、司法部、全国人民代表大会常务委员会法制工作委员会《关于实施刑事诉讼法若干问题的规定》、最高人民法院《关于适用〈中华人民共和国刑事诉讼法〉的解释》、《人民检察院刑事诉讼规则（试行）》、《公安机关办理刑事案件程序规定》。

对自诉案件直接向人民法院起诉的权利，对部分公诉案件也可以向法院直接起诉。案件终结权包括：自诉案件的撤诉权、对自诉案件和部分公诉案件的自愿和解权。

二是被害人享有委托诉讼代理人代理诉讼的权利。公诉案件的被害人及其法定代理人或者近亲属，附带民事诉讼的当事人及其法定代理人，自案件移送审查起诉之日起，有权委托诉讼代理人。这是保障被害人诉讼权利很重要的体现。随着社会分工的复杂化和精细化，法律也更加具有专业性，被害人委托律师等作为代理人，能够更好地保障其权利的实现。

三是有提起附带民事诉讼的权利。被害人由于被告人的犯罪行为而遭受物质损失的，在刑事诉讼过程中，有权提起附带民事诉讼。被害人死亡或者丧失行为能力的，被害人的法定代理人、近亲属有权提起附带民事诉讼。赋予被害人及其法定代理人、近亲属这项权利，除了有利于提高诉讼效率，更重要的是使被害人的合法权利得到及时和完整的保护。

四是获得法律援助的权利。公诉案件中的被害人及其法定代理人或者近亲属，自诉案件中的自诉人及其法定代理人，因经济困难没有委托诉讼代理人的，可以向办理案件的人民检察院、人民法院所在地同级司法行政机关所属法律援助机构申请法律援助。

五是被听取意见的权利。在刑事诉讼的多个阶段，都规定了要听取被害人意见。包括人民检察院审查批捕、进行羁押必要性审查时、审查起诉期间，被害人及其诉讼代理人均有被听取意见的权利。对于未成年人涉嫌《刑法》分则第四章、第五章、第六章规定的犯罪，可能判处一年有期徒刑以下刑罚，符合起诉条件，但有悔罪表现，人民检察院在作出附条件不起诉的决定以前，应当听取被害人的意见。在开庭前，审判人员可以听取被害人诉讼代理人对回避、出庭证人名单、非法证据排除等与审判相关问题的意见。第二审人民法院决定不开庭审理的，应当听取被害人及其诉讼代理人的意见。人民检察院办理死刑上诉、抗诉案件，根据案件情况，可以听取被害人意见。

六是被害人的隐私保护和作证保护，包括被害人个人信息的保护，以及对涉及商业秘密的案件，有申请不公开审理的权利；对于危害国家安全犯罪、恐怖活动犯罪、黑社会性质的组织犯罪、毒品犯罪等案件，被害人因在诉讼中作证，本人或者其近亲属的人身安全面临危险的，人民法院、人民检察院和公安机关应当采取保护措施。

七是参加法庭审理的权利，包括申请回避权以及对"驳回申请回避决定"的复议权，对以非法方法收集的证据予以排除的申请权，对鉴定结论的知悉权和申请补充鉴定、重新鉴定权，人民检察院审查案件时及二审人民法院组成合议庭后的被听取意见权，在庭审中的陈述权和经审判长许可向被告人、证人、鉴定人发问权，对证人证言的质证权，被害人及其近亲属的人身安全保护权及请求保护权，辨认物证权，有申请通知新的证人到庭，调取新的物证，申请重新鉴定或者勘验权，庭审中的发表意见权和辩论权，判决书的被送达权，合法财产的被及时返还权。

八是对与案件有关问题的异议权，具体包括对不立案决定的异议权（被害人认为公安机关对应当立案侦查的案件而不立案侦查，向人民检察院提出的，人民检察院应当要求公安机关说明不立案的理由。人民检察院认为公安机关不立案理由不能成立的，应当通知公安机关立案，公安机关接到通知后应当立案），对侦查机关用作证据的鉴定意见提出补充鉴定或者重新鉴定的申请权，对不批准逮捕的申诉权，对不起诉决定的申诉权及直接起诉权，对一审判决的请求抗诉权和附带民事诉讼的上诉权，自诉案件的上诉权，对生效判决、裁定的申诉权，对强制医疗决定不服的申请复议权。

九是权利救济，包括诉讼过程中，对不通晓当地通用语言文字的被害人应当提供翻译，被害人合法财产返还权，不得使用暴力、威胁方法获取被害人陈述，在诉讼中权利受侵犯的申诉或者控告权。我国《刑事诉讼法》第 14 条第 2 款规定，诉讼参与人对于审判人员、检察人员和侦查人员侵犯公民诉讼权利和人身侮辱的行为，有权提出控告。

十是相关法律文书应当送达被害人。

二、对被害人及其近亲属的保护以及被害人出庭作证的保护

（一）实践探索

在现实生活中，被害人及其近亲属受到威胁、侮辱、殴打或者打击报复时有发生，甚至有被杀害的严重情形出现。还发生过执法人员因为被害人提供的陈述不符合自己的要求而对被害人实施暴力取证的情形。因出庭作证导致的对被害人尊严和权利的严重损害引起各国对这方面问题的极大关注，法治发达国家对证人保护的立法逐渐趋于完善，除了刑事诉讼法的规定外，还出台了专门的保护法，如 20 世纪 80 年代以后美国先后出台了《被害人和证人保护法》、《被害人法》、《证人安全改革法》，德国也出台了《证人保护法》。国际社会也致力于对出庭作证的安全保护，《国际刑事法院规约》第 68 条规定了"被害人和证人的保护及参与诉讼"。对被害人、证人的保护是全面的，包括安全、身心健康、尊严和隐私。

针对在发展中国家普遍存在对被害人出庭作证保护不利的问题，缺乏对被害人长期保护的有效方案，即便存在保护措施，其保护也往往只限于在诉讼阶

段的保护，而不能实现诉讼后的身份变更、迁移等长期保护措施。2000 年 4 月在维也纳召开的第十届预防犯罪和罪犯待遇大会分析了 21 世纪刑事司法所面临的挑战，指出：对有组织犯罪提起诉讼的问题之一是，受害者（证人）因害怕报复犹豫不决，不敢前来作证。要消除这种恐惧，确保证人参加诉讼，政府必须制定有效的证人保护方案。遗憾的是，大部分发展中国家目前尚无这种规定。《联合国打击跨国有组织犯罪公约》中强调了各缔约国应当对执法人员培训的内容，其中就包括对被害人保护方法的培训。

我国《刑事诉讼法》第二次修订前，先是有部分省市进行了对被害人及其近亲属的保护以及被害人出庭作证的相关保护措施，是在司法实践中进行的行之有效的探索，是结合司法工作机制所作的努力。2006 年 12 月 25 日上海市高级人民法院、上海市人民检察院、上海市公安局、上海市司法局发布了《关于重大刑事案件证人、被害人、鉴定人出庭的若干意见（试行）》，就被害人出庭作证及其相关权益的具体保护方式等作了较为详细的规定，并在各基层人民法院逐步推行。在其第 4 条规定了作证方式，被害人原则上应当出庭作证，对未成年人和涉及个人隐私的，经合议庭许可，可以通过法庭提供的视频传输系统等方式作证，其作证效力等同于当庭作证。而且控辩双方均有要求采取视频传输系统作证的建议权，但应当由合议庭作出是否同意的决定。合议庭认为确有必要的，在征求控辩双方意见后，被害人也可以通过上述方式作证。在采取视频传输系统作证的情形下，应当在庭前核对身份，并在作证前当庭宣布已对被害人的身份核实无误。以上对被害人作证的方式予以明确，其第 6 条则进一步规定了被害人出庭作证的各项保障措施，包括保障被害人出庭的时间，并按照国家有关规定补偿出庭的交通费、误工费等；根据案件具体情况，商请有关政法机关采取切实可行措施，保障被害人及其亲属的人身安全以及未成年人出庭作证的应当通知其法定代理人参加等。上海市在保障被害人出庭作证及其权利保障方面的努力是非常值得称道的，我国部分省市也都进行了类似的举措。但是，要全面保护被害人的人权，这些努力和探索还是远远不够的，因而在立法层面对被害人及其近亲属的保护以及被害人出庭作证的保护，这是保护被害人人权的基本法律前提。

（二）《刑事诉讼法》确立被害人出庭作证的保护制度

2012 年我国《刑事诉讼法》修订，被害人出庭作证的保护成为立法者着重关注的问题之一，并确立起相关的保障措施。弥补了一直以来立法的缺陷，是一个意义重大的进步。

《刑事诉讼法》第 61 条第 1 款规定："人民法院、人民检察院和公安机关应当保障证人及其近亲属的安全。"第 62 条又明确了人民法院、人民检察院和公安机关对被害人及其近亲属安全的保护：对于危害国家安全犯罪、恐怖活动犯罪、黑社会性质的组织犯罪、毒品犯罪等案件，证人、鉴定人、被害人因在诉讼中作证，本人或者其近亲属的人身安全面临危险的，人民法院、人民检察院和公安机关应当采取一项或者多项保护措施。包括：（1）个人信息安全保护。即不公开真实姓名、住址和工作单位等个人信息。（2）出庭保护措施。这是指通过技术处理，使被害人的外貌不被暴露、声音失真处理的措施等。（3）禁止特定的人员接触证人、鉴定人、被害人及其近亲属。（4）对人身和住宅采取专门性保护措施。（5）其他必要的保护措施。

证人、鉴定人、被害人认为因在诉讼中作证，本人或者其近亲属的人身安全面临危险的，可以向人民法院、人民检察院、公安机关请求予以保护。

根据上述法律规定，被害人出庭作证的保护，其构成条件是：第一，保护成立的前提，只限于《刑事诉讼法》规定的特定犯罪。即危害国家安全犯罪、恐怖活动犯罪、黑社会性质的组织犯罪、毒品犯罪等案件。第二，保护措施由《刑事诉讼法》采取列举式规定，同时规定了兜底性条款。第三，保护从启动程序上可以分为两类。一类是由人民法院、人民检察院和公安机关主动采取的保护；另一类是由被害人及其诉讼代理人提出保护申请。这里被害人一方的保护申请权，是非常重要且有效的人权保护机制。

（三）检察机关对被害人出庭作证的保护机制

为了落实《刑事诉讼法》对被害人作证保护的相关规定，最高人民法院、最高人民检察院、公安部、国家安全部、司法部、全国人大常委会法制工作委员会《关于实施刑事诉讼法若干问题的规定》第12条依据《刑事诉讼法》第62条的规定，对证人、鉴定人、被害人可以采取"不公开真实姓名、住址和工作单位等个人信息"的保护措施。人民法院、人民检察院和公安机关依法决定不公开证人、鉴定人、被害人的真实姓名、住址和工作单位等个人信息的，可以在判决书、裁定书、起诉书、询问笔录等法律文书、证据材料中使用化名等代替证人、鉴定人、被害人的个人信息。但是，应当书面说明使用化名的情况并标明密级，单独成卷。辩护律师经法庭许可，查阅对证人、鉴定人、被害人使用化名情况的，应当签署保密承诺书。

根据《人民检察院刑事诉讼规则（试行）》第76条的规定："对于危害国家安全犯罪、恐怖活动犯罪、黑社会性质的组织犯罪、毒品犯罪等案件，人民检察院在办理案件过程中，证人、鉴定人、被害人因在诉讼中作证，本人或者其近亲属人身安全面临危险，向人民检察院请求保护的，人民检察院应当受理并及时进行审查，对于确实存在人身安全危险的，应当立即采取必要的保护措施。人民检察院发现存在上述情形的，可以主动采取保护措施。

人民检察院可以采取以下一项或者多项保护措施：（一）不公开真实姓名、住址和工作单位等个人信息；（二）建议法庭采取不暴露外貌、真实声音等出庭作证措施；（三）禁止特定的人员接触证人、鉴定人、被害人及其近亲属；（四）对人身和住宅采取专门性保护措施；（五）其他必要的保护措施。

人民检察院依法决定不公开证人、鉴定人、被害人的真实姓名、住址和工作单位等个人信息的，可以在起诉书、询问笔录等法律文书、证据材料中使用化名代替证人、鉴定人、被害人的个人信息。但是应当另行书面说明使用化名的情况并标明密级。

人民检察院依法采取保护措施，可以要求有关单位和个人予以配合。

对证人及其近亲属进行威胁、侮辱、殴打或者打击报复，构成犯罪或者应当给予治安管理处罚的，人民检察院应当移送公安机关处理；情节轻微的，予以批评教育、训诫。"

我国 2012 年修订的《刑事诉讼法》，对被害人出庭作证保护的规定，是一个巨大的立法进步。但是，仍然有令人遗憾之处。仅仅将被害人出庭作证保护限于特定犯罪类型的这一制度设置，使得保护的范围过窄，不是对被害人出庭作证进行广义上的保护。另外，《刑事诉讼法》仍然欠缺对诉讼后被害人保护的规定。这些内容的缺失使得对被害人的保护不够全面和完整，有赖于今后立法的进一步完善。

此外，还应当在观念上明确，司法机关对犯罪人依法定罪量刑，并不能够替代对被害人人权的全面保护，要让被害人在刑事司法中切实感受到其所受到的是保护和救济，是使其合法权利得以恢复或者修复，而不是在刑事诉讼中再次受到伤害。因此，在刑事诉讼程序中，始终应当持有一种悲天悯人的情怀去关注和保障被害人的合法权益。

三、刑事和解中对被害人权利的保护

在 2012 年《刑事诉讼法》修订之前，我国的刑事和解已经在司法实务中悄然发展起来。刑事和解是建立在平等、安全与尊严的基础上的社会和谐的需要，对受害人及其家属和周围的群众，也需要一个恢复对社会信任的过程，是社会实现公平正义的体现，是刑事司法制度的补充。各地公安机关、人民检察院、人民法院出台或者联合当地政法委出台相关文件予以确认这种解决案件的方式，主要针对轻伤害案件、未成年人犯罪案件，并且已经各自总结出一些经验。① 例如，太原市人民检察院《关于办理轻微刑事案件适用刑事和解的规定（试行）》于 2007 年 10 月 10 日实施，对具备 3 个条件的 5 类案件适用于刑事和解制度。3 个条件是：事实清楚、证据确凿且犯罪嫌疑人认罪；犯罪嫌疑人可能被判处 3 年以下有期徒刑、拘役、管制或者单处罚金；犯罪嫌疑人和被害人双方自愿和解。5 类案件包括：犯罪嫌疑人具有法定从轻、减轻或者免除处罚情节的；犯罪嫌疑人系过失犯、初犯、偶犯的；犯罪嫌疑人系未成年人、老年人或者在校学生的；被害人有明显过错的；案件是由亲友、邻里、同事或者同学间等的纠纷引发的。在刑事和解过程中，检察机关只是发挥监督作用，犯罪嫌疑人和被害人达成和解后，申请检察机关予以确认，检察机关通过确认后，依法作出不予起诉的决定。在和解过程中，检察机关并不直接参与当事人的和解。② 截至 2008 年 9 月，太原市检察机关共受理申请刑事和解案 16 件 23 人，依法确定刑事和解并作出不起诉决定 15 件 22 人，不同意刑事和解 1 件 1 人。在适用刑事和解的案件中，故意伤害 6 件 10 人、交通肇事 5 件 5 人、盗窃两件 2 人、抢劫 1 件 3 人、故意毁坏公私财物 1 件 2 人。截至目前，适用刑事和解作出不起诉决定的 15 件 22 人中，没有一名犯罪嫌疑人回归社会后重新犯罪，或因对刑事和解不服而与被害人再次产生纠葛；没有一名被害人因权益保护不到位，而进行刑事自诉，或因对刑事和解不服而进行民事申诉等。③ 在我国，和解后的法律结果或者是撤案或者是不起诉或者免予追究刑事责任。在司法实践中也出现了共同实施加害行为的案件中，受害方与部分加害方进行和解的情形。从过去的实践来看，表面上似乎人们关注的焦点集中在物质赔偿方面，但是，究其实质，刑事和解远非物质赔偿这么简单。刑事和解实现的焦点应当集中在以下两个方面：

1. 从被害人的角度分析，在于其受害心理的平复和损失的赔偿（包括精神与物质两个方面损失的赔偿）。加害行为的后果必然包括对被害人精神方面

① 2003 年北京市政法委出台《北京市政法机关办理轻伤害案件工作研讨会纪要》；2005 年上海市高级人民法院、上海市人民检察院、上海市公安局、上海市司法局联合发布《关于轻伤害案件委托人民调解的若干意见》；2004 年浙江省高级人民法院、省人民检察院、省公安厅联合制定《关于办理伤害等案件中有关法律适用问题的若干意见》；2004 年厦门市集美区公安机关、人民检察院、人民法院联合出台了《关于办理故意伤害（轻伤害）案件的会议纪要（试行）》。

② 参见谭博文：《太原检察机关建立轻微刑事案件刑事和解制度》，载 http：//news. sohu. com/20071125/n253462298. shtml，访问时间：2007 年 11 月 25 日。

③ 参见郭建珍：《太原市检察机刑事和解取得显著成效》，载 http：//news. sohu. com/2008 1115/n260655637. shtml。

— 304 —

的伤害，虽然在我国目前的刑事司法实践中是不予支持被害人精神损害赔偿的请求的，但是不能因此否认这一客观事实的存在。被害人的心理平复是化解矛盾、安定民心的重要方面，因此和解应当能够促使被害人在心理上逐渐得到恢复，在物质上得到合理补偿。

2. 从加害人的角度分析，在于其对自己先前所实施的行为的真诚悔悟，深入了解自己的行为带给被害人的精神创伤、身体伤害或者财产损失等以及其他方面的伤害，如名誉、人格、知识产权等。通过和解，使加害人从中了解被害人的真实感受，勇于为自己的加害行为承担责任，这是刑事和解自身应有的目的之一。加害人通过与被害人面对面的接触，听取被害人讲述受害时及受害后的心理恐惧、不安、愤恨等精神创伤，只有这样，才能使加害人充分认识到其行为对被害人造成的身体伤害或者财产损失及其所引发的精神痛苦，发自内心地为自己先前的加害行为而悔悟，向被害人表达自己的悔过之意，求得被害人的谅解，并在此基础上达成和解协议。从刑事和解的实践分析，被害人很在乎加害人是否能够亲自到自己面前道歉和表达愿意赔偿的意愿，这不单单是一个"要面子"的问题，其实这么做是对被害人心理平复非常有效的方法。

修改后的《刑事诉讼法》第五编"特别程序"的第二章"当事人和解的公诉案件诉讼程序"确认了当事人和解的公诉案件程序，充分体现出刑事立法对被害人权利的重视和保护。特别是在建设社会主义和谐社会的大背景之下，不仅折射出被害人对刑事和解现实的迫切渴望，也与我国提倡的宽严相济刑事政策的发展趋势相契合。刑事司法程序运作的本身，就是对人的尊严与权利孜孜追求的过程，我国学者多认为，刑事和解在我国的理论基础是建立在"和为贵"的中国传统哲学理念之上的。[①] 刑事和解从司法实践中发展而来，并在立法中占有一席之地，核心是以被害人权利保障为基点，为刑事领域关注加害人与受害人的责任与公正打开了一片新的天地，并成为国际社会所倡导的对被害人所遭受的损失予以及时救济的非司法方式之一。

《人民检察院刑事诉讼规则（试行）》第 510 条至第 522 条根据《刑事诉讼法》的规定，细化了检察机关刑事和解的相关程序。

第一，刑事和解的主体。被害人一方包括被害人及其法定代理人、近亲属。被害人死亡的，其法定代理人、近亲属可以与犯罪嫌疑人和解。被害人系无行为能力或者限制行为能力人的，其法定代理人可以代为和解。犯罪嫌疑人系限制行为能力人的，其法定代理人可以代为和解。犯罪嫌疑人在押的，经犯罪嫌疑人同意，其法定代理人、近亲属可以代为和解。

---

① 在西方，刑事和解的三个理论支撑点是恢复正义理论、平衡理论、叙说理论。

第二，公诉案件双方当事人和解的案件范围及条件。包括两类案件：（1）因民间纠纷引起，涉嫌《刑法》分则第四章、第五章规定的犯罪案件，可能判处3年有期徒刑以下刑罚的；（2）除渎职犯罪以外的可能判处7年有期徒刑以下刑罚的过失犯罪案件。

上述公诉案件应当同时符合下列条件：

（1）犯罪嫌疑人真诚悔罪，向被害人赔偿损失、赔礼道歉等；

（2）被害人明确表示对犯罪嫌疑人予以谅解；

（3）双方当事人自愿和解，符合有关法律规定；

（4）属于侵害特定被害人的故意犯罪或者有直接被害人的过失犯罪；

（5）案件事实清楚，证据确实、充分。

犯罪嫌疑人在5年以内曾经故意犯罪的，无论该故意犯罪是否已经追究，均不适用刑事和解的程序。

第三，和解的内容及限制。双方当事人可以就赔偿损失、赔礼道歉等民事责任事项进行和解，并且可以就被害人及其法定代理人或者近亲属是否要求或者同意公安机关、人民检察院、人民法院对犯罪嫌疑人依法从宽处理进行协商，但不得对案件的事实认定、证据采信、法律适用和定罪量刑等依法属于公安机关、人民检察院、人民法院职权范围的事宜进行协商。

第四，和解的途径。双方当事人可以自行达成和解，也可以经人民调解委员会、村民委员会、居民委员会、当事人所在单位或者同事、亲友等组织或者个人调解后达成和解。人民检察院对于符合规定的公诉案件，可以建议当事人进行和解，并告知相应的权利义务，必要时可以提供法律咨询。

第五，和解的审查。人民检察院应当对和解的自愿性、合法性进行审查，重点审查以下6项内容：（1）双方当事人是否自愿和解；（2）犯罪嫌疑人是否真诚悔罪，是否向被害人赔礼道歉，经济赔偿数额与其所造成的损害和赔偿能力是否相适应；（3）被害人及其法定代理人或者近亲属是否明确表示对犯罪嫌疑人予以谅解；（4）是否符合法律规定；（5）是否损害国家、集体和社会公共利益或者他人的合法权益；（6）是否符合社会公德。审查时，应当听取双方当事人和其他有关人员对和解的意见，告知刑事案件可能从宽处理的法律后果和双方的权利义务，并制作笔录附卷。

第六，主持制作和解协议。经审查认为双方自愿和解，内容合法，且符合《人民检察院刑事诉讼规则（试行）》第510条规定的范围和条件的，人民检察院应当主持制作和解协议书。和解协议书的主要内容包括：（1）双方当事人的基本情况；（2）案件的主要事实；（3）犯罪嫌疑人真诚悔罪，承认自己所犯罪行，对指控的犯罪没有异议，向被害人赔偿损失、赔礼道歉等；赔偿损失的，应当写明赔偿的数额、履行的方式、期限等；（4）被害人及其法定代理人或者近亲属对犯罪嫌疑人予以谅解，并要求或者同意公安机关、人民检察院、人民法院对犯罪嫌疑人依法从宽处理。和解协议书应当由双方当事人签字，可以写明和解协议书系在人民检察院主持下制作。检察人员不在当事人和解协议书上签字，也不加盖人民检察院印章。和解协议书一式三份，双方当事人各持一份，另一份交人民检察院附卷备查。

第七，和解协议的履行与人民检察院的从宽处理。和解协议书约定的赔偿损失内容，应当在双方签署协议后立即履行，至迟在人民检察院作出从宽处理决定前履行。确实难以一次性履行的，在被害人同意并提供有效担保的情况下，也可以分期履行。双方当事人在侦查阶段达成和解协议，公安机关向人民检察院提出从宽处理建议的，人民检察院在审查逮捕和审查起诉时应当充分考虑公安机关的建议。人民检察院对于公安机关提请批准逮捕的案件，双方当事人达成和解协议的，可以作为有无社会危险性或者社会危险性大小的因素予以考虑，经审查认为不需要逮捕的，可以作出不批准逮捕的决定；在审查起诉阶段可以依法变更强制措施。人民检察院对于公安机关移送审查起诉的案件，双方当事人达成和解协议的，可以作为是否需要判处刑罚或者免除刑罚的因素予以考虑，符合法律规定的不起诉条件的，可以决定不起诉。对于依法应当提起公诉的，人民检察院可以向人民法院提出从宽处罚的量刑建议。人民检察院拟对当事人达成和解的公诉案件作出不起诉决定的，应当听取双方当事人对和解的意见，并且查明犯罪嫌疑人是否已经切实履行和解协议、不能即时履行的是否已经提供有效担保，将其作为是否决定不起诉的因素予以考虑。当事人在不起诉决定作出之前反悔的，可以另行达成和解。不能另行达成和解的，人民检察院应当依法作出起诉或者不起诉决定。当事人在不起诉决定作出之后反悔的，人民检察院不撤销原决定，但有证据证明和解违反自愿、合法原则的除外。

形式和解以被害人自愿为原则。前提是犯罪嫌疑人、被告人真诚悔罪，通过向被害人赔偿损失、赔礼道歉等方式获得被害人谅解。犯罪嫌疑人或者其亲友等以暴力、威胁、欺骗或者其他非法方法强迫、引诱被害人和解，或者在协议履行完毕之后威胁、报复被害人的，应当认定和解协议无效。已经作出不批准逮捕或者不起诉决定的，人民检察院根据案件情况可以撤销原决定，对犯罪嫌疑人批准逮捕或者提起公诉。

刑事和解是从西方"恢复性司法"演变而来的，是刑事司法系统以外的用来解决被害人和加害人之间关系的非刑事方法。我国香港特别行政区则对未成年人采取"复合公议"的方式，鼓励"人际修和"及"宽恕"，并认为是行之有效的。① "恢复性司法的优势在于它是从多个不同的角度来看待犯罪行为的，它不仅仅考虑到行为的违法性，而且认识到违法性的行为所带来的危害，它也关注被害人及社会中受犯罪行为影响的其他成员对犯罪行为的反应。"②

国际社会也对此予以充分关注。"刑事司法系统面临的艰巨任务是设法在三方，即社会、犯罪者和受害者的合法权益之间取得平衡。恢复性司法模式最近被视为一种可行的替代办法，可能有助于在有关各方的利益之间取得预期的平衡。"③ 恢复性司法被视为刑事司法的一个有效的替代模式，它对犯罪作出的反应，有别于传统的改造性和报复性（只是惩罚）的反应。当"在一项具体犯罪中有利害关系的所有各方聚在一起，共同决定如何消除这项犯罪的后果及其对未来的影响"④ 时，它所侧重的是通过赔偿来恢复被害人的心理，恢复被犯罪打破的社区平衡，以预防犯罪的再次发生。在和解中，一个很重要的方面是对被害人进行物质赔偿。"犯罪者必须弥补给受害者造成的损害，例如支付赔偿金。必要时，犯罪者的家庭应分担犯罪责任，协助犯罪者支付赔偿金。"评估研究显示，受害者和犯罪者大多对这种结果基本满意。⑤ 我国刑事和解的实践也充分证明了这一点。

四、保障被害人合法财产返还权

在国内法领域，我国《刑法》第 64 条规定，犯罪分子违法所得的一切财物，应当予以追缴或者责令退赔；对被害人的合法财产，应当及时返还。我国《刑事诉讼法》第 234 条规定："公安机关、人民检察院和人民法院对查封、扣押、冻结的犯罪嫌疑人、被告人的财物及其孳息，应当妥善保管，以供核

---

① "最理想的是这些补偿行动包含了犯罪者对事件作出的忏悔，方能真正对受害人的伤害作出补偿，无论该受害人是个别人士、团体或是整个社区。复和公义偏重解决冲突，以避免因罪案而再引发另一些罪案，因此复和公义在未来将会是青少年司法的主流措施之一。"参见黄成荣：《复和公义在香港的应用和实践》，载《江苏社会科学》2004 年第 2 期。

② ［美］丹尼尔·W. 凡奈思：《全球视野下的恢复性司法》，载《南京大学学报》（哲学、人文科学、社会科学）2005 年第 4 期。

③ 第十届预防犯罪和罪犯待遇大会秘书处编写的工作文件——《犯罪者和受害者：司法程序中的责任和公正问题》

④ 第十届预防犯罪和罪犯待遇大会秘书处编写的工作文件——《犯罪者和受害者：司法程序中的责任和公正问题》

⑤ 第十届预防犯罪和罪犯待遇大会秘书处编写的工作文件——《犯罪者和受害者：司法程序中的责任和公正问题》

查，并制作清单，随案移送。任何单位和个人不得挪用或者自行处理。对被害人的合法财产，应当及时返还。对违禁品或者不宜长期保存的物品，应当依照国家有关规定处理……司法工作人员贪污、挪用或者私自处理查封、扣押、冻结的财物及其孳息的，依法追究刑事责任；不构成犯罪的，给予处分。"但是，司法实践中也出现了一些执法中的不当行为，导致无法返还被害人的情形，如因为对被害人的财物保管不当造成财物的损毁和灭失，或者擅自挪作他用造成损坏，或者擅自予以处分等行为，导致无法返还的情形发生。

《刑事诉讼法》2012 年修订后，人民法院、人民检察院和公安机关都进一步完善了被害人财产返还的相关规定，强化了对被害人权利的保护。最高人民法院《关于适用〈中华人民共和国刑事诉讼法〉的解释》第 360 条规定：对被害人的合法财产，权属明确的，应当依法及时返还，但须经拍照、鉴定、估价，并在案卷中注明返还的理由，将原物照片、清单和被害人的领取手续附卷备查；权属不明的，应当在人民法院判决、裁定生效后，按比例返还被害人，但已获退赔的部分应予扣除。《人民检察院刑事诉讼规则（试行）》第 233 条的规定，"调取物证应当调取原物。原物不便搬运、保存，或者依法应当返还被害人，或者因保密工作需要不能调取原物的，可以将原物封存，并拍照、录像。"此外，第 387 条规定："追缴的财物中，属于被害人的合法财产，不需要在法庭出示的，应当及时返还被害人，并由被害人在发还款物清单上签名或者盖章，注明返还的理由，并将清单、照片附卷。"修订后的《公安机关办理刑事案件程序规定》第 229 条规定："对被害人的合法财产及其孳息权属明确无争议，并且涉嫌犯罪事实已经查证属实的，应当在登记、拍照或者录像、估价后及时返还，并在案卷中注明返还的理由，将原物照片、清单和被害人的领取手续存卷备查。查找不到被害人，或者通知被害人后，无人领取的，应当将有关财产及其孳息随案移送。"第 230 条第 1 款规定："对查封、扣押的财物及其孳息、文件，公安机关应当妥善保管，以供核查。任何单位和个人不得使用、调换、损毁或者自行处理。"上述规定都体现了对被害人财产权利的合法保障。2010 年 5 月 9 日发布的《人民检察院扣押、冻结涉案款物工作规定》中，规定了检察机关在刑事诉讼的各个参与阶段均应及时返还被扣押、冻结的被害人合法财产，同时，该规定第 41 条第 1 款还明确了应当返还的被害人财产的公告程序："对于应当返还被害人的扣押、冻结款物，无人认领的，应当公告通知。公告满一年无人认领的，依法上缴国库。"

在国际上，被害人财产的返还被国际公约加以确认，并成为国际合作的重要内容。《联合国反腐败公约》第 57 条"资产的返还和处分"中规定，"在其他所有情况下，优先考虑将没收的财产返还请求缔约国、返还其原合法所有人或者赔偿犯罪被害人"。《联合国打击跨国有组织犯罪公约》第14条"没收的犯罪所得或财产的处置"第2项规定，根据本公约第13条的规定应另一缔约国请求采取行动的缔约国，应在本国法律许可的范围内，根据请求优先考虑将没收的犯罪所得或财产交还请求缔约国，以便其对犯罪被害人进行赔偿，或者将这类犯罪所得或财产归还合法所有人。追回腐败资产的国际合作机制是通过国际合作打击腐败犯罪的有效措施之一，《联合国反腐败公约》所确立的追回资产机制，旨在加强各国国内的反腐败行动、促进反腐领域内的国际合作，其中对犯罪被害人赔偿优先的原则，彰显了国际社会重视被害人权利保障的一贯原则。

第三节　问题与对策

一、被害人精神损害赔偿请求权的缺失及立法完善

我国《刑法》第36条规定，由于犯罪行为而使被害人遭受经济损失的，对犯罪分子除依法给予刑事处罚外，并应根据情况判处赔偿经济损失。并且确立了被害人民事赔偿优先于财产刑的原则。但是没有对被害人遭受的精神损害赔偿作出规定。司法解释则明确规定不受理被害人有关精神损害的赔偿请求。最高人民法院2000年12月19日起施行的《关于刑事附带民事诉讼范围问题的规定》第1条规定，因人身权利受到犯罪侵犯而遭受物质损失或者财物被犯罪分子毁坏而遭受物质损失的，可以提起附带民事诉讼。对于被害人因犯罪行为遭受精神损失而提起附带民事诉讼的，人民法院不予受理。2002年，最高人民法院又进一步补充了不受理精神损害请求的内容，对于刑事案件被害人由于被告人的犯罪行为而遭受精神损失提起的附带民事诉讼，或者在该刑事案件审结以后，被害人另行提起精神损害赔偿民事诉讼的，人民法院不予受理。①

刑事立法及最高人民法院作出的上述规定，没有赋予被害人获得精神损害赔偿的权利，一方面与我国《民法通则》规定的关于民事权利保护的精神不一致；另一方面，使被害人权利的保障大打折扣，难以真正实现司法公正，同

---

① 参见最高人民法院《关于人民法院是否受理刑事案件被害人提起精神损害赔偿民事诉讼问题的批复》（2002年7月20日起施行），该批复是"根据刑法第三十六条和刑事诉讼法第七十七条以及我院《关于刑事附带民事诉讼范围问题的规定》第一条第二款的规定"作出前述规定。

时，由于这种立法上的缺陷和司法解释的拒绝保护，易导致人们对法律的失望，从而引发新的不稳定因素。因为犯罪不仅仅直接侵害到被害人的权利，还影响了犯罪周围的地区，使人们缺乏必要的安全感。同时，犯罪对整个社会也构成威胁。如果在保障被害人权利方面能够尽可能地完善，对精神损害赔偿予以支持，不仅对被害人的身心恢复有好处，而且对社会其他人恢复安全感、对社会建立信心有益。联合国《宣言》明确指出被害人遭受的损害包括"身心损伤、感情痛苦、经济损失或基本权利的重大损害"。而我国刑事诉讼中对被害人精神损害的请求却不予支持，显然与宣言所倡导的内容不一致。被害人因为犯罪行为遭受人身权利的损害或者物质损失之后，最难以平复的是精神方面的创伤，这方面的权利无法得到保障，被害人不能通过法律途径进行及时、有效的救济，显然是极不公平的，而且也与法律追求公平正义的精神相违背。

在我国，对一般侵权行为造成的损失，公民有提起精神损害赔偿的请求权，[①] 而对犯罪这种对公民权利最严重的侵犯行为，被害人却不能提起精神损害赔偿的请求，显然，在逻辑上是解释不通的。如果能够在刑事立法中明确被害人享有精神损害赔偿请求权，对于稳定社会，平复被害人为犯罪行为所遭受的心理痛苦，逐渐减轻其精神上的创伤，将起到非常有效的作用。因此，对刑事被害人精神损害赔偿请求权在立法中加以明确规定，是最有效的解决途径，我国应当通过完善相关法律，来保障刑事案件的被害人能够理直气壮地提出精神损害赔偿请求。

二、被害人国家补偿制度和物质赔偿权实现途径的缺位及其完善

（一）建立我国被害人国家补偿制度

目前我国刑事被害人获得物质赔偿的权利无法得到实现的情形特别突出，仅"广东省受害当事人无法获得经济赔偿的比例高达75%，截至2006年年底，广东省无法执行的刑事被害人赔偿金额达数亿元之巨"。[②] 这仅仅是一个

---

① 自2001年3月1日起施行的最高人民法院《关于确定民事侵权精神损害赔偿责任若干问题的解释》第1条规定了提起精神损害赔偿的范围：自然人因生命权、健康权、身体权；姓名权、肖像权、名誉权、荣誉权；人格尊严权、人身自由权遭受非法侵害，向人民法院起诉请求赔偿精神损害的，人民法院应当依法予以受理。违反社会公共利益、社会公德侵害他人隐私或者其他人格利益，受害人以侵权为由向人民法院起诉请求赔偿精神损害的，人民法院应当依法予以受理。

② 《广东刑事被害人国家救助制度进入实质操作阶段》，载《南方日报》（网络版）2007年9月6日，http://www.guangdong.gov.cn/govpub/gdyw/200709/t20070906_19640.htm。

省的数据，就全国而言，更是十分惊人的数字。目前，对于已经提起刑事附带民事诉讼的被害人而言，人民法院关于其获得物质赔偿部分的判决变成"一纸空文"的成为普遍现象，使法律权威受到极大冲击的同时，也使被害人利益的救济落空。这其中有的案件是因为被告人本人经济困难，① 或者将财物挥霍而没有赔偿能力，有的则是基于"既然已经被定罪判刑了，有钱也不赔"的想法，不肯赔偿。有的被害人则是因为案件无法破案，无法进入刑事诉讼程序来维权，从而使得这部分被害人求偿无门。《公安研究》公布的数据显示，自 2001 年以来，我国每年刑事犯罪立案均在 400 万起以上，破案率均为40% ～50%。② 可见，无法求偿的数字之多是相当令人担忧的。所以，建立国家对刑事被害人的救助制度已经迫在眉睫。从《宪法》第 45 条确立的公民有从国家和社会获得物质帮助的角度来说，设立被害人国家补偿制度也是具有合理性的。③ 同时人大代表的呼吁，社会现实的迫切需要，理论上的研讨，④ 都在促进我国确立相关的制度保障被害人应当享有的基本权利。我国近年来在一些地方已经谨慎地开始操作，并对极少数被害人开始实施补偿，例如，江苏检

---

① 如邱兴华案，受害者家属中有的仅从民政部门获得社会救助款 1000 余元，有的从社会捐助中得到 1000 多元，有的受害人家属没有得到任何方式的救助款。参见蒋伟文：《邱兴华特大杀人案受害群体生存状态》，http：//www. dffy. com2008 - 1 - 1e 法网 - 法制周报。

② 转引自《广东刑事被害人国家救助制度进入实质操作阶段》，载《南方日报》（网络版）2007 年 9 月 6 日，载 http：//www. guangdong. cn/govpub/gdyw/200709/t20070906_ 19640. htm。

③ 参见简布礼：《略论被害人国家补偿制度——以刑事政策为视角》，载 http：//www. dffy. com/faxuejieti/xs/200801/20080113204529. htm，访问日期：2008 年 1 月 13 日。

④ 被害人国家补偿制度的理论基础主要有如下 4 种学说：国家责任说。该学说认为国家对其国民负有防止犯罪发生的责任。当被害人不能从罪犯那里获得赔偿时，国家自然应对其损失给予补偿。社会保险说认为，国家对刑事被害人的补偿是一种附加的社会保险。犯罪是任何社会无法避免的一种灾祸，因此，犯罪侵害应视为社会保险帮助解决的意外事故之一。由国家予以补偿，不致使被害人被迫独自承担犯罪这一意外事故带给他的损失。社会福利说认为，如果某个社会成员因犯罪之被害而致残、死亡或贫困，无人供养时，社会应给予其适当的救助或援助。这是社会增进人民福利的一项重要任务。公共援助说主张，国家对刑事被害人的补偿是一种对处于不利社会地位者的公共援助，国家负有对处于不利社会地位者进行援助的道义责任。刑事被害人受到犯罪侵害后，由于身体受到损害或财产受到损失，实际上也变成了一种处于不利社会地位者。出于人道考虑，国家也应通过补偿的形式对其予以援助。参见蔡鸿铭：《"执法如水"理念下的被害人正义：刑事被害人国家补偿制度之本土建构》，载 http：//www. law - lib. com/LW/lw_ view. asp？no = 8842，访问日期：2008 年 9 月 20 日。

察机关结合本地工作经验在被害人救助机制方面有了发展，部分检察院进行了制度尝试。无锡市锡山区检察院制定了特困户的被害人救助制度，并设立了专项基金。2011 年 7 月 28 日，山东省蓬莱市人民检察院为了服务民生建设、化解社会矛盾、促进社会稳定和谐，根据中央政法委等八部委《关于开展刑事被害人救助工作的若干意见》及最高人民检察院、省院、市院的有关规定，结合蓬莱市经济发展水平和蓬莱市检察机关工作实际，制定了《蓬莱市人民检察院刑事被害人救助实施办法（暂行）》，① 努力修复被犯罪行为破坏的社会关系，缓解刑事被害人的生活困难急需。该实施办法遵循"生活紧迫急需原则、一次性救助原则、回避原则、公正、便捷、及时、高效的原则"，并分别规定了可以予以救助和不予救助的条件，设置了受理、审查、报批、救助金发放和监管 5 项程序。其他还有《山西省检察机关刑事被害人救助实施细则》等。2010 年 1 月 1 日起施行的《山东省刑事被害人救助工作实施办法（试行）》，则是由山东省省委政法委、省高级人民法院、省检察院、省公安厅等八部门联合签发，以保障刑事案件生活困难的被害人能够得到及时救助。救助资金实行省、市、县（市、区）分级筹集，分级管理，分级发放，来源以财政拨款为主，社会筹集等为辅，专款专用。各地也在实行相关的被害人补偿工作。

司法实践已经先行一步，我国应当总结各地对被害人进行补偿的有益经验，并合理借鉴世界上其他国家的相关立法和制度。从 20 世纪 60 年代兴起的对被害人权利的关注开始，已经先后有几十个国家先后颁布了被害人补偿的立法，成立专门的被害人国家补偿机构。国际上也逐渐形成了专门研究被害人权利保障的学会和研究会，如从 1973 年开始的每三年一届的国际被害人学研讨会，我国从 1994 年开始一直参与其中。虽然起步比很多国家晚，但是我们也容易从其他国家的成功经验和不足中找到一个更好的对被害人进行补偿的途径。

国家在履行对被害人的补偿时，不应当是消极的，而要积极创造条件，尽快制定相关的法律，确定补偿的原则、机构、被补偿人的条件、补偿方式、补偿数额等；要完善补偿渠道，为被害人提供快捷、畅通的救济渠道。这也将体现司法正义对被害人的关怀。同时，国家还应当确立一种对犯罪人的后续追偿制度，当犯罪人有可以偿还的财产时，国家有权对其财产进行追缴，以弥补国家因其犯罪行为而支付的补偿款。我国在 2009 年颁布的《国家人权行动计划（2009—2010 年）》已提出，要"推动刑事被害人国家救助制度立法工作，明

第十二章　被害人人权保障

---

① http：//www. plsjcy. gov. cn/News_ View. asp？ NewsID = 624.

确刑事被害人国家救助的条件、标准、程序"。

（二）完善刑事附带民事诉讼中被害人物质赔偿权的实现途径

刑事附带民事诉讼中被害人物质赔偿权难以实现的症结在于刑事附带民事判决的执行上。解决这个问题，需要从两个方面去完善：

第一，对于被告人没有任何赔偿能力的案件，应当由国家对被害人补偿，然后国家保留对被告人的事后追偿权。

第二，对于被告人有赔偿能力的案件，应当区分不同情况，分别予以处理。对构成犯罪的，依法追究刑事责任。

1. 被告人积极主动赔偿附带民事诉讼原告全部或部分物质损失时，根据最高人民法院《关于刑事附带民事诉讼范围问题的规定》第 4 条的规定，对刑事被告人酌情从轻处罚，包括适用缓刑；人民检察院也可根据《刑事诉讼法》第 173 条第 2 款的规定，对符合不起诉条件的依法对犯罪嫌疑人作出不起诉处理。

2. 可以将赔偿情况作为对服刑期间的罪犯进行减刑、假释的条件之一。近亲属自愿代为承担赔偿责任的行为应作为一种赠予被刑事追诉者部分财产的行为，在司法实践中可以被认为是被刑事追诉者积极履行赔偿责任的悔罪行为。

3. 对拒不执行人民法院已经生效的刑事附带民事诉讼判决行为构成犯罪的，依照《刑法》第 313 条和 2002 年 8 月 29 日全国人大常委会《关于〈中华人民共和国刑法〉第 313 条的解释》的规定，对情节严重的，处 3 年以下有期徒刑、拘役或者罚金。《刑法》第 313 规定的"人民法院的判决、裁定"，是指人民法院依法作出的具有执行内容并已发生法律效力的判决、裁定。刑事附带民事诉讼判决当然属于其中的一项。《刑法》第 313 条规定的"有能力执行而拒不执行，情节严重"的情形是指：被执行人隐藏、转移、故意毁损财产或者无偿转让财产、以明显不合理的低价转让财产，致使判决、裁定无法执行的；担保人或者被执行人隐藏、转移、故意毁损或者转让已向人民法院提供担保的财产，致使判决、裁定无法执行的；协助执行义务人接到人民法院协助执行通知书后，拒不协助执行，致使判决、裁定无法执行的；被执行人、担保人、协助执行义务人与国家机关工作人员通谋，利用国家机关工作人员的职权妨害执行，致使判决、裁定无法执行的；其他有能力执行而拒不执行，情节严重的情形。

以上问题的有效解决，有利于稳定社会，防止被害人基于对自身所受待遇的不满而激发其他不法行为或者犯罪行为的发生，避免被害人转化为犯罪人，成为新的危害社会的因素。

三、《刑事诉讼法》对被害人法律援助的立法缺失及其完善

2003 年 9 月 1 日起施行的《法律援助条例》是我国第一部法律援助的专门法规，第 11 条规定，公诉案件中的被害人及其法定代理人或者近亲属，自案件移送审查起诉之日起，因经济困难没有委托诉讼代理人的；自诉案件的自诉人及其法定代理人，自案件被人民法院受理之日起，因经济困难没有委托诉讼代理人的，可以向法律援助机构申请法律援助。但是，《刑事诉讼法》第 34 条、第 267 条、第 286 条只规定了对被告人的法律援助，而没有规定对被害人的法律援助，刑事立法在这方面的缺陷，已然导致对被害人权利保障的缺位。2013 年 2 月 4 日最高人民法院、最高人民检察院、公安部、司法部修改了《关于刑事诉讼法律援助工作的规定》，规定法律援助的对象除了犯罪嫌疑人、被告人之外，还包括公诉案件中的被害人及其法定代理人或者近亲属、自诉案件中的自诉人及其法定代理人，上述人员因经济困难没有聘请律师或者委托诉讼代理人的，可以向办理案件的公安机关、人民检察院、人民法院所在地同级司法行政机关所属法律援助机构申请法律援助。人民检察院自收到移送审查起诉的案件材料之日起 3 日内、人民法院自受理自诉案件之日起 3 日内，在告知被害人、自诉人及其法定代理人或者其近亲属有权委托诉讼代理人的同时，应当告知其如果经济困难，可以向法律援助机构申请法律援助。告知可以采取口头或者书面方式，告知的内容应当易于被告知人理解。口头告知的，应当制作笔录，由被告知人签名；书面告知的，应当将送达回执入卷。对于被告知人当场表达申请法律援助意愿的，应当记录在案。法律援助机构收到申请后应当及时进行审查并于 7 日内作出决定。给予法律援助决定书和不予法律援助决定书应当及时发送申请人，并函告公安机关、人民检察院、人民法院。上述法律援助的规定，对被害人权利保障的实现有至关重要的作用，由法律援助机构对经济困难无法聘请律师的被害人指派律师提供援助，由这些精通法律的专业人士来帮助被害人维权，可以在更大程度上保障被害人合法权利的实现。

但是，对于公诉案件的被害人及其法定代理人或近亲属提出刑事法律援助的申请，一些地区的法律援助中心的负责人认为人民检察院已经完全代表了被害人的利益，并且检察院有足够能力维护被害人的合法权利，因此无须再对被害人指派律师提供法律援助。① 2006 年全国法律援助案件的总结数据显示，在获得批准的刑事法律援助申请中，犯罪嫌疑人、被害人、自诉人申请量的比

---

① 参见中国司法部法律援助中心刑事法律援助部调研组：《关于刑事法律援助的调研报告》，载 http：//www. humanrights – china. org/china/newzt/flyz/index. html。

为 4.5∶1.7∶1，犯罪嫌疑人申请并获得刑事法律援助案件为 8848 件，被害人申请并获得刑事援助案件为 3377 件，自诉人申请并获得刑事援助案件为 1974 件。① 2008 年《全国法律援助统计分析》显示，全年共为犯罪嫌疑人、刑事被告人提供法律援助 117880 件，占刑事案件总数的 94.9%，为被害人、自诉人提供法律援助 6337 件，占刑事案件总数的 5.1%，② 相差悬殊。

上述认识和数据显示出在我国对刑事被害人法律援助的认识还存在误区，对刑事被害人法律援助的实施还及其薄弱。有观点认为，将刑事公诉案件的被害人纳入法律援助的范围，"会导致被害人与被告人诉讼权利的失衡，既无必要，也不经济。作为控诉方之一的公诉机关其主要职责就是追究犯罪，公诉人所具备的专业技能和经验，完全可以维护被害人的合法利益，帮助其最大限度地实现利益诉求。而且，法律援助资源具有稀缺性，为了最大限度地合理配置资源，必须将有限的资源分配给最需要援助的人。相对于刑事案件被害人而言，被告人更需要作为稀缺资源的法律援助"。③ 诚然，被告人作为法律援助的对象是没有任何疑问的，但是，被害人同样有权利获得必要的法律援助。虽然在公诉案件中，已经由检察机关作为国家和公益的代表对被告人提起公诉，但是，被害人个人权利的诉求并没有完全被替代，否则，也就没有必要再赋予被害人以当事人的诉讼地位了。检察机关和被害人在刑事诉讼中虽然有共同的指向，但要追究犯罪人的刑事责任，仍然存在各自独立的目标体系和诉求，检察机关注重追诉犯罪的社会效益、法律效益，被害人则专注于自己所受伤害的弥补（包括犯罪人受到惩罚而在精神上获得宽慰和在物质上得到赔偿），因为各自的出发点不同，无论在事实上还是在法律规定上，被害人的利益与国家利益并不能完全重合。检察机关在行使对犯罪的追诉权时，仍然有被害人维护自身合法权益的独立空间。因此，法律应当为经济困难的刑事被害人提供必要的法律援助，从而维护其合法权益。

近些年来，我国刑事法律援助的力度在不断加大。2012 年全国法律援助机构办理案件数量和受援人总数均大幅上涨了 21%。去年，全国办理法律援

---

① 参见姚磊：《刑事被害人法律援助问题探究》，载 http：//www. tj. jcy. gov. cn/Read-News. asp? NewsID = 972，访问日期：2008 年 3 月 27 日。

② http：//www. chinalegalaid. gov. cn/China _ legalaid/content/2010 - 08/27/content _ 3998327. htm? node = 40884.

③ 陈建：《对被害人实施刑事法律援助存在的问题及对策》，载 http：//www. tcpf. gov. cn/pfzx2/html/? 312. html.

助案件首次突破百万件，受援人总数达 114 万余人。① 2010 年全国法律援助经费总额达到 10. 12 亿元。② 在被害人法律援助方面，检察机关应当及时向被害人及其法定代理人、近亲属告知相关的获得法律援助的规定，帮助经济困难的被害人依法获得法律援助，保障其诉讼权利的实现。

应用与讨论训练

★ **模块一** **主题讨论**

（一）提出问题

1. 目前检察官在保障被害人人权方面存在哪些问题？如何完善？（结合各自的工作讨论）

（1）检察官应当如何在各自的工作职责中保障被害人的权利？

（2）检察官在保障被害人权利方面的优势是什么？

（3）检察官在保障被害人权利方面存在的问题是什么？如何完善与应对？

2. 检察官如何在代表公益与维护被害人权利及保障被告人权利方面取得平衡？

（1）如何看待"在某些情况下，受害者的利益与国家的利益并不完全一致，并有可能发生严重冲突"（摘自第十届预防犯罪和罪犯待遇大会文件）这一问题？

（2）如何理解《联合国反腐败公约》第 32 条"五"的规定："各缔约国均应当在不违背本国法律的情况下，在对罪犯提起刑事诉讼的适当阶段，以不损害被告人权利的方式使被害人的意见和关切得到表达和考虑"？

（二）启发讨论

1. 国家利益、社会利益能否替代个人利益？

（1）国家利益、社会利益与被害人个人利益的出发点是否一致？

（2）国家利益、社会利益与被害人个人利益的实现途径是否重合？

（3）被害人个人利益是否具有独立性？

2. 保障被告人人权和维护被害人利益如何协调？

---

① http：//www. chinapeace. org. cn/2013 - 02/19/content_ 6745967. htm，访问时间：2013 年 2 月 19 日。

② 参见《数字回顾法援十年》，载 http：//www. chinalegalaid. gov. cn/China_ legalaid/content/2012 - 09/12/content_ 3998332. htm？ node =40884。

★ **模块二** | **案例研讨**

柳正权是"社会弱者权利保护中心"的一名律师，他曾为一名刑事案件的受害人、被称为"张金柱第二案"的河南女教师徐洁提供法律援助。徐洁几年前被一名无证驾驶汽车的司机撞倒，然后又拖着她逃逸了几十米，造成全身 10 余处骨折，胸腔塌陷，医生说，徐洁能活下来绝对是个奇迹。

在柳正权律师的帮助下，受害人的赔偿款被人民法院确认为 57 万元，被告人被判处有期徒刑 15 年。但是被告人已经被单位除名，房子也被要求交回。几十万元的赔偿对被告人来说是天文数字，他根本无力负担附带的民事赔偿责任。

据受害人的主治医生介绍，目前她还需要多次手术，再加上住院治疗费，不少于 16 万元。

她所取得的法律上的"胜利"，不过是"仅仅赢了一张纸"。

柳律师说，作为一个刑事案件的受害人，徐洁最后确实得到了一定的民事救助；但是这种民事救助并非是真正意义上的民事赔偿，也并非来自于加害方，而是得益于社会的救济。问题是许多刑事案件的受害人，都没有这么幸运，他们或因对方真的没钱，或因对方已被处以极刑，或因种种其他原因，难以执行，有刑事附带的民事赔偿往往便成了空诺。而我们现在应该探讨的，是怎样真正落实对刑事受害人的民事赔偿，而不是总指望社会对个例的慈善援助。①

⊙ **研讨主题**

1. 联合国关于《为罪行和滥用权力行为受害者取得公理的基本原则宣言》中确立的关于被害人赔偿的原则是什么？

2. 司法实践中如何有效实施对被害人出庭作证的保护？

3. 我国关于被害人的权利保障还有哪些不足？

4. 通过哪些渠道或者方法可以更好地解决被害人的赔偿问题？

---

① 参见张倩：《刑事受害人如何避免民事赔偿落空？》，载《北京青年报》2005 年 4 月 19 日。

第十三章　证人人权保障

相关依据导引

★ 国际文件

《公民权利和政治权利国际公约》（1966 年 12 月 16 日第二十一届联合国大会通过）

《联合国反腐败公约》（2003 年 10 月 31 日联合国大会第 58/4 号决议通过）

《联合国打击跨国有组织犯罪公约》（2000 年 11 月 15 日联合国大会第 55/25 号决议通过）

★ 国内规范

《中华人民共和国刑法》（1979 年 7 月 1 日第五届全国人民代表大会第二次会议通过，1997 年 3 月 14 日第八届全国人民代表大会第五次会议修正）

《中华人民共和国刑事诉讼法》（1979 年 7 月 1 日第五届全国人民代表大会第二次会议通过，2012 年 3 月 14 日第十一届全国人民代表大会第五次会议修正）

《人民检察院刑事诉讼规则（试行）》（1997 年 1 月 15 日最高人民检察院第八届检察委员会第六十九次会议通过，2012 年 10 月 16 日最高人民检察院第十一届检察委员会第 80 次会议第二次修订）

最高人民法院《关于适用〈中华人民共和国刑事诉讼法〉的解释》（2012 年 11 月 5 日最高人民法院审判委员会第 1559 次会议通过）

第一节　国际准则

　　证人作证制度是刑事诉讼程序的重要组成部分。证人出庭作证既是查明案件事实的需要，也是保障刑事被追诉人合法权益的需要。作为刑事诉讼的参与人，证人自身权益的保障也是司法中人权保障的重要组成部分。实际上，证人权益保障和刑事被追诉人权益保障是相辅相成的。没有有效的证人保护制度，证人出庭作证定会受到影响，这必然会影响到案件事实的查明，进而侵害被刑事追诉者的权益。综观联合国有关司法准则，证人权益保护和被刑事追诉者权益的保护也是紧密相关的。在联合国刑事司法准则中，与证人相关的规定主要有两方面：一是从保护被刑事指控者权利的角度对证人作证进行规定；二是直接对证人权利保护进行规定。

前一种情形如《公民权利和政治权利国际公约》，其第 14 条第 3 款规定了所有被刑事指控者完全平等地有资格享受 6 种最低限度的保证，其中第戊项规定："询问或业已询问对他不利的证人，并使对他有利的证人在与对他不利的证人相同的条件下出庭和受询问。"第庚项规定："不被强迫作不利于他自己的证言或强迫承认犯罪。"此外，《少年司法最低限度标准规则》第 7 条也规定了"与证人对质和盘诘证人的权利"。需要指出的是，证人的概念有狭义和广义之分，《公民权利和政治权利国际公约》中的证人属广义的范畴，即所有经宣誓后在庭审过程中对案件有关事实作证的人，其中包括当事人、鉴定人等。其第 14 条第 3 款第庚项规定的不被强迫自证其罪的权利，其主体包括了刑事被指控者和狭义的证人、① 鉴定人。

后一种情形是直接对证人保护进行规定，如《联合国反腐败公约》和《联合国打击跨国有组织犯罪公约》。《联合国反腐败公约》第 32 条规定："一、各缔约国均应当根据本国法律制度并在其力所能及的范围内采取适当的措施，为就根据本公约确立的犯罪作证的证人和鉴定人并酌情为其亲属及其他与其关系密切者提供有效的保护，使其免遭可能的报复或者恐吓。二、在不影响被告人权利包括正当程序权的情况下，本条第一款所述措施可以包括：（一）制定为这种人提供人身保护的程序，例如，在必要和可行的情况下将其转移，并在适当情况下允许不披露或者限制披露有关其身份和下落的资料；（二）规定允许以确保证人和鉴定人安全的方式作证的取证规则，例如允许借助于诸如视听技术之类的通信技术或者其他适当手段提供证言。"《联合国打击跨国有组织犯罪公约》第 24 条的规定也与此大致相同。

在这些规则中，涉及两项重要的证人权利：一项是证人不被强迫自证其罪，另一项是证人的人身保护。现分述如下：

一、不被强迫自证其罪

《公民权利和政治权利国际公约》第 14 条第 3 款第庚项规定的"不被强迫作不利于他自己的证言或强迫承认犯罪"即是理论上的不被强迫自证其罪权，也叫反对强迫自证其罪特权。作为一项基本权利，不被强迫自证其罪权被国际公约普遍认可。除《公民权利和政治权利国际公约》外，《美洲人权公约》第 8 条、《少年司法最低限度标准规则》第 7 条、世界刑法学协会第 15

---

① 即除当事人以外，知道案情而作证的人。

届代表大会《关于刑事诉讼中的人权问题的决议》第 17 条也都对该项权利作了相应的规定。此外，许多国家和地区的宪法中也有类似的规则或规定。如《美国宪法第五修正案》规定："在任何案件中，不得强迫任何人自证其罪。"《日本宪法》第 38 条规定："任何人都不受强迫作不利于自己的供述。"2012 年 3 月修订的《中华人民共和国刑事诉讼法》也明确规定，司法人员在办案过程中不得强迫任何人证实自己有罪，从而确立了不得强迫自证其罪的原则。①

从历史发展看，该项权利来源于"任何人都没有控告自己的义务（Nemo-tenetur seipsum accusare）"的拉丁格言。有学者认为，这一格言来源于欧洲普通法，而不是英格兰普通法。② 在欧洲普通法的神学分支——中世纪教会法中就已经包含着"任何人不得被强迫控告自己"的明确表述，教会法上的特权规则后来为英国普通法所吸收，逐渐发展成为现代意义上的反对强迫自我归责特权。③

不被强迫自证其罪是所有人享有的权利，自然包括证人。根据不被强迫自证其罪特权，如果证人作证将会使自己暴露于自证其罪所造成的"真实和可估计到的危险"之中，他有权拒绝作证。针对这种情形，司法人员不得使用暴力、胁迫等方法强行违背证人的自由意志获取证言，也不能因为证人拒绝作证而对其进行惩罚。这一准则所禁止的行为不限于酷刑，而是泛指妨害自由意志决定的一切行为。

赋予证人不被强迫自证其罪的特权可能会因为证人不作证而不利于案件事实的查明，但该权利依然有其正当性基础。首先，不被强迫自证其罪符合人道主义精神。强迫证人自证其罪，无异于要求证人自己出卖自己，这有悖于人作为价值主体的基本要求。同时，强迫一个人将枷锁戴在自己的头上，是对他基本尊严的侵犯。否定强迫自证其罪，体现了对人与生俱来的尊严和价值的肯定。其次，不被强迫自证其罪有利于人权保障。对不被强迫自证其罪特权的肯定，从反面否定了暴力获取证言的行为合法性，可以抑制取证过程中践踏人权的行为。

---

① 《中华人民共和国刑事诉讼法》（2012 年 3 月 14 日第十一届全国人民代表大会第五次会议修正）第 50 条，以及 2012 年 10 月国务院公布的《中国的司法改革》白皮书。

② 参见陈光中主编：《〈公民权利和政治权利国际公约〉与我国刑事诉讼》，商务印书馆 2005 年版，第 282 页。

③ 参见陈光中主编：《〈公民权利和政治权利国际公约〉与我国刑事诉讼》，商务印书馆 2005 年版，第 282 ~ 283 页。

二、证人安全保护

《联合国反腐败公约》第 32 条和《联合国打击跨国有组织犯罪公约》第 24 条所规定的证人保护条款适用的范围仅限于公约涉及的腐败犯罪和跨国有组织犯罪中作证的证人，至于其他犯罪中作证的证人并没有涉及。从保护的范围看，公约不仅要求为证人提供有效的保护，而且要求缔约国酌情为其亲属及其他与其关系密切者提供有效保护，使其免遭可能的报复或者恐吓。就保护措施而言，公约认为在不影响被告人正当程序权的情况下，可以包括两种形式：第一种是制定人身保护的程序，如将被保护人转移、禁止披露被保护人身份和下落的资料；第二种是规定能确保证人安全的作证方式，如允许借助于诸如视听技术之类的通信技术或者其他适当手段提供证言。采用通信技术手段作证的如直播连线措施，是在特定情况下允许证人通过闭路电视、网络等手段与法庭连线的方式作证以代替出庭。这些办法在一些国家已经实施。如英国 1996 年《刑事侦查与诉讼法》第 62 条规定儿童可以通过电视网络或录像提供证据。[1] 采用特殊作证方式的做法包括隔离作证和匿名作证等方式。前者如《德国刑事诉讼法》第 168 条（c）款规定，在特定案件的庭审中询问证人时可以禁止被告人在场。后者如《英国 1976 年性犯罪（增补）法》规定了向强奸控告人提供匿名作证保障条例，1992 年匿名作证扩展到广泛的性犯罪。[2]

相对于其他犯罪案件而言，腐败犯罪和跨国有组织犯罪案件中证人保护更具有紧迫性，但这并不是说其他犯罪案件中证人人身保护就不重要。其实保护证人及其亲属和其他关系密切的人免受可能的报复和恐吓，为证人作证提供安全保障，既是查明案件事实的需要，也体现了对证人人权的保护。

需要指出的是，联合国司法准则是一种最低限度的标准，证人权利远不止以上两项。在各国的司法实践中，被广泛确认的证人权利还包括其他特定情况下的拒绝作证权、经济补偿权；等等。这些权利虽然未在联合国司法准则中得以体现，但承载了基本的价值目标，体现了对人权的保障，也是司法机关保障人权的重要准则。

---

① 参见中国政法大学刑事法律研究中心：《英国刑事诉讼制度的新发展》，载《诉讼法论丛》第 2 卷，法律出版社 1998 年版。

② 参见吴琼阁：《境外证人保护制度比较研究》，载《云南警官学院学报》2008 年第 2 期。

第二节　工作机制

一、我国刑事诉讼制度中证人的范围和法律地位

（一）证人的范围

目前，我国立法中没有明确规定证人的概念。《刑事诉讼法》第60条规定："凡是知道案件情况的人，都有作证的义务。生理上、精神上有缺陷或者年幼，不能辨别是非、不能正确表达的人，不能作证人。"该条规定了证人的基本条件。首先，成为证人的实质性条件是知道案情，不了解案情无从作证。其次，具有作证能力，能辨别是非，能正确表达。学理上关于证人的概念一般是以此条规定为基础，并结合我国刑事诉讼的构造特点来确定的。通常认为，证人是指当事人以外知道案件情况而向公安司法机关作证的诉讼参与人。具体而言，我国刑事诉讼中的证人范围可以从以下几方面加以确定：

1. 我国《刑事诉讼法》中的证人是从狭义上讲的，外延上不包括犯罪嫌疑人、被告人、被害人和鉴定人。在立法上，犯罪嫌疑人、被告人供述和辩解、被害人陈述、鉴定意见与证人证言分属于不同的证据种类，在证据收集和审查判断上有很大的区别。证人属于单独的诉讼法律关系主体，一般不存在证人与犯罪嫌疑人、被告人、被害人、鉴定人身份重叠的问题。而在英美国家，通常将犯罪嫌疑人、被告人、被害人和鉴定人统称为证人，这种做法与我国明显不同。

2. 证人只能是自然人，不包括"单位"。通常认为，证人作证必须具有正常的感知能力、辨别能力和表达能力。不能辨别是非、不能正确表达的人，不能作证人。而单位是一种抽象的法律关系主体，其行为依赖自然人来完成，这种抽象的主体不具有正常的感知能力和表达能力。即便让单位作证，最终还是由自然人来完成。因此，将单位与自然人并列作为有作证义务的主体，既不合理，又显得多余。

3. 证人既包括向法院提供证言的人，又包括向侦查机关、公诉机关提供证言的人。我国《刑事诉讼法》只规定知道案情的人有作证的义务，但没有规定在刑事诉讼的什么阶段，向谁作证。由于立法并没有确立传闻证据排除规则，实践中并没有排除书面证言的效力。在侦查阶段向侦查机关作证、在审查起诉阶段向检察机关作证以及在法庭上作证的人都被认为是证人。

4. 侦查人员必要时应以证人身份出庭作证。侦查人员是否应当以证人身份出庭作证一直是困扰我国刑事司法的一个问题。实践中，警察不出庭作证成

为我国司法中的一大怪现象。理论上对警察是否应当出庭作证也存在争议。反对警察出庭作证的依据是我国《刑事诉讼法》第 28 条的规定。根据该条规定，担任过本案证人的侦查人员应当回避，所以有人认为警察不能兼任证人。其实，警察应否出庭作证只是问题的表象，其实质是侦查人员是否应当出庭作证。刑事诉讼中的侦查人员除警察外，还包括检察机关自侦部门、国家安全部门、监狱等机构的侦查人员。侦查人员出庭作证之所以能成为争议问题，主要是由于证人概念的模糊性引起的。侦查人员就收集证据的合法性和其他一些侦查过程中的事实作证，不仅是必要的，而且是不可替代的。这一点不同于诉讼程序开始之前了解到案件实体事实的证人。2012 年 3 月修订的《刑事诉讼法》，正式确认了侦查人员出庭作证的义务。根据第 57 条第 2 款的规定，现有证据材料不能证明证据收集的合法性的，人民检察院可以提请人民法院通知有关侦查人员或者其他人员出庭说明情况；人民法院可以通知有关侦查人员或者其他人员出庭说明情况。有关侦查人员或者其他人员也可以要求出庭说明情况。经人民法院通知，有关人员应当出庭。2012 年 10 月修正的《人民检察院刑事诉讼规则（试行）》第 440 条第 1 款、第 2 款规定："公诉人对证人证言有异议，且该证人证言对案件定罪量刑有重大影响的，可以申请人民法院通知证人出庭作证。人民警察就其执行职务时目击的犯罪情况作为证人出庭作证，适用前款规定。"根据其第 449 条规定，对于搜查、查封、扣押、冻结、勘验、检查、辨认、侦查实验等侦查活动中形成的笔录存在争议，需要负责侦查的人员出庭陈述有关情况的，公诉人可以建议合议庭通知其出庭。2012 年 11 月 5 日由最高人民法院审判委员会第 1559 次会议通过的最高人民法院《关于适用〈中华人民共和国刑事诉讼法〉的解释》第 101 条对侦查人员出庭作证也予以明确。根据规定，法庭决定对证据收集的合法性进行调查的，可以由公诉人通过提请法庭通知有关侦查人员或者其他人员出庭说明情况等方式，证明证据收集的合法性。

（二）证人的法律地位

在我国刑事诉讼中，证人是诉讼程序的参加者，具有相对独立的法律地位。首先，证人是诉讼参与人，是诉讼法律关系的主体。作为诉讼法律关系的主体，证人享有程序上的特定权利，并承担相应的义务。根据我国《刑事诉讼法》的规定，证人享有使用本民族语言参加诉讼的权利，对公安司法人员侵犯其权益的行为享有控告的权利等，同时证人要承担如实作证的义务。其次，证人是当事人以外的第三人，与诉讼结果没有直接的利害关系。在我国《刑事诉讼法》中，知道案件情况的人不仅限于证人，除证人外，犯罪嫌疑人、被告人、被害人也知道案件情况。但证人与当事人的不同在于证人与诉讼结果没有直接的利害关系。若与案件结果有关系必然会影响到证言的真实性，《刑事诉讼法》也对此进行了区分，规定了不同的证据种类。这些证据种类在证据形式、收集程序、证据证明力上都存在差异。基于诉讼地位的不同，证人的权利义务与当事人也存在很大的差异。当事人享有的诸多权利是证人所没有的。最后，证人不同于审判人员、检察人员和侦查人员，不属于申请回避的对象。审判人员、检察人员和侦查人员在办案过程中也会了解案件事实，但这是职务行为的必然结果。如果这些人员在办案之前就已经了解到案件事实而成为证人，那么在诉讼程序中就应当回避。而证人由于其不可替代性，不能成为申请回避的对象。总体而言，证人是刑事诉讼的参与人，但具有不同于诉讼当事人、公安司法人员和鉴定人的法律地位。

同时，我们也必须看到，证人保护与犯罪嫌疑人、被告人的利益存在冲突。对证人的报复和威胁主要来自于犯罪嫌疑人、被告人。加强对证人的保护必然涉及对犯罪嫌疑人、被告人权利的限缩。为了防止犯罪嫌疑人、被告人干扰证人作证，势必要对其人身自由作一定的限制。为保护证人安全而使用的特殊作证方式也必然会影响到被告人的在场权、对质权。以对质权为例，被告人与对自己不利的证人进行对质，是联合国司法准则规定的最低标准。① 对质权包括两方面：一是面对面的权利；二是提问的权利。这两方面的权利都有可能因证人保护措施而受到影响。不难看出，证人保护需要兼顾被告人权利保障。证人保护是完全必要的，但在存在利益冲突的情况下，需要将其限定在一定范围之内。

二、目前检察机关保障证人权益的机制

基于追诉犯罪的需要和对人权的尊重，我国十分注重对证人权益的保障。在现有的制度框架内已基本形成了一套证人权益的保障机制，其中检察机关发挥着重要的作用，是证人权利保障机制中不可或缺的部分。

（一）对证人的安全保障

保障证人的安全是证人作证的基础条件。证人安全的威胁主要来自司法工作人员和其他人员。

对于来自司法工作人员的威胁，我国《刑事诉讼法》明确禁止非法取证行为。《刑事诉讼法》第50条规定，"审判人员、检察人员、侦查人员必须依照法定程序，收集能够证实犯罪嫌疑人、被告人有罪或者无罪、犯罪情节轻重的各种证据。严禁刑讯逼供和以威胁、引诱、欺骗以及其他非法方法收集证

---

① 参见《公民权利和政治权利国际公约》第14条第3款第戊项。

据，不得强迫任何人证实自己有罪"。其中禁止以威胁、引诱、欺骗以及其他非法的方法收集证据自然包括证人证言的收集。关于获取证言的方式和方法，最高人民检察院的司法解释作了进一步明确。《人民检察院刑事诉讼规则（试行）》第 206 条规定："询问证人，应当问明证人的基本情况以及与当事人的关系，并且告知证人应当如实提供证据、证言和故意作伪证或者隐匿罪证应当承担的法律责任，但是不得向证人泄露案情，不得采用羁押、暴力、威胁、引诱、欺骗以及其他非法方法获取证言。"为了有效惩治司法工作人员非法获取证言的行为，我国《刑法》还专门规定了暴力取证罪。根据《刑法》第 247 条的规定，司法工作人员使用暴力逼取证人证言的，处 3 年以下有期徒刑或者拘役。致使证人伤残、死亡的，依照故意伤害罪和故意杀人罪从重处罚。司法工作人员的暴力取证案件，属于检察机关直接管辖的案件范围。对于已发现的暴力取证行为，检察机关反渎职侵权部门应当立案侦查，并对相关司法工作人员进行追诉。这既体现了检察机关的法律监督职能，也显示出检察机关在保护证人合法权益中具有不可或缺的作用。

对于证人安全面临的其他方面的威胁，我国《刑事诉讼法》也作出了规定。《刑事诉讼法》第 61 条规定："人民法院、人民检察院和公安机关应当保障证人及其近亲属的安全。对证人及其近亲属进行威胁、侮辱、殴打或者打击报复，构成犯罪的，依法追究刑事责任；尚不够刑事处罚的，依法给予治安管理处罚。"这些规定不仅明确了司法机关保障证人权利的义务，而且明确了威胁证人安全的具体情形和惩治方式。

我国《刑事诉讼法》进一步完善了对证人的特殊保护措施。根据《刑事诉讼法》第 62 条的规定，对于危害国家安全犯罪、恐怖活动犯罪、黑社会性质的组织犯罪、毒品犯罪等案件，证人、鉴定人、被害人因在诉讼中作证，本人或者其近亲属的人身安全面临危险的，人民法院、人民检察院和公安机关应当采取以下一项或者多项保护措施：（1）不公开真实姓名、住址和工作单位等个人信息；（2）采取不暴露外貌、真实声音等出庭作证措施；（3）禁止特定的人员接触证人、鉴定人、被害人及其近亲属；（4）对人身和住宅采取专门性保护措施；（5）其他必要的保护措施。最高人民检察院的司法解释也对证人安全作了相应的规定。根据《人民检察院刑事诉讼规则（试行）》第 76 条的规定，对于危害国家安全犯罪、恐怖活动犯罪、黑社会性质的组织犯罪、毒品犯罪等案件，人民检察院在办理案件过程中，证人因在诉讼中作证，本人或者其近亲属人身安全面临危险，向人民检察院请求保护的，人民检察院应当受理并及时进行审查，对于确实存在人身安全危险的，应当立即采取必要的保护措施。人民检察院发现存在上述情形的，可以主动采取保护措施。人民检察院决定对证人的人身和住宅采取专门性保护措施的，由公安机关执行。人民检察院依法采取保护措施，可以要求有关单位和个人予以配合。对证人及其近亲属进行威胁、侮辱、殴打或者打击报复，构成犯罪或者应当给予治安管理处罚的，人民检察院应当移送公安机关处理；情节轻微的，予以批评教育、训诫。《人民检察院刑事诉讼规则（试行）》第443条的规定，必要时公诉人可以建议法庭采取不暴露证人外貌、真实声音等出庭作证措施，或者建议法庭根据《刑事诉讼法》第152条的规定在庭外对证据进行核实。2012年12月26日，最高人民法院、最高人民检察院、公安部、国家安全部、司法部、全国人大常委会法制工作委员会联合制定了《关于实施刑事诉讼法若干问题的规定》，该规定进一步完善了对证人保护。根据该规定第12条的规定，人民法院、人民检察院和公安机关依法决定不公开证人、鉴定人、被害人的真实姓名、住址和工作单位等个人信息的，可以在判决书、裁定书、起诉书、询问笔录等法律文书、证据材料中使用化名等代替证人、鉴定人、被害人的个人信息。但是，应当书面说明使用化名的情况并标明密级，单独成卷。辩护律师经法庭许可，查阅对证人、鉴定人、被害人使用化名情况的，应当签署保密承诺书。应该说，新修订的《刑事诉讼法》以及相关解释对证人保护的措施更加具体了，保护机制也更加完善了。

（二）对证人隐私权保护

隐私权是公民的一项重要权利。对于证人来说，个人隐私也是极其重要的，尤其是证人的身份、个人资料以及某些行为信息，甚至可能关系到证人的安全保障。因此需要让公安司法机关承担一些保密义务。对此，我国《刑事诉讼法》第109条第3款规定："公安机关、人民检察院或者人民法院应当保障报案人、控告人、举报人及其近亲属的安全。报案人、控告人、举报人如果不愿公开自己的姓名和报案、控告、举报的行为，应当为他保守秘密。"在刑事诉讼中，报案人和举报人往往就是案件的目击证人。对此，《人民检察院刑事诉讼规则（试行）》也有类似规定。该规则第162条规定："控告检察部门或者举报中心对于不愿公开姓名和举报行为的举报人，应当为其保密。"对于证人隐私的保护，《人民检察院刑事诉讼规则（试行）》第203条也作了规定。根据该规定，人民检察院应当保证一切与案件有关或者了解案情的公民，有客观充分地提供证据的条件，并为他们保守秘密。这说明了检察机关对证人权利保障的全面性，也体现了我国司法机关对人权的认识进一步加深，对人权的理解更加全面。

（三）对证人物质权利的保护

2012年修订的《刑事诉讼法》完善了证人物质权利保护的相关规定。根据《刑事诉讼法》第 63 条的规定，证人因履行作证义务而支出的交通、住宿、就餐等费用，办案机关应当给予补助。证人作证的补助列入司法机关业务经费，由同级政府财政予以保障。该条第 2 款同时规定，有工作单位的证人作证，所在单位不得克扣或者变相克扣其工资、奖金及其他福利待遇。《人民检察院刑事诉讼规则（试行）》第 77 条也规定，证人在人民检察院侦查、审查起诉阶段因履行作证义务而支出的交通、住宿、就餐等费用，人民检察院应当给予补助。2012 年 11 月 5 日通过的最高人民法院《关于适用〈中华人民共和国刑事诉讼法〉的解释》第 207 条规定，证人出庭作证所支出的交通、住宿、就餐等费用，人民法院应当给予补助。

（四）对证人拒绝作证特权的保护

一般而言，证人都有作证的义务。但并不是所有的证人都必须作证，出于利益的权衡和保护特定社会关系的需要，法律有时会赋予特定证人拒绝作证的权利，此即证人特权（privilege of witnesses）。证人特权也叫免证权、拒绝作证权，一般是指证人基于特定的身份或职业而享有的就特定事项拒绝作证的权利。这种权利解除了特殊情况下证人作证的负担，因而不同于证人享有的程序性权利和其他权利。后者往往以司法机关的保障为前提，而前者则是对证人义务的免除。

我国《刑事诉讼法》在证人拒绝作证权利保护方面有了明显进步。首先，在《刑事诉讼法》第 50 条增加了"不得强迫任何人证实自己有罪"的规定。其次，在强制出庭作证制度中，免除了被告人的配偶、父母、子女的强制到庭作证的义务。第 188 条第 1 款规定："经人民法院通知，证人没有正当理由不出庭作证的，人民法院可以强制其到庭，但是被告人的配偶、父母、子女除外。"这一规定对传统的免证特权制度进行了一定程度的吸收。一方面，这种规定避免了一部分证人的尴尬处境。被告人的配偶、父母、子女作为证人作证可能使其近亲属受到刑事追究或陷于更为不利的境地，履行作证义务的同时又要面临亲情拷问。这种情形下，法律免除了这一部分证人强制到庭作证的义务，避免了证人特定情景下的尴尬处境，体现了对人性的关怀。另一方面，这一规定也有利于保护家庭成员之间的信赖关系，维系特定社会关系的和谐状态。

（五）证人作证的便利保障

为证人作证提供必要的便利条件，是法律赋予公安司法机关的义务。我国《刑事诉讼法》第 50 条规定，"必须保证一切与案件有关或者了解案情的公民，有客观地充分地提供证据的条件，除特殊情况外，可以吸收他们协助调查"。这其中自然包括为证人提供"客观地充分地"提供证言的条件。为了方便证人作证，第122条对询问证人的地点也作了相应灵活的规定。侦查人员询问证人，可以在现场进行，也可以到证人的所在单位、住处或者证人提出的地点进行，在必要的时候，也可以通知证人到人民检察院或者公安机关提供证言。在现场询问证人，应当出示工作证件，到证人所在单位、住处或者证人提出的地点询问证人，应当出示人民检察院或者公安机关的证明文件。为了使证人在没有压力的情况下作证，《刑事诉讼法》还规定询问证人应当个别进行，询问不满18周岁的证人，可以通知其法定代理人到场。根据《刑事诉讼法》第120条和第124条的规定，询问证人的笔录应当交证人核对，对于没有阅读能力的，应当向他宣读。如果记载有遗漏或者差错，证人可以提出补充或者改正。证人请求自行书写供述的，应当准许。必要的时候，侦查人员也可以要求证人亲笔书写证言。根据《人民检察院刑事诉讼规则（试行）》第207条、第198条的规定，询问聋、哑或者不通晓当地通用语言文字的证人，人民检察院应当为其聘请通晓聋、哑手势或者当地通用语言文字且与本案无利害关系的人员进行翻译。翻译人员的姓名、性别、工作单位和职业应当记录在案。翻译人应当在讯问笔录上签字。对于证人出庭作证，最高人民法院《关于适用〈中华人民共和国刑事诉讼法〉的解释》第206条规定："证人具有下列情形之一，无法出庭作证的，人民法院可以准许其不出庭：（一）在庭审期间身患严重疾病或者行动极为不便的；（二）居所远离开庭地点且交通极为不便的；（三）身处国外短期无法回国的；（四）有其他客观原因，确实无法出庭的。具有前款规定情形的，可以通过视频等方式作证。"这一规定对作证的方式进行了相应变通，兼顾了证人出庭作证的便利。

第十三章　证人人权保障

第三节　问题与对策

一、证人保护面临的问题

（一）证人保护范围问题

首先是特定关系人的保护。我国有关证人人身安全保护的范围限于证人及其近亲属。那么，证人近亲属之外，与证人有某些特定关系的人是否需要保护呢？实践中，有些人与证人没有近亲属关系，但在经济或情感方面有某些特殊关系，对这些特定关系人的伤害可能对证人造成更为严重的打击和影响。比如证人的恋爱对象，虽不具有近亲属身份，但同样具有保护的必要。显然，需要法律提供保护的是所有因证人作证而受到安全威胁的人，除证人之外，近亲属是最有可能受到威胁的对象，但如果把保护的对象仅局限于证人及其近亲属，有些过于绝对。

其次是受保护的权利范围。对证人及其亲属和特定关系人的保护应当是全面的，不能仅仅限于人身安全，否则消除不了证人作证的威胁。最高人民检察院的司法解释规定了对证人隐私权的保护，这是一个很大的进步。但是从保护的有效性上看，不仅要保护证人的人身安全而且还要保护证人的财产安全，不仅要保护其物质性利益，而且要保护一些非物质性的利益，如心理健康问题。对证人的保护必须切实有效而不能仅局限于形式，这就要求司法机关必须提供相对全面的保护。

（二）证人保护措施问题

对证人保护的实效取决于保护措施是否到位。保护措施不仅包括实体上的惩罚性措施，还包括程序上的预防性措施，不仅限于事后的保护，还要有同步的保护。但我国立法并没有提供充分的保护措施。这种不足具体表现如下：

首先，同步保护依然需要进一步加强。我国《刑法》第308条规定："对证人进行打击报复的，处三年以下有期徒刑或拘役；情节严重的，处三年以上七年以下有期徒刑。"《刑事诉讼法》第61条规定："人民法院、人民检察院和公安机关应当保障证人及其近亲属的安全。对证人及其近亲属进行威胁、侮辱、殴打或者打击报复，构成犯罪的，依法追究刑事责任；尚不够刑事处罚的，依法给予治安管理处罚。"原《人民检察院刑事诉讼规则》第163条第1款、第3款规定："人民检察院应当保障证人及其近亲属的安全。对证人及其亲属进行威胁、侮辱、殴打或者打击报复，构成犯罪或者应当给予治安管理处罚的，应当移送公安机关处理；情节轻微的，予以批评教育、训诫。"总体上看，这些规定都是一些事后制裁性的规定。这种事后惩罚制度虽然对于犯罪分子有一定的震慑作用，但对于证人及其近亲属来说只是一种事后的救济途径。从被保护者角度看，如其先遭受侵害再获保护不如一开始便远离可能的侵害。因此，积极主动预防比消极被动的惩治更具有及时性，预防性保护要比事后救济更能得到证人的认同。

2012年10月修订的《人民检察院刑事诉讼规则（试行）》第76条规定，对于危害国家安全犯罪、恐怖活动犯罪、黑社会性质的组织犯罪、毒品犯罪等案件，人民检察院在办理案件过程中，证人因在诉讼中作证，本人或者其近亲属人身安全面临危险，向人民检察院请求保护的，人民检察院应当受理并及时进行审查，对于确实存在人身安全危险的，应当立即采取必要的保护措施。人民检察院发现存在上述情形的，可以主动采取保护措施。这一规定在一定程度上增加了证人保护的主动性和同步性，在证人人权保障方面是一个进步。遗憾的是，这种保护措施仅限于危害国家安全犯罪、恐怖活动犯罪、黑社会性质的组织犯罪、毒品犯罪等案件。虽然这几类案件中发生侵害证人权利的现象比较多，但其他类型案件中的证人保护也不容忽视。在其他类型的案件中，检察机关也应当根据情况对证人采取必要的保护措施。

（三）证人特权保护问题

证人拒绝作证特权体现了法律在多元价值冲突中的平衡和选择。法律赋予证人拒绝作证特权，其实是在以牺牲发现真实为代价，来维护亲属之间的伦理亲情和信赖关系，维护职业道德和特定社会关系。证人特权制度体现了对人性弱点的呵护，体现了法律对人情、人权保障和特定社会关系的兼顾。为证人作证义务设定例外规定，避免了法律在特定情况下强人所难，也有利于各种社会关系的稳定和平衡。

《刑事诉讼法》确立了不得强迫任何人证实自己有罪的原则，同时将被告人的配偶、父母、子女排除在强制到庭作证的范围之外，这无疑是一个巨大的进步。但是，根据第60条的规定，凡是知道案件情况的人都有作证的义务，将被告人配偶、父母、子女排除在强制到庭作证的范围之外，并不意味着免除他们所有的作证义务。被告人配偶、父母、子女不被强制到庭作证，并不意味着犯罪嫌疑人的配偶、父母、子女没有向侦查人员作证的义务。同时对于涉及国家秘密、商业秘密和个人隐私的案件，法律设定了参与诉讼各方的保密义务，并在审判公开方面加以限制，但法律并没有免除证人作证的义务。也就是"该保密的保密，该作证的还得要作证"。不难看出，我国在证人特权保护方面还具有不彻底性，还有进一步提升的余地和空间。

二、检察机关完善证人保护的对策

（一）拓宽保护范围

1. 根据案件需要，把特定关系人纳入保护范围。《联合国反腐败公约》第32条要求在为证人和鉴定人提供有效的保护之外，还要"酌情为其亲属及其他与其关系密切者提供有效的保护，使其免遭可能的报复或者恐吓"。显然，根据这一规定，除了保护证人之外，需要保护的人员范围还应包括近亲属及其他与证人关系密切的人。虽然我国《刑法》和《刑事诉讼法》对证人作证的保护仅限于证人及其近亲属，但为了使证人保护具有实效性，检察机关可以根据实际情况的需要，把与证人有特定关系的人列入受保护的范围。当然这种扩大不是绝对的，而应当是一种裁量性的，关键取决于案件的实际需要。

2. 既注意保护证人的物质权利，又要注意保护非物质性利益。就物质权利的保护而言，需要强化两方面的工作。首先是真正落实《刑事诉讼法》第63条和《人民检察院刑事诉讼规则（试行）》第77条的规定，给予作证证人以经济补偿。对于证人在人民检察院侦查、审查起诉阶段因履行作证义务而支出的交通、住宿、就餐等费用给予补助。其次是对因作证被害的证人适当给予补偿。证人及其近亲属、特定关系人因证人作证而遭受侵害的，检察机关可以给予适当的赔偿。就非物质性利益的保护而言，则需要检察机关在取证的方式和证人作证方式上作必要的调整。如进一步加强取证的保密性，建立严格的保密制度，以加强对证人隐私权的保护。在司法实践中，检察人员应增强证人保护意识，注意保护的有效性。

（二）建立全方位的证人保护措施体系

完善证人保护制度需要建立全方位的保护措施体系。不仅需要在侦查、起诉、审判等不同阶段采用相应的保护措施，而且要在诉讼程序结束后，根据不同情况采取必要的保护措施；不仅要注重对打击报复证人的事后惩治，还要注意积极主动地事前预防；不仅要注意实体上的惩治，还要注意程序上的操作。检察机关可以从以下方面健全证人保护措施：

1. 强化证人信息保密制度。证人的姓名、住址、身份、职业等个人信息根据案情需要严格保密。具体考虑因素包括：（1）诉讼阶段。在侦查阶段威胁证人作证的可能性更大，应当对证人信息提出更加严格的保密要求。（2）案件性质。对于有组织犯罪、毒品犯罪等案件的证人，保密措施要更加严格。（3）证人的特殊性。根据证人的特点和受报复的可能性，确定保密的程度。

2. 把接触或报复证人及其亲属、特定关系人作为适用取保候审的考虑因素。在决定是否对犯罪嫌疑人取保候审时，将不正常接触证人和报复证人作为考虑因素；把接触证人、报复威胁证人及其亲属和特定关系人作为撤销取保候审的条件之一。

3. 必要时采取特殊的保护措施。在极端情况下，为作证的证人提供特殊的保护措施，包括隐匿证人身份，改变证人居住地，更改证人个人资料等。

（三）进一步推动证人特权保护

伦理亲情在我国文化传统中具有重要的地位，同时职业伦理需要进一步培育，因此在我国对证人免证特权进行适当的保护是必要的。检察机关可以在不违反法律原则的前提下进一步推动证人拒证权的保护，在司法实践中进行与此相关的调研和探索。检察人员在传唤证人作证时，可以适当考虑以下因素：（1）特定身份关系。如经证明证人与被指控人有近亲属关系或订婚的，可以酌情决定是否传唤其作证。（2）自证其罪的危险。证人因作证而可能导致自己或其近亲属有受到追诉危险的，可以尽量不传唤其作证。（3）职业关系。律师、宗教职业者、公证人、技术顾问等因职业原因了解到有关需要保密事项，可以不传唤其对要保密事项作证。这方面的探索和尝试对于证人拒证特权的立法具有重要的实践意义。

应用与研讨训练

★ 模块一 主题讨论

1. 修改后《刑事诉讼法》实施以后，如何在检察业务中进一步切实保障证人权利？

2. 检察机关应当树立什么样的证人权利保障意识？

3. 检察机关在保障证人权利方面存在哪些误区和不足？

★ 模块二 案例研讨①

10 年前，鄱阳县男子赵勇（化名）是个沙场主，村里最早的一批"万元户"。如今，他东躲西藏，靠卖几十斤青菜过日子。给他颠簸的人生长河画出分界线的是他戴上证人"光环"的那一刻——数年前，他对同村亲友犯罪案件的作证，其中包括他堂弟在内的嫌犯受到法律的制裁，但不知道为何，他作证的材料外泄，在村里被广为散发。

在随后的日子里，多名同村人先后与他家发生冲突，妻子被打伤眼睛，他也受过伤。无一例外，对方都是曾被他指证过的对象及其家属。后来，赵勇带着妻小及所有积蓄举家"躲进"了鄱阳县城，但得知他租住新址的同村人依然上门纠缠。如今的他，逃离家乡已经 4 年，所经营的沙场被迫关停，恐吓信压在他租的房屋门口；曾经给予支持的妻子性情大变充满暴戾，儿子的脑海充斥仇恨。他身上 78 个用烟头烫下的烙痕见证了无尽的痛苦。

而对于赵勇的遭遇，鄱阳县公安局主要领导曾多次接待他，并且当地警方也给予了他很多帮助，并安排人对接上门，专门帮扶。鄱阳县公安部门还对他的安全方面作了专门的安排，当地检察院也介入调查笔录被泄露一事。

通过媒体持续关注和报道，赵勇的命运牵动了无数读者的心，其中一位天津的地产富豪甚至为赵勇拟定了一些援助计划，并表示要为他在天津提供房子，并安排全家人的工作。

⊙研讨主题

在修改后《刑事诉讼法》实施后，检察官可以采取哪些措施避免类似情况的发生？

---

① 信息来自《新法制报》2010 年 12 月 28 日，作者对原文稍作删减。

第十四章　检察工作的外部监督与人权保障

★ 国内规范

《中华人民共和国宪法》（1982 年 12 月 4 日第五届全国人民代表大会第五次会议通过，2004 年 3 月 14 日第十届全国人民代表大会第二次会议第四次修正）

《中华人民共和国刑事诉讼法》（1979 年 7 月 1 日第五届全国人民代表大会第二次会议通过，1996 年 3 月 17 日第八届全国人民代表大会第四次会议修正；2012 年 3 月 14 日第十一届全国人民代表大会第五次会议修正）

《中华人民共和国人民检察院组织法》（1979 年 7 月 1 日第五届全国人民代表大会第二次会议通过，1983 年 9 月 2 日第六届全国人民代表大会常务委员会第二次会议修正）

《中华人民共和国检察官法》（1995 年 2 月 28 日第八届全国人民代表大会常务委员会第十二次会议通过，2001 年 6 月 30 日第九届全国人民代表大会常务委员会第二十二次会议修正）

最高人民检察院《关于实行人民监督员制度的规定》（2010 年 10 月 26 日最高人民检察院第十一届检察委员会第四十五次会议通过）

第一节　当前中国检察工作外部监督方式概述

检察权在本源意义上属于人民所有，检察机关、检察官只是代表人民行使检察权。对此，我国《宪法》第 2 条明确规定，中华人民共和国的一切权力属于人民。人民依照法律规定通过各种途径和形式，管理国家事务，管理经济和文化事业，管理社会事务。而检察机关作为国家专门的法律监督机关，同样也是受到监督和制约的机关，对此我国《宪法》第 27 条规定，一切国家机关和国家工作人员必须依靠人民的支持，经常保持同人民的密切联系，倾听人民的意见和建议，接受人民的监督，努力为人民服务。《刑事诉讼法》第 6 条规定，人民法院、人民检察院和公安机关进行刑事诉讼，必须依靠群众，必须以事实为根据，以法律为准绳。《人民检察院组织法》第 7 条规定，人民检察院在工作中必须贯彻执行群众路线，倾听群众意见，接受群众监督。《检察官法》第 8 条规定，检察官应当履行接受法律监督和人民群众监督的义务。接受监督是检察机关和检察人员的一项法定义务，同时也是检察权得以正确行使的重要保证。

在我国，完整的监督机制是由人大的监督、党的监督、政府监督、司法监督、舆论监督和公民监督构成的。而检察机关接受外部监督的主要途径是：接受党委的领导和监督；接受人大及其常委会的监督；接受政协的民主监督；接受公安机关、人民法院法定部门的外部监督制约；接受群众和舆论的监督及人民监督员的社会监督。

党对检察工作的监督是指依据检察机关领导体制的有关规定，由同级党委以及上级党委等权力机关对检察机关的监督制约机制。这种监督制约是中国特色司法体制确定的检察机关实行党的领导的具体和直接体现。其方式主要是：其一，通过其派出机构——设在检察机关的党组、纪检组来领导和监督检察机关的工作；其二，通过政法委协调公安、司法机关之间的关系，对检察机关实行政治领导。这些监督一般不涉及个案，不参与具体办案，不属于对具体办案的监督。

人大的监督，即权力机关的监督，是指依据《宪法》、《全国人民代表大会组织法》、《地方各级人民代表大会和地方各级人民政府组织法》等法律规定，本级人民代表大会及其常务委员会、人大代表和上级人民代表大会及其常务委员会、人大代表，依法所享有的对检察工作的监督制约机制。作为一种宪法监督，人大监督是基于社会主义国家人民当家做主的根本制度，人民享有管理和监督国家事务的权利。其根本宗旨是代表人民对检察机关的执法活动实行监督，以保证国家法律的正确执行，确保执法的公正，维护国家和人民的利益。人大监督的主体为人民代表大会及其常委会、人大代表。在监督地位和效力方面，人民代表组成的人民代表大会是国家的最高权力机关，其监督地位是最高的，它对检察机关的监督是从国家权力的角度实施，属于权力监督。在监督范围上，人大对检察工作的监督是全方位的、权威性的。在监督方式上，人大监督是以人民代表大会这种形式集体行使权力，其主要通过工作报告的审议、质询、特定问题的调查等方式，如任免检察长、听取工作汇报等，其不直接介入个案。

接受政协的民主监督主要是接受民主党派的监督。在我国，民主党派是统一战线的重要组成部分。政协是中国人民爱国统一战线的组织，是中国共产党领导的多党合作和政治协商的重要机构，是中国政治生活中发扬社会主义民主的一种重要形式。中国人民政治协商会议是由中国共产党、八个民主党派、无党派民主人士、人民团体、各少数民族和各界的代表，台湾同胞、港澳同胞和归国侨胞的代表，以及特别邀请的人士组成，其具有广泛的社会基础。中国人民政治协商会议根据中国共产党同各民主党派和无党派人士"长期共存，互相监督，肝胆相照，荣辱与共"的方针，对国家的大政方针和群众生活的重要问题进行政治协商，并通过建议和批评发挥民主监督作用。人民政协的主要职能是政治协商和民主监督，组织参加本会的各党派、团体和各族各界人士参政议政。政协对检察机关的民主监督主要通过调研报告、提案、建议案等形式进行。

法定部门的监督制约是指依据《宪法》、《刑事诉讼法》以及《民事诉讼法》等法律规定、公、检、法三机关在刑事诉讼以及民事诉讼过程中的监督制约机制。在刑事司法活动中，检察机关接受公安机关、人民法院的外部制约，主要是针对个案而言的，是基于公安机关和人民法院的分工和制约来实现的。依据现行的法律规定，我国刑事司法体制实行的是侦查机关、起诉机关和审判机关相互分立、各尽其职、各负其责的基本格局。

社会监督，诸如群众监督、舆论监督、检察机关聘请特约监督员、检风监督员监督等。国家机关及其工作人员的依法活动必须接受人民的监督——这是我国《宪法》所规定的一项重要原则。《宪法》还规定了公民有权对国家机关及其工作人员的依法活动的合法性进行直接的监督。在我国，人民对国家机关及其工作人员依法活动的直接监督形式主要有：提出批评、建议、申诉、控告和检举的权利的行使。行使上述宪法权利的方式，既可以通过司法诉讼的途径来监督国家机关及其工作人员的依法活动，也可以通过各种社会舆论手段监督国家及其工作人员的依法活动。媒体舆论的监督制约是指依据《宪法》和法律的规定，有关公民或社会组织，利用报纸、广播、电视、网络等传媒，就检察机关执法执纪活动所进行的宣传报道。约定群体的监督制约，是指人民检察院为加强执法监督工作，根据检察工作发展的需要，依据事先约定的程序和范围所选定的有一定身份和代表性的人员具体负责对某一特定事项行使监督权的机制。这是检察机关深化检察工作改革、加强执法监督工作的创新性措施。如特约检察员，就是作为检察机关为落实中国共产党领导下的多党合作和政协制度，自觉接受党外人士对检察工作民主监督而实行的一项制度。特约检察员由检察机关商请有关部门，在民主党派和无党派人士中选聘，主要履行以下职责：对检察业务工作中的专业性问题提供咨询，参与讨论研究检察工作的某些重大事项，参与有关案件的讨论，经检察院领导指派参加有关案件的审查、复查和调查，反映或转递人民群众对国家工作人员违法犯罪问题的检举、控告等。此外，随着检务公开的不断深化，近年来各级检察机关在积极实践推行"检察开放日"，以较强的直面性有效地接受外部监督。2010 年 5 月 28 日，最高人民检察院开展了首次"检察开放日"活动，来自媒体、高校、社区的 60 余名代表参观了"12309"举报电话办公现场、大要案侦查指挥中心及网管中心等。2010 年 6 月最高人民检察院要求全国检察机关全面开展"检察开放日"活动。在可公开的办案环节开展检务公开，对切实保障诉讼参与人的合法权益及保障公众的知情权具有重要的意义。目前，广泛的社会监督已不断地发挥了有益的作用，但其局限在于不能启动程序直接介入和制约检察权的行使，致使社会监督陷入"无程序，无权力"的尴尬境地。

第二节　检察工作外部监督方式的创新与完善

人民监督员的监督是目前社会监督中的一种重要的创新形式。作为在现行法律制度下探索对检察权进行外部监督的工作机制的创新，其明确规定建立由机关、团体、企事业单位和基层组织经民主推荐产生的人民监督员，对检察机关行使职务犯罪侦查权的活动进行监督的制度。人民监督员制度作为解决检察机关直接受理侦查案件自觉接受外部监督，确保侦查权的正确行使的一项改革措施，在实践中发挥了重要的作用。其不仅增加了人民参与检察活动的途径和渠道，具体化了我国《宪法》和法律关于群众路线的原则性规定，同时，贯彻了群众路线，拓宽了人民参与司法的途径，可以说，这是检察机关在落实《宪法》对人民管理国家事务、监督国家机关工作的诸项权利的一个创新。①

一、人民监督员制度的主要内容

人民监督员制度是检察机关自主创新的一项改革。自 2003 年 9 月在天津、河北等 10 个检察院系统启动试点工作后，在积累经验和调查研究的基础上，最高人民检察院对人民监督员制度进行了修订和完善，并于 2004 年 8 月在全国进行试点工作，截至 2007 年 3 月底，全国共有 2871 个检察院（包括铁路、兵团、军事等专门检察院）开展了人民监督员制度试点工作，约占全国各级检察机关总数的 86%。各级试点院认真执行最高人民检察院的有关规定，严格遵照条件和程序选任人民监督员 21962 名（包括军人监督员 263 人），其中全国各级人大代表 7810 名，全国各级政协委员 5013 名，少数民族 2019 名，

① 参见卞建林：《人民才是法律监督的源头活水》，载 http://www.jcrb.com/zyw/n98/ca17960/。

工人 98 名，农民 285 名，具有广泛的代表性。2010 年 10 月，最高人民检察院下发了最高人民检察院《关于实行人民监督员制度的规定》（2010 年 10 月 26 日最高人民检察院第十一届检察委员会第四十五次会议通过，以下简称《监督员制度规定》），决定在全国检察机关全面推行人民监督员制度。人民监督员制度的全面推行，不仅标志着人民监督员工作进入了全面发展时期，也标志着人民监督员制度已成为中国特色社会主义检察制度的重要组成部分。这项制度的全面推进与深入发展，进一步健全了对检察权，特别是对职务犯罪侦查权的监督制约机制，对保证检察机关依法独立行使检察权具有重要的现实意义。

检察机关在依法履行法律监督职能中，其职权主要体现在五个方面：一是职务犯罪侦查权；二是批准或决定逮捕权；三是公诉权；四是对刑事诉讼、民事诉讼和行政诉讼的监督权；五是法律赋予的其他职权。① 在上述职权中，对检察机关负责立案侦查贪污贿赂、渎职侵权等国家工作人员犯罪案件，从立案、侦查、逮捕、起诉全部由检察机关自行作出决定，此类案件直至起诉之后才受到人民法院的审查和制约。正是由于检察机关在自侦案件立、侦、捕、诉程序上存在封闭性缺陷，一系列重要环节没有其他执法或司法机关的参与，缺乏必要的监督和制约，因此，在实践中问题凸显，甚至引发了"检察机关监督别人，谁来监督检察机关"的质疑。针对这种情况，作为完善检察机关的外部监督机制的人民监督员制度便应运而生了。

按照《监督员制度规定》第 2 条规定："人民检察院办理直接受理立案侦查的案件，实行人民监督员制度。人民监督员依照本规定对人民检察院办理直接受理立案侦查案件工作实施监督。"该规定第 4 条对人民监督员的选任条件作出如下规定："人民监督员应具备下列条件：（一）拥护中华人民共和国宪法；（二）有选举权和被选举权；（三）年满二十三周岁；（四）公道正派，有一定的文化水平和政策、法律知识；（五）身体健康。"

依据《监督员制度规定》第 17 条规定："人民监督员对人民检察院办理直接受理立案侦查案件的下列情形实施监督：（一）应当立案而不立案或者不应当立案而立案的；（二）超期羁押或者检察机关延长羁押期限决定不正确的；（三）违法搜查、扣押、冻结或者违法处理扣押、冻结款物的；（四）拟撤销案件的；（五）拟不起诉的；（六）应当给予刑事赔偿而不依法予以赔偿的；（七）检察人员在办案中有徇私舞弊、贪赃枉法、刑讯逼供、暴力取证等违法违纪情况的。"同时，规定明确了省级以下人民检察院承办的案件"具有拟撤销案件的"和"拟不起诉的"情形的，案件承办部门应当在提出拟处理

---

① 参见孙谦主编：《中国检察制度论纲》，人民出版社 2004 年版，第 128 页。

决定之日起 3 日内，将拟处理决定、主要证据目录、相关法律规定等材料，通过本院人民监督员办事机构或者专人报送上一级人民检察院，做好接受监督的准备。该《监督员制度规定》第 33 条规定："承办案件的人民检察院应当对人民监督员的表决意见进行审查。检察长不同意人民监督员表决意见的，应当提交检察委员会讨论决定……"从上述程序的设计不难看出，人民监督员进行监督的程序启动在检察官对案件提出初步意见后，检察长或者检察委员会依法对案件正式作出处理决定之前。这对检察机关查办职务犯罪中具有终局性决定权的主要环节实现了有效的监督和制约。

在检察机关依法履行的法律监督职能中，除具有一小部分消极处分权，如批准逮捕、撤案、不起诉外，一般不具有实体性的处分权。逮捕权力的行使是否正确，直接关系到公民人身自由这项基本人权。对此，检察机关通过对自侦案件的决定逮捕上提一级的方式实现了内部的监督制约。拟撤销案件和拟不起诉案件则是目前尚缺乏外部监督的、检察机关对案件作出的带有终局性质的重要决定性环节。对此，人民监督员制度发挥了有效的监督制约作用。

此外，针对检察机关在执法中存在的一些突出问题，如立案环节超期羁押；违法搜查、扣押、冻结或者违法处理扣押、冻结款物；以及检察人员在办案中徇私舞弊、贪赃枉法、刑讯逼供、暴力取证等违法违纪情况的情形，是当前检察权容易滥用并侵犯人权的主要环节。全面推行人民监督员制度，从人民群众最关心、反映最强烈的问题入手，对确保司法权始终用来为人民谋利益、充分保障人民的合法权利具有重要的意义。

二、人民监督员制度的价值功能

（一）人民监督员制度在落实宪法人权保障原则方面具有创新价值

人民监督员制度规制了检察机关在职务犯罪侦查中的权力与个人依法享有的基本人权之间的关系，使我们再次审视和反思了侦查程序的性质，这也正是侦查程序法治化的核心内容。就侦查程序的性质来看，大陆法理论一直存在"行政程序说"与"司法程序说"之争。对侦查程序性质的理解直接影响到对于侦查的目的、侦查权的约束的不同认识。根据"行政程序说"，侦查乃是侦查机关查获犯罪嫌疑人、查明犯罪事实的权力活动，侦查机关在不违反法定程序和条件的范围内为达成侦查目的享有广泛的自由裁量权。对于侦查权的约束主要来自于法律预先设置的各种规定，而这些规定所体现的原则基本上局限于行政法上的原则，如合法性原则、平等原则、必要性原则、越权无效原则等。根据"司法程序说"，侦查乃是侦查机关、犯罪嫌疑人和法官共同参与的三方组合关系，侦查机关固然有权对犯罪嫌疑人进行追查，犯罪嫌疑人也有权在律师或其他人的协助下展开相应的调查，强制侦查手段如逮捕、羁押等原则上必须事先经过法官的批准，对来不及批准的，事后也得经过法官审查确认方可有效。

对于我国侦查程序，尤其对检察机关自侦案件的程序性质的认识一直存在争议，对此，我们可以允许有不同的认识，但有一点应形成共识，即对于侦查程序性质研究的目的应在于通过考察侦查权力行使的特点，从法治原则出发寻求对侦查的适当抑制。从世界其他法治国家的经验来看，对侦查程序的事后审查和监督措施大致有两种：一是诉讼中的程序制约，如对侦查官员的决定要求其上级长官撤销或变更等，以满足当事人的司法请求；二是诉讼以外的救济，包括提出刑事控告、国家补偿等。

侦查作为一种国家权力，必须有一定的强制手段，不论是为了限制嫌疑人的人身自由，还是为了收集、保全证据，都不可避免地要使用强制方法。在侦查权力的行使过程中，存在着两种不同利益的需要：一是有效地进行侦查，以维持社会安定；二是保障嫌疑人和其他相对人的自由和权利。侦查行为越是要求通过强制手段保证其成效，侵犯相对人的私生活领域的基本权利的可能性也就越大。因此，必须在侦查的必要性与人权保障的要求之间寻求适当的平衡。①

侦查权作为一项重要的国家公权是直接与公民的人身权利、民主权利紧密联系的。侦查机关一旦滥用或怠用侦查权，其结果或是社会公益得不到保护，或是涉案当事人的合法权利受到侵犯。同时，侦查程序又是整个刑事诉讼程序的起点，其直接影响国家刑事诉讼活动的正常进行，影响到对犯罪的追诉和社会公平正义的实现。因此，对侦查权进行约束并保证侦查权行使的合法性是刑事诉讼活动的重中之重。正如丹宁勋爵所指出的："人身自由必定与社会安全是相辅相成的。……社会必须有权逮捕、搜查、监禁那些不法分子。只要这种权力运用适当，这些手段都是自由的保卫者。但是这种权力也可能被滥用，而如果它被人滥用，那么任何暴政都要甘拜下风。"②我国的侦查构造必须立足于并满足于民主宪政，把侦查权力置于法律的严格约束之下，并且受到律师和民众的广泛监督，其不仅有助于保证查明事实真相，同时有助于防止侦查机关侵犯嫌疑人的基本人权。人民监督员制度的设计很好地满足了对侦查权的制约与对人权保障的需要。

① 参见孙长永：《侦查程序与人权》，中国方正出版社2000年版，第25页。
② ［英］丹宁勋爵：《法律的正当程序》，李克强、杨百揆、刘庸安译，法律出版社1999年版，第109页。

人民监督员的监督在保障犯罪嫌疑人人身权方面具有重要的作用。对不应当立案而立案的监督；超期羁押或者检察机关延长羁押期限决定不正确的；检察人员在办案中刑讯逼供、暴力取证等严重侵犯了犯罪嫌疑人的人身权，对此进行监督在保障犯罪嫌疑人人身权方面的作用尤为突出。同时，违法搜查、扣押、冻结或者违法处理扣押、冻结款物的；应当给予刑事赔偿而不依法予以赔偿的，对犯罪嫌疑人的财产权利造成侵犯，人民监督员的监督，既是包括了对检察环节司法结果的监督，也包括了对司法程序和司法行为是否规范的监督，是对检察人员的"人"的监督与对规范执法，即对"事"的监督的有机结合，其监督活动涉及了检察机关的整个办案过程，在凸显了程序价值的同时，有效地防止了检察机关的"越权"，即对公民权益的侵犯，体现了尊重和保障人权的宪法精神。

（二）人民监督员制度体现了对检察权的监督和制约，在保证检察权正确行使的社会监督方面发挥了重要的作用

人民监督员制度是具有中国特色的社会主义检察制度的重大创新。作为一项改革设计，人民监督员制度在我国检察系统采取的是：自上而下、先行试点、稳步推进、全面试行的渐进式运作模式。人民监督员制度就其监督性质定位来看仍属于社会监督，其旨在使社会力量真正发挥到监督和制约检察权的正确行使上。第一，监督主体具有广泛的社会性。人民监督员经过机关、团体、企事业单位的推荐，来自不同的岗位和社会的各阶层。在人员结构上有人大代表、政协委员，也有工人、农民，他们有着不同的身份和知识层次，有着丰富的社会阅历，具有广泛的代表性和社会影响力，以社会公众的感受来反映对检察机关查办职务犯罪案件工作的意见和要求，代表社会公众监督检察机关的执法办案活动，因此，其实施的监督是来自于社会的广泛的民主监督。第二，监督权能的社会性。人民监督员的监督权是通过普通民众的参与把社会观念和普通的生活常识带入司法决策过程，其目的就是利用"外行人"朴素的善恶感和是非观对案件作出评判，对检察机关的法律监督权能进行监督，其只具有启动程序的权力，不具有决定性。人民监督员的监督意见是检察机关决策的参考，但不具有最终的法律效力，因此在权力属性上它仅是一种社会监督。

区别于一般意义上的社会监督，人民监督员的监督具有规范而刚性的程序性。具体现在以下四个方面：

第一，人民监督员制度对监督程序的启动、监督人员的组成、评议表决以及监督结果的处理都作出了具体可行的规定。人民监督员在规定的权限范围内依照规定的程序进行监督，不得超越权限、违背程序、滥用监督权。在监督过程中，承办案件的检察人员必须向人民监督员介绍案件事实、案件证据，以及

适用的法律规定，人民监督员可以向承办人提出问题，必要时可以旁听案件承办人讯问犯罪嫌疑人、询问证人、听取有关人员陈述、听取本案律师意见等。

第二，在程序设计上，明确规定当需要人民监督员监督的情形发生时，赋予人民监督员的批评、建议权，即可启动监督程序。同时，所有的监督程序都是在现行法律框架内进行的，监督的对象严格限制为检察机关查办职务犯罪工作，监督期限也必须在诉讼期限内完成。

第三，按照法律规定，检察长原本对一定案件具有决定权，但在启动人民监督员监督的案件中与人民监督员意见不同时，人民监督员制度作出必须提请检察委员会讨论的硬性规定，人民监督员制度赋予检察委员会对检察长意见的否决权。如《监督员制度规定》第33条规定，承办案件的人民检察院应当对人民监督员的表决意见进行审查。检察长不同意人民监督员表决意见的，应当提交检察委员会讨论决定。检察委员会应当根据案件事实和法律规定，全面审查、认真研究人民监督员的评议和表决意见，依法作出决定。

第四，监督效力具有特定性。检察机关对自行侦查的职务犯罪案件在侦查、逮捕、审查起诉环节的监督历来都是内部的，缺乏有效的外部监督制约机制。而人民监督员制度正是针对此类案件起诉前程序封闭性的特点，设置的一种诉讼外的又对诉讼有积极影响的外部监督机制，从程序上弥补了检察环节的监督空白，使没有进入审判环节的案件也能够得到有效的外部监督，实现外部监督与内部监督制约相结合，符合权力制衡原理。人民监督员的监督是以人民的权利来监督制约国家的权力，是为了更好地保证检察权的正确行使，起到的是程序上的提示、提醒作用，并没有法律意义上的强制作用。然而，虽然人民监督员的监督意见对检察机关并无强制性、实体上的约束力，但具有一定程度的影响力和程序上的效力，并具有相应的程序保障：一是针对《监督员制度规定》第17条规定的七种情形，提交人民监督员进行监督是必经程序，不得擅自避开；二是人民监督员对案件进行监督的表决结果和意见，应当报送检察长或检察委员会审查；三是依据《监督员制度规定》第23条的规定，人民监督员认为人民检察院办理直接受理立案侦查案件具有本规定第17条第1项、第2项、第3项、第6项或者第7项情形，要求启动人民监督员监督程序的，人民监督员办事机构或者专人应当进行审查，并在3日内提出拟办意见报检察长批准。属于本院管辖的，按照分工移送有关部门办理。

（三）人民监督员制度是保障犯罪嫌疑人人权的重要途径

首先，人民监督员的监督体现了对犯罪嫌疑人人身权的保障。对不应当立案而立案的监督；超期羁押或者检察机关延长羁押期限决定不正确的；检察人员在办案中刑讯逼供、暴力取证等严重侵犯了犯罪嫌疑人的人身权，对此进行监督在保障犯罪嫌疑人人身权方面的作用尤为突出。

其次，违法搜查、扣押、冻结或者违法处理扣押、冻结款物的，应当给予刑事赔偿而不依法予以赔偿的，对犯罪嫌疑人的财产权利造成侵犯，由人民监督员监督提出意见，检察机关有关部门收到人民监督员办公室移送的有关材料后，进行调查核实，并通过人民监督员办公室将调查结果通报人民监督员。情况复杂、影响较大的还要启动人民监督员评议程序。这些程序的设置在保障犯罪嫌疑人人权方面起到了切实的作用。人民监督员对这类行为实施监督，在防止检察权滥用、杜绝检察机关侵犯犯罪嫌疑人的合法权利，实现对犯罪嫌疑人的人身权、财产权及财产权平等保护方面具有重要的价值。

三、人民监督员制度的完善

人民监督员制度试点工作，作为检察机关在司法体制改革中立足于我国检察工作的实际而进行的积极务实的探索，其在防止检察机关在查办职务犯罪案件中的偏差，体现诉讼民主与促进人权保障方面发挥了重要的作用。同时我们也不能回避，伴随着人民监督员制度产生伊始的社会各界的质疑并未停止。[①]对此，我们更应客观地进行此项制度的分析研究，在实践的基础上使之不断完善、不断提升，进而实现其法制化的目标。正如有些学者所论及的：在这一过程中，我们既要按照固有的思路审视、补强已有的论证，更要勇于面对不熟悉的思路，回应那些看似恼人的挑剔和质疑，借此消除论证盲点、纠正缺点。[②]当前，人民监督员制度为各界质疑的主要问题为：人民监督员制度的合法性问题、是否具有民主性问题、人民监督员制度的监督效力问题等。上述问题的提出是具有积极意义的，我们只有正视这些存在的问题，才能寻求在制度设计和实践中不断完善人民监督员制度的路径，使这项制度不断突破自身的藩篱、破解自我、超越自我，走向成熟和完善。

（一）从监督性质上，实现权利性监督向权力性监督的转变

从目前人民监督员制度的设计来看，虽然人民监督员的监督与普通民众的监督具有不同的特点，其具有制度的刚性、程序性等，但就本质而言，其仍属于权利性监督，而非权力性监督，而此点正是人民监督员制度为各界质疑的焦点。就人民监督员制度而言，目前尚不存在法律的明确授权，因此，人民监督

---

① 参见余峰、谢小刚：《人民监督员制度的冷思考》，载《江西社会科学》2005年10月；参见周安平：《人民监督员制度的正当性与有效性质疑》，载《南京师范大学学报》（社会科学版）2007年第2期。

② 参见张志铭：《放言人民监督员制度》，载《法制日报》2006年3月16日第9版。

员所进行的监督从性质上来看，只能是一种权利性的监督。正是基于此点，也导致了人民监督员监督的效力是较为局限的。就现行人民监督员制度的有关规定来看，尽管赋予了人民监督员一定的权利，如可以向案件承办人提出问题；案件监督中，案件承办人必要时可以向人民监督员出示相关案件材料，或者播放相关视听资料等，但案件的最终决定权仍然由检察机关所控制。人民监督员的监督意见只是参考性意见，并不具有诉讼上的必然结果，因而也不具有诉讼法意义上的法律效力。

同时，《监督员制度规定》第 34 条规定，对于检察委员会的决定与人民监督员表决意见不一致的，应当向参加监督的人民监督员作出必要的说明。由此可见，现行的人民监督员制度运行中的人民监督员的监督在有效地保障了检察机关独立行使检察权的同时，却使人民监督员的"监督"更具有了"咨询"的寓意。而就一项监督制度而言，若使其监督具有真正的效力，则应在制度设计上首先以立法的形式赋予人民监督员监督的应有效力，应将人民监督员的监督定位由一种权利性监督向权力性监督转变。目前，我国尚无对检察权行使的"司法审查"，从对检察机关所拥有的自由裁量权进行制约的角度看，仅靠人民监督员的"权利性"监督是很难奏效的。因此，建议在立法中明确人民监督员制度的同时，赋予人民监督员履行监督职责所必需的诉讼性权力，如向承办人提问的权力、讯问犯罪嫌疑人的权力、询问证人的权力、听取有关人员陈述及律师意见的权力、查阅卷宗的权力，等等。同时，赋予人民监督员的监督以应有的较强的程序性效力。如检察机关不接受人民监督员监督决定时，"应当"启动上级检察机关的复核程序，进而实现人民监督员制度由权利性监督向权力性监督的转变。

（二）从监督主体上，实现从"精英化"监督向"平民化"监督转变

从《监督员制度规定》第 4 条对人民监督员的选任规定来看，人民监督员的选任条件规定是较为宽泛的，对人民监督员的选任范围亦未作出明确的规定。对人民监督员的产生，第 9 条规定了省地市级人民检察院可以商请机关、团体、企事业单位和基层组织推荐人民监督员人选；公民个人可以向本人工作单位所在地或者住所地的人民检察院自荐报名。在实践操作中，最初各试点检察机关的人民监督员基本上都是由检察机关在党委、人大、政协等单位的推荐下，自主决定并聘任的，其产生的决定权在检察机关。各地基本采取了主要在具有专业知识和政治背景的人员中进行选任，其中法律方面的专家、学者及人大代表和政协委员占较大比例。截至 2005 年 8 月底，全国共选任人民监督员 19015 名。其中，人大代表 7433 名，占 39.1%；政协委员 4741 名，占

24.9％；法律专科以上学历和具有法律工作经历的 6782 名，占 35.7％。[1] 由上述数字可以看出，人大代表及政协委员的比例高达 74％，人大代表所占比例竟高达 1/3。由于政协委员和人大代表一般都具有较高的文化素质和政策水平，社会接触面广，同时具有了解检察机关工作情况的便利条件，参与到监督工作中来有利于确保监督工作的质量和效果。但如果参加监督工作的人民监督员中相当一部分是人大代表，那么，人民监督员的监督极易演变为人大代表的监督，由此也难以避免因人大代表的特殊身份、地位影响或干扰检察机关办案，从而影响检察权的独立行使。就人大代表而言，其本身就负有法定的监督义务和职责，在履行人民监督员职责进行案件监督时，如何摆正人大代表与检察机关的关系实属两难的问题。

同时，从"社会参与司法"的角度看，这一做法对普通民众而言更是难于接受的。人民监督员的监督属于社会监督体系中的人民群众监督，是代表人民群众监督检察院的。从人民监督员制度的监督定位来看，民众参与司法应注入于司法工作中的是：民众自身所具有的社会经验、常识常理以及民众所具有的普遍的伦理观念，而绝非是监督人员的法律知识底蕴和专业背景。事实上，在经历了司法考试遴选后的专业司法人员面前，即使是"专业人士"进行监督，其专业优势也很难称其为优势。因此，吸纳普通民众的监督恰恰追求并实现的是优势与资源的互补。人民监督员制度的生命力在于它是来自于社会的，代表了社会的力量，而不是苛求人民监督员的法律及专业素质，这点从对人民监督员的选任条件的规定就可以窥见。同时，由于人民监督员的监督主要是针对检察机关和检察人员有无违法办案，是否存在办关系案、人情案、权力案或工作不负责任、疏忽大意、玩忽职守等情况，其有别于因法律认识上的原因所产生的偏差。因此，人民监督员的"精英化"从根本上背离了这项制度的设计初衷。故建议对人民监督员的选任，在符合规定条件的基础上，尽可能扩大自荐的比例，然后在此基础上形成一个数据库，从中以随机抽取的方式产生一定数量的人作为人民监督员，从而切实达到社会广泛参与的效果。只有从监督主体上实现从"精英化"监督向"平民化"监督转变，才能广泛调动社会民众的参与热情，使这项制度充分体现民主性和平民化的色彩。

（三）从监督方式上，实现从事前监督向事后监督的转变

人民监督员对于拟撤销案件和拟不起诉案件的监督是在检察机关作出正式决定之前，属于事中监督。虽然，《监督员制度规定》第 31 条规定了，人民检察院应当根据案件诉讼程序、办案期限等实际，及时组织人民监督员进行监

---

[1]　参见《全国检察机关人民监督员制度试点工作简报》第 34 期。

督，不得因人民监督员的监督而超过法定办案期限；犯罪嫌疑人在押的，不得因人民监督员的监督而超期羁押。然而，在实践中，这种监督方式却导致了忽视犯罪嫌疑人合法权益保护、人民监督员监督时限难以保证的问题。如对检察机关拟撤销案件的，人民监督员实施监督，其审查期限最长会达 1 个月。监督后如果作出撤销案件的意见，也会导致犯罪嫌疑人被多羁押 1 个月。对拟不起诉的犯罪嫌疑人，同样存在这一问题。这样，在杜绝检察机关怠于行使侦查权和公诉权，有罪不究，有罪不诉，加强对检察机关执法行为的监督和制约的同时，却忽略了对犯罪嫌疑人合法权益的保护。采用事中监督方式，造成了严格执行刑事诉讼相关办案期限规定与保障人民监督员监督时限的冲突，同时也导致了犯罪嫌疑人的权利受到侵害。由此，便形成了一种观点，其认为：人民监督员监督案件应该采取统一事后监督的方式，由其对检察机关案件处理决定进行结果性监督。这样，既可实现人民监督员监督与检察机关依法独立行使检察权的法律规定的有机统一，又可以及时保护犯罪嫌疑人的合法权益。而事后的救济同样能够达到制约、监督检察机关司法决定的效果。① 从实践来看，由于检察机关不能因人民监督员的监督而超出法定办案时间，案件监督时间显得过于紧张，不少监督员反映不能及时研读案情，了解法律规定，影响了监督效果。而采用事后监督方式，既避免了对检察权行使的不当影响，又保证了监督时间的充裕性，有利于提高监督的质量和效果。对此，笔者赞同将监督案件的时机统一为事后监督的观点。就人民监督员制度而言，事后监督可以保证人民监督员有充裕的时间进行仔细审查，同时，检察机关视审查结果仍然可以作出相应的补救，这就避免了犯罪嫌疑人遭到额外的羁押，符合《刑事诉讼法》保护人权的基本原则，也避免了"干扰检察权"的质疑。

同时，人民监督员制度是社会监督的一种，普通民众对于司法的监督不宜于采用事前监督与事中监督的方式，事前监督与事中监督也会必然造成不必要的制度成本耗费。因此，在考虑监督方式时，既要保障实现人民监督员的监督的效果，又要保障独立行使检察权，赋予人民监督员监督效力的程序刚性是必要的。我国检察机关在行使法律监督权时具有的也是程序刚性，如发现判决错误时启动再审程序的抗诉权，这样既实现了检察监督权，也并未侵犯法院独立的审判权。人民监督员制度对此应予以参照，人民监督员的监督同样是一种具有刚性的程序性监督，虽不属于实体决定，但其可能影响到实体的决定。我们可以参考检察监督权的设置，使其具有程序刚性的外部监督权。同时，事前和

---

① 参见福建省人民检察院、福建省社会科学界联合会课题组：《检察机关直接受理侦查案件实行人民监督员制度研究》，载《东南学术》2005 年第 2 期。

事中的监督可借由内部监督制约来解决。综上，人民监督员制度的设计应在增强监督实效，避免事后监督流于形式的基础上，实现监督方式由事前监督向事后监督的转变。

（四）从监督体制上，实现由体内运作向体外建构的转变

人民监督员制度作为一项由检察系统自主设计、自发推动的改革试行工作机制，其完全是由检察机关来主导进行的。其在改革的初期，由检察机关来主导推进是具有一定的正当性与合理性的。然而，作为一项监督制度、一项立足于外部监督的制度，体内运作的建构、方式与监督制度的初衷是南辕北辙的。同时，就目前的情况来看，人民监督员制度体内运作的模式决定了人民监督员制度的设计只能由检察机关以内部文件的形式加以规定，人民监督员只能由检察机关选任，人民监督员的监督职责和监督程序也只能由检察机关确定，人民监督员的管理机构同样只能设置在检察机关系统内，由此必然影响和制约人民监督员履行监督职责的独立性。作为检察改革重要组成部分的人民监督员制度，尽管从表面上看只涉及对检察机关自侦案件的监督，是现行体制内的局部修改完善，然而，从推进人民监督员制度深入进行的视角出发，这一制度不可避免涉及诸多方面的问题。从宏观层面看，它涉及检察机关的检察权与人民监督员的监督权如何协调的问题，涉及诉讼效率与诉讼公正的平衡问题；从微观层面看，它涉及犯罪嫌疑人、受害人的权利救济问题，涉及检察机关内部不同部门、上下级之间的关系问题。从外部看，它还涉及人民监督员的监督与党的监督、人大监督、新闻监督的协调与配合问题，涉及政府部门对新制度的经费拨款问题，涉及人民监督员制度向人民陪审员制度的借鉴问题，等等。为了将这一新制度推行下去，有必要在全面规划与统一协调的基础上，将该项制度由体内转为体外，从检察机关主导转为司法改革领导机构主导。①

从人民监督员制度试行初始，人民监督员的选任程序就多为外界所责难。同时，《监督员制度规定》第 40 条规定："人民监督员因履行职责所支出的交通、住宿、就餐、通讯等费用，人民检察院应当给予适当补助。"第 41 条规定："人民检察院为实施人民监督员制度所必需的经费，列入人民检察院公用经费保障范围。"这些规定将经费保障的重要权力保留在检察机关，使得人民监督员从选任、管理，到人民监督员的经费保障等都与检察机关具有密不可分的联系，正是与检察机关本身具有的直接的利益关系，使得监督工作的刚性为选任程序的柔性所牵制，又陷入了"被监督者选择监督者"的尴尬之中。虽

① 参见左卫民、吴卫军：《人民监督员：理念与制度的深化和发展》，载《人民检察》2005 年第 2 期。

然制度设计的本意和出发点是为了有利于工作的顺利开展，但却毋庸置疑地成为制度中存在的一个缺陷，使人民监督员监督案件的效果大打折扣。在此种选任体制下，无论人民监督员如何独立、忠诚地履行监督职责，也都难以消除外界无端的猜忌，将严肃规范的监督工作视为"走过场"。

最高人民检察院在最初进行人民监督员制度设计时就曾明确提出，检察机关实行人民监督员制度的最终目标就是要建构一种规范的、独立于检察机关的体外监督制度。"体外监督"作为一种外部监督，需要具备外部监督的基本特征。首先，监督应具有独立性，监督主体和监督对象应属于互不隶属的组织系统，从而使监督结论较少带有利益色彩，而能够为社会公众所接受。其次，监督应具有权威性，外部监督的内容、范围、方式、程序一般应由法律明确规定。外部监督的特征决定了人民监督员制度只有转换为"体外"性质，才能拉开监督者和被监督者的距离，从根本上摆脱监督者受被监督者影响的局面，从而实现监督的权威性与实效性。

应用与讨论训练

★ **模块一** 主题讨论

1. 结合本职工作阐述检察权的外部监督和制约对于人权保障的重要意义。

2. 结合人民监督员制度在实践中的开展，试说明其在保障人权作用发挥中亟待完善的方面有哪些？

★ **模块二** 案例研讨①

2003年5月15日9时许，犯罪嫌疑人王某坤以违反计划生育为由，为迫使违反计划生育的当事人秦某芬到计生办，强行将秦母林某兰和一名两岁儿童带至荆河办事处东三楼一间办公室内，并指使稽查队员将二人关在一屋内。次日，林某兰的儿子秦某岭送饭时，也被扣押，至2003年5月19日9时许，林某兰、秦某岭及儿童才得以释放。此案主诉检察官会议讨论认为：王某坤的行为已构成非法拘禁罪，但鉴于计划生育是基本国策，我们国家人口多、增长快、形势严峻，王某坤非法拘禁他人的动机是为了计划生育工作，主观恶意相对较小，认罪态度较好，有悔罪表现，应认定其犯罪情节轻微。实践中，计划生育工作是难点，如起诉怕影响计划生育工作大局，经公诉科集体研究决定对此案件拟作相对不起诉处理。人民监督员听取报告后，对该案的事实根据和法

---

① 该案例由山东省枣庄市人民检察院提供。

律依据进行了详细的询问，然后进行投票表决：表决意见中 4 名人民监督员认为此案事实清楚，证据确实充分，犯罪嫌疑人明知自己的行为违反了法律规定，而故意实施非法拘禁他人的行为，如不严肃处理，将会造成不良的社会影响，因此应依法提起公诉。当日，人民监督员办公室将人民监督员的意见向检察长作了汇报。次日，检察长召开检委会，按照检委会议事规则的要求，在充分考虑人民监督员意见的基础上，认真研究了案情。经讨论决定采纳人民监督员的意见，决定对王某坤非法拘禁一案依法提起公诉，该案起诉至滕州市人民法院后，王某坤被判处管制 6 个月。

⊙研讨主题

在此案的处理中，如何看待人民监督员的作用？联系工作实际，你认为人民监督员制度在检察工作的主要环节中具有哪些积极的不可替代的人权保障作用？

第三编

特殊人群人权保障

第十五章　妇女人权保障

相关依据导引

★ 国际文件

《消除对妇女一切形式歧视公约》（1979 年 12 月 18 日联合国大会第 34/180 号决议通过）

《消除对妇女的暴力行为宣言》（1993 年 12 月 20 日联合国大会第 48/104 号决议通过）

《维也纳宣言和行动纲领》（1993 年 6 月 25 日在奥地利首都维也纳召开的第二次世界人权会议通过）

《世界妇女大会行动纲领》（《北京宣言》和《行动纲领》）（1995 年 9 月 15 日在北京召开的第四届联合国妇女大会通过）

《北京＋10 宣言》（2005 年 8 月 31 日纪念联合国第四次世界妇女大会十周年会议第四次全体会议在北京一致通过）

★ 国内规范

《中华人民共和国宪法》（1982 年 12 月 4 日第五届全国人民代表大会第五次会议通过，2004 年 3 月 14 日第十届全国人民代表大会第二次会议第四次修正）

《中华人民共和国妇女权益保障法》（1992 年 4 月 3 日第七届全国人民代表大会第五次会议通过，2005 年 8 月 28 日第十届全国人民代表大会常务委员会第十七次会议修正）

《中华人民共和国刑法》（1979 年 7 月 1 日第五届全国人民代表大会第二次会议通过，1997 年 3 月 14 日第八届全国人民代表大会第五次会议修订）

《中华人民共和国刑事诉讼法》（1979 年 7 月 1 日第五届全国人民代表大会第二次会议通过，2012 年 3 月 14 日第十一届全国人民代表大会第五次会议第二次修正）

《中华人民共和国婚姻法》（1980 年 9 月 10 日第五届全国人民代表大会第三次会议通过，2001 年 4 月 28 日第九届全国人民代表大会常务委员会第二十一次会议修正）

第一节　有关妇女人权保障的国际
条约、文件及主要内容

一、《消除对妇女一切形式歧视公约》及任择议定书

1979 年 12 月 18 日联合国大会通过了《消除对妇女一切形式歧视公约》并开放给各国签字、批准或加入，在第 20 个国家批准这项公约之后，作为一项国际公约开始生效。1999 年 3 月 12 日，联合国大会又通过了一个关于个人申诉制度的任择议定书。《消除对妇女一切形式歧视公约》是联合国在维护妇女权利方面制定的最重要的、有法律约束力的国际法律文书，也是第一个把性别平等和非歧视要求法律化的国际条约，它建立在男女平等和保障妇女人权的原则上，被公认为是国际妇女人权宪章。

（一）《消除对妇女一切形式歧视公约》制定背景及意义

自联合国成立以来，妇女权利保护问题就受到国际社会的重视。1945 年《联合国宪章》确立了尊重人权和基本自由的国际法基本原则，为保障妇女人权的立法提供了一个总的指导方向。1948 年的《世界人权宣言》、1966 年的《公民权利和政治权利国际公约》和《经济、社会和文化权利国际公约》确立了妇女人权保障的基本框架，明确了妇女人权的具体权利内容。但尽管如此，妇女仍然享受不到与男子平等的权利，歧视妇女的现象依然普遍存在。《消除对妇女一切形式歧视公约》采用加强现有国际文书规定的形式，以便于同依然存在的歧视妇女的现象作斗争。公约明确指出了存在歧视妇女现象的诸多领域，例如在政治权利、婚姻和家庭、就业等方面，并提出具体的目标和需采取的措施。为了同基于性别的歧视作斗争，公约要求缔约国承认妇女对家庭和整个社会作出的重要的经济和社会贡献，强调歧视会妨碍经济增长和繁荣。它还明确承认需要通过对男子和妇女都进行教育，使他们改变态度，接受权利和责任平等的观念，并克服基于传统性别角色的偏见和习俗。公约存在的一个重要特点是明确承认除法律上的平等外还应实现实际上平等这一目标，承认需要采取临时的特别措施以实现这一目标。

（二）《消除对妇女一切形式歧视公约》的主要内容

1. 提出"对妇女的歧视"的定义

该公约第 1 条规定"对妇女的歧视"一词是指基于性别而作的任何区别、排斥或限制，其影响或其目的均足以妨碍或否认妇女不论已婚未婚在男女平等的基础上认识、享有或行使在政治、经济、社会、文化、公民或任何其他方面

的人权和基本自由。该条关于歧视的定义，适用于公约的所有条款。其具体含义包括下列任何基于性别的待遇差别——有意或无意地使妇女处在不利地位；使整个社会不能在家庭和公共领域都承认妇女的权利；使妇女不能行使她们应享有的人权和基本自由。

2. 规定了缔约国的义务

规定了各国在公约下承担的义务以及为消除对妇女歧视应遵行的政策，要求各缔约国采取积极步骤，在本国宪法和其他有关法律中落实男女平等的原则。各国还应制定法律以修改现行法律中（民法、刑法和劳动法等）对妇女歧视的内容，以消除歧视的法律基础。此外，公约还要求各缔约国切实保护妇女权利，并向妇女提供向法庭诉讼的机会和反歧视保护。

缔约各国应承担在所有领域，特别是在政治、社会、经济、文化领域，采取一切适当措施，包括制定法律，保证妇女得到充分发展和进步，以确保妇女在与男子平等的基础上，行使和享有人权和基本自由。缔约国必须采取措施，消除公共和私人两个领域中的歧视。要求各国不仅要修改法律，而且要在经济、社会、政治和文化领域努力消除歧视性的习俗和惯例。

3. 规定了加速男女平等的暂行特别措施

为了加速使妇女在社会和工作场所得到实际上的平等，公约规定，只要不平等现象继续存在，便允许各国采取特别的补救措施。可见，公约对男女平等的诠释在形式平等之外，增加了机会平等和结果平等。为实现平等的目标采取主动措施，不仅合法，而且必要。

4. 规定了男女平等的主要内容

根据《消除对妇女一切形式歧视公约》的规定，男女平等应体现在如下方面：

（1）在国家政治和公共生活中的平等。要确保妇女有权参加所有选举和公民投票；确保妇女有权当选担任公职和担任其他政府职位和非政府组织的职位；有机会在国际上代表本国政府和参加各国际组织的工作。

（2）在国籍方面的平等。要求缔约国保障妇女与男子有取得、改变或保留国籍的同等权利。

（3）教育方面的平等。教育方面的平等是妇女在所有领域获得能力的基础，故强调缔约各国应采取一切适当措施以保证妇女在教育方面享有与男子平等的权利。

（4）就业和劳动权利方面的平等。保证妇女有权自由选择职业；保障妇女同工同酬，以及在评价工作质量方面受到同等待遇。保障妇女享受到带薪假期以及与退休、失业、疾病和老年有关的福利。

（5）在保健方面的平等。由于男女不平等的地位，妇女在获得充分保健服务方面遇到许多障碍。因而要保证妇女在男女平等的基础上取得各种包括有关计划生育、在怀孕和哺乳期间的保健服务。

（6）法律上的权利平等。确认男女在法律面前平等的原则，并且要求各缔约国要保障妇女与男子的民事平等权利。特别应给予妇女签订合同和管理财产的平等权利，并在法庭和法庭诉讼的各个阶段给予平等待遇。各缔约国必须废除或修订对妇女法律行为能力有限制作用的任何法律或文书；在人身移动和自由择居方面男女在法律上平等。

（7）婚姻家庭方面的平等。公约还涉及消除在私人领域——婚姻家庭中歧视妇女的问题。要求缔约国必须首先采取一切适当措施消除或修订对妇女有歧视的有关婚姻和家庭的现有法律或文书，如不给予妇女与男子相同的结婚权或离婚权的法律；不许妇女拥有完全的财产所有权的法律等。保证妇女能够行使与男子同等的权利，包括自由结婚和选择配偶的权利。

5. 其他内容的规定

此外公约还提出为实现妇女真正的平等，各国还应努力消除使性别角色方面的陈规旧俗长期存在的旧的社会、文化和传统模式，并创造一个促进妇女充分实现其权利的良好的社会整体环境。公约敦促各国采取一切适当措施，同贩卖妇女和意图营利使妇女卖淫的现象作斗争。提醒各缔约国农村妇女是一个特殊、需要缔约国给予认真注意和考虑的群体；要承认农村妇女的劳动重要性和她们对家庭福利和国家经济的贡献；要求消除对农村妇女的歧视，使她们享受适当的生活条件。

（三）《消除对妇女一切形式歧视公约》任择议定书的制定背景和主要内容

在公约起草过程中，曾有代表建议设立个人申诉权，但由于当时对妇女歧视问题重视程度不足，这一提议遭到否决。1991 年 11 月为《消除对妇女一切形式歧视公约》制定任择议定书的建议被提出来了。1992 年消除对妇女歧视委员会在其召开的关于对妇女使用暴力问题的研讨会上，与会委员也提到了类似的设想。随后，该委员会将这一建议提交给 1993 年在维也纳召开的世界人权大会。《维也纳宣言和行动纲领》认为保障妇女人权，有必要加强程序上的安排，倡议消除对妇女歧视委员会和妇女地位委员会立即行动起来，探讨为《消除对妇女一切形式歧视公约》通过一个任择议定书以便设立个人申诉权的问题。作为对人权大会上述倡导的回应，1994 年 9 月到 10 月，来自各地区、《消除对妇女一切形式歧视公约》的缔约国、人权事务委员会、消除种族歧视委员会、其他国际人权和妇女人权领域的专家们聚集在荷兰的马斯特里赫特人权中心，通过了一份任择议定书草案。此后历经 5 年的努力，1999 年 10 月 6

日，第五十四届联合国通过了《消除对妇女一切形式歧视公约的任择议定书》，并决定在国际人权日那一天发放给《消除对妇女一切形式歧视公约》的缔约国签署。

该议定书包括一个序言和 21 个条文。规定了消除对妇女歧视委员会的两种职权。第 2 条至第 7 条是申诉程序，委员会有权接受和处理来自议定书缔约国的个人来文。个人来文可以由其权利受到侵害的议定书缔约国管辖下的单个人或几个人联名提出。在征得他们的同意或有正当理由不用同意也足以证明具有代表权的情况下，其他关系人也可以代表他们以其名义提出申诉。第 8 条至第 10 条是调查程序，除非缔约国在批准或加入该议定书时表示不接受，委员会有权调查在议定书缔约国境内是否发生了系统的或非常严重的侵犯人权的情形。

任择议定书将大大扩展消除对妇女歧视委员会保护妇女人权的作用，是一个进步，但议定书要生效，还有待主权国家的批准、加入。中国尚未批准或加入任择议定书，来文程序和调查程序对中国不适用。

二、《消除对妇女的暴力行为宣言》

1993 年 12 月 20 日联合国大会第八十五次会议通过了《消除对妇女的暴力行为宣言》。

（一）《消除对妇女的暴力行为宣言》制定的背景及意义

根据联合国官方网站的统计：全世界每 3 个妇女中，至少 1 人在一生中被殴打，被强迫从事性行为，或者以其他方式被虐待；而对她们施暴者往往是她们认识的人。根据世界银行的评估报告，"针对妇女的暴力"和癌症一样是导致壮年妇女死亡和残疾的原因，甚至超过了交通事故和疟疾的总和。① 然而，世界范围内"针对妇女的暴力"现象如此严重，但是直到 20 世纪 70 年代，它才引起国际社会的广泛关注，被视为一个严重的社会问题。从 1979 年开始，联合国通过了一系列文件，要求各成员国重视"针对妇女的暴力"问题，并针对这一问题采取措施。消除对妇女歧视委员会 1992 年作出的第 19 号一般性评论中将对妇女的暴力定义为："针对妇女的并仅仅因为她是妇女的暴力行为或严重过分影响妇女的暴力行为，包括身体的、精神的或者性伤害或痛苦，或者这种行为的威胁、胁迫或其他剥夺自由的行为。"1993 年联合国大会第八十五次会议通过了《消除对妇女的暴力行为宣言》。旨在全世界范围内努力营

---

① 参见联合国：《在关起的门后：对妇女的暴力》，载 http：//www. un. org/chinese/e-vents/tenstories/story. asp？ storyID＝1800，访问时间：2007 年 1 月 10 日。

造不容忍对妇女的暴力行为的环境，消除一切对妇女的暴力行为。1995 年在北京召开的第四次世界妇女大会通过的《行动纲领》就妇女人权问题提出 12 个关注领域，其中第 4 个重点关注领域就是"妇女与暴力"。联合国大会于 1997 年通过了"预防犯罪和刑事司法领域消除对妇女暴力示范战略和实际措施"，作为各国政府在刑事司法制度下致力于解决各种对妇女暴力的指导模式。1999 年 3 月 8 日，联合国妇女发展基金召开了"给妇女一个没有暴力的世界"全球电视会议。同年 12 月 17 日联合国大会通过决议将每年的 11 月 25 日定为"国际消除对妇女的暴力日"。

（二）《消除对妇女的暴力行为宣言》首次明确提出"对妇女的暴力行为"的概念

《消除对妇女的暴力行为宣言》给"对妇女的暴力行为"一词下了明确定义，即指对妇女造成或可能造成身心方面或性方面的伤害或痛苦的任何基于性别的暴力行为，包括威胁进行这类行为、强迫或任意剥夺自由，而不论其发生在公共生活还是私人生活中。从这些定义可以看出对妇女的暴力包括：(1) 对妇女实施的家庭暴力；(2) 基于性别的犯罪，如强奸、拐卖、溺婴等；(3) 因传统风俗而造成的对妇女身体甚而生命的侵害；(4) 各类武装冲突中对妇女基于性别的暴力；(5) 对难民妇女和寻求政治避难妇女的基于性别的暴力；(6) 来自公共机构基于性别的侵害，如被拘押妇女受虐待等；(7) 工作场所的暴力，如性骚扰等；(8) 与卖淫和色情相关的暴力。

（三）《消除对妇女的暴力行为宣言》的主要内容

《消除对妇女的暴力行为宣言》内容共 6 条，包括明确指出对妇女的暴力行为是充分实施《消除对妇女一切形式歧视公约》的一大障碍，申明对妇女的暴力行为包括家庭暴力侵犯了妇女的人权和基本自由。具体说明采取各种措施消除对妇女的暴力是各国政府的责任，它专门提到了政府对下列两种情形负有责任：(1) 政府实施的暴力行为；(2) 由于政府未能采取措施而导致发生的个人实施的暴力行为。宣言在第 4 条中规定各国应谴责对妇女的暴力行为，不应以任何习俗、传统或宗教考虑为由逃避其对消除这种暴力行为的国家义务。

三、《维也纳宣言和行动纲领》

1990 年第四十五届联合国大会通过第 45/155 号决议，决定再次召开世界人权会议，以便在最高级别讨论联合国在促进保护人权方面所面临的各种关键问题。1993 年 6 月 14 日，包括中国在内的 180 多个国家的代表出席的第二次世界人权会议在奥地利首都维也纳召开。经过紧张地讨论，会议于 6 月 25 日协商一致通过了《维也纳宣言和行动纲领》。

（一）《维也纳宣言和行动纲领》制定背景及意义

"冷战"结束后，广大发展中国家迫切希望通过国际合作，消除国际人权活动中的对抗。1993年6月14日第二次世界人权大会通过的《维也纳宣言和行动纲领》是西方发达国家与发展中国家相互合作和妥协的产物，在一定程度上反映了占世界人口绝大多数的广大发展中国家的意愿，为各国在此后一个时期开展国际合作、实现《联合国宪章》所规定的保护人权和基本自由的目标奠定了基础。尽管这个宣言不是一个具有约束力的公约，但它已得到包括中国在内的171个国家的承认。

（二）《维也纳宣言和行动纲领》确定了"妇女人权"的概念

占世界人口一半的妇女的权利毋庸置疑是人权中不可缺少的一部分。但是在人权被提出后的很长一段时期里，妇女人权处于被忽视的角落。在世界范围内，不把妇女的权利看作人权和不知道妇女的权利属于人权是一个普遍现象。随着世界妇女运动和世界人权运动的发展以及妇女自身意识的提高，妇女人权的概念作为人权新概念被提出来了。《维也纳宣言和行动纲领》首次提出"妇女人权"概念，指出："妇女和女童的人权是普遍性人权当中不可剥夺和不可分割的一个整体部分。妇女在国家、区域和国际各级充分和平等参与政治、公民、经济和文化生活，消除基于性别的一切形式的歧视是国际社会的首要目标。""妇女的人权应该成为联合国人权活动中的一个组成部分，包括促进有关妇女的所有人权文书。世界会议促请各国政府、机构、政府间和非政府间组织加强努力，保护和促进妇女和女童的人权。"《维也纳宣言和行动纲领》确立了妇女人权在人权中的地位和意义，标志着妇女人权概念正式得到国际社会的承认和接受。1995年第四次世界妇女大会确认了1993年维也纳人权大会提出的妇女人权概念，进一步提出了"妇女权利就是人权"的口号。

妇女人权概念的提出具有重大的意义，它的提出促使人们发现和关注妇女问题，有利于消除大众眼中人权观上的双重性别标准；促进了权利概念进入妇女生活的各个领域，由于妇女所处的特殊环境和地位，使人权关注的重点从公共生活领域扩展到私人生活领域，从而扩大了人权关注的领域和关注重点。

此外，明确规定了对妇女人权进行司法保护是国家应尽的责任。"每个国家均应提供一个有效的补救框架，解决人权方面的冤屈或人权遭受侵犯的问题。司法工作，包括执法和检察机关、特别是独立的司法和法律专业部门，完全符合国际人权文书所载的适用标准，是充分和不歧视地实现人权的关键，也是民主和可持久的发展进程所不可或缺的。"①

四、其他国际条约和文件中的相关规定

除了上面重点介绍的有关保护妇女权利的国际公约以外，联合国还在其他很多国际条约和文件规定了有关妇女的权利，其中主要有：

1. 1954 年 7 月 7 日联合国通过的《妇女政治权利公约》。首次在法律上承认妇女享有平等的政治权利，规定了妇女有权参加一切选举，有资格当选任职于依国家法律设立且由公开选举产生的一切机关，有权担任依国家法律设置的公职及执行国家法律所规定的一切公务，其条件应与男子平等，不得有任何歧视。也是联合国第一次在国际文书中宣布各个成员国在男女平等原则上负有法律义务。这一公约既表明联合国对妇女权利的重视，也标志着联合国在保护妇女权利方面迈出了重要一步。

2. 1995 年 9 月 15 日在北京召开的第四届联合国妇女大会通过的《世界妇女大会行动纲领》（《北京宣言》和《行动纲领》）。妇女人权是这次大会的一个重点议题。大会通过的《北京宣言》和《行动纲领》这两个重要文件。文件明确指出：提高妇女地位和实现男女平等是人权问题和社会正义的条件，不应孤立地视为妇女问题；确认了维也纳人权大会提出的妇女人权概念，进一步提出"妇女权利就是人权"；在《行动纲领》中提出的应当特别关注的 12 个重大领域中妇女参与权力和决策的问题以及提高妇女地位的机制。《行动纲领》要求国家和国际机构采取措施确保妇女平等进入并充分参加权力结构和决策，将性别观点纳入所有立法、公共政策方案和项目。规定要为"（h）受到暴力摧残的妇女提供渠道，使她们能够向司法机关申诉，并按照国家立法规定，让她们所受的伤害能够得到公正及有效的明确补救，并使妇女知道有权通过此机制寻求补救昭雪；（i）颁布和执行立法，惩治对妇女施加暴力行径和行为的人"。②

3. 1955 年第一届联合国防止犯罪和罪犯待遇大会通过的《囚犯待遇最低限度标准规则》对女性罪犯的收监待遇标准作出特别规定，包括要求尽量将男犯和女犯拘禁于不同监所；若监所兼收男女囚犯时，女犯部应由女性官员负责管理、照料、监督，特别是医生和教员；女犯监所应特别提供各种必需的产前和产后照顾和治疗等。

---

① 《维也纳宣言和行动纲领》第 27 条。
② 《世界妇女大会行动纲领》（《北京宣言》和《行动纲领》）第 124 条。

第二节　我国有关妇女人权保障的法律、文件及主要内容

一、中国签署、批准或加入的国际条约和文件

保护妇女人权、提高妇女地位是社会进步和发展的标志和要求。新中国成立以来，我国政府积极推进促进男女平等、维护妇女权益的各项措施，同时也积极签署、批准或加入妇女人权保障的国际条约和文件。

1980 年 7 月 17 日，康克清同志代表中国政府签署了《消除对妇女一切形式歧视公约》，同年 9 月，该公约得到第五届全国人大常委会第十六次会议的批准。1980 年 11 月 4 日交存了批准书。中国成为《消除对妇女一切形式歧视公约》最早的缔约国之一。《消除对妇女一切形式歧视公约》于 1980 年 12 月 4 日在我国生效。我国对公约的第 29 条第 1 款"两个或两个以上的缔约国之间关于本公约的解释或适用方面的任何争端，如不能谈判解决，经缔约国一方要求，应交付仲裁。如果自要求仲裁之日起 6 个月内，当事各方不能就仲裁的组成达成协议，任何一方得依照《国际法院规约》提出请求，将争端提交国际法院审理"作了保留。自此，中国政府认真履行对公约的承诺，将男女平等的核心原则纳入中国各项法律政策，并于 1990 年建立了国务院妇女儿童工作委员会，1992 年制定了《妇女权益保障法》（2005 年修订），1995 年承办了联合国第四次世界妇女大会并制定与执行了《中国妇女发展纲要》，将男女平等作为中国社会发展的基本国策。1982 年 5 月中国政府向联合国提交了执行《消除对妇女一切形式歧视公约》的初次国家报告；1989 年 6 月提交了第二次国家报告；1997 年 5 月提交了第三、四次联合报告；2003 年 8 月提交了第五、六次联合报告，包括香港特别行政区政府的第二次报告和澳门特别行政区政府的首次报告；2006 年 8 月 10 日，消除对妇女歧视委员会对上述报告进行了审议，对中国政府为履行《消除对妇女一切形式歧视公约》义务而不断完善法律、政策和社会发展规划等努力及成果给予了充分肯定，同时就中国的妇女工作提出了许多意见和建议。2012 年 3 月中国政府向联合国秘书长提交执行公约第七、八次合并报告，包括香港特别行政区政府的第三次报告和澳门特别行政区政府的第二次报告。

1984 年 6 月 11 日，中国政府承认了旧中国政府于 1936 年 12 月 2 日批准的《各种矿场井下劳动使用妇女公约》，同一天该公约对中国生效。

1990 年，中国政府批准加入了国际劳工组织的《男女同工同酬公约》，该

公约于同年 11 月 2 日对中国生效。

2005 年 8 月全国人大批准加入《反对就业/职业歧视公约》，并将公约中妇女与男子享有平等就业权利和禁止基于性别对妇女歧视的内容列入《促进就业法》。

二、《妇女权益保障法》

《妇女权益保障法》是中国人权保护法律体系的重要组成部分，集中反映了中国保障妇女权益的法律理念和主要精神。

（一）1992 年《妇女权益保障法》制定的背景及主要内容

1. 制定背景

1992 年 4 月 3 日由第七届全国人民代表大会第五次会议通过，自 1992 年 10 月 1 日起施行的《妇女权益保障法》，是为了适应当时的国内外形势的需要，而制定的一部保障妇女权益的专门法律。

国际背景：20 世纪 70 年代以后，妇女权利保护问题越来越受到国际社会的重视。一系列保障妇女人权的国际法律文件和政策性文件相继出现，对妇女人权保障作了进一步的规定。特别是 1979 年《消除对妇女一切形式歧视公约》的出台将妇女人权的国际法律保护推上了一个高峰。作为《消除对妇女一切形式歧视公约》最早缔约国之一的中国，也是积极地践行着承诺。

国内背景：新中国成立以来我国政府非常重视妇女人权的法律保护，并取得了巨大的成就，成为世界保护妇女人权的楷模国家之一。但 20 世纪 80 年代初进入改革开放以后，国家则迎来了新的机遇和挑战。许多业已解决的问题死灰复燃，同时随着社会的发展，一些新问题、新情况层出不穷，严重威胁着妇女人权的实现。在此期间，国家通过了一系列的立法来维护妇女的权益。但即便如此，仍存在着诸如内容不够完善，有些条款过于原则；体系不够完整，保护妇女权益的条款分散在各个法律、法规之中，没有形成统一的体系；缺乏保障措施，对侵害妇女权益的行为，没有具体的制裁条款等问题。

为了适应上述国内外新形势的需要，《妇女权益保障法》应运而生。

2. 主要内容

"重在保障"的立法思路是 1992 年《妇女权益保障法》的主要特色。这部法律根据我国《宪法》的有关规定，确定了妇女在政治、文化、教育、劳动、财产、家庭等方面的六大权益，在保障妇女权益的基础上重申了男女平等的基本原则。《妇女权益保障法》是一部综合性的专门保障妇女权益的基本法，它既包含程序性规定，也包括实体性规定；既有民事内容，也有刑事内容，是重要的宪法性法律。

《妇女权益保障法》共 9 章 54 条。第一章总则、第二章政治权利、第三章文化教育权益、第四章劳动权益、第五章财产权益、第六章人身权利、第七章婚姻家庭权益、第八章法律责任和第九章附则。

总则中首先阐明了立法宗旨，即为了保障妇女的合法权益，促进男女平等，充分发挥妇女在社会主义现代化建设中的作用。其次规定了妇女在政治的、经济的、文化的、社会的和家庭的生活等方面享有与男子平等的权利。最后明确规定保障妇女的合法权益是全社会的共同责任。

第二章中规定了国家保障妇女享有与男子平等的政治权利。妇女有权通过各种途径和形式，管理国家事务，管理经济和文化事业，管理社会事务。妇女享有与男子平等的选举权和被选举权。全国人民代表大会和地方各级人民代表大会的代表中，应当有适当数量的妇女代表，并逐步提高妇女代表的比例。

第三章中规定了国家保障妇女享有与男子平等的文化教育权利。保障妇女在入学、升学、毕业分配、授予学位、派出留学等方面享有与男子平等的权利。父母或者其他监护人必须履行保障适龄女性儿童少年接受义务教育的义务。各级人民政府和有关部门应当采取措施，组织妇女接受职业教育和技术培训。

第四章中规定了国家保障妇女享有与男子平等的劳动权利。各单位在录用职工时，除不适合妇女的工种或者岗位外，不得以性别为由拒绝录用妇女或者提高对妇女的录用标准。实行男女同工同酬。妇女在经期、孕期、产期、哺乳期受特殊保护。任何单位不得以结婚、怀孕、产假、哺乳等为由，辞退女职工或者单方解除劳动合同。

第五章中规定了国家保障妇女享有与男子平等的财产权利。在婚姻、家庭共有财产关系中，不得侵害妇女依法享有的权益。农村划分责任田、口粮田等，以及批准宅基地，妇女与男子享有平等权利，不得侵害妇女的合法权益。妇女享有的与男子平等的财产继承权受法律保护。

第六章中规定了国家保障妇女享有与男子平等的人身权利。妇女的人身自由不受侵犯。禁止非法拘禁和以其他非法手段剥夺或者限制妇女的人身自由；禁止非法搜查妇女的身体。妇女的生命健康权不受侵犯。禁止拐卖、绑架妇女；禁止收买被拐卖、绑架的妇女。禁止卖淫、嫖娼。妇女的肖像权、名誉权和人格尊严受法律保护。

第七章中规定了国家保障妇女享有与男子平等的婚姻家庭权利。国家保护妇女的婚姻自主权。禁止干涉妇女的结婚、离婚自由。妇女对依照法律规定的夫妻共同财产享有与其配偶平等的占有、使用、收益和处分的权利，不受双方收入状况的影响。国家保护离婚妇女的房屋所有权。父母双方对未成年子女享有平等的监护权。规定了女方在中止妊娠后 6 个月内不得提出与之离婚。离婚时，女方因实施绝育手术或者其他原因丧失生育能力的，处理子女抚养问题，应在有利子女权益的条件下，照顾女方的合理要求。

第八章中规定了法律责任问题。侵害妇女合法权益，被害妇女有权诉诸法律，侵权者应承担相应的民事责任、行政责任，侵权者的侵权行为构成犯罪的，应追究他们的刑事责任。

（二）2005 年对《妇女权益保障法》的修订及主要内容

2005 年 8 月 28 日，第十届全国人大常委会第十七次会议审议通过了《关于修改〈中华人民共和国妇女权益保障法〉的决定》。《妇女权益保障法》的修改，顺应了加强社会主义法制建设的时代要求；顺应了解决新形势下妇女发展和权益保护突出问题的需要；顺应了履行我国对国际社会承诺的要求。

从总体来看，《妇女权益保障法》及各地实施办法的修改在保持原有体例不变的基础上作了较大幅度的修改。《妇女权益保障法》修改前共设 9 章 54 条，修改后为 9 章 61 条，原第四章"劳动权益"改为"劳动和社会保障权益"。具体条款的修改主要有：

1. 男女平等基本国策上升为法律。在 1995 年联合国第四次世界妇女大会上，我国政府对国际社会郑重承诺："把男女平等作为促进我国社会发展的一项基本国策"，显示了我国在保障妇女权益方面负责任大国的国际形象，赢得了国际社会的普遍赞同。2005 年修改《妇女权益保障法》把男女平等基本国策用法律的形式固定下来，进一步树立了实行男女平等在国家政治、经济和社会生活中的基本地位。

2. 进一步明确执法主体，强化政府在保障妇女权益方面的责任。从"各级人民政府"、"人民政府负责妇女儿童工作的机构"、"人民政府有关部门"三个层面，进一步明确执法主体，强化政府责任，其中"负责妇女儿童工作的机构"即指妇女儿童工作委员会。

3. 完善对妇女政治权利的保障。政治权利是实现妇女其他权利的基础，而参政权又是其核心。妇女的政治地位状况如何，是检验男女是否平等的重要标志。修改后的《妇女权益保障法》分别从各级人民代表大会代表，国家机关、社会团体及企事业单位的领导成员，基层群众性自治组织成员等方面对提高妇女参政程度分别作了规定。

4. 加大对女性平等受教育权的保护力度。为提高我国女性受教育水平，逐渐缩小两性受教育差距。修改后的《妇女权益保障法》从消除歧视和关注弱势群体两个方面强调政府、社会和学校在保障女性受教育权方面的义务和责任。

5. 充实对妇女劳动保护和社会保障的规定。劳动和社会保障权益是关系妇女生存和发展的重要权益领域。修改后的《妇女权益保障法》重点围绕防止就业中的性别歧视和女职工特殊劳动保护补充了新的内容，突出体现为单位责任和国家责任。

6. 突出了农村妇女的土地承包和相关财产权益保护。近年来，农村妇女的土地承包和相关财产权益受侵害现象比较突出，表现形式多样。修改后的《妇女权益保障法》在财产权益方面重点针对保护农村妇女的土地承包和相关财产权益作了新的规定。

7. 充实完善妇女人身权利保护的内容。修改后的《妇女权益保障法》在已有的保护措施基础上，增加了关于妇女人身权利的新内容。主要体现在四个方面：一是扩大了妇女人身权的保护范围，增加了荣誉权、隐私权，对妇女给予了更深层次的人文关怀；并且还特别强调了大众传媒的责任，有很强的现实针对性。二是首次明确规定人民政府和公安、民政、劳动保障、卫生等部门以及妇联组织，在解救被拐卖、绑架的妇女和做好善后工作方面的责任，有利于推动建立政府领导下的多部门合作的反拐工作机制，形成工作合力。三是增加禁止对妇女实施性骚扰的规定，并赋予妇女向单位和有关机关投诉的权利。这是"性骚扰"概念首次出现在我国的法律中。四是增加禁止组织、强迫、引诱妇女进行淫秽表演等活动。

8. 重申并增加对妇女婚姻家庭权益的规定。《妇女权益保障法》在婚姻家庭领域的修改重点集中在预防和制止家庭暴力、离婚妇女的财产权益以及妇女生殖健康权保护三个方面。第一，增设了禁止对妇女实施家庭暴力的规定。首次明确国家采取措施预防和制止家庭暴力，列举了公安、民政、司法行政机关、城乡基层群众性自治组织及社会团体等一些在预防和制止家庭暴力方面负有重要责任的机构或组织，明确要求他们依法对受害妇女提供救助，增强法的操作性。第二，依据《婚姻法》有关离婚财产补偿的原则，明确在实行约定财产制的情况下，妇女因抚育子女、照料老人。协助男方工作等承担较多义务的，有权在离婚时要求男方给予补偿，肯定了妇女家务劳动的社会价值和经济价值，体现了家庭财产方面的公平公正原则。第三，根据《母婴保健法》和《人口与计划生育法》的规定，强调国家实行婚前保健、孕产期保健制度，发展母婴保健事业。各级人民政府应当采取措施，保障妇女享有计划生育服务，提高妇女的生殖健康水平。

9. 强化救助措施和法律责任。"法律责任"一章是《妇女权益保障法》修改的重点之一。为了充分体现《妇女权益保障法》的立法宗旨和保护妇女权益的实际需要，修改后的《妇女权益保障法》在内容上补充了原有的救助措施和法律责任，包括：一是受害妇女自身的维权渠道，包括向妇女组织和有关主管部门进行投诉，要求处理，依法申请调解、仲裁和提起诉讼；二是妇女组织对受害妇女权益的保障；三是有关部门对侵犯妇女合法权益的违法行为的查处；四是法律援助机构和人民法院对妇女依法提供法律援助和司法救助。

三、《刑法》、《刑事诉讼法》中有关妇女人权保障的规定

《刑法》和《刑事诉讼法》与检察官的职权密切相关，同时也是我国保护妇女人权的两部极为重要的法律，其中有很多条文对妇女人权的保障作了专门规定。

（一）《中华人民共和国刑法》中对妇女人权的保障

我国现行《刑法》中规定了许多有关妇女权益保障的条款，既包括对侵害妇女权益犯罪行为的内容，也包括对女性犯罪人合法权益的保护。

1. 我国《刑法》对妇女权益的保护——对侵害妇女权益犯罪行为的规定

（1）对妇女的人身自由权利的保护。妇女的人身自由权是妇女参加社会活动，实现其他权利的前提，为了保护妇女的人身自由权不受侵犯，《刑法》明确规定了拐卖妇女罪（第240条）、收买被拐卖的妇女罪（第241条）、聚众阻碍解救被收买的妇女罪（第242条）、不解救被拐卖、绑架妇女罪（第416条第1款）和阻碍解救被拐卖、绑架妇女罪（第416条第2款）等严重侵犯妇女人身自由权利的犯罪。

（2）对妇女性权利的特殊保护。妇女性权利是指妇女在法律和道德允许的范围内自由选择性对象的权利，是妇女人格权的重要内容之一。《刑法》规定了强奸罪（第236条）、组织卖淫罪（第358条第1款）、强迫卖淫罪（第358条第2款）、协助组织卖淫罪（第358条第3款）、引诱、容留、介绍卖淫罪（第359条第1款）、引诱幼女卖淫罪（第359条第2款）和嫖宿幼女罪（第360条第2款）等。

（3）对妇女名誉权的保护。妇女的名誉权，是指妇女享有的要求社会对自己的名誉和人格尊严给予尊重的权利，也就是名誉和人格尊严不受侵犯的权利。《刑法》规定了强制猥亵、侮辱妇女罪（第237条）、侮辱罪（第246条）和诽谤罪（第246条）。

（4）对妇女婚姻家庭权利的保护。为了保护妇女在婚姻家庭关系中的人身权利，《刑法》规定了暴力干涉婚姻自由罪（第257条）、重婚罪（第258条）、遗弃罪（第261条）、破坏军婚罪（第259条第1款）、虐待罪（第260条）等。

2. 我国《刑法》对女性犯罪人权益的保护

《刑法》第 49 条规定审判的时候怀孕的妇女，不适用死刑。即使其犯罪行为达到了"罪行极其严重"的程度，也不能对其适用死刑，包括不能判处死刑暂缓执行。对审判的时候怀孕的妇女不适用死刑，充分体现了刑罚保护母亲及无辜胎儿的人道主义精神。1998 年 8 月 4 日最高人民法院《关于对怀孕妇女在羁押期间自然流产审判时是否可以适用死刑问题的批复》明确指出："怀孕妇女因涉嫌犯罪在羁押期间自然流产后，又因同一事实被起诉、交付审判的，应当视为审判的时候怀孕的妇女，依法不适用死刑。"《刑法》第 72 条规定对于被判处拘役、3 年以下有期徒刑正在怀孕的女性犯罪分子应当宣告缓刑。

（二）《中华人民共和国刑事诉讼法》及相关司法解释中有关妇女权益保障的条文

出于对妇女人身权利的保护和考虑，对刑事诉讼过程中一些涉及妇女的特殊情况，《刑事诉讼法》作了保护性的规定。包括对正在怀孕、哺乳自己婴儿的妇女，可以采用取保候审或者监视居住的办法（第 65 条、第 72 条）。检查妇女的身体，应当由女工作人员或者医师进行（第 130 条）。搜查妇女的身体，应当由女工作人员进行（第 137 条）。对于被判处有期徒刑或者拘役的怀孕或者正在哺乳自己婴儿的女性罪犯，可以暂予监外执行（第 254 条）。讯问女性未成年犯罪嫌疑人，应当有女工作人员在场（第 270 条）。

此外，最高人民法院、最高人民检察院司法解释中也有许多内容涉及妇女权益保护。1982 年 11 月 1 日最高人民法院、最高人民检察院印发《关于审理强奸案件应慎重处理被害人出庭问题的通知》中，为了切实做到既要保证被害人依法行使诉讼权利和履行作证义务，又要注意防止被害人的名誉和其他人身权利继续遭受侵害，对被害人出庭问题作了特别规定。规定强奸妇女和奸淫幼女属于个人隐私的案件。依据《刑事诉讼法》相关规定人民法院对这类案件实行不公开审理。2001 年 6 月 18 日最高人民检察院印发的《人民检察院司法警察执行职务规则》规定对女性犯罪嫌疑人、被告人进行人身搜查时，应该由女性司法警察执行。2004 年 2 月 6 日最高人民法院印发的《人民法院司法警察看管规则》中规定对女性被告人应由女性司法警察执行看管。2012 年 10 月 16 日由最高人民检察院第十一届检察委员会第八十次会议通过，自 2013 年 1 月 1 日起施行的《人民检察院刑事诉讼规则（试行）》中规定，怀孕或者正在哺乳自己婴儿的妇女，采取取保候审不致发生社会危险性的可以取保候审（第 83 条）；符合法定逮捕条件的怀孕或者正在哺乳自己婴儿的女性犯罪嫌疑人可以监视居住（第 109 条）；检查或搜查妇女的身体，应当由女工作人员或者医师进行（第 213 条、第 225 条）；讯问女性未成年犯罪嫌疑人，应当有女性检察人员参加（第 490 条）；人民检察院接到决定或者批准机关抄送的暂予监外执行决定书后，是否属于怀孕或者正在哺乳自己婴儿的妇女列为应当进行审查的内容之一（第 645 条）。

四、其他法律、文件中有关妇女人权保障的规定

男女平等、保护妇女人权等基本精神和法律原则几乎贯穿于我国的一切法律法规之中，我国关于妇女人权保护的立法是比较完善的。迄今已经形成了以《宪法》为基础，以《中华人民共和国妇女权益保障法》为核心和主体，包括《婚姻法》、《选举法》、《民法通则》、《继承法》、《劳动法》、《人口与计划生育法》、《农村土地承包法》、《母婴保健法》等 10 余部法律和相关司法解释以及 40 余种国家行政法规（如《女职工劳动保护规定》、《妇幼卫生工作条例》等）和 80 余种地方性法规在内的完整保障妇女人权和促进男女平等的法律体系。我国的宪法、法律以及具体的行政法规，都体现了消除对妇女的歧视、男女平等基本的人权原则。

1. 《中华人民共和国宪法》规定"国家尊重和保障人权"。中华人民共和国妇女在政治的、经济的、文化的、社会的和家庭的生活等各方面享有同男子平等的权利。国家保护妇女的权利和利益，实行男女同工同酬，培养和选拔妇女干部（第 48 条）。婚姻、家庭、母亲和儿童受国家的保护（第 49 条）。

2. 保护妇女参政议政权利的法律法规有《中华人民共和国全国人民代表大会和地方各级人民代表大会选举法》、第十届全国人民代表大会第五次会议关于《第十一届全国人民代表大会代表名额和选举问题的决定》、《公务员法》等。

3. 保护妇女在社会经济方面权利的有《劳动法》、《劳动合同法》、《民法通则》、《继承法》、《物权法》、《义务教育法》、《农村土地承包法》、《就业促进法》、《职业教育法》等。其中 2003 年 3 月颁布的《农村土地承包法》，特别强调结婚、离婚及丧偶妇女享有平等获得土地的权利，2006 年 6 月修订的《义务教育法》强调保证女童平等受教育的权利。2007 年 6 月通过的《劳动法》规定女职工在孕期、产期、哺乳期期间，用人单位不得解除与她们的劳动合同。2007 年 8 月通过的《就业促进法》规定了用人单位录用女职工，不得在劳动合同中规定限制女职工结婚、生育的内容。

4. 保护妇女婚姻家庭方面的权利的法律法规有《婚姻法》、《母婴保健法》、《人口与计划生育法》等。其中《婚姻法》首次写进了禁止家庭暴力、离婚过错补偿、对离婚妇女无报偿劳动补偿的内容；2001 年颁布的《人口与

计划生育法》，明确禁止非医学需要的胎儿性别鉴定和选择性别的人工终止妊娠，以控制中国出生人口性别比偏高问题。

5. 其他还有许多法律法规中也都涉及妇女权益的保护。如《监狱法》、《兵役法》、《工会法》、《广告法》、《红十字会法》等。1994 年 10 月 27 日通过的《广告法》中严令禁止广告内容中出现性别歧视的内容；1994 年 12 月 29 日颁布的《监狱法》规定，监狱对成年男犯、女犯和未成年犯实行分开关押和管理，对未成年犯和女犯的改造，应当照顾其生理、心理特点。女犯由女性人民警察直接管理。

6. 2008 年 7 月 31 日中央宣传部、最高人民检察院、公安部、民政部、司法部、卫生部、全国妇联联合制定了《关于预防和制止家庭暴力的若干意见》。该意见旨在进一步做好预防和制止家庭暴力工作，依法保护公民特别是妇女儿童的合法权益，促进社会主义和谐社会建设。指出预防和制止家庭暴力是全社会的共同责任；将家庭暴力报警纳入"110"出警工作范围；人民检察院要加强对家庭暴力犯罪案件的法律监督。目前全国 1 万多个派出所和社区警务室成立了维权投诉站或反家庭暴力投诉报警点。

五、中国妇女人权保护现状

改革开放以来，中国的现代化进程从政治、经济、文化等各个方面对妇女人权发生着深刻的积极影响，为妇女人权的发展带来了前所未有的契机。

1. 妇女与参政。马克思曾说过，"社会的进步可以用女性的社会地位来精确衡量"，而妇女参政是妇女政治权利的重要体现。2009 年省部级和地厅级女干部分别占同级干部的 11.0% 和 13.7%；县处级以上女干部占同级干部总数的 16.4%。2009 年省、市、县三级政府领导班子中女干部配备率分别为90.3%、89.5%、88.4%，比 2004 年分别提高了 3.2 个、4.9 个和 3.5 个百分点；2009 年省级政府部门领导班子中女干部配备率为 56.8%，比上年提高2.9 个百分点[①]。这些数据表明：妇女参政登上政治舞台，不仅是一种文明进步的表现，也是一种历史发展的趋势。

2. 妇女与教育。教育水平或者受教育程度是衡量妇女发展和社会参与能力的基础，也是表明妇女社会地位和经济地位的重要标志。我国从《宪法》、《义务教育法》到《妇女权益保障法》以及其他相关法律，都规定男女享有平等的受教育权。国家通过普及九年义务教育、改革中等教育的同时发展职业教

---

① 参见中华人民共和国执行《消除对妇女一切形式歧视公约》第七、八次合并报告第二部分。

育、大力发展高等教育、成人教育，并支持多种形式的民间办学，从而提供多渠道受教育的平台。

3. 妇女与经济。依法保障妇女的劳动权益，使妇女通过参加社会生产劳动取得经济上的独立，是提高妇女地位的基础和前提。各级政府努力保障妇女劳动就业权益，制定和落实帮助妇女再就业的优惠政策，提供就业援助。

4. 妇女与健康。健康不仅是妇女发展的基础，也是实现人类健康的基础。我国政府集中、整合多方力量，解决涉及妇女生存、发展的一些突出问题。经过多年建设，覆盖全国的妇幼保健机构已达 3000 多个，妇幼卫生队伍已达 50 万人，形成了比较健全的县、乡、村三级妇幼保健网。中央和地方政府累计投资 20 多亿元实施的"降低孕产妇死亡率和消除新生儿破伤风"项目，到 2010 年已覆盖中国中西部地区所有县，受益人口 5 亿多①。

5. 反对针对妇女的暴力，保障妇女人身权利。公安、司法机关始终把强奸妇女、奸淫幼女、拐卖妇女和组织、强迫、引诱、容留、介绍妇女卖淫等严重侵犯妇女权益的犯罪作为打击重点，连续多次开展专项行动，严厉打击拐卖妇女犯罪行为。各级政府建立了被解救妇女中转、培训、康复中心。我国还注意加强与周边国家的合作，至 2006 年 2 月，与 36 个国家签订了刑事司法协助条约，与 41 个国家签订了警务合作协议。

6. 维护妇女在婚姻家庭中的地位和合法权益。《婚姻法》确定了婚姻自由、一夫一妻、男女平等的婚姻制度；完善了夫妻财产制，明确了夫妻共同财产的范围；增设了无效婚姻制度。旨在倡导建立平等、文明、和睦和稳定的家庭关系。保障妇女在婚姻家庭中的权益。同时明确规定禁止家庭暴力，全国 31 个省（区、市）中有 28 个颁布了反家庭暴力地方法规。

尽管我国在妇女权益保障方面取得了相当大的进展，但由于历史的和现实的种种原因，改革开放 30 年间，妇女问题仍然成为一个严重的社会问题浮出水面，如在政治现代化的进程中中国妇女参政权发展缓慢；在经济现代化进程中妇女的就业权受到了巨大的冲击，同时妇女劳动保护权缺失严重，同时，与之前的"半边天"的妇女形象相反，社会对妇女提出了"超贤妻良母"的形象；新中国成立后已经解决的卖淫嫖娼、拐卖妇女等社会丑恶现象死灰复燃，男权商业文化在性别文化中占主流地位。而这些社会现象对妇女人权造成了巨大的侵害。

---

① 参见中华人民共和国执行《消除对妇女一切形式歧视公约》第七、八次合并报告第二部分。

第三节　中国检察官应如何在检察
工作中保障妇女人权

一、检察工作与妇女人权保障

2004 年《宪法修正案》将"国家尊重和保障人权"写入《宪法》，宣布了国家对人权负有的保护责任。这为我国的司法制度注入了新的内容，赋予了新的历史使命。尊重和保障人权作为重要的现代司法理念，指导我国司法机关更好地公正司法、司法为民。中国检察机关特殊的法律性质和地位，决定了其在人权保障方面承担着特殊的重要职责。在中国的国家机构组织框架中，检察机关是法律监督机关，也是司法机关的组成部分，对公民提供司法救济，实现公平正义、保障人权是检察机关的一项法定职责；检察机关作为《宪法》确立的国家法律监督机关，不仅自身肩负着提供司法救济的职责，而且承担着对其他国家机关实施法律的活动进行监督，防止和纠正权力滥用对公民权利的侵害，保障法律正确实施，维护公平正义的特定职责。因此，可以说，中国的检察机关在人权保障领域地位更特殊，也更重要。

对妇女人权最大的伤害就是妇女面临的各种形式的暴力侵害。前述国际公约均将针对妇女的暴力视为对妇女人权的严重践踏。这就意味着反对和消除针对妇女的暴力是一项国家责任。而在妇女人权运动推动下发展了的国际人权法意义上的国家责任理论认为，"国家放弃保护其公民不受暴力犯罪的侵扰责任就构成了默认私人暴力的事实。国家有义务保护在其领土范围内的人免受私人暴力和违法势力行为的侵犯。如国家不做丝毫努力以制止某种形式的私人暴力，即意味着国家不言而喻地宽恕了那种暴力"。①毋庸置疑，检察机关作为国家的司法机关，通过刑事干预手段遏制不论是发生在公共领域还是私人领域里妇女遭遇的各种各样的暴力侵害，是其当然职责。

检察机关不但要身体力行地根据《刑法》、《刑事诉讼法》中的有关规定切实保护女性犯罪嫌疑人、女性被告人、女性受害人、女性服刑人等的权益；同时还要监督公安、司法机关及其工作人员依法履行打击犯罪、制止和预防侵犯妇女合法权益的行为。运用法律监督权，切实保护女性被害人的合法权益。

---

① ［加］丽贝卡·J. 库克：《妇女的国际人权法：前进之路》，载丽贝卡·J. 库克编著：《妇女的人权——国家和国际的视角》，黄列译，中国社会科学出版社 2001 年版，第371 页。

认真受理被害人的申诉、控告，强化立案监督、侦查监督；维护女性犯罪嫌疑人、被告人的合法权益。在法律有明确规定的基础上，对正在怀孕、哺乳自己婴儿的妇女，可以采用取保候审或者监视居住的办法。对于被判处有期徒刑或者拘役的怀孕或者正在哺乳自己婴儿的女性罪犯，可以暂予监外执行。保护女性证人、申诉人、控告人的合法权益。加强监所检察，保护女性服刑人的权益。

检察官在处理此类案件中的立场、观点、态度和行动，与其个人对针对妇女的暴力行为的性质、根源和危害的认识有直接关系。检察官应自觉提升社会性别意识，① 增强性别敏感和保护妇女权益的意识，加大保护妇女合法权益的力度。

二、问题与对策

（一）检察工作在保护妇女人权方面的问题

目前在我国，从人权的视角检审、清理和分析，我们现行法律和法律制度中的性别歧视和表面中立的规定才刚刚起步。在有关妇女问题的立法中，开始进行性别分析以期使立法修改能够纳入性别视角；在司法方面也有了保护妇女权利的实践，如利用"受虐妇女综合症"尝试为受虐妇女作减轻刑罚的辩护，法院量刑适当考虑相关因素。但根深蒂固的男权思想和观念还是在立法和司法中留有清晰烙印，使检察官在保护妇女权益方面面临或存在这样或那样的问题。

1. 相关立法存在的问题

（1）存在以传统男权为标准从而缺乏社会性别视角的立法内容，致使妇女权益保护无从落实。如我国立法中存在一些明显的性别歧视内容。法律对妇女在社会上和在家庭中的人身权利保障采取了双重标准，即将对妇女人身权益的保护，分为公共的和私人的两个不同领域。法律只保护妇女在公共领域的人身权益，而不保护妇女在私人领域的人身权益。例如：妇女遭到非家庭成员的人身伤害，《治安管理处罚法》、《刑法》就会发挥作用。妇女遭受来自家庭内部的暴力，如丈夫对妻子人身伤害，法律规定是不告不理的。此外，法律中还

---

① 性别意识是随着妇女运动的深入和女性主义研究的兴起，逐渐成为一个重要的概念。社会性别概念强调，社会生活中存在的各种男女不平等、性别歧视现象，以及两性的整体特征，其根源不在于男女生理上的差异，而是由社会文化、传统观念建构的，是由两性在性别角色、评价标准、资源占有以及权力/权利关系中的差异造成的。这些是可以改变的。

存在一些隐性的性别歧视内容，主要是指男女形式上平等，实质上不平等。如立法虽然对强奸罪的处罚规定较严厉，但对强奸案件的立案标准，却定得很高。在强奸罪中，法律不要求处于强势的强奸犯罪嫌疑人负举证责任，证明自己的口供属实，却要求处于弱势的受害人（一般为女性）负举证责任，受害人必须证明自己的指控属实。这皆"因为立法没有考虑女性不同于男性的生理、心理特点和女性不同于男性的社会经历，客观上使得强奸嫌疑人只要咬定双方自愿，就可逃脱法律追究"。[①] 又如，关于正当防卫的规定，行为人在"不法侵害正在进行时"，才能采取防卫措施。这一条规定，表面上体现了男女平等，实质上，当对抗双方是家庭暴力关系中的强男弱女时，就显失公平了。因为妇女基于身体原因对"正在进行的不法侵害"很难进行自卫，或者自卫行为会招致更严重的暴力。从社会性别角度来分析，我国对正当防卫的规定，实际上是将长期遭受家庭暴力的女性，排除到刑事法律平等保护之外了，是立法对女性人身权益隐性的不平等保护的典型表现。

（2）存在相关立法缺失的问题。2001 年修正通过的《婚姻法》明确规定"禁止家庭暴力"。但我国的《刑法》中没有针对妇女的暴力或家庭暴力为具体内容的罪名，没有明确规定对妇女实施的家庭暴力是犯罪行为。只在一些《刑法》条文中体现了对该种行为的惩治。在出现家庭暴力事件时，只能根据案件具体情况，引用相近罪状的罪名进行处罚，通常引用的是伤害罪、虐待罪、强奸罪等具体罪名。而按照罪刑法定原则，定罪和量刑须有法律明文规定为依据。由于家庭暴力行为有其自身的特殊性，简单引用这些罪名往往难以涵盖此类犯罪的特性，这就使得司法机关在办理此类案件的具体执法活动中出现多种无法处罚的情况，如引用"伤害罪"罪状及处罚标准。《刑法》规定构成伤害罪必须要达到轻伤、重伤或致死的程度。而《人体轻伤鉴定标准（试行）》规定的轻伤是指物理、化学及生物等外界因素作用于人体，造成组织器官结构一定程度的损害或部分功能障碍的损伤。按照这些标准，有很多遭受丈夫殴打、虐待，尚未达到规定的轻伤、重伤标准的妇女；甚至有反复被虐待殴打致伤，虽有医院的验伤证明，告到法院却往往因为没有受理依据而不被受理的情况。再如我国《刑法》中的杀人、强奸、伤害、非法拘禁、虐待、遗弃等罪多少弥补了没有直接规定家庭暴力罪的缺陷，但因施暴者和受害者之间的特殊亲属关系，司法上不可避免地存在着特殊身份的豁免，而这在客观上放纵了施暴者。刑事诉讼程序立法在保护妇女免受家庭暴力方面也存在缺陷，如现

第十五章　妇女人权保障

行有关反家庭暴力的法律规定主要适用于对施暴者事后制裁，而当家庭暴力正在发生及持续过程中却缺乏有效、及时地遏制家庭暴力的法律措施。《刑法》、《刑事诉讼法》中没有相关规定，即使 2006 年 3 月起实施的《治安管理处罚法》中也没有对家庭暴力作出相应的行政干预措施规定。在实践中很少因殴打家庭成员而被适用行政拘留，难以限制施暴者对受虐妇女的接触，难以避免受虐妇女遭受进一步、更为严重的伤害。再如受害人难以举证问题，根据《刑事诉讼法》规定，自诉人承担举证责任。而实践中受虐妇女因多种原因难以举证，如鉴定意见难以取得。伤情检验和鉴定意见是确定受害者损伤程度的权威依据，只有根据鉴定意见所认定的事实，才能对施暴者采取相应的处罚。但当公、检、法机关不出具委托鉴定书时，根据现有法律，司法鉴定部门则不接受为受害者做身体损伤鉴定的申请，从而使受害者无法寻求法律保护。

2. 检察人员中仍存在以男权为中心的传统观念和认识

社会主流和大众往往对性别（实际是妇女）采取惊人的矛盾的态度——在"姿态"和口号上重视，而在实质上内心漠视，因而性别盲点无所不在。古人云："徒法不足以自行。"执法人员的素质和对法律的认识直接关系到执法的水平和状况。就针对妇女实施的暴力案件，不仅现有的法律规定不够完善，在执法人员的思想认识和观念上仍存在较大差距，这使得我国目前还不够完善的保护妇女权益的相关制度，在具体执行环节，还要大打折扣。如实践中公、检、法三机关出现了这样一些情况：公安机关内部运行机制中不将家庭暴力违法犯罪行为纳入各类案件的统计中，警察常常接警不立案；检察机关认为不是分内之事，不愿提起公诉；法官则或认为不构成犯罪不予受理或在审理中不考虑受暴妇女的受暴经历和心理，过多考虑当事人的关系而判决偏轻，判决中忽视对受暴妇女今后生活的考虑等情况。

（二）完善检察机关保障妇女人权工作的建议

1. 实现男女平等的法律对策

面对妇女遭受的种种歧视，利用法律制度与之相对抗是实现男女平等的重要手段。而使妇女人权得到全面的、切实的法律保障和直接有效的提高，不仅是现代法治社会的标志，也是各国进行法律改革所要达到的目标之一。将妇女人权纳入一个以男性为标准的结构框架内，是不可能真正实现男女平等的。在立法时应融入性别意识，以女性的视角来研究、制定以及实施法律。立法机关在制定法律时应充分研究该项立法对男女的不同影响，并对涉及侵犯特定性别的法律进行及时废除和修改，使法律的实施真正有利于对妇女权益的保障，有利于促进男女平等。检察机关亦应通过制定司法解释来明确对妇女权益的保护。目前，在各方努力下，全国人大常委会在 2011 年立法计划的"安排预备审议项目"中提出，"制定有关反家庭暴力的法律规定，要求有关方面抓紧调研起草工作，视情况在 2011 年或以后年度安排审议"。最高人民检察院应联合最高人民法院，就有关家庭暴力问题的法律规定进行一次系统的司法解释。这对公、检、法三机关转变传统观念、增加社会性别意识，推动反家庭暴力将会有重大意义。

2. 通过培训强化检察官保护妇女权益意识

检察官在处理涉及妇女权益的案件中起着十分关键的作用。检察官对妇女权益的立场、观点、态度和行动，与其个人对妇女问题的认识和社会性别观念有直接关系；特别是对针对妇女的暴力性质、根源和危害的认识，对妇女实施的家庭暴力干预模式和对策的确定，都受主流社会性别观念的制约；检察官对涉及妇女案件的处理直接体现出对司法公正的维护和对妇女权益的保护。因此，有必要通过培训，启发和提升检察官的社会性别意识，拓展处理涉及妇女权益案件时社会性别分析的新视角；明确检察官在处理针对妇女暴力案件中的职责、作用、态度和目标，以增强检察官保护妇女权益的自觉性。

3. 强化检察机关在预防和反对家庭暴力方面的职能

（1）人民检察院要加强对家庭暴力犯罪案件的法律监督。对人民检察院认为公安机关应当立案侦查而不立案侦查的家庭暴力案件，或者受害人认为公安机关应当立案侦查而不立案侦查，而向人民检察院提出控告的家庭暴力案件，人民检察院应当认真审查，认为符合立案条件的，应当要求公安机关说明不予立案的理由。人民检察院审查后认为不予立案的理由不能成立的，应当通知公安机关依法立案，公安机关应予立案。使实施家庭暴力犯罪行为的人受到刑事追究，并使受到侵犯的受虐妇女的人权得到法律救济。建议：①应赋予检察机关家庭暴力案件的调查权，即对公安机关的受理家庭暴力投诉案件登记表及案卷材料的调查权；②建立家庭暴力受害人申请复议复核制度，对公安机关不予立案的家庭暴力案件，当事人可以提请复议，如果公安机关维持原决定后，当事人仍不服的，可以向人民检察院进行复核，人民检察院可以调查复核，并将复核的决定通知公安机关。对人民法院在审理涉及家庭暴力案件中作出的确有错误的判决和裁定，人民检察院应当依法提出抗诉。

（2）建立家庭暴力刑事案件公诉制度。我国的家庭暴力案件受害人可通过自诉和公诉两种方式实现诉权。但实践证明这种方式即不利于保护受暴妇女权益又不利于检察机关明确自身职责。可以借鉴国外的一些有益做法。自 20 世纪 70 年代，许多国家在反对家庭暴力领域采取了改革实体法和程序法的战略。在加拿大、澳大利亚、美国等国家，为制止连续不断的家庭暴力和改变司法系统传统的认可或漠视家庭暴力的态度，采纳了"支持逮捕"、"支持起诉"

或曰"non - stop"的政策。① 如加拿大在家庭暴力案件上确立了检察官公诉的"直接起诉"制度。无须征得妻子同意，不让受暴妇女来承担起诉的责任，不会给妇女带来各方面的压力，也因而让检察官清楚这不是"私事"而是法定职责。而且"这传递着一个政治信号，反映出国家对暴力家庭问题态度的转变，即家庭暴力不仅是犯罪，而且是严重的犯罪"。②建议在现有法律框架下，对现有告诉制度作出法律允许的改革：①对于家庭暴力适用告诉才处理罪名罪状的案件，在受暴妇女受到强制无法告诉的情况下，检察机关可以主动介入，提起公诉。②对于适用其他罪名罪状的家庭暴力案件，明确由检察机关公诉。③按照国际通行做法，检察机关对家庭暴力案件采取"必须起诉政策"。不得以任何理由，如用"轻伤害案不起诉"的刑事政策将家庭暴力引起的轻伤害案排除在外。④对于检察机关主动介入的案件是否提起公诉，应听取受暴妇女的意见，但"情节恶劣"、"后果严重"的除外。

（3）在检察权的行使中，加强对妇女权利的保障。检察机关在依法行使检察权时，应充分认识家庭暴力犯罪与普通刑事犯罪的区别，在多环节上注意保护受暴妇女的权益，如通过培训来提高和确保检察官处理此类案件的社会性别敏感性；在检察机关提起公诉的案件中指派女性检察官，便于同受暴妇女的沟通及了解案情，也可以让受暴妇女在心理上得到安慰和支持；在涉及对隐私部位取证时，应安排女性医务人员，且应避免污辱性的身体检查；对法院无视受暴妇女权益的不正确判决，提起抗诉等。

（4）通过检察建议的形式，对受暴妇女进行全方位保护。积极开展司法建议活动，是检察机关维护社会稳定、保护妇女人权的一项重要内容。由于检察官履行职责的特殊性，能够在办理具体案件的过程中，及时发现违法行为、犯罪隐患和管理、防范问题。因此，检察机关可结合办案，积极向有关国家机关、单位、社区、医院等提出预防及治理家庭暴力行为的司法建议。

应用与讨论训练

★ 模块一 案例研讨

张某花与丈夫张某结婚10余年，其间，张某对妻子平日里非打即骂。为

---

① 参见黄列：《两种反对家庭暴力战略评析》，载《反对针对妇女的家庭暴力》，中国社会科学出版社2002年版，第126页。

② 参见薛宁兰：《挪威反家庭暴力的立法、实践及启示》，载《环球法律评论》2003年夏季号。

逃避丈夫的虐待，张某花多次跑到亲友家躲避。每次被丈夫张某哀求着接回后，张某花等到的却是丈夫变本加厉的毒打，家中的锤子、板凳、衣物等都成了丈夫对张某花施暴的工具。2007 年 4 月 6 日晚，张某又在酒后以殴打张某花取乐，直至打累后酣然倒在堂屋睡下，彻底绝望的张某花于凌晨 3 时许用绳索将熟睡中的张某勒死。案发后，张某花的子女及村邻们都证实了张某的家暴事实。

法院认为，被害人在案件的起因上具有重大过错，被害人的长期恶行构成了张某花犯罪的诱因；被告人面对家庭暴力而不能采取正确的方式，应认定为犯罪情节较轻。因此法院对张某花从轻处罚，一审判处其有期徒刑 5 年。

⊙研讨主题

1. 列出家庭暴力的表现及对妇女哪些权利造成威胁和侵害？

2. "受虐妇女综合症"证据在司法实务中如何运用？

★ **模块二** **课堂练习（在检察官人权培训课程中）**

目标：让受训检察官通过讨论增强社会性别意识

时间：60 分钟

材料：大白纸和白板笔

步骤：

（1）集体参与讨论，将与"男性"、"女性"有关的特征（含角色、评价、期待等）列示出来；

（2）培训教师讲授男女生理性别和社会性别定义；

（3）参与者讨论对生理性别和社会性别的认识和理解；进一步探讨性别意识的建立与保护妇女权利的关联性和重要性。

第十六章　未成年人人权保障

相关依据导引

★ 国际文件

《儿童权利公约》（1989 年 11 月 20 日联合国大会第 44/25 号决议通过）

《〈儿童权利公约〉关于禁止买卖儿童、儿童卖淫和儿童色情制品问题的任择议定书》（2000 年 5 月 25 日联合国大会第 54/263 号决议通过）

《〈儿童权利公约〉关于儿童卷入武装冲突问题的任择议定书》（2000 年 5 月 25 日联合国大会第 54/263 号决议通过）

《联合国打击跨国有组织犯罪公约关于预防、禁止和惩治贩运人口，特别是妇女和儿童行为的补充议定书》（2000 年 11 月 15 日联合国大会第 55/25 号决议通过）

《联合国少年司法最低限度标准规则》（《北京规则》）（1985 年 11 月 29 日联合国大会第 40/33 号决议通过）

《联合国预防少年犯罪准则》（《利雅得准则》）（1990 年 12 月 14 日联合国大会第 45/112 号决议通过）

《保护被剥夺自由少年规则》（1990 年 12 月 14 日联合国大会第 45/113 号决议通过）

★ 国内规范

《中华人民共和国未成年人保护法》（1991 年 9 月 4 日第七届全国人民代表大会常务委员会第二十一次会议通过，2006 年 12 月 29 日第十届全国人民代表大会常务委员会第二十五次会议修正）

《中华人民共和国刑法》（1979 年 7 月 1 日第五届全国人民代表大会第二次会议通过，1997 年 3 月 14 日第八届全国人民代表大会第五次会议修正）

《中华人民共和国刑事诉讼法》（1979 年 7 月 1 日第五届全国人民代表大会第二次会议通过，1996 年 3 月 17 日第八届全国人民代表大会第四次会议第一次修正，2012 年 3 月 14 日第十一届全国人民代表大会第五次会议第二次修正）

最高人民法院《关于审理未成年人刑事案件的若干规定》（2000 年 11 月 15 日最高人民法院审判委员会第 1139 次会议通过）

《人民检察院办理未成年人刑事案件的规定》（2002 年 3 月 25 日最高人民检察院第九届检察委员会第 105 次会议讨论通过）

最高人民法院、最高人民检察院、公安部、司法部《关于依法惩治性侵害未成年人犯罪的意见》（2013 年 10 月 23 日）

第一节　有关未成年人人权保障的国际条约、文件及主要内容

一、《儿童权利公约》及其两个任择议定书

《儿童权利公约》于 1989 年 11 月 20 日在第四十四届联合国大会上获得一致通过，1990 年 1 月 26 日开始向所有国家开放供签署，于 1990 年 9 月 2 日生效，是历史上缔约国最多的国际公约。后来，为了扩展和强化《儿童权利公约》中的某些权利，联合国于 2000 年 5 月 25 日又通过了两项任择议定书，即《〈儿童权利公约〉关于禁止买卖儿童、儿童卖淫和儿童色情制品问题的任择议定书》和《〈儿童权利公约〉关于儿童卷入武装冲突问题的任择议定书》。联合国《儿童权利公约》是联合国有关儿童问题的最重要的国际公约，也是迄今为止较全面规定儿童权利的国际公约。

（一）《儿童权利公约》的背景及意义

早在 1959 年 11 月 20 日联合国大会通过的《儿童权利宣言》中就确认，"人类有责任给儿童以必需给予的最好的待遇"，并为儿童权利的实现确立了 10 条原则。但是，该宣言不具有法律拘束力。1979 年联合国人权委员会就波兰的倡议草拟《儿童权利公约》。1989 年年初《儿童权利公约》最后案文提交人权委员会，联合国大会第 44/25 号决议一致通过。《儿童权利公约》为儿童权利的保护及其福祉订立了一套全面的国际法律准则。

（二）《儿童权利公约》的主要内容

1. 规定了未成年人（儿童）的定义

《儿童权利公约》第 1 条规定："儿童系指 18 岁以下的任何人，除非对其适用之法律规定成年人年龄低于 18 岁。"儿童委员会要求各缔约国根据该公约第 1 条提供其法律条款中关于"儿童"的定义。

2. 规定了保护未成年人人权的一般性原则

根据《儿童权利公约》的规定，保护未成年人人权的一般性原则包括以下几方面：

（1）不歧视原则。《儿童权利公约》第 2 条规定："缔约国应确保其管辖范围内的每个儿童均享受公约所载权利，不因儿童或其父母或法定监护人的种族、肤色、性别、语言、宗教、政治或其他见解、民族、种族或社会出身、财产、伤残、出生或其他身份而有任何差别。缔约国应采取一切适当措施确保儿童得到保护，不受基于儿童父母、法定监护人或家庭成员的身份、活动、所表

达的观点或信仰而加诸的一切形式的歧视或惩罚。"①

（2）儿童的最大利益原则。《儿童权利公约》第 3 条第 1 款规定："关于儿童的一切行为，不论是由公私社会福利机构、法院、行政当局或立法机构执行，均应以儿童的最大利益为首要考虑。"

（3）生命权、儿童的存活与发展权。《儿童权利公约》第 6 条规定："缔约国确认每个儿童均有固有的生命权。缔约国应最大限度地确保儿童的存活与发展。"

（4）尊重儿童的意见。《儿童权利公约》第 12 条规定："缔约国应确保有主见能力的儿童有权对影响到其本人的一切事项自由发表自己的意见，对儿童的意见应按照其年龄和成熟程度给于适当的对待。为此目的，儿童特别应有机会在影响到儿童的任何司法和行政诉讼中，以符合国家法律的诉讼规则的方式，直接或通过代表或适当机构陈述意见。"

3. 规定了关于未成年人人权的主要内容

根据《儿童权利公约》的规定，未成年人人权主要包括：

（1）公民权利与自由。《儿童权利公约》规定，儿童除享有言论自由、思想和宗教信仰自由、结社与集会自由、隐私权、免受酷刑或其他残忍、不人道或有辱人格的待遇或处罚的权利等公民权利和自由外，还享有拥有姓名和国籍的权利，维护身份的权利，获得适当信息的权利等。②

（2）家庭环境和替代性照料。包括父母指导、父母责任、脱离父母的权利及与父母保持联系的权利，家庭团聚的权利，追索儿童抚养费，脱离家庭环境的儿童有权获得特殊保护，被收养的权利，禁止非法转移和不使返回，免受凌辱、虐待和忽视的权利，要求定期审查安置情况的权利等。③

（3）基本健康和福利权。包括最大限度地存活与发展的权利，残疾儿童获得特别照顾的权利，享受健康和保健服务的权利，获得适当生活水准的权利。④

（4）教育、休闲和文化活动权。包括教育权，休闲、娱乐和文化活动的权利。⑤

（5）"问题儿童"的特别权利。包括难民儿童的特别权利，武装冲突中的

---

① 徐显明主编：《国际人权法》，法律出版社 2004 年版，第 395 页。

② 参见《儿童权利公约》第 7 条、第 8 条、第 17 条的规定。

③ 参见《儿童权利公约》第 5 条、第 9 条、第 10 条、第 11 条、第 18 条、第 19 条、第 20 条、第 21 条、第 25 条、第 27 条的规定。

④ 参见《儿童权利公约》第 23 条、第 24 条、第 27 条的规定。

⑤ 参见《儿童权利公约》第 28 条、第 29 条、第 31 条的规定。

儿童的特别权利，触犯法律儿童的特别权利，受剥削儿童的特别权利，身心健康的恢复和重返社会的权利，艾滋病毒或艾滋病儿童的人权等。①

4. 其他规定

其中包括规定缔约国的义务（《儿童权利公约》第4条规定："缔约国应当采取一切适当的立法、行政和其他措施以实现公约所确认的权利。关于经济、社会及文化权利，缔约国应根据其现有资源所允许的最大限度并视需要在国际合作范围内采取此类措施。"），以及其实施机制（根据第43条的规定设立儿童权利委员会；根据第44条第1款的规定，缔约国承担向委员会提交关于他们为实现公约确认的权利所采取的措施以及关于这些权利的享有方面的进展情况的报告）。

（三）关于《儿童权利公约》的两个任择议定书

1. 《〈儿童权利公约〉关于儿童卷入武装冲突问题的任择议定书》的背景和主要内容

2000年5月25日联合国大会通过了《〈儿童权利公约〉关于儿童卷入武装冲突问题的任择议定书》，并于2002年2月12日生效。该议定书第2条责成缔约国保证不满18岁的人不得被强制招募加入武装部队，这一规定也是该议定书的最大成绩。议定书还进一步规定：每一缔约国在批准或加入议定书时应交存一份具有约束力的声明，规定其允许自愿应征加入本国武装部队的最低年龄，并说明其为确保不强迫或胁迫进行此类招募而采取的保障措施。允许不满18周岁的人自愿应征加入本国武装部队的缔约国应设置保障措施，至少确保：此种应征确实是自愿的；此种应征得到本人父母或法定监护人的知情同意；这些人被充分告知此类兵役所涉的责任；这些人在被接纳服本国兵役之前提供可靠的年龄证明（第3条）。非国家武装的武装团体在任何情况下均不得招募或在敌对行动中使用不满18周岁的人。缔约国应采取一切可行措施防止此种招募和使用，包括采取必要的法律措施禁止并将这种做法按刑事罪论处。②

2. 《〈儿童权利公约〉关于禁止买卖儿童、儿童卖淫和儿童色情制品问题的任择议定书》

2000年5月25日，第五十四届联合国大会通过了《〈儿童权利公约〉关于禁止买卖儿童、儿童卖淫和儿童色情制品问题的任择议定书》，该议定书已于2002年1月正式生效。议定书的主要目的是为了进一步扩大各缔约国为确

① 参见《儿童权利公约》第22条、第38条的规定。
② 参见《〈儿童权利公约〉关于儿童卷入武装冲突问题的任择议定书》第3条、第4条的规定。

保儿童免遭买卖、卖淫和色情制品之害而采取的各项措施，以实现《儿童权利公约》的宗旨并执行其各项规定。该议定书的主要内容包括：明确了买卖儿童、儿童卖淫和儿童色情制品的含义。要求各缔约国确保本国刑法将买卖儿童，出售、获取、介绍或提供儿童进行卖淫活动，为前述目的制作、分销、传送、进口出口、销售或拥有儿童色情制品的行为规定为犯罪，并处以刑罚。犯罪未遂、共谋或共犯也构成犯罪。对法人亦可追究刑事、民事或行政责任。要求各缔约国应在国内法中确立对上述罪行的管辖权，并在引渡、刑事调查、取证等方面积极开展国际合作。同时还规定了在上述案件的刑事诉讼和国际合作中，要严格依照《儿童权利公约》的规定，保护未成年人的人权等内容。①

二、有关的少年司法文件

联合国对触犯法律儿童的保护给予了高度重视，先后颁布了一系列有关的少年司法文件。其中联合国大会于 1985 年 11 月 29 日通过的《联合国少年司法最低限度标准规则》（《北京规则》）、1990 年 12 月 14 日通过的《预防少年犯罪准则》（《利雅得准则》）以及《保护被剥夺自由少年规则》是国际社会预防少年犯罪、少年司法管理和保护被拘押少年权利的法律文献的范本。

（一）《联合国少年司法最低限度标准规则》（《北京规则》）的背景和主要内容

该规则是由 1984 年 5 月在北京召开的"青少年犯罪与司法"专题专家会议讨论、修改、定稿的，所以又称《北京规则》，在 1985 年 12 月召开的联合国第四十届大会上成为联合国正式文件。该规则制定的背景是：青少年犯罪日益严重急需解决。"二战"以后，特别是 20 世纪 60 年代以来，世界上大多数国家的少年犯罪呈增长的趋势，已成为一个世界性的问题；各国青少年立法和少年司法制度的发展为制定《北京规则》提供了基础；青少年需要有专门的法律加以教育和保护，联合国对青少年的关注，应该在法律领域有所体现。该规则的宗旨是要求会员国采取的社会改革应努力促进少年的福利，尽量减少司法干预，对触犯法律的少年给予有效、公理、合乎人道的处理，既保护青少年的健康成长，又维护社会的安宁秩序。

《北京规则》的主要内容包括：

1. 关于少年犯的定义及刑事责任年龄

《北京规则》对少年犯的定义作出了原则性规定，即少年犯系指被指控有

---

① 参见《〈儿童权利公约〉关于禁止买卖儿童、儿童卖淫和儿童色情制品问题的任择议定书》第 1~9 条的规定。

违法行为或被判定犯有违法行为的儿童或少年人。目前，各国对负刑事责任年龄的起点规定得极不一致，《北京规则》对刑事责任年龄作了原则性规定："在承认少年负刑事责任的年龄这一概念的法律制度中，该年龄的起点不应规定得太低，应考虑到情绪和心智成熟的实际情况。"

2. 关于处理权限和审前拘留的问题

《北京规则》从少年的福利和权利出发，按照尽量减少司法干预的原则，指出："应允许在诉讼的各个阶段和少年司法的各级——包括调查、检控、审判和后续安置安排——有适当的处理要限。"《北京规则》对拘捕和审前的拘留措施提出具体要求，比如对于审前拘留，《北京规则》提出应加以限制，认为"审前拘留仅仅作为万不得已的手段使用，而且时间应尽可能短"，"如有可能，应采取其他替代办法，诸如密切监视，加强看管或安置在一个家庭或一个教育机关或环境之内"。少年一旦被拘捕，当局应当立即或尽快将少年被捕之事通知其父母或监护人。法官或其他主管人员或主管机关应不加拖延地考虑释放问题等。

3. 关于审判和处置

《北京规则》第三部分对少年案件的审理和处置作了一系列规定。这也是整个《北京规则》的重要部分。其要点包括：诉讼程序应按照最有利少年的方式和在谅解的气氛下进行，应允许该少年参与诉讼程序，并且自由地表达自己的意见。处理少年罪犯的程序在任何时候均应遵守适用于一般刑事被告的"正当法律程序"，进行"公平合理"的审判，保障少年被告在诉讼过程中应享有的权利。在整个诉讼过程中，少年应有权由一名法律顾问代表，或者由少年本人提出申请，要求国家提供这种法律援助。父母或监护人有权参加诉讼，但如果父母或监护人参加诉讼对少年被告不利（例如对少年表现出仇恨等），则应拒绝他的参加。此外，还对审判和处置时应遵循的原则，非监禁的办法、监禁的方法，迅速审判等作了详细的规定。

4. 关于非监禁处理

《北京规则》倡导非监禁处理，要求尽可能依靠社会力量处理少年违法行为，并要这些措施得以有效的执行。

5. 关于监禁处理

考虑到少年的生理、心理、性别、年龄特点，对少年要给予个别处理，比如与成年人分开关押；对女少年犯予以特别关注；经常地、尽量地采用假释办法；等等。

《联合国少年司法最低限度标准规则》是国际上第一个有关青少年犯罪的指导性文件，它的制定是国际社会共同努力的结果。从其内容方面的种种规定可以清楚地看出，它是集中了各国成功的经验，体现了不同法律制度的专家们的智慧。因此，从它诞生之日起，立即受到了国际社会的广泛重视和支持。

（二）《预防少年犯罪准则》（《利雅得准则》）的背景和主要内容

《联合国预防少年犯罪准则》是由1988年2月在沙特阿拉伯首都利雅得"阿拉伯安全研究与进修中心"召开的专家会议讨论、研究、修改、定稿的，所以又称《利雅得准则》，是为了帮助《北京规则》的实施和预防少年犯罪而制定的。《联合国预防少年犯罪准则》总的指导思想就是为了预防青少年犯罪，它有以下基本原则：预防少年犯罪是整个社会犯罪的一个关键部分，需整个社会共同努力；以青少年为中心的原则，青少年不应仅被看作是控制的对象；从各个方面充分保护青少年权益。

《利雅得规则》的主要内容包括：

1. 全面性预防犯罪的计划

《利雅得规则》所规定的全面性预防犯罪的计划，应由各国政府制定，其包括的内容有在深入调查研究制定预防犯罪方案的基础上，明确参与预防犯罪工作的合格机关、机构以及参与人员的责任；制定具体办法，适当调整各政府机构和非政府机构之间的预防犯罪工作；制定出预防犯罪的政策、方案和战略，以便不断地对犯罪进行监测，并在执行过程中认真地作出评估；制定有效地减少犯罪发生的方法，并促进社区通过各种服务方案进行参与；让青少年参与制定预防违法犯罪行为的政策，其中包括借助社区力量、青少年自助、对受害者赔偿和援助方案；等等。

2. 社会化过程

这一部分内容是《利雅得准则》的核心部分，共分为四个部分，共34条。第一部分"家庭"，强调政府和社会应竭力维护家庭，制定政策以有利于儿童在稳定和安全的家庭环境中成长，必要时提供寄养和收养的其他安置办法，关注土著、移民和难民家庭的儿童，促进家庭的和睦与与社会大家庭的相互配合等。第二部分"教育"，强调各国政府有义务使所有青少年都能享受公共教育。第三部分"社区"，强调社区应制定符合青少年特殊需要的各种社区性服务方案，并对青少年及其家长提供辅导和指导。第四部分"大众传媒"，强调鼓励大众传播媒介确保青少年获得本国和国际的各种信息和资料；鼓励大众传播媒介反映青少年对社会的积极贡献。应促使一般的大众传播媒介，特别是电视和电影尽量减少对色情、毒品和暴力行为的描绘。

3. 社会政策

《利雅得规则》规定，政府机构应把帮助青少年的计划和方案放在高度优先的地位，并应拨付足够的资金以及其他资源。对青少年安置教养的做法，应作为最后的手段，而且时间应尽可能短。应严格规定允许采取安置教养的标准。政府应向青少年提供机会，使他们继续接受全日制教育，如果父母或监护人不能供养，则应由国家提供经费。各国政府应在刑事司法系统内和系统之外，开始或继续探讨、制定和执行各项政策、措施和战略，以预防家庭暴力，并确保遭受家庭暴力的青少年得到公正待遇。

4. 立法和少年司法工作

《利雅得规则》要求各国政府应颁布和实施一些特定的法律促进和保护所有青少年的权利和福利。应考虑设立监察处或者类似的独立机构，以确保维护青少年权利和利益。为适应青少年的特殊需要，应培训一批男女执法人员及其他有关人员，使他们熟悉和利用各种办法，不把青少年放在司法系统处置。

5. 研究、政策制定与协调

《利雅得规则》规定，应开展多学科和多种部门的研究工作，并及时交流有关预防青少年违法犯罪以及少年司法的信息、经验和专门知识。应该进一步加强与专家、决策者在内的合作。联合国的各有关机关、研究所、机构和部门应就有关儿童、少年司法以及预防青少年违法犯罪的各种问题，继续进行密切的合作与协调。

除了上面重点介绍的有关保护儿童权利的国际公约、少年司法文件以外，联合国还在其他很多国际条约和文件规定了有关儿童的权利，其中主要有1924 年《日内瓦儿童权利宣言》、1948 年《世界人权宣言》、1959 年联合国《儿童权利宣言》、1990 年《儿童生存、保护和发展世界宣言》和《执行九十年代儿童生存、保护和发展世界宣言行动计划》。此外，在《关于儿童保护和儿童福利、特别是国内和国际寄养和收养办法的社会和法律原则宣言》、《在非常状态和武装冲突中保护妇女和儿童宣言》、《联合国打击跨国有组织犯罪公约关于预防、禁止和惩治贩运人口，特别是妇女和儿童行为的补充议定书》中也都有保护儿童权利的规定。

第二节　我国有关未成年人人权保障的法律、文件及主要内容

一、中国签署、批准或加入的有关未成年人人权保障的国际条约和文件

为加大对未成年人人权的保护力度，树立我国重视未成年人人权保障的大国形象，我国先后加入了一系列有关未成年人人权保障的国际条约和国际文

件，其中主要有：

1. 中国于 1990 年 8 月 29 日签署《儿童权利公约》，成为该公约第 105 个签字国。1991 年 12 月 29 日，全国人大常务委员会批准中国加入《儿童权利公约》，同时声明：中华人民共和国将在符合其《宪法》第 25 条关于计划生育规定的前提下，并根据《未成年人保护法》第 2 条的规定，履行公约第 6 条所规定的义务。1992 年 3 月 2 日，我国向联合国递交了我国的批准书，成为该公约的第 110 个批准国。1992 年 4 月 2 日，《儿童权利公约》正式对我国生效。根据公约第 44 条的规定，中国于 1995 年 3 月向联合国提交了执行公约的首次国家报告。2000 年，中国政府向联合国提交了执行公约的第二次报告。2010 年，中国又向联合国提交了执行《儿童权利公约》第三、四期合并报告。

2. 2000 年 9 月 6 日，中国签署了《〈儿童权利公约〉关于买卖儿童、儿童卖淫和儿童色情制品问题的任择议定书》，同时声明：依照《香港特别行政区基本法》的有关规定，根据香港特别行政区政府意见，议定书在香港特别行政区的适用需经香港特别行政区先行立法；在中国政府另行通知前，议定书暂不适用于香港特别行政区。2002 年 8 月 29 日，中国批准了议定书。同年 12 月 3 日，中国向联合国秘书长交存了批准书。2003 年 1 月 3 日，议定书对中国生效。

3. 2001 年 3 月 15 日，中国签署了《〈儿童权利公约〉关于儿童卷入武装冲突问题的任择议定书》。2007 年 12 月 29 日，第十届全国人民代表大会常务委员会第三十一次会议决定：批准 2001 年 3 月 15 日由常驻联合国代表王英凡大使代表中华人民共和国政府签署的《〈儿童权利公约〉关于儿童卷入武装冲突问题的任择议定书》，同时声明：（1）中华人民共和国公民自愿加入本国武装部队的最低年龄为 17 岁。（2）为实施上述规定，中华人民共和国政府采取以下保障措施：①《中华人民共和国兵役法》规定：每年 12 月 31 日以前年满 18 岁的男性公民，应当被征集服现役。根据军队需要和自愿的原则，可以征集当年 12 月 31 日以前未满 18 岁的男女公民服现役。经过兵役登记的应征公民，未被征集服现役的，服士兵预备役，士兵预备役的最低年龄为 18 岁。中华人民共和国国务院、中央军事委员会依据《中华人民共和国兵役法》制定的《征兵工作条例》规定：根据军队需要和本人自愿的原则，可以征集当年 12 月 31 日以前年满 17 岁未满 18 岁的男女公民服现役。②《中华人民共和国刑法》规定：在征兵工作中徇私舞弊，接送不合格兵员，情节严重的，处 3 年以下有期徒刑或者拘役；造成特别严重后果的，处 3 年以上 7 年以下有期徒刑。③中华人民共和国国务院、中央军事委员会批准的《廉洁征兵若干规定》规定：在征兵工作中不准放宽征兵条件、降低征集标准；实行到应征青年家庭和单位走访调查制度；对应征青年年龄情况进行审查。

4. 中国还于 2002 年 8 月 8 日批准了《禁止和立即行动消除最恶劣形式的童工劳动公约》，2003 年 8 月 8 日公约对中国生效。

5. 1990 年 9 月，在纽约联合国总部召开的世界儿童问题首脑会议通过了《儿童生存、保护和发展世界宣言》和《执行九十年代儿童生存、保护和发展世界宣言行动计划》，1991 年 3 月 18 日，时任中国政府总理的李鹏在这两个文件上签字。

二、《未成年人保护法》的立法沿革和主要内容

（一）立法沿革

《未成年人保护法》是第七届全国人大常委会第二十一次会议于 1991 年 9 月 4 日审议通过的。它是我国第一部保护未成年人的专门法律，是几十年未成年人保护经验的结晶。《未成年人保护法》的颁布实施，对于提高全民认识，促进未成年人保护相关法律法规的制定，促进社会化、网络化保护体系的形成，切实保障未成年人的各项权益，发挥了重要作用。然而，《未成年人保护法》从 1991 年颁布后的 15 年里，我国改革开放进一步深入、经济社会快速发展，国家经济、政治、文化等各方面都发生很大变化。为适应新形势的要求，2006 年全国人大对《未成年人保护法》进行了修订。

（二）主要内容

1. 1991 年《未成年人保护法》的主要内容

《未成年人保护法》共有 7 章 56 条，第一章总则、第二章家庭保护、第三章学校保护、第四章社会保护、第五章司法保护、第六章法律责任、第七章附则。

该法在总则中，规定了该法制定的宗旨，即为了保护未成年人的身心健康，保障未成年人的合法权益，促进未成年人在品德、智力、体质等方面全面发展，把他们培养成为有理想、有道德、有文化、有纪律的社会主义事业接班人。还规定了保护未成年人的四项基本原则，即保障未成年人的合法权益、尊重未成年人的人格尊严、适应未成年人身心发展的特点、教育与保护相结合。

在"家庭保护"一章，该法规定了父母或者其他监护人的监护职责和抚养义务。强调监护人应使适龄未成年人按照规定接受义务教育、不得使在校接受义务教育的未成年人辍学。此外，还对家庭教育、禁止监护人允许或者迫使未成年人结婚、监护人不履行监护职责或侵害被监护的未成年人合法权益的责任等作了规定。

第三章"学校保护"，主要规定了三项内容：一是学校对未成年学生受教

育权的保护。二是学校、幼儿园的教职员应当尊重未成年人的人格尊严，不得对未成年学生和儿童实施体罚、变相体罚或者其他侮辱人格尊严的行为。三是学校不得使未成年学生在危及人身安全、健康的校舍和其他教育教学设施中活动。任何组织和个人不得扰乱教学秩序，不得侵占、破坏学校的场地、房屋和设备。

第四章"社会保护"，主要作了三方面的规定：一是未成年人不宜进入的场所，如营业性舞厅、酒吧等。二是未成年人隐私权的保护，不得恶意披露诸如生理缺陷、个人不好的身世，偷阅未成年人的日记。三是提供必要的卫生保健条件等。

第五章"司法保护"，主要作了两方面的规定：一是不予刑事处罚的违法犯罪未成年人的管教与收容教养问题。二是办理未成年人犯罪案件过程中对未成年人的保护。公安机关、人民检察院、人民法院办理未成年人犯罪的案件，应当照顾未成年人的身心特点，并可以根据需要设立专门机构或者指定专人办理。公安机关、人民检察院、人民法院和少年犯管教所，应当尊重违法犯罪的未成年人的人格尊严，保障他们的合法权益。我国《监狱法》明文规定"对未成年人应当在未成年犯管教所执行刑罚"。少年犯管教所应坚持以"教育改造为主，轻微劳动为辅"的原则，以便早日把他们培养成社会有用之才。

此外，第六章"法律责任"还规定，侵害未成年人合法权益，被害的未成年人及其监护人有权诉诸法律，侵权者应承担相应的民事责任、行政责任，侵权者的侵权行为构成犯罪的，应追究他们的刑事责任。

2. 2006 年《未成年人保护法》修订的主要内容

修订后的《未成年人保护法》从 1991 年《未成年人保护法》的 56 条增加到 72 条，其中，有 25 条是新增加的；另外 47 条中，32 条有实质性修改，11 条有文字性修改，未改的仅有 4 条，可以说是一次全面的修订。修订的主要内容如下：

（1）进一步明确未成年人的权利。该法第 3 条规定了未成年人享有生存权、发展权、受保护权、参与权、受教育权等权利。

（2）进一步明确保护未成年人的原则。1991 年《未成年保护法》规定："保护未成年人的工作，应当遵循下列原则：（一）保障未成年人的合法权益；（二）尊重未成年人的人格尊严；（三）适应未成年人身心发展的特点；（四）教育与保护相结合。"此次修订删除了第一项原则，保留了另外三项原则，并将原法第 3 项原则修改为："适应未成年人身心发展的规律和特点。"

（3）进一步明确政府及其有关部门的责任。该法规定：国务院和地方各级人民政府领导有关部门做好未成年人保护工作；将未成年人保护工作纳入国民经济和社会发展规划以及年度计划，相关经费纳入本级政府预算。国务院和省、自治区、直辖市人民政府采取组织措施，协调有关部门做好未成年人保护工作。具体机构由国务院和省、自治区、直辖市人民政府规定。

（4）保障未成年人健康成长，强化家庭保护。主要内容包括：父母或者其他监护人应当创造良好、和睦的家庭环境，禁止对未成年人实施家庭暴力；父母或者其他监护人应当学习家庭教育知识，正确履行监护职责，抚养教育未成年人；父母或者其他监护人应当根据未成年人的年龄、智力发展状况，在作出与未成年人权益有关的决定时告知其本人，并听取他们的意见；等等。

（5）促进未成年人全面发展，强化学校保护。强调实施素质教育，提高教育质量，注重培养未成年学生独立思考能力、创新能力和实践能力，促进未成年学生全面发展；学校应当与未成年学生的父母或者其他监护人互相配合，保证未成年学生的睡眠、娱乐和体育锻炼时间，不得加重其学习负担；学校、幼儿园、托儿所应当建立安全制度，加强对未成年人的安全教育，采取措施保障未成年人的人身安全；等等。

（6）优化未成年人成长环境，强化社会保护。要求全社会应当树立尊重、保护、教育未成年人的良好风尚，关心、爱护未成年人，如爱国主义教育基地、图书馆、青少年宫、儿童活动中心应当对未成年人免费开放；中小学周边不得设置营业性歌舞娱乐场所和互联网上网服务营业场所（网吧），其他地方设置的这些场所不得允许未成年人进入，禁止制作和向未成年人出售、出租不良文化产品；等等。

（7）保障未成年人的各项权益，强化司法保护。规定：公、检、法以及司法行政部门，应当依法履行职责，在司法活动中保护未成年人的合法权益。未成年人的合法权益受到侵害，依法向人民法院提起诉讼的，人民法院应当依法及时审理，并适应未成年人生理、心理特点和健康成长的需要，保障未成年人的合法权益。对违法犯罪的未成年人，应当依法从轻、减轻或者免除处罚。公安机关、人民检察院讯问未成年犯罪嫌疑人、询问未成年证人、被害人，应当通知监护人到场。对羁押、服刑的未成年人没有完成义务教育的，应当对其进行义务教育。此外，法律还对未成年人的法律援助和司法救助、未成年人民事权益的保护作出了进一步的规定。

（8）保障法律的有效实施，强化法律责任。主要增加了以下四方面内容：第一，强化了国家机关及其工作人员在未成年人保护工作中的法律责任。第二，明确未成年人父母或者其他监护人的法律责任。第三，增加了学校、幼儿园、托儿所侵害未成年人合法权益的法律责任。第四，增加了生产、销售不符合质量标准的用于未成年人的食品、药品、玩具、用具和游乐设施的法律责任，在中小学校园周边设置营业性歌舞娱乐场所、互联网上网服务营业场所以及这些场所允许未成年人进入的法律责任等。

三、《刑法》、《刑事诉讼法》中有关未成年人人权保障的规定

《刑法》和《刑事诉讼法》与检察官的职权密切相关，同时也是我国保护未成年人人权的两部极为重要的法律，其中有很多条文对未成年人人权的保障作了专门规定。

（一）《刑法》中有关未成年人人权保障的规定

1. 我国《刑法》对普通未成年人权益的保护——对侵害未成年人权益犯罪行为的规定

（1）《刑法》总则规定了对教唆未成年人犯罪的从重处罚。《刑法》第 29 条规定，"教唆不满十八周岁的人犯罪的，应当从重处罚"。

（2）《刑法》分则对未成年人的保护。主要表现为对未成年人的性健康、人身权利和身心健康以及公共安全的保护。比如，在对未成年人性健康的保护方面，《刑法》将奸淫幼女的行为作为强奸罪的从重处罚情节加以规定，还增加了猥亵儿童罪、引诱幼女卖淫罪、嫖宿幼女罪等；在对未成年人人身权利和身心健康的保护方面，《刑法》第 240 条规定了拐卖妇女、儿童罪，第 241 条规定了收买被拐卖的妇女、儿童罪，第 242 条规定了聚众阻碍解救被收买的妇女、儿童罪，第 416 条第 1 款还规定了不解救被拐卖、绑架妇女、儿童罪。第 416 条第 2 款规定了利用职务阻碍解救被拐卖、绑架妇女、儿童罪，第 262 条规定了拐骗儿童罪等；在对未成年人公共安全的保护方面，《刑法》第 138 条规定了教育设施重大安全事故罪。《刑法修正案七》第 8 条，在《刑法》第 262 条之一后增加一条，作为第 262 条之二并规定："组织未成年人进行盗窃、诈骗、抢夺、敲诈勒索等违反治安管理活动的，处三年以下有期徒刑或者拘役，并处罚金；情节严重的，处三年以上七年以下有期徒刑，并处罚金。"

2. 我国《刑法》对未成年犯罪人权益的保护

国家"对犯罪的未成年人追究刑事责任，实行教育、感化、挽救方针，坚持教育为主、惩罚为辅的原则"，现行《刑法》充分贯彻了这一思想，通过法条具体规定保障其身心健康发展的权利。

（1）定罪过程中的非犯罪化政策。比如，《刑法》总则在第 17 条第 1 款规定："已满十六周岁的人犯罪，应当负刑事责任。"第 2 款规定："已满十四周岁不满十六周岁的人，犯故意杀人、故意伤害致人重伤或者死亡、强奸、抢劫、贩卖毒品、放火、爆炸、投毒罪的，应当负刑事责任。"另外，根据 2006 年 1 月 23 日起施行的最高人民法院《关于审理未成年人刑事案件具体应用法

律若干问题的解释》第 6 条的规定："已满十四周岁不满十六周岁的人偶尔与幼女发生性行为，情节轻微、未造成严重后果的，不认为是犯罪。"第 7 条规定："已满十四周岁不满十六周岁的人使用轻微暴力或者威胁，强行索要其他未成年人随身携带的生活、学习用品或者钱财数量不大，且未造成被害人轻微伤以上或者不敢正常到校学习、生活等危害后果的，不认为是犯罪。已满十六周岁不满十八周岁的人具有前款规定情形的，一般也不认为是犯罪。"等。通过以上规定，尽量缩小对未成年人定罪的可能性，使其免受犯罪阴影笼罩一生，给予其改过自新的机会。

（2）量刑过程中的减免处罚政策。比如，《刑法》总则第 17 条第 3 款规定："已满十四周岁不满十八周岁的人犯罪，应当从轻或者减轻处罚。"这是处罚未成年人犯罪的总原则。根据这一原则，《刑法》第 49 条规定对"犯罪的时候不满十八周岁的人"不适用死刑。根据 2006 年 1 月 23 日起施行的最高人民法院《关于审理未成年人刑事案件具体应用法律若干问题的解释》第 11 条的规定："对未成年罪犯适用刑罚，应当充分考虑是否有利于未成年罪犯的教育和矫正。对未成年罪犯量刑应当依照刑法第六十一条的规定，并充分考虑未成年人实施犯罪行为的动机和目的、犯罪时的年龄、是否初次犯罪、犯罪后的悔罪表现、个人成长经历和一贯表现等因素。对符合管制、缓刑、单处罚金或者免予刑事处罚适用条件的未成年罪犯，应当依法适用管制、缓刑、单处罚金或者免予刑事处罚。"第 13 条规定："未成年人犯罪只有罪行极其严重的，才可以适用无期徒刑。对已满十四周岁不满十六周岁的人犯罪一般不判处无期徒刑。"另外，《刑法修正案八》第 6 条规定，将《刑法》第 65 条第 1 款修改为："被判处有期徒刑以上刑罚的犯罪分子，刑罚执行完毕或者赦免以后，在五年以内再犯应当判处有期徒刑以上刑罚之罪的，是累犯，应当从重处罚，但是过失犯罪和不满十八周岁的人犯罪的除外。"等。

（3）行刑过程中的从宽处理政策。由于未成年人生理、心理特点以及犯罪的主客观原因，人民法院在决定对未成年犯罪者处罚时，应尽量适用缓刑。根据 2006 年 1 月 23 日起施行的最高人民法院《关于审理未成年人刑事案件具体应用法律若干问题的解释》第 18 条规定："对未成年罪犯的减刑、假释，在掌握标准上可以比照成年罪犯依法适度放宽。未成年罪犯能认罪服法，遵守监规，积极参加学习、劳动的，即可视为'确有悔改表现'予以减刑，其减刑的幅度可以适当放宽，间隔的时间可以相应缩短。符合《刑法》第八十一条第一款规定的，可以假释。未成年罪犯在服刑期间已经成年的，对其减刑、假释可以适用上述规定。"

（二）修改后《刑事诉讼法》及相关司法解释中有关未成年人人权保障的规定

1. 修改后《刑事诉讼法》有关未成年人人权保障的规定

我国 1996 年《刑事诉讼法》没有对未成年人刑事案件设置专门的诉讼程序，而是散见于《宪法》、《刑法》及其修正案、《刑事诉讼法》、《未成年人保护法》、《预防未成年人犯罪法》以及有关的司法解释或部门规定。近年来，各地司法机关普遍给予涉嫌犯罪的未成年人以特别保护，积累了丰富经验。从实践需要的角度来看，有必要在立法层面将这些实践成果予以确认并系统化、制度化。与 1996 年《刑事诉讼法》相比，2012 年修改后《刑事诉讼法》关于未成年人刑事诉讼程序的突出变化，是在第五编特别程序第一章设置了"未成年人刑事案件诉讼程序"，共 11 个条文，使未成年人刑事程序在立法体例上相对独立，在诸多方面丰富、完善了未成年人刑事司法制度，充分反映出我国对未成年人权益保护的关注。具体来说，修改后《刑事诉讼法》在以下方面强化了对未成年当事人合法权益的特别关注和保护。

（1）明确规定了对犯罪的未成年人实行"教育、感化、挽救"的方针，坚持"教育为主、惩罚为辅"的原则。尽管之前相关法律已经对该原则作出了规定，但首次在《刑事诉讼法》中明确规定该原则，仍具有十分重大的意义。这意味着，办理未成年人案件应当将未成年人利益放在第一位，以"少年权益最大化"为出发点，将重心放在教育、感化、挽救上，使其顺利健康回归社会。这体现了我国对未成年人的关爱，为办理未成年人刑事案件提供了明确的指导思想。修改后《刑事诉讼法》明确规定对犯罪的未成年人实行"教育、感化、挽救"的方针和"教育为主、惩罚为辅"的原则，是由未成年人案件的特殊性决定的。未成年人犯罪的动机相对简单，犯罪行为带有很大的盲目性和随意性，很多是由于意志薄弱或者是情感冲动造成的，主观恶性不深，再加之未成年人智力、身心发育尚未成熟，对外界事物的重新认识和对内心世界的自我评价具有较大的可塑性。未成年人犯罪，从一定意义上讲更多的是学校、家庭、社会等各个方面的责任。从某种意义上说，未成年人本身就是受害者。同时，相对于成年人，未成年人社会经验不足、对法律了解相对欠缺，自身的保护意识和防御能力较弱，因此，他们在诉讼中弱势地位非常明显。这也决定了其在诉讼中更加需要关照和保护。

（2）明确规定了"办案人员专业化"。这就要求，应当设立专门机构或者设立相对稳定的专门人员办理未成年人案件，对犯罪的未成年人实行"教育、感化、挽救"方针和"教育为主、惩罚为辅"原则，要求办案人员熟悉未成年人的特点、善于做未成年人的教育工作，具有一定的专业性。这一要求与联合国司法准则是一致的。《联合国少年司法最低限度标准规则》第22条规定，"应利用专业教育、在职培训、进修课程以及其他各种适宜的授课方式，使所有处理少年案件的人员具备并保持必要的专业能力"。因此，修改后《刑事诉讼法》第266条第2款规定，对于未成年人刑事案件，应当由熟悉未成年人身心特点的审判人员、检察人员、侦查人员承办。

（3）明确规定对未成年犯罪嫌疑人、被告人实行强制辩护。修改后《刑事诉讼法》第267条的规定，未成年犯罪嫌疑人、被告人没有委托辩护人的，人民法院、人民检察院、公安机关应当通知法律援助机构指派律师为其提供辩护。由于未成年人年龄、智力发育程度的限制，通常很难理解控辩双方争辩的实质内容，不知道如何行使诉讼权利。有辩护人的参与，就能为其及时提供需要的法律帮助，有效保护其合法权益。与1996年《刑事诉讼法》相比，修改后《刑事诉讼法》将法律援助从审判阶段向前延伸至侦查阶段，将义务机关扩大到公、检、法机关。根据规定，"没有委托辩护人"是未成年犯罪嫌疑人、被告人获得法律援助的唯一条件。换言之，只要未成年犯罪嫌疑人、被告人没有委托辩护人，公安、司法机关就必须通知法律援助机构指派律师为其辩护。

（4）对未成年犯罪嫌疑人、被告人实行社会调查制度。修改后《刑事诉讼法》第268条规定，公安机关、人民检察院、人民法院办理未成年人刑事案件，根据情况可以对未成年犯罪嫌疑人、被告人的成长经历、犯罪原因、监护教育等情况进行调查。意味着办理未成年人犯罪案件要综合考虑未成年人实施犯罪的动机和目的、犯罪性质、情节和社会危害程度，以及是否属于初犯，归案后是否悔罪，成长经历、一贯表现和监护教育条件等因素。这一规定也是联合国刑事司法准则的要求。《联合国少年司法最低限度标准规则》第16条规定："所有案件除涉及轻微违法行为的案件外，在主管当局作出判决前的最后处理之前，应对少年生活的背景和环境或犯罪的条件进行适当的调查，以便主管当局对案件作出明智的判决。"社会调查也是许多国家办理未成年人刑事案件的惯例，是未成年人刑事诉讼程序贯彻刑罚个别化和全面调查原则的具体表现。进行社会调查不仅可以有针对性地对违法犯罪的未成年人进行教育挽救，还可以促使其认罪悔罪。社会调查报告还是侦查机关对涉罪未成年人采取取保候审，检察机关决定逮捕、起诉，法院定罪量刑以及刑罚执行和社区矫正的考量依据。

（5）对犯罪嫌疑人、被告人严格适用逮捕措施和分案处理。修改后《刑事诉讼法》第269条明确规定，对未成年犯罪嫌疑人、被告人应当严格限制适用逮捕措施。人民检察院审查批准逮捕和人民法院决定逮捕，应当讯问未成年犯罪嫌疑人、被告人，听取辩护律师的意见。对被拘留、逮捕和执行刑罚的未成年人与成年人应当分别关押、分别管理、分别教育。"严格限制适用逮捕措施"是指对未成年犯罪嫌疑人、被告人应当尽量不适用逮捕措施，可捕可不捕的不捕。"应当讯问未成年犯罪嫌疑人、被告人，听取辩护律师的意见"是强制性规定，指人民检察院审查批准逮捕和人民法院决定逮捕时，不仅必须讯问犯罪嫌疑人、被告人，还需要听取犯罪嫌疑人、被告人辩护律师的意见。之所以要听取律师意见，是因为律师作为受过专业训练的人员，更了解与未成年人案件相关的事实中哪些情形对采取非羁押措施更有意义。《联合国少年司法最低限度标准规则》第 13 条规定，"审前拘留应仅作为万不得已的手段使用，而且时间应尽可能短"；"如有可能，应采取其他替代办法，诸如密切监视、加强看管或安置在一个家庭或一个教育机构或环境内"。《儿童权利公约》第 37 条（b）项规定："不得非法或任意剥夺任何儿童的自由。对儿童的逮捕、拘留或监禁应符合法律规定并仅应作为最后手段，期限应为最短的适当时间。"修改后《刑事诉讼法》规定对犯罪嫌疑人、被告人严格适用逮捕措施并与成年人分别处理，体现了对未成年人的特殊保护，有利于减少关押带来的弊端，使未成年人能顺利回归社会。对被拘留、逮捕和执行刑罚的未成年人与成年人应当分别关押、分别管理、分别教育，这是分案处理原则的要求。应当强调的是，分案处理原则不应仅是办案机关在采取拘留、逮捕时应当遵守的原则，而应当是贯穿刑事诉讼始终的原则性规定。

（6）确立了讯问和审判未成年人时的合适成年人在场制度。修改后《刑事诉讼法》第 270 条规定，对于未成年人刑事案件，在讯问和审判时，应当通知未成年犯罪嫌疑人、被告人的法定代理人到场。无法通知、法定代理人不能到场或者法定代理人是共犯的，也可以通知犯罪嫌疑人、被告人的其他成年亲属，所在学校、单位、居住地基层组织或者未成年人保护组织的代表到场，并将有关情况记录在案。到场的法定代理人可以代为行使未成年犯罪嫌疑人、被告人的诉讼权利。1996 年《刑事诉讼法》第 14 条第 2 款规定："对于不满十八周岁的未成年人犯罪的案件，在讯问和审判时，可以通知犯罪嫌疑人、被告人的法定代理人到场。"修改后《刑事诉讼法》将原来的"可以通知"改成"应当通知"，并扩大了到场人的范围。需要注意的是，这里"也可以通知"含义是，讯问、审判未成年人案件，应当首先通知法定代理人到场，在法定代理人不能到场的情况下，应当通知其他的合适成年人到场。"也可以通知"并不是授权性规范，而是强制性的。确立合适成年人在场制度，不仅可以帮助未成年人与讯问人沟通，根据修改后《刑事诉讼法》第 270 条第 2 款规定，还可以对讯问过程是否合法、合适进行监督，保护未成年人的合法权益不受侵害。需要指出的是，根据修改后《刑事诉讼法》第 270 条第 5 款规定，如果被害人、证人是未成年人，询问时也应当通知其法定代理人到场，法定代理人无法到场时应通知合适的成年人到场。

（7）设立了未成年人的附条件不起诉制度。根据修改后《刑事诉讼法》第271条的规定，对于未成年人涉嫌《刑法》分则第四章、第五章、第六章规定的犯罪，即涉嫌侵犯公民人身权利、民主权利，侵犯财产以及妨害社会管理秩序的犯罪，可能判处1年有期徒刑以下刑罚，符合起诉条件，但有悔罪表现的，人民检察院可以作出附条件不起诉的决定。人民检察院在作出附条件不起诉的决定以前，应当听取公安机关、被害人的意见。对附条件不起诉的决定，公安机关要求复议、提请复核或者被害人申诉的，适用本法第175条、第176条的规定。未成年犯罪嫌疑人及其法定代理人对人民检察院决定附条件不起诉有异议的，人民检察院应当作出起诉的决定。这一规定充分体现了未成年人刑事司法非刑罚化的处理原则。理解这一规定，需要注意几个问题：第一，适用的案件范围是侵犯公民人身权利、民主权利，侵犯财产以及妨害社会管理秩序的犯罪案件。第二，犯罪嫌疑人可能被判处1年有期徒刑以下刑罚，符合起诉条件。第三，犯罪嫌疑人有悔罪表现。第四，在程序上，应当事先听取公安机关、被害人意见。但该项仅属于程序条件，并非实质要件，不影响作出附条件不起诉决定。若公安机关、被害人有异议，可以在附条件决定作出后申请复议、复核或者申诉。第五，未成年犯罪嫌疑人及其法定代理人对适用附条件不起诉没有异议。这与修改后《刑事诉讼法》第173条第2款规定的酌定不起诉不同。根据修改后《刑事诉讼法》第177条的规定，对于人民检察院作出酌定不起诉，被不起诉人如果不服的，只能向人民检察院申诉。

（8）规定了未成年人犯罪记录封存制度。修改后《刑事诉讼法》第275条规定，犯罪的时候不满18周岁，被判处5年有期徒刑以下刑罚的，应当对相关犯罪记录予以封存。犯罪记录被封存的，不得向任何单位和个人提供，但司法机关为办案需要或者有关单位根据法律法规规定进行查询的除外。依法进行查询的单位，应当对被封存的犯罪记录的情况予以保密。未成年人犯罪记录封存制度充分考虑到"一失足成千古恨"的不良影响，消除对其今后生活和工作中的不良记录，给犯罪未成年人顺利回归社会提供机会，减少社会对立面，有利于社会长久稳定。需要说明的是，根据中央综治委预防青少年违法犯罪工作领导小组、最高人民法院、最高人民检察院、公安部、司法部、共青团中央六部门联合制定的《关于进一步建立和完善办理未成年人刑事案件配套工作体系的若干意见的规定》，非有法定事由，不得公开未成年人的行政处罚记录和被刑事立案、采取刑事强制措施、不起诉或因轻微犯罪被判处刑罚的记录。按照有利于当事人的原则，《刑事诉讼法》的这一规定并不妨碍"若干意见"的执行。

总体而言，针对未成年人刑事案件设置相对独立的特别诉讼程序，体现了我国对未成年当事人的特殊保护，使办理未成年人案件的程序更有针对性，更有利于通过诉讼活动为犯罪的未成年人改过自新和回归社会创造有利条件。可以说，该程序的确立，在我国未成年人诉讼制度发展史上，具有划时代的意义。①

2.《人民检察院刑事诉讼规则（试行）》有关未成年人人权保障的规定

与修改后《刑事诉讼法》相适应，2012年10月16日新修订的《人民检察院刑事诉讼规则（试行）》中也在第十三章"特别程序"的第一节专门规定了"未成年人刑事案件诉讼程序"。主要包括以下内容：

（1）人民检察院应当指定熟悉未成年人身心特点的检察人员办理未成年人刑事案件；

（2）应当依法保障未成年犯罪嫌疑人的诉讼权利，包括必须保证未成年犯罪嫌疑人获得辩护人辩护，讯问时必须通知法定代理人或其他有关人员到场，一般不得使用械具等；

（3）应当认真执行对未成年人的社会调查制度，把社会调查报告作为教育和办案的参考；

（4）应当根据未成年犯罪嫌疑人涉嫌犯罪的事实、主观恶性、有无监护与社会帮教条件等，综合衡量其社会危险性，严格限制适用逮捕措施；

（5）应当依法适用附条件不起诉制度，充分发挥这项制度在教育、感化、挽救未成年犯罪人方面的作用；

（6）应当严格执行犯罪记录封存制度，帮助失足未成年人尽快回归社会而不受歧视，预防其重新犯罪。

3. 最高人民法院《关于审理未成年人刑事案件的若干规定》的主要内容

该规定在坚持"对未成年被告人个体情况庭前调查"、"寓教于审"、"两个延伸"（少年法庭工作向前延伸、向后延伸）等少年法庭基本工作经验、制度的基础上，着重在以下几个方面进行了修改：

（1）针对高级、中级、基层人民法院的不同情况，对少年法庭机构设置问题分别提出了要求。比如，规定"中级人民法院和基层人民法院可以建立未成年人刑事审判庭。条件尚不具备的地方，应当在刑事审判庭内设立未成年人刑事案件合议庭或者由专人负责办理未成年人刑事案件。高级人民法院可以在刑事审判庭内设立未成年人刑事案件合议庭"等。

---

① 参见《检察日报》2012年4月5日，第3版。

（2）对少年法庭受理案件范围作了修改。第 10 条规定："少年法庭受理案件的范围：（一）被告人在实施被指控的犯罪时不满十八周岁的案件；（二）被告人在实施被指控的犯罪时不满十八周岁，并被指控为首要分子或者主犯的共同犯罪案件。其他共同犯罪案件有未成年被告人的，或者其他涉及未成年人的刑事案件是否由少年法庭审理，由人民法院院长根据少年法庭工作的实际情况决定。"这样规定，使少年法庭的受理案件范围更趋合理，便于各地少年法庭根据本院审判力量的实际状况，确定审理未成年人刑事案件的具体范围。

（3）对庭前调查规定作了修改，规定公诉人、辩护人在开庭审理前，要针对未成年被告人性格特点、家庭情况、社会交往、成长经历以及实施被指控犯罪前后表现等有关情况进行调查，并将调查情况制作成书面材料提交合议庭。人民法院也可以委托有关社会团体组织进行调查。在个别情况下，如果人民法院认为有必要，也有权自行进行调查。

（4）对法庭教育阶段，根据《刑事诉讼法》的要求作了必要调整。《刑事诉讼法》第 12 条规定："未经人民法院依法判决，对任何人都不得确定有罪。"根据这一原则，上述司法解释第 33 条规定，人民法院判决未成年被告人有罪的，宣判后，由合议庭组织到庭的诉讼参与人对未成年被告人进行教育。

（5）对未成年人刑事案件适用简易程序的问题作出专章规定。对于未成年人刑事案件适用简易程序的，要求"应当通知未成年被告人的法定代理人、辩护人出庭"，并强调要依照第 33 条的规定对有罪的未成年被告人进行教育，不能因适用简易程序而将法庭教育"简易"掉。

4. 最高人民检察院《人民检察院办理未成年人刑事案件的规定》的主要内容

该规定主要增加、完善了办理未成年人刑事案件的九项制度：

（1）案件进展情况告知制度。第 3 条第 2 款规定："人民检察院办理未成年人刑事案件，可以应犯罪嫌疑人家属、被害人及其家属的要求，告知其审查逮捕、审查起诉的进展情况，并对有关情况予以说明和解释。"

（2）专门办理制度。第 5 条第 1 款规定："人民检察院一般应当设立专门工作机构或者专门工作小组办理未成年人刑事案件，不具备条件的应当指定专人办理。"第 5 条第 2 款规定："未成年人刑事案件一般应当由熟悉未成年人身心发展特点，善于做未成年人思想教育工作的检察人员承办。"

（3）审查逮捕制度。第 12 条规定："人民检察院审查批准逮捕未成年犯罪嫌疑人，应当根据未成年犯罪嫌疑人涉嫌犯罪的事实、主观恶性、有无监护与社会帮教条件等，综合衡量其社会危险性，确定是否有逮捕必要，慎用逮捕措施，可捕可不捕的不捕。"第13条第1款规定："对于罪行较轻，具备有效监护条件或者社会帮教措施，没有社会危险性或者社会危险性较小，不会妨害诉讼正常进行的未成年犯罪嫌疑人，一般不予批准逮捕。"第2款规定："对于罪行比较严重，但主观恶性不大，有悔罪表现，具备有效监护条件或者社会帮教措施，不具有社会危险性，不会妨害诉讼正常进行，并具有下列情形之一的未成年犯罪嫌疑人，也可以依法不予批准逮捕：（一）初次犯罪、过失犯罪的；（二）犯罪预备、中止、未遂的；（三）有自首或者立功表现的；（四）犯罪后能够如实交代罪行，认识自己行为的危害性、违法性，积极退赃，尽力减少和赔偿损失，得到被害人谅解的；（五）不是共同犯罪的主犯或者集团犯罪中的首要分子的；（六）属于已满十四周岁不满十六周岁的未成年人或者系在校学生的；（七）其他没有逮捕必要的情形"等。

（4）继续羁押必要性审查制度。该规定要求人民检察院在审查起诉时，对于未成年犯罪嫌疑人被羁押的，应当把是否有必要继续羁押作为一项审查的重要内容。审查的原则应参照关于审查逮捕的规定。

（5）审查起诉中的"亲情会见"制度。第18条规定："移送审查起诉的案件具备以下条件的，检察人员可以安排在押的未成年犯罪嫌疑人与其法定代理人、近亲属等进行会见、通话：（一）案件事实已基本查清，主要证据确实、充分，安排会见、通话不会影响诉讼活动正常进行；（二）未成年犯罪嫌疑人有认罪、悔罪表现，或者虽尚未认罪、悔罪，但通过会见、通话有可能促使其转化，或者通过会见、通话有利于社会、家庭稳定；（三）未成年犯罪嫌疑人的法定代理人、近亲属对其犯罪原因、社会危害性以及后果有一定的认识，并能配合公安司法机关进行教育。"上述条件必须同时具备，才能安排会见、通话。

（6）不起诉制度。第20条明确规定："对于犯罪情节轻微，并具有下列情形之一，依照刑法规定不需要判处刑罚或者免除刑罚的未成年犯罪嫌疑人，一般应当依法作出不起诉决定：（一）被胁迫参与犯罪的；（二）犯罪预备、中止的；（三）在共同犯罪中起次要或者辅助作用的；（四）是又聋又哑的人或者盲人的；（五）因防卫过当或者紧急避险过当构成犯罪的；（六）有自首或者重大立功表现的；（七）其他依照刑法规定不需要判处刑罚或者免除刑罚的情形。"等。第21条规定："对于未成年人实施的轻伤害案件、初次犯罪、过失犯罪、犯罪未遂的案件以及被诱骗或者被教唆实施的犯罪案件等，情节轻微，犯罪嫌疑人确有悔罪表现，当事人双方自愿就民事赔偿达成协议并切实履行，符合刑法第三十七条规定的，人民检察院可以依照刑事诉讼法第一百四十二条第二款的规定作出不起诉的决定，并可以根据案件的不同情况，予以训诫或者责令具结悔过、赔礼道歉。"这些规定细化了法律的相关规定，体现了鼓励对未成年人案件适用不起诉的精神，有利于及时、妥善处理未成年人案件，最大限度地教育、挽救未成年犯罪嫌疑人。

（7）分案起诉制度。第 23 条规定："人民检察院审查未成年人与成年人共同犯罪案件，一般应当将未成年人与成年人分案起诉。但是具有下列情形之一的，可以不分案起诉：（一）未成年人系犯罪集团的组织者或者其他共同犯罪中的主犯的；（二）案件重大、疑难、复杂，分案起诉可能妨碍案件审理的；（三）涉及刑事附带民事诉讼，分案起诉妨碍附带民事诉讼部分审理的；（四）具有其他不宜分案起诉情形的。"第 24 条、第 25 条、第 26 条分别规定："对于分案起诉的未成年人与成年人共同犯罪案件，一般应当同时移送人民法院。对于需要补充侦查的，如果补充侦查事项不涉及未成年犯罪嫌疑人所参与的犯罪事实，不影响对未成年犯罪嫌疑人提起公诉的，应当对未成年犯罪嫌疑人先予提起公诉。""对于分案起诉的未成年人与成年人共同犯罪案件，在审查起诉过程中可以根据全案情况制作一个审结报告，起诉书以及出庭预案等应当分别制作。""人民检察院对未成年人与成年人共同犯罪案件分别提起公诉后，在诉讼过程中出现不宜分案起诉情形的，可以及时建议人民法院并案审理。"

（8）社会调查制度。该规定在关于审查起诉和简易程序适用等规定中，规定了社会调查制度。这样规定有利于保障案件的正确处理，加强对未成年犯罪嫌疑人、被告人教育的针对性，增强执法效果。

（9）诉讼监督制度。该规定完善了检察机关对未成年人刑事案件侦查、审判和刑罚执行监督的规定。例如，对依法不应当公开审理的未成年人刑事案件公开审理的，第 37 条规定人民检察院应当在开庭前提出纠正意见。要求人民检察院加强对未成年犯管教所、看守所监管未成年罪犯活动的监督，保障未成年罪犯的合法权益，维护监管改造秩序和教学、劳动、生活秩序。

另外，该规定还进一步明确了未成年人刑事案件的界定。第 46 条明确规定："本规定所称未成年人刑事案件，是指犯罪嫌疑人、被告人实施涉嫌犯罪行为时已满十四周岁、未满十八周岁的刑事案件，但在有关未成年人诉讼权利和体现对未成年人程序上特殊保护的条文中所称的未成年人，是指在诉讼过程中已满十四周岁、未满十八周岁的人。"

5. 最高人民法院、最高人民检察院、公安部、司法部《关于依法惩治性侵害未成年人犯罪的意见》

《关于依法惩治性侵害未成年人犯罪的意见》（以下简称《意见》）立足

于当前我国性侵害未成年人犯罪的特点，从刑事政策、《刑法》和《刑事诉讼法》等方面，就加强惩治性侵害未成年人的犯罪作了全面系统的规定和工作部署。主要内容包括以下几方面：

（1）强化对性侵害未成年人犯罪的惩治力度

首先，从程序上实现对性侵害未成年人案件的"从严惩治"，《意见》作了两方面的规定：一是在《意见》第9条中明确规定公民和单位发现未成年人性侵害案件有报案或者举报的义务；二是在《意见》第10条中明确规定公安机关接到报案、控告、举报后应及时受理，并及时采取有关紧急或者临时措施。

其次，从处罚体现了《刑法》对性侵害未成年人案件的从严惩处的精神。例如，《意见》第25条明确规定了七种针对未成年人实施强奸、猥亵犯罪的从严处罚情形，内容涉及主体身份（如对未成年人负有特殊职责的人员、国家工作人员等）、场所（进入未成年人住所、学生集体宿舍）、手段（采取强制手段）、对象（如对不满12周岁的儿童、农村留守儿童）、后果（造成未成年被害人轻伤、怀孕、感染性病等）、前科等多个方面。同时，第26条明确了对组织、强迫、引诱、容留、介绍未成年人卖淫等性侵害犯罪要从严惩处的精神。

（2）突出对未成年被害人的隐私保护

首先，强调对未成年人身份信息的严格保密。体现在：一是明确规定了诉讼参与人的保密义务。《意见》第5条第1款规定："办理性侵害未成年人犯罪案件，对于涉及未成年被害人、未成年犯罪嫌疑人和未成年被告人的身份信息及可能推断出其身份信息的资料和涉及性侵害的细节等内容，审判人员、检察人员、侦查人员、律师及其他诉讼参与人应当予以保密。"二是明确规定了诉讼文书的披露范围。《意见》第5条第2款规定："对外公开的诉讼文书，不得披露未成年被害人的身份信息及可能推断出其身份信息的其他资料，对性侵害的事实注意以适当的方式叙述。"

其次，强调对办案人员调查取证方式的限制。为了防止因办案方式不当泄露未成年人的隐私，《意见》第13条明确规定："办案人员到未成年被害人及其亲属、未成年证人所在学校、单位、居住地调查取证的，应当避免驾驶警车、穿着制服或者采取其他可能暴露被害人身份、影响被害人名誉、隐私的方式。"

最后，严格限制未成年被害人、证人的出庭方式。为了防止出庭对未成年被害人、证人隐私的泄露，《意见》第18条规定："人民法院开庭审理性侵害未成年人犯罪案件，未成年被害人、证人确有必要出庭的，应当根据案件情况采取不暴露外貌、真实声音等保护措施。有条件的，可以采取视频等方式播放未成年人的陈述、证言，播放视频亦应采取保护措施。"

（3）明确了多个关键问题的《刑法》适用

首先，分情形明确了奸淫幼女犯罪中"明知"的认定问题。一是《意见》第19条第1款规定："知道或者应当知道对方是不满十四周岁的幼女，而实施奸淫等性侵害行为的，应当认定行为人'明知'对方是幼女。"《意见》第19条第2款规定："对于不满十二周岁的被害人实施奸淫等性侵害行为的，应当认定行为人'明知'对方是幼女。"这是一种绝对的推定，不允许有例外，因而带有一定的严格责任色彩。二是对于已满12周岁不满14周岁的被害人，《意见》第19条第3款规定："对于已满十二周岁不满十四周岁的被害人，从其身体发育状况、言谈举止、衣着特征、生活作息规律等观察可能是幼女，而实施奸淫等性侵害行为的，应当认定行为人'明知'对方是幼女。"

其次，明确了两种情形下奸淫幼女与嫖宿幼女的界限。《意见》第20条明确规定了两种具有钱色交易形式，但实质上仍属奸淫幼女的行为：一是以金钱财物等方式引诱幼女与自己发生性关系的；二是知道或者应当知道幼女被他人强迫卖淫而仍与其发生性关系的。在前一种行为中，金钱财物的引诱只是奸淫幼女的手段，应当认定行为人主观上具有奸淫的故意；后一种行为中，行为人实际上是利用了他人的强迫行为奸淫幼女。《意见》对这两种行为均规定以强奸罪论处，是在现行法律规范下本着严厉惩治之精神而对奸淫幼女与嫖宿幼女所作的必要区分，有利于从严惩治此类犯罪行为。

最后，合理扩大了"当众"的内涵。《意见》第23条没有将在场人员实际看到作为"当众"的成立要件，规定"在校园、游泳馆、儿童游乐场等公共场所对未成年人实施强奸、猥亵犯罪，只要有其他多人在场，不论在场人员是否实际看到，均可以依照刑法第二百三十六条第三款、第二百三十七条的规定，认定为在公共场所'当众'强奸妇女，强制猥亵、侮辱妇女，猥亵儿童"。

（4）强调对性侵害犯罪人适用缓刑的限制

首先，确立了对强奸未成年人的成年犯罪人一般不适用缓刑的原则。《意见》第28条第1款规定："对于强奸未成年人的成年犯罪分子判处刑罚时，一般不适用缓刑。"

其次，强调了缓刑适用前的调查程序。除了强奸未成年人的成年犯罪人，性侵害未成年人的犯罪人还有多种类型，如强奸未成年人的未成年犯罪人以及实施其他性侵害未成年人行为的犯罪人。对这些犯罪人依法可以适用缓刑，但要根据《意见》第28条第2款的规定进行调查，由法院、检察院委托犯罪分子居住地的社区矫正机构，宣告缓刑对其所居住社区是否有重大不良影响进行调查。受委托的社区矫正机构应当及时组织调查，在规定的期限内将调查评估意见提交委托机关。这既是对社区矫正适用程序的具体落实，也是对性侵害未成年人的犯罪人适用缓刑的必要限制。

最后，明确了禁止令的内容。《意见》第28条第3款对法院禁止令的内容予以细化，即"禁止犯罪分子在缓刑考验期内从事与未成年人有关的工作、活动，禁止其进入中小学校区、幼儿园园区及其他未成年人集中的场所，确因本人就学、居住等原因，经执行机关批准的除外"。

（5）强化对未成年被害人的经济赔偿与救助

首先，明确了民事赔偿的范围。根据《意见》第31条的规定，未成年人因被性侵害而造成的人身损害赔偿范围，包括为进行康复治疗所支付的医疗费、护理费、交通费、误工费等合理费用。未成年被害人及其法定代理人、近亲属提出赔偿请求的，法院应依法予以支持。

其次，强调了教育机构的赔偿责任。幼儿园、学校等教育机构对未成年人承担着一定的监护责任。未成年人在幼儿园、学校或者其他教育机构学习、生活期间被性侵害而造成人身损害，这些教育机构当然负有一定的责任。根据《意见》第32条的规定，被害人及其法定代理人、近亲属据此向法院起诉要求上述单位承担赔偿责任的，法院应依法予以支持。

最后，明确了未成年被害人的优先救助权。《意见》第34条规定："对未成年被害人因性侵害犯罪而造成人身损害，不能及时获得有效赔偿，生活困难的，各级人民法院、人民检察院、公安机关可会同有关部门，优先考虑予以司法救助。"这是一种人道的援助，有助于保障未成年被害人的生活。

除了上述重要的，与检察官履行法律监督职能，保障未成年人人权密切相关的重要法律外，我国还在其他很多法律和文件中对未成年人人权保障作了规定。比如《宪法》、《预防未成年人犯罪法》、《收养法》、《母婴保健法》、《禁止使用童工的规定》等专门保护儿童权利的法律、法规和条例。还有很多法律和法规含有保护儿童权利的条款。比如《教育法》、《义务教育法》、《教师法》、《残疾人保障法》、《传染病防治法》等。还值得一提的是，2004年2月26日，中共中央、国务院发出了《关于进一步加强和改进未成年人思想道德建设的意见》；1992年中国发布了《九十年代中国儿童发展规划纲要》；2001年5月，中国政府又制定并公布了《中国儿童发展纲要（2001—2010）》，从更广泛的领域及更高的角度提出了中国儿童的发展目标和具体措施。这些法律法规及政策的颁布实施把保护未成年人合法权益，预防未成年人违法犯罪工作纳入了制度化、法制化轨道。

第三节　中国检察官应如何在检察工作中保障未成年人人权

一、检察工作与未成年人的人权保障

检察机关在未成年人刑事司法保护中负有重要责任，并且必须通过依法办案和强化法律监督等途径履行好法定的职责，发挥好应有的作用，以不断促进未成年人刑事司法保护工作的健康发展，切实维护未成年人的合法权益。《刑事诉讼法》和《人民检察院刑事诉讼规则（试行）》对此都有明确的规定。

首先，检察机关必须在执行《刑法》、《刑事诉讼法》有关未成年人刑事司法保护规定的实践中起表率作用。检察机关不仅要在未成年人犯罪后依法给予从宽处罚，更重要的是为未成年人的健康成长创造良好的社会环境，提供强有力的保护措施。《刑法》、《刑事诉讼法》是未成年人刑事司法保护的重要法律依据。检察机关必须在未成年人犯罪处罚的标准掌握上严格执行这些规定，起好表率作用，这是检察机关发挥好在未成年人刑事司法保护中职能作用的基础。

其次，检察机关必须对其他司法机关执行《刑法》关于未成年人刑事司法保护规定的情况实施严格监督。例如，《刑法》规定，负刑事责任的最低年龄是14周岁，对不满14周岁的人，不能作为犯罪主体追究刑事责任。如果对不满14周岁的人作刑事司法处理，检察机关就应当加以监督纠正。又如，根据《刑法》的规定，未成年人的犯罪无论多么严重，都不能判处死刑，这里的死刑包括死刑缓期二年执行。对不按规定而判处未成年人死刑（死缓）的，检察机关应当坚决纠正。

最后，检察机关必须对其他司法机关执行《刑事诉讼法》关于未成年人刑事司法保护规定的情况实施严格监督。修改后《刑事诉讼法》关于未成年人刑事诉讼程序的突出变化，是在第五编"特别程序"第一章设置了"未成年人刑事案件诉讼程序"。据此，检察机关应当依法监督其他刑事司法机关正确执行以下制度：

一是"办案人员专业化"。督促有关部门设立专门机构或者设立相对稳定的专门人员办理未成年人案件，对犯罪的未成年人实行"教育、感化、挽救"方针和"教育为主、惩罚为辅"原则，要求办案人员熟悉未成年人的特点、善于做未成年人的教育工作，具有一定的专业性。

二是确保对未成年犯罪嫌疑人、被告人实行强制辩护。《刑事诉讼法》第

267条的规定，未成年犯罪嫌疑人、被告人没有委托辩护人的，人民法院、人民检察院、公安机关应当通知法律援助机构指派律师为其提供辩护。由于未成年人年龄、智力发育程度的限制，通常很难理解控辩双方争辩的实质内容，不知道如何行使诉讼权利。有辩护人的参与，就能为其及时提供需要的法律帮助，有效保护其合法权益。

三是对未成年犯罪嫌疑人、被告人实行社会调查制度。《刑事诉讼法》第268条规定，公安机关、人民检察院、人民法院办理未成年人犯罪案件，根据情况可以对未成年犯罪嫌疑人、被告人的成长经历、犯罪原因、监护教育等情况进行调查。意味着办理未成年人犯罪案件要综合考虑未成年人实施犯罪的动机和目的、犯罪性质、情节和社会危害程度，以及是否属于初犯，归案后是否悔罪，成长经历、一贯表现和监护教育条件等因素。社会调查报告还是侦查机关对涉罪未成年人采取取保候审，检察机关决定逮捕、起诉，法院定罪量刑以及刑罚执行和社区矫正的考量依据。

四是对犯罪嫌疑人、被告人严格适用逮捕措施和分案处理。《刑事诉讼法》第269条明确规定，对未成年犯罪嫌疑人、被告人应当严格限制适用逮捕措施。人民检察院审查批准逮捕和人民法院决定逮捕，应当讯问未成年犯罪嫌疑人、被告人，听取辩护律师的意见。对被拘留、逮捕和执行刑罚的未成年人与成年人应当分别关押、分别管理、分别教育。"严格限制适用逮捕措施"是指对未成年犯罪嫌疑人、被告人应当尽量不适用逮捕措施，可捕可不捕的不捕。"应当讯问未成年犯罪嫌疑人、被告人，听取辩护律师的意见"是强制性规定，指人民检察院审查批准逮捕和人民法院决定逮捕时，不仅必须讯问犯罪嫌疑人、被告人，还需要听取犯罪嫌疑人、被告人辩护律师的意见。之所以要听取律师意见，是因为律师作为受过专业训练的人员，更了解与未成年人案件相关的事实中哪些情形对采取非羁押措施更有意义。

五是监督讯问和审判未成年人时的合适成年人在场制度。《刑事诉讼法》第270条规定，对于未成年人刑事案件，在讯问和审判时，应当通知未成年犯罪嫌疑人、被告人的法定代理人到场。无法通知、法定代理人不能到场或者法定代理人是共犯的，也可以通知犯罪嫌疑人、被告人的其他成年亲属，所在学校、单位、居住地基层组织或者未成年人保护组织的代表到场，并将有关情况记录在案。到场的法定代理人可以代为行使未成年犯罪嫌疑人、被告人的诉讼权利。

六是保证正确实施未成年人的附条件不起诉制度。根据《刑事诉讼法》第271条的规定，对于未成年人涉嫌《刑法》分则第四章、第五章、第六章规定的犯罪，即涉嫌侵犯公民人身权利、民主权利，侵犯财产以及妨害社会管理秩序的犯罪，可能判处 1 年有期徒刑以下刑罚，符合起诉条件，但有悔罪表现的，人民检察院可以作出附条件不起诉的决定。人民检察院在作出附条件不起诉的决定以前，应当听取公安机关、被害人的意见。对附条件不起诉的决定，公安机关要求复议、提请复核或者被害人申诉的，适用本法第 175 条、第 176 条的规定。未成年犯罪嫌疑人及其法定代理人对人民检察院决定附条件不起诉有异议的，人民检察院应当作出起诉的决定。这一规定充分体现了未成年人刑事司法非刑罚化的处理原则。

七是监督实施未成年人犯罪记录封存制度。《刑事诉讼法》第 275 条规定，犯罪的时候不满 18 周岁，被判处 5 年有期徒刑以下刑罚的，应当对相关犯罪记录予以封存。犯罪记录被封存的，不得向任何单位和个人提供，但司法机关为办案需要或者有关单位根据法律法规规定进行查询的除外。依法进行查询的单位，应当对被封存的犯罪记录的情况予以保密。

二、问题与对策

（一）我国现阶段未成年人犯罪检察工作存在的问题

从目前检察机关办理未成年人犯罪案件的实践和《刑事诉讼法》的要求来看，主要存在下面一些问题：

1. 从法律制度层面看，未成年人犯罪检察制度仍须进一步系统和整合。《刑事诉讼法》和《人民检察院刑事诉讼规则（试行）》虽然在一定程度上改变了我国未成年人犯罪检察制度的立法散见于《宪法》、《刑法》、《刑事诉讼法》、《未成年人保护法》、《预防未成年人犯罪法》等法律的状况。但是它们也主要只是在程序上对办理未成年人犯罪案件进行了较为全面的规范。总体而言，还缺乏比较科学完整的有关未成年人的刑事实体法和程序法。

2. 从办案指导思想上看，存在偏差。一方面存在重打击，轻保护的倾向；另一方面还存在对未成年被告人和未成年被害人权利保护的不对等现象。

3. 从法律的规定看，未成年人犯罪的法律适用没有特别规定，通常都比照普通法律办理。例如，在认定未成年人犯罪构成上与成年人区别不大，没有充分考虑到未成年人犯罪行为的社会危害程度与成年人的不同，简单地按一般犯罪构成来认定，没有体现出应有的教育为主的精神。《刑事诉讼法》在这方面有了突破，应该成为未来有关立法的方向。

4. 在侦查监督检察工作方面，虽然大多数检察院的未成年人犯罪检察工作都按照最高人民检察院的要求，成立了相应机构开展工作，但开展工作的情况千差万别。由于侦查监督部门受到警力因素等条件的限制，再加上一些检察干警对青少年检察工作认识不足，因而在开展工作时只是消极应付。在一些案件中，因不批准逮捕，公安的承办部门和人员要被扣案件质量分，为了顾及同公安机关的关系或迫于某些方面的压力，对未成年人犯罪案件只要构成犯罪就批准逮捕，造成了一些无逮捕必要的案件批准逮捕，对未成年人犯罪检察工作带来负面的影响。此外，侦查监督检察部门很少在开展预防未成年人犯罪工作方面联系家庭、学校和社会力量，不能相互共同促进预防未成年人犯罪工作的全面开展。

5. 从当前的公诉工作看，首先，没有对未成年人犯罪的不起诉制定相应的标准，各地对未成年人犯罪适用不起诉情况各有不同，造成了执法不统一的矛盾，对犯罪未成年人教育、挽救不利。其次，在一些地方，上级公诉部门在制定目标考核时没有考虑到公诉工作中执行《未成年人保护法》，对执行《未成年人保护法》以及开展未成年人犯罪检察工作的重要性的认识不足，没有考虑对未成年人犯罪实行教育为主、惩罚为辅，立足于教育、感化、挽救的原则，因而在对基层检察院目标考核中对公诉案件的相对不起诉率只作了一个笼统的规定，没有对未成年人犯罪案件的相对不起诉单独作出规定，造成了基层检察院在执行最高人民检察院对未成年人犯罪的法律规定方面的诸多困难，对一些本应作相对不起诉来教育、挽救未成年人犯罪案件，基层检察院由于受到目标考核的相对不起诉率的限制，只能依法起诉到法院。最后，在公诉工作中，由于警力不足，开展犯罪未成年人教育、挽救、感化工作力度不够，即使开展也不能做到件件俱到。

6. 从控告申诉检察工作方面看，未成年人犯罪检察工作主要集中在处理来信来访上。在控告申诉举报宣传上着重预防职务犯罪宣传，对预防未成年人犯罪的宣传、教育方面做得很少，甚至没有做，客观上造成了预防未成年人犯罪宣传工作的滞后，不利于这项工作的开展。

7. 从监所检察工作方面看，对犯罪的未成年人进行跟踪帮教开展不足。在未成年犯服刑期间，没有明确指派干警对其进行定期帮教，把握好他们的思想、言行动向，让他们重塑自我。在未成年犯刑满后，大多数案件没有与其家庭配合开展帮教活动，他们走上社会后，不能摆正自己的位置，成为一个全新的自我，导致其重新走上犯罪的道路。

8. 青少年维权工作成效不明显。对未成年人的教育、管理、帮助等方面发现存在问题，及时向有关单位、学校、居民委员会提出了检察建议，但都没有真正硬性地落实措施，存在都在管却都没管好的问题。结合办案开展法制宣传、教育力度和广度均显不够，流于形式的多，增强青少年法制观念，提高法律意识的作用不突出。有的校外法制辅导员很长时间内只是偶尔地开展下讲座，次数极为有限。对不捕、不诉未成年人的帮教工作，更多显得只是程序性的，收到的实效不多。比如被帮教对象在复学、就业等方面存在不少矛盾和问题，都没能真正得到解决。

（二）新形势下如何做好未成年人犯罪检察工作

在修改后《刑事诉讼法》和《人民检察院刑事诉讼规则（试行）》已经出台并对未成年人刑事案件作出特别规定的背景下，同时针对上面存在的问题，检察机关如何充分履行好自己的职责，做好未成年人犯罪检察工作是一个现实而又具有重大意义的命题。我们认为，在新形势下，检察机关应做好以下工作：

1. 切实转变观念，树立保护未成年人人权的意识

在处理未成年人刑事案件时，既要保护未成年人的合法权益，又要维护社会秩序的稳定，不可偏废。办理青少年犯罪案件要因人而异，因案而异，不能搞统一的标准。对于初犯、偶犯、悔罪较好的青少年要从宽处理。但对于主观恶性较深、犯罪手段残忍、屡教不改的青少年在处理中一定要体现出法律的威慑力和惩戒作用。检察机关在法律监督中，在强调对青少年合法权益保护的同时，也要防止青少年犯罪检察工作可能给越来越多的重新犯罪造成机会。

2. 提高未成年人刑事检察队伍专业化建设

修改后《刑事诉讼法》和《人民检察院刑事诉讼规则（试行）》规定人民法院、人民检察院和公安机关办理未成年人刑事案件，由熟悉未成年人身心特点的审判人员、检察人员、侦查人员承办。这一规定首次在立法层面对未成年人犯罪案件的参与人员提出了"专业化"要求。未成年人刑事检察队伍专业化在我国司法实践中已广泛开展。截至2010年，全国共有221个检察院成立了办理未成年人刑事案件的专门机构，1400余个检察院成立了专门办案组，全国有3000多名检察官被指定专门办理未成年人刑事案件。当前，未成年人刑事检察队伍专业化最为棘手的问题是未检队伍的充实和未检专业人才的培养。由于未成年人心智尚不成熟，人生观、世界观尚未定型，正因如此，修改后《刑事诉讼法》对未成年人的司法工作所确立的指导方针是"教育、感化、挽救"，并以"教育为主、惩罚为辅"作为对未成年人的刑事司法原则。这就对从事未成年人刑事检察工作的检察人员提出了很高的要求，既要懂刑事检察工作，还要掌握与未成年人沟通的技巧和教育未成年人的耐心。对此，各级检察机关要不断充实未成年人刑事检察队伍，如可以从在编检察人员中加大挖掘的力度，对于有志于未成年人刑事检察工作的人员应当予以积极的鼓励和支持，鼓励其向专门从事未成年人刑事检察工作的方向发展。同时鼓励干警学习相关学科知识，特别是心理学知识和教育学知识，优化知识结构，加大培训力度，为未成年人刑事检察工作的发展提供重要的人才支撑。

3. 严格限制适用逮捕强制措施

修改后《刑事诉讼法》明确规定，对未成年犯罪嫌疑人、被告人应当严格限制适用逮捕措施。人民检察院审查批准逮捕和人民法院决定逮捕，应当讯问未成年犯罪嫌疑人、被告人，听取辩护律师的意见。"严格限制适用逮捕措施"是指对未成年犯罪嫌疑人、被告人应当尽量不适用逮捕措施，可捕可不捕的不捕。"应当讯问未成年犯罪嫌疑人、被告人，听取辩护律师的意见"是强制性规定，指人民检察院审查批准逮捕和人民法院决定逮捕时，必须讯问犯罪嫌疑人、被告人，还需要听取犯罪嫌疑人、被告人辩护律师的意见。综合考虑未成年人实施犯罪的动机和目的、犯罪性质、情节和社会危害程度，以及是否属于初犯，归案后是否悔罪，成长经历、一贯表现和监护教育条件等因素，在此基础上，作出是否对未成年犯罪嫌疑人予以批准逮捕的决定，从而最大限度地教育挽救未成年犯罪嫌疑人。此外，还有必要在实践中进一步完善对未成年犯罪嫌疑人不适用逮捕的操作性规定，在考核制度上应明确规定"不以拘留率、逮捕率、批捕率和起诉率"等作为工作考核指标，为办理未成年人刑事案件部门考核科学化、专业化奠定基础。

4. 依法开展附条件不起诉

修改后《刑事诉讼法》规定，对于未成年人涉嫌侵犯公民人身权利、民主权利，侵犯财产以及妨害社会管理秩序的犯罪，可能判处1年有期徒刑以下刑罚，符合起诉条件，但有悔罪表现的，人民检察院可以作出附条件不起诉的决定。这一规定充分体现了未成年人刑事司法非刑罚化原则。从规定看，对未成年犯罪嫌疑人附条件不起诉需要满足以下条件：适用的案件范围是侵犯公民人身权利、民主权利，侵犯财产以及妨害社会管理秩序的犯罪案件；犯罪嫌疑人可能被判处1年有期徒刑以下刑罚，符合起诉条件；犯罪嫌疑人有悔罪表现；未成年犯罪嫌疑人及其法定代理人对适用附条件不起诉没有异议。在程序上，还要听取公安机关、被害人意见，但是听取公安机关、被害人的意见仅仅是程序条件，并非实质要件，不影响作出附条件不起诉决定。若公安机关、被害人有异议，可以在附条件决定作出后申请复议、复核或者申诉。未成年犯罪嫌疑人对附条件不起诉有异议的，人民检察院应当作出起诉的决定。检察机关决定附条件不起诉时也同样应当做好社会调查报告，社会调查报告应作为决定附条件不起诉的重要考量因素。同样对于决定起诉的，也应做好社会调查报告。参考社会调查报告后，无论是否起诉，都有利于考察期内有针对性地教育、感化和挽救未成年犯罪嫌疑人，有利于庭审中做好法庭教育工作。就附条件不起诉的具体操作来看，检察机关决定对未成年犯罪嫌疑人附条件不起诉后，已经羁押的应当立即释放，如果扣押了财产的应予以返还，同时通知公安机关和其他有关单位做好监督考察工作。未成年犯罪嫌疑人完成考察期，并就教育感化情况进行评价后，应当撤销原指控且该项指控不能再出现在其刑事档案中。但如果考察期内未成年犯罪嫌疑人未能遵守考察期的相关规定，就应当恢复对其的诉讼程序，按照指控起诉。

5. 积极推动合适成年人在场制度

修改后《刑事诉讼法》确立了合适成年人在场制度，要求未成年人刑事案件，在讯问和审判时，应当通知未成年犯罪嫌疑人、被告人的法定代理人到场。无法通知、法定代理人不能到场或者法定代理人是共犯的，也可以通知犯罪嫌疑人、被告人的其他成年亲属，所在学校、单位、居住地基层组织或者未成年人保护组织的代表到场，并将有关情况记录在案。就刑事检察工作而言，在提审未成年犯罪嫌疑人时，必须首先通知其法定代理人到场，只有在法定代理人不能到场或者法定代理人是共犯的时候，才可以通知其他合适成年人到场监督和行使诉讼权利。

6. 严格执行犯罪记录封存制度

修改后《刑事诉讼法》第275条规定，犯罪的时候不满18周岁，被判处5年有期徒刑以下刑罚的，应当对相关犯罪记录予以封存。犯罪记录被封存的，不得向任何单位和个人提供，但司法机关为办案需要或者有关单位根据法律法规规定进行查询的除外。依法进行查询的单位，应当对被封存的犯罪记录的情况予以保密。未成年人犯罪记录封存制度充分考虑到犯罪记录对未成年人的不良影响，有助于犯罪未成年人顺利回归社会，有利于减少社会对立面和促进社会稳定。未成年人犯罪记录封存制度是一项需要多个部门协同，跨部门合作进行的一项司法制度，需要政法机关、教育行政、劳动行政、户籍管理、学校等单位要共同建立轻罪判决、不起诉、强制措施适用等刑事记录的封存制度和前科报告义务免除制度，从而推动未成年人刑事记录的专门化管理，不将未成年人的刑事记录记入人事档案。未成年人轻罪记录消灭的执行者是法院，检察机关应当对制度运行的程序、适用条件、跟踪考察等做好相应的监督工作，切实监督法院的轻罪记录消灭程序的合法性以及相关单位的执行情况，如发现有擅自将未成年人犯罪记录公开的，可以检察建议的形式进行纠正。对于法院有可能进行轻罪记录消灭案件当事人，检察机关应当在审查起诉阶段，综合考量未成年人犯罪情节，做好未成年人有无重新犯罪可能、建议消灭前科等工作，以保证制度适用主体和适用条件的正当性，充分发挥制度优势。

7. 探索尝试"圆桌公诉"

针对未成年的生理和心理特点，可尝试进行"圆桌公诉"，即公诉人、被告人、主审法官、辩护人都处于平等的席位，减少未成年被告人的心理压力，为未成年被告人创造更人性化和更亲和的诉讼环境，消除未成年被告人的紧张情绪，强化对未成年被告人甚至被告人家属的教育、感化力度，以利于未成年被告人判决后的教育改造。

8. 进一步探索和完善检察机关的量刑请求权制度

检察机关可以在提起公诉时一并提出量刑建议，这是对我国刑罚权的进一步完善。最高人民检察院的司法解释增加了缓刑量刑建议。除此之外，根据法律规定和司法实践，检察机关的量刑建议还应包括：（1）尝试性地提出管制刑的量刑建议；（2）针对性地提出财产刑的量刑建议。

9. 建立对不起诉、附条件不起诉的未成年犯罪嫌疑人教育改造和救济制度

该项制度主要包括以下三项内容：一是对被不起诉人、附条件不起诉人的家长实行责任赔偿之外，对于没有赔偿能力的或没有监护人的未成年人实行劳动赔偿，指定在一定的社区进行服务性劳动，参与社会劳动等；二是动员社会一切积极力量，开展多种形式的帮教活动，落实对未成年犯罪嫌疑人不起诉或附条件不起诉后的帮教措施，并将具体的帮教责任落实到人，防止有罪错的未成年人重新犯罪；三是对作出决定的被不起诉、附条件不起诉的未成年犯罪者要定期考察、回访。

10. 充分发挥职能，积极参与青少年维权活动

加强批捕、公诉和法律监督工作是加大维权力度的主要方式。加强对未成年人犯罪的预防和综合治理也是加大维权力度的重要途径：一要在青少年违法犯罪情况较突出的地区或学校建立法制教育基地，对青少年开展各种形式的法制教育活动，以切实改善地区和学校的法制环境，提高青少年法律意识，预防犯罪，保护青少年健康成长；二要开展各种形式的法制宣传教育。通过宣传，让青少年了解自己的权利和义务，从而提高青少年遵纪守法的意识和自我约束、自我保护的能力。

应用与讨论训练

★ 模块 **案例研讨**

[案例一]

2004年9月，犯罪嫌疑人张某等4人经预谋后窜至某市某路口，见受害人独自一人，即上前使用暴力抢走其价值400元的小灵通一部。2005年底该4人因涉嫌抢劫罪被移送至该市某区人民检察院审查起诉。承办检察官经审查后发现，此案系未成年人使用轻微暴力抢劫未成年人少量财物的案件。4名犯罪

嫌疑人均是未成年人，并且就读于该市某中专学校，走上犯罪道路主要是法制观念淡薄所致，主观恶性不大。通过走访学校、家长、受害人及提讯4名犯罪嫌疑人后了解到：案件发生后，4名未成年人及其家长均后悔莫及；受害人也表示了对4名犯罪嫌疑人的谅解；学校也表示不会开除4名未成年人的学籍并会配合检察机关做好事后的教育帮助工作。同时，该校教育处的负责人也表示，学校平时只注意了学生的文化教育，法制教育相对滞后，通过这次事件，学校一定会加大法制教育的力度。检察机关根据上述情况，依法作出了对4名犯罪嫌疑人相对不起诉的决定。如今，4名未成年人已有3名从学校毕业，走上了工作岗位，开始为社会服务、回报社会；另一名仍在继续深造。

[案例二]

犯罪嫌疑人甲（男，22岁，系某校学生）因与舍友乙长期不和，产生了抱怨心理。某日，甲独自一人在学生公寓收拾东西时，发现乙的笔记本电脑放于桌面上，甲趁四下无人之机，将该笔记本电脑盗走，放于自己的挎包内带离宿舍，藏在其女朋友丙的宿舍内。后经鉴定，被盗笔记本电脑价值人民币3230元。

案发后，某公安分局按规定及时将该案情况向某县检察院通报，某县检察院派员介入审查后认为甲的行为确属情节轻微，就建议公安机关对其取保候审，公安机关予以采纳。后公安机关将该案移送某县检察院审查起诉。如果正常起诉到法院，即使被判处缓刑，甲也必然会被学校开除学籍，而只有作不起诉处理，学校才能让其正常毕业。维权小组及时将该情况向检察长汇报，并根据检察长的指示，深入学校走访考察，听取校方对该案的处理意见。在走访考察过程中，学校保卫处及学院领导都要求对甲从轻处理，给学生一次改过的机会；辅导员反映该学生平时表现较好，此次盗窃电脑系一时冲动；受害人表示已原谅了甲，还写了谅解书给某县检察院希望能对甲从轻处理。另外，检察机关还了解到，甲的父母都是农民，靠小本经营维持生计，其弟弟妹妹小小年纪就外出打工以贴补家庭开支和供哥哥上学，如甲被开除，无异于雪上加霜，将对其家庭造成严重的打击。走访考察后，承办人就走访考察情况向检察长作了详细的汇报。后经某县检察院检委会研究决定对甲作不起诉处理，给他一次改过自新的机会。令人欣慰的是，后来，甲顺利毕业并找到工作。甲毕业之后，某县检察院侦监科干警仍坚持每两个月对甲进行回访帮教考察，了解其最新的思想和工作情况，取得了良好的效果。

[案例三]

某日，犯罪嫌疑人陈某借住在其朋友甲、乙的租住处时，趁两人离家上班之机，盗走甲的戴尔笔记本电脑一台和一套香奈尔系列化妆品及乙的戴尔笔记本电脑一台，随后潜逃。经某市价格认证中心鉴定，被盗的两台戴尔笔记本电脑共计价值人民币 5670 元。

案发后，陈某对自己的行为表示真诚的悔过，且年龄不满 18 周岁，为体现宽严相济的刑事司法精神，推进社会矛盾的化解、维护社会和谐稳定，帮助其早日回归社会，某区人民检察院派员将陈某及其哥哥请到未成年人犯罪检察室，与其签订帮教协议，由其哥哥协助本院对被帮教人陈某进行定期的思想道德教育和法制教育，正确引导和规范其行为，帮助其树立正确的人生观和价值观，远离社会闲杂人员，预防被帮教人重新犯罪；同时协助检察机关有效拘束和警戒被帮教人的行为，保护被帮教人的名誉，做到不歧视或不放任不管，并对被帮教人在帮教考察期间内的品行作出客观的判断和评估。

之后，某区检察院以无逮捕必要不捕犯罪嫌疑人陈某。陈某对自己的行为表示真诚悔过，承诺加强自身的道德和文化修养，强化社会责任意识和法律意识，努力工作，力求上进，成为社会有用之才。

⊙研讨主题

通过分析案件，回答检察官在办理未成年人刑事案件中应该通过采取哪些措施保护未成年人的合法权益？检察官在未成年人人权保护方面发挥了怎样的作用？

第十七章　少数民族[*]人权保障

★ 国际文件

《消除一切形式种族歧视国际公约》（1965 年 12 月 21 日联合国大会第 2106A 号决议通过）

《禁止并惩治种族隔离罪行国际公约》（1973 年 11 月 30 日由联合国大会第 3068 号决议通过）

《种族与种族偏见问题宣言》（1978 年 11 月 26 日联合国教育、科学及文化组织大会第二十届会议通过）

《在民族或族裔、宗教和语言上属于少数群体的人的权利宣言》（1992 年 12 月 18 日联合国大会第 47/135 号决议公布）

★ 国内规范

《中华人民共和国宪法》（1982 年 12 月 4 日第五届全国人民代表大会第五次会议通过，2004 年 3 月 14 日第十届全国人民代表大会第二次会议第四次修正）

《中华人民共和国民族区域自治法》（1984 年 5 月 31 日第六届全国人民代表大会第二次会议通过，2001 年 2 月 28 日第九届全国人民代表大会常务委员会第二十次会议修正）

《中华人民共和国刑法》（1979 年 7 月 1 日第五届全国人民代表大会第二次会议通过，1997 年 3 月 14 日第八届全国人民代表大会第五次会议修正）

《中华人民共和国刑事诉讼法》（1979 年 7 月 1 日第五届全国人民代表大会第二次会议通过，2012 年 3 月 14 日第十一届全国人民代表大会第五次会议修正）

---

[*] "少数民族"：在国际社会的概念中，"少数民族"一词目前一般多被称作"少数人"（Minority）或"少数群体"。在世界上不同国家和地区对本国内处于"少数人群体"的名称各不相同，有少数人、土著人和少数民族等称呼。比如在中国、欧洲就称为少数民族，而在国际法中则多称为少数人、土著人等。国际人权文件中一般也不用"少数民族人权"。而是称为"在民族上属于少数群体的人的权利"。

第一节　有关少数民族人权保障的国际条约、文件及主要内容

当今世界上约有大小民族 3500 多个，分布在 200 多个国家和地区，人口多达 10 亿、占世界人口总数的 15% 至 20%。据美国学者约翰·斯通的统计，世界上有三分之一以上的国家，其国内最大的民族在本国总人口中未占居多数。因此，促进和保护少数民族的人权是世界各国共同面临的任务。对少数民族权利的保护不仅是人权问题、发展问题，更是各主权国家团结、稳定和世界和平的问题。少数民族权利的国际保护问题已经为当今世界普遍关注，成为现代国际法和国际关系中的一个重要问题。

当今世界对少数民族权利的保护突出体现在立法上，这不仅体现在国际层次上，还体现在区域和国家层次上。

一、专门性国际条约内容介绍

20 世纪 90 年代以前，对少数民族权利保护在国际社会上主要是在一般的国际人权条约中规定对所有的人不能歧视，即把反歧视作为重点，专门权利保护很少。如《世界人权宣言》、《经济、社会和文化权利国际公约》和《公民权利和政治权利国际公约》中都有相关规定。《世界人权宣言》第 2 条规定："人人有资格享有本宣言所载的一切权利和自由，不分种族、肤色、性别、语言、宗教、政治或其他见解、国籍或社会出身、财产、出生或其他身份等任何区别。"第 7 条规定："法律之前人人平等，并有权享受法律的平等保护，不受任何歧视。人人有权享受平等保护，以免受违反本宣言的任何歧视行为以及煽动这种歧视的任何行为之害。"等。《经济、社会和文化权利国际公约》第 13 条规定，"本公约缔约国确认人人有受教育之权。缔约国公认教育应谋人格及人格尊严意识之充分发展，增强人权与基本自由之尊重。缔约国又公认教育应使人人均能参加自由社会积极贡献、应促进各民族间及各种族、人种或宗教团体间之了解、容恕及友好关系，并应推进联合国维持和平之工作。"《公民权利和政治权利国际公约》第 27 条专门针对少数民族的权利作出一般性规定："凡有种族、宗教或语言少数团体之国家，属于此类少数团体之人，与团体中其他分子共同享受其固有文化、信奉躬行其固有宗教或使用其固有语言之权利，不得剥夺之。"这一条是该公约中唯一的一条关于保护少数者权利的条款，公约没有使用"少数民族"这样的措辞，却采用了"属于此类少数团体之人"这样的表述，可以看出，第 27 条并没有给"少数者"下定义，只是在

范围上加上了"人种的、宗教的或语言的"限制。虽语意含混但第27条既强调了少数民族成员拥有行使保护和发展他们自己民族文化、宗教、语言特征的特定权利，又明确了国家对本国少数民族人权予以特殊保护方面应承担的"最低义务"；同时，一定意义上也可以说，该条确立了对少数民族权利进行特殊保护的范围，即民族语言、文化、宗教，因此，该条也成为全球层面唯一有法律约束力的、确立对少数民族权利应给予"特殊保护"原则的国际人权文件。

此外，联合国通过的10余个防止歧视的宣言、公约、议定书，即《联合国消除一切形式种族歧视宣言》、《消除一切形式种族歧视国际公约》、《禁止并惩治种族隔离罪行国际公约》、《反对体育领域种族隔离国际公约》、《取缔教育歧视公约》、《设立一个和解及斡旋委员会负责对取缔教育歧视公约各缔约国间可能发生的任何争端寻求解决办法的议定书》、《消除对妇女歧视宣言》、《消除对妇女一切形式歧视公约》、《消除基于宗教或信仰原因的一切形式的不容忍和歧视宣言》、《关于新闻工具为加强和平与国际了解、促进人权、反对种族主义、种族隔离及战争煽动做出贡献的基本原则宣言》、《土著人民和少数群体的权利》（第169号公约）、《种族与种族偏见问题宣言》等。这些构成了少数民族权利保护的国际法规。

（一）《消除一切形式种族歧视国际公约》简介

1965年12月21日联合国大会第2106A号决议通过《消除一切形式种族歧视国际公约》（以下简称《消歧公约》），1966年3月7日开放供各国签署，1969年1月4日在第27个国家批准加入这项公约之后，它作为一项国际公约开始生效。截至2008年底，缔约国为170个。中国政府于1981年12月29日批准加入，于1982年1月28日对中国生效。该公约成为国际上努力消除种族歧视工作所应立足的准则基础。

该公约共25条。根据《消歧公约》第1条的规定，"种族歧视"是"基于种族、肤色、世系或民族或人种的任何区别、排斥、限制或优惠，其目的或效果为取消或损害政治、经济、社会、文化或公共生活任何其他方面人权及基本自由在平等地位上的承认、享受或行使"。《消歧公约》规定，缔约国应承诺：（1）谴责种族歧视并立即以一切适当方法实行消除一切形式种族歧视与促进所有种族间谅解的政策；并于情况需要时，在社会、经济、文化及其他方面，采取特别具体措施确保属于各国的若干种族团体或个人获得充分发展与保护，以期保证此等团体与个人完全并同等享受人权及基本自由。（2）特别谴责种族分隔及"种族隔离"，并在其所辖领土内防止、禁止并根除具有此种性质的一切习例。（3）凡传播基于种族优越或种族仇恨的思想，煽动种族歧视的行为，均为犯罪行为，应依法惩处；凡提倡种族主义的任何组织均属非法。（4）禁止并消除一切形式种族歧视，保证人人不分种族、肤色或民族或人种享有在法律上一律平等的权利，尤其得享有：在法庭上及其他一切司法裁判机关中平等待遇的权利；人身安全及国家保护的权利；政治权利；公民权利；经济、社会及文化权利；以及进入或利用任何供公众使用的地方或服务的权利。此外，应保证人人均能对违反公约侵害其人权及基本自由的任何种族歧视行为，经由国内主管法庭及其他国家机关获得有效保护与救济，并有权就因这种歧视而遭受的任何损失向国内主管法庭请求公允充分的赔偿或补偿。（5）立即采取有效措施，尤其在讲授、教育、文化及新闻方面打击导致种族歧视的偏见，并增进国家间及种族或民族团体间的谅解、容恕及睦谊。

为监督公约的执行情况，《消歧公约》规定设立消除种族歧视委员会。委员会由德高望重、公认为公正的 18 名专家组成，由公约缔约国选出，任期 4 年。该组织是一个自主机构。负责审查各国为履行其反对种族歧视的义务而采取的立法、司法、行政和其他措施；就联合国托管领土和非自治领土上被指称有种族歧视行为的个人和群体向联合国机构提出的控诉发表意见及提出建议；对其他联合国机构在这些领土上为反对种族歧视而采取的立法、司法、行政和其他措施而提出的报告表示意见和提出建议。

1966 年第二十一届联合国大会通过决议，把每年的 3 月 21 日定为"国际消除种族歧视日"。

（二）《在民族或族裔、宗教和语言上属于少数群体的人的权利宣言》（以下简称《少数人权利宣言》）简介

20 世纪 90 年代以后，国际社会对少数民族的立法开始加大力度。鉴于《公民权利和政治权利国际公约》第 27 条对国家应采取何种措施保护少数人没有具体的规定，联合国防止歧视和保护少数小组委员会特别报告员极力建议，在第 27 条确定的原则的框架内，制定一份"少数人团体成员之权利宣言"，以便使第 27 条含义更加明确，并使得保护该条确立之权利所需措施具体化，也可为各国政府提供一份行动指南。于是，联合国大会于 1992 年 12 月 18 日通过了《少数人权利宣言》。该宣言对在民族、族裔、宗教或语言上属于少数群体的人的权利进行了保护。

《少数人权利宣言》是唯一以单独文件的形式阐述少数人特殊权利的联合国文件，也是第一个专门致力于少数人权利保护的国际文件。《少数人权利宣言》在《公民权利和政治权利国际公约》第 27 条的基础之上前进了一步，表现在：第一，在权利主体方面，增加了"民族上的"少数人。第二，改变了《公民权利和政治权利国际公约》第 27 条"不得否认这种权利"这样的否定

性表述方式，在第 2 条第 1 款中直接肯定地赋予少数人"同他们集团中的其他成员共同享有自己的文化、信奉自己的宗教或使用自己的语言的权利"。第三，明确规定了国家应当采取措施创造良好的条件，以使少数人能够表现其特征，发展其文化、语言、宗教、传统和习俗，并且规定了各国应当采取措施使少数人群体的个人全面参与国家经济的进步和发展。第四，规定了对少数人权利的限制。该宣言明确规定少数人权利的行使不得妨害一切个人人权和基本自由的实现，不能解释为允许从事违反国家主权平等、领土完整和政治独立的任何活动。与《公民权利和政治权利国际公约》第 27 条相比，《少数人权利宣言》规定了更明确的标准，可以视为对《公民权利和政治权利国际公约》第 27 条的权威性解释。由于它是由联合国大会以决议形式通过的，因此不具有法律约束力，但其在道义和政治上对各国的巨大影响力是不容置疑的。

二、区域性立法对少数民族人权的保护

由于人权的历史性、民族性和人权观念的差异性，属于不同文化体系的国家和人民对人权的理解有较大的不同，从而形成了人权保护的地域性特点，产生了区域性人权保护制度。

《欧洲保护少数民族框架公约》（以下简称《框架公约》）是世界上第一个致力于将少数民族保护作为人权保护不可分割的一部分的具有法律约束力的区域性多边条约。它产生于东欧剧变后，保护少数民族权利日显其对欧洲大陆的稳定、民主、安全与和平的重要性的背景下。它在《欧洲人权公约》的基础上，不仅明确赋予和承认了"属于少数民族的人"应享有的广泛权利，而且规定了缔约国在限制其可能对少数民族的利益造成损害的国家行为、采取积极措施提高少数民族的地位、保护和发展"属于少数民族的人"的权利方面的国家义务，其地位和作用十分重要，具有研究和借鉴的价值。[①]

欧洲委员会成员国的国家和政府首脑指示部长委员会起草了《框架公约》，规定缔约国应遵守的诸项原则，以确保对少数民族的保护。1995 年 2 月 1 日《框架公约》正式签署并要求至少 12 个成员国批准、接受或赞同。《框架公约》于 1998 年 2 月 1 日生效。《框架公约》是一个开放性公约，非欧洲委员会的国家成员应部长委员会的邀请亦可加入。尽管该公约是一个具有法律约束力的文件，但标题加上"框架"一词则表明文件中规定的原则不能直接适用于成员国的国内法律体系中。该公约条款必须通过国内立法和适当的政策加以

---

① 参见廖敏文：《〈欧洲保护少数民族框架公约〉评述》，载《民族研究》2004 年第 5 期。

实施。

《框架公约》除序言外，正文分为五个部分。第一部分的 3 个条款明确了少数民族权利保护的性质、地位和原则。第二部分的 16 个条款是其核心内容，规定了必须受到保护的少数民族的权利。第三部分共 4 个条款，明确了"属于少数民族的人"在享受权利时应履行的义务。第四部分的 3 个条款规定了《框架公约》的监督、执行机制。第五部分有 6 个条款，规定了《框架公约》的签署、批准及其生效的程序。

此外，1969 年 11 月 22 日美洲国家组织人权特别会议通过的《美洲人权公约》、1981 年 6 月 28 日非洲统一组织制定的《非洲人权和民族权宪章》也都对少数民族权利作了相应保护性规定。

三、少数民族权利保护原则——平等、不歧视和特殊保护

《世界人权宣言》第 2 条明确阐述了"平等原则"，"人人有权享有宣言所载的一切权利和自由，不分种族、肤色、性别、语言、宗教、政治或其他见解、国籍或社会出身、财产、出生或其他身份等任何区别"。《公民权利和政治权利国际公约》的第 2 条第 1 款，《经济、社会和文化权利国际公约》的第 2 条第 2 款也有类似的规定。

《公民权利和政治权利国际公约》第 26 条对"不歧视"原则作了阐述，"所有的人在法律面前平等，并有权受法律的平等保护，无所歧视。法律应禁止任何歧视并保证所有的人得到平等和有效的保护，免受基于种族、肤色、性别、语言、宗教、政治或其他见解、国籍或社会出身、财产、出生或其他身份等任何理由的歧视"。

在现代法治社会，平等的基本含义是指所有社会成员在法律面前人人平等，相同的人在相同的条件下给予相同的对待。不歧视是指不因任何民族、种族、性别、宗教、政治或其他见解、国籍、社会财产等任何不同而被加以区别、排斥、限制和优惠。结合到不同的领域，平等和不歧视则可以有具体的标准。

平等和不歧视是人权保护的两个基本原则，但是平等并不意味着完全相同的保护。有时候为了达到平等，需要差别待遇。人权事务委员指出：平等并不当然意味着在每种情形下都给予完全相同的待遇，也不是在待遇方面的任何区别措施都构成歧视，只要为了实现符合公约的合法目的，并且确立的标准合理而且客观，这些区别待遇就不构成歧视。① 给少数民族特别保护与平等和不歧视原则并不矛盾。平等的概念并不仅仅意味着以同样的方式对待所有的人。给

① 参见《联合国人权事务委员会第 18 号一般性意见：不得歧视》第 8 条、第 13 条。

不同处境的人以同等待遇只会使不公平长期存在下去，而不会使之消失。只有努力解决并纠正这些处境上的不平衡，才会产生真正的平等。这种更广泛意义上的平等观念成为在争取少数者权利获得承认的斗争中的指导原则和最终目标。因此，对少数民族给予特别保护与平等和不歧视原则是一致的。在国际人权和少数民族权利保护的国际条约中，平等和不歧视原则是贯穿其中的，在少数民族的国际司法保护中，同样如此。"平等和不歧视是国际人权法的支柱。几乎所有人权文件，都毫无例外地对该原则作了规定。"①

鉴于实践中，针对少数群体的间接歧视的事例大量存在。仅将平等和不歧视作为原则规定下来是远远不够的，还要将违反该原则所应承担的责任和后果通过立法予以明确，使打击种族歧视有明确的法律依据。唯有这样，才能保证真正的平等和不歧视原则得以贯彻实施。这方面欧盟有很好的做法。如 1999 年 5 月 1 日，《阿姆斯特丹条约》生效后，欧盟于 2000 年 6 月和 11 月先后颁布了两项指令，从而在打击种族歧视和宗教歧视的立法工作上有了明确的法源依据。一是要求成员国立法遵守不分种族予以同等待遇原则；二是要求各国立法规范"平等就业原则架构"。②

第二节　我国有关少数民族人权保障的法律、文件及主要内容

一、中国签署、批准或加入的国际条约和文件

我国已加入联合国全部三个关于反对种族歧视、种族隔离和种族灭绝的专项国际公约。

（一）《消除一切形式种族歧视国际公约》

中国政府于 1981 年 12 月 29 日交存加入书，并对其第 22 条，即关于争端解决方式的规定提出保留。该公约于 1982 年 1 月 28 日对中国生效。根据《消除一切形式种族歧视国际公约》第 9 条第 1 款的规定，中华人民共和国已向联合国秘书长递交关于公约执行情况的第十三次报告。2008 年 6 月提交的报告的内容主要是 1999 年至 2007 年中国在执行该公约方面的进展。报告包括三个部分：第一部分由中央政府撰写；第二部分为中国香港特别行政区执行公约的

---

① 徐显明：《国际人权法》，法律出版社 2004 年版，第 12 页。
② 参见孟国碧：《少数人权利的比较与调适》，载《广东商学院学报》2005 年第 3 期。

有关情况，由香港特别行政区政府撰写；第三部分为中国澳门特别行政区执行公约的有关情况，由澳门特别行政区政府撰写。

（二）《禁止并惩治种族隔离罪行国际公约》

1983 年 4 月 18 日，我国无保留地提交加入书，同年 5 月 18 日，公约对我国生效。该公约共 19 条，其中第 2 条规定了"种族隔离罪行"的定义，第 3 条指出种族隔离行为是一种国际罪行，第 4 条要求公约缔约国承诺在国内禁止并惩治种族隔离行为。这三条是关于缔约国的核心内容。其他各条是关于缔约国执行报告提交、审议报告的三人小组的设立以及公约加入等事项的规定。

（三）《防止及惩治灭绝种族罪公约》

1948 年 12 月 9 日联合国大会第 260A 号决议通过。1951 年 1 月 12 日生效。禁止并惩治灭绝种族罪行是联合国大会最先处理的问题之一。1946 年 12 月 11 日，联合国大会即在其第一次会议上通过第 96（I）号决议，确认灭绝种族是文明世界所谴责的违反国际法的一种罪行，并指出，无论何人以何种理由犯有灭绝种族罪，一律在惩治之列。为此，联合国大会呼吁国际合作，并请求经济及社会理事会拟定《防止及惩治灭绝种族罪公约》草案。1948 年 12 月 9 日，联合国大会通过了这个公约，目的在于防止和惩治战时或平时所犯的灭种罪行。

我国于 1983 年 4 月 18 日交存批准书，公约于同年 7 月 17 日对我国生效。我国对公约第 9 条即关于争端解决方式的规定提出保留。该公约共 19 条，其中第 1 条要求缔约国确认灭绝种族行为，不论发生在平时或战时，均系国际法上的一种罪行，承允防止并惩治之；第 2 条规定了种族灭绝的定义。

加入了国际公约，也就意味着承担了相应的国际义务。中国已按照条约规定，多次向联合国有关机构提交执行《消除一切形式种族歧视国际公约》和《禁止并惩治种族隔离罪行国际公约》的情况报告，还通过立法、司法、行政等方面的措施积极履行国际公约的义务。

二、我国《宪法》、《民族区域自治法》的有关规定

（一）《宪法》对少数民族权利的保护

少数民族权利是宪法关于个人基本权利内容的极其重要的组成部分，也是各国具体实施国际法上关于少数民族权利保护在法律上的体现，所以，各国宪法都以不同的方式，对个人的基本人权，包括少数民族权利的保护作出了规定。

我国现行《宪法》对少数民族权利保护作了详尽规定。《宪法》序言第 11 段规定："中华人民共和国是全国各族人民共同缔造的统一的多民族国家。

平等、团结、互助的社会主义民族关系已经确立，并将继续加强。在维护民族团结的斗争中，要反对大民族主义，主要是大汉族主义，也要反对地方民族主义。国家尽一切努力，促进全国各民族的共同繁荣"。第4条规定："中华人民共和国各民族人民一律平等。国家保障各少数民族的合法的权利和利益，维护和发展各民族的平等、团结、互助关系。禁止对任何民族的歧视和压迫，禁止破坏民族团结和制造民族分裂的行为。国家根据各少数民族的特点和需要，帮助各少数民族地区加速经济和文化的发展。各少数民族聚居的地方实行区域自治，设立自治机关，行使自治权。各民族自治地方都是中华人民共和国不可分离的部分。各民族都有使用和发展自己的语言文字的自由，都有保持或者改革自己的风格习惯的自由。"此外《宪法》第34条（不受歧视的选举权和被选举权）、第36条（宗教信仰自由）、第52条（民族团结）、第89条第11款（国务院的职权包括领导和管理民族事务，保障少数民族的平等权利和民族自治地方的自治权利）、第95条（关于设立自治机关）、第99条（关于民族乡）、第112条至第122条和第134条（关于用本民族语言进行诉讼的权利）的规定都与少数民族有关，特别是《宪法》第三章第六节（即第112条至第122条）专门对民族自治地方的自治机关作出规定。

（二）《民族区域自治法》的主要内容

《民族区域自治法》是实施民族区域自治制度的基本法律。1984年5月31日第六届全国人民代表大会第二次会议通过，同年10月1日正式实施。此后的17年中，《民族区域自治法》对保障少数民族的平等权利和民族自治地方的自治权、巩固边防、维护民族团结、维护民族地区的政治稳定和社会稳定、促进各民族共同繁荣发挥了不可替代的重要作用。

2001年2月28日，第九届全国人民代表大会常务委员会第二十次会议修订了《民族区域自治法》。之所以修改，主要基于三个方面的原因：一是《宪法》的修改涉及《民族区域自治法》的相关规定；二是原法中关于财政、经济方面的条款内容与已初步建立的社会主义市场经济体制不相适应；三是需要通过立法为少数民族地区的发展提速。该法的修订为保障民族自治地方的自治权、促进民族自治地方的发展繁荣等方面提出了新的原则和目标，使民族区域自治的法律进一步得到完善。

修改后的《民族区域自治法》在下列方面有了重大突破：

1. 明确规定民族区域自治是我们国家的一项基本政治制度，与人民代表大会制度、政治协商制度共同构成了我国的基本政治制度。

2. 进一步确定了各民族自治地方都是中华人民共和国不可分离的部分。增加第14条第2款规定："民族自治地方一经建立，未经法定程序，不得撤销或者合并；民族自治地方的区域界限一经确定，未经法定程序，不得变动；确实需要撤销、合并或者变动的，由上级国家机关的有关部门和民族自治地方的自治机关充分协商拟定，按照法定程序报请批准。"

3. 赋予民族自治机关不仅行使作为地方国家机关的人大及其常委会和政府的立法权、行政权，同时还行使民族立法权，有权依照当地民族的政治、经济和文化的特点，制定自治条例和单行条例。

4. 确定了上级国家机关保障民族自治地方行使自治权，以及民族自治地方的自治机关在不违背宪法和法律的原则下，有权采取特殊政策和灵活措施，加速民族自治地方经济、文化和建设事业发展的有关原则。维护和发展各民族的平等、团结、互助的社会主义民族关系，禁止对任何民族的歧视和压迫，禁止破坏民族团结和制造民族分裂的行为。保障各民族使用和发展自己的语言文字的自由，保持或改革自己风俗习惯和宗教信仰的自由。

5. 确定了自治机关的各项自治权。自治机关有权对上级国家机关的决议、决定、命令和指示，如有不适合民族自治地方实际情况的，可以报经上级国家机关批准，变通执行或停止执行。

6. 明确大力培养少数民族干部是实行民族区域自治和加快民族地区发展的关键，是坚持和完善民族区域自治制度的一项重要内容。根据党和国家的民族干部政策，涉及民族干部的配备和选拔上，主要有两个方面的重大修改：（1）第17条规定："自治区主席、自治州州长、自治县县长由实行区域自治的民族的公民担任"；（2）作为自治机关的人民政府的其他组成人员"应当合理配备实行区域自治的民族和其他少数民族的人员"。

7. 增设了关于"合理调整生产关系和经济结构，努力发展社会主义市场经济"的规定。为民族地区经济发展规定了基本的模式和运行机制。

8. 明确了财政体制和加大了对民族自治地方的财政支持。第62条规定："随着国民经济的发展和财政收入的增长，上级财政逐步加大对民族自治地方财政转移支付力度。通过一般性财政转移支付、专项财政转移支付、民族优惠政策财政转移支付以及国家确定的其他方式，增加对民族自治地方的资金投入，用于加快民族自治地方经济发展和社会进步，逐步缩小与发达地区的差距。"

9. 对投资、金融等方面的支持加大了力度。第56条第2款规定："国家在民族自治地方安排基础设施建设，需要民族自治地方配套资金的，根据不同情况给予减少或者免除配套资金的照顾。"第57条规定，"国家根据民族自治地方的经济发展特点和需要，综合运用货币市场和资本市场，加大对民族自治地方的金融扶持力度"。第35条规定民族自治地方"可以依照法律规定设立地方商业银行和城乡信用合作组织"。通过一系列措施，把通过"输血"方式提供的支持与建立完善"造血"机制，发挥自身"造血"功能有机结合起来，使民族自治地方的发展符合社会主义市场经济的要求，在投资、金融和融资渠道各个方面有了保证。

10. 加大教育方面的支持力度。第37条第1款规定："民族自治地方的自治机关自主地发展民族教育，扫除文盲，举办各类学校，普及九年义务教育，采取多种形式发展普通高级中等教育和中等职业技术教育。根据条件和需要发展高等教育，培养各少数民族专业人才。"通过采取一系列特殊政策和措施的实施，来改变我国民族地区教育落后的状况。

11. 加大经济发达地区和民族自治地方的对口支持。《民族区域自治法》第六章的标题被修改成"上级国家机关的职责"，以表明民族自治地方经济社会的发展，不仅是自治地方自主行使的自治权力，同时也是上级国家机关必须履行职权的范围，也是上级国家机关采取行之有效的措施，促进民族地区经济社会的发展，实现各民族共同繁荣和建设富强、民主、文明的社会主义国家的法定职责。

12. 规定了对少数民族的刑事司法保护。第47条规定："民族自治地方的人民法院和人民检察院应当用当地通用的语言审理和检察案件，并合理配备通晓当地通用的少数民族语言文字的人员。对于不通晓当地通用的语言文字的诉讼参与人，应当为他们翻译。法律文书应当根据实际需要，使用当地通用的一种或者几种文字。保障各民族公民都有使用本民族语言文字进行诉讼的权利。"民族自治地方的人民法院和人民检察院应当"合理配备通晓当地通用的少数民族语言文字的人员"。

为落实《民族区域自治法》，国务院2005年5月19日颁布并于同月31日起施行了《国务院实施〈民族区域自治法〉若干规定》，这是《民族区域自治法》颁布以来的第一个配套行政法规。此后，贵州、甘肃、四川、海南等省依据该规定相继出台了地方配套规定。

2006年6月，全国人民代表大会常务委员会对《民族区域自治法》实施22年来的情况进行首次执法检查。2006年12月，第十届全国人民代表大会常务委员会第二十五次会议审议并通过了执法检查报告。检查结果表明，20多年间，中国少数民族的民主政治权利得到充分保障，民族地区的经济建设实现快速发展，社会事业取得长足进步，配套法规建设取得重要进展。

三、《刑法》、《刑事诉讼法》中有关少数民族人权保障的规定

我国的《刑法》、《刑事诉讼法》中规定了对国家统一、民族关系以及少

数民族权利保障的相关内容。

（一）我国《刑法》关于少数民族刑事变通立法权的规定

《刑法》第90条规定："民族自治地方不能全部适用本法规定的，可以由自治区或者省的人民代表大会根据当地民族的政治、经济、文化的特点和本法规定的基本原则，制定变通或者补充的规定，报请全国人民代表大会常务委员会批准施行。"这是用一个混合条款确立了民族自治地方制定变通或补充《刑法》规定的权力：实体上规定权力主体是自治区或者省的人民代表大会；权力内容是民族自治地方不能全部适用《刑法》规定的，可根据当地民族的政治、经济、文化的特点和《刑法》规定的基本原则，制定变通的或补充的规定；程序上要求自治区或者省的人民代表大会制定的变通或补充规定，必须报请全国人民代表大会常务委员会批准施行。这一规定是少数民族自治权在《刑法》领域的体现和延伸。民族自治地方制定变通的或补充的《刑法》规定权不但体现少数民族自治权，为少数民族集体权利的实现提供了途径，而且还是从整体上保护少数民族权利的一项重要措施。

（二）我国《刑法》对少数民族权利的具体保护

《刑法》关于民族犯罪方面有三个罪名，即"煽动民族仇恨、民族歧视罪"、"出版歧视、侮辱少数民族作品罪"、"侵犯少数民族风俗习惯罪"，保护的是少数民族具体的法定权利。前两个罪名是以少数民族群体作为犯罪对象，犯罪客体是各族人民平等、团结生活的权利和少数民族的民族尊严；而侵犯少数民族风俗习惯罪的犯罪客体是少数民族保持自己的民族风俗习惯自由权。

（三）《刑事诉讼法》对少数民族诉讼权利的规定

《刑事诉讼法》第9条规定："各民族公民都有用本民族语言文字进行诉讼的权利。人民法院、人民检察院和公安机关对于不通晓当地通用的语言文字的诉讼参与人，应当为他们翻译。在少数民族聚居或者多民族杂居的地区，应当用当地通用的语言进行审讯，用当地通用的文字发布判决书、布告和其他文件。"

（四）相关立法解释对少数民族权利的保护

2000年12月28日第九届全国人民代表大会常务委员会第十九次会议通过的全国人民代表大会常务委员会《关于维护互联网安全的决定》第2条规定：对"利用互联网煽动民族仇恨、民族歧视，破坏民族团结"的行为，构成犯罪的，依照《刑法》有关规定追究刑事责任。

四、其他法律、文件中有关少数民族保障的规定

1. 2001年10月27日第九届全国人民代表大会常务委员会第二十四次会

议修订的《商标法》第 10 条规定，"带有民族歧视性的"标志不得作为商标使用。

2. 2004 年 10 月 27 日第十届全国人民代表大会常务委员会第十二次会议修订的《地方各级人民代表大会和地方各级人民政府组织法》第 59 条增加项：县级以上的地方各级人民政府要"保障少数民族的权利和尊重少数民族的风俗习惯，帮助本行政区域内各少数民族聚居的地方依照宪法和法律实行区域自治，帮助各少数民族发展政治、经济和文化的建设事业"。

3. 2005 年 4 月 27 日第十届全国人民代表大会常务委员会第十五次会议通过的《公务员法》第 21 条第 2 款规定："民族自治地方依照前款规定录用公务员时，依照法律和有关规定对少数民族报考者予以适当照顾。"

4. 2005 年 12 月 29 日第十届全国人民代表大会常务委员会第十九次会议通过的《畜牧法》第 3 条第 2 款规定："国家帮助和扶持少数民族地区、贫困地区畜牧业的发展，保护和合理利用草原，改善畜牧业生产条件。"

5. 2006 年 6 月 29 日第十届全国人民代表大会常务委员会第二十二次会议修订的《义务教育法》第 4 条规定："凡具有中华人民共和国国籍的适龄儿童、少年，不分性别、民族、种族、家庭财产状况、宗教信仰等，依法享有平等接受义务教育的权利，并履行接受义务教育的义务。"第 6 条规定：国务院和县级以上地方人民政府应采取措施，保障"民族地区实施义务教育"。

6. 2006 年 12 月 29 日第十届全国人民代表大会常务委员会第二十五次会议修订的《未成年人保护法》第 3 条第 3 款规定："未成年人不分性别、民族、种族、家庭财产状况、宗教信仰等，依法平等地享有权利。"

7. 2007 年 8 月 30 日第十届全国人民代表大会常务委员会第二十九次会议通过的《就业促进法》第 3 条规定："劳动者依法享有平等就业和自主择业的权利。劳动者就业，不因民族、种族、性别、宗教信仰等不同而受歧视。"第 21 条第 2 款规定："国家支持民族地区发展经济，扩大就业。"第 28 条规定："各民族劳动者享有平等的劳动权利。用人单位招用人员，应当依法对少数民族劳动者给予适当照顾。"

8. 2000 年 9 月 25 日国务院颁布的《互联网信息服务管理办法》第 15 条规定：互联网信息服务提供者不得制作、复制、发布、传播含有"煽动民族仇恨、民族歧视，破坏民族团结"的内容。

9. 2000 年 9 月 25 日国务院颁布的《电信条例》第 57 条规定：任何组织或者个人不得利用电信网络制作、复制、发布、传播含有"煽动民族仇恨、民族歧视，破坏民族团结"的内容。

10. 2001 年 12 月 25 日国务院颁布的《电影管理条例》第 25 条规定：电

影片禁止载有"煽动民族仇恨、民族歧视，破坏民族团结，或者侵害民族风俗、习惯"的内容。

11. 2001 年 12 月 25 日国务院颁布的《出版管理条例》第 25 条规定：任何出版物不得含有"煽动民族仇恨、民族歧视，破坏民族团结，或者侵害民族风俗、习惯"的内容。

12. 2005 年 8 月 28 日第十届全国人民代表大会常务委员会第十七次会议通过的《治安管理处罚法》第 47 条规定："煽动民族仇恨、民族歧视，或者在出版物、计算机信息网络中刊载民族歧视、侮辱内容的，处十日以上十五日以下拘留，可以并处一千元以下罚款。"

13. 2001 年 12 月 25 日国务院颁布的《音像制品管理条例》第 3 条规定：音像制品禁止载有"煽动民族仇恨、民族歧视，破坏民族团结，或者侵害民族风俗、习惯"的内容。

14. 2002 年 9 月 29 日国务院颁布的《互联网上网服务营业场所管理条例》第 14 条规定：互联网上网服务营业场所经营单位和上网消费者不得利用互联网上网服务营业场所制作、下载、复制、查阅、发布、传播或者以其他方式使用含有"煽动民族仇恨、民族歧视，破坏民族团结，或者侵害民族风俗、习惯"的内容。

15. 2005 年 7 月 7 日国务院颁布的《营业性演出管理条例》第 26 条规定：营业性演出不得有"煽动民族仇恨、民族歧视，侵害民族风俗习惯，伤害民族感情，破坏民族团结，违反宗教政策"的情形。

16. 2006 年 1 月 29 日国务院颁布的《娱乐场所管理条例》第 13 条规定：国家禁止娱乐场所内的娱乐活动含有"煽动民族仇恨、民族歧视，伤害民族感情或者侵害民族风俗、习惯，破坏民族团结"的内容。

17. 1994 年 12 月 29 日颁布、2012 年 10 月 26 日第十一届全国人民代表大会常务委员会第二十九次会议修正的《监狱法》第 52 规定："对少数民族罪犯的特殊生活习惯，应当予以照顾。"少数民族罪犯的合法权益受到充分尊重和保护，对他们在生活、管理、劳动等方面给予不同于其他罪犯的特殊待遇。为有特殊饮食习惯的少数民族罪犯设有专门食灶。

18. 中国各省区也制定了多项相关地方性法规，例如，广东、宁夏、安徽、甘肃等省区相继制定的《地名管理办法》中规定，"带有民族歧视性质和妨碍民族团结"的地名必须更名。

五、中国少数民族人权保护现状①

中华人民共和国是一个统一的多民族国家，迄今为止，通过识别并由中央政府确认的民族有 56 个。与汉族相比，其他 55 个民族人口相对较少，习惯上被称为"少数民族"。据 2011 年第六次全国人口普查统计，中国大陆 31 个省、自治区、直辖市共有 13.397 亿人，其中汉族人口占 91.51%，比 2000 年人口普查的 91.59% 下降 0.08 个百分点；少数民族人口占 8.49%，比 2000 年人口普查的 8.41% 上升 0.08 个百分点。少数民族人口 10 年年均增长 0.67%，高于汉族 0.11 个百分点。

我国政府坚持民族平等团结、实行民族区域自治的民族政策，强调各民族共同团结奋斗、共同繁荣发展。各民族平等权利以及民族地区实行民族区域自治的权利得到更为充分的保障。同时，针对少数民族和民族地区因历史或地理原因造成发展相对滞后的实际情况，我国政府采取特殊措施，扶持少数民族和民族地区在经济、社会、文化等各方面得到快速发展。

我国政府坚持"以人为本"的方针，高度关注并解决民族地区的民生问题，保障少数民族的合法权益。对少数民族和民族地区实行多项扶持政策，努力推动少数民族和民族地区在经济、社会、文化等各方面快速发展，使全国各民族共同进步，和谐相处，共享改革开放政策带来的丰硕成果，实现各民族在实质上的平等。经过多年努力，中国民族地区的财政收入不断增加，人民生活水平不断提高，贫困状况得到显著缓解。"十一五"时期，民族地区国内生产总值、固定资产投资额、农牧民人均收入每年均以两位数速度增长，高于全国平均增速，综合经济实力大幅提升。2009 年，5 个民族自治区和青海、云南、贵州 3 个多民族省份（简称民族 8 省区）的国内生产总值达到 34619 亿元，年均增长 13.1%；人均地区生产总值达到 18014 元，占全国的比重比 2005 年提高了 5.1 个百分点。全社会固定资产投资从 9374 亿元增加到 25261 亿元，城镇居民人均可支配收入 14070 元、农民人均纯收入 3931 元，分别比 2005 年提高了 5328 元和 1654 元。②

民族地区的物质和非物质文化遗产得到了有效保护。各民族公民平等地享有宪法和法律规定的各项权利，少数民族还依法享有特殊的政策和待遇。少数

---

① 该部分相关内容转引自 2008 年 6 月 24 日中国政府向联合国消除种族歧视委员会递交的关于执行《消除一切形式种族歧视国际公约》情况的第十至十三次合并报告。

② 载中国人大网：http://www.npc.gov.cn/npc/xinwen/2010 – 12/25/content_ 1612568. htm。

民族享有管理国家事务的权利和管理本民族内部事务的权利。无论在国家政治和社会生活中，还是在司法、行政、教育等领域，少数民族语言文字都得到广泛使用。新型农村合作医疗制度在民族地区的推进速度高于全国总体推进速度。"十一五"期间国家共投入 1670 亿元支持民族地区公路、水运、铁路等基础设施建设，是"十五"时期的 2.2 倍。在交通方面，国道主干线和省级干线公路全面贯通，到 2009 年底，民族地区公路总里程达到 88 万公里，乡镇通公路比重达到 98%，建制村通公路比重达到 88%。在水电方面，溪洛渡、向家坝、积石峡等水电站工程建设进展顺利。在水利和能源方面，宁夏沙坡头水利枢纽工程和西气东输二期工程顺利完工。在生态方面，除继续做好退耕还林和退牧还草工程外，先后启动三江源生态保护、西藏高原生态屏障、西南石漠化治理等重大生态工程项目。基础设施建设的加强，使各民族人民的生产生活条件得到明显改善。尊重和保护包括少数民族在内的公民在宗教信仰上自由选择的权利。尊重和保护少数民族在饮食、服饰等方面有特殊的风俗习惯。国家重视少数民族的就业，在《民族区域自治法》、《劳动法》、《就业促进法》等多项法律法规中均有禁止歧视少数民族劳动者就业的规定。坚持法律面前人人平等的原则，运用司法手段为少数民族提供有效保护与救济。

第三节　中国检察官应如何在检察工作中保障少数民族人权

一、检察工作与少数民族人权保障

少数民族权利保障是现代国际法和国际关系中所普遍关注的一个重要问题，也是各个民族国家所高度重视的问题。少数民族基于人口数量少、文化素质相对偏低，且经济相对贫困落后，是国家中的弱势群体。少数民族人权作为特殊人权，毋庸置疑要受到国家的全力保障。少数民族个人既享有作为国家公民享有的权利，又因为作为个体或群体常处于弱势地位，国家应给予特殊保护。国家对于少数民族权利负有双重义务，既要禁止歧视，又要提供积极保护。目前各国保护少数民族的方式主要有：一是立法保护；二是司法保护；三是政治保护，包括选举制度、行政权力分配制度、地方制度、自治制度；四是社会保护，指政府在就业、工作、教育等方面为少数人提供的特殊待遇。从目前我国的少数民族权利保护立法现状来看，我国的相关立法上"不仅与《公民权利和政治权利国际公约》第 27 条没有冲突，而且要比《公民权利和政治权利国际公约》优越"。① 无论是《宪法》还是《民族区域自治法》，都是把少数民族作为一个整体对待的。少数民族公民作为个人享有相应权利，同时作为整体享有民族自治权。2009 年 2 月 5 日中宣部、国家民委联合下发的《关于党和国家民族政策宣传教育提纲》中两次重申坚持民族平等，是党的民族政策的基石。维护民族团结，是解决我国民族问题的重大原则。实行民族区域自治，是解决我国民族问题的基本政策，是一项基本政治制度。实现各民族共同繁荣，是我们党在民族政策上的根本立场。中国检察机关作为国家的法律监督机关，在少数民族人权保障方面承担着特殊的重要职责。

民族地区的民族问题是事关国家的政治稳定、经济发展的大问题。检察机关是国家的法律监督机关，担负着维护国家安全和社会稳定、维护国家法律统一正确实施，保障全社会实现公平正义的重要职责，在构建社会主义和谐社会中发挥着重要的作用。特别是对身处少数民族地区的检察机关，稳定工作既面临着难得的机遇，也面临着挑战。要把反对分裂、维护国家统一的任务摆在检察工作的重要位置；要依法履行查办职务犯罪职能，推进反腐败斗争，为构建和谐社会筑就坚实的政治基础；要自觉坚持严格执法，切实推进法治建设，为构建和谐法制环境提供有力保障；要认真贯彻刑事政策，依法打击刑事犯罪，切实保护社会主体正当利益，促进社会和谐、稳定。

检察机关在检察工作中应采取行之有效的措施，把党和国家的民族政策落到实处。为此，检察机关必须全面理解、准确把握党和国家民族政策的基本内容。要认识到贯彻落实党和国家民族政策，维护民族团结和社会稳定，是一项政治性、政策性、群众性很强的工作。特别是在民族地区的检察机关，更应广泛深入地开展党和国家民族政策的宣传教育，使检察干警认真学习党和国家的民族理论、民族基本知识，掌握民族政策、民族法律法规，不断增强法律政策观念，不断增强贯彻执行党和国家民族政策的自觉性，不断增强维护民族团结的责任感。应将稳定和构筑团结、平等的民族关系这一大局意识贯穿于检察工作始终。

民族地区检察工作特点与民族地区经济发展、宗教信仰、风俗、生活习惯有着密切的联系。检察机关应以维护国家统一、民族团结、社会和谐为目标，结合所在民族地区的实际情况，全面提高检察队伍的综合素质，以适应少数民族地区检察工作的需要。要熟练掌握相关民族立法精神和内容。认真把握和执行《刑法》、《刑事诉讼法》中有关少数民族刑事司法保护的规定。要培养掌

---

① 白桂梅：《〈公民权利和政治权利国际盟约〉与中国国内立法：少数民族的权利保护问题》，载 http．//www.southlawyer.net，访问时间：2005 年 5 月 9 日。

握"双语"办案水平的检察官，规范少数民族语言诉讼，提高少数民族文字检察文书质量。通过司法实践活动，坚决打击破坏民族团结、煽动分裂的少数犯罪行为，保护民族地区的稳定，促进民族地区的和谐发展。同时通过检民共建等活动，积极宣传党和国家的民族政策，开展犯罪预防教育。

检察机关作为法律监督机关还必须对其他司法机关执行《刑法》、《刑事诉讼法》以及其他相关民族立法的活动进行严格的监督。在侦查、审判以及执行各个环节保障少数民族诉讼参与人的合法权利。保障各民族公民都有使用本民族语言进行诉讼的权利和其他诉讼的权利，为不通晓当地语言的诉讼参与人提供翻译，运用两种或两种以上的文字发布法律文书；在坚持各民族平等的前提下，依照国家法律和党的民族政策，对少数民族中的犯罪坚持"两少一宽"；尊重少数民族的宗教信仰风俗习惯，保障在押犯人的相关权利等。

二、问题与对策

（一）存在的问题

依法保障少数民族的合法权利，是民族地区检察机关的重要职责。但检察机关在处理涉及少数民族公民的案件时，也面临着诸多的问题。

1. 民族立法方面存在的问题

（1）民族自治立法存在"为立法而立法"的问题，立法内容脱离本地区民族特点流于形式。1984《民族区域自治法》的核心是赋予民族自治地方以自治权。然而自治权的行使必须根据各自治地方的具体情况由各自的自治机关来进行。至于民族自治地方的自治机关如何行使自治权，1982 年《宪法》规定，根据宪法和法律，由民族自治地方的自治条例或者单行条例规定。自1984《民族区域自治法》颁布以来，一百余个民族自治地方制定了自治条例。但是，很多自治条例都是为了盲目追求"大而全"或"小而全"，照抄、照搬法律、行政法规、规章以及政策性文件。各自治条例之间互相照搬、照抄的现象，缺乏地方特点的现象也很普遍。此外，值得注意的是，我国五大自治区的自治条例至今无一出台。如《广西壮族自治区自治条例（草案）》从 1957 年开始起草至今，19 次易其稿，始终没有进入审议程序。其他自治区自治条例的制定也大抵如此。这也从一个方面影响了州、县自治地方自治条例制定的水平。

（2）《刑法》立法变通权未得以有效行使。我国《刑法》第 90 条规定："民族自治地方不能全部适用本法规定的，可以由自治区或者省的人民代表大会根据当地民族的政治、经济、文化的特点和本法规定的基本原则，制定变通或者补充的规定，报请全国人民代表大会常务委员会批准施行。"这条规定是在充分考虑了民族地区特殊情况的基础上设定的民族自治地方在犯罪与刑罚方面所享有的刑法立法变通自治权。但却存在着我国相关法律规定的冲突和实际操作难度大的问题。《立法法》明确规定了制定有关犯罪与刑罚的法律的权力只能由全国人大及其常委会行使，具有专属性。《刑法》第90条的授权与《立法法》冲突，属于下位法违反上位法。再如刑法授权的变通机关与现行法律的规定存在逻辑上的矛盾，刑法变通的效力空间和适用对象等问题还存在着诸多争议以及理论研究的薄弱与欠缺，致使国家依法预设的刑法变通的空间至今尚未得到有效利用，浪费了极其稀缺的立法资源。我国《刑法》自1979年颁布至今，尚没有任何一个民族自治地方对《刑法》作过变通或补充规定。①刑法变通立法的缺失无疑使司法机关在处理涉及少数民族刑事习俗的案件时陷入于法无据的尴尬。

（3）国内立法中只有"少数民族"而无"少数者"、"少数群体"的概念，致使部分应被保护对象无法纳入被保护机制中。国际法中"少数者"、"少数群体"的概念是比较宽泛的。只要与一国的整个人口相比，在种族、宗教或语言等方面属于少数的，即为"少数者"。而我国国内法中只有"少数民族"概念，而无"少数者"的概念。前者仅指我国已经被认定的55个少数民族。其结果是致使没有被认定的少数民族的少数者不能得到法律的保护。根据甄别少数民族的四个基本特征：共同语言、共同地域、共同经济生活和共同心理素质，我国在1953年汇总登记上报的400多个民族名称中，绝大多数没有被认定而被划归依附于相近民族。此外，由于我国少数民族的权利主要是通过《民族区域自治法》加以保护的，因此还有一部分少数民族的权利不能得到该法的保护，即那些虽属于已被认定，但因为不具备一定的条件从而尚未建立自治地方的少数民族。

2. 对少数民族习惯法的认识和认定问题

每一民族都有自己独特的历史、文化和风俗习惯。民族习惯法或刑事习俗是各民族长期生产生活经验的总结，是民族成员间共同认可和遵守的行为准则和规章，不但具有乡土社会的"地方性"，而且具有极强的"民族性"，具有相当强的地域约束力，制约和影响着民族的各种活动。但这些刑事习俗许多与现行刑事法律存在着一定程度的冲突。目前在我国少数民族地区生产力水平和生产关系、社会思想文化条件与汉族地区差距还较大的情况下，完全消灭习惯法，彻底禁止习惯法在少数民族地区发生影响是不可能的。正确处理好少数民

---

① 参见张殿军：《我国民族自治地方刑法变通的反思与重构》，载《民族研究》2009年第1期。

族刑事习俗与国家刑事法律间的冲突，有利于少数民族地区生产发展和社会安定，有利于社会主义法制的统一。需要认真分析和把握，在允许少数民族文化习俗中合理内容的同时，要摒弃少数民族刑事习俗中有悖于现代法制文明的野蛮的东西。前者如有些西南少数民族因服装服饰方面的风俗而私自买卖黄金白银的行为；在生产生活领域因原始耕种方式造成国家森林资源破坏等情况。后者如司法实践中存在着以"赔命价"为代表的刑事习惯法与《刑法》的效力冲突问题。所谓"赔命价"，指的就是中国一种古老而又影响至今的以"杀人赔钱赔物"为主要内容的少数民族刑事习惯法。"赔命价"刑事习惯法由来已久，至少在战国、秦时期，在西南民族中就有杀人赔钱的习惯。西藏民主改革以后被废除。改革开放以来，尤其是近年来，在藏区的"赔命价"有复兴的趋势。这种"赔偿"制度，有悖于国家现行的法律，损害了我国法律的尊严和统一，干扰了司法机关的正常执法活动，为社会带来了不安定因素，与我国《刑法》的基本原则相冲突。存在合理因素的因风俗而触及现行刑律的罪与非罪的如何认定问题；"赔命价"刑事习惯法，因被广泛的应用于因历史上形成的边界、草场纠纷引起群众性械斗造成的人身伤亡事件，因抢劫、强奸造成的死亡事件，以及故意杀人造成的死亡事件等，情况更为复杂。对民族习惯法的认识认定成为困扰司法活动的一大问题。

3. 民族地区检察机关自身建设存在的问题

由于自然条件严酷、经济贫困、发展滞后、思想观念保守等诸多因素的影响，少数民族地区基层检察机关的发展受到制约。表现最为突出的是法律职业人才断档现象严重。如四川省凉山彝族自治州、阿坝藏族羌族自治州和甘孜藏族自治州（简称三州）地区，基层检察院中一个部门只有一名检察官的现象相当普遍。① 办案人员缺乏，导致办案质量不高。

（二）对策或建议

1. 加强少数民族刑事立法工作

鉴于少数民族习惯法或刑事习俗，客观上影响着少数民族地区司法机关的工作，"对刑法适用产生着或隐或显的重要影响。习惯法不仅在刑罚裁量上举足轻重，普遍成为酌情减轻、从轻处罚的事由，而且具有出罪功能，可以使法定意义上的犯罪转化成非罪处理。②我国《宪法》第116条、《民族区域自治

① 参见《关于少数民族地区法律职业人员缺乏问题的提案》，载财经网，访问时间：2009年3月10日。

② 参见郑鹤瑜：《论我国少数民族习惯法与刑法的冲突及其解决》，载《中州学刊》2007年第2期。

法》第 19 条、《立法法》第 66 条赋予民族自治地方的人民代表大会有权依照当地民族的政治、经济和文化特点制定单行条例。《刑法》第 90 条也明确规定，民族自治地方不能全部适用刑法典的，可以由自治区或省的国家权力机关根据当地的政治、经济、文化特点和刑法典规定的基本原则制定变通或者补充规定。根据上述法律规定，要解决民族习惯法与《刑法》的冲突，重要的途径之一就是由民族自治地方的权力机关对《刑法》进行变通立法，开辟和释放民族习惯法应有的制度空间与操作可能。一方面要深入考察少数民族地区尤其是少数民族地区司法机关的司法实务工作，认真审视和评价少数民族习惯法或刑事习俗，将少数民族习惯法中的精粹和合理成分加以确立、传承和固化，通过变通和补充的方式纳入到国家刑事法律体系中。另一方面也要尽快使"两少一宽"政策的刑事法律化。这将有利于国家法律的实施和法治权威的维护，也将有利于促进少数民族地区和谐社会的构建。

2. 准确理解和运用刑事政策以弥补民族立法中的不足

刑事变更权包括刑事立法变通权和刑事司法变通权。在刑事立法变通权缺失的情况下，应加强刑事司法变通权的使用。1984 年中央明确提出"两少一宽（即少捕、少杀，处理上一般从宽）"少数民族刑事政策，它成为少数民族地区司法机关正确处理涉及少数民族刑事习俗案件，行使刑法司法变通权的重要指导思想，20 多年来，在实践过程中这项刑事政策得到了很好的执行，对维护少数民族地区的社会稳定，促进民族地区刑事司法工作和正确处理案件提供了法律政策依据。少数民族的刑事习俗如果同他们本民族的生产、生活方式、宗教信仰、风俗习惯相关或受其文明程度制约，那么对这些行为可以实行定罪从宽、量刑从宽。情节一般的，可不以犯罪论处。在量刑上对少数民族犯罪不仅是总体上应当从宽，还体现在更多地选择判处属于非监禁刑性质的缓刑、管制刑、罚金刑；注重对少数民族犯罪的适用非刑处置方法。实施暴力恐怖犯罪的少数民族罪犯除外。对少数民族罪犯的减刑、假释比汉族罪犯适当从宽掌握。当然对少数民族的陋俗也不能姑息纵容、一味迁就，片面强调从宽。

检察机关要准确把握和运用"两少一宽"的科学内涵。对于少数民族犯罪，从立案、公诉、定罪和量刑诸环节均应充分考虑到少数民族在政治、经济和文化上的特点，综合考量案件的基本事实、性质、情节以及对于社会的危害程度。

3. 充分利用法律的解释功能，注重法律适用的统一与照顾民族地方的特性

在司法实践中要发挥司法解释的功能，既注重法律适用的统一，又要贴合民族地区刑事司法的特定要求。如我国《刑法》第 13 条的"但书"明文规

定："但是情节显著轻微危害不大的，不认为是犯罪"。第 37 条规定："对于犯罪情节轻微不需要判处刑罚的，可以免予刑事处罚，但是可以根据案件的不同情况，予以训诫或者责令具结悔过、赔礼道歉、赔偿损失，或者由主管部门予以行政处罚或者行政处分。"第 61 条规定："对于犯罪分子决定刑罚的时候，应当根据犯罪的事实、犯罪的性质、情节和对于社会的危害程度，依照本法的有关规定判处。"第 63 条规定，"犯罪分子具有本法规定的减轻处罚情节的，应当在法定刑以下判处刑罚。犯罪分子虽然不具有本法规定的减轻处罚情节，但是根据案件的特殊情况，经最高人民法院核准，也可以在法定刑以下判处刑罚"。《刑事诉讼法》第 173 条第 2 款规定："对于犯罪情节轻微，依照刑法规定不需要判处刑罚或者免除刑罚的，人民检察院可以作出不起诉决定。"在民族自治地方，认定某一行为是否构成刑事法律上的犯罪，必须将其置于少数民族社会生活的现实之中。一些按照国家刑事立法可以认定为犯罪的行为，在少数民族特殊的风土人情和文化背景下，并不具有社会危害性或者社会危害性达不到严重程度；或者具有其他特殊情况。对于这种情况可根据上述立法表现出来的出罪机能不认定为犯罪。民族地区检察机关应充分挖掘上述条款的空间，减轻或避免由于刑法立法变通缺位所导致的法律适用的困难。既做到法律适用的统一，又能充分照顾到民族自治地方的特殊性。

4. 强化检察机关维护祖国统一、促进民族团结的职能

从世界范围来看，可以说是"民族宗教无小事"，许多国家和地区，民族矛盾和冲突此起彼伏，甚至兵戎相见，进而走向分裂。在我国，新中国的建立结束了旧社会长期存在的民族压迫、民族歧视政策，确立了平等、团结、互助的社会主义民族关系。各民族共同进步共同繁荣发展。但不容忽视的是，在我国，基于历史遗留下来的原因和现实利益之间的冲突，在处理民族关系中也会时常发生这样那样的矛盾与冲突。这种基于残存的大民族主义和地方民族主义观念而蛰伏下来的潜在危险，一遇到合适的机会就演变成为煽动民族仇恨和民族歧视的行为。在我国境内外尚存在着"三种恶势力"，其中的少数民族分裂主义分子，往往不择手段，利用一切时机直接地或间接地煽动民族仇恨和民族歧视，制造国家和民族的分裂。而这些不安定因素又往往与国际上不利于我国民族关系发展，特别是不利于民族团结局面的一些因素融合在一起。这些试图分裂国家的犯罪行为，不仅影响了国家和地区社会秩序的稳定，经济发展的良好环境，同时也是对广大少数民族公民权益的极大侵犯，是对民族发展权的严重破坏。所以，为了维护民族团结和国家统一，必须运用刑法手段禁止和惩治蓄意制造民族仇恨、民族歧视的行为，以维护祖国的统一以及良好的民族关系秩序。

检察机关必须肩负起维护国家统一、促进各民族平等团结的职责，严厉打击分裂祖国的犯罪行为。

5. 加强民族地区基层检察院建设

（1）各少数民族地区的基层检察机关都应加强民族特点和地区特点的调查研究工作，总结办案经验，为变通立法提供依据或提出变通执行的意见，这不仅更加有利于少数民族地区自治权利的行使，更有利于检察机关的科学发展。

（2）加大培训力度。要在大规模推进检察教育培训工作中，为西部和基层特别是少数民族地区基层院的检察官，创造更多的培训、学习机会，加大培养双语检察官的工作力度，培养和造就更多熟悉法律、精通业务的双语检察官。

（3）制定阶段性调整政策，缓解基层检察队伍人员不足的压力。对此，可采用下述四种方式：①每年有计划地选调政法院校优秀毕业生充实到少数民族地区基层检察机关工作；②可以选派上级检察部门优秀干警到基层检察机关挂职锻炼；③从通过国家司法考试的人员当中择优录用人员；④选派优秀年轻检察人员到内地检察机关工作学习锻炼。

（4）申请加大经费扶持保障。实行少数民族地区基层检察机关最低经费保障机制。

应用与讨论训练

★ 模块一 主题讨论

1. 集体参与讨论"歧视"的含义、表现，以及对"少数民族"或"少数人""歧视"引发的结果。

2. 检察官在工作中应如何贯彻平等和不歧视原则？

★ 模块二 案例研讨

拉萨市打、砸、抢、烧严重暴力案件

课程实施步骤：

1. 观看视频《拉萨"3·14"打砸抢烧严重暴力事件纪实》；

2. 讨论：

（1）拉萨"3·14"打砸抢烧严重暴力事件应如何定性？

（2）在此类案件中，检察机关如何维护国家稳定、民族团结？

图书在版编目（CIP）数据

检察官与人权保障教程/胡卫列主编 . —修订本 . —北京：中国检察
出版社，2014.8

ISBN 978 - 7 - 5102 - 1168 - 3

Ⅰ. ①检… Ⅱ. ①胡… Ⅲ. ①人权 - 法律 - 教材 Ⅳ. ①D90

中国版本图书馆 CIP 数据核字（2014）第 047272 号

检察官与人权保障教程（修订版）

胡卫列 主编

出版发行：中国检察出版社

社　　址：北京市石景山区香山南路 111 号（100144）

网　　址：中国检察出版社（www.zgjccbs.com）

编辑电话：（010）68682164

发行电话：（010）68650015　68650016　68650029　68686531

经　　销：新华书店

印　　刷：三河市西华印务有限公司

开　　本：720 mm×960 mm　16 开

印　　张：29.25 印张　插页 2

字　　数：534 千字

版　　次：2014 年 8 月第二版　2015 年 10 月第三次印刷

书　　号：ISBN 978 - 7 - 5102 - 1168 - 3

定　　价：76.00 元